Kein Kinderkram!

Erzieherinnen- und Erzieherausbildung

Band 2

Bildungsprozesse
Gruppenpädagogik
Erziehungspartnerschaften
Institution und Team
Netzwerke

Anja Berkemeier
Dietmar Böhm
Stefanie Dreißen
Kurt-Helmuth Eimuth
Volker Fischer
Andrea Friedhofen
Martin Gehlen
Anita Hüseman
Margret Kern-Bechtold
Martina Lambertz
Michael Ott
Ingrid Rauner
Bianca Ribic
Meike Stannius

unter Mitarbeit der Verlagsredaktion

westermann

Bildquellenverzeichnis

AAP Lehrerfachverlage GmbH, Donauwörth: 73 rechts (Bareis: Vom Kritzeln zum Zeichnen und Malen, 2005)
akg-images, Berlin: 43, 67, 142, 143
alimdi.net, Deisenhofen: 219 rechts oben (Ariane Lohmar)
Artothek, Weilheim: 80, 141
Aura, Luzern: 70 (Emanuel Ammon)
Berkemeier, Anja, Bergisch Gladbach: 321, 322, 327
BilderBox Bildagentur, Breitbrunn/Hörsching: 282 rechts, 316 (A. Thening)
Bundesagentur für Arbeit, Nürnberg: 424
Corbis, Düsseldorf: 108 (Bryan F. Peterson)
Druwe & Polastri, Cremlingen/Weddel: 425
Eimuth, Kurt-Helmuth, Frankfurt: 92 .1, 97 rechts, 102
Fabian, Michael, Hannover: 250
Fischer, Volker, Kiel: 188, 190 beide, 191
fotolia.com: 84 (lunaundmo), 94 (mirpic), 95 (Kathrin39), 167 (Claudia Paulussen), 181 (Miredi), 388 (meerisusi)
Frühsorge, Michael J., Hannover: 425 Mitte links
Getty Images, München: 219 rechts unten (Taxi/Camille Tokerud), 282 links (Stewart Cohen/Dream Pictures/Ostrow)
Gröblinghoff, Ullrich, Peine: 360
Haag & Kropp GbR, Heidelberg: 307
Hild, Claudia, Grafikdesign Angelburg: 48, 204, 208, 213, 269, 344, 366, 396, 411, 418, 434
Holler, Gabriele: 154
Hüsemann, Anita: 116, 121, 122 unten, 123, 125 beide
Imago, Berlin: 276 (Busse), 277
Institut für Humangenetik, Universitätsklinikum Bonn, Bonn: 273 (Andreas Stein)
INTERFOTO, München: 98
JOKER: Fotojournalismus, Bonn: 133 (Gudrun Petersen), 172 (Walter G. Allgoewer), 226 (Ralf Gerard), 239 (G. Petersen)
Jugendstiftung Baden-Württemberg, Sersheim: 275 (Fr. Schiffers)
Keystone Pressedienst, Hamburg: 111 unten (Mai-Inken Knackfus), 342 (Jochen Zick)
Klüppel, Ulrike, Gechingen: 113
Kohn, Klaus G., Braunschweig: 33, 34, 36, 132, 246, 247, 304, 425 oben links
Köcher, Ulrike, Hannover: 324 links, 393
Köppe, Carmen, Dresden: 428
Kottmann, Corinna, Lage-Hörste: 431
lichtblick-fotos.de, Bochum: 257
Los Angeles County Museum of Art, Los Angeles: 69
Lüdecke, Matthias, Berlin: 338
mauritius images, Mittenwald: 242 rechts (Photononstop)
Ministerium für Familie, Kinder, Jugend, Kultur und Sport des Landes Nordrhein-Westfalen, Düsseldorf: 427
Minkus IMAGES Fotodesignagentur, Isernhagen: 162

Ott, Chrigel , Wien: 197
Ott, Michael, Freiburg: 73 links, 74, 75 unten, 145, 153 rechts
Peter Wirtz Fotografie, Dormagen: 111 oben, 120, 122 oben, 138, 203, 223, 224, 230, 286, 287 alle, 315, 426
photoplexus, Dortmund: 231 (Dirk Bauer)
photothek.net, Radevormwald: 271 (Ute Grabowsky), 358 (Ute Grabowsky), 425 links (Thomas Koehler), 425 unten rechts (Thomas Koehler)
Picture-Alliance, Frankfurt: 14 (dpa – Bildarchiv), 40 (dpa - Report), 49 (KEYSTONE), 107 (dpa-infografik), 127 (ZB/W. Thieme), 166 (Bob Glover/OKAPIA), 194 (dap/Timm Schamberger), 205 (Bildagentur-online), 214 (F. Hörhager), 237 (ZB/Waltraud Grubitzsch), 278 (Kneffel), 284 (W. Steinberg), 317 (ZB), 335 (dpa), 425 oben rechts (ZB)
plainpicture, Hamburg: 232 (Hexx)
Raffalski, Rainer, Waltrop: 105
Roeder, Jan, Krailling: 319 (Jan Roeder)
Schöningh Verlag, Paderborn: 253 beide (Günter Schlottmann), 266 (Ingun Maertz), 378 (Reinhild Kassing)
sinopictures, Berlin: 355 (CNS)
Spektrum der Wissenschaft spezial, 5/2003, S. 40: 75 oben
Steinkamp, Albert, Reken: 35
Studio Schmidt-Lohmann, Hannover: 425 unten links
Sudek, Stefanie, Berlin: 324 rechts
teamwork text und foto, Hamburg: 406 (Klaphake)
TopicMedia Service, Putzbrunn: 153 links (Heine)
Triple P Deutschland GmbH, Münster: 336
Tönnies, Uwe, Laatzen: 202
ullstein bild, Berlin: 58 (Granger Collection), 93 (KPA), 175 (Brill)
vario images, Bonn: 31, 97 links
Verlag Otto Heinevetter Lehrmittel GmbH, Hamburg: 243 beide (Original Buchstabentabelle aus dem Leselehrgang „Lara und ihre Freunde" von Dr. Jürgen Reichen, (c) 2003 by Heinevetter Verlag, Hamburg)
Wehner, Markus, Ober-Roden: 326.1
Wolf, H.-U., Steinheim: 292
Wolters, Günter, Braunschweig: 365, 402
www.reportdigital.co.uk, Stratford upon Avon: 373 (Paul Box)
Zhu Miao Miao, Braunschweig: 219 links

Coverfoto: Heidi Velten, Agentur Kunterbunt
Alle anderen Fotos: Fotodesign Heinz Hefele, Darmstadt

Für die Mitarbeit an den Fotos danken wir der Kindertagesstätte „Wilde Wiese" in Bergisch-Gladbach, der Caritas-Kindertagesstätte Dormagen-Nievenheim, dem Kindergarten Ober-Roden, Potsdamer Straße und der Kita in Rodgau-Rollwald sowie allen beteiligten Kindern und Erwachsenen.

3., neu bearbeitete und erweiterte Auflage, 2013
Druck 2, Herstellungsjahr 2013
© Bildungshaus Schulbuchverlage
Westermann Schroedel Diesterweg Schöningh
Winklers GmbH, Braunschweig
www.westermann.de
Redaktion: Amira Sarkiss
Satz und Layout: Ottomedien, Hanhofen
Druck und Bindung: westermann druck GmbH, Braunschweig
ISBN 978-3-14-239637-8

Vorwort

Erzieherinnen handeln in komplexen Situationen, ihre Arbeit ist immer wieder von Überraschungen oder Unterbrechungen gekennzeichnet. Manchmal sind Kehrtwendungen erforderlich, oft lässt sich nicht voraussehen, ob die eigenen pädagogischen Planungen auch wirklich zu einem angemessenen Resultat führen werden.

Die Anforderungen an pädagogische Fachkräfte in den Kindertagesstätten, Horten und Einrichtungen der Kinder- und Jugendhilfe sind enorm. „Kein Kinderkram!" ist ein Lehrwerk, das nun in einer völlig überarbeiteten Neuauflage vorliegt und sich diesen vielfältigen Aufgaben in aktualisierter Form stellt.

Hierfür wurden die Lehrpläne der einzelnen Bundesländer und auch länderübergreifende Entwicklungen berücksichtigt. Ebenso wurden Fachthemen ergänzt oder aktualisiert.

Das zweibändige Kompendium orientiert sich in seiner Grundstruktur an dem Qualifikationsprofil, das die Kultusministerkonferenz für die Ausbildung von Erzieherinnen an Fachschulen und Fachakademien beschlossen hat. „Kein Kinderkram!" nimmt auch Bezug auf den länderübergreifenden (Rahmen-)Lehrplan, der auf der Basis des Qualifikationsprofils erarbeitet wird.

Deshalb wird dem Lehrwerk ein grundlegend einführendes Kapitel vorangestellt; die übrigen Kapitel werden innerhalb von sechs beruflichen Handlungsfeldern aufgegliedert. Beispiele aus der pädagogischen Praxis leiten die verschiedenen Themen jeweils ein und vermitteln anhand von ersten Fragen die Bedeutung jedes Handlungsfeldes. Vier Formen von Aufgaben tragen dazu bei, die unterschiedlichen Aspekte eines beruflichen Handlungsfeldes kompetenzorientiert zu erarbeiten und zu vertiefen.

Es geht in jedem Kapitel um

 Wissen und Verstehen

 Analyse und Bewertung

 Planung und Konzeption

 Reflexion

Diese Grundstruktur zielt darauf ab, die berufliche Handlungskompetenz einer angehenden Erzieherin aufzubauen, zu erweitern und zu festigen. Die „Tipps zum Weiterlesen" verstehen sich als Hinweis, die eigene Ausbildung zur Erzieherin als lebenslanges Lernen zu begreifen und fortzuführen.

„Kein Kinderkram!" wurde in der Neuauflage wiederum durch Themen ergänzt, die sich in den sozialpädagogischen Arbeitsfeldern entwickeln und etablieren. So wurde beispielsweise dem konstruktivistisch-pädagogischen Denken ein eigenes Kapitel gewidmet, in weiteren Abschnitten spiegelt sich diese Grundhaltung ebenfalls wider. Neu ist auch das Anliegen, Erziehungs- und Bildungsprozesse in den Kindertagesstätten und Einrichtungen der Jugendhilfe unter ethisch und religiös orientierten Gesichtspunkten einzuordnen.

In Folge der Gestaltung nach beruflichen Handlungsfeldern ergab sich die Notwendigkeit, die verschiedenen Themen den zwei Bänden von „Kein Kinderkram!" neu zuzuordnen. Das umfangreiche Handlungsfeld „Entwicklungs- und Bildungsprozesse anregen, unterstützen und fördern" wurde in diesem Zusammenhang auf beide Bände aufgeteilt.

Das Autorenteam freut sich über Rückmeldungen aus Schule und Praxis.

Im Januar 2013

Lutz-W. Müller-Till
im Namen des Autorenteams

Handlungsfeld 4
Erziehungs- und Bildungspartnerschaften mit
Eltern und Bezugspersonen gestalten 310

2 ENTWICKLUNGS- UND BILDUNGSPROZESSE ANREGEN, UNTERSTÜTZEN UND FÖRDERN II

Inhaltlicher Überblick

Bildung vollzieht sich in der Aneignung von Welt. Da das Handlungsfeld 2 ebenso umfangreich wie zentral für die Arbeit mit Kindern ist, wurde es auf die beiden Bände von Kein Kinderkram! aufgeteilt. Ging es im ersten Teil des Handlungsfeldes um die Entwicklungs- und Bildungsprozesse, das Spiel und die Sprache von Kindern und Jugendlichen, werden im zweiten Teil nun die Bildungsbereiche Musik, Gestaltung, Medien, Bewegung sowie Naturwissenschaft und Technik genauer betrachtet. Pädagogische Fachkräfte müssen in der Lage sein, in diesen Bereichen fach- und methodenkompetent Aktivitäten zu planen, durchzuführen, zu reflektieren und zu dokumentieren. Sie geben den Selbstbildungsprozessen der Kinder und Jugendlichen den nötigen Rahmen und Raum.

Das Handlungsfeld vermittelt zunächst ein grundlegendes Wissen über Musik. Musik ist allgegenwärtig und eine Bereicherung. Darüber hinaus fördert sie die Intelligenz, das Gedächtnis, die soziale Interaktion, das Gemeinschaftserleben, die Verarbeitung von Konflikten und vieles mehr. Das Kapitel soll Mut machen, selbst zu musizieren.

Eng verbunden mit Musik sind Methoden der Gestaltung. Auch hier können Kinder sich ausprobieren, ihrer Fantasie freien Lauf lassen, Materialien ausprobieren. Das Kapitel befasst sich intensiv mit dem Thema Kreativität und Kreative Prozesse und damit, wie Kreativität von Erzieherinnen gefördert werden kann.

Konsum und Medien werden oft in einem Atemzug genannt: Medienkonsum. Doch auch hier kommt es auf das aktive Tun an. Medien sind Teil kindlicher Wirklichkeit. Deshalb müssen Kinder eine Form der Medienkompetenz erwerben, die die Fähigkeit beinhaltet, aktiv und kreativ mit den Medien umzugehen. Natürlich gibt es auch medialen Missbrauch: Gewaltvideospiele, überhöhter Fernsehkonsum und Gefahren der sozialen Netzwerke. Hier gilt es, die Kinder so zu begleiten, dass sie Maßstäbe zur Einordnung der virtuellen Welt erlangen.

Möglichkeiten der Bewegungserziehung werden im Kapitel 4 aufgezeigt. Auch hier ist das eigene Beispiel für die Kinder maßgebend – auch Erzieherinnen dürfen im Bewegungsraum rennen.

Naturwissenschaft und Technik kommt der Neugier der Kinder entgegen. Kinder wollen alles wissen und ausprobieren. Naturwissenschaftliche Experimente sind nicht schwer. Man muss nur den Mut haben, sie zu planen. Wichtig sind hierfür die Haltung der Erzieherinnen und die Atmosphäre in der Einrichtung bzw. den Räumen der Einrichtung.

Durch die Auseinandersetzung mit den genannten Themenbereichen sollen fördernde und hemmende Faktoren für Bildungsprozesse berücksichtigt und eingesetzt werden können. Das Verständnis über die verschiedenen Bildungspotenziale der Kinder und Jugendlichen soll zukünftig dazu befähigen, Konzepte zu entwickeln.

1 Musikalische Bildung und Erziehung

1.1 Allgemeine Grundlagen

Kaum hören Kinder Musik, sei es auf der Straße oder in einem Raum, beginnen sie mitzuwippen, zu tanzen, wollen zuhören und sind gebannt. Musik scheint eine ganz bestimmte Wirkung auf den Menschen auszuüben. Singen, Musizieren und Musikhören beeinflussen Körper- und Gehirnfunktionen. Gerade das Gehirn scheint über bestimmte Fähigkeiten zu verfügen, die für das aktive Musizieren und Erleben von Musik bedeutsam sind.

↘ FRAGEN

→ *Welche Wirkung und Bedeutung hat Musik für Sie persönlich?*

→ *Was sollte beim Musizieren mit Kindern beachtet werden?*

→ *Singen oder Musizieren Sie gerne mit anderen oder lieber alleine?*

→ *Welche Musik ist für Sie wann und warum wichtig?*

1.1.1 Bedeutung musikalischer Bildung an Kitas

> Bildung benötigt Musik und Musik benötigt Bildung.

Musikalische Bildung beginnt sehr früh. Bereits ab der Geburt versucht das Neugeborene, sich in seiner Welt zu orientieren. Bildung bedeutet für das Kind, sich ein „Bild" von sich selbst und seiner Umgebung zu machen. Über Interaktionen und Kommunikation erfasst das Kind seine kulturelle Umgebung und stellt sozusagen seinen subjektiven Bezug zur Umwelt her. Kultur ihrerseits bringt mithilfe von Sprache oder Kunst Ordnung in die menschlichen Empfindungen, Wünsche und Gedanken. Symbolische Formen wie Musik, Tanz, Riten oder Märchen können zwischen Subjekt und Objekt vermitteln, in ihnen agiert der Mensch mit sich selbst und mit der Welt.

Bildung stellt demnach die subjektive Seite der Kultur dar und umgekehrt ist Kultur die objektive Seite von Bildung.

Entscheidender Faktor für das Kind ist „Stimmigkeit". Bildung erlebt das Kind als „stimmig", wenn Sinnstrukturen sich nicht widersprechen, sondern miteinander hamonisieren. Nicht unerheblich sind dabei die in der jeweiligen sozialen und kulturellen Umgebung, wie z. B. der Familie, vorherrschenden Meinungen und Konzeptionen. Bildung bezieht sich auf das Zusammenleben mit anderen Menschen. Bildung als Stimmigkeit erlebt, bezieht sich ebenso auf die Gefühle und Motivationen des Menschen. Dieses ganzheitliche Menschenbild wird v. a. Im Umgang mit Musik verwirklicht. Gerade deshalb eignet sich Musik hervorragend als Bildungsgut *(vgl. Dartsch 2010, S. 15 f.)*

1.1.2 Musik als Bildungsgut

Musik stellt für den Menschen einen eigenen ästhetischen Wert dar. In allen Kulturen der Welt wird musiziert und gesungen. Das aktive Musizieren oder Hören von Musik tut gut. Der Mensch erlebt und erfährt Musik über seinen Körper, seine Emotionen und seinen Verstand.

Die Einsatzmöglichkeiten von Musik sind vielfältig, Kinder spielen und experimentieren mit Klängen, Erzieherinnen singen Trostlieder zum Beruhigen oder Jugendliche schreiben eigene Songs, um ihre Stimmung und eigene Ansicht der Welt zum Ausdruck zu bringen.

Bedeutung von Musik

Musik wird eingesetzt, um die eigene Stimmung oder Verfassung bei sich selbst oder bei anderen zu beeinflussen.

Die eigene Identität oder das Ausprobieren von gesellschaftlichen Rollen findet über Musik statt.

Musik dient der Kommunikation und ermöglicht Synchronisation (= die gleiche Schwingung) mit anderen Menschen.

Musik ist Spiel und ermöglicht das Erleben von erfüllter Zeit.

Musik ermöglicht und dient der eigenen Bildung.

Frühe musikalische Bildungsarbeit, in Bezug zu den oben aufgeführten Gedanken enthält, bedeutet:

→ Der Mensch ist im Bildungsgeschehen zu berücksichtigen. Subjektive Zugänge sind über Kreativität möglich, dazu bedarf es eines Bereichs um kreativ und selbsttätig sein zu können.

→ Bezogen auf das Objekt und die Gesellschaft benötigt Bildung ein Vorleben, ein Vorbild oder gemeinsames Praktizieren, wie z. B. gemeinsames Musizieren, Tanzen, Musikhören usw., so kann das Kind in die kulturelle Umwelt eingeführt werden

(vgl. Dartsch 2010).

1.1.3   Die musikalische Entwicklung

Die Entwicklung musikalischer Fähigkeiten ist eingebunden in die Gesamtentwicklung des Menschen. Die musikalische Entwicklungspsychologie befasst sich mit den auf das Lebensalter bezogenen Veränderungen hinsichtlich musikalischer Begabung und den dazugehörenden Ausdrucksformen.

Fragen danach, wie sich im Laufe des Lebens die Musikalität entwickelt, welche sozialen, individuellen oder kulturellen Einflüsse bedeutsam sind usw., gehören ebenfalls dazu. Möchte ich mit Kindern musizieren, so ist es wichtig zu wissen, von welchen Fähigkeiten ich in welchem Alter ausgehen kann.

Es geht hier also um die Beschreibung von musikalischen Fähigkeiten, Fertigkeiten und Verhaltensweisen in den verschiedenen Lebensaltern.

Musikalische Entwicklung

Alle für das Kind neuen Gegenstände, Materialien oder Objekte werden vom ihm auf seine Klangeigenschaften und -qualitäten hin untersucht. Die Lust der Kinder, sich an Klängen zu erfreuen, Lieder zu singen oder mit ihnen zu spielen, sich zur Musik zu bewegen oder einfach hinzuhorchen, zu lauschen, lässt sich im Kontakt mit Kindern immer wieder beobachten. Schon unmittelbar nach der Geburt beginnt das Kind, sich musikalisch zu äußern und mit seiner Umwelt auseinanderzusetzen. Neugeborene können bei der Verarbeitung neuer akustischer Reize auf gespeicherte Sinnesinformationen zurückgreifen. Im Mutterleib ist der ungeborene Mensch zu zahlreichen Sinnesempfindungen über den Gehör-, den Bewegungs- und Tastsinn fähig, die entsprechend ihrer subjektiven Bedeutsamkeit gespeichert und geordnet werden, und das unabhängig vom Empfinden der Mutter *(vgl. Ribke 1995).*

In den ersten zehn Lebensjahren werden die für unsere Musikkultur wesentlichen, grundlegenden musikalischen Fähigkeiten erworben. Die dafür benötigten Lernprozesse geschehen automatisch durch die akustischen Anregungen der Lebenswelt und durch das Hineinwachsen in die Musikkultur *(vgl. Gembris 1998).*

Die Entwicklung musikalischer Fähigkeiten ist an die allgemeine geistige, emotionale und sensomotorische Entwicklung geknüpft.

Auf dem Entwicklungsstand der musikalischen Fähigkeiten, die durch Akkulturation gewonnen wurden, bleibt das Kind stehen, wenn keine weiterführenden musikalischen Anregungen stattfinden.

Der folgende Überblick zeigt auf, welche musikalisch-akustischen Wahrnehmungsfähigkeiten sich bei Kindern entwickelt haben *(vgl. Gembris, ebd.).*

Drei- bis Vierjährige können beispielsweise:
→ langsam und schnell unterscheiden,
→ verschiedene Tonlagen (hoch – mittel – tief) unterscheiden (ab zweitem Lebensjahr),
→ bestimmte Melodien wiedererkennen (ab zweitem Lebensjahr),
→ den heiteren oder traurigen Ausdruck eines Liedes oder Musikstücks anhand unterschiedlicher Harmonik (Dur- und Mollakkorde), Tonlage (hoch – tief) und Tempo (schnell – langsam) erkennen,
→ Klangfarben erkennen und bestimmten Instrumenten zuordnen.

Fünf- bis Sechsjährige können beispielsweise:
→ Instrumentalklänge erkennen und der entsprechenden Instrumentenfamilie zuordnen (den Geigenklang der Familie der Streichinstrumente),
→ verschiedene Instrumente im Zusammenklang mit anderen Orchesterinstrumenten erkennen (Klavier in einem Orchesterstück heraushören),
→ einfache Rhythmen nachklatschen oder spielen (zweitaktiger Rhythmus, der zunächst nur aus zwei verschiedenen Tonlängen besteht),

→ den Grundschlag (Metrum) bei einfachen Rhythmen und Gesängen durchhalten,
→ Halbtonunterschiede innerhalb eines musikalischen Kontextes wahrnehmen,
→ Tonartenwechsel in eine weiter entfernt liegende Tonart bemerken (z. B. von C-Dur nach A-Dur),
→ verschiedene kurz hintereinander gehörte Musikbeispiele vergleichen (gleich oder verschieden?),
→ ein Gefühl für Tonart entwickeln (nach dem Einatmen wechselt beim Singen oft noch die Tonart und in einer anderen Tonhöhe wird weitergesungen).

Sieben- bis Zehnjährige können beispielsweise:
→ Harmonien unterscheiden,
→ verschiedene Musikstile erkennen (Barock, Klassik, Jazz, Rock, Pop usw.),
→ mehrere Faktoren wie Rhythmus, Melodie, Harmonik usw. gleichzeitig wahrnehmen.

Musik in den Entwicklungsphasen betrachtet
Als mittlerweile gesichert gilt die Erkenntnis, dass das Hören im Mutterleib sich auf die spätere emotionale Reaktion auf Musik und das Melodiegedächtnis des Kleinkindes ab zwei Jahren auswirkt.

Phasen	Einsatzmöglichkeiten
Baby	In der frühen Interaktion ist die Affektabstimmung und Emotionsregulierung bedeutsam. D.h. die Bezugsperson begleitet (= spiegelt) das emotionale Erleben, die Äußerungen des Kindes mit darauf abgestimmten Lautäußerungen. Zugleich reguliert sie Emotionen wie Schmerz, Angst oder Unruhe beispielsweise durch Wiegenlieder.
Kleinkind	Das Spiel mit seiner entspannenden und Spannung erzeugenden Funktion prägt diese Phase. Beispiel: Kuckuck-Spiele. Hier finden Kniereiterverse, Bewegungslieder, in denen das Kind bewegt, gekitzelt usw. wird, statt. Musik wird körperlich fühlbar, im Wechsel von Spannung und Entspannung und als Spiel erlebt.
Vorschulkind	Das Symbol- und Rollenspiel ist hier vorherrschend. Lieder, der Einsatz spezifischer elementarer Instrumente und Bewegungsspiele bieten hierfür Anregungen. Die Einbettung in szenische Spielzusammenhänge schafft Identifikation und durch die Übernahme bestimmter Rollen wird Selbstdefinition ermöglicht.
Grundschulkind	Das Erlernen von Kulturtechniken steht im Vordergrund. Für den musikalischen Bereich ist hier das Erlernen eines Instruments oder die Einführung in die Notenschrift gemeint. Wählt das Kind selbst aus, was es erlernen möchte, ein bestimmtes Instrument, oder Teilnahme an einem Kinderchor etc., so nimmt es seinen musikalischen Bildungsweg eigenständig in die Hand.
Jugend	Musikhören und Beschäftigung mit Musik wird wichtig, um sich mit Stars oder bestimmten Musikrichtungen zu identifizieren, von der Alltagskultur abzugrenzen, als Protest, als Stimulation für eigene Träume, Informationsquelle über neue Lebensstile oder als Erkennungszeichen für eine bestimmte Jugendkultur.

(nach Dartsch, Musikalische Bildung von Anfang an, 2009, S. 12)

Innerhalb einer Gruppe können die Entwicklungsunterschiede sehr groß sein, da Kinder sich individuell und ständig entwickeln. Die musikalische Entwicklung ist zudem beeinflusst von den Erfahrungsunterschieden im Umgang mit Musik.

Der **musikalische Anregungsgehalt** der sozialen Umgebung spielt hierbei eine entscheidende Rolle. Je nachdem wie viel in Familien aktiv musiziert wird, aus welchem Kulturkreis die Kinder kommen oder ob parallel zur Kindertagesstätte andere Musikangebote wie Eltern-Kind-Gruppen oder Musikalische Früherziehung besucht werden, gibt es unterschiedliche musikalische Vorerfahrungen.

Die musikalische und die allgemeine Entwicklung der Kinder stehen in einem engen Zusammenhang, da Musik und Bewegung den ganzen Menschen ansprechen und somit auf folgende Entwicklungsbereiche wirken: auf die kognitive, soziale, emotionale, motorische, sprachliche und psychische Entwicklung, auf Selbstempfindung, Spielverhalten und Frustrationstoleranz *(vgl. Metzger u. a., Bildungsplan Musik, S. 37).*

1.1.4   Grundkenntnisse zum Musikverständnis

Kinder brauchen Musik

Kinder brauchen pädagogisch und künstlerisch gut ausgebildete kompetente Partner, die ihnen die Welt der Musik immer mehr öffnen und begreifbar machen.

Kinder sollten von Geburt an die Möglichkeit haben, mit Musik aufzuwachsen. Das eigene aktive Musizieren und Musikhören ermöglicht es, einen Bezug zur Umwelt aufzubauen, und trägt zur Persönlichkeitsentwicklung bei.

Ein aktuelles Forschungsthema beschäftigt sich mit den Transfereffekten musikalischer Aktivitäten auf außermusikalische Bereiche wie Kreativität und Intelligenz. Viele Untersuchungen belegen *(vgl. Gembris 1998, Lehmann 2010),* dass das Singen oder Musizieren einen nachweislich positiven Einfluss auf die allgemeine Entwicklung besitzt.

Dartsch drückt es so aus: „Der Umgang mit Musik berührt mit der Emotionalen Intelligenz, dem Aufbau von Identität, der Verbindung zu anderen Menschen, dem Flow-Erlebnis, der Verwirklichung kreativer Impulse, der Autonomie und der inneren Ordnung wesentliche Aspekte des menschlichen Lebens." *(Dartsch 2010, S. 16)*

> Musik steigert die eigene Erlebnisfähigkeit, fördert die Ausdrucksfähigkeit, ermöglicht Sinn, Erfüllung, Kommunikation und Lebensqualität. Das gemeinsame Musizieren und Hören entwickelt Teamfähigkeit, Kreativität und soziale Kompetenzen.

Christian Lehmann bringt es in seinem Buch „Der genetische Notenschlüssel – warum Musik zum Menschsein gehört" auf den Punkt:
„Musik ist Kommunikation. Musik ist ein Teil der Natur des Menschen. Musik ist sozialer Kitt. Musik ist Ritual. Musik ist ein Reiz für unser Gefühlsleben. Musik ist kulturelle Heimat. Musik ist Spiel. Musik ist Wirkstoff. Musik ist Ware." *(Lehmann 2010, S. 215)*

Musik braucht Vermittlung

Musikvermittlung kann über die Herangehensweisen, Inhalte und Methoden des **Elementaren Musizierens** stattfinden. Musik wird über eine gelungene Beziehungsbildung zu einem Bereich der eigenen Lebenswelt.

Elementares Musizieren bedeutet nicht die Vermittlung einzelner isolierter musikalischer Fähigkeiten und Fertigkeiten. Es geht nicht darum, einzelne Rhythmen, Lieder oder Instrumentalstücke isoliert einzuüben.

Es gilt, dass jedes Kind individuelle und vielfältige musikalische Erfahrungen im sozialen Kontext der Gruppe sammeln kann. Im Vordergrund stehen dabei der Spaß und die Freude am praktizierenden und hörenden Umgang mit Musik.

Kinder wie Erwachsene lernen dann mit Freude, wenn ihre Neugierde geweckt, Forschungsdrang, Fantasie, Experimentierfreude, Freude, Kreativität usw. angesprochen werden. Das stupide Einstudieren von Liedern beispielsweise ermöglicht nicht, schöpferisch tätig zu sein. Im kreativen, fantasiereichen und schöpferischen Prozess mit musikalischen Inhalten können ganz vielfältige persönliche Erfahrungen gemacht werden, die es dem Menschen ermöglichen, offen zu sein für weitere Verbindungen und Beziehungen.

Elementares Musizieren steht für:
Spielen mit Musik
Individuelle Ausdrucksmöglichkeiten über den Körper und die Stimme, für Bewegung, Tanz, Umgang mit Instrumenten, mit Objekten, in Verbindung mit Theater, Malerei und anderen Kunstformen
Ansprache an alle Sinne
Einbringen eigener Ideen, Fantasien und Empfindungen
Schöpferisches und kreatives Handeln
Entwicklung von Ich-Identität im Umgang mit mir, den anderen, der Umwelt, mit dem musikalischen Material

Musikalische Bildungsangebote sollen deshalb

1. allen Kindern einen Zugang zur Musik ermöglichen: **Prinzip der Chancengleichheit**
2. alle Wahrnehmungsbereiche über Körper, Stimme und Bewegung ansprechen und ein intermediales Erleben ermöglichen: **Prinzip der Ganzheitlichkeit**
3. jeden in seiner Selbsttätigkeit fördern: **Prinzip der Selbsttätigkeit**
4. Musik vielfältig und spielerisch, kreativ und prozessorientiert in unterschiedlichen Aktionsformen anbieten: **Prinzip der Vielfalt**
5. Kinder und Jugendliche in ihren Lebenswelten, in ihren Erfahrungen, Bildern und Vorstellungen ansprechen: **Prinzip der Anschaulichkeit**

Etwas erfahren heißt in diesem Zusammenhang, eine Tätigkeit mit Sinn zu füllen. Sinnvoll wird dann etwas, wenn die Persönlichkeit dabei angesprochen wird, wenn eine aktive und schöpferische Auseinandersetzung stattfinden kann, innerhalb eines Rahmens, der auf die Erfüllung der individuellen Bedürfnisse ausgerichtet ist. Diese sinnerfüllte Beschäftigung kann dann zu einem Erlebnis werden.

Musikvermittlung in Einrichtungen wie Kindertagesstätten geschieht **spielerisch, ganzheitlich und prozessorientiert**. Nicht das Ergebnis steht im Vordergrund, sondern das Kind in seinem eigenen Handeln, Erfahren mit allen Sinnen und seiner emotionalen Berührung.

„Ziel des Elementaren Musizierens ist, sich in der Welt aller Musik frei und persönlich ausdrücken zu können und diese Ausdrucksmöglichkeiten und die Fähigkeit dafür – in Auseinandersetzung mit sich selbst, mit anderen und der Musik – zu vermehren, und das wild, lustvoll, ungezwungen und mit bedingungsloser Hingabe als Zelebration." *(Schneidewind 2010, S. 8)*

Als „Elementares Musizieren" sollen deshalb nachfolgend alle musikalischen Angebote bezeichnet werden.

Der Dschungelgroove (Andrea Friedhofen)
Ein praktisches Beispiel für elementares Musizieren

Einstieg
Bilderbuch betrachten, Bilder von den Figuren zeigen: Balu, Mogli, Baghira usw.

Exploration
Die Kinder bewegen sich wie Balu, Mogli oder andere Figuren, sie erzählen ihr Wissen über die Geschichte. Es kann eine gemeinsame Reise durch den Dschungel stattfinden, für diese Reise gibt die Erzieherin unterschiedliche Bewegungsformen vor: langsam, geduckt, durch den Matsch watend, Urwaldgeräusche werden imitiert oder mit Instrumenten wiedergegeben. Das Lied von Balu singen: „Probier's mal mit Gemütlichkeit".

Erarbeitung

Dschungelgroove kennenlernen: Als rhythmischer Sprechvers wird die Textzeile: „Im Dschungel tut sich heute was, alle Tiere haben Spaß!" im Sprachrhythmus durch Vor- und Nachsprechen einstudiert. Dieser Vers kann zur Vertiefung einmal langsam und schnell, hoch und tief, laut und leise gesprochen werden.

Gemeinsam werden dann nacheinander die einzelnen rhythmischen Pattern (Muster) der Figuren gelernt, dabei werden die Rhythmen erst gesprochen, dann mit Klanggesten (klatschen oder patschen) rhythmisiert und anschließend auf Instrumente übertragen. Die Rhythmen der einzelnen Figuren werden zunächst von allen Kindern musikalisch dargestellt, dann erst werden Kleingruppen gebildet, sodass sich die Kinder nur noch auf eine Figur konzentrieren.

Gestaltung in Rondoform

Gemeinsam wird das Pattern gesprochen und gespielt „Im Dschungel tut sich heute was". Dieser Rhythmus wird immer zwischen den Figuren gesprochen.

Kinder in Gruppen aufteilen: Mogli, Balu usw., diese Gruppe spielt dann ihr Pattern.
Ablauf: Tutti – Balu – Tutti – Mogli – Tutti – King Louis

Abschluss

Tanz von Balu oder gemeinsames Singen der bekannten Lieder aus dem Dschungelbuchfilm von Walt Disney.

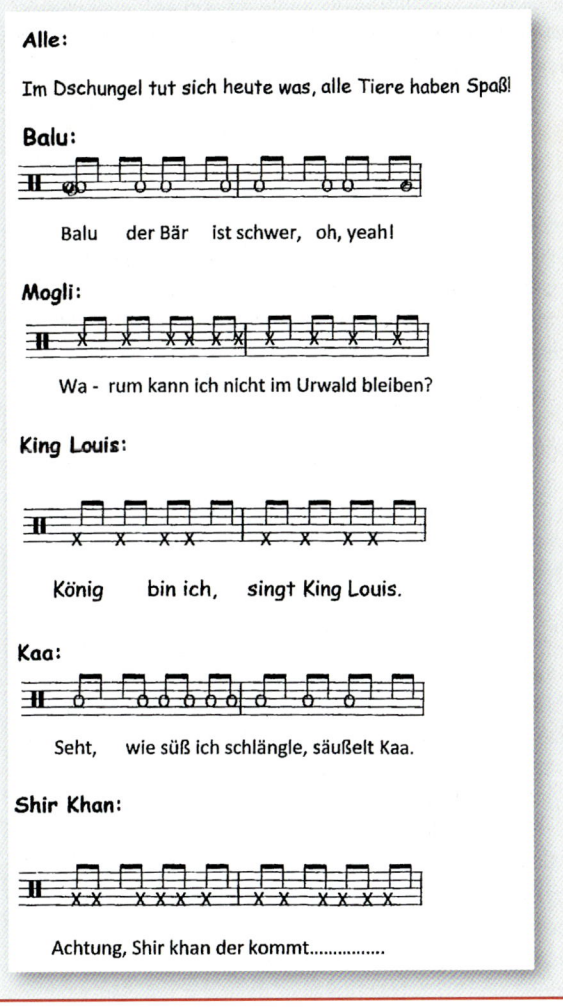

1.1.5   Kreativitätsförderung: Musik und Spiel

Musik ist Spiel

Der kreative Umgang mit Klängen, Instrumenten oder Materialien ist immer auch ein Spielen. Eine Förderung der Kreativität bedeutet, Angebote zum Experimentieren, Entdecken und Spielen zur Verfügung zu stellen.

Eine besondere Rolle kommt dem Spiel innerhalb der Musik zu. Der Mensch *spielt* ein Instrument. Musik stellt im Spielen eine über der Realität schwebende Ersatzwelt dar. Wer musiziert, vergisst die Welt um sich herum, er lebt in der Welt der Musik. Der Raum, in dem er sich befindet, die Zeit, die das Spielen in Anspruch nimmt, all das verschwindet aus dem Bewusstsein.

Die „Scheinwelt" Musik bietet einen Wechsel von Spannung und Auflösung, sie ist mit Freude verbunden, viele Spielregeln stecken den Rahmen ab.

Ein elementarer Umgang mit Musik, das Sammeln elementarer Erfahrungen beinhalten das, was musizieren und spielen ausmacht.

Das Spielen mit Klängen, Rhythmen bzw. mit jeglichen Inhalten und Materialien vermittelt grundlegende Erfahrungen, ermöglicht jedem Menschen ein Mitmachen und spricht das Innerste in jedem an.

Das musikspezifische Spielen ist nicht abhängig von besonderen Fähigkeiten oder Fertigkeiten der Kinder oder Jugendlichen. Kinder wollen *spielend* musizieren.

Im Spielen und Experimentieren lernt das Kind am effektivsten und nachhaltigsten. Über Spielen und Sich-Ausdrücken baut der Mensch Beziehungen auf – Beziehung zu sich selbst, weil man über das Spielen etwas über sich erfährt, und Beziehung zu anderen Mitspielern oder Beteiligten (Anwesenden). Es entwickelt sich zudem eine Verbindung zu dem Instrument, dem Kunstwerk oder dem Musikstück. Wird eine Beziehung aufgebaut, erlangt der Gegenstand der Auseinandersetzung eine Bedeutung: Das Spielen gefällt mir, ich möchte mich immer wieder damit beschäftigen.

Im Spielen und Experimentieren erschließt sich eine neue Welt. Musizieren und Spielen, beide benötigen die Fantasie als den inneren Antrieb, der beide beflügelt.

„In ästhetisch eigenwertigen Spiel- und Lernsituationen wird mit der Gruppe ein meist themenbezogenes Hin und Her zwischen Hören und Handeln, Solmisieren, Singen und Bewegen, Experimentieren, Erforschen und Gestalten z. B. von Spiel-Liedern, Märchen, Geschichten, Hör-Spielen etc. inszeniert, das wie jedes Miteinander-Musizieren das Wesen des Spiels als zweckenthobene, spannende in sich bewegte, potenziell unendlich sich wiederholende Tätigkeit aktualisiert, in der man völlig aufgeht, sich selbst und alle Welt vergisst und dennoch etwas lernt." *(Lexikon der Musikpädagogik, S. 231)*

1.1.6 Musik und Sprache

Die beiden Phänomene Musik und Sprache verbindet sehr viel miteinander: Beide spielen sich innerhalb eines Zeitverlaufs ab und beide besitzen eine Reihe gemeinsamer Gestaltungsmerkmale (musikalische Parameter oder prosodische Elemente) wie Tempo, Rhythmus, Tonhöhe, Melodik, Lautstärke, Betonung und Klangfarbe.

Mit Blick auf die kindliche Entwicklung bedeutet dies, dass die musikalische und sprachliche Entwicklung nah beieinanderliegen. Die grundlegende stimmliche Entwicklung und ihre körperlichen Voraussetzungen (Atmung und Sprechwerkzeuge) basieren auf den gleichen Entwicklungsprozessen.

Die Melodik des Sprechens und Singens stellt somit eine Grundlage für den Spracherwerb dar. Klang und Melodie von Sätzen und Wörtern helfen beim Entschlüsseln von Sinneinheiten und dem Sprachaufbau. Ebenso haben Klang und Melodie sprachliche und musikalische Wirkungen.

> Ein Kind lernt Sprache nie monoton, körperlos oder ohne musikalische Merkmale.

Musik und Sprache gemeinsam ist die **Klang- und Lautbildung,** die **Artikulation** (Phonetik) und die **Sprachmelodie** (Prosodie).

Jede musikalische und sprachliche Aktivität benötigt die Koordination von Klang, Atmung, Motorik und Hören. Dabei kommt den musikalisch-rhythmischen Elementen eine Schlüsselfunktion für das Verstehen von Sprache zu. Sprachprosodie unterstützt emotionale Inhalte, erleichtert das Sprachverständnis und fördert den Kommunikationsaufbau.

Musikalische Angebote, die die Klang- und Körperwahrnehmung fördern, den experimentellen Einsatz der Stimme unterstützen oder bewusst Sprechverse, Nonsensreime und Lieder einbeziehen, unterstützen die Sprachentwicklung.

Rhythmus ist ein Bestandteil der Musik und das verbindende Element von Sprache und Bewegung. Das aktive Musizieren hat eine positive Wirkung auf das Sprech- und Sprachvermögen. Hier kommt v. a. dem Rhythmus eine besondere Bedeutung zu, denn:

→ der Umgang mit Rhythmen in der Musik wirkt sich positiv auf den Umgang mit Rhythmen in der Sprache aus und umgekehrt,

→ das Spielen rhythmischer Pattern über Klanggesten oder Rhythmussprache fördert die Konzentrations- und Kommunikationsbereitschaft und besitzt eine wohltuende Wirkung (Selbst-Berührungen),

→ Sprechrhythmen und rhythmische Gesten unterstützen sich gegenseitig.

Musik und Rhythmik bieten allen Kindern die Gelegenheit, ihre ganz besonderen Fähigkeiten zu entwickeln, an kommunikativen Situationen teilzunehmen und sie mitzugestalten. Differenzierte Aufgabenstellungen ermöglichen Erfolgserlebnisse für alle Kinder unabhängig von ihrem Vorwissen und Können.

Eine Reise ins Weltall

(A. Friedhofen)
Ein praktisches Beispiel für Elementares Musizieren mit dem Schwerpunkt Sprache

Der Raketenstart

Zehn, neun, acht und sieben
schnell ins Raumschiff eingestiegen,
sechs, fünf, vier und drei,
wir sind alle mit dabei!
Zwei, eins, zero: Los!

Die Kinder sprechen den Raketenstart im Sprechrhythmus. Beherrschen sie den Spruch sicher, können alle den Rhythmus mitklatschen.

Der Raketenstart nach „Los" wird mit Stampfen, Patschen auf den Oberschenkeln, Klatschen und Arme-Hochführen begleitet. Wir besuchen nacheinander drei Planeten, auf denen die Kinder verschiedene Rhythmen und Bewegungsformen kennenlernen:

1. Mars:

Die Marsbewohner bewegen sich mit ganz eckigen Bewegungen (wie ein Roboter) durch den Raum. Dazu kann der Rhythmus getrommelt oder gesprochen werden.

Danach fliegen wir zum nächsten Planeten:

2. Pluto:

Hier auf dem Pluto bewegen sich die Bewohner mal wie im Zeitraffer, also ganz schnell, und mal wie in Zeitlupe, also ganz langsam. Und auch hier wird der Rhythmus des Planeten dazugesprochen.

Weiter geht es nach dem gemeinsamen Raketenstart zum nächsten Planeten:

3. Venus:

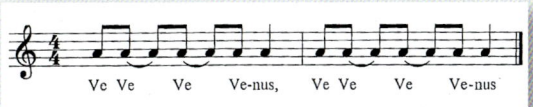

Alle Venusbewohner laufen so, als wären sie aus Gummi, dazu sprechen sie die Silben ganz weich aus. Auf der Venus bekommen wir Besuch von „Wiwi".

Wiwi ist ein Sternenwesen vom Stern 2010 *(vgl. Kindel, Ohrwürmchen-Kinderlieder Praxisbuch, S. 98)*. Der Liedtext lässt sich mit Gesten begleiten. Die Kinder überlegen, wie die Musik und der Tanz von Wiwi klingen und aussehen könnten. Die hierzu gefundenen Lösungen werden als grafische Notation aufgemalt und zur Erde mitgenommen.

Schließlich kommt der Abflug, nach dem Raketenstart, zur Erde.

Auf der Erde angekommen, werden die Erlebnisse ausgetauscht, die Rhythmen und das Lied können wiederholt, auf Instrumente, übertragen oder in der Bewegung dargestellt werden. Es lassen sich natürlich auch hervorragend Bilder über den Besuch bei den Planeten malen und gestalten.

1. Strophe:

Ich bin die kleine Wiwi vom Stern 2010,
den habt ihr doch am Himmel
bestimmt schon mal gesehen.
Mit meiner Untertasse
flieg ich durch das All.
So fliege ich von Stern zu Stern
mit ´nem lauten Knall …
Bibibip bip bip bip biep …

2. Strophe:

Auf unserm schönen Sterne
ja da tanzt man so gerne,
doch leider fehlt dort die Musik,
denn dort macht alles Biep, biep, biep.
Drum kam ich auf die Erde,
damit dies anders werde.
Denn hier da gibt's so viel Musik
und nicht nur dieses Biep, biep, biep.
Bipbipbip bip bip bip biep …

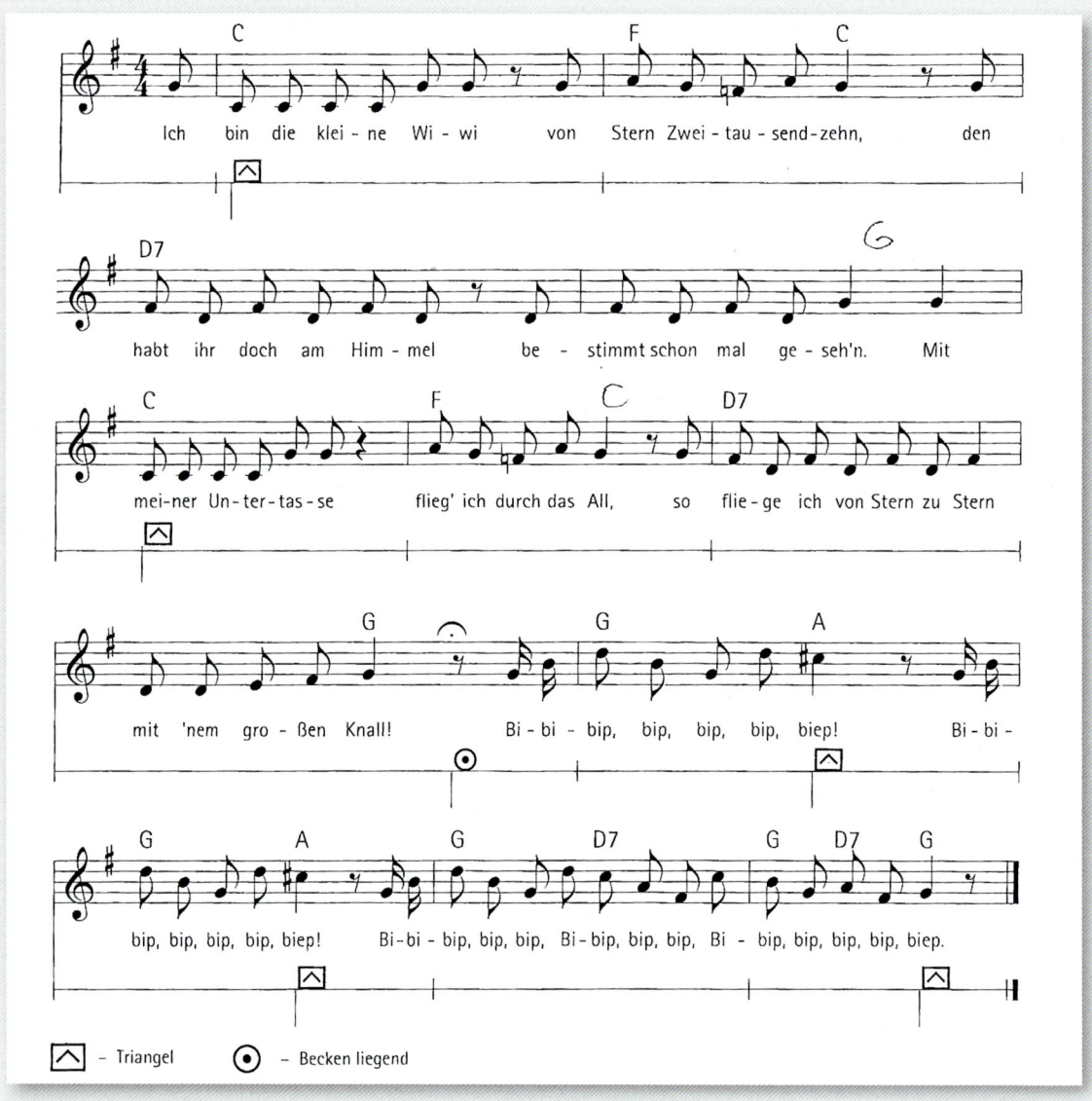

Autor: Unmada Manfred Kindel © Ökotopia Verlag 2006

↗ FAZIT

→ Musikalität steckt in jedem Kind.

→ Musikalische Bildung und Erziehung trägt zur Persönlichkeitsentwicklung bei.

→ Musikalische Äußerungen entspringen dem menschlichen Bedürfnis nach Ausdruck.

→ Musikalisches Handeln ermöglicht Beziehungen.

→ Musik ist Spiel.

→ Das einzelne Kind und die Gruppe sind Ausgangs- und Bezugspunkt beim Einsatz von Musik in der Kita.

→ Ein musikalisch reichhaltiges soziales Umfeld begünstigt die musikalische und allgemeine Entwicklung.

→ Elementares Musizieren heißt, gemeinsam, lebendig, kreativ, lustvoll zu musizieren, Musik zu erfinden, zu gestalten, zu improvisieren, zu erleben und zu verstehen.

→ Elementar bedeutet in diesem Zusammenhang: wesentlich, grundständig, grundlegend.

→·← AUFGABEN UND ANREGUNGEN

1 ☞ Überlegen Sie, welche Bedeutung ein früher Umgang mit Musik für Sie hat.

2 ☞ Diskutieren Sie die Verbindungen von Sprache und Musik.

3 ☞ Überlegen Sie, ob eine Sprachförderung auch über musikalische Inhalte stattfinden könnte.

TIPPS ZUM WEITERLESEN →→

→ Zwi-zwa-Zwergenmatze – Lieder für Kinder, Briefträger, Zwerge und andere Luftkünstler
Johannes Beck-Neckermann, www.klangsamboo.de, 2005

→ Kinder brauchen Musik. Musikalität bei kleinen Kindern entfalten und fördern.
Wilfried Gruhn, Beltz, Weinheim 2003

→ Wahrnehmungsförderung durch Rhythmik und Musik
Sabine Hirler, Herder, Freiburg 2003

→ Pädagogische Schatzbriefe: Spielekartei Bewegung und Rhythmus
Charmaine Liebertz, Don Bosco, München 2008

→ Bewegung und Sprache als Wege zum musikalischen Rhythmus
Silke Lehmann, Epos, 2007

→ Sprachförderung durch Rhythmik und Musik
Sabine Hirler, Herder, Freiburg 2009

→ Die 50 besten Spiele zur Sprachförderung
Maria Monschein, Don Bosco 7/2009

1.2 Didaktische und methodische Kompetenzen

Beim Singen und Musizieren, beim Hören von Musik oder beim Sprechen über Musik sollen die Kinder und Jugendlichen vielfältige Erfahrungen im musikalischen, persönlichen und sozialen Bereich sammeln können.

Dies geschieht, indem die pädagogische Fachkraft ihr musikalisches Angebot dementsprechend plant, vorbereitet und strukturiert.

↘ FRAGEN

→ *Wie kann das Singen und Musizieren im Alltag meiner Einrichtung zu einer Selbstverständlichkeit werden?*

→ *Wie bereite ich musikalische Angebote für verschiedene Altersstufen vor?*

→ *Über welche methodischen Kompetenzen sollte eine Erzieherin verfügen?*

Beim Musizieren können vielfältige Erfahrungen gemacht werden.

1.2.1 Ziele einer musikalischen Bildung und Erziehung

Im Rahmen der musikalischen Bildung und Erziehung sollen die Kinder Musik in ihrer Vielfalt erleben und selbsttätig entdecken können. Sie sollen Freude an der Musikausübung und am Musikhören haben. Grunderfahrungen im Umgang mit Musik sollen ermöglicht werden und ein persönlicher Zugang zur Welt der Töne und Klänge geschaffen werden.

„Musikalische Bildung und Erziehung sprechen die gesamte Persönlichkeitsentwicklung des Kindes an. Optimal ist ein Gleichgewicht aus hören, singen, sich bewegen, tanzen, Rhythmus erleben, den eigenen Körper spüren und beherrschen, ein Instrument spielen – und dabei mit anderen kommunizieren. Musik als Feld für Spiel-, Wahrnehmungs- und Gestaltungsprozesse bietet Kindern die Chance, spielend mit allen Sinnen und kognitiven Fähigkeiten zu lernen […] Es *(das Kind d. Verf.)* erlebt Musik als festen Teil seiner Erlebniswelt und als Möglichkeit seine Gefühle auszudrücken." *(Bayerischer BEP, S. 337)*

Laut Donata Elschenbroichs „Weltwissen der Siebenjährigen" sollte jedes Kind:

→ seine Stimme entdecken, mit ihr experimentieren und spielen können,
→ singen und viele Lieder kennenlernen,
→ seinen Körper als Musikinstrument erfahren,
→ mit Instrumenten, Materialien, Objekten usw. in einen Dialog treten,
→ Rhythmus in den Füßen, mit den Händen oder ganzkörperlich spüren und umsetzen können,
→ vielfältigste Klänge erzeugen, hören und mit ihnen experimentieren,
→ beim Musizieren und Musikhören unterschiedliche Gefühle wahrnehmen und zulassen,
→ die Stille als einen Teil von Musik erleben,
→ erleben, wie das gemeinsame Spielen und Musizieren das eigene Spiel bereichern können,
→ sich selbst als schöpferischen, kreativen und fantasievollen Menschen erfahren.

1.2.2   Handlungs-, Spiel- und Gestaltungsbereiche

Die Inhalte musikalischer Bildung, auch Handlungs-, Spiel- oder Gestaltungsbereiche genannt, orientieren sich an den menschlichen Umgangsweisen mit Musik. Sie ermöglichen musikalisches Erleben und Lernen, basierend auf einer sich immer weiter entwickelnden Wahrnehmung. Dies geschieht im Zusammenspiel mit den Sinnen, den Emotionen, der Motorik und den kognitiven Strukturen. Die Inhalte sollen vielfältig und regelmäßig angeboten werden.

Wichtig für die Kinder sind **Rituallieder,** Themen aus dem Kindergartenalltag, die musikalisch gestaltet werden, Umwelt- und Sachthemen, die sie interessieren, und musikalische Spielangebote, die zu Hause wiederholt werden können. Die musikalische Beschäftigung kann so zu einer Selbstverständlichkeit im Kindergartenalltag werden.

Das Kind musiziert, hört Musik, begreift sie, erfindet selbst oder moduliert und verbindet Musizieren mit Tanz, Malerei und Bildender Kunst, Sprache und Theater usw. Das Kind selbst erlebt diese Umgangsweisen als Einheit.

Der menschliche Umgang mit Musik spiegelt sich in den folgenden **fünf musikalischen Umgangsweisen:**

1. **Musikreproduktion:** aktives Musizieren
2. **Musikrezeption:** Wahrnehmen und Erleben
3. **Musikreflexion:** Nachdenken und Verstehen
4. **Musikproduktion:** Improvisation und Gestaltung
5. **Transformation:** Verbindung mit anderen Bereichen

Elementares Musizieren in Kindertageseinrichtungen kann – bezogen auf die oben genannten Zielvorgaben – in folgenden Handlungsbereichen angeboten werden:
→ Stimme: sprechen und singen
→ Spiel mit Instrumenten, Objekten und Materialien
→ Bewegung/Tanz
→ interkulturelle Musikangebote
→ Hören
→ Rhythmus und Bodypercussion
→ Improvisation

Zur besseren Übersichtlichkeit werden die Bereiche einzeln vorgestellt. In der kindlichen Spielhandlung erscheinen sie in unterschiedlichen Kombinationen.

Ein Lied beispielsweise wird nicht nur gesungen, es kann auch szenisch mit Rollen und somit über Mimik, Gestik und verschiedene Körperhaltungen dargestellt werden, instrumental begleitet, gemalt oder in einer Bewegungsimprovisation umgesetzt werden. Das liegt zum einen in der Natur der Musik selbst und zum anderen im Wahrnehmungs- und Handlungsraum und Spielverhalten des Menschen begründet.

1.   Musikreproduktion

> → Gemeinsames Singen und Musizieren
> → Lieder aus der eigenen und aus fremden Kulturen kennenlernen
> → Lieder, Instrumentalstücke oder Geschichten mit Instrumenten begleiten
> → Kennenlernen verschiedener Tänze

Dieser Bereich umfasst das gesamte **aktive Musizieren,** also das gemeinsame Singen, Tanzen und Musizieren anhand vorgegebener Literatur, wie beispielsweise Lieder, Instrumentalstücke oder Bewegungschoreografien und Tänze.

a) Die Stimme
Ein Schwerpunkt im musikpädagogischen Angebot stellt das Singen dar. Die Fähigkeit, die eigene Stimme zu gebrauchen, sich mithilfe der Stimme auszudrücken oder mit der Stimme zu kommunizieren, ist angeboren. Das Sprechen und das Singen selbst müssen allerdings erlernt werden. Sprechen und Singen haben die gleiche Wurzel und hängen unmittelbar zusammen.

Der Atem als Träger von Sprache und Gesang wird meist unbewusst eingesetzt und spielt für den gesamten Organismus eine wichtige Rolle. Im Unterschied zum Sprechen wird beim Singen die Stimme durch die enge Verbundenheit mit dem Körper zu einem direkten Ausdrucksmittel für Gedanken und Gefühle, eben für alle seelischen Empfindungen.

Singen mit Kindern und Singen für Kinder bedeutet demnach, sich ihnen emotional zuzuwenden. Die Ausbildung und Pflege der Sprech- und Singstimme als das ureigene und ganz persönliche Instrument benötigt große Sorgfalt und Wissen um deren Funktion. Für eine tragfähige und gesunde Stimme wichtig sind:

→ die Ein- und Ausatmung (Zwerchfellatmung),
→ eine gute Aussprache,
→ Körperhaltung und Körperspannung,
→ variantenreiches Sprechen zur Aktivierung der inneren Resonanzräume (Hals, Rachen, Mund).

Durch den Umgang mit der Stimme werden wesentliche musikalische Erfahrungen möglich. Das Singen besitzt aber auch einen großen sozialen Aspekt, denn der Mensch kann allein oder gemeinsam mit anderen singen. Jugendliche wünschen sich deshalb ein breites Spektrum an Liedgut, um Musik anderer Kulturen und Stilrichtungen kennenzulernen, dann wird auch gemeinsam gesungen.

Der Einsatz der eigenen Stimme kann so gefördert und geschult und Sicherheit in der Tonbildung und -vorstellung geschaffen werden. Gerade bei Jugendlichen ist der sensible Umgang mit der eigenen Atmung notwendig, so kann dadurch ein Bewusstsein für den eigenen Körper geschaffen werden.

Eine gute Aussprache ist eine wertvolle Voraussetzung für das Singen. Worte und die Art und Weise, wie etwas gesprochen wird, bestimmen die Verständigung. Neben Tonfall und Dynamik wird alles Hörbare noch durch Mimik, Gestik und Körperhaltung unterstützt.

Durch Sprechrhythmen und schauspielerische Übungen werden die Ausdrucksmöglichkeiten der Stimme gefördert und die Persönlichkeit der Kinder und Jugendlichen herausgefordert und gestärkt. Beim Singen werden Gedanken, Gefühle und Erfahrungen ausgedrückt. Kinder freuen sich, wenn mit ihnen oder für sie gesungen wird. Diese emotionale Zuwendung kennen sie meist aus ihrer frühen Kindheit, wenn Eltern für sie gesungen haben.

Für Eltern und Erzieherinnen gilt, dass Lieder oder einzelne Töne auch mal nicht richtig gesungen werden dürfen, wenn sie emphatisch, gefühlvoll und leidenschaftlich vorgetragen werden. Hauptsache, sie singen für und/oder mit den Kindern.

Über die Stimme vollzieht sich der größte Teil des musikalischen Denkens und Vorstellens. Beim Spielen eines Instruments oder beim Musikhören ist die Stimme meistens mit beteiligt. Das Mitsingen ist manchmal hörbar oder wird nur innerlich mitgemacht. Bereits die Vorstellung von Tönen führt zu einem inneren Singen. Das Singen selbst ist Übungssache. Neben Stimmbildung, dem freien und spontanen Singen, dem singenden Erzählen, Sprechgesängen, Singspielen, dem experimentellen Umgang mit der Singstimme usw. geht es in der musikalischen Arbeit vor allem um das Singen von Liedern.

Das Lied „Zwei kleine Wölfe"

Ein praktisches Beispiel

Das Spiel der Wölfe zur Einstimmung:

Die Kinder erhalten Karten, auf denen je zwei gleiche Symbole oder Buchstaben gemalt sind. Diese tragen sie verdeckt bei sich. Auf ein akustisches Signal hin suchen sie sich einen Partner und zeigen sich gegenseitig die Karten. Die Paare, die die gleichen Symbole oder Buchstaben haben, sind Wölfe und bleiben an ihrem Platz stehen. Die Kinder mit zwei unterschiedlichen Kärtchen müssen weiter auf die Suche nach einem richtigen Partner gehen. Nach jeder Runde wird eine kurze Phrase (Anfang des späteren Wölfe-Liedes) gesungen. Ziel ist es, dass alle Kinder zu Paaren und somit zu Wölfen werden.

Liedeinstudierung anhand Bildkärtchen:

Die Kinder lernen das Lied mithilfe von Bildkärtchen, auf denen die Geschichte dargestellt ist. Evtl. können einzelne Kinder das Lied auf Stabspielen begleiten.

Das Spiel „Klangwald":

Die Kinder stehen mit verschiedenen Instrumenten als „Bäume" verteilt im Raum. Ein Kind (= Wolf) läuft mit geschlossenen Augen durch den „Wald" und darf keinen Baum berühren. Die „Bäume" geben zur Orientierung akustische Zeichen.

Das Spiel „Tierpantomime"

Immer drei Kinder gehen mit der Erzieherin vor die Türe. Dort wird ihnen ein Tier genannt, das sie den anderen Kindern durch Gestik und Mimik vorführen sollen. Es muss erkennbar sein, welches Tier gemeint ist und wie es dem Tier gerade geht.

Wiederholung des Liedes „Zwei kleine Wölfe":
Der Text des Liedes wird mithilfe der bereits bekannten Bildkarten wiederholt. Die Kinder sollen die Karten erneut ordnen und hören auf diese Weise ein weiteres Mal die Melodie.

Sind die Bildkarten geordnet, wird das Lied zusammen mit den Kindern gesungen, mit besonderer Thematisierung des Pfeifens. Anschließend werden Bewegungen zur weiteren Verinnerlichung des Textes eingeführt.

Im Anschluss an die Erarbeitungsphase gibt es einen „Aufführungs-Durchlauf".

Abschlussideen:
Für den musikalischen Abschluss wird eine einfache Liedbegleitung mit Boomwhackers (Musikinstrumente aus Kunststoffröhren) erarbeitet. Oder eine grafische Partitur wird erstellt, indem die Fußspuren der Wölfe aufgemalt werden.

Die Einstudierung eines Liedes kann folgendermaßen aufgebaut werden:

1. Einstimmung und Lockerungsübungen

2. Spiele zur Stimm- und Sprechbildung

3. Hinführung oder Einführung zum Lied oder Sprechstück über Sensibilisierung, Bilder, Geschichten, Bewegungsspiele, Improvisation, Exploration, Gespräche

4. Spiele mit dem Hauptthema:
   Hier findet die „Erarbeitung" statt.

5. Gestaltungsmöglichkeiten und Abschluss
   Weitere Möglichkeit: Transformation in andere Ausdrucks- und Kunstformen

Das Singen selbst ist ein äußerst komplexer Vorgang. Die Fähigkeit, Lieder zu singen, ist abhängig von den folgenden Faktoren:
→ Angebot an Hör- und Liedmaterial,
→ Tonalitätsgefühl (die Tonhöhen können richtig wiedergegeben werden),
→ Tongedächtnis (die innere Klangvorstellung),
→ Ohr als Kontrollorgan (innerer körperlicher Reifungsprozess),
→ Rhythmen mit einem einigermaßen sicheren Metrum wiedergeben können
→ Erfahrungen, die sich auf die Singlust und Singhemmung auswirken können.

Methodische Tipps für gemeinsames Singen
Das Singen mit Kindern kann jederzeit stattfinden. Da es für die Kinder völlig natürlich ist, sich ständig über dieses „Instrument" auszudrücken und mit ihm zu spielen, können sämtliche Stimmaktionen je nach Bedürfnis des einzelnen Kindes, der Gruppe, der Erzieherin oder der Situation eingesetzt werden. Zu beachten ist, dass alle Singangebote eine positive angstfreie Atmosphäre benötigen, ebenso wie einen gut gelüfteten Raum mit ausreichend Sauerstoff und Licht. Ansonsten besteht die Gefahr, dass sich keiner traut, zu singen, bzw. die Stimme nicht in „Stimmung" kommt.

Regelmäßiges Singen ist oft besser als zu langes Singen. Lieder können so auch immer mal wiederholt werden. Es steigert das Erfolgserlebnis, wenn die Kinder merken, was sie schon alles können. Ein variantenreiches Anbieten von Stimmaktivitäten, alten und modernen Kinderliedern, kombiniert mit Bewegung und Tanz, Improvisationsspielen, Instrumentalspiel, Malerei, szenischem Spiel oder anderen Ausdrucksmedien motiviert Kinder zum Singen.

Wichtig für die Kinderstimme ist das Singen in der kindlichen Tonlage (c1–e2), ein anstrengungsfreies Singen, eine gute Singhaltung im Sitzen (vgl. Kutschersitz vorne auf der Stuhlkante) oder Stehen (vgl. eine Marionette, an deren Kopf ein Faden nach oben führt) und eine deutliche Artikulation.

Es empfiehlt sich zunächst, die Kinder beim Singen in der Stimmlage abzuholen, in der sie sich gerade befinden. Durch mangelnde Übung oder schlechte Vorbilder singen manche Kinder zu tief, deshalb kann man versuchen, die Lieder immer ein bisschen höher zu singen.

Abwechslungsreich und schön ist es, wenn manche Lieder von einem Instrument (Block- oder Querflöte, Klavier, Altxylofon usw.) vorgespielt oder begleitet werden (Gitarre, Klavier, Altxylofon oder -metallofon usw.) Kindern gefällt das sehr.

Alle Kinder singen richtig! So empfinden es zumindest die Jüngeren. Kinder benötigen deshalb viele Gelegenheiten zum Hinhorchen und Vergleichen, um ein Gefühl und das Ohr für die eigene Stimmlage zu entwickeln. Klingt meine Melodie, mein Text, mein Rhythmus usw. genauso? Hilfreich ist, wenn Kinder immer wieder die Möglichkeit erhalten, auch einmal allein singen zu können. (Erzieherin kann bei Bedarf leise mitsingen.)

Entscheidend ist nicht, ob die Kinder ein Lied nach der Einstudierung „richtig" singen können. Bedeutsam ist das Erlebnis des Singens, sodass – wie oben angesprochen – das Singen zu einer vielfältigen Erfahrung werden kann.

Wichtig ist, dass die Kinder:
→ dem Lied gerne zuhören
→ lustvoll mitsingen
→ verschiedene Facetten kennenlernen (leise/laut singen, allein oder mit anderen usw.),
→ sich über Text, Melodie oder Ausdruck angesprochen fühlen
→ das Lied oft, möglichst variantenreich (mit Gesten, Körperinstrumenten, in Bewegung usw.) wiederholen
→ eigene Ideen miteinbringen
→ ihre Meinung, Gedanken und Gefühle aussprechen.

Übungen zur Stimm- und Sprechbildung

→ **Atemübungen:**
Kerzen ausblasen, kaputte Reifen oder Luftballons aufblasen.
→ **Atemspiele mit Materialien:**
Tischtennisball mit Strohhalm pusten, japanische Papierbälle oder Taschentücher pusten.
→ **Sprechgesänge:**
singen nach grafischen Zeichen; sich Töne/Klänge zuwerfen.
→ **Artikulation:**
Klang- und Lautspiele mit Vokalen und Konsonanten.

→ **Intonation**
(singen in der vorgegebenen Tonhöhe)
→ **Imitation:**
Töne werden durch den Raum getragen; Echospiele; Nachahmen von Tierstimmen und Umweltgeräuschen.
→ **Spiele mit Mundgeräuschen:**
Hörspiele nur mit den Geräuschen der Zunge, der Zähne, Lippen usw. erfinden. Mögliche Vorgaben: Bilder von Bäumen, die sich im Sturmwind biegen; Geräusche in der Nacht usw. können vorgelesen, erzählt, variiert, mit Instrumenten begleitet, rhythmisiert, dargestellt, frei nachgespielt werden usw.

Ziele für das Sprechen und Singen mit Kindern und Jugendlichen
→ Entdecken und Spielen mit eigenen stimmlichen Ausdrucksmöglichkeiten
→ Ausbildung und Pflege der Sprech- und Singstimme
→ Erfinden von Melodien und Rhythmen oder Anregung, selbst Melodien fortzuführen
→ viele Lieder kennenlernen, singen und gestalten
→ Sprache differenziert und vielfältig einsetzen
→ Hören und Wahrnehmen von Tonhöhen, Intervallen, Rhythmen und Melodien
→ Gemeinschaftsgefühl und Kontaktaufnahme mit den anderen Kindern

→ Gefühle wahrnehmen und ausdrücken
→ Sicherheit im Umgang mit der eigenen Stimme erfahren, sich trauen, auch alleine zu singen.
→ Stimmbildung in den Bereichen Atmung – Artikulation – Intonation

b) Das Instrumentalspiel mit Körperinstrumenten: Körperperkussion – Bodyperkussion – Klanggesten
Bei Perkussionsinstrumenten werden die Klänge durch Anschlagen, Schütteln oder Reiben produziert. Diese Techniken können auf den menschlichen Körper übertragen werden. Body- oder Körperperkussion bezeichnet alle Klänge, die mit dem Körper produziert werden können.

Es gibt **vier grundsätzliche Techniken:** Patschen, Klatschen, Stampfen, Fingerschnipsen.

Außerdem gibt es noch eine Vielzahl weiterer Klänge, die durch Patschen z. B. auf Brust, Hüfte, Po usw. oder mit dem Mund erzeugt werden können.

Bodyperkussion kann entweder als alleinige Performance oder als Begleitung von Liedern oder Tänzen eingesetzt werden. Der Vorteil von Bodyperkussion ist,

dass der Körper jedem Menschen als Instrument zur Verfügung steht. Den Körper als Instrument zu benutzen, ermöglicht Kindern und Jugendlichen einen direkten Zugang zu sich selbst, zu musikalischen Elementen wie Rhythmus, Metrum und Takt und hilft ihnen, diese zu verinnerlichen.

Das beidhändige Patschen auf Körperteile ist die ursprünglichste Bewegungsform des Kindes.

Praktische Beispiele: Bodyperkussion mit Jugendlichen und Kindern

1. Begrüßungs-Rap (A. Friedhofen/Ulrich Moritz)

„Hallo Leute aufgewacht, hier wird Rhythmus leicht gemacht.
Viel gespielt und auch gelacht, und ein bisschen Quatsch gemacht."

OS: Oberschenkel beidhändig patschen
OSX: Hände über Kreuz auf Oberschenkel patschen
X: Klatschen

Gestaltungsmöglichkeiten:
Den Text als Rap lernen und sprechen, dazu die Bodyperkussionbegleitung spielen. Bei Jugendlichen lassen sich noch Breaks einbauen, die selbst entwickelt werden, z. B.:

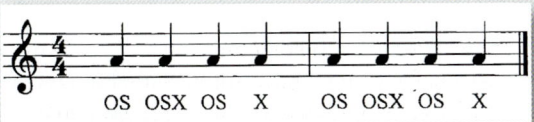

B: Brust patschen
S: Schnipsen
X: Klatschen
OS: Oberschenkel rechts und links patschen

2. Rhythmusspiel: „Ich und Du spielen"

B: Brust patschen mit rechter oder linker Hand
X: Klatschen in die eigenen Hände
H: Hände nach vorne, später in Hände des Partners klatschen

Die Kinder stehen im Halbkreis vor der Erzieherin und lernen den rhythmischen Satz: „Ich und Du spielen" nachzusprechen. Dabei begleiten sie sich selbst mit den Klanggesten, passend zu dem Satz:

Ich: 1x auf die eigene Brust patschen
und: in die eigenen Hände klatschen
Du: beide Hände nach vorne strecken, Handflächen zeigen nach vorne
Spielen: 2x in die Hände klatschen

Das „Du" wird nun mit den Händen nach rechts und links gezeigt, sodass mit den an meiner Seite stehenden anderen Kindern ein Klang entsteht.

Dieses Spiel lässt sich auch gut mit einem gegenüberstehenden Partner gestalten.

Dieses musikalische Motiv kann dann natürlich auch auf Trommeln gespielt werden. Dabei können das „Ich" und das „Du" in der Fellmitte, während das „und" und „spielen" am Fellrand der Trommel angeschlagen werden.

Die Instrumente

Im Bereich Instrumentalspiel können der eigene Körper, Perkussionsinstrumente, Stabspiele, traditionelle Musikinstrumente, Materialien und Objekte aller Art eingesetzt werden.

Instrumentenfamilie	Instrumente
Körperinstrument	Eigener Körper
Perkussioninstrumente (kleines und großes Schlagwerk)	**Fellinstrumente:** Handtrommel, Bongo, Conga, Djemben **Holzinstrumente:** Klanghölzer, Holzblocktrommel, Kastagnetten, Cajon (kubanische Trommel) **Metallinstrumente:** Triangel, Becken, Fingerzymbeln, Agogobell, Cowbell **Schüttelinstrumente:** Maracas (Rumbarassel), Schellenkranz, Tubo (Schüttelrohr), Chicken Eggs **Schrapinstrumente:** Guiro, Reco Reco, Wooden Agogo **Effektinstrumente:** Vibraslap, Guica, Afoxe, Kazoo
Naturton-Instrumente aus aller Welt	Cabassa, Regenmacher, Kalimba, Caxixi
Obertonreiche Instrumente	Klangschalen, Glocken, Klangspiele
Stabspiele	Glockenspiele, Xylofone, Metallofone, einzelne Klangstäbe, Bassklangstäbe
Traditionelle Musikinstrumente	Blockflöten, Gitarre, Klavier, Akkordeon oder jegliche Streich-, Tasten- und Blasinstrumente
Materialien	Selbstbau von Instrumenten - Naturmaterialien: Holz, Steine, Federn - Alltagsmaterialien: Zeitung, Schuhschachtel, Plastikplane, Dose, Papier, Papprollen - Rhythmikmaterialien: Sandsäckchen, Stäbe, Reifen, Bälle, Tücher
Objekte	Gegenstände, die zum Experimentieren und Improvisieren anregen: Stühle, Tisch, Streichholzschachteln, Luftballons usw.

Einsatzmöglichkeiten und Spielangebote

(vgl. Robie 1998, S. 83)

Alle hier angeführten Spielideen entsprechen auch Improvisationen, die eigenständig bleiben oder zu einer Gestaltung führen können. Die beiden Bereiche Reproduktion und Produktion überschneiden sich hier.

Geräuschimitation

Klänge und Geräusche aus dem Umfeld der Kinder werden wiedergegeben: Naturklänge, Tierstimmen, Verkehrsgeräusche usw.

Spielformen:

→ Freie Geschichte: Jedes Kind stellt seinen instrumentalen Klang vor, die Erzieherin verbindet die Klänge zu einer Geschichte.

→ Musikalisches Kofferpacken: Nacheinander, immer wieder von vorne beginnend, werden Klänge in den „Koffer" gepackt

Symbolisierung

Objekte, die keine Geräusche von sich geben, werden verklanglicht wie Sonne, Schnee, Nebel, Bilder oder

Landschaften usw. Kinder orientieren sich bei der Umsetzung an Eigenschaften, die sich auf die visuellen, akustischen oder motorischen Merkmale oder auf den Ausdruck des Objekts beziehen. Ein Blitz beispielsweise wird mit Instrumenten dargestellt, die mit hellen, grellen Farben, zackigen, schnellen, von hoch nach tief geführten Bewegungen assoziiert werden. Die Klangfarben der Instrumente werden hier bewusst eingesetzt, um Klangbilder zu gestalten.

Musikalische Kommunikation

Zur musikalischen Kommunikation gehören:

1. Spielpraktische Aspekte:
   Wie fangen wir an, wie hören wir auf zu spielen? Gemeinsam, nacheinander usw. Welchen formalen Ablauf, welche Lautstärke, Schnelligkeit nehmen wir als Spieler?
2. Emotionale Aspekte:
   Mit welchem Gefühlsausdruck (fröhlich, ängstlich, wütend usw.) spielen wir?
3. Freies Reagieren, Imitieren (Nachmachen) oder Improvisieren:
   → Echospiele: ein Kind spielt nach, was vorgespielt wurde
   → Spielformen:
   Unterhaltung mit wütenden oder lustigen Tönen, Frage-Antwort-Spiele, Gespräch: Wie geht es dir?

Bewegungsbegleitung

Die Kinder nehmen wahr, was Bewegungen „erzählen". Fortbewegungsarten (Gehen, Hüpfen usw.) können im Metrum (Grundschlag oder Puls) oder im Rhythmus begleitet, manche Bewegungen (Eisbären kugeln sich, Fische schwimmen usw.) können frei begleitet werden.

Sprachbegleitung und Sprachgestaltung

Verse, Gedichte, Erzählungen oder Texte werden klangmalerisch (Geräuschimitation, Symbolisierung, Assoziationen usw.) abgebildet und dargestellt oder einzelne Worte und Sätze werden im Sprachrhythmus oder im Metrum begleitet.

Instrumentalstücke nach grafischer oder traditioneller Notation

Spielstücke, Rhythmicals oder andere Partituren werden instrumental umgesetzt. Für Kinder zunächst einfacher ist das Umsetzen grafischer Symbole.

Jugendliche können über moderne Musikstücke, wie Hip Hop, Poparrangements, Kinohits, Musik aus den aktuellen Charts usw. über Mitspielstücke zum Musizieren motiviert werden.

Klanggeschichten

Geschichten können mit Geräuschen und Klängen dargestellt werden (einzelne Texthandlungen, Begriffe werden unmittelbar nach dem Erzählen gespielt), begleitet werden (im Hintergrund wird während des Erzählens gespielt), die musikalische Gestaltung verselbstständigt sich. Sie schafft Atmosphäre, spielt das, was ungesagt bleibt, was empfunden wird.

Klangspiele

Nach einfachen für jeden vertraute Spielregeln (Musikalischer Obstsalat, Reise nach Jerusalem, Indianer rufen sich zu usw.) wird gespielt, durch ihren großen Anteil an Improvisation können sie jedoch immer wieder neu oder anders erklingen.

Liedbegleitung

Eine gute Liedbegleitung bleibt im Hintergrund und drängt sich nicht vor Melodie oder Text. Sie begleitet Kinder beim Singen.

Eine gute Begleitung darf nicht lange geübt werden müssen, dann ist sie zu schwer und die Kinder verlieren die Lust am Musizieren.

Kindergartenkinder sind meist noch nicht in der Lage, gleichzeitig singen und spielen zu können (in der Regel hören sie mit dem Singen auf, sobald sie eine andere Aktion dazu machen sollen). Hier empfiehlt es sich, die Kinder in Gruppen einzuteilen. Die einen sind die Sänger, die anderen sind die Musikanten. Die Rollen sollten immer wieder gewechselt werden *(vgl. Kreusch-Jakob 1995)*.

Für die Kinder ist wichtig, dass sie keine Begleitung vorgesetzt bekommen, die sie nachspielen sollen, sondern dass sie aktiv an der Liedbegleitung mitgestalten und eigene Ideen miteinbringen können.

Mögliche Formen der Liedbegleitung sind:

Klangorientierte Begleitung:

Klangliche Darstellung der Liedinhalte, zum Windlied sind Windgeräusche zu hören, als Vorspiel oder/und als Begleitung.

Rhythmisch-metrische Begleitung:

Den Puls bzw. das Metrum eines Liedes empfinden und mit Körperklängen begleiten. Daran anschließend evtl. nur die Taktschwerpunkte spielen oder einzelne rhythmische Motive. In der Sprachbegleitung spielen die Kinder Sprachrhythmus oder Grundschlag, es fällt ihnen schwer, zu wechseln, deshalb sollten möglichst beide Aufgabenstellungen angeboten werden.

Harmonische Begleitung:

Stabspiele ermöglichen eine Begleitung mit bestimmten Tonhöhen. Damit die Begleittöne auch passen, müssen sie auf die Tonart des Liedes abgestimmt sein. Steht das Lied in C-Dur, hat es keine Vorzeichen und endet meist auf dem Ton „c". Bordunbegleitung: Zum Ton „c" wird die Quint dazu gespielt, ein Zweiklang „c-g" erklingt.

Arrangement:

Lieder können innerhalb eines „musikalischen Rahmens" erklingen. Ein Vorspiel kann einstimmen auf das, was kommt. Das Zwischenspiel ermöglicht eine Pause zwischen den Strophen. Das Nachspiel bietet den Ausklang, führt zum Ende hin.

Ostinat:

Ein kurzes rhythmisches oder melodisches Motiv wird immer wiederholt.

Liedformen:

Manche Lieder bestehen aus einem bestimmten Aufbau (einteilige, zweiteilige, dreiteilige Liedform), der zu einer abwechslungsreichen Begleitung anregt. Bei einem Lied mit Strophen und Refrain kann im Refrain eine immer wiederkehrende Begleitung erklingen, während die Strophen variiert werden.

Wie beim Singen steht das Instrumentalspiel im direkten Zusammenhang mit der Hörfähigkeit und der motorischen Geschicklichkeit. Ein Musikinstrument wird zu einem Partner für das Kind, wenn Spieler und Instrument eine lebendige Beziehung eingehen. Im Idealfall entsteht eine Verbundenheit, die dem spielenden Kind das Gefühl einer Ausweitung seines Körpers und eine Bereicherung vermittelt.

Die Spiellust der Kinder lässt sich beim Spiel mit Instrumenten, beim klanglichen Ausprobieren von verschiedenen Materialien oder Objekten beobachten.

Die Art und Weise der Klangerzeugung ist übersichtlich. Instrumente und Materialien lassen sich anschlagen, schütteln, reiben, anblasen, zupfen, streichen, durch die Luft wirbeln und das in unterschiedlichen Intensitätsgraden (vgl. Beck-Neckermann 2002). Die Intensität der Klangerzeugung führt zu Spielen mit den musikalischen Parametern:

→ Klangfarbe: Tonhelligkeit
→ Lautstärke, Dynamik: laut – leise und alle Abstufungen
→ Tonhöhe: hoch – tief (von den Kindern als hell – dunkel beschrieben)
→ Tondauer: lang – kurz
→ Klangdichte: viel – wenig
→ Klangraum/Klangort

Die Stabspiele (Xylofone, Metallofone, Glockenspiel)

Beim Spiel mit Tonhöhen können Stabspiele eingesetzt werden.

Die Spieltechnik der Stabspiele basiert teilweise auf der Trommeltechnik: federnder Schlag und beidhändiges Spiel (Förderung der Rechts-Links-Koordination).

Deshalb sollte beidhändiges Spiel immer angeboten werden: Wechselschlag und gleichzeitiger Schlag. Als Vorübung hilft oft, am eigenen Körper oder am Boden oder auf bestimmten Objekten zu spielen, denn gerade am eigenen Körper spüren die Kinder die Wechselwirkung von Krafteinsatz und Lautstärke des Klanges (evtl. Schmerz).

Metallklangstäbe eignen sich, um einen federnden Schlag zu üben, da hier der klangliche Unterschied beim Anschlagen gut wahrgenommen werden kann. Günstig zur Unterstützung der Auge-, Hand- (und Ohr-) Koordination ist es, wenn zu Beginn auf den tieferen Instrumenten gespielt wird. Sie besitzen die größeren Stäbe. Es hilft den Kindern beim Treffen der Töne, wenn zunächst nur wenige Stäbe eingesetzt werden.

Haben die Kinder Sicherheit in der Armbewegung und im federnden Spiel gewonnen und ist die Tonanordnung bekannt, kann das Spiel mit festen Tonhöhen eingeführt werden.

Kindern und Jugendlichen hilft es beim Spielen, wenn die einzelnen melodischen Motive hörend erarbeitet werden, um sie dann am Instrument zu spielen.

Mitspielmusik (Musik ertönt von CD, Kinder können anhand einer Partitur mitspielen) ist eine Spielmöglichkeit, schöner ist es, wenn die Erzieherin selbst spielt und die Kinder sie begleiten.

Einsatz- und Spielmöglichkeiten für die Schlägel:
→ Sensibilisierungsübungen: verschiedene Schlägel werden erfühlt, unter einem Tuch oder in den Händen hinter dem Rücken usw.
→ Materialeigenschaften der Schlägelköpfe, der Schlägelstiele usw. kennenlernen
→ freies Spiel auf verschiedenen Raumgegenständen: Boden, Stuhl usw.
→ freies Spiel auf dem eigenen Körper, wie klingen die Füße, der Bauch, die Beine, der Kopf usw., evtl. Lied dazu singen
→ Schlägel balancieren
→ ein anderes Kind mit Schlägelkopf begrüßen
→ sich gegenseitig mit den Schlägeln am Rücken massieren
→ Kreisspiele: Abzählverse im Sprachrhythmus am Boden trommeln
→ Lieder am Boden rhythmisch mittrommeln
→ spätere Instrumentalstücke am Boden üben
→ Spiele mit Objekten: Auf Luftballons oder kleinen/großen Gymnastikbällen trommeln, Bälle werden z. B. mit den Knien gehalten. Vorteil: Bei einer großen Kindergruppe ist die Lautstärke geringer.
→ Klangspiele: z. B. „Ich höre was, was du nicht hörst"

Methodische Tipps für das Spiel mit Instrumenten
Der Spaß am Spielen steht im Vordergrund, Ausprobierphasen stehen vor jedem geordneten oder Regeln unterworfenen Spiel.

Das Erfahren und Aneignen von Musik geschieht über das eigene Spielen und Handeln.

Die Instrumente müssen bekannt sein, bevor Gestaltungen angeboten werden können. Das freie Spielen und Ausprobieren findet bei Improvisationen, Klangexperimenten oder Klangspielen statt, die situativ entstehen oder gezielt angeboten werden können.

Stupides und unbewusstes Einüben von Instrumentalstücken muss vermieden werden, denn das Ohr sollte beim Spielen immer beteiligt sein. Die motorischen Fähigkeiten verbessern sich beim hörkontrollierten Spielen.

Über die verschiedenen Sinneserfahrungen wird das Gefühl für den Puls bzw. den Grundschlag angeregt. Rhythmisches, melodisches, harmonisches, dynamisches und klangliches Gestalten erfährt so Stabilität.

Die Instrumente können je nach Gruppensituation und räumlichen Möglichkeiten offen zur Verfügung stehen, sodass die Kinder die Instrumente jederzeit in ihr Spiel integrieren können. Fühlen sich andere Kinder dadurch gestört, ist es wichtig, nach einer gemeinsamen Lösung zu suchen. Zu bedenken ist, dass durch die freie Verfügbarkeit der Instrumente Kinder das Angebot des freien improvisatorischen Spiels nicht mehr reizen könnte.

Je nach Gruppengröße und der Anzahl der zur Verfügung stehenden Instrumente ist bei der Anleitung zu beachten, dass:
→ verbale und nonverbale Kommunikation abwechseln,
→ Start- und Stoppzeichen für alle Teilnehmer klar und deutlich sind,
→ Spielregeln möglichst vor dem Einsatz der Instrumente besprochen werden,
→ das Austeilen und Einsammeln der Instrumente altersbezogen organisiert ist,
→ kurze klare Anweisungen besser sind als langatmige, Unruhe fördernde Erklärungen,
→ die Lautstärkepegel im Raum immer wieder bewusst gemacht werden,
→ Instrumente, Objekte oder Materialien mit Ausprobierphasen angemessen eingeführt werden.
(vgl. Dartsch 2010)

Das Spielen mit Klangobjekten und Instrumenten kann sowohl im Dialog mit einem Kind stattfinden als auch als Gruppenangebot für eine Kleingruppe oder die gesamte Kindergruppe. Impulse hierfür gehen von dem Kind bzw. den Kindern und den Erzieherinnen aus.

c) Die Bewegung
Bewegung ist Bestandteil aller Handlungs-, Spiel- und Gestaltungsfelder des Elementaren Musizierens mit Kindern und Jugendlichen.

Bewegung ist aber auch ein völlig eigenständiger Bereich, der in alle Entwicklungsbereiche des Menschen hineinwirkt. Bewegungserfahrungen prägen die emotionale, soziale und kognitive Entwicklung wie auch die Identitätsbildung.

„Vom Greifen zum Begreifen", „Körperbewusstsein ist Selbstbewusstsein", „Motion ist Emotion": Redewendungen wie diese beziehen sich auf Entwicklungsprozesse im Zusammenhang mit der Bewegungsdifferenzierung.

Sich selbst zu empfinden und seine eigene Identität aufzubauen, gelingt über den Körper und wird in unterschiedlichen Rollen geübt und eingesetzt.

Musik entsteht durch Bewegungen: Bewegungen des Atem- und Stimmapparats ermöglichen das Sprechen und Singen; Bewegungen der Hände, der Arme, der Beine usw. bringen den Körper zum Klingen als Körperklänge, Klanggesten oder Bodyperkussion; Hände, Arme und Mund versetzen Instrumente oder Materialien in Schwingung.

Bewegung und Tanz

„Zu tanzen kann ebenso Selbstvergessenheit bedeuten wie auch bewusstes Wahrnehmen und Gestalten. Die Kinder können sich in die Musik einschwingen; sie finden ihre Freude und Lebenslust, ihre Ruhe, Trauer oder Angst wieder und können sie umgekehrt in Tanz ausdrücken – im bewussten Umgang mit der Struktur der Musik dagegen, im Festlegen und Gestalten erfordert sie Wachheit, Sammlung und Konzentration." *(Fischer 1998, S. 9)*

Oft entwickeln Kinder – von der Musik inspiriert – ihre eigenen Bewegungen, die mit dem eigentlichen Tanzrhythmus nicht übereinstimmen. Tanzen Kinder zu ihrem eigenen Gesang oder bewegen sie sich zu rhythmisch gesprochenen Texten, Versen oder Reimen, dann findet meist eine Koordination von Bewegung mit Gesang oder Sprache statt.

Tanz in Begleitung mit der Stimme ist ideal, um Bewegungsabläufe zu erlernen und zeitlich zu erfassen.

Materialien fördern nicht nur die motorischen Fähigkeiten, sie dienen auch zur Vorbereitung von Tanzbewegungen und Instrumentalspiel:
→ Schwünge mit Tüchern, Bändern usw. fördern die Lockerheit in Arm und Hand,
→ Luftballons, mit verschiedenen Körperteilen angestupst, fördern Geschicklichkeit und Gelenkigkeit,
→ Spiele mit Seifenblasen, Luftballons, Federn usw. unterstützen die Atmung,
→ das Springen, Hüpfen usw. über Seile, Reifen, Säckchen usw. erfordert Koordination,

→ Sandsäckchen auf Kopf, Schulter oder das Balancieren auf dem Seil unterstützen und fördern den Gleichgewichtssinn,
→ Spiele mit Murmeln, Knöpfen, Federn usw. fördern die Feinmotorik.

Tanzen unterstützt die koordinativen, rhythmisch-metrischen und sensomotorischen Fähigkeiten der Kinder, schafft eine Beziehung zu Musik und ermöglicht wichtige Erfahrungen im sozialen Bereich.

Ziele für das Elementare Musizieren im Bereich: Bewegung/Tanz
→ Bewegungsfreude erhalten und wiederentdecken
→ den eigenen Körper wahrnehmen
→ unterschiedliche Bewegungsmöglichkeiten an sich selbst, den anderen oder an Objekten entdecken und erfahren
→ Erweiterung der Koordination, Motorik und Körperspannung
→ Raum- und Zeitgefühl durch Bewegung entwickeln
→ musikalische Elemente, Abläufe und Strukturen über die Bewegung erfassen und gestalten
→ Sensibilisierung der Sinne
→ über Bewegung Kontakt aufnehmen
→ Selbstwertgefühl entwickeln und fördern
→ Aufmerksamkeit, Konzentration und Reaktionsvermögen schulen
→ ein Repertoire an Bewegungsspielen, Tänzen, Bewegungsliedern usw. erlangen
(vgl. Kreusch-Jakob 1990)

Methodische Tipps für Musik und Tanz
Das eigene Entwickeln und Gestalten von Bewegungen und Tänzen steht immer im Vordergrund.

Einstudierungen und Bewegungsangebote erfolgen über Imitation, Weiterführen von vorgegebenen Schritten oder Bewegungsabfolgen oder über außermusikalische und musikalische Anregungen.

Interkulturelle Angebote für Musik und Tanz
In allen Kulturen ist Musik und Tanz selbstverständlich. Durch die Vielfalt der aus unterschiedlichen Nationen stammenden Kinder und Jugendlichen wird die Auseinandersetzung mit einer anderen Musikkultur zu einer Notwendigkeit.

Grundgedanke ist die Gleichwertigkeit aller Kulturen. Die Kinder können über das Kennenlernen der eigenen und der fremden Lieder und Musikstücke Offenheit, Empathie und kognitive wie affektive Toleranz gegenüber fremden Kulturen entwickeln.

Im Umgang mit Musik und Liedern aus anderen Kulturen erfahren die Kinder Gemeinsamkeiten und Unterschiede. Die Vorteile der nonverbalen Kommunikation über Mimik, Gestik, Pantomime und Bewegungen ermöglichen es auch Kindern, die noch Sprachschwierigkeiten haben, in die Gruppe integriert und akzeptiert zu werden.

Vom Tonträger gehörte Musik, selbst gesungene Lieder oder Spiele aus anderen Kulturen werden nicht nur gelernt, sondern können auch besprochen werden. Worin unterscheiden sie sich von unseren? Welche Gemeinsamkeiten entdecken die Kinder? Ein Verstehen ist nur möglich, wenn Kinder die Musik unterschiedlicher Kulturen hören, singen und spielen können.

Das Einbeziehen der Eltern fördert nicht nur die Kommunikation von Kindern und Eltern untereinander, es unterstützt auch die soziale Integration.

Ziele eines interkulturellen Angebots in der Elementaren Musikerziehung
→ Musik aus unterschiedlichen Kulturen kennenlernen
→ Musik aus dem eigenen Kulturkreis verstehen
→ Offenheit und Toleranz erleben
→ Freude am gemeinsamen Spielen und Lernen, auch mit den Eltern
→ Soziales Lernen
→ Entdecken unterschiedlichster Kommunikationsformen

Fremde Lieder können zu Offenheit und Toleranz beitragen.

2. Musikrezeption

> → Spiele und Aufgaben zur auditiven Sensibilisierung
> → Hören von Musikstücken und Musikwerken unterschiedlicher Stile und Epochen
> → Hören von Instrumenten
> → Musik als Entspannung, Aufmunterung oder Trost erleben
> → eigene musikalische Vorlieben entdecken und entwickeln

Das Ohr ist das Sinnesorgan, das sich am frühesten ausbildet *(vgl. Band 1, HF 2, Kap. 1)*. Hörfähigkeit und Hörgedächtnis sind somit schon pränatal entwickelt. Jedes Kind, das auf die Welt kommt, hat in Form des Herzschlags der Mutter schon Rhythmus und über ihre Stimme schon das erste „Instrument" wahrgenommen und gespeichert.

Die Grundfähigkeit, hören zu können, gehört zur biologischen Ausstattung eines Menschen, sie ist angeboren. Hören ist ein Wahrnehmungsprozess und somit ein aktiver Prozess der Aneignung und des Vergleichens mit bereits vorhandenen Höreindrücken. Da Hören somit eine erlernte Fähigkeit ist, hängen die Hörfertigkeiten jedes Kindes sehr stark vom Hör- und Lernangebot der Umgebung ab.

Die Hörwahrnehmung bedarf der Hilfen, um Neugierde, Höraufmerksamkeit und Hörkonzentration zu fördern. Ebenso, um langsam entstehende Orientierung durch Erfahrungen, Benennungen und Zuordnungen zu fördern. Wer also viel hören konnte, hat dementsprechend viele innere Repräsentationen (gespeicherte Informationen) bilden können.

Kinder reagieren nicht nur gefühlsmäßig auf Musik, sondern sie können die gehörten Instrumente benennen oder verschiedene Parameter unterscheiden.

Hören als Musikangebot bedeutet, den Kindern viele Hörangebote zu ermöglichen. Hören kann man z. B. Geräusche, Einzeltöne, Klänge, musikalische Parameter (Lautstärke, Tempo, Dynamik, Tondauer, Tonhöhe, Klangfarbe usw.), Motive und komplexe Musik (Programmmusik, verschiedene Musikgattungen wie klassische Musik, Volksmusik, Jazzmusik usw.).

In **Höraufgaben** sollen Kinder das Gehörte entweder
→ neu kennenlernen,
→ wiedererkennen,
→ bestimmte Töne, Instrumente, Klänge, Stimmungen heraushören,
→ Motive, Rhythmen, Instrumente, Stimmen usw. vergleichen,
→ eine Reihenfolge erkennen,
→ eine Richtung erkennen
→ Assoziationen bilden.

Das Gehörte kann sichtbar gemacht werden, indem die Kinder
→ sich dazu bewegen,
→ mit Körperklängen reagieren,
→ singen,
→ auf Instrumenten spielen,
→ auf etwas zeigen, deuten,
→ malen, schreiben,
→ darüber sprechen.

Hören lernen ist wichtig, um
→ das „Genussmittel" Musik kennenzulernen, um es zu genießen, sich zu entspannen, lustvoll zuzuhören, kritisch Stellung beziehen zu können, zu analysieren, zu einer inneren Hörvorstellung zu kommen, selbst zu produzieren usw.;
→ vor Überlastung geschützt zu sein: Da die Ohren nicht wie die Augen geschlossen werden können, sollten die Kinder lernen, bewusst zu hören, um ein kritisches Hörverhalten zu entwickeln;
→ mit anderen kommunizieren zu können. Die Voraussetzungen hierfür sind das Zuhören, Hinhören, Aufeinanderhören;
→ sich in der Umwelt besser zurechtfinden zu können. Ein gutes Gehör schafft Orientierung, bringt Sicherheit und weckt Neugierde;
→ gute Voraussetzungen zu haben für den Spracherwerb, die Entwicklung von Fühlen, Handeln und Denken, Fantasie, Kreativität und das Lesenlernen.

Die Entwicklung der Hörfähigkeit ist eng mit anderen Wahrnehmungen wie Sehen und Fühlen verknüpft. Sie steht in einem engen Zusammenhang mit dem emotionalen, sprachlichen und motorischen Erlebnis- und Äußerungsbereich. Höraufgaben sollten so aufgebaut sein, dass zunächst Aufgaben zur Aufmerksamkeit gestellt werden. Dann gilt es, die Unterscheidungsfähigkeit, was

hört sich gleich oder verschieden an, zu entwickeln und schließlich Aufgaben für das Hörgedächtnis.

Der nachfolgend aufgeführte Aufbau einer Höreinheit ist nur als Beispiel zu verstehen, wie Hören als Einzelaktion stattfinden kann. Hörangebote können den Kindern sehr vielseitig angeboten werden. Generell findet Hören immer statt und es empfiehlt sich, eine Anbindung an andere Handlungs-, Spiel- und Gestaltungsfelder zu suchen.

Aufbau eines Hörangebots

1. Einstimmung und Lockerungsübungen, Sensibilisierung, Entspannungsübungen

2. Hinführung, Motivation, Gespräch, Aufgabe stellen beim Zuhören

3. Hören des Musikbeispiels, Hörbeispiels oder Hören, verbunden mit einer Aktion

4. Austausch über das Gehörte in Form von Gespräch, Bild, Bewegung

5. eventuell nochmaliges Anhören

6. Gestaltung oder Transformation in andere Ausdrucksformen

7. Abschluss: Gespräch

Ziele für das Hören im Elementaren Musizieren:
→ Aufmerksamkeit für alles Hörbare wecken
→ Unterscheidungsfähigkeit fördern
→ Gedächtnis für Hörereignisse stärken
→ Hören und Wahrnehmen von Klangfarben, Melodien, Rhythmen, einfachen Formverläufen, musikalischen Parametern
→ Kennenlernen und vergleichendes Anhören unterschiedlicher Musik
→ sich von Hörbeispielen berührt fühlen, angeregt werden, entspannt empfinden
→ sich selbst zuhören, in sich hineinhorchen und den anderen zuhören
→ Stille bewusst wahrnehmen

3. Musikreflexion: Denken und Symbolisieren

> Sprechen über Musik in der Abfolge:
> → Erleben – Erkennen – Benennen und Verstehen
> → Spielen mit musikalischen Bausteinen
> → Ausdenken von Musik
> → Umgang mit grafischer und traditioneller Notation

Ein Blick auf die Inhalte zeigt, dass das Sprechen, Spielen mit Bausteinen, Ausdenken von Musik natürlich in all den oben genannten Umgangsweisen mit Musik stattfindet.

Das Denken und Nachdenken über Musik schafft Verständnis. Musikalische Phänomene und Aspekte können erfasst werden. Symbole stehen für die Abbildung von Musik, sie können entschlüsselt werden und mit ihnen kann umgegangen werden.

Grafische Notation
Die grafische Notation ist eine eigenständige Notationsform für alle Geräusche, Klänge und Formen, die man mit der traditionellen Notenschrift nicht aufschreiben kann.

Grafische Zeichen (Kreis, Linie, Punkt, Welle, Rechteck, freie Formen usw.) bieten eine große Freiheit an Interpretation. Ein Punkt kann kurz und laut, aber auch kurz und leise erklingen. Entscheidend ist der Zusammenhang, in dem er erklingen soll, das Empfinden des ausführenden Kindes und die Absprache mit der Gruppe.

Alle musikalischen Parameter wie Tondauer, Tonhöhe, Klangfarben, Dynamik, Ein- oder Mehrstimmigkeit, Artikulation, Instrumente (Piktogramme) oder ganze Musikstücke *(vgl. zeitgenössische Musik)* können grafisch abgebildet werden. Vor allem kreative Prozesse wie das Erfinden von Klängen und Geräuschen, Klang- und Bewegungsdarstellungen verbinden, das Verständnis und die Verknüpfung von Bewegung, Klang und bildender Kunst (polyästhetische Erziehung) können mithilfe der grafischen Notation angeregt und unterstützt werden. Die grafische Notation kann auch als Zwischenschritt vom Musikerleben zur abstrakten Notenschrift gesehen werden.

Musikalische Erfahrungen werden ganzkörperlich, emotional oder simultan erlebt, dann mithilfe der frei er-

fundenen oder der vorgegebenen Zeichen in einzelnen Aktionen aufgeführt. Sie werden zeitlich nacheinander dargestellt, durch Qualitäten wie Lautstärke, Tonhöhe, Klangfarbe usw. allmählich immer genauer definiert und aufgemalt bis hin zur abstrakten Symbolik der traditionellen Notenschrift.

Ziele der Musikreflexion
→ Fördern des ganzheitlichen Erlebens
→ Beitrag zur polyästhetischen Erziehung (Zusammenwirken verschiedener Künste als Basis für ästhetisches Lernen)
→ Vertiefung des Erlebten durch verschiedene Sinneswahrnehmungen (Synästhesie)
→ Ausdruck wird zu Eindruck
→ Eindruck wird zu Ausdruck
→ inneres Hören wird durch die Abbildung gefördert

Methodische Tipps für die Musikreflexion
Die Kinder benötigen viel Freiraum beim Erfinden und Interpretieren grafischer Zeichen. Es gibt in diesem Zusammenhang kein „richtig" oder „falsch". Grafische Notation ist für die Kinder dann logisch, wenn sie mit den Zeichen etwas verbinden können. Selbst erfundene und nicht von der Erzieherin vorgegebene Zeichen ermöglichen dies. Hilfen zur Ideenfindung seitens der Erzieherin sind natürlich immer willkommen.

Erfinden und Interpretieren grafischer Zeichen erfordert Freiraum.

4. Musikproduktion

> → Improvisieren und eigene musikalische
>   Ideen entwickeln und umsetzen
> → Experimenteller Umgang mit der Stimme
> → Experimenteller Umgang mit Klängen,
>   Materialien und Objekten
> → Kennenlernen und Ausprobieren der
>   Instrumente

Das Spielen, Selbsterfinden, Ausprobieren, Verfremden usw. von Klängen, Bewegungen, Instrumenten oder sonstigen klingenden Objekten sind beliebte Tätigkeiten von Kindern. **Improvisation** als die spielerischste Musizierform ermöglicht, sich kreativ und selbstbestimmt mit sich und seiner Lebenswelt auseinanderzusetzen.

Das spielende Kind wird, vor allem bedingt durch seinen Spieltrieb, zum Schaffenden, der schöpferisch tätig wird. Improvisation ist eine vorrangig kreative Aktivität. Spielerische Prozesse verbinden sich mit künstlerischen. Die Spielstruktur wird auf die künstlerische Tätigkeit übertragen.

Für Kinder gerade im Vorschulalter ist spontanes Selbsterfinden in allen künstlerischen Bereichen selbstverständlich. Sie experimentieren mit Tönen, Melodien, Sprache und Bewegung, sie malen eigene Bilder und erfinden eigene Theaterstücke usw.

Diese Tätigkeiten zu fördern, kultivieren und weiterzuentwickeln ist wichtig, da sie dem natürlichen Ausdrucksbedürfnis der Kinder entspringen. Es sollte immer die Möglichkeit bestehen, das Wahrgenommene und Aufgenommene durch eigenständiges Gestalten zu verarbeiten und weiterzuentwickeln.

Alles, was klingt, kann Anlass zu musikalischer Gestaltung sein. Je jünger die Kinder sind, umso offener sind sie gegenüber Klängen. Das Finden und Experimentieren mit Klängen ist die Form musikalischer Kreativität, die am leichtesten zu verwirklichen ist. Dazu gehört beispielsweise auch das spielerische Erforschen der Instrumente. Es können auch Alltagsgegenstände oder Fundstücke, nach einem Spaziergang, zum Klingen gebracht werden. Diese selbst gefundenen Klänge können in Spiele und kleine improvisierte Strukturen integriert werden.

Improvisieren mit Kindern und Jugendlichen heißt nicht, jeder spielt einfach drauflos, sondern Improvisieren bedeutet spontanes Handeln innerhalb eines abgesteckten Rahmens. Möglicher Rahmen kann eine Stimmung, Assoziation oder ein abgesprochenes Thema sein.

„Um Improvisationen anzuregen, bedarf es Spielregeln, die das Kind erreichen, den Gruppenprozess strukturieren und musikalisch überzeugen." *(vgl. Schwabe 1992, S. 100)*

Bildhafte Beschreibungen wie z. B.: „Wir sind mit unseren Instrumenten ein Marionettenspieler" oder „Reise durch den Urwald" sprechen die Kinder an.

Die Gruppe kann und muss nicht immer geschlossen spielen. Aufgabenstellungen mit Zuhör-, Bewegungs- oder Rateaufgaben helfen, einem Klangchaos und allzu lauter Umsetzung entgegenzuwirken. Musikalisch überzeugend sind die Ergebnisse, in denen die Kinder spüren und hören, wie der Affe den Baum hinauf- und heruntersaust, wie die Schlange sich durchschlängelt usw., wenn es also nicht egal ist, wie etwas klingt.

Beim Spiel mit den Instrumenten sollten Situationen geschaffen werden, die Lust am Improvisieren herausfordern, die fantasieanregend sind und die Lust am Spielen aktivieren. Improvisation allein und in der Gruppe braucht genaues und konzentriertes Hören.

Kinder experimentieren gern mit Tönen und Melodien.

5. Transformation

> → Instrumentenbau
> → Szenische Gestaltung von Musik
> → Malen zur Musik
> → Musik in Tanz und Bewegung übertragen
> → Musikalische Gestaltungen zu Werken bildnerischer Kunst

Wird Musik mit anderen Ausdrucksformen verbunden, entstehen neue Zusammenhänge, die dem menschlichen Bedürfnis nach Ausdruck und ganzheitlichen, ästhetischen Anregungen gerecht werden. Es entstehen Verbindungen zu anderen Kunstformen.

Im Bereich **szenisches Gestalten** ist das Elementare Musiktheater zu nennen. Bilderbücher, Märchen, Themenbereiche, aus denen eine Geschichte entstehen könnte (die vier Jahreszeiten, im Meer usw.), regen dazu an, über Sprache, Musik, Bewegung, Mimik, Rollen und Requisiten umgesetzt zu werden. Die Möglichkeit, in unterschiedliche Rollen schlüpfen zu können, sich entsprechend der eigenen Persönlichkeit über Stimme, Instrument und Bewegung auszudrücken, eröffnet Kindern und Jugendlichen viele Erfahrungsmöglichkeiten.

Dem Wunsch nach Basteln, Werken und **kreativen Gestalten** mit Materialien kann über das Thema Selbstbau von Instrumenten gerecht werden.

Instrumentenbau

Selbst gebaute Instrumente besitzen für das einzelne Kind einen ganz besonderen Wert. So kann sich eine Beziehung zur Musik auch über das selbst gebaute Instrument entwickeln. Selbst gebaut werden können beispielsweise (eine kleine Auswahl): Rasseln aus Jogurtbechern, Trommeln aus Tontöpfen, Papprohren, Dosen, Bambus-Windspiel, Nagelspiele, Kazoos, Bambusschalmeien, Saitenspiele usw.

Das selbst gebaute Instrument sollte gut klingen. Eine Beziehung wird dann erreicht, wenn das Instrument auch von seiner akustischen Qualität her bestehen kann. Alles, was klingt, eignet sich daher als Grundlage zum Basteln und Bauen.

Der Sinn des Selbstbauens liegt im Herstellungsprozess. Das Kind macht handwerkliche, physikalische, akustische, musikalische und soziale Erfahrungen *(vgl. Kreusch-Jakob 2003).* Es kann die Art der Klangerzeugung von unterschiedlichen Materialien bis hin zu traditionellen Instrumenten kennenlernen, es entdeckt, wie Klänge entstehen und vergehen können, ist vielleicht immer wieder auf Hilfe zum Weiterbauen angewiesen und empfindet sich trotzdem als Schöpfer des neuen Klangspielzeugs.

Selbstbauinstrumente stellen keinen Gegenpol zu den traditionellen Instrumenten wie Gitarre, Klavier, Blockflöte usw. dar. Sie sind keine Alternative und keine Konkurrenz. Vielmehr werden durch das Bauen viele Grunderfahrungen ermöglicht, die wiederum eine Beziehung zu den traditionellen Instrumenten schaffen.

Selbstbauinstrumente geben dem Kind ein hohes Maß an Identifikationsmöglichkeit. Die Materialien zum Basteln findet man in der Natur, in Küche, Bad, Keller oder Speicher, im Näh- und Werkzeugkasten oder im Sperrmüll und im Baumarkt.

Selbst gebaute Trommeln

1.2.3 Aufbau didaktischer und methodischer Handlungskompetenz

Die pädagogische Fachkraft hat die Aufgabe, eine musikalische Beschäftigung so zu strukturieren, dass die Kinder oder Jugendlichen Erfahrungen sammeln können – im musikalischen, motorischen, individuell-persönlichen und sozialen Bereich.

Die Gestaltung des äußeren Rahmens ist verantwortlich für einen musikalischen Entwicklungsprozess, in dem das Kind eine Beziehung zum Phänomen Musik aufbaut. Eine Beziehung, in der dem kindlichen Bedürfnis nach Eindruck und Ausdruck, nach emotionaler Anmutung, nach Bewegung, Spiel- und Darstellungsfreude entsprochen wird.

Freude stellt sich ein, wenn der Mensch das Gefühl hat, angeregt worden zu sein, wenn Grundbedürfnisse erfüllt werden, Erwartungen sich erfüllen, etwas als innere Bereicherung erlebt wird, etwas mit anderen zusammen erlebt wird, wenn das Gefühl da ist, der Einsatz hat sich gelohnt, und wenn das Kind merkt, ich kann etwas! Diese Aspekte bestimmen den äußeren Rahmen.

Und nicht zu vergessen: Jedes musikpädagogische Angebot verläuft **zielorientiert.**

Aufgaben der pädagogischen Fachkraft
Inhalte so auswählen, dass die Bedürfnisse der Kinder und Jugendlichen berücksichtigt werden.
Eigene Vorhaben mit den Ideen der Teilnehmenden kombinieren (flexibles Gestalten).
Jedes Angebot interessant und bereichernd gestalten.

Methodische Gestaltung
Die methodische Gestaltung eines Angebots, also die Art und Weise, wie Inhalte vermittelt und wie die Ziele erreicht werden sollen, lebt von der Vielfalt. Methodische Vielfalt bedeutet z. B.
→ Spielen
→ Imitation
→ Anschaulichkeit
→ Entdeckendes Lernen, handelndes Lernen
→ Exploration
→ Gespräch
→ Erlebnisorientiertheit

Fragen und Überlegungen darüber, wie ein Spiel initiiert wird, welche sozialen Handlungsstrukturen verwendet werden sollen, ob mit der ganzen Gruppe gearbeitet werden soll oder einzelne Aufgaben an ein Kind übergeben werden sollen usw., sind ausschlaggebend für die Auswahl der Arbeitsformen: entdeckend und erfindend oder imitierend, übend oder improvisierend.

Ein vielfältiges methodisches Angebot berücksichtigt das Mit- und Voneinander-Lernen, Spielen und Lernen, Improvisieren, Üben, Produzieren und Reflektieren und bezieht die verbale und nonverbale Kommunikation mit ein.

Eine bildhafte Sprache, die Fantasie, innere Bilder und Vorstellungen wecken möchte, ruft durch Sprachformen innere Bilder ab oder vermittelt Bilder, ruft Situationen hervor, in denen der Einzelne sich als Beteiligter fühlt, sieht, hört, in denen er sich bewegt, tanzt, in denen er sich zum Ausdruck bringen kann.

Zu beachten ist deshalb:
→ Wiederholungen und Variationen sind grundlegende Gestaltungsmittel,
→ alle aktiv musizierenden Handlungen stehen im Vordergrund,
→ nonverbale Anleitungen sind wichtiger als lange Erklärungen,
→ was Kinder, Jugendliche oder Erwachsene selbst tun können, sollen sie auch tun dürfen,
→ Zeiten der Stille anbieten.

Zusammen mit anderen etwas erleben macht Freude.

1.2.4   Gestaltung musikpädagogischer Angebote

Die Gestaltung musikpädagogischer Angebote richtet sich nach folgenden **Kriterien:**
→ der Gruppe und dem einzelnen Kind
→ einer sinnvollen Auswahl der Inhalte und Materialien der Situation
→ der Anbindung an aktuelle Themen der Einrichtung
→ der Möglichkeit, über einen größeren Zeitraum hinweg inhaltlich zu arbeiten
→ einer Kombination von Musik und anderen Aktivitäten in der Einrichtung
→ der Bildung von altersheterogenen oder altershomogenen Gruppen

(vgl. Dartsch 2010)

Für jede **Stundenplanung** gilt die Berücksichtigung der:
→ geeigneten Lernumgebung
→ Atmosphäre
→ ausgebildeten Pädagogen
→ Zusammenarbeit mit der Familie
→ Kooperationen mit anderen Bildungseinrichtungen, wie Musikschulen
→ altersheterogenen Gruppe
→ unterschiedlichen Entwicklungsstände der Kinder und Jugendlichen
→ Erfahrungsunterschiede im Umgang mit Musik

Die Gestaltung ist gekennzeichnet durch die Abfolge von Phasen, die je nach Gruppe, Situation etc. variieren können.

Eine mögliche Abfolge könnte sein:

1. Einstimmung, Begrüßungsritual

2. Wiederholung

3. Einstieg in ein Thema, „auslösende Situation" über ein Lied, eine Geschichte, Material

4. Erkunden, Experimentieren, selbsttätiges Umgehen usw.

5. intensivere Auseinandersetzung über Austausch, Vorführen der Ideen, Improvisation, gemeinsames Lösungen-Finden, Üben von Liedern, Instrumentalstücken

6. Ergebnis besprechen, sichern, Gestaltung entwickeln, vorführen

7. Abschluss, Ritual, Ausblick, Vertiefung, oder Entspannung, zur Ruhe kommen

Weitere Kriterien für die Stundengestaltung:

Raum für kreative Prozesse

Das Elementare Musizieren bietet „Frei- und Spiel-Räume" für den persönlichen Ausdruck und individuelle Lösungen. Ausprobierphasen und Improvisation haben genauso Platz wie eigenes Erfinden von Musik, Gestalten, Variieren und Wiedergeben.

Wechsel der Aktionsphasen

In der Beschäftigung wechseln die Aktionsphasen ab, um einerseits jeden Menschen in seiner Ganzheitlichkeit und andererseits unterschiedliche Persönlichkeiten und Lerntypen anzusprechen.

Die Inhalte werden durch verschiedene Herangehensweisen erlebt und erarbeitet. Auf folgenden Ebenen finden Wechsel statt:
→ auf sozialer Ebene (allein, mit Partner, in der Klein- oder Großgruppe, Führungswechsel),
→ im Einsatz unterschiedlicher Medien (Materialien, Instrumente, visuelle Medien, Tonträger etc.),
→ durch Experimentier-, Produktions- und Reproduktionsphasen, Spannungs- und Entspannungsphasen, Bewegungs- und Ruhephasen,
→ durch Aktivierung verschiedener Wahrnehmungskanäle.

↗ FAZIT

Das Singen ermöglicht Kindern und Jugendlichen

→ die Teilhabe an ihrer kulturellen Umgebung,

→ ein Gemeinschaftsgefühl,

→ die Kontaktaufnahme zu anderen Kindern und Jugendlichen,

→ die Unterstützung ihres emotionalen Ausdrucks oder ihrer Stimmung,

→ die Verarbeitung und Bearbeitung von konfliktbehafteten Themen,

→ den Besitz von jederzeit zur Verfügung stehendem „Material",

→ die Aktivierung des Gedächtnisses,

→ zu Singen um des Genusses willen

Kinder spielen gerne mit und auf Instrumenten,

→ weil Instrumente Spielgegenstände darstellen, die zum Bespielen reizen,

→ wenn sie ohne Vorkenntnisse direkt bespielt werden können,

→ weil Bewegung und Intensität der Spieler unmittelbar in Klang umgesetzt werden kann,

→ weil das Instrument und sein Aussehen faszinierend sind,

→ weil Klänge und die Art der Klangerzeugung reizvoll sind,

→ weil Instrumente Projektionsflächen bieten, um Gefühle abzubilden

Bewegung vertieft das Erleben von Musik,

→ weil Gehörtes in Ganz- oder Teilkörperbewegungen dargestellt wird,

→ weil Bewegung den Musikausdruck verstärkt,

→ weil Bewegung das Musikverständnis vertieft,

→ weil Bewegung das Instrumentalspiel fördert

Improvisieren bedeutet:

→ kreativ und eigenständig mit Stimme, Instrument, Bewegung und Objekten umgehen können,

→ Ausdrucksvermögen entfalten,

→ schöpferisch tätig sein,

→ zuhören können,

→ in der Gruppe aufeinander reagieren,

→ eigene und fremde Gefühle wahrnehmen und ausdrücken,

→ Selbstwertgefühl erfahren,

→ Verständnis für moderne Musik gewinnen

Planung

→ Eine sorgsame Vorbereitung und eine engagierte und flexible Planung sind wichtig, wenn ein musikpädagogisches Angebot das Kind in seinem Wahrnehmungs-, Denk-, Empfindungs- und Erlebnisvermögen, in seiner Fantasie, Willens- und Entscheidungskraft und in seinem Wunsch nach Kontakt mit anderen ansprechen möchte.

TIPPS ZUM WEITERLESEN →→

→ Zirkus Zottelbär. 25 Lieder zum Spielen, Darstellen, Tanzen und Musizieren.
Gerda Bächli, MusicVision, Küsnacht 2009

→ Feste mitmachen – Mitmachfeste, Lieder, Tänze, Verse, Spiele für Kinder
Monika Ferber, Jule Greiner, Kallmeyer, Seelze 1998

→ Bewegungslieder für Kinder
Wolfgang Hering, Rowohlt, Reinbeck 2004

→ Sing, Sang, Song I und II, Praktische Stimmbildung für 4–12 jährige Kinder
Friedhilde Trüün, Carus, Stuttgart 2007 und 2008

→ Rhyth: Mix 1
Richard Filz, Helbling, Esslingen 2008

→ Die Welt der Körperpercussion
Jürgen Zimmermann, Fidula, Boppard 1999

→ Trommeln-Tanzen-Tönen. 33 Spiele für Große und Kleine
Lilli Friedemann, Universal Edition, Wien 1983

→ Alles, was klingt. Elementares Musizieren im Kindergarten
Manuela Widmer, Herder, Freiburg 1997

→ Tanzen mit Kindern. Spielformen – Technik – Improvisation – Gestaltung
Renate Fischer, Bosse, Kassel 1998

→ Tanzhaus
Regula Leupold, Fidula, Boppard 2004

→ Mozart & Co. Klassische Musik in der Grundschule
Andrea Bachmeyer, Martina Holzinger, Auer, Donauwörth 2009

→ Improvisation und Musiktherapie. Möglichkeiten und Wirkungen von freier Musik
Fritz Hegi, Jungfermann, Paderborn 1997

→ Musik spielend erfinden. Improvisieren in der Gruppe für Anfänger und Fortgeschrittene
Matthias Schwabe, Bärenreiter, Kassel 1992

→ Instrumentenspielbuch für Kinder. Über 100 Instrumente zum Selberbauen
Dorothée Kreusch-Jakob, Maier, Ravensburg 1981

→ Musikinstrumente – erfinden, bauen, spielen. Anleitung und Vorschläge für die pädagogische Arbeit
Ulrich Martini, Klett, Stuttgart 1980

→ Auf den Spuren fremder Kulturen. Spielend Russland, China, Afrika, fremde Völker oder Religionen entdecken
6 Bände, Ökotopia, Münster 2001–2004

1.3 Voraussetzungen für Erzieherinnen

Erziehungskünstler versus künstlerischer Erzieher
Es ist schön, wenn eine Erzieherin selbst künstlerisch tätig ist, denn um Kunst zu verstehen, sollte man selbst Kunst machen können.

> „Um Kindern den Weg zu künstlerischem Erleben und Verhalten ebnen zu können, um ihnen Wahrnehmungs- und Ausdrucksfeinheiten erschließen und bei ihnen gestalterische Fantasie und künstlerisches Agieren entwickeln zu können, bedarf es des künstlerischen Erziehers, des erziehenden Künstlers, des Erziehungskünstlers."
> *(Dartsch 1999, S. 19)*

Menschen, die Kinder dahingehend faszinieren können und die selbst einen künstlerischen Zugang zur Welt haben, wirken überzeugend.

Aber keine Angst, eine Erzieherin muss natürlich keine ausgebildete Musikerin sein. Gebraucht wird jemand, der solide Grundkenntnisse über Musik, die musikalische Entwicklung und das Verhalten von Kindern besitzt und vor allem über eine eigene Begeisterung und Faszination an Musik verfügt und damit die Beziehungsprozesse zwischen Kind und Musik gestaltet. Denn es geht darum, ein geeignetes, anregendes Umfeld zu schaffen, innerhalb dessen viele musikalische Angebote stattfinden, mit denen sich das Kind selbstständig auseinandersetzen kann. Die natürliche Lust am Lernen wird so aktiviert und der Lerntrieb unterstützt. Das Lernen selbst ist ein vom Kind eigenständig zu tätigender Aneignungsvorgang. Die Erzieherin schafft hierfür die Voraussetzungen.

Es geht also darum, das jedem Menschen von Natur aus mitgegebene musikalische Potenzial zu nutzen und zu entfalten. Denn sowohl unser Gehirn als auch die Stimme und das Gehör sind so gebaut, dass wir uns nicht nur in Worten, sondern auch in Tönen ausdrücken können. Der Mensch ist von Natur aus musikalisch, denn wir können Melodien erkennen und nachsingen, Rhythmen wahrnehmen und mitschlagen und unsere Stimme auf vielfältige Weise zum Klingen bringen *(vgl. Lehmann 2010)*.

Dazu benötigen Kinder und Jugendliche musikalische Angebote, die ihrem Wunsch nach ästhetischer Anmutung entsprechen. Das verwendete musikalische Material muss also immer wieder auf seine künstlerische Qualität hinsichtlich des Alters, der Bedürfnisse und Erwartungen der Kinder und Jugendlichen überprüft werden.

Elementares Musizieren in einer altersheterogenen Gruppe erfordert seitens der Erzieherin besondere Voraussetzungen.

Sie ist Vorbild in ihrem musikalisch-fachlichen Können, also im Singen, Bewegen, Instrumentalspiel und im sozialen Bereich. Die Beziehungen untereinander und zur Musik werden über diese soziale Vorbildfunktion entscheidend mitgestaltet.

Musikalische Voraussetzungen, über die eine Erzieherin verfügen sollte:
→ die Motivation, sich über das eigene Musikerleben wie auch über das der Kinder Gedanken zu machen,
→ die Offenheit, um das eigene Hörverhalten und den eigenen Zugang zur Musik bewusst wahrzunehmen und immer wieder zu reflektieren,
→ die Bereitschaft, sich auf immer wieder neue musikalische Abenteuer einzulassen,
→ eine funktionsfähige Sprech- und Singstimme,
→ eine klare Aussprache,
→ evtl. das Spielen eines Instruments: Gitarre, Blockflöte, Klavier,
→ das Beherrschen einfacher Begleitmuster auf dem eigenen Instrument,
→ evtl. Grundkenntnisse in Musiklehre und Harmonielehre

Die Erzieherin ist Vorbild.

↗ FAZIT

1. Die Erzieherin als Vorbild

→ Eine Erzieherin wirkt zunächst über das Vormachen und Präsentieren, das von den Kindern imitiert wird.

2. Identifikationsfunktion

→ Kinder spüren, wie glaubwürdig die Erzieherin in dem ist, was sie anbietet.

3. Rollenfunktion

→ Die Erzieherin ist Gestalterin, Partnerin, Mitspielerin, Zuhörerin, Beobachterin, Vermittlerin von Wissen und Lernende in einer Person.

→ Erzieherinnen können initiieren, dass Kinder ihr musikalisches Potenzial benutzen und entfalten.

→·← AUFGABEN UND ANREGUNGEN

1 Zeigen Sie auf, welche Entwicklungsbereiche im Umgang mit Musik gefördert werden.

2 Erläutern Sie, inwieweit sich ein früher Beginn musikalischer Bildung positiv auf die kindliche Entwicklung auswirken kann.

3 Gehen Sie paarweise zusammen und suchen Sie sich ein Kinderlied aus. Erstellen Sie eine Liedbegleitung und studieren Sie diese mit den anderen Gruppenmitgliedern ein.

4 Konzipieren Sie zu dritt eine musikalische Spielstunde, in der das Hauptziel lautet: „Vielfältige Klangerfahrungen sammeln und mit ihnen experimentieren."

TIPPS ZUM WEITERLESEN →→

→ Gehen wir auf die Reise. Musikalische Kinderspiele aus aller Welt
Margarete Jehn, Autorenverlag, Worpswede 2000

→ Krabbelmaus und Zappelzwerg. Frühe Förderung mit Liedern und Bewegungsspielen
Dorotheé Kreusch-Jakob, Patmos, Düsseldorf 2009

→ Spielend tanzen. Tanz und Mitspielideen für die pädagogische und sonderpädagogische Praxis
Björn Tischler, Ruth Moroder-Tischler, Balsies, Kiel 1995

→ Mit Musik kenn ich mich aus. Musiklehre für Kinder
3 Bände. Rudolf Nykrin, Schott Verlag, Mainz 2003–2011

2 Gestalterische Ausdrucksmöglichkeiten

2.1 Erkundung verschiedener Materialien und Techniken

Auf dem Markt gibt es sehr viele „Mal- und Bastelbücher", aus denen sich pädagogische Fachkräfte Anregungen holen können und auch sollten. Sie sollten möglichst viel selbst ausprobiert haben. Es sollte dabei überprüft werden, ob die Techniken und Vorschläge auch praktikabel sind! Techniken sind nie „fertig". Für die Arbeit mit Kindern und Jugendlichen sollten sie ständig weiterentwickelt und verfeinert werden. Pädagogische Fachkräfte brauchen einen Fundus unterschiedlichster Materialien und gestalterischer Tricks. Sie sollten zeichnen und malen können. Hilfreich ist ein Skizzenbuch, in das Ideen notiert werden können, bevor sie wieder vergessen sind. Erzieher und Erzieherinnen sollten Kunstausstellungen besuchen und in Kunstkatalogen blättern.

Pädagogische Fachkräfte brauchen vor allem praktische Erfahrungen. Sie müssen aktiv und im gestalterischen Bereich sicher sein. Das ist der fundamentale Teil, den ein theoretisches Lehrwerk nicht leisten kann. Gleichzeitig sind eben diese manuellen, technischen und gestalterischen Einsichten, Fertigkeiten und Fähigkeiten eine wichtige Basis für die alltägliche Arbeit im pädagogischen Bereich.

Welche Techniken oder Themen für welche Kinder oder Jugendlichen geeignet sind, hängt auch stark von deren jeweiligen Interessen ab. Die meisten Techniken lassen sich im Schwierigkeitsgrad und in ihrer visuellen Wirkung variieren und den unterschiedlichen Ansprüchen und Gegebenheiten anpassen. So wird ein Kindergartenkind mit der Frottage anders umgehen als ein Jugendlicher – oder als Paul Klee. Gestalterische Techniken sollten dem kognitiven und manuellen Vermögen der Kinder und Jugendlichen angepasst werden. Mit zunehmendem Alter

sollte der Schwierigkeits- und Komplexitätsgrad gesteigert werden. Technik und Thema sollten die Kinder und Jugendlichen fordern aber nicht überfordern, so kann eine Raumdarstellung für ein Kindergartenkind angemessen sein, jedoch nicht für einen Jugendlichen. Der sollte eine Situation auch perspektivisch erfassen können (mit einem oder mehreren Fluchtpunkten), was ein Kind im Elementar- oder Primarbereich in der Regel überfordern dürfte. Pädagogische Fachkräfte sollten die Perspektive selbst beherrschen und in der Lage sein, räumliche Situationen korrekt wiedergeben zu können. Zeichnen schult in hervorragender Weise das Beobachtungsvermögen.

Was häufig in „Mal- und Bastelbüchern" zu finden ist, sind „Rezepte". Allerdings ist „Kreativität nach Rezept" leider keine Kreativität mehr. Die „Rezepte" sollten individuell verfeinert und weiterentwickelt werden. Was in diesen Büchern selten zu finden ist, sind die Hilfen dafür, nach welchen Regeln sich die Rezepte verfeinern lassen. Es fehlen Rückbindungen an empirische Untersuchungen der Kreativitätsforschung oder Ergebnisse der Gehirnforschung oder der Entwicklungspsychologie. Das ist für professionelle pädagogische Arbeit aber unverzichtbar. Es ist wichtig zu wissen, warum diese Prozesse für die Entwicklung eines Menschen so bedeutsam sind und worin ihr Bildungsgehalt besteht.

Um diese Bedeutung zu erfassen, ist es notwendig, Kenntnisse aus anderen Bereichen hier mitzudenken. Das betrifft viele Bereiche: die Bindungstheorie oder das Wissen um Konzeptionen oder die Qualitätssicherung. Es betrifft Kenntnisse zur Erzieher- und Erzieherinnenpersönlichkeit, zum Spiel oder zur professionellen Beobachtung.

→·← AUFGABEN UND ANREGUNGEN

1 Erstellen Sie je eine Liste mit gestalterischen und handwerklichen Techniken, die Sie kennen und die Sie können. Sammeln Sie zur zweiten Liste Werkproben und legen Sie eine Mappe an.

2 Zeichnen Sie regelmäßig!

2.2 Kreativität und kreativer Prozess

„Kinder können nicht kreativ sein ..." *(Csikszentmihalyi, S. 223),* mit diesen Worten beginnt der tschechisch-amerikanische Kreativitätsforscher Mihaly Csikszentmihalyi einen Text über die Kindheit kreativer Menschen. Die Aussage verwundert: wird doch allgemein gerade Kindern mit ihrer ungestümen Fantasie eine sagenhafte Kreativität nachgesagt.

Der Begriff der Kreativität wird heute allerdings inflationär gebraucht. Nahezu alles scheint „kreativ" zu sein – sein zu müssen: Bilder, Texte, Lieder, technische Geräte, Problemlösungen aller Art, Schmuck, Kleidung usw. Kreativität ist begehrenswert. Neben Intelligenz und Information ist sie heute ein entscheidender Wettbewerbsvorteil in unserer Gesellschaft.

2.2.1 Was bedeutet Kreativität

Eine Definition des Begriffs „Kreativität" ist ähnlich schwierig wie die des Begriffs „Intelligenz". Hier soll zunächst eine Annäherung über die Geschichte geschehen.

Das Wort Kreativität entstammt dem lateinischen Wort „creare", dem Bedeutungen wie ‚zeugen', ‚gebären', ‚erschaffen' inne wohnen. Im mittelhochdeutschen Kirchenlatein gab es die „creatura", die die Schöpfung und die Geschöpfe bezeichnete. Das Wort „Kreatur" wurde in Deutschland erst im 17. Jahrhundert volkstümlich. Es galt damals allerdings als verächtliche Bezeichnung für ein minderwertiges Geschöpf. Dagegen hat für uns heute beispielsweise die Kreation (eines Modeschöpfers) einen deutlich freundlicheren Klang.

In Amerika, von wo aus das Wort Kreativität in seiner heutigen Bedeutung zu uns kam, hatte es eine aufschlussreiche Vorgeschichte *(von Hentig, S. 12).* Dort wurden 1918 mit einem umgearbeiteten Test 1,7 Millionen Rekruten auf ihre Intelligenz hin geprüft. Der gemessene IQ war ein wissenschaftliches Konstrukt (was er übrigens auch heute ist) und keine Naturgröße. Mit diesem Test sollten die für bestimmte Aufgaben am besten geeigneten Rekruten gefunden werden. Bei dem Verfahren stellten sich zwei Probleme heraus:

Zum einen zeigte sich, dass die Menschen verschieden sind. Das widersprach der amerikanischen Grundphilosophie. In der Unabhängigkeitserklärung heißt es nämlich: „All men are created equal", was sich nun als unzutreffend herausstellte. So banal diese Feststellung auf den ersten Blick scheinen mag, bedeutet sie in aller Härte, dass eben nicht alle Menschen zu allem fähig sind und alle dasselbe gleich gut tun können, was auch in Ausbildungsgruppen beobachtbar ist. Daran hängen

Schicksale. Und es verdeutlicht, wie wichtig es ist, dass Erzieherinnen und Erzieher die ihnen anvertrauten Kinder und Jugendlichen genau beobachten und bereit sind, sich auf deren Individualität auch einzulassen.

Zum anderen stellte sich heraus, dass auf diesem Wege nicht unbedingt die besten Personen für eine Aufgabe gefunden wurden. Neben der Intelligenz musste es eine weitere wichtige Eigenschaft geben, eine besondere Begabung. Zur Lösung vieler Aufgaben bedarf es der Fähigkeit, neue Wege zu gehen, es bedarf der „Kreativität".

Nach dem Zweiten Weltkrieg entwickelten sich die USA zur führenden Wirtschaftsnation der Welt. Nichts schien unmöglich – bis zum 4. April 1957. An diesem Tag schickte die UdSSR ihren ersten Satelliten „Sputnik" in den Weltraum. Die USA waren schockiert („Sputnikschock"). Was hatte man falsch gemacht? Wie war es möglich, dass eine „unterlegene" Nation plötzlich einen solchen technologischen Vorsprung hatte? Wieso waren die amerikanischen Ingenieure nicht so erfinderisch?

Sputnik

Das Wort „Ingenieur" stammt aus dem Griechischen und bedeutet so viel wie „Geisteskraft" oder „Einfallsreichtum". Dadurch wurde die wirtschaftliche und inhaltliche Bedeutung des Begriffs „Kreativität" geprägt. Er wird im Kontext von Neuigkeit, Ideenreichtum, Ideenflüssigkeit, Problemlösung, Begabung, etwas Besonderem, Außergewöhnlichem, Genialität usw., aber auch von Spontaneität und Leichtigkeit benutzt.

Zu bestimmten Zeiten schien Kreativität vor allem eine Sache besonders genialer Menschen zu sein. Man sprach von „Genies" (Genie-These). Kreativität wurde hier als Folge besonderer aber nicht planbarer Begabungen verstanden, sozusagen ein Glücksfall der Natur und genetisch bedingt. Kreative Menschen galten gleichzeitig als außerordentlich intelligent. Sie schienen auf vielen Gebieten Herausragendes leisten zu können. Und sie verstanden Zusammenhänge, die normale Menschen nicht

mehr verstehen konnten. So heißt es, dass nur vier Zeitgenossen Einsteins seine Relativitätstheorie ebenfalls verstanden.

Ein anderer Ansatz geht davon aus, dass Kreativität ein reines Produkt der Umwelt und somit erziehungsbedingt sei. Beide Ansätze erweisen sich letztlich als nicht ganz tragfähig. Vermutlich spielen bei der Ausbildung von Kreativität sehr viele Bedingungen eine Rolle.

Susan Cain stellt in ihrem Buch „Stille" die sogenannte „Orchideenhypothese" vor. Nach dieser Theorie können viele Kinder in vielen Umgebungen gedeihen, ähnlich wie auch der Löwenzahn. Es gibt allerdings auch sehr sensible Kinder, die stark auf ihre Umwelt reagieren, hoch reaktiv sind. Diese Kinder verhalten sich eher zurückhaltend und introvertiert. Sie „welken" leicht, können sich aber in der richtigen Umgebung prachtvoll entwickeln *(vgl. Cain, S. 174)*.

2.2.2   Kreativität, bildende Kunst und Naturwissenschaften

Kreativität wird häufig vorwiegend mit den bildenden Künsten in Verbindung gebracht. Obwohl ein wesentliches Merkmal der Kreativität darin besteht, dass jemand in der Lage ist, Probleme zu lösen und Neues zu erfinden, denkt man doch oft daran, dass Kreativität schließlich „Schönes" hervorbringt, eine Umgebung so bereichert, dass man sich darin wohlfühlt. So wird die bildende Kunst leicht mit einer Dekorationsaufgabe und einem „nice-to-have"-Stempel versehen.

Der äußerst enge Zusammenhang der bildenden Künste mit den Ingenieurswissenschaften und auch die fundamentale Bedeutung gestalterisch-künstlerischer Tätigkeiten für die Bildungsprozesse werden dabei oft übersehen. Eine der großartigsten Erfindungen, die die Menschheit hervorgebracht hat, ist das **Bild** selbst. Es ist die Veranschaulichung dessen, was man in seiner Vorstellung hat. Es ist besonders in der Form der Zeichnung die genaue Beobachtung und Analyse dessen, was ist. Es bedeutet das Vorwegnehmen, die Antizipation dessen, was man tun will oder was geschehen wird. Und es ist ein „sich Ausmalen" von Visionen und Vorstellungen. Stephen Wozniak, einer der Erfinder des PC, stellt fest: „Die meisten Erfinder und Ingenieure, die ich kennengelernt habe, sind wie ich – scheue Kopfmenschen. Sie ähneln

fast Künstlern. Tatsächlich *sind* die allerbesten unter ihnen Künstler." *(Cain 2011, S. 119)*

Die bildenden Künste werden in die **vier Gattungen Malerei, Grafik, Plastik** und **Architektur** gegliedert. Jede dieser Gattungen teilt sich in unzählige Formen, die schließlich auch miteinander verbunden sind und oft kombiniert werden. So können beispielsweise der **Grafik** neben Zeichnung, Skizze, Fotografie, der gesamten Vielfalt der Druckgrafik und Gebrauchsgrafik auch Werke aus den Bereichen Typografie oder Video und Computergrafik zugeordnet werden. Bis zur Barockzeit (ca. 1600–1770) waren bildende Kunst und Kunsthandwerk im Denken der Menschen nicht getrennt. Inzwischen wird von „Kunst" mehr erwartet, etwa intelligente Aussagen und Anregung. Künstler bilden nicht nur ab – sie machen etwas sichtbar, was nicht offensichtlich ist.

Aber auch wenn die Kunst heute einen eigenen Stellenwert besitzt, so ist sie doch immer noch eng mit dem Handwerk verbunden. Bildende Künstler mussten sich immer intensiv mit den Materialien und deren Eigenschaften auseinandersetzen. Sie wollten sie schließlich souverän formen und bearbeiten können. Entsprechend haben Künstler immer geforscht und Techniken erfunden und weiterentwickelt. So ließe sich die heutige chemische Industrie auf die erste Produktion von Farben vor über 40 000 Jahren zurückführen. Es bestand übrigens keine materielle Notwendigkeit, Farben zu produzieren, und Menschen sind die einzigen Lebewesen, die Bilder herstellen – und aufbewahren.

Künstlerateliers sind stets auch Laboratorien. Viele Erfindungen und deren technische Entwicklung haben ihren Ursprung in den Ateliers. Als herausragende Person sei hier beispielhaft Leonardo da Vinci (1452–1519) erwähnt. Er lebte nicht nur davon, zahlreiche Geräte und Waffen zu erfinden oder Stallungen, die einen schnellen Pferdewechsel erlaubten. Viele seiner Erfindungen funktionierten schon zu seiner Zeit, wie die heutige Fahrradkette oder der Fallschirm. Andere konnte er mangels geeigneter Materialien nicht funktionsfähig bauen, wie etwa das Segelflugzeug. Manche seiner Erfindungen versteht man in ihrer Funktionsweise bis heute nicht. Sie wurden aus Zeichnungen rekonstruiert. In Vinci bei Florenz sind in einem eigenen Museum viele seiner Erfindungen zu bestaunen.

Leonardo da Vinci hat neben tausenden von Zeichnungen und Notizen auch zahlreiche anatomische Studien hinterlassen, die die heutige Medizinerausbildung bereichern (und eine davon auch die Chipkarte einer Krankenversicherung). Berühmt wurde Leonardo da Vinci allerdings als Maler der „Mona Lisa" oder des „Letzten Abendmahls".

Wie Leonardo da Vinci sind bildende Künstler scharfe und wache Beobachter. Wenn Kinder gestalterisch tätig werden, üben sie genau das, was Künstler auch tun: Sie beobachten scharf, setzen Dinge in Beziehung zueinander, testen Materialien und deren Eigenschaften und entwickeln Handfertigkeit. Sie gewinnen praktische Erkenntnisse im gesamten naturwissenschaftlichen Spektrum. Sie machen unzählige Erfahrungen und verleihen diesen Erfahrungen einen Sinn.

Bei zahlreichen Erfindungen ist uns heute gar nicht bewusst, dass sie ihren Ursprung in den Künstlerateliers haben: Legierungen, Gussverfahren, Fotografie, bildgebende Analyseverfahren, Offsetdruck und Fotokopierer als eine Anwendung des Flachdrucks, das Malen auf Leinwand und Stoffen, die Perspektive und die Lösungen zahlreicher geometrischer Probleme etc. Nicht selten waren es bildende Künstler, die den Prototypen einer Erfindung herstellten oder eine Idee erstmalig verwirklichten, die dann weiterentwickelt wurde. Bildende Kunst hat immer eine sehr praktische Seite. Die Ateliers bergen eine ungeheure Innovationskraft und viele Künstler hüten auch heute noch ihre ganz speziellen „Betriebsgeheimnisse" – angefangen bei bestimmten technischen Verfahren bis hin zur Entwicklung immer wieder neuer Ideen. In den Ateliers werden neue Materialien erfunden oder erforscht, was sich alles mit industriellen Materialien machen lässt. Viele Kunstwerke verblüffen nicht zuletzt durch das „Know-how", welches die Umsetzung erforderte. Und das alles natürlich nur, um dann die wesentliche Leistung zu erbringen: ein Kunstwerk.

Aus diesen Beobachtungen leitet sich schließlich ein enormer Bildungsgehalt für Kinder und Jugendliche ab, wenn sie sich gestalterischen Tätigkeiten hingeben.

2.2.3   Das kreative Feld

Mit dem Fortschreiten in der Kreativitätsforschung stellte sich heraus, dass Intelligenz und Kreativität nicht so unbedingt zusammenhängen, wie manchmal der Anschein erweckt wird. Etwa so, dass man sagen könnte, je intelligenter ein Mensch ist, desto kreativer ist er auch. Es spricht zwar vieles dafür, dass bei schwacher Intelligenz kreative Leistungen eher unwahrscheinlich sind. Andererseits ist ein sehr hoher IQ (über 130) keineswegs eine Garantie für Kreativität. Am günstigsten scheinen die Chancen bei einem durchschnittlichen (100) bis eher höheren IQ (120) zu liegen. Vor allem aber lässt sich zusammen mit hoher Kreativität und mit hoher Intelligenz auch großes Wissen beobachten. Eine solide Allgemeinbildung und vertieftes Fachwissen sind eine Voraussetzung für echte kreative Leistungen. In kreativen Prozessen wirken fluide und kristalline Intelligenz *(vgl. Band 1, HF 2, Kap. 1)* zusammen. Sie sind eine notwendige, aber keine hinreichende Bedingung.

Heutzutage wimmelt der Markt von „Kreativitätstrainern", als wäre Kreativität ein einfaches technisches Problem, welches mit dem geeigneten Know-how leicht zu beherrschen sei. Um es vorwegzunehmen: Wenn dem so wäre, würden man die Techniken einfach anwenden.

Und dann damit Erfolg haben. Offensichtlich scheint das aber in dieser Einfachheit nicht zu funktionieren, obgleich solche Techniken das Leben hin und wieder leichter machen können.

Der Erwerb und die Ausübung kreativer Fähigkeiten fallen manchen Menschen offenbar leichter, sie erfordern aber immer Arbeit. Es ist ein Bildungsprozess und vergleichbar mit dem Erlernen eines Handwerks oder dem Ausbilden zeichnerischer Fertigkeiten.

Bei der Beschreibung von Kreativität verfolgt Mihaly Csikszentmihalyi einen differenzierten (kreativeren?!) Ansatz. Zunächst stellt er fest, dass es Menschen gibt, deren kreatives Potenzial das der meisten Zeitgenossen erheblich übersteigt. In seiner empirischen Forschung *(Csikszentmihalyi, „Kreativität", Stuttgart, 2001)* untersuchte er die Lebensläufe von über 90 kreativen Persönlichkeiten und wertete sie aus. Um sicherzugehen, dass seine Wahl nicht seinen subjektiven Launen unterlag, bat er nur allgemein anerkannte Persönlichkeiten, die auf verschiedenen Gebieten große kreative Leistungen erbracht hatten (und dafür beispielsweise den Nobelpreis erhielten), um Interviews, in denen er sie zu ihrer Arbeit und Lebensgeschichte befragte.

Bei diesem Vorgehen wurden **drei Bedingungen** deutlich, welche Kreativität entstehen lassen und sie unterstützen:
→ das **Individuum:** der einzelne Mensch, der allgemein als kreativ bezeichnet wird
→ das **Feld:** die Umstände, in denen dieser Mensch aufwächst, tätig ist und lebt, seine Familie, Freunde, die Peer-Gruppe, verschiedene gesellschaftliche Einflüsse und natürlich auch die Erzieherinnen und Erzieher usw.
→ die **Domäne:** das Gebiet, auf dem die kreative Leistung erbracht wird (Kunst, Physik, Literatur, Medizin oder was auch immer) mit den lebenden Vertretern, die die Diskussion in diesem Gebiet bestimmen.

Kreativität ist damit nicht mehr allein die Fähigkeit oder Handlung eines einzelnen Menschen. Sie erscheint vielmehr vergleichbar mit einem „elektrischen Feld", welches sich zwischen den drei Polen Individuum, Feld und Domäne aufbaut. Je stärker die Pole sind, desto tragfähiger und stärker wird das kreative Feld. Bricht ein Pol zusammen, verschwindet (spätestens auf längere Sicht) auch die Kreativität mit hoher Wahrscheinlichkeit. Gleichzeitig sind die Pole nicht isoliert, sondern sie beeinflussen sich gegenseitig und sind vielen äußeren Einflüssen ausgesetzt.

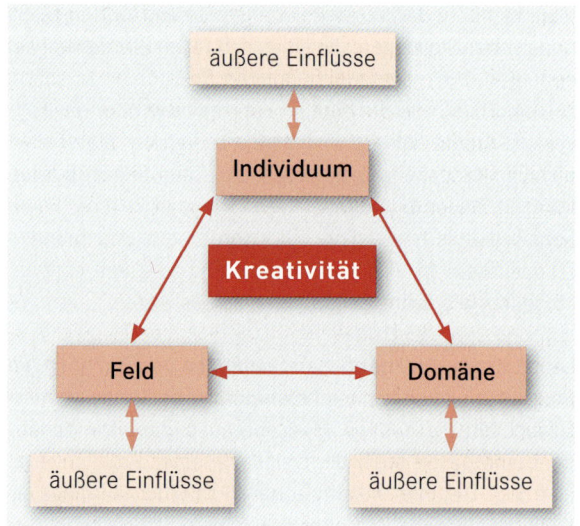

Kreatives Feld

Die Auffassung von **Kreativität** als „Feld" hat für Menschen in erzieherischen Berufen eine große Bedeutung. Mit ihr liegt der Fokus nicht mehr allein auf einer kreativen Persönlichkeit. Mit dem Hinzukommen der beiden anderen Pole erhalten die pädagogischen Fachkräfte als Teil des kreativen Feldes einen begründbaren Einfluss auf die kreative Entwicklung der ihnen anvertrauten Menschen.

2.2.4 Phasen kreativer Prozesse

Kreativität erfolgt im Allgemeinen nicht überfallartig, auch wenn das oft so wahrgenommen wird. Bei dieser Wahrnehmung dringen andere wichtige Phasen kreativer Prozesse nicht ins Bewusstsein oder werden nicht als notwendiger Bestandteil der kreativen Prozesse gesehen. Der kreative Prozess kann in **fünf Phasen** eingeteilt werden:

1. Am Beginn steht als **erste Phase die Aufmerksamkeit und Wachheit.** Man muss eine Aufgabe oder ein Problem zuerst als solches wahrnehmen. Diese Problemsensitivität ist auch durch Übung trainierbar. Ohne das Bewusstsein eines Problems fehlt auch die Triebfeder, es zu lösen. In dieser ersten Phase wird das **Ziel** bestimmt.

2. Die **zweite Phase** besteht in der **Vorbereitung der Problemlösung.** Das Problem muss analysiert werden. Man verschafft sich einen Überblick über die Randbedingungen und die eigenen Möglichkeiten und Ressourcen. Man führt verschiedene Versuche durch und erprobt unterschiedliche Materialien. Mit Kindern wird man das sehr praktisch, lebensnah, handelnd tun. Beim Bauen, Malen, Zeichnen, Entwerfen, Ausprobieren usw. erwerben die Kinder die notwendigen Erfahrungen, Kenntnisse und Einsichten, und sie entwickeln kognitive Strukturen und Konzepte, mit deren Hilfe sie schließlich Probleme lösen können.

Die jeweiligen Erfahrungen müssen mit den Kindern besprochen werden, damit sie ihnen auch bewusst werden. Lernprozesse sind in diesem Alter vor allem soziale Prozesse, Kinder lernen in Beziehung. Das gilt auch für Erwachsene. Die sind jedoch auch in der Lage, verschiedene Möglichkeiten nur im Kopf durchzuspielen, was eine hohe Konzentrationsfähigkeit und ein großes Vorstellungsvermögen erfordert. Vor allem im Bereich der Forschung wird dennoch viel praktisch experimentiert und überprüft. So wird auch der eigene Wissensstand daraufhin überprüft, ob er für die Problemlösung ausreichend ist. Bei Bedarf werden Forscher gezielt notwendiges Wissen erwerben. Das ist sogar die Regel, weshalb die Fähigkeit zu lernen und die Beherrschung effektiver Lerntechniken in unserer Gesellschaft unabdingbar sind. Diese zweite Phase ist oft sehr anstrengend und bedarf eines hohen Durchhaltevermögens. Sie birgt auch viele Rückschläge und Frustrationen. Musiker verbringen sehr viel Zeit mit Üben. Längst nicht jedes Bild ist auch eine gelungene Arbeit. Vieles verlässt nie das Atelier. Forscher verfolgen Problemlösungen manchmal über Generationen. Einstein war nicht in der Lage, seine Relativitätstheorie zu überprüfen. Dazu stehen uns erst heute die notwendigen Mittel zur Verfügung. Entsprechende Versuche führt die NASA derzeit durch.

Während der ganzen Vorbereitungsphase bedarf es einer scharfen und wachen Wahrnehmung und sensibler Sinne. Das Penizillin wurde nur entdeckt, weil dem Bakteriologen Alexander Fleming auffiel, dass, nachdem das Fenster seines Laboratoriums offengestanden hatte, in einer Petrischale alle Bakterienkulturen eingegangen waren. Diese wache Aufnahmebereitschaft und das Erkennen wesentlicher Zusammenhänge werden als **Serendipität** bezeichnet. Diese Fähigkeit könnte gefördert werden, indem Erzieher auf die vielen spontanen Beobachtungen der Kinder eingehen.

3. Oft ist es so, dass man einer Lösung nicht näher kommt, auch nicht, wenn man sich noch so sehr bemüht. Vielleicht sucht eine Erzieherin fast verzweifelt nach einer guten Idee für ein Angebot für ihre Gruppe. Aber der entscheidende Gedanke will einfach nicht kommen. Dann ist es sinnvoll, Abstand von dem Problem zu nehmen und eine Pause einzulegen. Von dem Chemiker Friedrich August Kekulé wird erzählt, auch nach intensiven Studien sei es ihm nicht möglich gewesen, die chemische Struktur des Benzols zu entschlüsseln. Schließlich gab er auf und setzte sich in den Sessel vor seinem Kamin, wo er einschlummerte. Er träumte von tanzenden Atomen, die sich in kleinen Ketten zu Schlangen formten, die sich jagten. Plötzlich biss sich eine der Schlangen selbst in den Schwanz und bildete so einen Kreis. Kekulé schreckte hoch. Er hatte die Ringstruktur des Benzols entschlüsselt.

Wenn im Allgemeinen über Kreativität gesprochen wird, meint man diesen „Kick", diese Intuition, diese spontane Eingebung, die einen überfällt. Oft kommt sie in entspannten Momenten, in denen man eventuell auch an etwas ganz anderes denkt. Es ist der glückliche Höhepunkt der **dritten Phase,** der **Inkubation** oder **Latenzphase.** Während der Inkubationsphase setzen sich die gesammelten Erkenntnisse zum Problem zusammen. Das Problem denkt sich gewissermaßen selbst weiter. Man sagt, man hat es im „Hinterkopf". Man kümmert sich nicht mehr bewusst darum. Daher sind Entspannungsphasen für kreative Prozesse sehr wichtig. Man sollte sich aber klarmachen, dass diese Gedanken im „Hinterkopf" nur mit dem arbeiten können, was in den ersten beiden Phasen bewusst wurde. Ohne diese beiden Phasen bleiben brauchbare Intuitionen und echte kreative Ergebnisse eher zufällig. Entscheidend ist, dass man wach und aufmerksam genug ist, um auch zu bemerken, dass man eine Lösung oder einen gangbaren Lösungsweg entdeckt hat, dass man den entscheidenden Ideenblitz auch bemerkt und den Gedanken dann festhält und konkretisiert.

Mitunter lässt sich nicht genau bestimmen, wann man von einer Phase in die nächste eintritt. Die Übergänge sind zum Teil fließend und individuell sehr unterschiedlich. Manche Menschen kommen während der Vorbereitungsphase nahezu in einen „Rausch". Sie gehen dann so in ihrer Arbeit auf, dass sie alles um sich herum vergessen oder aus ihrer bewussten Wahrnehmung verlieren. Kindern passiert das noch leichter als Erwachsenen. Sie können völlig in ihrem Spiel oder in einer Tätigkeit aufgehen. Es ist dann schwer, sie wieder in die Realität zurückzuholen, und man tut das nur ungern. Sie existieren dann ganz im Hier und Jetzt. Sie sind in einem einzigen Punkt von Wirklichkeit konzentriert, sozusagen unverdünnt lebendig, durch nichts von ihrem Handeln abgelenkt. Sie sind dann absolut präsent. Dieser Zustand wird in der Kreativitätsforschung als **„Flow"** bezeichnet. Es sind seltene glücksdurchflutete Momente von höchster Intensität und Lebendigkeit. Es sind Momente höchster Klarheit und Effektivität im Denken.

Dieser Ablauf kreativer Prozesse macht eine andere, besondere Art der Aufmerksamkeit notwendig. Die eine Form der Aufmerksamkeit richtet sich konzentriert und wach auf die Dinge und Vorgänge, die untersucht werden. Gleichzeitig richtet sich eine andere Aufmerksamkeit auf das eigene Denken. Der beste Gedanke, eine gute Idee oder Intuition bringen nichts, wenn sie nicht bemerkt werden bzw. wenn man nicht in der Lage ist, sie zu ergreifen. Wenn sich Alexander Fleming nur über das offene Fenster geärgert hätte, weil er nun alle Versuche von Neuem beginnen musste, hätte er das Penicillin nicht entdeckt. Wenn Kekulé nach dem Hochschrecken aus dem Traum nicht begreift und ergreift, was er da entdeckt hatte, wäre die Struktur des Benzols vielleicht immer verborgen geblieben. Oft erinnert man sich daran, dass man gerade noch eine gute Idee, eine brauchbare Formulierung hatte. Jedoch scheinen Ideen die unangenehme Eigenschaft zu besitzen, sich sehr schnell wieder zu verflüchtigen.

4. Nach diesen ersten drei Phasen beginnt die Arbeit im kreativen Prozess. Die gewonnenen **Einsichten müssen überprüft** und in einer **vierten Phase bewertet werden.** Auch das ist mitunter sehr anstrengend.

5. Aber ohne diese Arbeit ist die letzte **fünfte Phase,** die **Umsetzung,** nicht ganz erfolgversprechend. In ihr geht es endlich an die Ausarbeitung und Umsetzung der neuen Idee. Oft tauchen hier wieder neue Schwierigkeiten auf – und der kreative Prozess beginnt von vorne.

Hat man sich mit den Phasen kreativer Prozesse vertraut gemacht, so ist man auch in der Lage, damit zu arbeiten. Es fällt leichter, eine Durststrecke durchzustehen, wenn man ihre Bedeutung verstanden hat. Es ist auch einfacher, Kinder zum Durchhalten und zur Konzentration zu ermuntern, wenn man weiß, welcher Teil des Weges gerade gegangen wird. Ein Bildhauer muss mit seinem Werkzeug vielleicht tausend Mal auf dieselbe Stelle an seinem Stein schlagen, bis das richtige Stück abspringt. Es hilft nichts: Er kann diesen tausendsten Schlag nicht ohne die 999 davor machen.

Kreative Prozesse haben einen entscheidenden Nachteil: Sie verlaufen nicht mit einer Erfolgsgarantie. Erfolg ist eine Belohnung, die motivierend wirkt. Bleibt der Erfolg trotz Anstrengung aus, so ist das frustrierend. Wir versuchen normalerweise, frustrierende Aktivitäten zu vermeiden. Es zeichnet sich hier eine Abwärtsspirale ab. Eventuell endet die Kreativität, wenn jemand zu der Überzeugung kommt, dass sie zu viel Frustrationsrisiko birgt. Man verzichtet dann auf den großen Gewinn, um sich die kleinen Enttäuschungen zu ersparen. Kreativität erfordert also eine gewisse Leidensbereitschaft, Mut und die Zuversicht, dass man schließlich doch Erfolg haben wird.

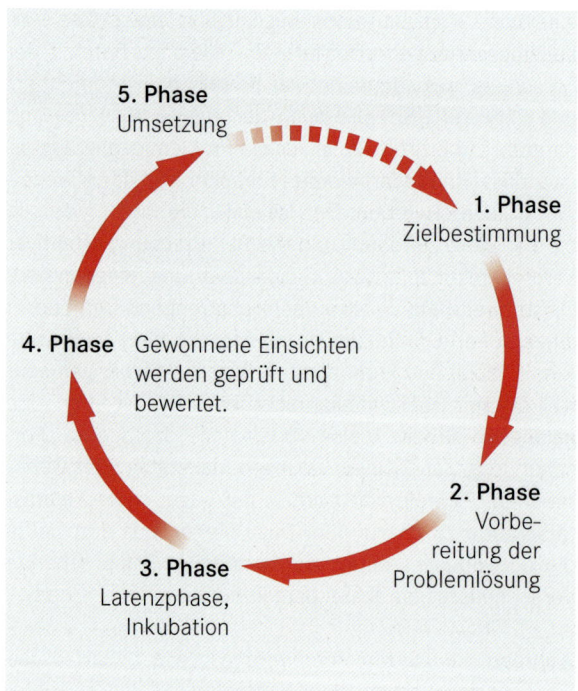

Phasen kreativer Prozesse

2.2.5   Kreativität und Kindheit

Damit man einen Prozess oder eine Idee als kreativ bezeichnen kann, müssen einige Bedingungen erfüllt sein: Es muss etwas **Neues** und **Sinnvolles** in die Welt gebracht werden. Die Neuerung muss sich von dem unterscheiden, was vorher getan wurde, also **originell** sein. Hier spielt der Blickwinkel eine Rolle. Große kreative Leistungen müssen „absolut" oder auch objektiv neu sein, was letztlich nur Fachleute nach eingehender Recherche entscheiden können. Das bedarf eines enormen Wissens. In diesem Sinne können Kinder in der Tat nicht kreativ sein: Es fehlt ihnen schlichtweg am Wissen und an den notwendigen Fertigkeiten und Fähigkeiten (manuell und intellektuell), um gezielt wirklich Neues hervorzubringen. Diese Fähigkeiten und Fertigkeiten erwerben sie erst, beispielsweise in ihrem gestalterischen Tun.

Allerdings gibt es Bereiche, in denen schon oder vielleicht auch nur Kinder absolute Profis sind: zum Beispiel können Kinder in einer ganz eigenen Weise spielen. Damit sind nicht einfach Brettspiele oder der Umgang mit anderen Gesellschaftsspielen gemeint. In ihrem **Spiel** antizipieren Kinder ganze Welten. Sie spielen nicht einfach, um zu gewinnen oder um sich nur die Zeit zu vertreiben oder um etwas zu lernen. Das tun sie auch. Sie spielen auch absolut. Sie und die ganze Welt gehen in diesem Spiel auf. Diese Art von Spiel hat keinen primären Zweck – sie stiftet Sinn.

Zu ähnlichen Leistungen sind Kinder auch im gestalterischen Bereich fähig (was nicht heißt, dass sie es immer tun). Kinder können in einer direkten und unmittelbaren Art und Weise in Bildern Erlebnisse, Erfahrungen, tiefes Weltwissen und Erkenntnis ausdrücken, wie es selbst großen und erwachsenen Künstlern oft nicht mehr möglich ist. Die Zeichnung ist dann unmittelbar, spontan und ohne Hintergedanken. Wenn Csikszentmihalyi Kindern die Fähigkeit zur Kreativität abspricht, meint er die „objektive" Kreativität, die Entwicklungen auf wissenschaftlichem Niveau bedeutet. Es ist eine Tatsache, dass diese Kreativität eine Basis braucht.

Kindern billigen wir ohne Weiteres „**subjektive" Kreativität** zu, wenn sie aus eigenen Kräften und selbstständig ein Problem lösen, z. B. mit einem Brett einen Steg „erfinden". Subjektiv bedeutet, dass die Problemlösung aus Sicht des Kindes neu ist. Auch das ist eine anerkennenswerte Leistung, denn das Kind dokumentiert hier sein eigenes Denken und begibt sich auf den Weg der Kreativität – auch wenn schon tausende Kinder vor ihm aus Brettern Stege gemacht haben. Trotzdem können Kinder auch ohne Weiteres mit objektiv kreativen Leistungen überraschen. Wir können von Kindern viel lernen. Hier wird allerdings auch deutlich, dass Kreativität „funktionieren" muss. Eine nur bizarre oder exzentrische Idee wäre nicht kreativ, solange sie nicht umsetzbar ist. Im besten Falle wäre sie fantasievoll. Damit ein Prozess oder eine Idee als kreativ bezeichnet werden können, müssen sie sich in irgendeiner Weise als richtig, nützlich, wertvoll oder sinnvoll und realisierbar erweisen (vgl. Goleman 2000, S. 25).

Jugendliche stellen in der Regel andere und höhere Anforderungen an die eigene Kreativität. Das betrifft den Inhalt (die Aussage) und auch die Form (Umsetzung). Vor allem was die technischen Aspekte betrifft, sollten die pädagogischen Fachkräfte über ein entsprechendes Repertoire verfügen, zumindest sollten sie neugierig und aufgeschlossen sein. Jugendliche erproben mitunter gerne auch große Formate. Sie experimentieren oft mit den unterschiedlichen „neuen Medien" und deren Möglichkeiten. Nicht selten ist die Tätigkeit auch mit dem Interesse an verschiedenen Berufsfeldern verbunden. Damit Jugendliche auf ihre Kosten kommen, brauchen sie bei gestalterischen Tätigkeiten oft ein größeres, ungestörtes Zeitkontingent von Stunden oder Tagen. Mitunter spielen auch die materiellen und technischen Ressourcen eine größere Rolle (Leinwände, Papiere, Maschinen, Farben usw., Kameras, Computer, Internetzugänge).

Kreative Jugendliche

2.2.6 Kommunikation

Kreativität hat auch etwas mit Kommunikation und Aushandlungsprozessen zu tun. Wenn die **Domäne** beispielsweise nicht anerkennt, dass die Erde eine Kugel ist, „bleibt" sie eine Scheibe. Wenn das **Feld** die Bedeutung einer Entdeckung nicht begreift, gerät sie leicht wieder in Vergessenheit. Die alten Ägypter wussten bereits vor 5000 Jahren, dass die Erde eine Kugel sein musste, und hatten auch den Umfang auf wenige tausend Kilometer genau berechnet. Einige wertvolle Erfindungen wurden einfach wieder vergessen und mehrere Male neu gemacht.

Kommunikation ist keine Einbahnstraße. Für die Entstehung von Kreativität ist nicht nur wichtig, dass beispielsweise die Domäne positiv auf ein Individuum reagiert. Es ist auch wichtig, dass das Individuum Kontakt zu anderen sucht und pflegt.

Inzwischen sind wir auch mit Erfindungen konfrontiert, die man vielleicht besser nicht gemacht hätte oder die man besser nie angewandt hätte, z. B. die Atombombe. Der Philosoph Hans Jonas beschreibt in seinem Buch „Das Prinzip Verantwortung" die grundsätzlich neue Lage, in der sich die Menschheit seit dem 20. Jahrhundert befindet. Vor dieser Zeit verursachten zwar manche Erfindungen neben verschiedenen Vorteilen für einzelne oder Gruppen auch viel Leid. Dies betraf allerdings nur eine begrenzte Anzahl von Personen und war stets zeitlich begrenzt. Unsere modernen technischen Möglichkeiten bewegen sich teilweise in einer deutlich anderen Größenordnung: Heute ist es denkbar, dass sich die Menschheit als Ganzes auslöscht, und das für immer. Hans Jonas plädiert daher dafür, vor der Anwendung einer neuen Technik alle möglichen Folgen zu bedenken und sicherzustellen, dass sie beherrschbar ist *(vgl. Jonas 1984).*

Diese ethische Dimension spielt eine kleinere Rolle, wenn Kinder Bilder malen. Aber Kinder fragen auch: „Was darf ich tun?" Und alle großen Erfinder waren einmal Kinder.

↗ FAZIT

→ Kreativität wird im Kontext von Neuigkeit, Ideenreichtum, Ideenflüssigkeit, Problemlösen verortet. Menschen verfügen über Kreativität nicht in gleichem Maße. Sie ist aber innerhalb der individuellen Möglichkeiten trainierbar.

→ Kreativität entsteht zwischen den drei Polen: Individuum, Feld, Domäne.

→ Für Erzieher hat dies große Bedeutung. Der Fokus liegt nicht allein auf der kreativen Persönlichkeit. Mit den beiden anderen Polen erhalten Erzieherinnen als Teil des kreativen Feldes einen begründeten Einfluss auf die kreative Entwicklung der ihnen anvertrauten Menschen.

→ Es gibt „objektive" und „subjektive" Kreativität. Kindliche Kreativität ist meist eine subjektive. Erzieher können aus den Problemlösungen der Kinder in gewissem Umfang auf deren Entwicklungsstand schließen.

→ Kommunikation ist der „Klebstoff" zwischen den drei Polen. Ohne Kommunikation sind kreative Prozesse nur schwer realisierbar.

→ Kreativität hat einen ethischen Aspekt.

→·← AUFGABEN UND ANREGUNGEN

1 🖉 Sichten Sie die Ausstattung Ihrer Praxiseinrichtung. Welche Techniken sind realisierbar?

2 🖉 Mit welchen Ideen wurden Sie in der Praxis schon überrascht?

3 🖉 Welche Rolle spielen die Aspekte Feld, Individuum und Domäne in Ihrer Bildungsbiografie?

4 📄 Skizzieren Sie ein gestalterisches Angebot für Kinder/Jugendliche aus den Bereichen Malerei, Grafik, Plastik und Architektur. Welche Lernerfahrungen könnten die Kinder in diesem Angebot machen?

2.3 Gestalterische Arbeiten für die Entwicklung und Förderung der Kreativität

2001 wurde auch in Deutschland das „Program for International Student Assessment" (PISA) durchgeführt. Es stellte sich heraus, dass deutsche Schüler mit ihren Leistungen teilweise weit hinter denen anderer Nationen zurücklagen. Eine heftige Diskussion setzte ein, die sich zunächst mit notwendigen und zu verändernden Qualitätsstandards an den Bildungseinrichtungen, vor allem den Schulen, befasste. Im Laufe der Zeit wurde aber immer deutlicher, welche enorme Bedeutung gerade den frühen Lebensjahren und damit den Kindergärten für einen günstigen Entwicklungsverlauf der Menschen zukommt *(vgl. auch HF 2, Kap. 1)*.

Inzwischen regt sich allerdings auch Kritik an PISA, denn mit dem Verfahren wurden nicht die kreativen Aspekte von Bildung erfasst. Vermutlich können die in einem solchen Verfahren auch nicht erfasst werden. Sie sind aber für moderne Gesellschaften wesentlich. Inzwischen zeichnet sich auch ab, dass die Gruppen, die in PISA gut abgeschnitten hatten, nicht unbedingt auch gute Problemlöser, Kreative sind.

Neben vielen anderen Aufgaben zählt die „Förderung von Entwicklung und Bildung" wohl zu den wesentlichsten, die Erzieherinnen und Erzieher zu erfüllen haben. Sie müssen mit die entscheidenden Rahmenbedingungen (das Feld) schaffen und aufrechterhalten, in denen sich die ihnen anvertrauten Kinder am besten entfalten können. Da aber die Menschen verschieden sind, kann es hier nicht um eine allgemeine, um eine standardisierte, sondern muss es notwendig um die sehr individuelle Förderung der Kinder gehen. Erzieherinnen und Erzieher

tragen damit eine besondere Verantwortung, die auch Anforderungen an deren jeweilige eigene Entwicklung, Persönlichkeit, Bildung und Ausbildung stellt.

Menschen sind nicht mehr in der Weise instinktgebunden, wie es Tiere sind. Ihnen ist das Laufen nicht angeboren wie es bei Pferden der Fall ist. Es ist ein langwieriger Lernprozess. Nahezu alles, was Menschen schließlich können, müssen sie zuerst erlernen und haben sie erlernt, auch wenn ihnen das später kaum noch bewusst ist.

Man geht heute davon aus, dass es bis zum Ende der Pubertät dauert, bis ein Mensch ganz über seinen Gesichtssinn verfügt, „sehen" gelernt hat. In vielen qualifizierten Ausbildungen wird dann das Sehen weiter differenziert und geschult. Architekten lernen, Pläne zu lesen, Ärzte, Röntgenaufnahmen zu interpretieren, Erzieherinnen und Erzieher, Kinder zu beobachten. Zum Sehen gehört auch, dass man Täuschungen erkennen kann, hier vor allem optische Täuschungen *(vgl. HF 1, Kap. 3.2)*. Von denen bemerken wir den größten Teil überhaupt nicht. Es ist ein so überwiegender Teil (ca. 80 %, Ott, 1987), dass man eher von *„Falsch*-nehmung" als von *„Wahr*-nehmung" sprechen müsste. Und viele Täuschungen bleiben bestehen, auch wenn wir über sie Bescheid wissen. So nehmen wir den Mond unterschiedlich groß wahr, je nachdem, ob er sich dicht über dem Horizont befindet oder hoch am Himmel steht („Mondtäuschung"). Farben beeinflussen sich gegenseitig extrem. Die wenigsten Menschen sind in der Lage, einen Farbton exakt zu bestimmen und wiederzuerkennen. Auch Mitmenschen beeinflussen unsere Wahrnehmungen stark.

2.3.1 Sinnliches und Sinnvolles

Die Sinne sind unser Tor zur Welt, vornehmlich der Gesichtssinn. Über 75 % der Information aus der Umwelt wird über die Augen aufgenommen *(vgl. Band 1, HF 2, Kap. 1)*. Der **Sehsinn** ist ein Fernsinn und raumdominant. Das bedeutet, dass er die augenblickliche (ohne nennenswerte Zeitverzögerung) und gleichzeitige Aufnahme von Zusammenhängen ermöglicht. Das unterscheidet ihn vom Gehör, welches zeitdominant ist. Es braucht Zeit, um den Verlauf einer Melodie zu erschließen. Während das Gehör

auch komplexe Strukturen wie den Verlauf verschiedener Instrumente in einem Konzert über die Zeit erschließt, erschließen sich dem Auge komplexe Strukturen über den Raum. **Raum** bedeutet hier nicht nur den konkreten dreidimensionalen Raum, sondern vielmehr **Gleichzeitigkeit,** Erkennen in einem Augenblick. Im Sprachgebrauch sagt man z. B. „sich ein Bild von etwas machen", was bedeutet, die Geschehnisse um sich herum als eine Ganzheit wahrzunehmen und die unterschiedlichen Vorkommnisse in Beziehung zueinander zu setzen. Obgleich man sagen kann, der Mensch sei ein „Augentier", gibt es keine Hierarchie der Sinne. Es spricht vieles dafür, dass die Sinne miteinander verknüpft sind. **Synästhetiker** hören Farben oder riechen Klänge. Sie verknüpfen z.T. auch kognitive Inhalte (wie die Grammatik) mit Sinneseindrücken.

Das Wort **„Sinn"** hat eine vielschichtige Bedeutung. Es wird für das entsprechende Organ genauso verwendet wie für einen geistigen Vorgang. Der Mensch hat Sinne, die sich nach außen wenden: Gesichts-, Gehör-, Geschmacks-, Geruchs- und Tastsinn. Er besitzt aber auch Sinne, die sich nach innen richten: Propriorezeptoren (dienen der Wahrnehmung und Kontrolle der Haltung und Bewegungen) in den Muskeln oder den Gleichgewichtssinn. Menschen haben auch Gefühle und Stimmungen. Die Eindrücke, die durch die Sinne in unser Bewusstsein kommen, bedeuten nichts, solange ihnen von uns kein Sinn verliehen wird. *Sehen* ist weit mehr als ein fotografischer Vorgang. Wahrnehmungen müssen registriert und gedeutet werden. Sie brauchen eine Be-Deutung.

Sinne sind identitätsstiftend. Als Organ betrachtet, liegen die meisten auf der Körperoberfläche und markieren so die Grenze zwischen Individuum und der es umgebenden Welt. Der Tastsinn sagt: Hier endet *mein* Körper. Das Auge sagt: Das ist von *mir* entfernt. Die nach innen gerichteten Sinne geben Informationen über den Zustand des Individuums. Über die Position im Raum, über den Gesundheitszustand, über die Befindlichkeit. Man nennt sie die Vestibulärsinne *(vgl. Band 1, HF 2, Kap. 1)*. Ein Gegenstand fühlt nicht. Aber eine Person fühlt: die Welt – und sich.

Dazu bedarf es allerdings der **Sensibilität.** Menschen sind unterschiedlich gut dazu in der Lage, Informationen über ihre Sinne aufzunehmen. In vielen modernen Lebensumwelten der Kinder werden deren Sinne nicht mehr ausreichend trainiert und sensibilisiert. Die Kinder können ihre Sinne nicht mehr üben. Sie können in der Folge verschiedene Tätigkeiten nicht mehr befriedigend ausüben, weil ihnen das notwendige Sensorium fehlt. Oder sie können nicht angemessen reagieren, weil sie nicht über ihre eigene Befindlichkeit Bescheid wissen. Beides ist frustrierend und bedeutet auf lange Sicht entscheidende Nachteile.

Menschen können nicht nur über die Welt, sie können auch über sich selbst nachdenken. Dadurch, dass sich das Gehirn mit sich selbst befassen kann, ist es möglich, dass wir uns mit Aspekten unserer Umwelt befassen, zu denen wir keinen Zugang haben oder die es noch nicht gibt (Vorstellungskraft, Antizipation). In unserer Fantasie können wir verschiedene Handlungsweisen und Alternativen durchspielen und damit Verhaltensstrategien entwickeln, die unser Überleben begünstigen können. Sehr oft geschieht das über innere Bilder. Wir lassen dann vor unserem inneren Auge einen Film ablaufen. Damit entsprechende Entdeckungen zustande kommen, müssen wir das kombinatorische Spiel allerdings auch spielen. Da Denken anstrengend ist, muss es eine positive Motivation dafür geben. Der Neurophysiologe Wolf Singer geht davon aus, dass es, ähnlich dem Geschlechtstrieb oder dem Hunger, einen Explorationstrieb, die Neugierde, gibt, da er unter evolutionärem Blickwinkel einen Selektionsvorteil verspricht. Dass dem so ist, legt auch die Beobachtung von Kindern nahe, die von Anfang an offen und neugierig auf die Welt zugehen. Sie sind begierig darauf, Neues aufzunehmen, zu lernen. Leider lässt sich diese Neugier auch abtrainieren.

Der gestalterische Umgang mit Welt, das Erfassen von Wirklichkeiten beispielsweise durch Bilder, bedeutet **divergentes Denken.** Divergentes Denken verfolgt gleichzeitig unterschiedliche und evtl. in unterschiedliche oder gar gegenläufige Richtungen verlaufende Gedanken, die sich gleichzeitig gegenseitig beeinflussen. Es bewegt sich in einem komplexen und ständigen Wandlungen unterworfenen lebendigen System. Das wird unserer Welt in hohem Maße gerecht, denn im Regelfall sind wir selten mit einem einzelnen Problem konfrontiert, sondern mit einer Vielzahl davon.

Den „Gegenpol" bildet das **konvergente Denken,** welches in einer strengen zeitlichen Abfolge Punkt für Punkt abarbeitet. Damit tendiert konvergentes Denken stark zu Vereinfachungen, die den gegebenen Sachverhalt nur noch unzureichend darstellen können. Viele Probleme lassen sich allein mit konvergenten Strategien nicht lösen. Dennoch ist es eine wichtige Fertigkeit, um verschiedene Teilschritte bei Problemlösungen stringent abarbeiten zu können.

Kreative Prozesse zeichnen sich in der Regel durch ein hohes Maß an Divergenz aus. Sie berücksichtigen gleichzeitig mehrere Argumente, setzen sie in Beziehung zueinander, nehmen neue Gedanken mit auf, transformieren sie und bilden am Ende ein neues Ganzes.

Dieses neue Ganze kann dann ein technischer Gegenstand sein, aber auch ein Bild, die Visualisierung einer Erkenntnis. Entscheidender sind häufig eine neue Sicht der Dinge oder eine neue, angemessenere Handlungsstrategie. Man sagt deshalb auch, man „sieht etwas mit neuen Augen" oder „man hat sich ein neues Bild von etwas gemacht".

Durch die sinnliche Erfahrung der Welt bilden wir Begriffe. Das heißt nicht, dass wir Wörter lernen wie die Vokabeln einer Fremdsprache. Die sinnliche Erfahrung vermittelt, was „groß", „schwer", „oben", „unten", „weit" oder „lustig" bedeuten. Sie vermittelt, was die Begriffe für den Einzelnen bedeuten, welche Folgen und Auswirkungen sie haben. Das Wort „Zeit" bedeutet zunächst nichts, bis man erfahren hat, dass eine Stunde unendlich

lang oder viel zu kurz sein kann. Eine Hand voll Sand ist nicht viel, solange man nicht versucht hat, die Sandkörner zu zählen.

> Nichts ist im Geist, was nicht vorher in den Sinnen war. Die Sinne sind unser Tor zur Welt. Sie müssen allerdings entwickelt und trainiert werden. Sinnliche Wahrnehmung ist ein kognitiver Prozess und erfordert die bewusste Auseinandersetzung mit der Welt.
> Die Sinne sind identitätsstiftend. Über sie erlebt der Mensch, dass er als Person in der Welt existiert und sich von seiner Mitwelt unterscheidet.

2.3.2 Neuronale Wachstumsprozesse

Menschen entwickeln sich individuell. Allgemein ist der Mensch eine anatomische Frühgeburt, die wesentliche Wachstumsprozesse erst nach der Geburt durchläuft. Auch das Gehirn durchläuft in den ersten Monaten nach der Geburt ein immenses Wachstum *(vgl. Band 1, HF 2, Kap. 1)*. Es sind zwar bereits die meisten Gehirnzellen vorhanden, aber sie sind noch nicht eng untereinander vernetzt. Dieses Wachstum, die Bildung von Dendriten, Axonen und Synapsen, geschieht in den ersten Lebensmonaten explosionsartig und in den ersten Lebensjahren rasant, bis es schließlich auch zu einem Löschen wenig gebrauchter Verbindungen kommt. Je anregungsreicher die Umwelt ist, desto günstiger wirkt sich das auf das Gehirnwachstum aus, sofern keine Reizüberflutung oder Distress besteht. Eine günstige Umwelt zeichnet sich aus durch gesunde Ernährung, ausreichend Schlaf, viel Bewegung und neben der Begegnung mit viel Neuem durch gute soziale Beziehungen mit stabilen und liebevollen Bezugspersonen *(vgl. Definition für Gesundheit der WHO)*.

Gerade die ersten Lebensjahre spielen für die Entwicklung und Bildung der Kinder eine herausragende Rolle. Versäumnisse in dieser Zeit können nicht mehr oder nur noch unter unverhältnismäßig hohem Aufwand nachgeholt werden. Die **visuelle Umgebung** ist dabei von Bedeutung und prägend. Eine Schwierigkeit besteht darin, dass vor allem sehr kleine Kinder noch nicht in vollem

Maße über ihr Sehvermögen verfügen und beispielsweise in den ersten Lebenswochen nur im Nahbereich scharf sehen können. Da die Kinder in diesen frühen Monaten aber nicht in der Lage sind, über ihre Seherfahrungen zu sprechen, ist es schwierig, Sehfehler zu bemerken. Es ist für Erzieherinnen äußerst wichtig, auf mögliche Sehfehler, wie Schielen, zu achten. Für den Erwerb bestimmter Fertigkeiten und Fähigkeiten gibt es Entwicklungsfenster *(vgl. Band 1, HF 2, Kap. 1)*. Sie öffnen und schließen sich bei allen Menschen in ähnlichen Zeiträumen (unterliegen jedoch auch einer gewissen individuellen Bandbreite).

Das gilt auch für die Sinne. So berichtet Wolf Singer *(vgl. Singer 2002)* von Personen, deren optischer Apparat von Geburt an defekt war (Eintrübung der Linse). Als es medizinisch möglich war, diesen Fehler zu korrigieren, unterzogen sich auch Erwachsene der entsprechenden Operation. Das hatte allerdings ein unerwartetes Ergebnis: Obwohl das Auge nun aus medizinischer Sicht funktionierte, waren die Personen nicht in der Lage, mit den Sehimpulsen auf ihrer Netzhaut etwas anzufangen. Manche empfanden sie als Geräusche oder als schmerzhaft. Sie waren unfähig, Konturen als zu einem Gegenstand gehörig zusammenzufassen und von den Konturen des Hintergrunds abzugrenzen, also einen **„Figur-Grund-Bezug"** herzustellen. Sie konnten auch nicht Räumlichkeit als Gleichzeitigkeit von Beziehungen erfassen.

Sodass sie mithilfe einer Blindenbrille bald wieder in den Blindenalltag zurückkehrten. Es scheint, als hätte das Gehirn in den ersten Lebensmonaten nicht gelernt, die Sehimpulse der Netzhaut im entsprechenden Hirnareal sinnvoll zu verarbeiten. Diese Fähigkeit konnte auch später nicht mehr erworben werden.

Während der Pubertät findet ein Umbau im Frontalhirn statt und es kommt zu einem weiteren Abbau wenig genutzter bzw. zur Verfestigung oft genutzter Verbindungen. Auch hier geht es um physikalisch messbare Tatsachen. Wurden in frühen Jahren viele Verknüpfungen gebildet, bleiben im Erwachsenenalter mit höherer Wahrscheinlichkeit mehr Verknüpfungen übrig. Allerdings ist nicht nur die Anzahl der Gehirnzellen oder der vorhandenen Verknüpfungen im Gehirn ausschlaggebend für die Höhe des IQ und der Kreativität. Es spielt auch eine Rolle, welche Bahnen gefestigt wurden und wie ökonomisch ein Besitzer mit seinem Gehirn umgeht.

2.3.3 Kinder als Ko-Konstrukteure ihrer Entwicklung

Gestalterisches Tun ist immer eine direkte, konkrete und aktive Auseinandersetzung mit der Umwelt, mit Materialien und ihren Eigenschaften, mit den Kräften und Gesetzmäßigkeiten, die wirken.

Kinder können im gestalterischen Bereich viele Material- und Körpererfahrungen machen. Hier werden sie produktiv und haben auch sichtbare und damit reflektierbare Ergebnisse. Schon der Gestaltungsprozess ist mindestens so bedeutsam wie das dabei entstehende Produkt. In der Gestaltung von Bildern, Objekten oder der Umgebung können konkrete und adäquate Erfahrungen gesammelt werden. Gleichzeitig werden die Eindrücke und Erfahrungen der Kinder hier mit Sinn versehen, geordnet, in den Lernkontext des Kindes eingeordnet und mit Bedeutung versehen. Es ist ein wesentlicher Aspekt kindlicher Lern- und Bildungsprozesse. In der Kommunikation über diese eigenen und damit bedeutsamen Erfahrungen entstehen Erkenntnisse und bilden sich Begriffe.

Entscheidend ist, dass das Kind hier **initiativ** und selbst **aktiv** werden kann und können muss. Damit „produziert" es für sich Erkenntnisse. Dieser Vorgang ist effektiver und nachhaltiger, als wenn Erkenntnisse von außen an das Kind herangetragen werden. Nicht selten stößt gerade das auch auf den Widerstand der Kinder. Sie wehren sich dann dagegen, von außen „gebildet" zu werden. Kinder bilden sich selbst in Interaktion mit ihrer Umwelt. Man spricht heute davon, dass sie die Ko-Konstrukteure ihrer eigenen Entwicklung sind. Der Begriff Ko-Konstrukteur beinhaltet, dass Hilfen aus der Umgebung notwendig sind. Im Regelfall senden Kinder Signale, wenn sie bestimmte Hilfen brauchen.

2.3.4 Der kreative Mensch

„Jeder Mensch ist ein Künstler." Mit dieser Begründung nahm Josef Beuys als Akademielehrer jeden Bewerber in seine Klasse auf. Jeder muss sich mit seiner Umgebung auseinandersetzen. Jeder gestaltet die Welt durch seine Anwesenheit mit und ist gleichzeitig nur ein Teil von ihr. Die Welt konfrontiert uns täglich mit Neuem und verlangt Aktionen, Reaktionen und Problemlösungen. Das Produkt dieser Prozesse bezeichnet Beuys als „Soziale Plastik". Leben ist ein gestalterischer Prozess, der manchen besser gelingt als anderen.

Positive Lebensbewältigung erfordert ein kreatives Potenzial. Es hat sich gezeigt, dass bereits Kleinkinder über dieses Potenzial verfügen und entsprechend die Welt ergründen. Wie oben dargestellt, ist es aber bei unterschiedlichen Menschen unterschiedlich stark ausgeprägt und ausgebildet. Es scheint, als wären die Chancen nicht gerecht verteilt. Heute suchen viele Menschen die Ursache dafür in den Genen. Es wird versucht, den prozentualen Anteil von Genen und Erziehung für die Ausbildung unterschiedlicher Fähigkeiten zu bestimmen und darzulegen. Diese Sichtweise eröffnet Erzieherinnen allerdings keine echten Handlungsoptionen. Mit Sicherheit spielt die genetische Ausstattung eine Rolle. Wir kommen schließlich mit einem Gehirn auf die Welt. Andererseits nützt ohne Erziehung die beste genetische Ausstattung nichts. Menschen sterben ohne Erziehung, die Zuwendung bedeutet. Es ist also nicht sinnvoll, nach prozentualen Anteilen zu fragen, denn das eine ist ohne das andere nichts.

Aber woran erkennt man kreative Menschen? Welche Eigenschaften besitzen sie? Welche Fähigkeiten brauchen sie? Was muss gefördert oder unterstützt werden? Welchen Beitrag können sie selbst für ihre eigene Entwicklung leisten?

Josef Beuys

2.3.5 Die kreative Persönlichkeit

Kreative Kinder sind nicht unbedingt „einfache" und „pflegeleichte" Kinder, die in der Gruppe „funktionieren". Kreative Menschen besitzen häufig große physische Energie. Sie haben ein großes Bewegungsbedürfnis, sind konzentriert und ausdauernd. Kreative Erwachsene arbeiten viel. Sie leisten oft Überstunden, weil sie ihre Arbeit gerne machen (intrinsische Motivation). Gleichzeitig sind kreative Menschen häufig ruhig und entspannt. Und sie bestehen auch auf diese Ruhephasen. Sie können gereizt reagieren, wenn man sie aus der Arbeit reißt und wenn man ihnen nicht ihre Ruhe lässt. Sie können aggressiv Informationen und Anregungen einfordern und sich genauso dagegen wehren.

Große physische Energie bedeutet aber nicht immer, über eine überlegene Konstitution zu verfügen. Einige kreative Persönlichkeiten, die mit 70 und 80 Jahren noch sehr vital sind, berichten, dass sie als Kinder kränklich waren. Ein bekanntes Beispiel ist Isaak Newton, der als Frühgeburt fast gestorben wäre. Seine schwache Konstitution machte es ihm schwer, mit Altersgenossen zu spielen. Deshalb verbrachte er in seiner Kindheit viel Zeit mit sich und mit Büchern.

Kreative Personen sind nicht „hyperaktiv" und ständig auf Hochtouren. Im Laufe ihres Lebens lernen die meisten, mit ihrer persönlichen Energie sinnvoll umzugehen. Sie wollen, dass die Energie ihrer eigenen Kontrolle unterliegt und nicht einem erzwungenen Terminplan. Wenn sie die Möglichkeit haben, beginnen sie sofort, sich zu erholen. Der eigene Rhythmus von Aktivität und anschließender Entspannung oder Reflexion ist wichtiger Bestandteil kreativer Arbeit. Es geht dabei nicht um einen genetisch bedingten Biorhythmus. Vielmehr ist es eine durch Ausprobieren erlernte Erfolgsstrategie. Hier liegt auch ein Grund für das Scheitern bei der wahllosen Anwendung beliebiger Kreativitätstechniken.

Kreative Menschen scheinen widersprüchliche Eigenschaften in sich zu vereinen. Häufig sind sie klug und naiv zugleich. Das kann das Herangehen an ein Problem genauso betreffen wie den Umgang mit anderen Menschen. Gleichwohl scheint in der Regel eine mittlere bis höhere Kernintelligenz (IQ) vorzuliegen. Kreative, die eine anerkannte Neuigkeit in einer Domäne erschaffen, verfügen offenbar über die Fähigkeit, zwei gegensätzliche Denkweisen effektiv zu nutzen: das konvergierende und das divergierende Denken. Intelligenztests befassen sich in der Regel mit dem konvergierenden Denken, welches die Lösung von genau definierten, rationalen Problemen umfasst, für das es eine einzige korrekte (und für den Test festgelegte) Antwort gibt. Dagegen führt das divergierende Denken zunächst zu keinen allgemein anerkannten Antworten. Zu ihm gehören neben der Flüssigkeit im Denken oder der Fähigkeit, eine große Anzahl von Ideen zu produzieren, Flexibilität und die Fähigkeit, wechselnde Perspektiven einzunehmen. Aber: „Das divergierende Denken stößt schnell an seine Grenzen;

wenn es nicht durch die Fähigkeit ergänzt wird, eine gute von einer schlechten Idee zu unterscheiden – und dieses Auswahlverfahren erfordert konvergierendes Denken." *(Csikszentmihalyi 2001, S. 92)*

Eine weitere paradoxe Eigenschaftskombination ist die Verbindung von Disziplin und Spielerischem bzw. von Verantwortungsbewusstsein und Ungebundenheit. Kreative gehen oft spielerisch an Probleme heran und mit ihnen um. Sie beherrschen aber auch die Antithese: Dickköpfigkeit, Sturheit und Ausdauer. Hans Bethe, (Physiker, Nobelpreis für seine Arbeit über stellare Energie), erläutert: „Zwei Dinge sind erforderlich. Das eine ist der Verstand. Das andere ist die Bereitschaft, sehr viel Zeit mit Nachdenken zu verbringen und dabei das sehr reale Risiko in Kauf zu nehmen, dass nichts dabei herauskommt." *(Csikszentmihalyi 2001, S. 94)*

Imagination und **Fantasie** auf der einen, sowie bodenständiger **Realitätssinn** auf der anderen Seite sind notwendig, um sich von der Gegenwart frei zu machen, ohne den Bezug zur Vergangenheit zu verlieren. Kreative Menschen wechseln zwischen beiden Seiten hin und her. Kunst und Wissenschaft laufen darauf hinaus, dass die Grenzen dessen, was heute als real gilt, überschritten und endlich eine neue Realität erschaffen wird. Kreative Ideen sind zwar ungewohnt, erweisen sich aber früher oder später als wahr. Kreative erkennen die Wirklichkeit als etwas Relatives, Veränderliches, weshalb hier als Beispiel Albert Einstein mit seiner Entwicklung der Relativitätstheorie angeführt sein soll. Relativität heißt aber nicht, dass alles beliebig ist. Es gibt eine reale Wirklichkeit und die schert sich nicht um unsere Wünsche. Gleichzeitig verändert sie sich je nachdem, aus welchem Blickwinkel und mit welcher Intention wir sie betrachten.

Hochbegabte Jugendliche, die das Alleinsein nicht ertragen können, entfalten ihre Begabung in der Regel nicht voll. Die intensive Beschäftigung mit Musik, Kunst, Mathematik oder einer anderen Domäne erfordert Einsamkeit. Der symbolische Inhalt einer Domäne kann nur gemeistert werden, wenn man das Alleinsein erträgt.

Es gibt kreative Persönlichkeiten mit einem Hang zur Selbstdarstellung. Notwendig sind der Wille und die Fähigkeit, sich mit anderen Menschen auszutauschen, die Arbeit und das Denken anderer kennenzulernen und seine eigenen Gedanken zur Diskussion zu stellen. Im Allgemeinen neigen Kreative eher zu introvertiertem Verhalten, können aber ohne Weiteres auch im Vordergrund agieren.

Damit zusammen hängt auch die widersprüchliche Mischung aus Demut und Stolz. Kreative wissen um ihre Leistungsfähigkeit. Gleichzeitig wissen sie um die Leistungen ihrer Vorgänger, von denen sie profitieren. Und sie wissen, welche Rolle das Glück für den Erfolg spielt. Sie wissen, dass sie über die Köpfe der anderen hinwegsehen, weil sie auf den Schultern von Riesen sitzen Sie wissen gleichzeitig um die Leistung, eine günstige Gelegenheit erkannt und genutzt zu haben *(vgl. Csikszentmihalyi)*. Die alten Griechen nannten diesen Moment „Kairos". Diese günstige Gelegenheit zu sehen und zu ergreifen, erfordert ein hohes Maß an Wachheit und Aufmerksamkeit.

Kreative Menschen sind dominierend, aggressiv, unabhängig und gleichzeitig fürsorglich, sensibel und nachgiebig. Kreative und begabte Mädchen sind oft dominierender und durchsetzungsfähiger als andere Mädchen, kreative Jungen oft sensibler und weniger aggressiv als ihre Altersgenossen. Beide verfügen über ein größeres Verhaltensrepertoire, was ihnen ein reicheres Spektrum an Interaktionsmöglichkeiten eröffnet.

Man kann nur kreativ sein, wenn man dazu bereit ist, die entsprechende Domäne auch zu verinnerlichen und die entsprechenden Regeln anzuerkennen. Entsprechend finden sich bei kreativen Personen traditionelle und konservative Tendenzen. Um Neues zu denken, braucht es aber auch die Bereitschaft mit eben diesen Traditionen zu brechen und rebellisch zu sein. Wenn Kreative mit ihren Traditionen brechen, gibt es in der Regel gute sachliche Gründe. Um Neuerungen durchzusetzen und den Widerstand auszuhalten, ist oft große Leidenschaft nötig, die kreative Menschen auch an den Tag legen. Gleichzeitig sind sie in der Lage, ihrer eigenen Arbeit mit einem Höchstmaß an Objektivität zu begegnen. Sie sind selbstkritisch und bewerten ihre eigene Leistung oft geringer als ihre Umgebung.

Die starke Identifikation und Leidenschaft mit und für die Arbeit ist geprägt durch Offenheit und Sensibilität. Dies macht auf der einen Seite sehr verletzlich. Auf der anderen Seite ist es Quelle intensiver Freude. Entsprechend intensive Gefühlsregungen sind zu beobachten.

Von kreativen Persönlichkeiten spricht man, wenn kreative Leistungen nicht einmalig, sondern regelmäßig auftreten.

Kreative können normalerweise schnell viele Ideen entwickeln (Ideenflüssigkeit). Sie finden sich normalerweise auch in fremden Situationen schnell zurecht. Mit einer gewissen Berechtigung kann man sagen, dass es sich bei der Kreativität weniger um eine Fähigkeit als um eine persönliche Einstellung gegenüber sich und der Welt handelt.

↗ FAZIT

→ Kreative Persönlichkeiten erweisen sich als sehr komplex. Sie vereinigen in sich eine Reihe widersprüchlicher Eigenschaften:
- Bewegungsbedürfnis und Ruhebedürfnis
- Klugheit und Naivität
- Disziplin und Verspieltheit
- Realitätssinn und Fantasie
- Introversion und Extroversion
- Demut und Stolz
- Dominanz und Nachgiebigkeit
- Tradition und Rebellion
- Objektivität und Leidenschaft
- Leid und Freude.

→ Man trifft diese widersprüchlichen Merkmalspaare selten alle bei einer Person an. Wahrscheinlich ist diese Liste auch nicht vollständig. Es entsteht das Bild einer Persönlichkeit, welche über eine sehr breite Palette von Aktions- und Reaktionsmöglichkeiten verfügt.

→ Kreative Menschen stellen viele Fragen und stellen auch vieles infrage.

2.3.6 Problemsensitivität

Kreative Menschen sehen auch Probleme, wo sie nicht so offensichtlich sind. Man spricht dann von **Problemsensitivität.** Das ist eine herausragende Eigenschaft, denn man kann Probleme nur lösen, wenn man sie auch sieht. Allerdings geht es nicht darum, künstlich Probleme zu machen. Bei echten Problemen suchen Kreative mit entsprechend großer Ausdauer nach brauchbaren Antworten. Das erfordert nicht selten auch die Fähigkeit, mit Unsicherheiten umzugehen und sie auch über einen längeren Zeitraum hinweg ertragen zu können (**Ambiguitätstoleranz**). Gleichzeitig verfügen kreative Personen oft über eine hohe Frustrationstoleranz. Auch nach vielen Rückschlägen können sie bei ihrer Sache bleiben. Diese Ausdauer ist auch bei Kindern zu beobachten.

Oft beeindruckt die scheinbar mühelose Leichtigkeit, mit der kreative Menschen Lösungen finden oder Ideen entwickeln. Mit traumhafter Sicherheit erkennen sie bestimmte Muster oder Zusammenhänge. Kreative können zunächst gar nicht richtig begründen, wieso sie sich für einen bestimmten Lösungsweg entscheiden. Sie handeln dann intuitiv und treffen trotzdem ins Schwarze.

Unsere Sinne versorgen uns ständig mit Informationen. Das geschieht auch, wenn wir uns dessen gar nicht bewusst sind. Zum Beispiel im Schlaf. Menschen, die in einer Stadt leben, werden an einem Tag mit weit über 1000 Werbeimpulsen konfrontiert. Der größte Teil der Informationen dringt nicht bis in unser Bewusstsein. Er wird vorher ausgefiltert. Trotzdem ist die Information da und wirksam.

Intuition bedeutet, mit einem hohen Grad an Aufmerksamkeit und Wachheit auch für solche und ähnliche Informationen sensibel zu sein und sie in die Denkprozesse einzubeziehen. Sie bedeutet, Gedanken gewissermaßen im Keim zu erkennen und zu wissen, in welchen Umgebungen sie am besten gedeihen können. Es ist auch nicht leicht, einen guten Gedanken im rechten Moment fassen zu können. Gedanken sind flüchtig. Oft weiß man, dass man eine gute Idee hatte, kann sich aber nicht mehr erinnern. Kreativität erfordert ein hohes Maß an Aufmerksamkeit und Auffassungsvermögen.

Mit zunehmendem Alter spielen für die Intuition und die kreativen Prozesse das jeweilige Wissen mit den entsprechenden Erfahrungen (reflektierte Naivität) sowie das Verfügen über verschiedene Fähigkeiten und Fertigkeiten eine immer größere Rolle.

2.3.7 Fünf Irrtümer über Kreativität

1. Kreativität entsteht aus dem Chaos.

Albert Einstein

Albert Einstein gilt fast als ein Synonym für Kreativität. Dieses Bild verschickte er als Geburtstagsgruß an alle seine Freunde. Wie mag so ein Mensch an wissenschaftliche Arbeit herangehen? Zerzaust, sprunghaft, überall und nirgends, eben „locker"?

So sieht es aus. Und in der Tat kann ein gewisses spielerisches Herangehen an verschiedene Probleme deren Lösung erleichtern. Für kreative Prozesse sind feste Strukturen allerdings keinesfalls hinderlich. Es macht zwar Sinn, sich von Ordnungen lösen zu können, um ungewohnte Verfahren und Sichtweisen in die Überlegungen einfließen zu lassen. In dem Moment allerdings, in dem der Überblick verloren geht, werden kreative Lösungen extrem unwahrscheinlich. Als effektive Methode für kreative Prozesse ist das Chaos statistisch gesehen ungeeignet.

2. Fachleute sind in der Regel nicht kreativ.
Hier wird vom „Fachidioten" ausgegangen. Es wird angenommen, dass Fachleute in so festgelegten, vorstrukturierten Bahnen denken, dass sie niemals zu ausgefallenen Lösungen kommen können. Allerdings trifft gerade das Gegenteil zu. Oft sind es Laien, die die Dinge sehr voreingenommen beurteilen und wahrnehmen. Der Alltagsverstand ist in der Regel wesentlich weniger originell, als ihm unterstellt wird. Im Allgemeinen kommen kreative und umsetzbare Ideen selten von Menschen, die von der jeweiligen Sache nur wenig Ahnung haben. Sach- und Fachwissen sind oft die Voraussetzung, bestimmte Probleme überhaupt wahrzunehmen und Lösungswege zu entwickeln. Es handelt sich bei diesem Vorurteil übrigens um eine Schwierigkeit, mit der Erzieherinnen regelmäßig zu kämpfen haben. Oft wird nämlich unterstellt, dass Erziehung keine professionelle Tätigkeit ist und es im Grunde jeder kann.

3. Junge Menschen, vor allem Kinder, sind besonders kreativ.
In der Tat wird der Grundstein zur Kreativität in der Kindheit gelegt – oder auch vergraben. Andererseits sind Kinder bei der Lösung vieler Probleme schlicht überfordert. Es fehlt ihnen an kognitiven Möglichkeiten und am Sachwissen. Professionelle Erzieher rechnen sogar mit bestimmten Problemlösungen. Auch im bildnerischen Bereich folgen kindliche Produkte bestimmten, vorhersehbaren Entwicklungsverläufen. Oder anders herum betrachtet, lassen sich aus verschiedenen bildnerischen Äußerungen der Kinder Rückschlüsse auf deren Entwicklungsstand ziehen.

4. Kreative Menschen sind in der Regel Außenseiter.
Dieses Vorurteil ist fast schon eine Forderung. Kreative Menschen sollen „Querdenker" sein. Sie sollen sich gewissermaßen dem gesellschaftlichen Konsens entziehen und allgemein Anerkanntes grundsätzlich infrage stellen. Das ergibt aber wenig Sinn, da in der Regel Probleme gelöst werden, die auch die Gesellschaft als Ganzes betreffen und die jeweiligen Lösungen damit letztlich wieder einen Konsens und Anerkennung erforderlich machen. Dazu sind kreative Menschen auf die Nähe zu ihrer Domäne angewiesen. Sie stellt gewissermaßen ein Regulativ dar, welches auch sicherstellen soll, dass die jeweiligen Entwicklungen der Menschheit dienlich sind. Menschen, die schon in der Jugend kreativ waren, sind es oft auch im Alter immer noch. Aber die Art ihrer Kreativität verändert sich mit der Zeit.

Ältere Menschen scheinen zahlenmäßig weniger kreative Lösungen zu entwickeln. Allerdings ist der Anteil brauchbarer Lösungen deutlich höher als die jüngerer, vielleicht, weil sie aus Erfahrung viele Ideen erst gar nicht mehr äußern, da ihnen deren Unrealisierbarkeit absehbar erscheint.

5. Zur Kreativität braucht man keine Technik.

„Technik" ist ein schwieriger Begriff. Zum einen bezeichnet er Gegenstände wie Computer, Autos, Schlagbohrmaschinen oder Bleistifte. Zum anderen bezeichnet er aber auch ein Vermögen, eine bestimmte Fertigkeit. Beispielsweise verfügt ein Pianist über eine gute Technik oder auch ein Athlet im Weitsprung. Menschen lesen mit unterschiedlich effektiven Lesetechniken. Oft sind sich die Menschen der Techniken, die sie anwenden, gar nicht bewusst. Dazu gehören auch die „Kreativitätstechniken". Friedrich Schiller hatte im Schreibtisch einen fauligen Apfel liegen. Der Geruch regte ihn zum Schreiben an.

Technik hat in diesem Sinn nichts mit Berechenbarkeit oder Rationalität zu tun. Im Allgemeinen verfolgen kreative Menschen bewusst individuelle Strategien und Techniken, wenn sie sich auf die Suche nach Problemlösungen machen. Wenn jemand sich selbst und die für ihn brauchbaren Techniken kennt, so ist das ein großer Vorteil.

2.3.8   Erzieherinnen und Erzieherpersönlichkeit

Erzieherinnen sind Bestandteil des „Feld"-Pols, der an der Entwicklung der kreativen Potenziale der Kinder beteiligt ist. Die Kinder schauen (wörtlich) zu ihnen auf. In allem, was die pädagogischen Fachkräfte tun, sind sie für die Kinder ein Vorbild. Alles, was sie tun, und auch ihre inneren Einstellungen zu den Dingen beeinflussen Verhalten und Einstellungen der Kinder. Erzieherinnen können sich nicht *nicht* verhalten. Ihre Aktivitäten sind genauso wirksam wie ihre Unterlassungen. Ihr Engagement und ihre Initiative sind ebenso prägend wie Unterlassungen oder Gleichgültigkeit. Erzieher und Erzieherinnen sind für die Kinder der Maßstab für das, was möglich und erreichbar oder erstrebenswert ist.

Aus diesem Sachverhalt entsteht eine Reihe von Aufgaben für die pädagogischen Fachkräfte. Kinder besitzen ein feines Sensorium für das Verhalten Erwachsener, und sie beobachten sehr genau. Sie können ein aufgesetztes von einem echten Verhalten gut unterscheiden. Daher ist es wichtig, dass es gelingt, authentisch zu sein.

„Erkenne dich selbst" stand im Tympanon des Tempels zu Delphi. Die alten Griechen befragten das Orakel von Delphi, wenn es schwierige Zukunftsentscheidungen zu treffen galt. Einen Schlüssel für solche Entscheidungen sahen sie wohl ganz wesentlich in der **Selbstkenntnis** der Fragenden. Das Verhalten von Kindern wird uns oft verständlicher, wenn wir uns über unser eigenes Verhaltens klar werden. Denn oft wird dieses Verhalten von Kindern imitiert.

Kinder beobachten die sie begleitenden Erwachsenen dabei, wie sie mit Problemen umgehen. Sie registrieren, ob jemand Problemen ausweicht oder sie offensiv angeht. Sie nehmen auch wahr, mit welchen Strategien sich Erwachsene mit Problemen befassen und mit welcher Qualität der Problemlösung sie zufrieden sind. Wie schon erwähnt, ist das Problemlöseverhalten ein wesentlicher Aspekt der Kreativität.

Erzieherinnen sind immer ein Vobild in ihrem Tun

Der Psychiater Eric Berne geht auf Grundlage der **Transaktionsanalyse** *(vgl. HF 1, Kap. 1)* davon aus, dass jeder Mensch im Laufe des Lebens bestimmte Handlungsmuster erwirbt, nach denen er in verschiedenen Situationen immer wieder reagiert (Systemischer Ansatz). Es geht hier um die Art, wie Menschen mit Situationen umgehen und auch immer wieder dieselben Situationen schaffen.

Diese Handlungsmuster sind längst nicht immer effektiv und sie können nur schwer geändert werden. Zu diesem Handlungsmuster gehört auch das Bild, das jemand von sich selbst hat.

Wollen Erzieherinnen die Kreativität der Kinder fördern, müssen sie sich mit ihrem eigenen kreativen Potenzial befassen und es gegebenenfalls erweitern. Diese Arbeit an der eigenen Persönlichkeit erfordert Mut und Aufrichtigkeit. Neben dem Erwerb einer Wissensbasis (Materialkenntnisse, Werkzeuggebrauch, sensibler Wahrnehmungsapparat, künstlerisches „Weltwissen" usw.) bedeutet es eine sensible Selbstwahrnehmung und die Überprüfung eigener Grundeinstellungen und Positionen. Denn Kreativität hat auch etwas mit der eigenen Einstellung, mit einem realistischen Selbstkonzept zu tun. Eine solche Einstellung überträgt sich auf andere und steuert auch deren Verhalten. Oft ist sehr wohl ein kreatives Potenzial vorhanden, nur kommt es aus verschiedenen Gründen nicht zum Tragen. Vielleicht, weil zu wenig Routine und Übung vorhanden ist, oder weil Ängste verhindern, dass Menschen ihre Ideen auch einbringen und ernst nehmen. Ein möglichst objektiver Blick auf die eigene Persönlichkeit und die tatsächlich vorhandenen Möglichkeiten und Entwicklungspotenziale ist eine Voraussetzung, will man andere in ihrer Kreativität fördern.

→ Sind Sie neugierig? Können Sie schnell Interesse entwickeln?
→ Sind Sie offen für Erfahrungen und flexibel in Ihrem Verhalten?
→ Können Sie offene und ergebnisoffene Situationen aushalten?

→ Trennen Sie sich leicht von Gewohnheiten?
→ Sind Sie aufmerksam? Können Sie rasch viele Details aufnehmen?
→ Können Sie rasch erfassen, worum es in einer Situation geht?
→ Können Sie sich lange und gut konzentrieren?
→ Verfolgen Sie Ihre Ziele diszipliniert und kontinuierlich?
→ Beherrschen Sie die Handhabung verschiedener Werkzeuge und Materialien sicher?
→ Verfügen Sie über eine breite Allgemeinbildung?
→ Kennen Sie unterschiedliche Kunststile?
→ Kennen Sie das Umfeld Ihrer Einrichtung?
→ Kennen Sie Museen, Ateliers, Betriebe, Einrichtungen usw. in erreichbarer Nähe?
→ Besuchen Sie regelmäßig solche Einrichtungen?
→ Können Sie gut und sicher zeichnen?
→ Haben Sie ein gutes Vorstellungsvermögen?
→ Haben Sie Träume und Visionen?
→ Fragen Sie sich oft: Was wäre wenn?
→ Planen Sie Ihre Arbeiten und Vorhaben?
→ Können Sie Fragen von Kindern erfassen?
→ Erscheint Ihnen oft etwas auch als fragwürdig?
→ Stellen Sie manches auch einfach einmal infrage?
→ Sind Sie geduldig?
→ Können Sie Kindern Zeit lassen, um Erfahrungen zu sammeln?
→ Können Sie Kindern die Zeit lassen, die neuen Erfahrungen zu verdauen?
→ Respektieren Sie Kinder?
→ Verlangen Sie von Kindern auch Anstrengung?

↗ FAZIT

→ Pädagogische Fachkräfte brauchen ein **positives Selbstkonzept.** Sie brauchen die positive Grundeinstellung, dass auftauchende Probleme auch lösbar sind. Sie müssen offen sein für die verschiedenen Schwierigkeiten, die auftauchen können, und dürfen sie letztlich nicht als Belastung begreifen, sondern als Herausforderungen, die das Leben spannend machen und es bereichern.

→ Aus der echten Lösung von Problemen entsteht ein großes Maß an Kompetenz, Zufriedenheit und Selbstbewusstsein. Unvorhergesehene Entwicklungen dürfen pädagogische Fachkräfte nicht sofort aus der Bahn werfen. Sie brauchen Improvisationsvermögen und müssen gleichzeitig zu zielorientierter Arbeit fähig sein. Sie müssen in der Lage sein, sich in sehr komplexen Situationen schnell einen Überblick zu verschaffen, um dann adäquat agieren zu können. Sie müssen auch dazu in der Lage sein, echte eigenständige und innovative Lösungen und Ideen der Kinder wahrzunehmen und zu würdigen.

2.3.9 Kreative Prozesse fördern

Es ist nicht ganz einfach, echte kreative Prozesse zu fördern. „Echt" soll mit folgendem Beispiel umrissen werden: Besorgen Sie sich eine Zeitschrift mit der Anleitung für hübsche Tischkarten und stellen Sie die dann mit einer Gruppe von Kindern her. Das ist eine schöne Beschäftigung, in der die Kinder auch etwas lernen oder üben können. Letztlich machen sie aber etwas nach und sind im eigentlichen Sinne nicht kreativ. Sie schaffen nichts Neues. Vielleicht verwenden die Kinder sogar vorgefertigte Schablonen, die sie mehr oder weniger mechanisch einsetzen. Der Maßstab für das Endergebnis ist allerdings vorgegeben. Er besteht aus der Nachbildung des Produkts in der Zeitschrift. Die Umsetzung eigener Gedanken ist im Grunde nicht erwünscht und damit auch nicht die Bearbeitung eigener Erfahrungen und Welt. Gleichzeitig werden viele neue Entwicklungschancen vergeben.

Kreative Prozesse sind vielen äußeren Einflüssen ausgesetzt. Eine große Rolle spielt die Peer-Gruppe, die Gruppe der Gleichaltrigen. Sie stellt einen wichtigen Maßstab und ein wichtiges Korrektiv für das jeweilige Handeln dar. Innerhalb dieser Gruppe sind bestimmte Dinge „in" und innerhalb dieser Gruppe will man sich auch nicht bloßstellen. Hier gibt es auch schon geschlechtsspezifische Vorgaben. Das alles engt den Handlungsspielraum und die kreativen Möglichkeiten ein. Die Arbeit in Gruppen ist für kreative Prozesse generell problematisch. Dass in Teams leichter kreative Ergebnisse entstehen, ist ein weit verbreiteter Irrtum. Vor allem in größeren Gruppen sinkt der kreative Ertrag sehr schnell, da leicht ein schädlicher Konformitätsdruck entsteht.

Kreative Ideen entstehen eher in ruhiger Abgeschiedenheit. Sie bedürfen eines Schutzraums, in dem sie zunächst durchdacht werden können. Das ist der Grund, warum zumindest in den eigentlichen Arbeitsphasen die Türen von Ateliers oder Laboren geschlossen sind. Kreative Prozesse sind auch oft sehr intimer Natur, in denen die Personen verletzlich sind. Das ist ein problematischer Sachverhalt, da unsere Bildungseinrichtungen zunehmend auf die Arbeit mit und in Gruppen ausgerichtet sind.

Mit in den Prozess wirken auch die verschiedenen Produkte und gestalterischen Vorgaben der Industrie hinein. Vor allem bei älteren Kindern und Jugendlichen spielt es eine Rolle, ob sie das Gefühl haben, sie könnten sich beispielsweise mit den grafischen Vorgaben aus der Werbung messen. Es spielt dann keine Rolle mehr, ob diese Ergebnisse wirklich gut und kreativ sind. Und das ist längst nicht immer der Fall. So wiederholen sich in der Werbung oftmals immer wieder dieselben Grundideen und zudem sind diese Ideen längst nicht immer gut ausgeführt. Im Allgemeinen ist es aber nicht üblich, diese Produkte weiter infrage zu stellen.

Was hier bei Kindern oder Jugendlichen stattfindet, ist eine **Produktorientierung.** Für sie zählt zunächst die Wirkung des Endergebnisses. Unter diesem Gesichtspunkt haben sie aber eine schlechte Ausgangsposition. Denn auch wenn sie im Grunde die bessere und innovativere, kreativere Idee haben, fehlt es ihnen oft an den technischen Mitteln und am Know-how, um sie mit demselben „Blendeffekt" umzusetzen.

In der Folge enden bei vielen Menschen mit der Pubertät die gestalterischen Aktivitäten. Viele haben dann auch kein Interesse mehr daran, ihre Ergebnisse und durch ihre Ergebnisse zu kommunizieren, weil sie sie als minderwertig erachten. Aus diesem Grund ist es wichtig, dass die Erzieherinnen den Kindern und Jugendlichen auch praktische Hinweise und Fertigkeiten weitergeben können und selbst auf eine gestalterische Kompetenz zurückgreifen können.

Auf der anderen Seite hat gerade die Industrie das enorme kreative Potenzial von Kindern und Jugendlichen erkannt und holt sich von ihnen viele Ideen, an denen dann weitergearbeitet wird.

Natürlich freut sich jeder über eine gelungene und überzeugende Arbeit, über ein gutes Produkt. Wenn allerdings das Produkt und dessen Erfolg zum alleinigen Maßstab werden, wird das Scheitern „kreativer" Anstrengungen sehr wahrscheinlich.

Für kreative Prozesse und die Entwicklung eigener Kreativität ist eine prozessorientierte Einstellung günstiger. Die **Prozessorientierung** macht gewissermaßen den Weg zum Ziel und nimmt so einen großen Teil des Erwartungsdrucks.

Kreativität wird damit zu einer **Grundhaltung,** die kreative Prozesse in sämtlichen, auch alltäglichen Handlungen ermöglicht und erlebbar macht. In diesem Fall werden die einzelnen kleinen Lernfortschritte und die stetige Entwicklung der eigenen Persönlichkeit bedeutsam. Kreativität und Flexibilität sind so nicht mehr punktuelle Ausnahmesituationen, sondern durchziehen das ganze Leben.

Das ist ein entscheidender Sachverhalt, denn mit Ausnahmesituationen tun wir uns in der Regel schwer und vermeiden sie daher. Kreativität wird aber zunehmend wichtig für das Leben in unserer Gesellschaft. Sie sollte daher bereits von Kindesbeinen an alltäglich werden.

Für kreative Prozesse gibt es eine Reihe weiterer begünstigender **Rahmenbedingungen.** Das Milieu, das Feld, in dem kreative Prozesse stattfinden, wurde oben angesprochen. Kinder sind nicht immer von sich aus spontan kreativ. Sie sind auf vielfältige Anregungen aus ihrer Umwelt angewiesen. Sie stellen den Katalysator dar, der diese Prozesse in Gang bringt, ohne sich dabei zu verbrauchen. Diese Katalysatoren finden sich in einer Umgebung, die viele unterschiedliche Gegenstände, Materialien und Formen bietet. Allerdings auch nicht zu viele. Es ist wichtig, die Kinder genau zu beobachten und deren Signale zu beachten. Kinder teilen auf vielfältige Weise mit, ob sie weitere Materialien wirklich brauchen oder ob so viel vorhanden ist, dass es sie überfordert.

Auch eine gezielte und künstliche Verknappung des Angebots kann für kreative Prozesse sehr fruchtbar sein. Stichwort ist der **spielzeugfreie Kindergarten** *(vgl. Bd. 2, HF 2, Kap. 2.7),* wie er in manchen Einrichtungen praktiziert wird. Bei diesem Konzept werden bewusst viele, mitunter alle Spiele und Materialien entfernt, um die Kinder zur Besinnung auf ihre eigene Möglichkeiten und Ressourcen zu ermuntern. Es ist erstaunlich, welche Spielideen Kinder unter solchen Bedingungen entwickeln können. Auch bei gestalterischen Lösungen ist die aufgewandte Materialmenge kein Qualitätskriterium. Hilfreich für die Kinder ist es auch, wenn sich das Materialangebot ihren Interessen entsprechend immer wieder ändert. Ein Irrtum ist es anzunehmen, dass Not erfinderisch macht. Häufiger führt sie zu Ideenarmut. Einrichtungen sollten daher über ein gut und mit ansprechenden Materialien gefülltes Materiallager verfügen.

2.3.10 Kreativität, Zeit und Raum

Als 1970 das Raumfahrzeug *Apollo 13* im Weltraum beschädigt wurde, drohten die Astronauten zu ersticken, ein neuer Luftfilter wurde benötigt. Es musste schnell eine Problemlösung gefunden werden. Sowohl die Ingenieure auf der Erde als auch die Astronauten standen unter hohem Druck, eine Lösung zu finden. Sie mussten sehr kreativ sein. Einen Luftfilter zu kaufen und dann oben einzubauen, stellte keine praktikable Lösung dar (vielleicht eine fantasievolle Idee für einen Zeichentrickfilm, aber hier keine kreative Lösung). Auf der Erde wurde folgender Weg eingeschlagen: Die Konstrukteure der Raumkapsel sammelten sämtliche Gegenstände ein, von denen sie relativ sicher waren, dass sie für die Astronauten momentan nicht lebenswichtig waren, und legten sie auf einen Haufen. Das waren z. B. Metallteile, Kleidungsstücke, Raumanzüge, Kabel, Schläuche, elektrische Teile u. a. Diese Sammlung wurde dann an mehrere kleine Ingenieurteams gegeben, die unabhängig voneinander und parallel an dem Problem arbeiteten, innerhalb kürzester Zeit aus diesen Gegenständen einen funktionsfähigen Luftfilter herzustellen. Die Situation war mit Sicherheit spannungsgeladen, vielleicht hektisch, aber nicht chaotisch. Die Teams gingen sehr geplant an die Aufgabe heran. Am Anfang stand die konkrete Problemstellung und dann die Sammlung, das Sondieren und Ordnen des zur Verfügung stehenden Materials.

Der von den Astronauten gebastelte Luftfilter

Gewissermaßen existiert immer nur das Material, dessen wir uns bewusst sind. In diesem Sinne muss es den Kindern in einer Einrichtung möglich sein, einen Überblick über die ihnen zur Verfügung stehenden Materialien zu bekommen. Das bedarf einerseits einer Ordnung und Struktur im Raum und in der Einrichtung. Andererseits kann es dafür keine festen Regeln geben, da die Umgebung ständig den aktuellen Bedürfnissen und dem Entwicklungsstand der Kinder angepasst werden muss. Es ist sinnvoll, die Kinder in diese Prozesse, die auch die Entwicklung geltender Regeln beinhalten, mit einzubeziehen, da sie damit durchschaubarer werden und den Kindern eine bessere Identifikation ermöglicht wird. Die Umgebung wird dadurch zu *ihrer* Umgebung.

Gleichzeitig werden die Kinder bereits dadurch kreativ aktiv. Die **Gestaltung der Umgebung** ist selbst ein kreativer Prozess. Kreativität wird durch Eigentätigkeit unterstützt und gefördert. Kinder sollten möglichst viel selbst tun. Sie brauchen sowohl die Chance zum Erfolg als auch die Chance, zu scheitern. Beides birgt Lernerfahrungen und macht kompetent. Kinder müssen die Möglichkeit bekommen, die Folgen ihrer Handlungen auch zu erleben, auf jeden Fall, solange für sie keine große Gefährdung besteht. Man sollte sie deshalb auch zur Initiative ermuntern. Die gemachten Erfahrungen müssen mit ihnen besprochen und unter verschiedenen Blickwinkeln bewusst gemacht werden (Metakognition). Lernen ist in diesem Alter vor allem ein aktiver und kommunikativer Vorgang. Das bedeutet, dass die Kinder die Informationen bekommen müssen, die sie im Moment brauchen und verlangen. Sie müssen Antworten auf ihre Fragen bekommen. Manchmal muss man ihnen auch Informationen geben, von denen sie im Moment gar nicht wissen, dass sie sie brauchen. Das erfordert von den begleitenden Erwachsenen ein hohes Maß an Wahrnehmungsfähigkeit, Aufmerksamkeit, Wissen und Bildung.

Die gesamte Umgebung spielt eine Rolle für die Entwicklung der Kreativität. Dabei haben Erzieherinnen und Erzieher wenig Einfluss auf das jeweilige Wohnumfeld der Kinder.

„Den ersten Entwurf zu diesem Kapitel schrieb ich *(Csikszentmihalyi)* in Norditalien, nicht weit vom Fuß der Alpen, in einer kleinen steinernen Zelle von zwei mal zwei Metern, mit zwei Balkontüren, die den Blick auf den Ostarm des Comer Sees freigeben. Die Zelle wurde vor 500 Jahren von Einsiedlermönchen bewohnt und liegt über einer Kapelle, die der Schwarzen Madonna vom Montserrat gewidmet ist. Ein früherer Kapellenbau rutschte vor langer Zeit in den See ab. Der heutige thront in sicherer Höhe auf den Felsen. […] Die Berichte kreativer Menschen legen […] den Schluss nahe, dass die Umgebung ihre Denkprozesse durchaus beeinflusst. Dabei handelt es sich allerdings nicht um eine simple Kausalbeziehung. Ein großartiger Ausblick wirkt nicht wie eine Silberkugel – es schießt einem nicht plötzlich eine neue fantastische Idee in den Kopf. Es scheint vielmehr so zu sein, dass Menschen, die geistig vorbereitet sind und dann in eine wunderschöne Umgebung kommen, eher in der Lage sind, Verbindungen zwischen Ideen wahrzunehmen und neue Perspektiven auf drängende Probleme entwickeln. Aber die ‚geistige Vorbereitung‘ ist von wesentlicher Bedeutung." *(Csikszentmihailyi 2001, S. 195 u. 197)*

Die sollte durch die Umgebung unterstützt werden. In Ateliers haben sich die Künstler in der Regel eine entsprechende Atmosphäre geschaffen. Das sollte auch im Atelier oder **Gestaltungsbereich** der Einrichtung der Fall sein. Hier sollten Dinge des Mainstreams entfernt werden. Die Bereiche sollten ansprechend, ästhetisch und funktional sein. Wasser, Strom, Beleuchtung, Bodenbeläge und Arbeitsflächen sollten den hier stattfindenden Arbeiten entsprechen. Es darf kein Problem sein, wenn ein Kind Farbe oder Wasser verschüttet. Und es dürfen durchaus Werkspuren vorhanden sein. Eine sterile Umgebung wirkt hemmend. Es müssen ausreichend Lager- und Trockenflächen sowie Präsentationsflächen vorhanden sein. Dabei sollte es auch möglich sein, Arbeiten von Kindern oder Jugendlichen ansprechend – auch gerahmt – anzubringen. Zu einer positiven Anregungsstruktur gehören Anschauungsmaterialien, Bilderbücher, Künstlerkataloge, Sachbücher und (visuelle) Lexika.

Idealerweise gibt es in Kreativbereichen auch Orte, an denen ein störungsfreies und „einsames" Arbeiten in Stille möglich ist, und den die Kinder und Jugendlichen ihren persönlichen Bedürfnissen anpassen können. Wenn Kinder oder Jugendliche aus ihrem kreativen Prozess herausgerissen werden, finden sie oft schwer wieder zurück. Geschieht dies regelmäßig, weil immer wieder andere Tätigkeiten in den Vordergrund gerückt werden (Frühstück, Aufforderung nach draußen zu gehen, Morgenkreis usw.), so ist die Wahrscheinlichkeit groß, dass das Interesse daran, sich auf Kreativität einzulassen, schließlich verloren geht. Kreative Prozesse brauchen Zeit. Sie bedürfen der Muße, mitunter auch eines „Leerlaufs".

Man sollte sich die Zeit nehmen und sie den Kindern und Jugendlichen auch geben und sie auch immer wieder in Ruhe lassen. Das ist im Alltag nicht immer einfach und kann zu Konflikten führen. Schon Kindergartenkinder können sich auf konzentrierte kreative Phasen von mehr als zwei Stunden einlassen.

2.3.11 Kreativitätskiller

Der Kommunikationswissenschaftler Paul Watzlawick stellte einmal fest, dass es unendlich viele Bücher und Ratgeber darüber gibt, wie man glücklich wird. In der Folge verfasste er das Buch „Anleitung zum Unglücklichsein" (1983). Hier sind sehr erfolgreiche Strategien beschrieben, wie man sehr gut unglücklich werden kann. Es sind leider sehr alltägliche Strategien, die oft zum festen Verhaltensrepertoire vieler Menschen gehören.

Es gibt auch eine nahezu unerschöpfliche Anzahl an Kreativitätsratgebern, die erklären, wie man kreativ wird. Dagegen findet man nur wenige Anleitungen dazu, wie man Kreativität wirkungsvoll verhindern kann, obwohl auch diese Strategien zum Allgemeingut gehören. Bei Matthias Nöllke findet sich eine Reihe wirkungsvoller **Kreativitätskiller,** die man tunlichst vermeiden sollte *(Nöllke 1998).*

Sicherheitsdenken steht oben auf der Liste. Kreativität bedeutet Mut, neue Wege zu gehen. Das kann nicht gelingen ohne die Bereitschaft, eventuell auch wieder umzukehren oder andere Wege suchen zu müssen. „Wer etwas tut, zerstört es" *(Lao-Tse).* Man kann nicht erwarten, dass sich etwas ändert und gleichzeitig alles beim Alten bleibt.

„**Konkurrenz** belebt das Geschäft", heißt es allenthalben. Die Kreativitätsforschung legt einen anderen Schluss nahe. Es lässt sich beobachten, dass Konkurrenz kreative Lösungen eher behindert als fördert. Wer möchte sich schon blamieren und gegen den „Gegner" verlieren? Da geht man doch lieber die sicheren, bekannten Wege *(s. o.).*

Erwartungsdenken hat nur noch eine einzige, im Grunde schon festgelegte, Problemlösung im Blick. Es verstellt den Blick auf Abweichungen, Nuancen und neue Erfahrungen. Das Denken steckt in einem Käfig, weil sich die eigenen Wahrnehmungen nur noch selbst bestätigen wollen. Es hat auch viel mit Produktorientierung zu tun.

Belohnungen sind an der Prämie interessiert und nicht an der Problemlösung. Sie gehen von einer *extrinsischen* Motivation aus. Echte Kreativität sieht die „Belohnung" aber in der Problemlösung selbst. Sie ist *intrinsisch* motiviert. Der Einsatz von Belohnungen lenkt vom eigentlichen kreativen Prozess ab. Eine Gewöhnung daran kann ihn zum Erliegen bringen. Daher ist es besser, sich mit den Kindern über die gelungene Problemlösung zu freuen, anstatt sie mit einer zusätzlichen Belohnung zu mindern.

Kreative Lösungen sind an einer Realisierung interessiert. Das ist oft ein anstrengender und langwieriger Prozess, der nicht zum Abschluss kommen kann, wenn man zum nächsten Einfall übergeht, bevor der erste umgesetzt ist. **Sprunghaftigkeit** verhindert letztlich auf Dauer den Erfolg, den Kreativität braucht, um Kreativität sein zu können.

Es ist schon fast eine Normalität, dass Aufgaben auf die **lange Bank** geschoben und erst im letzten Augenblick in Angriff genommen werden. Dadurch entsteht der Eindruck, als könnte man unter Zeitdruck besonders gut arbeiten. Diese Auffassung übersieht aber häufig, dass man dann schon längst im kreativen Prozess, nämlich der Inkubationsphase, steckt. Die Aufgabe ist gestellt, das Problem erkannt und man behält es im Hinterkopf. Es ist eine Frage des Zeitmanagements, im richtigen Moment den Absprung zu schaffen und die Aufgabe in Angriff zu nehmen und umzusetzen.

Echter **Zeitdruck** führt zu Distress (negativer Stress). Dann kommen brauchbare Ideen nur noch schwer zustande. Mitunter gerät man auch in Panik und kommt zu überhaupt keiner akzeptablen Problemlösung mehr.

Schlechte Rahmenbedingungen sind ein allgemein unterschätzter Kreativitätskiller. Die Atmosphäre (materiell und sozial), in der jemand arbeitet, bildet einen entscheidenden Faktor für den Fluss der Gedanken. Die entscheidenden Arbeits- und Lernphasen bei Kindern nennt man „Spiel". Störungen und Ablenkungen sind hier sehr hinderlich. Aber auch bei Erwachsenen, z. B. bei Teambesprechungen, bildet die Atmosphäre und Umgebung, in der eine Besprechung stattfindet, einen wesentlichen Faktor für den Erfolg.

Ein realistisches und gutes Selbstbewusstsein ist kreativen Prozessen förderlich. Es sagt uns, was wir können und wozu wir wirklich fähig sind und wohin wir uns im Moment entwickeln können. Wenn es umschlägt in **Selbstzufriedenheit,** besteht nur noch wenig Anlass, etwas zu ändern. Dann tritt eine Lähmung ein, die nur noch schwer aufzubrechen ist. Es ist nicht gut, sich auf seinen Erfolgen auszuruhen. Man sollte die Kinder dazu anhalten, die ständigen Veränderungen in ihrer Umwelt ständig wach zu verfolgen. Aus ihnen entstehen immer neue Anforderungen, die es zu lösen gilt.

Gleichgültigkeit und Desinteresse bringen die Kraft, die zur Kreativität notwendig ist, schließlich zum Erliegen. Kreative Menschen versenken sich in ihre Aufgabe und haben ein großes Interesse am Erfolg. Heute warten viele Menschen darauf, dass um sie herum etwas geschieht, was sie interessiert, was ihr Interesse weckt. Es tritt

dann in den Hintergrund, dass wir auch die Möglichkeit haben, ganz bewusst Interesse zu entwickeln, auch für Dinge, die im ersten Moment gar nicht interessant erscheinen. Vieles wird auch erst richtig interessant, wenn man sich eine Zeit lang damit beschäftigt.

Erzieherinnen und Erzieher arbeiten in der Regel in einem Unternehmen. In einer Kindertagesstätte ist eine Reihe von Fachkräften beschäftigt. Die Zusammenarbeit ist strukturiert. Es gibt einen Träger, einen Leiter oder Leiterinnen, Gruppenleiter, Praktikantinnen und Praktikanten, einen Hausmeister, Reinigungspersonal und natürlich auch die Kinder und deren Eltern. Zunehmend spielen auch die Kräfte des Marktes in diese Struktur hinein. Viele Hierarchieebenen, lange Entscheidungswege, fehlende Transparenz und eine schlechte interne Kommunikation kosten viel Kraft und lähmen letztlich die innovative Leistung der Mitarbeiter, was sich nicht zuletzt auch auf die Kinder auswirkt. Eine ungünstige Unternehmensstruktur wirkt so direkt auf die Bildung und die Kreativität der Kinder ein. Unter diesem Blickwinkel spielt die Konzeption und ihre Umsetzung eine entscheidende Rolle.

Es ist für die Förderung bereits viel geschehen, wenn es gelingt, den Einfluss dieser Kreativitätshemmnisse so gering wie möglich zu halten.

2.3.12 Kreativitätstechniken

Tipps: Denken Sie mit Papier und Bleistift und machen Sie sich kontinuierlich Notizen und Zeichnungen (Visualisierung). Achten Sie darauf, unter welchen Bedingungen Sie gut arbeiten und Ideen entwickeln können. Erstellen Sie Arbeitsprotokolle. Ermitteln Sie Ihren Lerntyp. Überprüfen Sie Ihr Arbeitsverhalten auf hinderliche Elemente hin und versuchen Sie es kontinuierlich zu verbessern.

Damit eine Tätigkeit spannend bleibt und um sie weiterzuentwickeln, ist es hilfreich, schrittweise den Schwie-

rigkeitsgrad zu steigern. Das ist sinnvoll, auch wenn die Veränderung zunächst gar nicht notwendig erscheint. Man kommt so leichter auf andere Ideen.

Kreativitätstechniken sind in der Regel effektiver, wenn sie zunächst nicht in der Gruppe, sondern alleine praktiziert werden. Der kreative Output ist in Gruppen allgemein geringer. Erst wenn erste kreative Prozesse durchlaufen und Ergebnisse vorhanden sind, können die in Gruppen oder Teams auch zum Tragen kommen. Kreative Lösungen eignen sich auch nicht immer als „Steinbruch", aus dem beliebig Elemente herausgelöst werden könnten. Oft funktionieren sie nur als Gesamtkonzept und erfordern nach Abwägung Grundsatzentscheidungen.

→·← AUFGABEN UND ANREGUNGEN

1 ☞ Die Bedeutung des „Sehens" wird in vielen sprachlichen Ausdrücken deutlich: „Man macht sich etwas klar", „Man gewinnt einen Einblick", „Jemandem geht ein Licht auf". Erstellen Sie eine umfangreiche Liste mit solchen Redewendungen.

2 📄 Welche Lernmöglichkeiten sehen Sie hier bei Kindern? Bei Jugendlichen?

3 ☞ Nehmen Sie Papier und Bleistift und visualisieren Sie die Informationen aus dem Kapitel 2.3.1.

4 ✏ Beobachten Sie Kinder und Jugendliche in einer Praxisphase:

→ Verfolgen sie die Tätigkeit eines anderen oder ein Geschehen aufmerksam mit den Augen?

→ Schauen Kinder/Jugendliche genau hin?

→ Können die Kinder einen Arbeitsschritt nachmachen, den sie nur gesehen haben?

→ Suchen sie Blickkontakt und halten ihn?

→ Ist ihr Blick wach und aufmerksam?

→ Sehen Kinder/Jugendliche Möglichkeiten, Zusammenhänge, Details?

→ Haben sie Interesse, Dinge auseinanderzunehmen und zu untersuchen?

→ Wie gut ist ihre Augen-Hand-Koordination?

→ Wie groß ist ihre Aufmerksamkeitsspanne?

→ Verstehen die Kinder/Jugendlichen Blicke (Kommunikation)?

→ Setzen die Kinder/Jugendlichen ihren Blick als Kommunikationsmittel ein (schauen demonstrativ trotzig, beleidigt, auffordernd, froh usw.)?

→ Machen und lesen die Kinder „Schatzkarten"?

→ Besteht ein Interesse an Visualisierungen?

→ Wollen die Kinder/Jugendlichen Sachverhalte skizzieren?

→ Ist die Darstellung differenziert und detailreich?

→ Wie gut sind die Wiedererkennungsleistungen (Gesichter, Zeichen, Gegenstände usw.)?

→ Sehen, bemerken, beobachten die Kinder/Jugendlichen auch kleine Veränderungen?

→ Erkennen sie Funktionszusammenhänge?

→ Werden sie von sich aus initiativ oder warten sie auf Impulse von außen?

→ Haben die Kinder/Jugendlichen Interesse am eigenen Sehen (Licht, Auge, optische Täuschungen usw.)?

→ Sind die Kinder/Jugendlichen stolz auf ihre eigene Wahrnehmungsfähigkeiten?

5 ☞ Bauen Sie verschiedene (alte) Werkzeuge und Gegenstände auseinander und schauen Sie nach, wie sie funktionieren. Vielleicht können Sie das eine oder andere wieder in Funktion setzen. Vor allem: Reparieren Sie in Zukunft Ihr Fahrrad selbst.

6 ☞ Machen Sie sich mit der Reggio-Pädagogik vertraut.

7 ✏ Werden die Tagesrhythmen Ihrer Einrichtung den kreativen Interessen und Prozessen der Kinder gerecht? Gibt es die Möglichkeit für individuelle Lösungen und zum Abweichen von festen Tagesstrukturen?

8 ✏ Setzen Sie sich mit dem Konzept von INFANS auseinander. Welche Aussagen werden zur Kreativitätsförderung getroffen? Machen Sie in Ihrer Einrichtung Beobachtungen unter Zuhilfenahme des Beobachtungsbogens zum „Bildungsbereich Bildende Kunst".

9 ☞ Machen Sie sich mit einer Reihe von Kreativitätstechniken vertraut: Brainstorming, Mindmapping, Bisoziation, Synektik, Mentale Provokation, Osborn-Checkliste, Reizwortanalyse u. a.

10 ✏ Welche kommt Ihrem Typ am nächsten? Bei welcher fühlen Sie sich wohl?

11 📄 Haben Sie eine eigene Methode entwickelt?

2.4   Erlebnis und Urteilsfähigkeit

2.4.1   Kognitive Prozesse, Sprache, Kunst

Zwischen der physikalischen Wirklichkeit und unserer Erfahrungswelt besteht ein außerordentlich komplizierter und in Teilaspekten offenbar erlernter Übersetzungsprozess. Dieser Übersetzungsprozess wird als kognitiver Prozess bezeichnet.

Das **kognitive Verhalten** lässt sich in eine Vielzahl von Teilleistungen untergliedern. Solche Teilleistungen sind:
→ Unterscheidung gewisser Merkmale von Mustern (Gibt es Zusammenhänge?)
→ Bildung von Invarianten aus Merkmalskombinationen (Was bleibt gleich?)
→ Generalisierung ermöglichende Repräsentation dieser Invarianten (Transfer)
→ Fähigkeit, die so repräsentierten Sachverhalte in neue Beziehungen zu setzen (Assoziation)
→ Ergebnisse dieser assoziativen Analysen im Gedächtnis festzuhalten
→ andere Gehirne in verständlicher Weise auf diese Sachverhalte hinweisen (Kommunikation)
→ die kognitive Auseinandersetzung mit der Umwelt zu bewerten, d.h. ihr emotionale Attribute zuzuordnen.

Diese Leistungen sind in hohem Maße abstrakt. Auch Tiere sind in der Lage, solche abstrakten Kodierungen vorzunehmen, also Muster zu erkennen und wiederzuerkennen (Formen, Farben, Gerüche, Gesichter usw.). Dabei finden Tiere auch Relationen zwischen Mustern und können somit ähnliche Muster erkennen.

Der nächste Schritt nach dem Erkennen bedeutet die **symbolische Kodierung,** die begriffliche Durchdringung der Welt durch Sprache. Diese Durchdringung betrifft nicht nur die äußere Welt. Menschen sind fähig, auch Vorgänge, die in ihnen selbst ablaufen (Gefühle, Gedanken, Ideen, Vorstellungen), zum Gegenstand kognitiver Prozesse zu machen.

Mit der Entwicklung von Werkzeugen eröffnete sich die Möglichkeit, die Umwelt gestalterisch zu verändern und damit das Individuum überdauernde Speichermöglichkeiten zu erschließen, in denen die Ergebnisse reflexiver Analyse festgehalten werden konnten. Schriftliche Mit-

teilungen, Bilder, Kompositionen, Skulpturen oder technische Produkte haben solche Speicherfunktion.

Keilschrifttafel

Sie sind Bestandteil neuer Wirklichkeiten und damit Objekte für weitere kognitive Interaktionen. So ergibt sich ein endloses und beliebig erweiterbares System für die Entwicklung und Etablierung kognitiver Strukturen, das umso wirksamer wird, je tiefer ein Mensch darin verflochten ist. Diese „neuen Wirklichkeiten" sind das Ergebnis kreativer Prozesse. Aus der Verknüpfung und Verbindung vieler alter und bekannter Strukturen können im Geiste neue entstehen und in der Folge schließlich neue, funktionsfähige Handlungsstrategien.

Ein Teil des externen Speichers als Inhaltsträger reflexiver Prozesse wird als Kunst bezeichnet. Kunst als externer Speicher muss nicht zwingend materiell sein. Der Inhalt kann auch immateriell weitergegeben werden, z.B. als Poesie. Kunst erzeugt immer wieder neue Wirklichkeiten, indem sie über die reflexiven Prozesse hinaus immer wieder neue Bezüge entdeckt und die symbolische Kodierung verdichtet (weshalb man beispielsweise von einem Gedicht spricht) und damit neue Wirklichkeiten erzeugt. Unter diesem Blickwinkel lassen sich keine exakten Grenzen ziehen zwischen Kunst, Wissenschaft oder Philosophie.

Künstler scheinen sich ihre Gegenstände allerdings dort zu suchen, wo reflexive Prozesse zu Ergebnissen führen, die mit den in der Wissenschaft oder Philosophie üblichen Kommunikationsarten, mit rationalen Sprachen, nicht darzustellen sind. Es handelt sich um Bereiche, welche aufgrund ihrer Komplexität in rationalen Bezugssystemen nicht abgebildet werden können, die aber dennoch von vitaler Wichtigkeit für das Wesen des Menschen sind. Deshalb ist es der Kunst auch möglich, an tiefen Schichten menschlicher Existenz zu rühren. Musik kann unmittelbar beruhigen oder aufrühren. Bilder, ja einzelne Linien können zu Tränen rühren. Architektur, z. B. das Schulgebäude oder das eigene Wohnumfeld, beeinflussen direkt, was man tut und wie man sich fühlt.

2.5 Anregung, Begleitung, Auseinandersetzung mit der Umwelt durch künstlerische Techniken

2.5.1 Zeichnen und Zeichen

„Zeichnen" bedeutet „Zeichen finden". Während des bildnerischen Prozesses kommt es zu einer Organisation von Informationen auf einer Fläche (und gleichzeitig zu einer Organisation, Interpretation und Deutung von Information und Erfahrung im Kopf des Zeichners). So lassen sich auf einer zweidimensionalen Fläche Informationen (Linien und Farben) in einer Weise anbringen, dass ein dreidimensionaler Eindruck entsteht. Übrigens handelt es sich auch hier um eine künstlerische Fertigkeit, die im „alten Rom" bereits bekannt war. In der Renaissance wurde diese Fertigkeit wieder erfunden und vervollkommnet. Heute spricht man von Perspektiven. Deren Anwendung ist erlernbar.

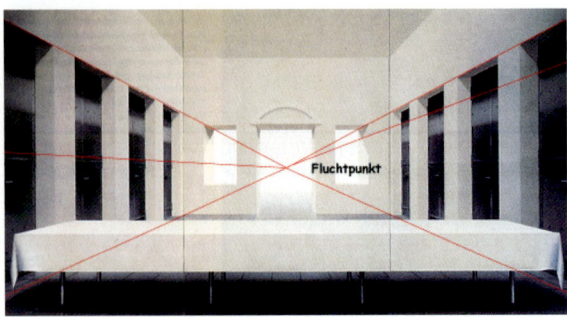

Perspektivenkonstruktion

Im Mittelalter, als ein großer Teil der Bevölkerung nicht lesen konnte, mussten sich die Künstler an bestimmte Vorgaben und Regeln halten, wie sie bestimmte Personen oder bestimmte, vor allem biblische Szenen darzustellen hatten. So war Blau beispielsweise die Farbe der Maria. Man spricht hier von **Ikonografie**. Damals gab es allerdings den Berufsstand des Künstlers nicht in der Weise, wie es ihn heute gibt. Es handelte sich eher um Handwerker (sehr, sehr gute Handwerker, absolute Spezialisten auf ihrem Gebiet). Heute haben Künstler ein anderes Selbstverständnis und arbeiten auch entsprechend freier. Viele moderne Kunstwerke gehen über die reine Darstellung (von Gegenständen) hinaus. Sie sind in höherem Maße abstrakt oder gar ungegenständlich (Konkrete Kunst, Aktionskunst, Actionpainting usw.). Sie haben Gefühle oder komplexe Prozesse zum Thema. Manche Künstler legen ihrem gesamten Lebenswerk eine Theorie zugrunde und arbeiten nach einem bestimmten Konzept. Manche Arbeiten erschließen sich erst nach einer Auseinandersetzung mit diesem Konzept. Es bedeutet die persönliche Auseinandersetzung mit einem „Weltbild".

Die Kommunikation über Bilder ist notwendig und aus unserer heutigen Gesellschaft nicht mehr wegzudenken. Das liegt auch daran, dass manche Inhalte nur über Bilder transportiert werden können, oder zumindest, dass Inhalte über Bilder wesentlich schneller und präziser transportiert werden können. Man denke an Icons auf dem Computer-Desktop, an Verkehrsschilder, an technische Konstruktionszeichnungen oder an Architekturpläne. In der Medizin werden zunehmend bildgebende Verfahren eingesetzt und wirtschaftliche oder natürliche Entwicklungen werden als Diagramme dargeboten. Informationen werden hier organisiert (Informationsdesign, Visualisierung). Es ist für uns wichtig, diese Form der Kommunikation zu lernen.

Das beginnt, wenn wir mit Kindern Bilderbücher betrachten. Man zeigt auf ein Bild und erklärt, dass es sich um einen Hund, eine Katze, einen Baum handelt. Das stimmt natürlich so nicht ganz, denn es handelt sich schließlich um ein Buch oder um Farben oder um eine Fläche. Der Künstler René Margritte (1898–1967) hat diese Problematik in einigen Bildern aufgenommen.

Margritte „Ceci ne'est pas une pipe." (Dies ist keine Pfeife.)

Trotzdem handelt es sich nicht um eine banale Lüge: Wir meinen es gut und helfen den Kindern, Schemata zu bilden, mit denen sie denken können. Sie lernen dabei auch, dass Dinge nicht einfach sind, was sie auf den ersten Blick zu sein scheinen. Was die Dinge sind, hängt davon ab, welche Bedeutung sie für uns haben und welche Bedeutung wir ihnen geben. Wir müssen die Welt, die uns umgibt und zu der wir gehören, deuten. Über die Deutung konstruieren wir unsere Welt.

↗ FAZIT

→ Zeichnen ist ein Mittel, die Welt zu erfassen und zu strukturieren. Durch Bilder werden komplexe Informationen erfasst und vermittelt. Künstlerische Techniken stellen mitunter einen Kommunikationsprozess zwischen Künstler, Umwelt und Betrachter dar und erlauben es, Inhalte zu vermitteln, wie es auf rein sprachlicher Ebene nicht möglich ist.

→ Jeder Jugendliche sollte über grundlegende zeichnerische Fertigkeiten verfügen.

2.5.2   Künstlerisches Tun als der Versuch, Wahrheit zu erfassen

Künstlerisches Tun grenzt sich von anderen kreativen Tätigkeiten ab durch die Wahl des Gegenstandes und durch die Art der Vermittlung der gewonnenen Erkenntnisse.

„Gemeinsam wäre allen kreativen Akten, dass Phänomene, die durch die reflexive Struktur unseres Gehirns erfahrbar sind, und durch diesen reflexiven Prozess je neu entstehen, also ohne diesen nicht vorhanden wären, symbolisch verdichtet und in einer Weise externalisiert, geäußert werden, die geeignet ist, andere Gehirne auf das Ergebnis dieser Verdichtung der in reflexiven Prozessen entstandenen Entitäten hinweisen. Geschieht dies in rationalen Sprachen, liegt die Botschaft also ausschließlich in einer Sequenz logisch verknüpfter Aussagen, so entstehen wissenschaftliche oder philosophische Werke, geschieht dies auf andere Weise, so liegt vermutlich ein Stück Kunst vor." *(Singer 2002, S. 223)*

Kunst wäre damit der Versuch, Wahrheiten erfassbar zu machen, die mit dem rationalen Anteil unserer Sprache nicht abgebildet und bearbeitet werden können.

Neben der gesprochenen Sprache, der Mimik und Gestik, dem Tanz und der Musik oder der Weltsprache Mathematik bildet die darstellende Kunst ein komplexes Sprach- und Ausdruckssystem, mit dem spezifische Inhalte vermittelt werden können wie mit keinem anderen System. Der romantische Dichter Novalis umschreibt diesen Sachverhalt in seinem Roman „Heinrich von Ofterdingen" mit den Sätzen:

„Wenn nicht mehr Zahlen und Figuren
sind Schlüssel aller Kreaturen,
wenn die so singen oder küssen
mehr als die Tiefgelehrten wissen,
[...]
und man in Märchen und Gedichten
erkennt die wahren Weltgeschichten,
dann fliegt vor einem geheimen Wort
das ganze verkehrte Wesen fort."

Mithilfe der Kunst lassen sich Wahrheiten erfassen und vermitteln, wie es rein sprachlich gar nicht möglich ist. Oft ist das mit hohen Abstraktionsprozessen verbunden.

Diese werden gleichzeitig im gestalterischen Handeln ausgebildet und weiter verfeinert. Abstrahieren bedeutet, sich auf die wesentlichen Dinge oder Sachverhalte zu konzentrieren. Dabei geht es auch darum, den Dingen eine Bedeutung zu geben. Menschen produzieren durch Kunst Dinge, die keinem bestimmten Zweck dienen. Kunstwerke sind offen, interpretierbar und interpretationsbedürftig. Sie haben keinen Zweck, sie stiften Sinn!

Felsenmalerei Lascaux

Neben dem Abbau und der Verwertung von Flint (Feuerstein) handelt es sich bei der Farbproduktion um den ältesten Industriezweig der Menschheit. Die in Lascaux verwendeten Farben wurden teilweise viele Kilometer entfernt (in unterschiedlichen Steinbrüchen) abgebaut, dort zermahlen, aufbereitet, in Stangen gepresst und schließlich nach Lascaux transportiert *(vgl. Ruspoli 1986)*.

Die Produktion der über 25 000 Jahre alten Höhlenmalereien erforderte großes Know-how und chemisches Wissen, war enorm aufwendig und muss daher einen immensen Vorteil gebracht haben.

Dieser Vorteil muss nicht materiell gewesen sein. Er ist eher im sinnstiftenden Umgang mit der Welt zu sehen. Es ist auch ein Merkmal, welches Tier und Mensch unterscheidet: Tiere bringen zwar auch Dinge hervor, die wir Menschen interessant und schön finden. Aber sie produzieren keine Kunst, wie es Menschen tun. Tiere stellen aus eigenem Antrieb keine Farben her und malen damit Bilder.

Der Wissenschaftshistoriker Ernst Peter Fischer nimmt den Gedanken von Novalis auf – als die eine Seite der Medaille. „Bilder sind eine Wissensform vor den Begriffen, und sie entstehen durch die menschliche Form der Wahrnehmung […] Wissen beginnt mit der Wahrnehmung, und bei diesem Satz kann man sich auf Aristoteles berufen. Seine Metaphysik beginnt mit der berühmten Feststellung, dass die Menschen ihrer Natur gemäß nach Wissen streben, und sie tun dies – so Aristoteles –, weil sie Freude an der Wahrnehmung haben." *(Fischer 2003, S. 38)*

Beides ist wichtig und für den Menschen unverzichtbar: das künstlerische und das rationale Durchdringen der Welt. Die Wahrnehmung bleibt dabei die Basis. Ohne Wahrnehmung kein Wissen. Nichts ist im Geist, was nicht vorher in den Sinnen war.

2.6 Die Kinderzeichnung

Kinder zeichnen und malen gerne. Dabei laufen in sehr vielen Bereichen viele Lern- und Entwicklungsprozesse ab. Zeichnen und Malen oder das Gestalten mit unterschiedlichen Materialien ist für Kinder eine wichtige Hilfe, ihre Wirklichkeitserfahrungen zu verarbeiten. Es ist eine herausragende Möglichkeit, sich mit den sichtbaren (und schließlich auch unsichtbaren) Dingen der Welt auseinanderzusetzen. Vor allem für Vor- und Grundschulkinder ist die gestalterische Äußerung eines der wichtigsten Ausdrucksmittel.

„Ein Kind, das viel zeichnet, wird eindrucksempfindlicher. In seinen Zeichnungen lernt es, die Dinge zu verstehen und einzuordnen. Es bekommt Sicherheit in seiner Darstellungsweise und vermag durch das Zeichnen die Dinge festzuhalten und zu fixieren. Von der äußeren Sicherheit der Gestaltung findet es zur inneren. Es gewinnt Selbstvertrauen, es findet zu sich und beruhigt sich zugleich. Es vertraut dem Papier seine Probleme an und stellt sie damit aus sich heraus. Das Kind gewöhnt sich an selbständiges Tun. […] Dabei lernen Kinder ganz nebenbei, sich etwas vorzunehmen und es auch selbständig durchzuführen." *(Seitz 1983, S. 12)*

Hinzu kommt, dass Kunst Individualität nicht nur voraussetzt, sondern auch dazu erzieht. Ästhetische Bildung erweitert das persönliche Bewusstsein, sie ist Bereicherung und Ansporn in einem.

2.6.1   Zeichnen als Spiegel kognitiver Prozesse

Zeichnen ist ein Spiegel kognitiver Prozesse. Es hat einen deutlichen Bezug zur Intelligenzentwicklung. Dies meint nicht, dass intelligente Menschen gut zeichnen können und weniger intelligente eben nicht. Es meint, dass das Zeichnen die kognitive Entwicklung mit fördert, indem hier viele kognitive Prozesse ablaufen und eine Reihe verschiedener Aufgaben und Schwierigkeiten bewältigt und trainiert werden müssen.

Zeichnen und Malen sind hochkomplexe Vorgänge. Bevor überhaupt eine Beschäftigung mit inhaltlichen Aspekten stattfinden kann, muss das Kind einen Stift zuerst einmal in seiner Hand halten können. Es muss verstanden haben, dass sein Tun eine Wirkung hat, nämlich einen Strich auf dem Papier hinterlässt. Es muss verstanden haben, dass letztlich es selbst die Ursache ist. Der Kontakt zum Papier und der Anpressdruck müssen kontrolliert, die Hand-Augen-Koordination abgestimmt werden. Dies alles sind diffizile feinmotorische Abläufe, für die zuerst und mit denen zusammen die entsprechenden Verknüpfungen im Gehirn geschaffen werden müssen.

Später werden „Dinge" dargestellt. Kinder tun das erstaunlicherweise oft aus dem Gedächtnis. Sie zeichnen Dinge, nachdem sie sie gesehen haben und sie nicht mehr unbedingt in ihrem Blickfeld sind. Sie betrachten ihre Erinnerung und setzen sich damit auseinander. Dazu müssen sie schließlich auch ein enormes Vorstellungsvermögen entwickeln.

Beim Malen und Zeichnen vollbringen Kinder fantastische Leistungen.

In ihren Bildern bilden Kinder allerdings nicht einfach nur ab. Es geht nicht um die rein visuellen Eindrücke. Inhalt ihrer Bilder sind komplexe Szenen, Erlebnisse, Erfahrungen, Handlungsabläufe usw. Thema ist nicht einfach nur ein Haus, wie es gesehen wird, sondern ein Haus, wie es in einem bestimmten Moment erlebt und erfahren wurde, mit den Gefühlen, die dieses Haus im Kind auslöst. Ganze Handlungsabläufe und Vorgänge spiegeln sich so auch nicht selten im Produktionsprozess, in der Abfolge des gestalterischen Vorgehens des Kindes wider. Das betrifft die Bewegungsabläufe, aber beispielsweise auch Geräusche, die das Kind während des Zeichnens oder Malens produziert.

> So beschreibt ein Junge: „Manchmal fallen meine Gedanken ganz leise aus meinem Kopf, wie kleine Blätter von einem Baum, der sie nicht mehr haben will. Sie liegen am Boden und schauen in den Himmel, der voller Wolken ist. Und plötzlich kommt ein Windstoß, der die Blätter über den Boden tanzen lässt. Er weht sie fort in eine andere Welt. Nun sind sie weg, wie meine eigenen Gedanken, die ich manchmal einfach vergesse. Schade!"
>
> *(Kilian, 7 Jahre)*

Unter diesem Gesichtspunkt zeichnen und malen Kinder immer „richtig"! Kinder interpretieren und verarbeiten ihre Umwelt und ihre Erlebnisse immer selbst. Die „Korrektur" durch Erwachsene würde diesen Prozess nur hemmen oder schließlich abbrechen lassen.

Was Erwachsene allerdings tun können, ist, Kinder zur gestalterischen Tätigkeit zu ermuntern und eine Umgebung zu schaffen, die es Kindern leicht macht, sich in der Gestaltung mit der Umgebung und den Erlebnissen aktiv auseinanderzusetzen und schließlich über ihre Werke auch in Kommunikation mit ihrer Umwelt zu treten.

Die ästhetische Entwicklung des Kindes entfaltet sich am Anfang monologisch, in einer sehr unabhängigen und sehr privaten Zusammenarbeit zwischen Papier, Stift und Gehirn. Malen und Zeichnen sind Ausdruck geistiger Aktivität, des Beobachtungs-, Erinnerungs- und Erlebnisvermögens. Und sie sind Ausdruck der emotionalen Reife und des inneren Gleichgewichts. Kinderzeichnungen und -malereien sagen auch etwas aus über das jeweilige Kind. Das birgt die Gefahr allzu schneller „Psychologisierung". Um Kinderzeichnungen diagnostisch zu interpretieren, braucht es sehr viel Erfahrung. Man muss viele Bilder gesehen und mit vielen Kindern über ihre Bilder gesprochen haben. Einzelne Bilder haben eine geringe Aussagekraft. Mitunter sagen Interpretationen zu Bildern mehr über die begleitenden Erzieher als über das jeweilige Kind. Warum übermalt ein kleiner Junge sein Bild auf einmal mit schwarzer Farbe? Kann er die dargestellten Personen nicht mehr leiden? Ist er depressiv? Hat ihn etwas geärgert? Verdrängt er ein schlimmes Erlebnis? Hatte er einfach nur Lust auf einen großzügigen Bewegungsablauf? War Schwarz die erste Farbe, die er schnell in die Finger bekam. Oder ihm gefällt Schwarz zurzeit einfach. Vielleicht wollte er in der Gruppe durch etwas Besonderes auffallen? Oder er suchte einfach den Kontakt zur Erzieherin? Usw.

Aussagekräftiger und für die pädagogischen Entscheidungen ergiebiger ist die Beobachtung und Wahrnehmung gestalterischer Äußerungen von Kindern über einen längeren Zeitraum hinweg. Daher lohnt es sich auch, Bilder von Kindern in jeweiligen Portfolios zu sammeln (vgl. Band 1, HF 1, Kap. 3.4). Mit dem bloßen Abheften würden allerdings viele Chancen vergeben werden. Um später etwas mit den Bildern anfangen zu können, sind begleitende Notizen wichtig. Dazu gehören natürlich der Name und das jeweilige Alter des Kindes. Das Alter gibt man in der Regel mit Jahr und Monat an (4,3 = das Kind ist 4 Jahre und 3 Monate alt). Diese differenzierte Altersangabe ist wichtig, weil sich vor allem im Kindergarten

in teilweise sehr kurzen Zeiträumen große Entwicklungsschritte vollziehen. Es ist auch sinnvoll, Notizen zum Kontext eines Bildes hinzuzufügen: Zu welchem Anlass ist das Bild entstanden? Ging ein bestimmtes Erlebnis voraus? Wie lange hat es daran gemalt? Wurde an dem Bild in mehreren Schritten gemalt? Gibt es Fotos während der Schaffensphase? Was hat das Kind zu seinem Bild erzählt?

Bilder sind hervorragende Sprechanlässe. Man sollte Kinder dazu anhalten, etwas zu ihren Werken zu erzählen. Zur Ermunterung, falls die Kinder es nicht von sich aus tun, was oft der Fall ist, eignen sich vor allem offene Fragestellungen oder Impulse. Hat man solche Äußerungen, gehören auch sie in das Portfolio. Das Kind sollte jedoch in keinen Erklärungsnotstand kommen und sich rechtfertigen müssen.

2.6.2 Entwicklung der Kinderzeichnung

Die Kinderzeichnung entwickelt sich auf der ganzen Welt in ähnlichen Schritten. Auch wenn Kinder schließlich Gegenstände abbilden, verwenden sie dieselben oder ähnliche Lösungsmuster und Schemata. Die eingesetzten Lösungen lassen auch Rückschlüsse auf ihre emotionale und kognitive Entwicklung zu. Aber auch diese Aussage ist mit Vorsicht zu genießen. Die Entwicklungsverläufe unterschiedlicher Kinder müssen nicht parallel ablaufen. Sie sind auch nicht unbedingt kontinuierlich. Viele Kinder machen innerhalb kurzer Zeit rasante Entwicklungsschritte. Im Regelfall gilt jedoch, dass alle Entwicklungsschritte notwendig sind und keiner ausgelassen werden kann, ohne dass er später fehlen würde.

Im Allgemeinen beginnt die Kinderzeichnung bei ca. Ein- bis Zweijährigen mit der **Kritzelphase.** Hier erfahren sie den Zusammenhang zwischen Stift und Farbe und das Bewirken von Spuren, was sie auf allen möglichen Aktionsflächen ausprobieren. Die Zeichenmotorik wird zunehmend verfeinert und differenziert. Dabei erforscht das Kind auch den eigenen Körper und seine Möglichkeiten. Deshalb herrschen am Anfang sehr ausladende Bewegungsabläufe vor. Grobmotorisch entwickeln sich die ersten Bilder aus dem Schultergelenk heraus, später über das Ellenbogengelenk. Das **Kreiskritzeln** funktioniert aus der Anatomie der Hand heraus. Später kommen

immer willkürlichere Richtungsänderungen und Punktierungen der Fläche dazu. Mit den Punkten kann es ohne Weiteres auch zur Perforation des Papiers kommen.

Allmählich übernimmt der **Formimpuls** die Führung. Das geschieht in dem Maße, in dem das Kind Kontrolle über die beteiligten Muskelgruppen und die Auge-Hand-Koordination gewinnt. Damit folgen die Kinder einer systematischen Methode. In dem Maße, in dem sie über neue Fähigkeiten verfügen, weiten sie ihre Grenzen und Möglichkeiten immer weiter aus.

Der mögliche Richtungswechsel ist natürlich spannend. **Zick-Zack-Linien** korrespondieren mit dem ersten Trotzalter. Mit ca. drei Jahren beginnen Kinder, absichtlich **Kreise, Ovale,** gerade sowie gebogene Linien, Kreuzformen und Vierecke zu zeichnen. Diese Formen entsprechen noch keinem konkreten Inhalt. Die jeweilige Bedeutung wird der Form vom Kind willkürlich zugewiesen. So kann dieselbe Form auf ein und demselben Bild einmal ein Tier und wenige Zeit später einen Menschen bezeichnen.

Mit zunehmender Sicherheit wird dieses **funktionale Zeichnen** abgelöst von einem Zeichnen und Malen, welches auf Objekte gerichtet ist. In diesem Fall wird schließlich vom Kind das Objekt vor dem Zeichnen benannt.

Es will jetzt etwas Bestimmtes zeichnen. Das geschieht in der Regel in einem Alter zwischen drei und vier Jahren. Beide Formen, funktionales wie **objektbezogenes Zeichnen,** treten jetzt ohne Weiteres parallel auf.

Spätestens mit dem objektiven, gegenständlichen Zeichnen beginnt eine neue Phase in der Welterschließung. Nun muss eine immer weiter differenzierte Wahrnehmung entwickelt werden, parallel zu den motorischen Fertigkeiten. Da schräge Linien sehr schwer sind, bedeuten Richtungswechsel zunächst vorwiegend rechte Winkel. Äste und Zweige stehen jeweils rechtwinklig von den Bäumen ab. Ist das Prinzip der schrägen Linie einmal erkannt, so wird es auf alles Mögliche angewandt.

Gegenstände werden von Kindern nicht nur über ihre optische Oberfläche erfasst, sondern auch stark in ihrer **Funktionalität.** So wird eine Tasche bedenkenlos mit ihrem Inhalt, ein Haus mit seinen Bewohnern dargestellt, als ob das Kind innere Röntgenaufnahmen der dargestellten Dinge machen würde.

Röntgenbild

Bei Menschen wird oft zunächst der Körper gemalt, der anschließend mit der Kleidung umgeben wird. Bei der Darstellung von Menschen spielt auch die eigene Körpererfahrung und -kenntnis eine zunehmende Rolle. Der Kopf spielt zunächst die primäre Rolle. An ihm sind Arme und Beine festgemacht. Manche Kinder registrieren in ihrem Gebrauch nicht mehr ihre Hände und Arme und können sie zu zeichnen vergessen.

Es entstehen sogenannte **Kopffüßler.** Das Gesicht bleibt lange Zeit (leider oft bis ins Erwachsenenalter) schematisch. Auch Tierköpfe werden oft mit dem gleichen Ste-

reotyp für das Gesicht gezeichnet wie die gezeichneten Menschen.

Ein besonderes Problem stellt die Bewegung dar. Dieses wird z.B. dadurch gelöst, dass die Kinder die Bewegung im Zeichenprozess nachvollziehen (drehen der Räder und viele sich wiederholende Kreisschwünge auf dem Papier) und mitunter auch die dazugehörenden Geräusche produzieren.

Die meisten Kinderzeichnungen sind sehr **schematisch.** Die Differenzierung und der Detailreichtum nehmen zwar mit dem Alter der Kinder zu. Im Allgemeinen entstehen jedoch erwartbare, typische Ergebnisse, wie sie in den folgenden Reihen dargestellt sind.

aus Bareis, S. 39. Die Zahlen entsprechen dem Kindesalter

In der Regel spricht man von Kinder„*zeichnungen*". Das spiegelt z.T. auch eine Erwartungshaltung der Erwachsenen wider, die oft auf Ordnung, Sauberkeit und Fleiß Wert legen und weniger auf die inneren Verarbeitungs- und Deutungsprozesse der Kinder. Auch unsere Umwelt ist derzeit stark von zeichnerischen Elementen bestimmt. Vieles von dem, was unsere Bildwelt bestimmt, wird inzwischen am Computer hergestellt. Es besticht durch Präzision und Klarheit (im günstigen Fall).

Unter kunstwissenschaftlichen Gesichtspunkten handelt es sich bei Malerei und Zeichnung allerdings um zwei unterschiedliche Vorgehens-, Denk-, und Auffassungsweisen in der bildnerischen Darstellung, die hier nur in den Grundzügen dargestellt werden können. Während die Zeichnung in der Regel von der Linie, im Besonderen von der Umrisslinie, ausgeht, denkt die Malerei von der Fläche und von der Farbe her. Wenn ein Kind mit einem Bleistift eine Szene dargestellt, gezeichnet hat und sie anschließend mit Farbstiften koloriert, handelt es sich nicht um Malerei. Es malt einfach eine Zeichnung aus, versieht sie mit Farbe. Das ist übrigens allein von der Feinmotorik her außerordentlich schwierig und gelingt selbst Erwachsenen selten. Denn die Erwartungshaltung ist, dass das Bild „sauber" ausgemalt wird, dass nirgends über die Ränder gemalt wurde usw. Unter diesen Vorgaben wird Malen oder Zeichnen leicht zu einer frustrierenden Fleißaufgabe.

Ein malerisch veranlagtes Kind wird eher direkt mit Pinsel und Farbe zu Werke gehen. Das allerdings ist oft mit schmieren und klecksen verbunden. Es sind mit diesen Mitteln auch nicht mehr ohne Weiteres ein großer Detailreichtum, Schmuckornamente und dergleichen möglich. Flüssige Farben sind technisch komplizierter. Sie brauchen Trocknungszeiten und bestimmte Abfolgen beim Farbauftrag. Mitunter kommt es zu unbeabsichtigten Farbmischungen auf dem Papier. Der Umgang mit flüssigen Farben braucht ein Know-how, über welches Kinder nicht ohne Weiteres verfügen und das sie oft leider auch nicht ohne Weiteres vermittelt bekommen. Im Ergebnis wirken die Bilder oft trübe. Es herrschen schmutzige Farben vor. Die Bilder wirken unsauber. Deshalb neigen viele Erwachsene dazu, Kinder eher zum Zeichnen zu ermutigen denn zum Malen. Dadurch erhalten allerdings die malerisch veranlagten Kinder einen Nachteil, da sie sich die für sie geeignete Art gestalterischer Welterschließung erkämpfen müssen.

Erzieher und Erzieherinnen tun daher gut daran, sich mit beiden Formen des bildnerischen Ausdrucks, dem Zeichnen wie dem Malen, auseinanderzusetzen, um die Kinder individuell in ihren jeweiligen Ausdrucksweisen unterstützen und fördern zu können. Entsprechend sollte sie den Kindern auch Materialien anbieten, die sich

eher zum Zeichnen (Papiere, Stifte, Feder, Tusche usw.), und andere, die sich eher zum Malen eignen (Haarpinsel, Borstenpinsel, Schwämme, feste Papiere, Kartonagen, Leinwand, Holz, große Formate).

Kindermalerei

Die angebotenen Materialien sollten auch das Alter und die feinmotorische und kognitive Entwicklung der Kinder berücksichtigen. Jüngere Kinder brauchen eher Materialien, die sie gut mit der Hand umfassen können und die auch widerstandsfähig und mechanisch belastbar sind. Wenn die Kinder den Pinzettengriff oder die Schreibhaltung beherrschen, können sie auch zunehmend zielgerichtet mit differenzierteren Werkzeugen umgehen.

Schöne Materialien laden eher zum Umgang mit ihnen ein. Mit zunehmendem Alter sollten die Materialien auch anspruchsvollere und effektvollere Realisierungen zulassen, um unnötige Frustrationen zu vermeiden. Bei Jugendlichen ist auch damit zu rechnen, dass sie zunehmend verantwortungsbewusst mit den Materialien umgehen und beispielsweise den Farbpinsel nicht mehr in den Mund nehmen.

Sonderbegabungen
Manche Kinder sind schon früh zu außergewöhnlichen Leistungen fähig. Die hier abgebildete Zeichnung stammt von einem fünfjährigen Mädchen. Sie hat hier nahezu das Niveau eines Erwachsenen erreicht. Die Szene ist sehr dynamisch und erzählt eine ganze Geschichte. Der Bildaufbau ist ausgewogen, der Pinselstrich sehr frei. Das Mädchen konnte mit den Fließeigenschaften der Tusche umgehen und sie in der Gestaltung berücksichtigen, sie war in der Lage, materialgerecht zu arbeiten. Die Proportionen der Affen sind nahezu stimmig. Die Formen wurden mit sicherem Strich gesetzt.

Das Kind zeichnete sich auch durch eine erstaunliche Produktivität aus. Über einen Zeitraum von drei Jahren erstellte es bis zu 4 000 Bilder.

Bild einer 5-Jährigen, entnommen aus „Spektrum der Wissenschaft spezial", 5/2003, S. 40.

2.6.3   Kinder schreiben

Kinder orientieren sich in ihrem Gestalten an den Erwachsenen. Sie sehen oft, dass Erwachsene konzentriert zeichnen und die Zeichnung anschließend wichtig ist. Gemeint ist das *Schreiben.* Auch die folgende Zeichnung enthält Schrift. Schrift ist ein Zeichensystem mit hohem Symbolwert. Es gibt hunderte von Schriften, die alle letztlich bestimmten Normen genügen müssen, um lesbar zu sein. Kinder imitieren die Erwachsenen auch beim Schreiben. Dabei erfassen sie wesentliche Aspekte von Schrift, die sie später brauchen, wenn sie „richtig" schreiben können wollen.

Schrift gehorcht bestimmten Ordnungskriterien: Sie ist vertikal oder horizontal ausgerichtet und von rechts oder links oder von oben zu entziffern. Jede Schrift besitzt ihren eigenen Formenapparat und ihren eigenen Duktus und Rhythmus. All das versuchen Kinder zu erfassen, wenn sie schreiben. Es wäre daher nicht sinnvoll, ihnen

das Schreiben mit dem Hinweis zu verbieten, sie könnten es noch nicht und würden es schließlich in der Schule lernen, wo sie sich nicht langweilen sollen. W. Fthenakis bedauert die chronische Unterforderung in unseren Kindergärten – mit unangenehmen Folgen für die weitere Schullaufbahn, wie sie die PISA-Untersuchung zutage förderte.

„Schrift" von einem Mädchen, 5 Jahre

2.6.4   Umgang mit Kinderzeichnungen

Die ästhetischen Äußerungen von Kindern bedeuten also eine enorme Leistung. Das gilt für den kognitiven Bereich wie für den motorischen und auch für den emotionalen. Die Leistung fängt mit dem Erarbeiten und Finden von Formen an, geht weiter über die Befassung mit bestimmten Motiven und Inhalten und übt und festigt dabei sämtliche kognitiven und kreativen Fähigkeiten und Fertigkeiten. Malen und Zeichnen ist weit mehr als ein Zeitvertreib, der den Erwachsenen das Leben erleichtert. Es sind hocheffiziente Methoden der Weltaneignung und Weltbewältigung. Sie sind auch deshalb so effektiv, weil

sie aktiv sind, von den Kindern Aktivität erfordern. Um es verkürzt zu sagen: Nur selber machen macht schlau. Man sollte die Kinder dazu ermuntern, möglichst viel selbst von dem zu tun, was sie tun können. Und in der Regel wollen sie das auch.

Das bedarf der **Wertschätzung.** Kinder müssen erfahren können, dass das, was sie gestalterisch leisten, wichtig ist. Das kann geschehen, indem sie für ihre Produktion nicht einfach den Abfall zur Verfügung gestellt bekommen (alte, gebrauchte Papiere, zerbrochene Stifte, unansehnliche Materialien und dergleichen). Es kann geschehen, indem sie gebührend Zeit für diese Arbeit zur Verfügung gestellt bekommen und nicht für „Wichtigeres" aus dem Mal- oder Zeichenprozess herausgerissen werden. Es geschieht, indem man mit den Kindern über ihre Bilder spricht und sie sich erklären lässt. Es kann geschehen, indem die Arbeiten würdig präsentiert werden (z. B. gerahmt statt nur an die Wand gepinnt). Eine Würdigung findet auch dadurch statt, dass die Arbeiten sorgfältig aufbewahrt werden.

Gestalterische Äußerungen machen immer auch verletzlich, da sie etwas vom Inneren des Menschen offenbaren. Es findet in der Regel eine **Identifikation** mit der eigenen Arbeit statt. Daran sollte man denken, wenn man über Bilder spricht.

Andererseits sind Kinder auf ihrem Entwicklungsweg auf ein ehrliches **Feedback** der Erwachsenen angewiesen. Sie wissen sehr wohl, dass nicht alles, was sie produzieren, gut ist. Sie wissen auch, dass einem Erwachsenen längst nicht alles gefällt. Kinder wissen, dass man

sehr wohl ein schnell dahingemaltes Bild von einem unterscheiden kann, welches mit Sorgfalt und Hingabe gemacht ist. Hierbei finden auch „Spiele" im Sinne von E. Berne (Transaktionsanalyse) statt. Das erfordert von Erzieherinnen und Erziehern ein besonderes Maß an Wachheit und Aufmerksamkeit und ein Gespür für die gegenwärtige Situation. Nicht immer erträgt ein Kind die volle Wahrheit, ein andermal braucht es jedoch genau die. Es ist ein Unterschied, ob man sagt „Das ist ein schlechtes Bild" oder „Mir gefällt das Bild nicht so gut".

> ↗ **FAZIT**
>
> → Nicht alles, was Kinder produzieren, ist „Kunst". Es muss auch gar keine Kunst sein. Einen entsprechenden Druck aufzubauen wäre kontraproduktiv. Ebenso wie der Verzicht auf die Ermunterung zur gestalterischen Auseinandersetzung mit der Umgebung und dem eigenen Erleben.

2.7 Vorbereitete Umgebung und Angebotsplanung

Bisher wurde beschrieben, welche enormen Leistungen Kinder (und Jugendliche) in kognitiver und emotionaler Hinsicht vollbringen, wenn sie gestalterisch tätig sind. Sie erbringen Erinnerungsleistungen und Weltbewältigung, Systematisierung und Ordnung von Erfahrungen. Sie finden und erfinden Zeichen und Symbole. Sie nehmen an Kommunikationsprozessen teil und teilen sich anderen mit. Dabei gebrauchen und verfeinern sie ihre sprachlichen Mittel und kognitiven Fähigkeiten. Beim Sprechen über Bilder können auch in hohem Maße kulturelle Inhalte erfahrbar gemacht und verständlich werden. Sie üben die Motorik und auch die Hand-Augen-Koordination. Sie erwerben organisatorische Fähigkeiten und eine Reihe von Sach- und Materialkenntnissen. Sie bilden Begriffe und Ordnungen und strukturieren die äußere und ihre innere Welt. Sie lernen Funktionsprinzipien und kausale Bezüge kennen. Sie trainieren ihr Vorstellungsvermögen und konkretisieren ihre Vorstellungen. Sie lernen sich selbst, ihre Grenzen und ihre Potenziale kennen. Sie müssen im Rahmen ihrer Möglichkeiten Problemlösungen finden und erleben, dass sie ihre Möglichkeiten

erweitern können. Sie erleben ihre Initiative und merken, dass sie etwas bewirken. Gestalterische und echte kreative Aktivitäten der Kinder stellen ein hocheffektives Feld zur Förderung ihrer persönlichen Entwicklung und Bildung dar.

Ein großer Teil der Angebote, welche mit Kindern und Jugendlichen in den verschiedenen Einrichtungen durchgeführt werden, sind gestalterischer Natur. Oft beschränken sie sich nicht auf kurze Phasen, sondern erstrecken sich über mehrere Tage, manchmal Wochen. Wurden Thema, Inhalt und Vorgehen gemeinsam mit den Kindern erörtert und geplant, so spricht man von einem **Projekt** *(vgl. Band 1, HF 2, Kap. 3)*. Nicht selten wirken in Angeboten und Projekten verschiedene Bereiche zusammen – Kunst, Musik, Bewegung. Auch naturwissenschaftliche Erlebnisse und Erfahrungen, der Besuch in einer Kläranlage oder ein Gewitter beispielsweise, werden oft mit gestalterischen Mitteln nochmals aufgenommen und so weiter bearbeitet. In jedem Fall findet im Gestalterischen in hohem Maße Bildung statt.

Unter welchen Aspekten sich die Kinder weiterbilden können, hängt auch von den jeweiligen **Techniken** ab, die zur Anwendung kommen. Ob Pustetechnik, Fadengrafik, das Malen mit unterschiedlichen Farbmaterialien oder das Herstellen eigener Farben, Kleben, Nageln, Binden usw.: Jede Technik sollte man auf ihre spezifischen Möglichkeiten hin befragen. Wo liegen die kreativen Spielräume? Welche Variationsmöglichkeiten gibt es, und welche davon sind unter den jeweiligen Bedingungen praktikabel? Was lässt sich experimentell erforschen? Lässt sich die Technik weiterentwickeln? Welche Künstler haben die Technik eingesetzt und wie haben sie es getan? Welche Ausdruckmöglichkeiten bietet eine Technik und was sind geeignete Themen? Welche Anforderungen stellt die Technik an den jeweiligen Entwicklungs- und Kenntnisstand, an die Motorik, an die kognitive Leistungsfähigkeit, an das Vorstellungsvermögen? Verlangt eine Technik die differenzierte und bestimmte Abfolge einzelner Arbeitsschritte oder ermöglicht sie sehr direktes und spontanes Arbeiten? Welches sind die notwendigen Voraussetzungen für die Durchführung? Welche Anforderungen sind zu stellen an das Material, den Raum, den zu erwartenden Zeitaufwand oder an Möglichkeiten der Zusammenarbeit?

2.7.1   Rahmenbedingungen

Kreative Prozesse haben die Eigenheit, dass sie zumindest am Anfang ergebnisoffen sind. Auch die jeweiligen Wege, die gegangen werden, stehen nicht von vornherein fest. Das unterscheidet sie von einem Lehrgang.

Für die **Planung kreativer Prozesse** bedeutet das, dass man zwar den eigenen Startpunkt kennt und eventuell auch eine ungefähre Vorstellung von seinem Ziel hat. Die kann sich im weiteren Verlauf aber auch ändern. Es ist vergleichbar mit der Wanderung auf einen Berg, von dem aus man die schöne Aussicht genießen möchte und auf dem man noch nie gewesen ist. Es führen aber viele Wege nach oben und vielleicht geht man auch einmal ein Stück querfeldein. Man wird das während der Wanderung entscheiden.

Den Rucksack muss man aber gepackt haben, bevor man losfährt. Er sollte die notwendigen Dinge enthalten aber nicht zu schwer sein. Um diese Vorbereitungen treffen zu können, braucht man Informationen über die Rahmenbedingungen, die einen erwarten.

Die Bedingungen der weiteren Umgebung werden in Bezug auf die Kreativität als **Makroumfeld** bezeichnet. Es betrifft in unserem Zusammenhang vor allem den **institutionellen Rahmen,** in dem man arbeitet. Er hat Auswirkungen auf die konkrete Umsetzung bestimmter Vorhaben und pädagogischer Angebote.

So kann es von vornherein konzeptionelle Vorgaben geben, die bestimmte Vorgehensweisen nahelegen. Eine große offene Einrichtung verfügt evtl. über großzügige und gut ausgestattete Funktionsbereiche, verlangt von den Erziehern aber eine hohe Spezialisierung. Eine andere Einrichtung arbeitet mit festen Stammgruppen in jeweils eigenen Räumen, die dann eine sehr individuelle Note bekommen können. Ein kirchlicher Träger legt eventuell Wert auf die Berücksichtigung des Kirchenjahres und entsprechender Themen.

Im gestalterischen Bereich spielt der zur Verfügung stehende **Etat** eine große Rolle. Während Musikinstrumente natürlich auch Geld kosten, zumal gute und brauchbare, kann man doch im Laufe der Zeit über stetige Neuerwerbungen schließlich eine umfangreiche Sammlung aufbauen, mit der man dann arbeiten kann. Im Gestalterischen hat man dagegen mit Verbrauchsmaterialien zu tun und damit mit stetigen und laufenden Kosten. Vor allem Papier ist ein enormer Kostenfaktor. Aber auch viele alltägliche Werkzeuge wie Pinsel oder Stifte unterliegen einem großen Verschleiß und müssen immer wieder ergänzt und ersetzt werden. Auch hier sind gute und zweckmäßige Werkzeuge nicht billig, aber sinnvoll. In vielen Einrichtungen ist der für kreative Tätigkeiten eingesetzte Etat äußerst gering und beläuft sich mitunter auf weniger als 10 ct pro Kind und Tag.

Will man im Jugend- und Heimbereich für Jugendliche attraktive Angebote machen, kann man schnell ein Organisationsproblem bekommen. Jugendliche arbeiten gerne mit aktuellen Techniken und Themen oder mit Materialien und Techniken, die sie auch wirklich herausfordern. Mitunter besteht ein Bedarf an Sprühdosen, sehr großen

Malflächen und Atelierräumen, Werkzeugen und Werkstätten zur Metallbearbeitung oder digitaler Technik.

Aus all dem ergibt sich die Notwendigkeit zu einem sorgsamen Umgang auch mit sehr alltäglichen Materialien, deren Wert einem vielleicht nicht bewusst ist. Unter dem Gesichtspunkt von Materialökonomie und -ökologie sollten die Kinder und Jugendlichen zu einem materialgerechten Umgang mit den unterschiedlichen Dingen angehalten werden. Nicht selten lassen sich die gleichen gestalterischen Ergebnisse mit sehr hohem, aber auch sehr geringem Materialeinsatz erreichen.

Dinge der näheren Umgebung oder Dinge, die direkt verwendet werden, bezeichnet man als **Mikroumfeld.** Das Mikroumfeld lässt sich in der Regel sehr gezielt beeinflussen. Das betrifft in besonderer Weise den **Raum** und die **Arbeitsplätze.** Wie ist die Ausstattung? Welche Werkzeuge und Materialien sind vorhanden? Müssen Dinge ersetzt oder ergänzt werden? Welche Atmosphäre strahlt der Raum aus? Wie kann man sie beeinflussen? Wie groß ist der Raum und wie ist er verfügbar?

Eine ganz besondere Bedeutung im Rahmen kreativer Prozesse spielen natürlich die **pädagogischen Fachkräfte** mit ihren Kompetenzen und den persönlichen Eigenschaften, die sie mitbringen.

Bevor man mit der konkreten Planung beginnen kann, muss man zuerst die eigenen Möglichkeiten kennen. Welche Techniken beherrscht man selbst? Kennt man verschiedene Varianten? Kennt man deren spezifische Möglichkeiten und Schwierigkeiten und damit auch Chancen – manuelle, motorische, materielle, intellektuelle Entwicklungsmöglichkeiten. Beherrscht man verschiedene Werkzeuge und weiß, wie sie richtig einzusetzen sind – Haarpinsel, Borstenpinsel, Säge, Hohleisen, Schere, Skalpell, Feile, Raspel, Bohrmaschine usw.? Kennt man die jeweiligen Rahmenbedingungen und weiß, was möglich ist und was nicht?

Wie ist das eigene Selbstbild? Kann man mit offenen Situationen umgehen? Macht einem das Problemlösen Spaß? Ist man dann souverän, belastbar und autonom? Nimmt man selbst auch Hilfe in Anspruch? Wo liegen die eigenen Interessen? Ist man gesund und wach? Wo hat man Berührungsängste oder empfindet gar Ekel? Solche Ängste werden oft unbewusst von den Kindern übernommen. Um den Kindern keine Chancen zu verbauen, ist es manchmal notwendig, sich sehr bewusst und kontrolliert zu verhalten und eigene Aversionen zu übergehen.

Über welche Methoden verfügt man selbst als Erzieher? Kennt man viele verschiedene Sozialformen, Spiele, Entspannungs- oder Konzentrationstechniken, Kreativitätstechniken und hat sie selbst öfter ausprobiert? Wie ist das eigene Kontaktverhalten und wie sind die eigenen Wünsche? Wie ist das eigene Sprachverhalten?

Die Kenntnis dieser Voraussetzungen ist wichtig, denn sie sind das, was den Erziehern konkret für ihre Arbeit zur Verfügung steht.

2.7.2 Ein Plan für Kinder, ein Plan mit Kindern: Offene und geschlossene Planung

Planung beginnt immer mit der gründlichen eigenen Vorbereitung. Pädagogische Fachkräfte müssen sachkompetent sein und die Techniken und Materialien beherrschen, mit denen sie in Angeboten arbeiten wollen. Geplant wird natürlich immer in Hinblick auf die Kinder und Jugendlichen, mit denen zusammen ein Angebot durchgeführt werden soll. Daher ist es wichtig, sich mit deren jeweiligen Situation auseinanderzusetzen und angemessene Ziele zu setzen:

→ Wie ist der jeweilige Entwicklungsstand? Über welche Kenntnisse und Fertigkeiten verfügen die Kinder? Welche sollten sie neu hinzugewinnen und üben? Welche wollen sie neu erwerben? An welcher Stelle stehen sie in ihrer kognitiven, emotionalen und motorischen Entwicklung? Wie belastbar sind sie? Wie ist ihr Problemlöseverhalten? Wie reagieren sie auf Herausforderungen? Usw.

→ Über welche sprachlichen Fähigkeiten verfügen die Kinder? Welchen Wortschatz haben sie? Wie ist ihre Ausdrucksfähigkeit? Usw.

→ Wo liegen ihre jeweiligen Interessen? Welche Themen stehen gerade im Vordergrund? Wo befindet man sich im Jahreskreis? Was ist gerade aktuell? Gibt es bestimmte ,Moden'? Soll man diesen Mainstream unterstützen oder neue Impulse setzen? Usw.

→ Wie groß ist die Gruppe, mit der etwas gearbeitet werden soll? Wie alt sind die Kinder? Ist es eine homogene oder heterogene Gruppe? Wie ist das Sozialverhalten? Ist eine Einzelförderung möglich? Usw.

Am Beginn einer Planung steht eine **Situationsanalyse**. Die Antworten auf solche Fragen legen bestimmte Vorgehensweisen und Methoden nahe. Sie deuten auch auf bestimmte Themen und Zielsetzungen.

Im Regelfall sind für kreative Angebote offene Planungen sinnvoll *(vgl. Band 1, HF 2, Kap. 3)*, da hier deutlich der Prozess im Vordergrund stehen sollte und nicht das Produkt. Kreative Prozesse sind ihrem Wesen nach ergebnisoffen. Im Ablauf sollte man mit den Phasen kreativer Prozesse rechnen und sie den Kindern und Jugendlichen auch immer wieder bewusst machen. Es ist auch sinnvoll, verschiedene Phasen zusammen mit den Kindern und Jugendlichen zu reflektieren und das weitere Vorgehen dann gemeinsam zu planen. Die Erzieher sollten die entsprechende Flexibilität mitbringen. Sie sollten auch bereit sein, immer wieder nach neuen Lösungen zu suchen, aber auch verschiedene Lösungswege kennen, die sie im Notfall einbringen können. Im Allgemeinen ist hier aber eher Zurückhaltung von Vorteil, um den Kindern möglichst viele eigene Lösungsfindungen zu ermöglichen.

Allerdings können für bestimmte Phasen auch **geschlossene Planungen** sinnvoll sein. Nämlich dann, wenn es darum geht, in den Gebrauch und die Handhabung bestimmter Werkzeuge einzuweisen, zu denen auch ohne Weiteres der angemessene Umgang mit Haar- oder Borstenpinsel gehören kann. Damit lassen sich auch verschiedene Gefahrenpotenziale verringern. Manchmal braucht es auch einfach einige Informationen, um bestimmte Techniken anwenden zu können. So beispielsweise im Bereich der Drucktechniken. Man muss hier verschiedene Arbeitsweisen, Arbeitsabläufe und Verfahren kennen, um dann gezielt gestalterisch tätig werden zu können. Hat eine grundsätzliche Einweisung stattgefunden, steht vielen Experimenten in einer offenen Planung nichts mehr im Wege.

↗ FAZIT

→ Sehr viele Angebote, die mit Kindern und Jugendlichen durchgeführt werden, sind gestalterischer Natur. In ihnen werden viele unterschiedliche Kompetenzbereiche angesprochen und gefördert. So findet hier immer eine umfassende Bildungsarbeit statt. Die Umgebung, in der gearbeitet wird, kann in Makro- und Mikroumfeld gegliedert werden.

→ Kreativ-Angebote haben nicht den Zweck, die Einrichtung serienmäßig mit unterschiedlichem Zierrat zu verschiedenen Anlässen zu versorgen. Kreativ-Angebote sind keine „Bastelstunden".

→ Bei den Vorbereitungen für verschiedene religiöse und personenbezogene Feste sollten gesonderte Zeitfenster und Organisationsformen gesucht werden, die nicht auf Kosten kreativer Angebote gehen dürfen. Oft ist es bei der Vorbereitung von Festen auch effektiver, beispielsweise die Eltern miteinzubeziehen.

→·← AUFGABEN UND ANREGUNGEN

1 Verschaffen Sie sich in Ihren Praktika jeweils einen Überblick, welche Materialien vorhanden sind. Informieren Sie sich über die Modalitäten der Anschaffung.

2 Beobachten Sie, wie die Kinder mit den Materialien umgehen. Tauschen Sie sich im Kurs darüber aus, welchen Zugang die Kinder jeweils zu den Materialien haben. Vergleichen Sie Aufbewahrungs- und Ordnungssysteme von Materialien und Werkzeugen.

3 Erstellen Sie eine Liste für sich, welche gestalterischen Techniken Sie kennen und beherrschen. Machen Sie eine Liste, welche Techniken Sie noch erlernen wollen.

2.8 Mit Bildern umgehen, Bilder erkunden

Stellen Sie sich vor, Sie werden mit folgender Aufgabe konfrontiert: „Suchen Sie sich ein ‚Lieblingsbild‘, ein Bild, welches Sie besonders anspricht und das Ihnen gefällt. Versuchen Sie, das Bild im Original zu sehen. Reproduktionen bleiben oft weit hinter dem Original zurück. Bilder sind auch oft in einem ihnen angemessenen Kontext, in einer Umgebung präsentiert.

Machen Sie sich klar, was Ihnen an diesem Bild so gefällt und was es in Ihnen auslöst. Versuchen Sie, möglichst viele Informationen über das Bild und über den Künstler zu bekommen, und bereiten Sie eine kleine Rede vor. Halten Sie einen kleinen aber gehaltvollen Vortrag über das Bild.“

Bildbetrachtung: Pieter Bruegel der Ältere – „Kinderspiele“

Pieter Bruegel der Ältere,
Kinderspiele, 1560

Pieter Bruegel der Ältere wurde zwischen 1528 und 1530 bei Breda geboren. Er starb 1569 in Brüssel. Er wurde also – unter heutigen Gesichtspunkten – mit ungefähr 40 Jahren nicht sehr alt. Damals war die durchschnittliche Lebenserwartung allerdings auch viel niedriger als heute. Seine Biografie ist schwer zu rekonstruieren. 1551 trat Bruegel in die Lukasgilde ein. Das war eine Zunft der Maler. In den Zünften waren die Angehörigen einer Berufsgruppe organisiert. Diese Zunft trug den Namen des Schutzpatrons der Maler. Erst in der Renaissance wurden die Maler allmählich von der Zunftordnung unabhängig und wurden „freie“ Künstler. Die Bezeichnung „Meister“ lebte allerdings weiter.

In seiner Zunft hatte Bruegel verschiedene berühmte Lehrer. Pieter Coecke van Aelst und Hieronimus Cook. Von 1552 bis 1554 (also mit ungefähr 25 Jahren) reiste Pieter Bruegel nach Italien, wo er viele Zeichnungen anfertigte. Eine solche Reise war damals ein gefährliches Unternehmen. Es war üblich, dass die Reisenden vor ihrem Aufbruch ein Testament schrieben. Damals war schon der kurze Trip vom süddeutschen Waldshut ins schweizerische Basel eine lange Reise, auf die man sich nicht ohne Testament begab. Zu viele Gefahren warteten unterwegs.

Als er wieder zurück war, lebte er in Antwerpen, wo er im Verlag von Cook eine Reihe von Stichen und Zeichnungen zu seiner Italienreise herausgab.

Auch Bruegel brauchte Einnahmen, von denen er leben konnte. 1563 heiratete er Cooks Tochter, mit der er zwei Söhne hatte, die ebenfalls große Maler wurden – Pieter Bruegel der Jüngere und Jan, der Ältere.

Das Bild **„Kinderspiele"** malte Bruegel 1560. Er verwendete Ölfarben und malte damit auf eine Eichenholzplatte. Das Original ist relativ groß: 118 cm x 161 cm. Es ist etwa so groß wie ein Kindergartenkind.

Das Malen auf einer Holzplatte ist sehr schwierig. Die Platte muss so gut sein, dass sie sich nicht verzieht oder gar reißt und die Farbe überall gleichmäßig annimmt. Damals gab es keine Kunstbedarfsläden, in denen man die Dinge, die man zum Malen brauchte, einfach kaufen konnte. Sie mussten alle in den Künstlerwerkstätten, den Ateliers, von Hand hergestellt werden. Das war oft die Aufgabe der Lehrlinge. Die stellten nach besonderen Rezepturen auch die Farben her. Ölfarben haben einen sehr intensiven Geruch. Man stellt sie her, indem man Farbpigmente in Leinöl einreibt. Das ist eine langwierige und diffizile Arbeit. Auch damals gab es schon Betriebsgeheimnisse, die nicht verraten wurden. Wenn man heute überprüfen will, ob ein Bild echt ist, untersucht man daher auch oft die Zusammensetzung der Untergründe und Farben. Wenn man das Bild röntgt, kann man sehen, ob etwas übermalt wurde und ob das vom Künstler sein kann oder nicht.

Auf dem Bild „Kinderspiele" ist eine Straße dargestellt, die sich von links unten nach rechts oben über das Bild erstreckt. Dabei teilt der linke Straßenrand das Bild in exakt zwei Hälften. Diese Diagonale bildet dabei eine ansteigende Linie, was dem Bild noch mehr Spannung verleiht.

Links von der Straße befinden sich zwei große Häuser, zwischen ihnen ein Garten. Im Hintergrund sind zwei Bäume und man blickt in eine Landschaft, durch die sich ein kleiner Fluss schlängelt.

Es überwiegen warme Braun- und Rottöne. Nur im Hintergrund finden sich Blau- und Grüntöne sowie in der rechten unteren Ecke ein blau-grüner Wiesenstreifen. Dadurch wird zusätzlich der Eindruck räumlicher Tiefe erzeugt (Farbperspektive).

Der größte Teil der dargestellten Personen befindet sich auf der Hauptstraße in der rechten Bildhälfte. Es sind insgesamt über 230 Personen, die alle unterschiedliche Spiele spielen. Daher hat das Bild auch seinen Namen. Es sind ungefähr 90 Spiele dargestellt. Einige werden heute noch gespielt, andere sind in Vergessenheit geraten. Man sieht Personen auf Fässern „Rodeo" reiten, ein Tauziehen, Bockhüpfen, Reifen rollen oder mit dem Steckenpferd reiten.

Einige Spiele, die heute gespielt werden, könnte man auf dieser Straße nicht spielen. Beispielsweise könnte man auf dieser Straße nicht mit Inlinern fahren, da sie nicht geteert ist. Man könnte in der dargestellten Weise heute überhaupt nicht auf einer Straße spielen, weil es heute viel zu viel Verkehr gibt. Kinder könnten heute auch nicht einfach in einem fremden Garten spielen. Dafür haben wir heute auf Spielplätzen Spielgeräte, die für die Menschen damals sehr befremdlich wären.

Auf dem Bild scheint die ganze Stadt den Kindern zu gehören: der Hauptplatz mit dem Rathaus, die breite Straße und der Außenraum mit der Wiese, den Bäumen, dem Fluss. Überall spielen Leute und in diesem Treiben wiederholt sich nichts. Das Bild erzählt eine Szene, eine Geschichte. Bruegel wusste, dass Bilder erzählen. Mit diesem Bild fordert er den Betrachter dazu auf, Spielvorgänge, Namen und den Spielsinn wiederzuerkennen. Das Bild fordert auch dazu auf, es mit Worten zu ergänzen. Es ist ein geplanter Kommunikationsvorgang, ein Blick in die Vergangenheit – und gleichzeitig aus der Vergangenheit ein Blick in unsere und die weitere Zukunft.

Betrachtet man das Bild nämlich genauer und schaut sich die Proportionen der Figuren an, so kann man feststellen, dass hier überhaupt keine Kinder dargestellt sind. Es sind Erwachsene. Ihre Kleidung ist grob und einfach. Manche der Männer verlieren bereits ihre Haare. Die „Mädchen" sind Frauen mit deutlichen Rundungen. Sie geben sich zum Teil unverfänglichen und harmlosen, teilweise aber auch sehr derben und groben Spielen hin. In Naivität oder auch mit Absicht fügen sie sich Freud und Leid zu. Man blickt auf den Marktplatz der Welt und der Betrachter des Bildes sieht aus sicherer Distanz dem Treiben in der Welt zu. Das Bild hält uns und unserem Verhalten einen Spiegel vor. Damit übt Bruegel auf eine sehr raffinierte Art und Weise Gesellschaftskritik.

Vor allem „ältere" Bilder, aber natürlich auch moderne Bilder, bilden nicht einfach nur ab. Sie transportieren Lebensweisheit, Erfahrungen, Weltwissen. Ein großer Teil der Bilder hat eine biblische Geschichte oder ein besonderes historisches Ereignis zum Thema und hält diese so in Erinnerung. Oft sind berühmte und wichtige Persönlichkeiten dargestellt, so, wie sie der Künstler gesehen hat oder so, wie sie wollten, dass die anderen sie sehen. Nicht selten hat sich der Auftraggeber eines Bildes mit darstellen lassen.

Auch einfache Blumenbilder, sogenannte Stillleben, sind nicht immer harmlos. Auf vielen befindet sich eine Fliege oder eine welkende Blume, die den Betrachter an die Vergänglichkeit der Pracht und des eigenen Lebens erinnern soll.

Bilder sind beständig. Manche überdauern Generationen. Die ältesten sind bis zu 30 000 Jahre alt. Gemalte Blumen welken nicht. Über die Höhlenmalereien teilen uns die Menschen von damals viel über die damalige Flora und Fauna mit. Und sehr viel mehr, worüber wir heute nur spekulieren können. In gewisser Weise bringen Bilder den Fluss der Zeit zum Stehen und schlagen eine Brücke, über die wir in die Vergangenheit, manchmal vielleicht auch in die Zukunft sehen können. Bilder vergegenwärtigen. Wie eine Zeitmaschine können sie eine Brücke zwischen heute, früher und morgen bauen.

Und die Menschen reagieren unterschiedlich auf Bilder. Damit liefern Bilder herausragende Anlässe zum gegenseitigen Austausch von Gedanken und zum Sprechen. Allerdings geben viele Bilder ihre Geheimnisse nicht auf den ersten Blick preis. Sie erwarten, dass man sich Zeit für sie nimmt.

Fragen an ein Bild

Will man mit Kindern und Jugendlichen über ein Bild sprechen, so ist es sinnvoll, sich erst selbst intensiv damit auseinanderzusetzen. Dazu ist es hilfreich, möglichst viele Fragen an das Bild zu stellen. Einige davon wird man nur unter zur Hilfenahme der entsprechenden Literatur beantworten können. Dieser Aufwand lohnt sich in der Regel aber auch für pädagogische Fachkräfte, da die Antworten oft die Persönlichkeit bereichern und neue Einsichten bescheren. Viele Bilder sehen nach einer solch eingehenden Betrachtung auch plötzlich ganz anders aus.

Dafür gibt es keinen festen Fragenkatalog. Je mehr Fragen allerdings gestellt und je mehr Antworten gesucht werden, desto intensiver ist die Auseinandersetzung mit dem jeweiligen Bild. Die hier angeführten Fragen sollten somit nur als Anregung verstanden werden, als ein Weg, sich an ein Bild heranzutasten.

→ Versuchen Sie, die Szene zu beschreiben: Wie viele Personen sind dargestellt? Was tun sie? Welche Geräte verwenden sie? Wie sind sie gekleidet? Wie wohnen sie? Welche Möbel haben sie? Wie sehen die Häuser aus?

→ Welche Tages- und Jahreszeit herrscht? Wie ist das Wetter? Wie würden Sie sich bei diesem Wetter fühlen?

→ Was könnten die Personen miteinander sprechen? Entwickeln Sie einen entsprechenden Dialog.

→ Schauen sich die Personen an: Gibt es Blickachsen? Was könnte eine Person denken? Was könnte in ihr vorgehen? Wie fühlt sie sich? Machen Sie ihre Körperhaltung und ihre Mimik nach.

→ Welche Geschichte ist dargestellt? Lesen Sie den dazugehörigen Text. Vielleicht ist es ein Gleichnis oder ein Gedicht.

→ Blickt eine Person aus dem Bild direkt auf den Betrachter? Manche Gesichter sind so gemalt, dass sich der Betrachter immer beobachtet fühlt, egal, wo er sich vor dem Bild befindet.

→ Welche Gefühle löst das Bild in Ihnen aus? Formulieren Sie eine Botschaft, die Ihnen das Bild vermittelt.

→ Spricht Sie etwas besonders an? Eine Form, eine Farbe, eine Person? Findet eine Identifikation statt? Oder gibt Ihnen das Bild das Gefühl, etwas Fremdes zu sein?

→ Haben Sie eine solche oder eine ähnliche Szene selbst schon erlebt? Wie haben Sie sich dabei verhalten?

→ Bestimmen Sie Pflanzen, Materialien, Gegenstände, Oberflächen. Versuchen Sie, den Wert der abgebildeten Gegenstände zu erfassen. Mit welchen bildnerischen Mitteln wurden die Dinge dargestellt? Wirken die Dinge natürlich?

→ Handelt es sich eher um einen „Schnappschuss" oder wird eine ganze Geschichte erzählt?

→ Wie war es damals? Wie ist es heute?

→ Welche Tiere sind dargestellt?

→ Wie ist die Maltechnik? Welche Materialien und welche Werkzeuge wurden verwendet? Wie hat sich der Künstler wohl während des Malens bewegt? Wie groß ist das Bild? Malen oder zeichnen Sie das Bild aus dem Gedächtnis.

→ Was ist mit dem Bild im Laufe der Zeit geschehen?

→ Wer war der Maler? Wie lebte er? Wie ist es ihm ergangen? Hat auch er einen Text zu seinem Bild hinterlassen? Was ist das Bildthema?

→ Was ist im Vordergrund zu sehen? Was im Mittel- und Hintergrund?

→ Welche Farben herrschen vor, welche Farbklänge? Was lösen die in Ihnen aus? Welche Stimmung erzeugt das Bild? Wenn eine Raumwirkung erzeugt wird, wie hat der Künstler das erreicht?

→ Wie ist der Bildaufbau? Welches Kompositionsprinzip hat der Künstler gewählt?

→ Gibt es Rhythmen, Wiederholungen im Bild? Wie könnte ein Bild klingen? Welche Musik passt dazu?

→ Was ist im Bildzentrum? Wohin wird der Blick gelenkt?

→ Wie verteilt sich das Licht im Bild?

↗ FAZIT

→ „Lieber auf neuen Wegen stolpern, als in alten Bahnen auf der Stelle treten." *(Alte Volksweisheit)*

→ „Wenn es nur eine Wahrheit gäbe, könnte man nicht 100 Bilder über dasselbe Thema malen." *(Pablo Picasso)*

→ „Wenn du mit anderen ein Schiff bauen willst, so beginne nicht, mit ihnen Holz zu sammeln, sondern wecke in ihnen die Sehnsucht nach dem großen, weiten Meer." *(Antoine de Saint-Exupèry)*

→·← AUFGABEN UND ANREGUNGEN

1 Legen Sie eine Sammlung von Kinderzeichnungen an. Vielleicht bekommen Sie Bilder geschenkt oder können Kopien anfertigen. Sprechen Sie mit den jeweiligen Kindern über ihre Bilder und fertigen Sie sich Notizen an, die Sie den Bildern beiheften. Notieren Sie auch Alter und Geschlecht.

2 Um die Freude an einer Tätigkeit zu bewahren, müssen Sie die Komplexität der Aktivität erhöhen. Tun Sie auch alltägliche Dinge einmal anders. Geht Ihnen etwas leicht von der Hand, überlegen Sie, wie Sie die Arbeit anders machen könnten.

3 Beschäftigen Sie sich ausführlich mit dem Werk und der Biografie eines international bekannten Künstlers oder einer Künstlerin. Beschaffen Sie sich auch Informationen über die Zeit, in der er gelebt hat. Oder befassen Sie sich mit einem Künstler-Paar (Niki de Saint Phalle und Jean Tinguely oder Camille Claudel und Auguste Rodin).

TIPPS ZUM WEITERLESEN →→

→ Kunst für Kids, im Auftrag des Bundesministerium für Bildung und Forschung
Bundesverband Bildender Künstlerinnen und Künstler e. V.: WOW, Köln 2008

→ Still. Die Bedeutung von Introvertierten in einer lauten Welt
Susan Cain, Riemann, München 2011

→ Kreativität
Mihaly Csikszentmihalyi, Klett-Cotta, Stuttgart 2010

→ Wozu zeichnen – Qualität und Wirkung der materialisierten Geste durch die Hand
Béatrice Gysin (Hrsg.), Niggli, Zürich 2010

→ „Das Auge – Meisterstück der Evolution"
Simon Ings, Hoffmann und Campe, Hamburg 2008

→ Bildkomposition
Sarah Kent, Klet-Cotta, Stuttgart, Zürich 1996

→ Kunst. Schule. Kunst – Modelle, Erfahrungen, Debatten
Johannes Kirschenmann, Barbara Lutz-Sterzenbach (Hrsg.), kopaed, München 2011

→ Die Legende vom Künstler
Ernst Kris, Suhrkamp, Frankfurt 2008

→ Wie man Kinderbilder nicht betrachten soll
Arno Stern, Zabert Sandmann, München 2012

3 Medienpädagogik

3.1 Kritische Auseinandersetzung und Einsatz von Medien

Ihre Anleiterin schnauft: „Montags sind die Kinder immer besonders schlimm. Da haben sie wieder das ganze Wochenende vor dem Fernseher gesessen, nur damit die Eltern ihre Ruhe haben. Und heute stellen sie uns den ganzen Kindergarten auf den Kopf, spielen diese blöden Serien nach, ballern rum, anstatt ein schönes Rollenspiel zu machen."

Tatsächlich sind die Kinder am Montag anders. Es scheint, als müssten sie sich erst mal austoben und wieder aneinander gewöhnen. Alles eine Reaktion auf das Fernsehprogramm?

„Montags sind die Kinder anders!"

↘ FRAGEN

→ *Stimmt es, dass Fernsehen Kindheit heute bedroht?*

→ *Schon immer haben Kinder und Erwachsene Medien genutzt, auch eine Puppe ist ein Medium. Welche Medien fallen Ihnen noch ein?*

→ *Welches Ziel sollte Medienpädagogik heute verfolgen? Eine strikt beschränkte Nutzung von Computer und Fernsehen oder den selbstbestimmten kompetenten Umgang mit Medien?*

→ *Kinder lernen durch Nachahmung. Was bedeutet das für die Mediennutzung?*

→ *Gehören PC und Videokamera in die Kindertagesstätte?*

3.1.1 Medien sind überall

Schon Kinder leben in einer Medienwelt. Medien begleiten sie durch das Leben, angefangen beim ersten Foto von ihrer Geburt. Seit 1826 wird fotografiert, geändert hat sich aber die Verfügbarkeit. Heute ist kein mühseliger chemischer Prozess mehr notwendig, um ein Bild zu entwickeln. Es reicht ein Klick mit dem Handy und schon ist das Bild digital verfügbar und kann in alle Welt geschickt werden.

Der Wunsch, Bilder von Menschen und ihrer Umgebung festzuhalten, ist so alt wie die Menschheit. Seit der Höhlenmalerei bis zum heutigen Bild im Internet ist dieser Wunsch die Triebfeder der medialen Faszination. Soll man Kinder vor Medien schützen oder ihnen den aktiven Umgang mit Medien vermitteln? Hinter dieser Frage stehen zwei Grundeinstellungen. Die „Kulturpessimisten" stellen den schädlichen Einfluss der Medien in den Vordergrund, die „Kulturoptimisten" betonen dagegen die Chancen neuer Techniken.

Wir sind ständig von medialen Einflüssen umgeben. Immer läuft irgendwo ein Radioapparat oder ein Fernseher und im Kaufhaus ist man einer permanenten Musikberieselung ausgesetzt. Im Straßenbild und selbst in U- und Straßenbahnen kann man TV-Displays sehen, in denen sich Werbung und Informationen abwechseln. Medien sind überall. Dieser Umstand ist zunächst weder negativ noch positiv. Es kommt eben darauf an, ob die Medien ihre Funktion erfüllen, ob der Mensch sie nutzbringend anwendet.

Medien dienen der Kommunikation zwischen einem Sender und einem Empfänger *(vgl. Band 1, Kapitel 1.1).*

Kommunikation braucht Medien

Allerdings kommt es immer wieder zu **Kommunikations-missverständnissen.** Der Empfänger versteht etwas anderes, als der Sender weitergeben wollte. Dies kann an Übertragungsproblemen aber auch an Verständnis-problemen liegen. Wie Übertragungsprobleme zustande kommen, zeigt das Spiel „Stille Post". Ohne die Missver-ständnisse zwischen Sender und Empfänger würde das Spiel einfach nicht funktionieren.

„Der Oberst zum Adjutanten:
Morgen früh ist eine Sonnenfinsternis, etwas, was nicht alle Tage passiert. Die Männer sollen im Dril-lich auf dem Kasernenhof stehen und sich das selte-ne Schauspiel ansehen. Ich werde es ihnen erklären. Falls es regnet, werden wir nichts sehen, dann sollen sie in die Sporthalle gehen.

Der Adjudant sagt zum Hauptmann:
Befehl vom Oberst: Morgen früh um neun ist eine Sonnenfinsternis. Wenn es regnet, kann man sie vom Kasernenhof aus nicht sehen, dann findet sie im Drillich in der Sporthalle statt. Etwas, was nicht alle Tage passiert. Der Oberst wird's erklären, warum das Schauspiel selten ist.

Der Hauptmann zum Leutnant:
Schauspiel vom Oberst: Morgen früh neun Uhr Ein-weihung der Sonnenfinsternis in der Sporthalle! Der Oberst wird's erklären, warum es regnet. Sehr, sehr selten so was.

Der Leutnant zum Feldwebel:
Morgen neun Uhr wird der Oberst im Drillich die Son-ne verfinstern, wie es alle Tage passiert in der Sport-halle, wenn ein schöner Tag ist. Wenn's regnet: Ka-sernenhof!

Der Feldwebel zum Unteroffizier:
Morgen um neune Verfinsterung des Obersten im Drillich wegen der Sonne. Wenn es in der Sporthalle regnet, was nicht alle Tage passiert, antreten auf dem Kasernenhof. Äh ... sollten Schauspieler dabei sein, sollen sich selten machen.

Gespräch unter Soldaten:
Haste schon gehört, wenn's morgen regnet? Tja, ich weiß – der Oberst will unseren Drillich verfinstern. Das dollste Ding: Wenn die Sonne keinen Hof hat, will er ihr einen machen. Schauspieler sollen Selter bekommen, typisch. Dann will er erklären, warum er aus rein sportlichen Gründen die Kaserne nicht mehr sehen kann.

3.1.2   Der Medienbegriff

Man unterscheidet zwischen Medien im weiteren und Me-dien im engeren Sinn. Der weitere Medienbegriff bezieht den Menschen als Medium, als Informationsvermittler ein. Die Kommunikation von Person zu Person, die soge-nannte personale Kommunikation, bezieht auch Mimik, Gestik und die jeweils eigene Art und Weise eines Men-schen, sich auszudrücken, mit ein. Der engere Medien-begriff schließt den Menschen als Medium dagegen aus.

Medien im engeren Sinn sind Informationsträ-ger, die auf **visueller, auditiver, audiovisu-eller, taktiler** (Fühlen) und **olfaktorischer** (Riechen) Art und Weise Informationen vermit-teln.

Medien im engeren Sinn sind also
→ Buch, Zeitung, Zeitschrift, Plakat (Print)
→ Fernsehen, Film, Video (audiovisuell)
→ Radio, Kassette, CD, MP3
→ Computer, Spielekonsolen
→ Internet
→ Telefon, Fax, Handy, Smartphone
→ Spielwaren, Spielkonsolen

In der Werbung spielen Medienverbundsysteme, der **Medienmix,** eine immer größere Rolle. Zum Absatz eines Produkts werden mehrere verschiedene Medien genutzt. Es werden Anzeigen geschaltet, Werbespots in Radio und Fernsehen gesendet, ergänzt durch die direkte Ansprache der Verbraucher am Telefon (Direktmarketing) und Internet. Gerade in Kinderzimmern spielen Medienverbundsysteme eine immer größere Rolle. Benjamin Blümchen liegt als Plüschtier neben dem Benjamin-Blümchen-Kopfkissen, während er gleichzeitig aus dem CD-Player dröhnt und als Video/DVD zu sehen ist.

3.1.3 Mediennutzung

Wie nutzen Menschen in ihrer Freizeit Medien?
Medien und Freizeit 2011, Angaben in Prozent

	B-W[1]	Rhl.-Pf.	Saar-land	BRD	B-W	Rhl.-Pf.	Saar-land	BRD	B-W	Rhl.-Pf.	Saar-land	BRD
Tätigkeiten	mehrmals pro Woche				mehrmals im Monat				etwa einmal im Monat			
Zeitung lesen	70,3	70,3	66,9	71,2	10,2	9,7	10,7	10,1	2,6	2,0	2,5	2,0
Zeitschriften lesen	25,8	26,5	29,7	27,8	26,7	25,6	22,1	25,5	10,9	9,7	8,3	10,1
Fernsehen	85,5	86,6	85,8	86,7	7,1	5,6	6,6	6,7	1,1	0,5	0,8	0,9
Radio hören	80,7	79,9	78,0	79,5	7,6	6,9	6,7	6,9	2,1	1,8	2,8	1,9
Tonträger nutzen (CD, MP3 etc.)	38,8	37,6	39,4	39,4	19,9	21,0	19,8	19,7	8,8	8,6	6,4	8,2
Video/DVD ansehen	9,0	9,1	11,6	10,1	22,6	25,3	19,8	19,7	16,4	14,8	12,0	15,4
PC nutzen	62,0	60,2	56,7	60,9	7,5	6,1	7,6	6,8	2,0	2,2	2,6	1,4
ins Kino gehen	0,5	0,0	0,2	0,3	6,4	4,8	5,3	5,5	14,6	12,3	15,9	14,8
ins Theater, Konzert gehen	0,2	0,3	0,1	0,3	5,0	2,7	3,6	4,0	12,0	10,0	13,1	11,1
Fitness/Sport treiben	46,3	46,1	46,8	43,6	21,5	22,2	17,7	21,5	3,9	2,8	3,4	3,9
ausgehen (Disco/Kneipe)	10,3	9,2	10,1	8,8	37,6	38,6	37,1	34,2	21,7	21,3	18,9	22,2

1   *B-W: Baden-Württemberg, Rhl.-Pf.: Rheinland-Pfalz, BRD: Deutschland*
Basis: B-W 9,57 Mio., Rhl.-Pf. 3,61 Mio., Saarland: 0,92 Mio., BRD: 73,44 Mio
Deutschsprachige Bevölkerung ab 10 Jahren, Montag bis Freitag, 5:00 Uhr bis 24:00 Uhr (Media Analyse 2011 Radio II)

Die **Mediennutzung** von Kindern untersuchend, stellte die KIM-Studie (Medienpädagogischer Forschungsverbund Südwest) aus dem Jahre 2010 die zunehmende Bedeutung des Internets heraus: „Insgesamt 57 % der Kinder zwischen sechs und 13 Jahren nutzen zumindest selten das Internet. Die KIM-Studie belegt dabei eine deutliche Zunahme der Nutzung sozialer Netzwerke: Mittlerweile nutzen 43 % der sechs- bis 13-jährigen Internetnutzer regelmäßig Communities (2008: 16 %). Auch die Liste der beliebtesten Internetseiten wird von einem sozialen Netzwerk angeführt. Im Zuge der Verbreitung von Online-Communities werden auch verstärkt persönliche Daten preisgegeben. 29 % der Kinder, die das Internet nutzen, haben Fotos oder Filme von sich eingestellt. 22 % haben auch Bilder von ihrer Familie und/oder Freunden veröffentlicht."

Nach Schätzung der befragten Haupterzieher verbringen die Sechs- bis 13-Jährigen durchschnittlich 24 Minuten pro Tag im Internet. Die Eltern stehen dem Internet häufig zwiespältig gegenüber: 59 % stimmen der Aussage zu, dass das Internet Kinder zu „Stubenhockern" macht, dennoch finden 60 % „Kinder sollten so früh wie möglich an Computer gewöhnt werden". Über drei Viertel der Haupterzieher meinen, dass Kindern der Umgang mit Computer und Internet in der Schule vermittelt werden sollte.

Ein Viertel der Sechs- bis 13-Jährigen will nicht mehr auf Computer und Internet verzichten. Diese Affinität zu PC und Onlinediensten nimmt mit dem Alter deutlich zu: Während nur 6 % der jüngsten Kinder (sechs und sieben Jahre) PC und Internet als unentbehrlich ansehen, sind es bei den Zwölf- bis 13-Jährigen schon 41 %. Komplementär dazu entwickelt sich die Bindung an den Fernseher: Während 75 % der Sechs- bis Siebenjährigen nicht auf dieses Medium verzichten wollen, sind es bei Kindern zwischen zwölf und 13 Jahren nur noch 40 %. Insgesamt ist das Fernsehen aber weiterhin das zentrale Medium für Kinder: Drei Viertel der Sechs- bis 13-Jährigen sehen jeden oder fast jeden Tag fern und die durchschnittliche Nutzungsdauer pro Tag beträgt nach Angaben der Haupterzieher 98 Minuten.

Medien sind verfügbar

Auch der Medienbesitz geht mit dieser Entwicklung einher. Immerhin haben mehr als die Hälfte der Kinder ein eigenes Handy. Dies gilt sowohl für Jungen als auch für Mädchen. Eigene Computer sind dagegen eher selten anzutreffen. Es darf aber vermutet werden, dass zur Nutzung der Familien-PC zur Verfügung steht.

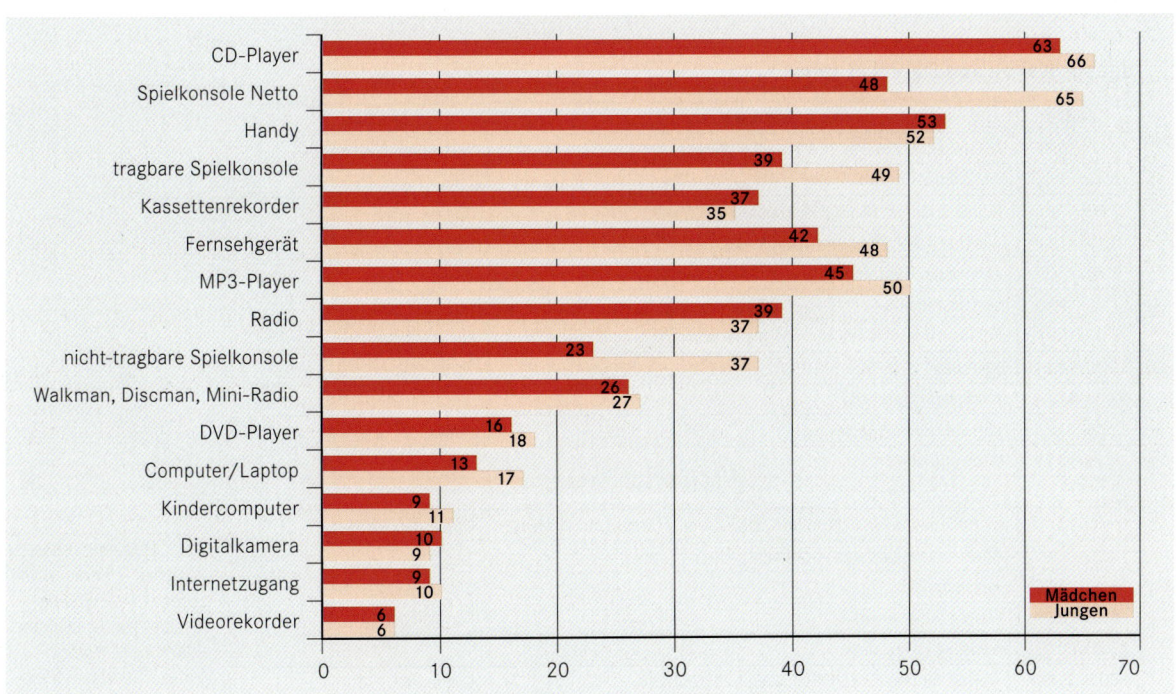

Gerätebesitz der Kinder (Angaben des Haupterziehers), KIM-Studie 2010, alle Angaben in Prozent

3.1.4 Die Medienkindheit beginnt im Kreißsaal

„Als Tanja auf die Welt kam, hat ihr Vater die Geburt auf Video aufgenommen. Nach ein paar Monaten bekam sie ein kleines Bilderbuch aus Plastik in den Kinderwagen gelegt. Wenn sie bei der Mutter auf dem Schoß saß oder gestillt wurde, konnte sie das Geschehen auf dem Fernsehapparat mit verfolgen. Als sie zu krabbeln anfing, hörte sie im Kinderzimmer die Kassetten von Benjamin Blümchen mit, die ihr älterer Bruder beim Spielen anhörte. Als er seine ersten Videospiele geschenkt bekam, fand sie die vielen bunten und zappeligen Figuren auf dem Bildschirm ganz lustig. Inzwischen hat sie heraus, wann ihre Lieblingssendung im Fernsehen anfängt, weil sie die Auftaktmelodie erkennt. Kassetten und Bilderbücher gehören zu ihren Lieblingsmedien. Ihr Vater oder ihre Mutter lesen ihr abends vor. Und ab und zu darf sie auch bei den Erwachsenen sitzen, wenn sie fernsehen."

(vgl. Bundeszentrale für politische Bildung 2001, S. 2)

Eltern beim Vorlesen einer Gute-Nacht-Geschichte

Medien begleiten den Menschen auf Schritt und Tritt, auch Kinder jeden Alters. Die Bund-Länder-Kommission für Bildungsplanung und Forschungsförderung (BLK) stellt denn auch fest: „In den Alltag vieler Kinder, Jugendlicher und junger Erwachsener sind Medien ganz selbstverständlich integriert; junge Menschen kennen in der Regel wenig Vorbehalte gegenüber neuen Medienangeboten und nehmen sie in ihre Erlebnis-, Gestaltungs- und Informationswelt auf." Dichanz hat die Nutzung von Medien protokollieren lassen. Mütter fertigten ein Protokoll der Mediennutzung ihrer Kinder an. An einem ganz gewöhnlichen Schultag sah die Medienbilanz des achtjährigen Daniel so aus:

Tagesprotokoll von Daniel, 8 Jahre

Zeit	Tätigkeit	Medium
6:00– 6:45	Aufstehen, Fernsehen (Cartoons) o. Videos	Fernsehen, Videos
6:45– 7:00	Waschen, Anziehen	
7:00– 7:15	Frühstücken mit Radio (Nachrichten und Musik)	Radio
7:15– 7:20	Ausrüsten der Schultasche mit Radio	Radio
7:20– 7:30	Zähneputzen mit Radio	Radio
7:30– 8:00	Gang zur Schule	
8:00–12:00	Schule (Unterrichtsmittel verschiedenster Art)	Unterrichtsmittel
12:00–12:30	Heimweg	
12:30–12:45	Ausziehen, Waschen	
12:45–13:15	Mittagessen mit Radio	Radio
13:15–13:25	Tisch abräumen	
13:25–16:00	Freunde treffen, Sport	
16:00–18:00	Innerhäusliche Aktivitäten (u. a. Playstation), Fernsehen (Comedy)	Computer, Fernsehen
18:00–18:40	Abendessen und Tisch abräumen	
18:40–19:30	Hausaufgaben	Bücher
19:30–20:00	Freizeit (Fernsehen)	Fernsehen
20:00–20:15	Ausziehen, Waschen	
20:15–21:00	Freizeit vor dem Einschlafen, Lesen, Musik hören	Bücher, MC, CD

aus: „Medienkompetenz im Alltag – Medienkompetenz in der Schule" (S. 106) von H. Dichanz, 2000, in: H. Kleber (Hrsg.): Spannungsfeld Medien und Erziehung, München: KoPäd

3.2   Bedingungsfaktoren für Medienwirkung

Wenn man sich so umhört, könnte man glauben, das Ziel guter Pädagogik müsste die Eindämmung der Mediennutzung, vor allem des Fernsehens sein. So stellt denn auch Hans Eirich in seinem Beitrag für die Bundesarbeitsgemeinschaft Kinder- und Jugendschutz fest: „Die historisch älteste Zielkategorie von Medienpädagogik ist das Bewahren. Medien werden grundsätzlich als Bedrohung der Jugend aufgefasst, vor der sie geschützt oder eben bewahrt werden muss. Medienpädagogik hat nach dieser Auffassung präventiven Charakter und arbeitet mit Geboten und Verboten." *(Eirich 2003, S. 14)*

Dieser Aspekt spielt auch in der öffentlichen Diskussion eine übergeordnete Rolle. Der Ansatz ist deshalb problematisch, weil vor allem die symptomorientierte isolierte Betrachtung medialer Gewalt, die nicht in Verbindung mit der Lebenswirklichkeit der Kinder und Jugendlichen gesetzt wird, im Mittelpunkt steht. Hinzu kommt die bekannte Begrenztheit von Verboten, die möglicherweise das Verbotene noch aufwerten und so an Attraktivität gewinnen lassen.

Wie wirkt sich fernsehen aus?

In der Sozialpädagogik unterscheidet man drei Formen der **Medienerziehung:**
1. Die **reproduktionsorientierte** Medienarbeit: stellt die *Verarbeitung* von Medienerlebnissen in den Mittelpunkt.
2. Die **rezeptionsorientierte** Medienarbeit: betrachtet die *Nutzung* der Medien.
3. Die **produktionsorientierte** Medienarbeit: will das eigene *Produzieren* von Medien vermitteln.

Das Beobachten der Kinder beim Spielen, das Entdecken von Hinweisen auf die Verarbeitung von Medienerlebnissen ist die Basis der Medienerziehung. Die reproduktionsorientierte Medienarbeit ist Teil des Beobachtens, denn die Medienwelt gehört eben zum Erfahrungsraum des Kindes. Allerdings: Vorsicht vor zu schnellen Schlussfolgerungen. Die rezeptionsorientierte und produktorientierte Medienarbeit stellt eher medientechnische Lernziele wie den Umgang mit der Technik, die Wirkung, die zu erzielen ist, oder auch medienästhetische Lernziele in den Vordergrund.

Ziel der Medienpädagogik ist die **Medienkompetenz.**

> Unter **Medienkompetenz** wird die Fähigkeit verstanden, Medien und ihre Inhalte den eigenen Zielen und Bedürfnissen entsprechend zu nutzen.

Zur Medienkompetenz gehört es, verschiedene Medien zu kennen und sie nutzen zu können, sich in der Medienwelt orientieren zu können und unter den vielen Angeboten das Gesuchte zu finden, Medien kritisch einordnen zu können und sich in der Medienwelt kreativ beteiligen zu können.

Die Bund-Länder-Kommission beschreibt für die Schule den Spannungsbogen, in dem sich Medienerziehung heute bewegt, und postuliert zusammenfassend die Forderung nach Medienkompetenz. Dieses gilt sicher nicht nur für die Schule, sondern auch für die Kindertagesstätte, für die außerschulische Jugendarbeit und für die Familie:

„Medienerziehung in der Schule kann weder von der einen noch der anderen Position allein ausgehen. Sie muss die rasche technische Entwicklung, Medienfaszination und medialen Gestaltungsmöglichkeiten ebenso in Rechnung stellen wie Gefährdungen und Risiken, die aus Nutzung und Wirkung der elektronischen Medien resultieren können.

Medienerziehung sollte sich aus dieser Grundspannung der Entwicklung heraus verstehen. Dabei werden vor allem die für das Aufwachsen von Kindern und Jugendlichen und ihre Persönlichkeitsbildung im Vordergrund stehenden Widersprüchlichkeiten bestimmend sein müssen:

→ die ganz erhebliche Ausweitung der wahrgenommenen Welt einerseits, die Einschränkung der unmittelbaren und sinnlichen Erfahrung von Realität sowie der komplexen Wahrnehmung von Dingen, Situationen und Menschen andererseits;

→ die Begegnung mit unterschiedlichen Verhaltensformen und Verhaltensnormen im Sinne einer pluralen Welterfahrung, einer vielfältigen gesellschaftlichen und persönlichen Lebensgestaltung einerseits und die Schwierigkeit der Beurteilung unterschiedlicher Handlungs- und Wertmuster sowie die Gefahr der Orientierungslosigkeit andererseits;

→ die Intensivierung von Erlebnismöglichkeiten und die Konfrontation mit komplexen, problembezogenen Situationen einerseits, die Gefahr einer Flucht in Scheinwelten und die Vermeidung von Entscheidungssituationen, die für die eigene Lebensgestaltung und die Wahrnehmung sozialer Verantwortung wichtig sind, andererseits.

Ziel einer auf diese Widerspruche hin orientierten Medienerziehung ist die *Medienkompetenz* des Einzelnen als Bestandteil allgemeiner und beruflicher Bildung sowie die *Medienkultur* als Ausdruck eines aufgeklärten Nutzungsverhaltens." *(vgl. BLK, S. 7)*

Im Sinne einer umfassenden Bildung sollen die Voraussetzungen für die Aneignung, Vermittlung und Weiterentwicklung von Medienkompetenz geschaffen werden. Medienkompetenz darf nicht verengt werden. Detlef Ruffert vom Institut für Medienpädagogik und Kommunikation fordert:

„Medienkompetenz beinhaltet vielmehr die Entwicklung von Fähigkeiten und Fertigkeiten, die in aktiven, selbstbestimmten und kreativen Prozessen den Umgang und die Produktion von Medien im Rahmen einer gesellschaftlich breiten Kommunikation ermöglichen. Medienkompetenz stellt sich dar als kommunikative Kompetenz, die sich in der Lebens- und Alltagswelt von Menschen realisiert. Medienkompetenz umfasst unterschiedliche Einzelkompetenzen:

→ **technische Kompetenz** als Voraussetzung für medienkompetentes Verhalten (Bedienung technischer Geräte, Einwählen in Netze, Abruf von Diensten);

→ **Aneignungskompetenz** zur kritischen Bewertung der Angebote und Dienste, Sendungen und Informationen nach funktionalen, normativen und emotionalen Kriterien; Kenntnisse über Angebotstypen, Genres, technische und ästhetische Gestaltungs- und Manipulationsmechanismen;

→ **Verarbeitungskompetenz** zur kognitiven und emotionalen Verarbeitung der vielfältigen Medienangebote und -inhalte;

→ **soziale und kommunikative Kompetenz** als Voraussetzung für individuelle und gesellschaftliche Kommunikation; angesichts der Vielfalt der neuen Medientechnologien und der Kommunikationswege sind Kenntnisse erforderlich, um sich verantwortlich mit den kommunikativen, publizistischen und informationellen Möglichkeiten auseinanderzusetzen;

→ **Gestaltungskompetenz** zur aktiven Handhabung von Medien und damit der Möglichkeit zur eigenen Ausgestaltung von Inhalten; das ‚Begreifen' von Produktionsprozessen trägt zur Transparenz von Meinungsbildungsprozessen und damit zur Bewertung komplexer gesellschaftlicher Zusammenhänge bei; aus passiven Medienkonsumenten werden aktive Medienrezipienten;

→ **Handlungskompetenz** eröffnet individuelle und soziale Handlungsspielräume, die z. B. zur Nutzung neuer medialer Kommunikations- und Partizipationsmöglichkeiten genutzt werden können und die es ermöglichen, sich über die technischen, ökonomischen, kulturellen und ästhetischen Medienentwicklungen und die mit ihnen einhergehenden Veränderungen in der Alltags-, Freizeit- und Arbeitswelt zu informieren;

→ **Nutzungskompetenz** ermöglicht es, Medien nach funktionalen und normativen Kriterien zu nutzen, und sensibilisiert dafür, sich bewusst für oder gegen bestimmte Inhalte, Angebote, Anwendungen zu entscheiden."

(vgl. Ruffert 2001)

Aneignung technischer Kompetenz

3.3   Lesen als Basis: Kulturtechnik

„Zu erwarten steht, dass die modernen Techniken wie das Internet sich auf die Nutzung gebundener Printmedien auswirken und eventuell ein Leseverhalten ganz neuer Konvenienz *(Bequemlichkeit, Anm. des Autors)* mit sich bringen. Das Beobachten der Veränderung dieser Kulturtechnik – und nicht die Beschwörung ihres Niedergangs – wird einer empirischen Kulturwissenschaft wie der Volkskunde weiterhin spannende und wichtige Forschungsfragen liefern."

Mit dieser Prognose beendet Susanne Limmroth-Kranz ihre Dissertation über „Lesesozialisation und Leseverhalten 1930 bis 1996 im Spiegel lebensgeschichtlicher Erinnerungen". Heute, ein gutes Jahrzehnt später, kann man feststellen, dass die Autorin recht hatte. Inzwischen klappert die Tastatur landauf und landab, Nachrichten werden nicht nur in der Zeitung, sondern auch im Internet und auf dem Handy gelesen, Bücher können ganz bequem im E-Book-Reader gespeichert und gelesen werden. Die Kulturtechnik Lesen geht also nicht unter, sondern ist im Gegenteil auch die Basis der elektronischen Kommunikation. Lesen ist die zentrale Voraussetzung, um am gesellschaftlichen Leben einer modernen Gesellschaft teilzuhaben.

Die Lesebiografie ist Teil der menschlichen Entwicklung *(vgl. Band 1, HF 2, Kap. 5.4)*. In jedem Alter liest der Mensch – mehr oder weniger. Dem Buch, dem Lesen eines Romans kommt dabei eine besondere Bedeutung zu. Denn Lesen ist wie ein Kino im Kopf. Nur entsteht eben in jedem Kopf ein ganz eigener Film, auch wenn die Story die gleiche ist.

In früher Zeit wurden die Texte von Hand abgeschrieben. Mit der Erfindung des Buchdrucks konnte Literatur vervielfältigt werden. Doch die Fähigkeit zu lesen blieb zunächst ein Privileg von wenigen. Man geht davon aus, dass noch im 16. Jahrhundert lediglich ein Viertel der Stadtbevölkerung lesen konnte. Auf dem Land lag der Anteil noch deutlich niedriger. Erst im 18. Jahrhundert kam eine Art Leserevolution. Während zuvor das gleiche Buch immer und immer wieder gelesen wurde – meist religiöse Texte –, griffen die Menschen jetzt auch zu Romanen, Biografien und Reisebeschreibungen. Die Kritiker sprachen von der „Lesewut des Pöbels". Erst im 19. Jahrhundert kam es im Gefolge der Arbeiterbildung und der Frauenemanzipation zu einer zweiten Leserevolution, in deren Folge auch die öffentlichen Bibliotheken entstanden.

3.4   Fernsehwirkung bei Kindern und Jugendlichen

Das Fernsehen wird schnell und gerne verteufelt. Vor allem von Pädagogen und Pädagoginnen. Macht Fernsehen wirklich dumm und dick? Sitzen nicht eher Erwachsene jeden Abend drei Stunden davor, trinken Wein und Bier und essen Chips dazu?

Fragestellungen wie diese zeigen, wie emotionalisiert die Diskussion über das Fernsehen der Kinder geführt wird. Sie haben auch immer etwas mit den Gewohnheiten und den Ängsten der Erwachsenen zu tun. Kinder lernen durch Nachahmung. Dies gilt auch für die Mediennutzung. Wenn die Eltern durch das Programm zappen, werden die Kinder dies nachahmen. Wählen die Eltern ihre Sendungen durch sorgsame Lektüre der Programmzeitschriften aus, werden dies auch die Kinder als Verhaltensmuster akzeptieren und nachahmen. Der Fernsehkonsum sollte also immer bewusst erfolgen. Dies

kann sicher auch bei manchen Eltern zu Verhaltensänderungen führen.

Das Fernsehen besitzt auch einen wichtigen Informationscharakter und sollte daher dementsprechend genutzt werden. In der Praxis ist immer häufiger zu beobachten, dass Eltern das Fernsehen am liebsten „ungesehen" machen würden und es ihren Kindern verbieten. Dies kann aber unter Umständen auch dazu führen, dass ihre Kinder in Außenseiterrollen gedrängt werden und dadurch evtl. mehr Schaden angerichtet wird, als wenn sie mit ihren Kindern zusammen Sendungen anschauen würden.

Besser ist es natürlich, die Sendungen sorgfältig auszuwählen. Doch das ist gar nicht so einfach, da gerade die (vermeintlichen) Kindersendungen in den meisten Programmzeitschriften nicht einzeln abgedruckt sind.

Abhilfe schafft hier vor allem „Flimmo", eine Programmzeitschrift für Kinder, die zudem noch Informationen rund ums Medium und dessen Wirkung enthält. Die öffentlich-rechtlichen Sender bieten zahlreiche Informationen zu ihren Kindersendungen an. Meist sind diese zudem nett aufbereitet und mit kleinen Spielen versehen. Hilfreich ist hier die Suchmaschine www.blinde-kuh.de.

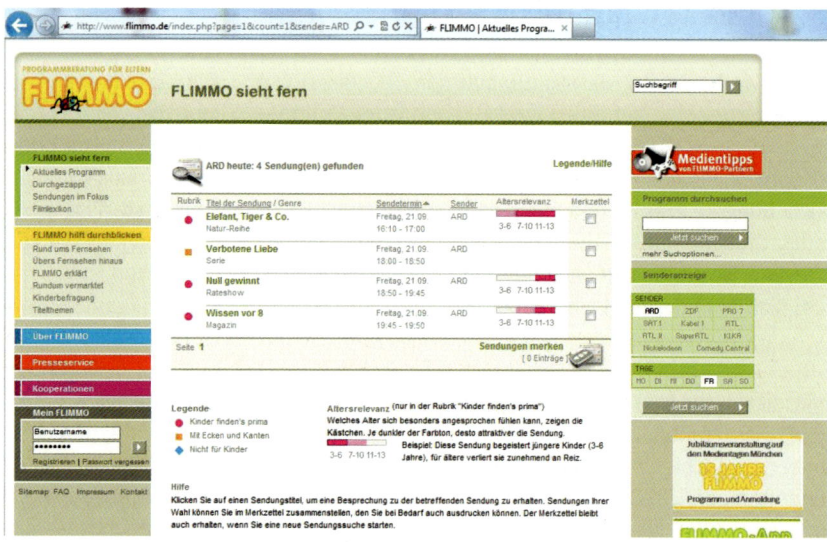

Flimmo – Programmberatung für Eltern

3.4.1 Internet beliebter als Fernsehen

Internet ist bei Kindern inzwischen beliebter als Fernsehen, zumindest bei den Jungen. Das belegt die eingangs zitierte KIM-Studie aus dem Jahre 2010 eindrucksvoll. Nimmt man Online-Spiele und Internetnutzung zusammen, sind auch die Mädchen öfter am PC als vor dem Fernsehgerät anzutreffen. Nach wie vor hat jedoch das Spiel im Freien und das Treffen mit Freunden den höchsten Stellenwert bei Kindern. Allerdings verabredet man sich heute nicht mehr mit kurzen Briefchen während des Unterrichts, sondern über Handy oder Smartphone.

Die liebsten Freizeitaktivitäten 2010 (bis zu drei Nennungen möglich):

Quelle: mpfs/KIM-Studie 2010; Angaben in Prozent; Basis: alle Kinder (n = 1.214), Nennungen ab 5 %

3.4.2 Der Kinderfilm

„Paul war sieben Jahre alt, als ihm seine Eltern einen Kinobesuch zum Geburtstag schenkten. Es lief gerade der Walt-Disney-Erfolgsfilm ‚Der König der Löwen'. Der Film erzählt die Entwicklungsgeschichte des jungen Löwen Simba. Er erlebt viele Abenteuer. Pauls Vater hatte ein gutes Gefühl, denn es waren ganz viele andere Kinder und Eltern im Kino. Als dann aber in dem Film der Vater von Simba auf dramatische Weise stirbt und Simba allein ist, beginnt Paul bitterlich zu weinen. Pauls Vater ist völlig überrascht und weiß nicht, wie er reagieren soll. Paul lässt sich nicht beruhigen und will nur noch aus dem Kino raus. Der Vater gibt dem Wunsch seines Sohnes nach. Er war ratlos, denn er hatte überall gelesen, dass es sich bei dem Film um einen ‚Kinderfilm' handelte." *(vgl. Bundeszentrale für politische Bildung, S. 11)*

aus: König der Löwen

Die Situation ist bekannt: Man geht in einen „Kinderfilm" und doch ängstigen sich die Kinder derart, dass einige Eltern mit ihren Sprösslingen das Kino verlassen. Dies gilt etwa für die Harry-Potter-Filme. Kinder nehmen Filme anders wahr als Erwachsene. Wenn Filme die Themen, mit denen sich Kinder im Vor- und Grundschulalter auseinandersetzen, emotional berühren, kann der Film zu tiefen Gefühlsausbrüchen führen. Die „inneren Themen" wie „Allein gelassen werden" oder „Tod der Eltern" können selbst bei scheinbar harmlosen Sendungen wie Jim Knopf, Biene Maja oder Heidi berührt werden. Die Folge sind heftige Reaktionen der Kinder. Eine Mutter berichtet: „Wir müssen als Eltern versuchen, die Kinder vor aggressiven Inhalten zu schützen. Aber was die Kinder als

schrecklich ansehen, kann man nicht im Voraus erkennen, das kommt erst raus, wenn die Kinder das irgendwie äußern. Dann können wir ihnen helfen, das Gesehene zu verarbeiten. Das bedeutet, man muss sich nach dem Fernsehgucken mit den Kindern beschäftigen, mit ihnen darüber reden und am Ball bleiben."

Kinder *erleben* Fernsehen, sie schauen nicht einfach nur zu. Die wichtigste Regel ist daher, Kinder mit dem Medium nicht alleine zu lassen. Dies beantwortet auch die Frage nach einem eigenen Fernsehapparat im Kinderzimmer für das Vor- und Grundschulalter.

Auch Erwachsene nehmen Sendungen unterschiedlich wahr. Jeder und jede sieht das, was er und sie sehen wollen (selektive Wahrnehmung). Bei Kindern ist die Entwicklung noch nicht abgeschlossen. Ihre Verstehensfähigkeiten entwickeln sich ihrem Alter entsprechend.

Vorschulkinder können noch keine Handlungsstränge verfolgen. Sie nehmen nur einzelne Szenen wahr. Deshalb begeistern kleine Kinder Werbespots. Deren Aufbau ist nicht kompliziert, sondern auf eine klare Botschaft reduziert. Kinder lernen erst nach und nach, komplexe Handlungsstränge wahrzunehmen. Sie sind auch leicht ablenkbar. Fährt etwa ein Segelboot im Hintergrund vorbei, so kann es passieren, dass dieses Boot für das Kind in den Vordergrund seines Interesses rückt und die Spielhandlung nicht weiter verfolgt wird.

Kinder im Vorschulalter können Rückblenden, Zeitsprünge und parallel laufende Handlungen noch nicht zu einer Spielhandlung zusammensetzen. „Je mehr Perspektivenwechsel, Vieldeutigkeiten und Sprünge ein Film enthält, umso unverständlicher wird er für Kinder. Sie konstruieren sich falsche Zusammenhänge von Ursache und Wirkung." *(vgl. Lenssen, S. 287)*. Bis zum Alter von ca. vier Jahren machen sie keine Unterschiede zwischen einem gezeichneten und einem realem Film. In ihrer Wahrnehmung agieren auch im Trickfilm reale Personen.

Zentrale Bedeutung für Kinder haben die Figuren. Je näher sie an den Befindlichkeiten und Bedürfnissen der Kinder dran sind, desto eher werden sie wahrgenommen. Die jüngeren Kinder achten mehr auf Äußerlichkeiten. Ältere Kinder können schon Gefühle der Figuren erkennen und sich mit ihnen auseinandersetzen.

Erst ab dem Schulalter gelingt es Kindern, sich in die Denk- und Gefühlswelt anderer hineinzuversetzen. Sie können jetzt Verständnis für die Handlungen im Film aufbringen. Sie verstehen Erzählstrukturen, können Rückblenden als solche wahrnehmen und die Filmmusik entsprechend der Dramaturgie interpretieren. Je älter sie werden, desto größer wird ihre Kompetenz, auch in Bezug auf Filmtricks. Sie können genau zwischen filmischer Wirklichkeit und Realität unterscheiden.

3.4.3 Gewaltsendungen sehen vorwiegend Jungen

Kinder sehen keineswegs nur Kindersendungen, im Gegenteil. Parallel zur Gesamtheit aller Zuschauer liegt auch bei den 10- bis 15-Jährigen die Hauptfernsehzeit zwischen 18 Uhr und 22 Uhr. Etwas früher liegt dieser sogenannte **„Reichweiten-Peak"** bei der Altersgruppe der 10- bis 13-Jährigen. Die Hauptfernsehzeit liegt also etwa gegen 20 Uhr. Zu diesem Zeitpunkt ist ein Viertel aller Jugendlichen vor dem Bildschirm anzutreffen.

Dragon Ball und vor allem *Dragon Ball Z* ist eines der Formate, die bei Kindern gut ankommen. Dragon Ball Z erreicht in der Abendausstrahlung Spitzenquoten. Täglich sehen etwa 640 000 Kinder im Alter von 3 bis 13 Jahren die Sendung, obgleich sie eigentlich keine Kindersendung ist. Dreiviertel der jungen Zuschauer sind männlich.

Das *Internationale Zentralinstitut für das Jugend- und Bildungsfernsehen* beschreibt die Sendung so: „Aus medienanalytischer Sicht fallen vor allem zwei Dinge auf: die sehr komplexen Erzählstrukturen und die brutalen Kämpfe. Abgehackte Körperteile, Blut und Tod gehören bei Dragon Ball Z selbstverständlich dazu." Was fasziniert Kinder und Pre-Teens an dieser Serie? Welche Momente stellen sie in den Vordergrund und was nehmen sie aus diesem Format für sich mit? Das Internationale Zentralinstitut für das Jugend und Bildungsfernsehen (IZI) führt hierzu eine qualitative Studie durch. In Einzelinterviews mit 70 regelmäßig Dragon Ball Z sehenden Kindern und Pre-Teens (6 bis 15 Jahre) wird der Bedeutung dieser Serie für Kinder nachgegangen. Die Ergebnisse zeigen:

Kampf ist für die Jungen das zentrale Thema. Dabei geht es um Aggression und ihre Grenzen, eine Faszination für die Ästhetik der Gewalt, Kämpfe als Wettkämpfe und Stärke, die es zu gewinnen gilt. Grundschulkinder spielen es auf dem Schulhof bewegungsorientiert und ritualisiert nach und tauschen sich über die neuesten Ereignisse aus.

Kinder und Pre-Teens haben das Gefühl, aus der Serie u. a. Kampftechniken zu lernen und Kompetenzen für Auseinandersetzungen zu gewinnen. Zum Teil beschreiben Jungen sich selbst als aggressiver, seit sie Dragon Ball Z sehen: Sie würden nun schneller und gezielter schreien und zurückschlagen. Für sie ist dieses Format ein Weg, um stärker und wehrhafter zu sein. Dies passt sich sehr gut in die männliche Sozialisation ein. Jungen fühlen sich oft bedroht (vor allem von anderen Jungen) und haben das Bedürfnis, wehrhaft zu sein. Die Serie gibt ihnen das Gefühl, stark zu werden, indem sie zeigt, wie man besser und gezielter zurückschlägt. Dass die Jungen selbst so zur Bedrohung für andere werden, übersehen sie. Neben durchaus positiven Momenten, die Jungen aber auch Mädchen aus der Serie gewinnen, wie eben das individuelle Gefühl der Stärke, entsteht hier eine Gewaltspirale. In Kombination mit anderen Momenten, wie der sexistischen Abwertung von Frauenfiguren, werden hier problematische Zusammenhänge deutlich, die von Pädagogik und Presse derzeit viel zu wenig kritisch diskutiert werden." *(vgl. IZI)*

Kampf ist für Jungen ein zentrales Thema

Eltern und Kinder sollten möglichst viel zusammen machen. Das gilt auch für das Fernsehen. „Meine Kollegen und ich beim Kinderfernsehen geben uns viel Mühe, Sendungen zu produzieren, die auch Eltern Spaß machen, sodass Fernsehen ein Fenster zur Welt sein kann und nicht nur unbedingt nur Kinderparkplatz ist. Und wenn wieder mal Schrott kommt: Gemeinsam lästern kann auch Riesenspaß machen." *(Christoph Biermann, Sendung mit der Maus)*

Gewaltdarstellungen können Kindern Angst machen. Doch was ist Gewalt? Ist es auch Gewalt, wenn Tom & Jerry sich gegenseitig hauen oder wenn Bud Spencer jemanden verprügelt? Entschärft das Lustige die Gewalt? „Eine Studie, an der 60 Kinder im Alter zwischen sechs und 13 Jahren beteiligt waren, kam zu dem Schluss: Kinder der genannten Altersgruppe unterscheiden zwischen ‚schlimmen' und ‚weniger schlimmen' Gewaltformen. ‚Schlimm' fanden sie Szenen, bei denen Waffen verwendet wurden oder zwei gegen einen Gewalt ausüben. Als weniger dramatisch wurde psychische Gewalt eingeschätzt. Jüngere Kinder amüsieren sich eher über Situationskomik, ältere Kinder verstehen auch Wortwitz." *(vgl. Bundeszentrale für politische Bildung, S. 11)*

Das Verständnis von „lustiger Gewalt" ist in den Altersstufen ebenfalls sehr unterschiedlich. Jüngere Kinder nehmen beispielsweise an, dass die Figuren in Zeichentrickfilmen tatsächlich Schmerzen erleiden. Ältere Kinder dagegen erkennen den fiktiven Charakter von Zeichentrickfilmen. Sie können schon zwischen Realität und Fiktion unterscheiden. Allerdings wird dieses auch für ältere Kinder in dem Maße schwieriger, wie die Darstellung realistischer wird. So ist etwa beim Wrestling die Inszenierung kaum zu erkennen. Der Kampf wird täuschend echt präsentiert.

Gerade im Kino verlassen sich viele Eltern auf die **Freiwillige Selbstkontrolle (FSK),** die festlegt, ab wann ein Film Kindern nicht schadet. Gefährdet er Kinder? Kann der Film bei dieser Altersgruppe Albträume, Ekel, Hilflosigkeit hervorrufen? Die Einstufung der FSK ist durchaus nicht ganz freiwillig. Filme, die keinen FSK-Vermerk haben, erhalten keine Jugendfreigabe, sind also automatisch erst ab 18. Die FSK-Angaben gelten auch fürs Fernsehen. So dürfen Filme ab 18 erst nach 23 Uhr, Filme ab 16 nach 22 Uhr und Filme ab 12 nach 20 Uhr laufen. Hier ist reglementiert, dass die Sender dem Wohl jüngerer Kinder Rechnung tragen müssen.

Gerade bei den Harry-Potter-Filmen haben sich viele Eltern gefragt, ob sie für die angegebene Altersgruppe *geeignet* sind. Die FSK fragt aber nur nach der negativen Wirkung. Doch auch hier können Zweifel aufkommen. So ist nach einer Stichprobe der „Frankfurter Allgemeinen Sonntagszeitung" ein Drittel der Filme, die für die Altersgruppe ab 12 Jahren freigegeben sind, keineswegs unproblematisch. Es „finden sich Szenen mit expliziter Gewalt, gut sicht- und hörbarem Sex oder obszöner Sprache" *(FAS, 23.10.2011).* Den Film „Harry Potter und die Heiligtümer des Todes (Teil 1)" beschreibt die Zeitung etwa so: „Dieser Film ist trotz seiner Fantastik für Zwölfjährige nicht geeignet […] Gleich zu Anfang frisst eine Schlange eine Frau, die vorher noch um ihr Leben gefleht hat. In einer anderen Szene droht der Protagonist qualvoll unter einer Eisdecke zu ertrinken. In der vorletzten Szene stirbt ein blutender Freund der Kinder in Harry Potters Armen, sie können nichts für ihn tun […]. Das Ganze ist gruselig, unheimlich und freudlos." *(Ebd.)* Wer einmal die Reaktionen von Kindern in der Nachmittagsvorstellung eines Harry-Potter-Films gesehen hat, kann die Kritik der FAS nur teilen.

Man kann sogar fragen, wie dieser Film auf Sechsjährige wirkt. Denn seit 2003 erlaubt das Jugendschutzgesetz, dass Eltern im Rahmen ihrer Verantwortung mit Kindern ab sechs Jahren auch die erst ab zwölf freigegebenen Filme besuchen dürfen. Die elterliche Begleitung nennt sich „Parental Guidance" und soll Familien den Kinobesuch ermöglichen.

Für wen ist der Film geeignet?

3.5 PC-Spiele: Von Stimulation bis Katharsis

Auch die Gewaltdarstellungen zahlreicher Computerspiele sind abstoßend und mit dem Wertekanon unserer Gesellschaft nicht vereinbar. Sicher ist allerdings auch: Würde nur ein kleiner Teil der Spieler weltweit zu mordenden Bestien, wäre die Kriminalitätsrate sprunghaft gestiegen. Auf der anderen Seite ist es unstrittig, dass es einzelne Fälle von blutigen Amokläufen gegeben hat. In der Wissenschaft werden derzeit vier Theorien diskutiert:

1. **Stimulationstheorie**
   Aggressive Computerspiele fördern die Gewaltbereitschaft.
2. **Inhibitationstheorie**
   Aggressive Computerspiele erzeugen Angst und hemmen dadurch die Gewaltbereitschaft.
3. **Habitualisierungstheorie**
   Das Spielen aggressiver Spiele bewirkt eine Gewöhnung an Gewalt.
4. **Katharsistheorie**
   Durch das aggressive Spiel werden eigene Gewaltvorstellungen und Spannungen abgebaut, sodass die Aggressionsbereitschaft gemindert wird.

Die Diskussionen um die Medienwirkung, insbesondere auch die über die Wirkung von Fernsehen, beziehen sich auf die Argumentationsstränge dieser Theorien.

Zumindest plausibel erscheint die Theorie, dass Gewaltspiele den Menschen abstumpfen lassen. Rainer Fromm fasst dieses Phänomen so zusammen: „Nahezu unbestritten ist aber die Wirkung von Gewalt-Videospielen auf die *Empathie* eines Menschen. Empathie steht für die Fähigkeit, sich auf andere Menschen einzustellen und zu erkennen, was ein anderer empfindet. So dokumentieren Studien bei intensivem Konsum von blutigen Filmen oder brutalen Videospielen eine steigende Teilnahmslosigkeit von Kindern und Jugendlichen im Umgang mit Leid und Not von Dritten." *(vgl. R. Fromm, S. 11)*

3.5.1 Der PC als Spieleautomat

Bevor es mit dem Computer losgeht, können Kinder schon mit für Erwachsene kaum nachvollziehbarer Geschicklichkeit und Geschwindigkeit die Steuerungstasten des PSP oder der Spielekonsole bewegen. Die Auswahl der Spiele ist unüberschaubar. Problematisch an den meisten Spielen ist, dass es zu ihrem Prinzip gehört, ständig besser werden zu wollen. Ehrgeiz ist in der Leistungsgesellschaft sicher kein schlechtes Lernziel. Kinder (und auch Erwachsene) werden aber durch dieses Prinzip dazu verführt, ständig einen neuen Versuch zum Erreichen des Spielziels oder des nächsten Level zu unternehmen. Deshalb erscheint es im Umgang mit Videospielen vor allem notwendig, den *zeitlichen Rahmen* genau einzugrenzen.

Ein besonderes Problem stellen Spiele dar, die für Jugendliche eigentlich nicht zugänglich sein sollten. Wie brutal diese Spiele sein können, hat Rainer Fromm in einem Filmbeitrag für das ZDF dokumentiert *(ZDF, gesendet 9.11.2004)*:

„‚Doom 3' ist eines der brutalsten Computerspiele. Es gibt nur ein Ziel: Töte deine Gegner! Das Horrorspiel ist nicht indiziert und gilt als nicht jugendgefährdend, und das mit staatlichem Stempel. Das Gemetzel ist beliebt bei Jugendlichen: Stundenlanges ‚Splattern', wie das Verstümmeln von Opfern in der Computerszene genannt wird, ist die einzige Handlung.

Wir schauen Jugendlichen beim Spielen zu: ‚Schieß ihm in die Birne', sagt einer. Ein anderer meint: ‚Das Spiel ist realistischer beim Lebensverlust. Wenn man zum Beispiel mit einem Schraubenschlüssel geschlagen wird, sieht man richtig, wie das Blut spritzt.' Wieder ein anderer sagt: ‚Es ist brutaler als bei den anderen Spielen.' Die Unterhaltungssoftware Selbstkontrolle (USK) ist jetzt gemeinsam mit den Obersten Landesjugendbehörden für die Alterseinstufung verantwortlich. 3 500 Spiele sind hier geprüft worden, fast alle sind im Handel. Nur 23 Spiele haben keine Freigabe bekommen. Im Amt herrscht Selbstzufriedenheit. Jürgen Hilse, Vertreter der Länder im USK sagt: ‚Man kann über einzelne Sachen immer diskutieren, man kann immer unterschiedlicher Auffassung sein. Aber ich denke, dass sich die Freiwillige Selbstkontrolle in diesem Bereich absolut bewährt hat.'

Sie soll sich bewährt haben? Ein Hohn bei Spielen wie ‚Hit Man Contracts': Sinnloses Morden im Sanatorium ist hier Spielinhalt. Eine Vorgängerversion hat die damals zuständige Bundesprüfstelle noch indiziert, das heißt, es konnte nicht offen gekauft werden, das Spiel gab es nur unter der Ladentheke. Die aktuelle Fassung ist mindestens so brutal und frei erhältlich ab 18 Jahre. Das bedeutet: Für ‚Hit Man Contracts' und ähnliche Gewaltspiele können die Hersteller offen werben. Und was noch bedenklicher ist: Die Metzel-Spiele sind überall im Handel und in den Hitlisten ganz oben. In den Kaufhäusern wird aggressiv dafür geworben."

Der Jugendschutz ist auf den Handel verlagert worden. Die Folge: Jugendliche haben keine Probleme, an solche Spiele heranzukommen. Beim Videospiel gilt das Gleiche wie beim TV-Konsum: Genau hinschauen, was da eigentlich gespielt wird.

Hinschauen, was gespielt wird

Der PC als Abenteuer – Interview I

Ein Interview mit dem Pädagogen Jens Wiemken über die Gewaltspiele „Ego-Shooter", „Quake" und „Doom" *(aus: Fromm, S. 8).*

An welchem Bedürfnis von Jugendlichen knüpfen Ego-Shooter wie „Quake" oder „Doom" an?
Sie knüpfen an bei Abenteuern. Abenteuer sind ein wichtiges Stichwort in diesem Zusammenhang. Kinder und Jugendliche brauchen Raum für Abenteuer. Und unsere Gesellschaft bietet immer weniger Räume, um diese Erfahrung zu sammeln. Abenteuer, Reize zu bekommen – diese Nische besetzen die Spiele. Da habe ich Abenteuer, da habe ich Lebensräume, die nicht von Erwachsenen besetzt sind und auch nicht von Erwachsenen reglemen-

tiert werden – außer von den Programmierern, die diese Spiele machen. Aber das sehen die Jugendlichen in diesem Moment nicht.

Gibt es noch weitere Bedürfnisse, an denen Shooter andocken?
Durch die Feminismuswelle ist dieses männliche Prinzip ein bisschen ins Wanken gekommen. Diese Spiele knüpfen an diesen Beschützerinstinkt an, der auch einen Kampfinstinkt in sich birgt. Bezeichnend für diese Spiele ist immer wieder seltsamerweise, dass einer alleine gegen alle kämpft. Einer alleine gegen alle Monster – das ist ein altes Prinzip.

Das heißt, „Quake" und „Doom" als eine Art virtuelle Mutproben?
In unserer Gesellschaft gibt es keine Rituale mehr. In sehr vielen alten Kulturvölkern gibt es noch Initiationsrituale - vom Jungen zum Mann. Diese Rituale gibt es in unserer Gesellschaft nicht mehr oder die, die es gibt, sind ausgehöhlt: die Konfirmation, vielleicht ein Schulabschluss, der Autoführerschein. Aber irgendwo steht am Ende dieser Prozesse nie ein Mann, der dem Jungen sagt: Es ist okay. Du kannst aufhören, du bist jetzt ein Mann, du hast es geschafft. Und die Jungen versuchen immer wieder, nicht nur beim Bildschirmspielen, auch in anderen Disziplinen, S-Bahnsurfen oder betrunken zur Diskothek zu fahren, diesen Reifungsprozess zu durchleben, ein Mann zu werden.

Der PC als soziales Ereignis – Interview II

Internetseite „Krawall"

Beliebt und mit durchaus hohem Aufwand veranstaltet die Community LAN-Partys. Dabei werden Computer mittels eines Local Area Network vernetzt. Bei solchen Treffen können über 100 User mit ihren Computern zusammenkommen. Diese Familientreffen sind auch soziale Ereignisse. Der Journalist Rainer Fromm traf sich mit den Machern der Online-Zeitung Krawall *(vgl. Fromm, S. 161)*.

„**Rainer Fromm:** *Wenn Sie spielen, gibt es denn da auch eine soziale Komponente?*

Tom Scheele (AKA Onkel Tom): Wenn man auf eine LAN-Party fährt, dann ist dies ein absolut soziales Ereignis. Man trifft gute Bekannte und kann neue Kontakte und Freundschaften knüpfen. Witzig ist es auch, wenn man hierbei zum ersten Mal jemanden trifft, den man vielleicht schon Jahre online kannte. Dadurch entsteht dieses einzigartige Community-Gefühl, ohne das alles nur halb so viel Spaß machen würde.

Jens Otto: In meiner aktiven Zeit fing ich tatsächlich als blutiger Anfänger an und habe auch oft meine Packung bekommen. Irgendwann habe ich nächtelang trainiert, bis ich etwas fähiger war, und wurde dann tatsächlich in einen ‚Clan‘ aufgenommen. Das klingt schon ein bisschen nach Kult, aber in dieser Gruppe, in der ich war und in der ich gespielt habe, trat auch neben dem Spielen eine intensive Kommunikation auf, und es hat mir richtig Spaß gemacht, die Leute dann irgendwann mal ‚live‘ zu sehen. Es war halt wunderbar, dass wir allesamt aus einer Altersklasse kamen und wir hatten dieselben Themen, über die wir reden konnten. Wir haben dann auf der LAN-Party hauptsächlich auf dem Balkon gesessen, Bier getrunken und miteinander geschwätzt. Spielen stand da definitiv nicht mehr im Vordergrund.

Tan Toan Nguyen: Computerspiele sind heutzutage zu einer neuen Form der Kommunikation geworden. Es ist längst nicht mehr so, dass der Freak in einem abgedunkelten Zimmer sitzt und sich allein vor dem Bildschirm vergnügt. Anstatt zu isolieren, eröffnen sie also neue Kontaktmöglichkeiten.

Götz Klingelhöfer: Man kann sie mit den Bridge-Clubs vor ein, zwei Generationen vergleichen. Es sind einfach Gemeinschaften, die sich regelmäßig treffen, weil sie ein gemeinsames Hobby haben. Bei ihnen waren oder sind es eben Karten-Spiele, bei uns Computergames.

Rainer Fromm: *Wie sehen Sie denn die LAN-Partys als soziales und plurales Angebot, darf denn wirklich jeder mitspielen?*

Tom Scheele: Ein interessanter Aspekt an Online-Multi-Playerspielen im Internet ist die Anonymität und das völlige Fehlen jeglicher Einschätzung aufgrund physischer Gegebenheiten. In einem Chat kommt es nur auf dein Wesen und dein Auftreten, nicht auf das Aussehen an. Dadurch können sich auch Menschen durchsetzen, die vielleicht einen starken Schönheits- oder Sprachfehler haben. Auf den großen LAN-Partys ist es ähnlich: Man sieht seine Gegner oft erst viel später und baut einen gewissen Respekt auf, wenn man gnadenlos fertiggemacht wird. Dieser hält auch dann an, wenn man die Person dann trifft und bemerkt, dass man ihr körperlich eigentlich überlegen ist. Computerspiele machen meiner Meinung nach offener.

Jens Otto: Heutzutage ist es ja für Schüler schon extrem schwierig, mit anderen, die eine Klasse über ihnen sind, Kontakt aufzunehmen und sich mit ihnen zu unterhalten. Bei diesen Online-Spielen, bei denen es sich oft um 3-D-Shooter handelt, ist das genau andersrum. Da weiß man ja vorher noch gar nicht das Alter des Gegenübers oder Ähnliches, wodurch man ihn in eine Schublade stecken könnte. Über dieses Online-Spielen muss man sich tatsächlich qualifizieren. Durch seine Äußerungen und auch durch sein Spielverhalten. Dadurch werden Barrieren und Hemmschwellen abgebaut, die sonst überall schon dermaßen stark ausgeprägt sind, dass man diese Mauern zum Beispiel auf dem Schulhof nicht einreißen könnte."

Jugendliche beim Computerspiel

Im Umgang mit Medien wird gerne darauf verwiesen, dass nicht das Medium gut oder böse ist, sondern die Inhalte, die es transportiert. „Nicht das Netz als solches ist gut oder böse – allenfalls seine Inhalte", so die wissenschaftlichen Mitarbeiter beim Deutschen Jugendinstitut (vgl. DJI Impulse 2-2011). Demgegenüber behauptet der Chef der hessischen Landesmedienanstalt Wolfgang Thaenert: „Das Medium ist die Botschaft". Er beruft sich bei seiner Aussage auf den kanadischen Medienwissenschaftler Marshall McLuhan und zitiert diesen so: „Alle Medien sind Ausdehnung menschlicher Fähigkeiten – seien sie psychisch oder physisch [...] Das Rad ist eine Ausdehnung des Fußes. Das Buch ist eine Ausdehnung des Auges. Kleider sind eine Ausdehnung der Haut, die

Medien sind eine Ausdehnung des Zentralnervensystems. Indem Medien die Umwelt verändern, schaffen sie in uns eine ganz bestimmte Konstellation sinnlicher Wahrnehmung. Die Ausdehnung nur eines Sinnes verändert die Art, wie wir denken und handeln, die Art, wie wir unseren Körper wahrnehmen. Wenn sich diese Verhältnisse wandeln, wandelt sich auch der Mensch." (vgl. McLuhan)

Medien sind eben Teil menschlicher Erfahrung. Mit jeder Erfahrung lernt der Mensch. Insofern widersprechen sich beide Aussagen nicht. Der Mensch nutzt ein Medium für seine Erfahrung. Welche Erfahrung er macht, liegt jedoch nicht am Medium.

3.6   Einsatz digitaler Medien in der sozialpädagogischen Praxis

Exemplarisch sollen hier einige Medien genannt und die medienpädagogische Herausforderung skizziert werden.

3.6.1   Radio und Hörspiele

„Vor allem in den dunklen Wintertagen rückten wir vor dem großen Blaupunkt-Gerät mit dem geheimnisvollen magischen Auge und den elfenbeinfarbenen Klaviertasten bei Schummerlicht eng zusammen und lauschten unseren Lieblingsprogrammen: Quiz-Sendungen wie ‚Mach mit', Kriminal-Serien wie ‚Es geschah in Berlin' oder ‚Paul Temple und der Fall ...' (unvergleichlich in der Hauptrolle Rene Deltgen) oder das legendäre Berliner Kalte-Krieger-Kabarett ‚Die Insulaner' waren unsere Programm-Renner. [...] Ein außergewöhnlicher Radio-Höhepunkt fand jedoch jeden Sonntagvormittag um 10:00 Uhr für mich statt. Dann kam die Kinderfunksendung ‚Onkel Tobias' (vom RIAS), die meist mit einem Kasperle-Spiel endete und die ich fast nie ausließ. Das Radio faszinierte mich schließlich so, dass ich im Wortsinne in das Radio hineinwollte. Ich wollte nicht nur hören, sondern auch sprechen und mitmachen [...]" (vgl. Schill, Baacke, S. 10)

In den 1950er- und 1960er-Jahren war das Radio der Mittelpunkt des familiären Medienerlebnisses. Das Radio oder der Musikschrank hatten einen zentralen Platz im Wohnzimmer. Und dort versammelte sich bei bestimmten Sendungen die ganze Familie. Heute ist Radio ein Nebenbei-Medium geworden. Irgendetwas dudelt immer im Hintergrund. Ob im Kaufhaus, im Restaurant oder im

Auto. Der moderne Mensch scheint ohne Klangteppich nicht mehr auszukommen.

Kinder dagegen wollen ihren CDs ganz genau zuhören. Für sie steht das Medium noch im Mittelpunkt, nicht im Hintergrund.

Kinder hören genau hin.

OB TKKG, Benjamin Blümchen, Bibi Blocksberg, Harry Potter oder die Drei ???, Kinder hören immer ganz genau hin. Für sie steht das auditive Medium im Mittelpunkt.

Und offenbar erinnern sich heutige Erwachsene wieder stärker an ihre kindliche Hörgewohnheit. Der Siegeszug der Hörbücher ist ein Anzeichen hierfür. Aber auch Serien wie TKKG oder die „Drei ???" erzielen eine derart hohe Auflage, dass Beobachter vermuten, dass die Tonträger keineswegs nur von oder für Kinder gekauft werden.

Intensives Hören ist also ein ganz eigenes Medienerlebnis, da hier – ähnlich wie beim Buch – der eigenen Fantasie Raum gegeben wird. Gleichwohl produzieren Hörspiele mit ihren Geräuschen und veränderten Stimmen eine Atmosphäre. Wer intensiv hören und das Gehörte vergleichen will, kann den umfangreichen Kriterienkatalog von *Claudia Peinecke* anwenden:

Kriterien zur Beurteilung von Hörspielen

1. Problematik, Inhalt des Hörspiels
→ Basiert das Hörspiel auf einem bekannten Kindermedium (z. B. Buch, TV-Serie)?
→ Wo spielt das Hörspiel – ist ein konkreter Ort erkennbar oder nicht? Hat das Hörspiel einen ernsten oder lustigen Grundcharakter?
→ Enthält die Geschichte einen Konflikt, und wie wird er gelöst?
→ Werden Hintergründe und Perspektiven des Geschehens deutlich?
→ Regt das Kinderhörspiel zur Identifikation, zum Mitdenken und Mitfühlen an?
→ Provoziert das Hörspiel zur Auseinandersetzung mit dem Gehörten?
→ Wodurch?
→ Werden Probleme glaubwürdig, aus der Sicht der Kinder/Jugendlichen dargestellt?

2. Personen im Hörspiel
→ Welche Personen spielen mit?
→ Werden Personen dargestellt oder sind nur Stimmen zu hören?
→ Werden die Charaktere der handelnden Figuren herausgearbeitet?
→ Sind die Figurenbeziehungen deutlich erkennbar?
→ Sind die einzelnen Figuren auf Identifikation oder Distanzierung hin angelegt?
→ Ist ihre Darstellung glaubwürdig in Text und Sprachgestus?
→ Kann man sich die handelnden Personen vorstellen?

3. Dramaturgie, Aufbaustruktur
→ Ist der Einstieg interessant?
→ Wie wird Spannung im Hörspiel erreicht?
→ Lösen sich spannende und unterhaltende Elemente ab?
→ Wie ist der Aufbau der Geschichte gestaltet (analytisch, synthetisch, in Momentaufnahmen)?
→ Gibt es Haupt- und Nebenhandlungen?
→ Ist der Handlungsablauf klar und folgerichtig gestaltet?
→ Hat das Hörspiel einen offenen Schluss?
→ Ist das Mittel der Montage bestimmend im Handlungsablauf?
→ Gibt es verschiedene Realitätsebenen?
→ Gibt es einen Erzähler?
→ Wird mit dem Mittel des „inneren Monologs" gearbeitet?

4. Verwendung und Funktion von Musik
→ Dient Musik der Vorstellungsbildung von Zeit und Raum sowie handelnden Personen?
→ Ist die Musik ein eigenständiges Hörspielelement? Ist die Musik bereits aus Pop oder Klassik, aus anderen Kindermedien bekannt?
→ Gliedert die Musik das Geschehen, schafft sie Pausen?
→ Erzeugt die Musik bestimmte Stimmungen bzw. lässt diese nachklingen?
→ Bündeln Lieder eine Aussage oder verweisen auf Kommendes?
→ Werden charakterisierende musikalische Leitmotive und Musikinstrumente verwendet?
→ Hat die Musik die Funktion, ein Geräusch zu imitieren?

5. Verwendung und Funktion von Geräuschen
→ Kann man erkennen, wie die Geräusche hergestellt wurden (naturalistische Geräusche „vor Ort" oder stilisierte Geräusche auf mechanischem Wege)?
→ Haben die Geräusche realistischen, symbolhaften oder Atmosphäre schaffenden Charakter?
→ Sind die Geräusche ökonomisch, die Einbildungskraft fördernd, oder als „Geräuschteppich" eingesetzt worden?
→ Gliedern die Geräusche das Geschehen (Akzent)?

6. Anwendung von Wort und Stimme
→ Sind Geräusche und Musik bedeutsamer als die Sprache selbst?

→ Entspricht die Sprache dem Entwicklungsstand der Kinder/Jugendlichen?

→ Wie charakterisieren sich die Figuren durch ihre Sprache (Wortschatz, Syntax, Dialekt)? Welche Rolle spielen Dialoge/Monologe im Hörspiel?

→ Sind die Dialoge oberflächliche „Ping-Pong-Spiele" oder wirkt der Text lebensecht (z. B. durch Pausen, Stille)?

→ Wie glaubwürdig ist die Stimmgebung (Erlebnisintensität, Tempo, Lautstärke)?

→ Sind die Stimmen dem Alter der Figuren angemessen?

→ Sind die Stimmen deutlich unterscheidbar?

→ Haben die Stimmen noch eine andere Funktion, als den Text/Dialog zu transportieren (z. B. als Geräusch)?

7. Technische Gestaltungsmittel

→ Welche Aufnahmesituation lässt sich nachvolliehen (Studioräume, evtl. Stereoeffekt)?

→ Wie sind die Szenen miteinander verbunden (Blende, Schnitt)?

→ Haben die Schnitte ein sehr hohes Tempo?

→ Sind Stimmen/Geräusche z. B. durch Hall verändert/verfremdet worden?

→ Wie sind gegebenenfalls verschiedene Realitätsebenen oder innerer Monolog akustisch deutlich gemacht worden?

8. Rahmenbedingungen

→ Sind Autor und Verlag bekannt?

→ Welchen geistig-künstlerischen Standort hat der Autor, welche Themenbreite hat der Verlag?

→ Wie sind die Begleitmaterialien gestaltet?

→ Enthält die MC-Hülle Informationen zur Produktion, Anregungen zu Aktivitäten?

→ Welche Spieldauer hat die Kassette?

→ Für welche Altersstufe lässt sich die Geschichte/ MC einsetzen?

→ Sind Vorkenntnisse nötig?

→ Mit welchen anderen Medien lässt sich der MC-Einsatz kombinieren (z. B. Bilder, Buch)?

(vgl. Peinecke, S. 166)

Die Hörfunkwerkstatt

Kinder machen auch Radio anders als Erwachsene, weil sie anders hören. Leider fristen auditive Medien in der Medienpädagogik ein stiefmütterliches Dasein. Dabei sind sie technisch leicht beherrschbar und lassen viel

Raum für Kreativität. Viele MP3-Player und Handys verfügen über eine digitale Aufnahmemöglichkeit, und semiprofessionelle Aufnahmegeräte sind bereits für 80,00 € bis 150,00 € zu haben. Durch die digitale Aufnahme ist eine (nahezu) verlustfreie Bearbeitung der Aufnahme möglich, die lediglich durch die Qualität des Mikrofons eingeschränkt wird.

Mit einem Aufnahmegerät wie dem „Zoom H2", das über vier Mikrofone verfügt, lassen sich zudem Konzerte und Diskussionen sehr gut aufzeichnen und bearbeiten: Im Vergleich zu cincm einfachen Aufnahmegerät werden mehrere Tonspuren aufgezeichnet. Ähnlich wie beim Ton im Kino entsteht so ein räumlicher Eindruck und Störgeräusche lassen sich gezielt ausblenden. Auch die automatischen Anpassungsoptionen sind ideal für jüngere Kinder, die Abstand und Winkel des Gerätes noch nicht konstant halten können. Geschnitten wird heute nicht mehr an großen Bandmaschinen im Studio, sondern digital am Computer. Bearbeitungssoftware ist kostenlos im Internet verfügbar, so etwa das Programm *Audacity*. Es ermöglicht neben dem Aufnehmen und der Bearbeitung mehrerer Tonspuren auch das Öffnen und Speichern vieler gängiger Formate. So lassen sich Sprache, Musik und Geräusche komfortabel abmischen. Rauschfilter und Effekte wie Hall oder Tonhöhenanpassung sind ideal, um Hörspiele zu erstellen oder einen Podcast aufzunehmen.

Audacity gibt es in mehreren Ausführungen, wobei die derzeit aktuelle Vorabversion 1.3.13 stabil genug läuft und die meisten Funktionen bietet.

Radio machen macht Spaß.

Unter http://audacity.sourceforge.net/?lang=de ist das Programm für Windows, Mac und Linux erhältlich.

Eine portable Version, die direkt von einem USB-Datenträger an einem beliebigen Windows-PC gestartet werden kann, findet sich beispielsweise auf http://www.chip.de/downloads/Audacity-Portable_21922620.html.

Zwar gibt es im Internet zahlreiche Quellen für Musik und Geräuscheffekte, jedoch dürfen diese ohne Lizenz meist nicht für öffentliche Vorführungen, DVDs oder Podcasts eingesetzt werden. Besonders interessant ist der ständig wachsende Fundus auf PortaleFreeSound.org und ccMixter.org. Die Hinweise auf die Nutzungsbedingungen der einzelnen Dateien sind unbedingt zu beachten. Weitere Medienmaterialien finden sich beispielsweise auf commons.wikimedia.org oder auch in Form von CDs im Handel.

3.6.2 Die Tricks beim Trickfilm

Kinder können nicht nur **Fernsehen schauen,** sie können auch selbst **Fernsehen machen.** Videokameras gehören in die Hände von Kindern. Lässt man Kinder eine Kindertagesstätte filmen, so ist man erstaunt über das Ergebnis des Perspektivenwechsels.

Auch Trickfilme lassen sich leicht herstellen. Bereits eine einfache PC-Kamera genügt, um mit Legosteinen oder Knetfiguren Bewegungsabläufe darzustellen. Im Gegensatz zu einer Fotokamera lassen sich die Ergebnisse sofort abspielen und die Optionen Bildhelligkeit und Schärfe fest einstellen. Dies verhindert ein Flimmern im fertigen Film.

Rückt man die Figuren oder Bilder immer ein klein wenig weiter, entsteht ein kleiner Trickfilm. Mit zwölf Bildern kann eine Sekunde Film erzeugt werden. Mit jüngeren Kindern reichen auch acht oder gar sechs Bilder, dann ist der Bewegungsablauf allerdings weniger flüssig.

Zur Vorbereitung des Films sollte ein Story-Board in Form eines Comics erstellt werden. Ein Story-Board ist die gezeichnete Version des Drehbuchs, also des Filminhalts. Trickfilme sind relativ aufwendig und profitieren von einem vorher angefertigten Ablaufplan. Die Kinder können hier schon überlegen, wie lange die einzelnen Sequenzen dauern müssen, damit die Zuschauer die Handlung auch verstehen können.

Bei den meisten Filmprogrammen genügt ein einziger Klick, um die Einzelbilder aufzunehmen. Lediglich für den Schnitt und den Ton ist meist ein wenig Hilfe notwendig. Bereits Grundschulkinder sind bei der Produktion von solchen Trickfilmen hochkonzentriert dabei. Bei Vorschulkindern kommt es auf die Einschätzung des zeitlichen Ablaufs an. Hier lassen sich aber gut animierte Bildergeschichten mit mehreren Sekunden Pause umsetzen, die anschließend mit einem Mikrofon vertont werden können.

Zwei Beispiele für Trickfilme. Jan-Niklas (10) und Till-Jonas (8) lassen einen Drachen Feuer spucken und einen Adler über den Dächern fliegen. Sie wurden in einer Gruppe von acht Kindern dieses Alters innerhalb von zwei Stunden angefertigt.

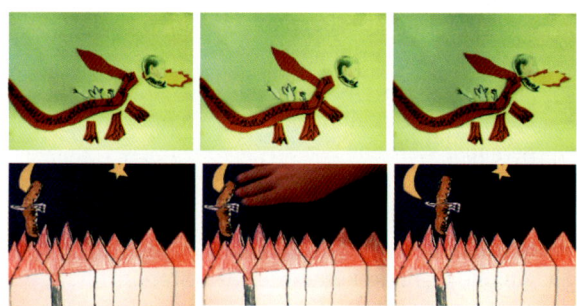

Adlerflug

Geeignete Materialien
Neben Lego, Hartplastikfiguren und Alltagsgegenständen lässt sich auch fast alles andere animieren. Bei Knetmasse empfiehlt sich spezielle leichte und formstabile Modelliermasse, wie etwa „JOVI" oder „Aquasoft"-Knetmasse. Zusätzlich empfehlen sich Pfeifenreiniger, um die Gelenke von Figuren zu stabilisieren.

Geeignete Kameras
Kameras für den Computer gibt es schon ab 3,00 € bis zu 50,00 € im Fachhandel oder bei Internetauktionen.

Es gilt jedoch darauf zu achten, dass die Kamera eine *hohe Auflösung* hat. Angaben wie „Interpoliert" oder

„durch Software" sollten stutzig machen. Viele günstige Kameras haben lediglich 0,3 Megapixel (640 x 480 Bildpunkte) oder sogar noch weniger. Auch „HD" ist kein fest definierter Begriff. Trotzdem ist ein Trickfilm prinzipiell mit fast jeder Kamera möglich.

Ideal ist es, eine Kamera mit 2 oder 3 Megapixel zu verwenden. Viele Markenkameras finden sich mit „720P", was ausreichend ist. Gute, günstige Kameras sind zum Beispiel die günstigen 720P Modelle von Logitech, Creative oder Microsoft. Einige Kameras sind generell geeignet, jedoch ist der Mindestaufnahmeabstand für Trickfilme mit 45 cm sehr groß.

Digitalkameras oder Handys lassen sich leider nur selten als Trickfilmkamera benutzen, da insbesondere die günstigen Modelle keine PC-Verbindung ermöglichen und sich Belichtung und Blende nicht fest einstellen lassen.

Eine DV-Kamera mit Firewire oder eine digitale Spiegelreflex lassen sich jedoch gut nutzen, um hochwertige Trickfilme aufzunehmen.

Licht
Vor allem Webcams haben einen kleinen Bildsensor, sodass eine gute Beleuchtung ein besseres und rauschärmeres Bild erzeugt. Es genügt bereits eine Schreibtischlampe, die gegen einen Karton oder eine Wand strahlt, sodass das Licht diffus zurück fällt. So vermeidet man schlechte Lichtverhältnisse und Schlagschatten. Bei aufwendigeren, größeren Projekten kann man mit Baustrahlern günstig auch größere Szenen beleuchten, jedoch werden diese sehr heiß.

Bühne
Ein größerer Karton eignet sich hervorragend, um ein Hintergrundbild zu befestigen oder eine Wand mit weißem Papier zu bekleben und als indirekte Beleuchtung zu verwenden. Wichtig ist lediglich, dass man in der Aufnahme keine anderen Kinder, den Garten oder direkte Sonne im Hintergrund sieht, da durch die Zeitraffer der Bilder der Film anschließend sonst sehr unruhig wirkt. Für den Dauereinsatz lohnt es sich, eine Holzkiste zu bauen, auf der Materialien, Licht und Kamera fest platziert werden können.

Software
Neben vielen Videoschnittprogrammen, die Einzelbilder zu einer Sequenz zusammenfügen können, gibt es auch kostenlose Stopmotion-Software wie „Monkeyjam", „Anasazi SMA", „Trickfilm Cam" oder „AnimatorDV Simple+ Free". Auch kommerzielle Programme wie Motion-Mage bieten eine eingeschränkt nutzbare Version zum kostenlosen Download an.

Vorbereitung
Bei allen Programmen gibt es Parallelen. Die Ablaufgeschwindigkeit (Bilder pro Sekunde, Frames per Second) lässt sich fast immer einstellen. Vor dem eigentlichen Projekt sollten sich alle mit der Technik und den verschiedenen Bildraten vertraut machen und beispielsweise einen Stift über den Tisch wandern lassen. Wie sieht der Film mit sechs und wie mit 20 Bildern pro Sekunde aus?

Zudem ist es ratsam, sich diverse Techniken und Umsetzungen anzusehen. „Panik in der Pampa" ist ein gutes Beispiel, wie man mit einfachen Figuren arbeiten kann. „Wallace & Gromit" oder „Shaun das Schaf" zeigen, was mit Knetfiguren oder Trickpuppen alles möglich ist. Auch zur Brick-Film-Bewegung, der populären Animation von Legofiguren, lässt sich bei Youtube sehr viel finden.

Videoschnitt und Vertonung
Im Kapitel über Hörspiele wurden schon das Tonprogramm Audacity und Bezugsquellen für Geräusche vorgestellt. Bei Videoschnittsoftware selbst gibt es einige kostenlose Lösungen, die jedoch alle entweder nur eingeschränkte Funktionen haben oder für ein Spezialgebiet konzipiert worden sind.

Programme wie Windows Movie Maker, WAX 2 (de-bugmode.com), VirtualDub.org oder Zweistein (ThugsAtBay.com) reichen jedoch für den Anfang vollkommen aus.

Veröffentlichen
Sofern die Rechte an Tönen und Musik geklärt ist (siehe Hörspiele), können die Videos beispielsweise auf DVD gebrannt (mit einem Schnittprogramm oder dem kostenlosen DVDFlick.net) oder bei Youtube eingestellt werden. Mit XmediaRecode (xmedia-recode.de) lassen sich die Filme zudem für Handy, Mediaplayer oder Video-MP3-Player umwandeln.

Weiterführende Informationen
Auf Seiten wie brickfilm.net, trickboxx.de und Trick.wap.cc sind zahlreiche Tipps und Anregungen für Trickfilme erhältlich.

3.7   Nutzung von Medien zur Informationsbeschaffung

„Aber es stand doch in der Zeitung". Ein Argument, das gerne herangezogen wird. Richtig ist zwar, dass in Zeitungen oft seriös berichtet wird. Aber keineswegs stimmt alles, was in der Zeitung zu lesen ist. Dies gilt nicht nur für die Boulevardpresse, auch seriöse Zeitungen können irren.

Journalistisch gilt aber der Grundsatz: Eine Meldung muss von zwei unabhängigen Quellen bestätigt sein, bevor sie ins Blatt kommt. Ein Grundsatz, der sicher auch bei der Recherche im Internet zu beherzigen wäre. Doch hier ist kaum nachzuvollziehen, wer von wem kopiert hat. Mit anderen Worten, es ist kaum festzustellen, ob die Quellen unabhängig sind.

Also sollte möglichst auf seriöse Quellen geachtet werden, etwa Zeitungsarchive. Keineswegs gesicherte Informationen liefern Blogs oder Wikipedia. Hier kann jeder seine Erkenntnis einstellen. Es sind Foren für alle, gleich ob deren Wissen ausreichend ist. Deshalb ist gerade für das wissenschaftliche Arbeiten hier besondere Vorsicht geboten. Und beim Zitieren sollte nicht nur die URL, sondern auch immer das Datum angeben werden, da Seiten auch gelöscht werden können. Bei der Informationsgewinnung im Internet ist also ein außerordentlich kritischer Blick auf die Inhalte vonnöten.

Und es gelten auch hier die entsprechenden gesetzlichen Bestimmungen. Auch für eine Präsentation dürfen Textabschnitte und Fotos nicht einfach kopiert werden. Während Texte als Zitat benutzt werden dürfen, gilt dieses für audiovisuelle Bereiche nicht, es sei denn im privaten Rahmen.

3.8   Auch im Internet gelten Gesetze

Ein besonderes Problem ist das Chatten in öffentlichen Foren u. Ä. Die Kommunikation mit fremden Personen erscheint trotz der Mühsal der Benutzung einer Schreibmaschinentastatur sehr attraktiv. Allerdings tummeln sich in den virtuellen Räumen, genau wie im wirklichen Leben, Menschen mit unredlichen Absichten, bis hin zu Pädophilen. Deshalb sollte nie der richtige Name in solchen Chatrooms angegeben werden und Eltern und Erzieherinnen sollten über persönliche Treffen informiert sein. Die Studie „Neue Digitale" warnt denn auch: „Manchmal treffen sich die Kinder auch tatsächlich mit sogenannten Chatbekanntschaften: 36 von 277 befragten Kindern gaben an, ‚sich schon einmal in echt mit Leuten getroffen zu haben', die sie ‚im Internet kennengelernt haben' *(Neue Digitale, S. 31–32)*. Überwiegend haben die Kinder mit solchen Chatbekanntschaften aber gute Erfahrungen gemacht. Vermutlich haben sie dabei andere Kinder getroffen, mit denen sie sich beim Chatten verabredet hatten. Nur ein einziges Kind berichtet von negativen Erfahrungen, die es beim Treffen einer Chat-Bekanntschaft gemacht hat. Alarmierend: Jedes siebte Kind gibt beim Chatten immer seine wahre Identität preis."

Wichtig: Die Kinder müssen unbedingt eine Vertrauensperson einbeziehen, bevor sie sich mit unbekannten Personen treffen.

Daneben wird der PC völlig normal genutzt für die Dinge, die Kinder und Jugendliche in dem Alter interessieren. „Neun von zehn Kindern waren schon einmal im Internet und kennen sich immer besser aus: Mehr als die Hälfte der Kinder lädt sich Musik aus dem Internet herunter – obwohl sie wissen, dass dies meistens verboten ist. Allerdings interessieren sich die Kinder nicht für ‚verbotene' Inhalte." *(vgl. Neue Digitale, S. 31)*. Dies kann für die Eltern ein teurer Spaß werden. Spezialisierte Anwaltskanzleien durchforsten systematisch das Netz auf der Suche nach illegalen Downloads, genauer gesagt nach dem virtuellen Austausch von Musik und Filmen (Filesharing). Wer erwischt wird, zahlt nicht selten einen vierstelligen Betrag.

Rechtlich gibt es im Netz aber noch weitere Fallstricke. Da Bilder eine höhere Aufmerksamkeit garantieren, werden diese gerne ins Netz gestellt. Hat man die Bilder nicht selbst fotografiert, dann wird das Urheberrecht des Fotografen verletzt. Schon die Veröffentlichung eines Passbildes kann eine Copyright-Verletzung darstellen. Der Fotograf hat das Recht an seiner Fotografie. Mit dem Verkauf des Bildes an den Kunden hat er in der Regel die Veröffentlichungsrechte nicht abgetreten. Also, wer sein Passbild unbedingt veröffentlichen will, geht zum Automaten.

Möchte man das Foto eines Kollegen auf Facebook posten, ist dieses – falls keine Einwilligung vorliegt – eine Verletzung des Persönlichkeitsrechts des Kollegen. Er hat das Recht an seinem Bild. Es darf nur mit seiner Zustimmung veröffentlicht werden. Dies gilt nicht für Personen der Zeitgeschichte.

Eine Verletzung der Persönlichkeitsrechte stellt auch das Verschicken von heimlich gedrehten Filmen dar. Wer das Handy so einsetzt, verletzt damit die Persönlichkeitsrechte Dritter.

Die sozialen Folgen solcher Filme sind meist größer als die rechtlichen. Man spricht von *Cybermobbing*. Herbert Scheithauer vom Fachbereich Erziehungswissenschaft und Psychologie an der Freien Universität Berlin wird im Stern so zitiert: „Es ist schon verblüffend, wie hemmungslos unbedarft viele, Erwachsene wie Jugendliche, Persönlichstes von sich preisgeben und nicht daran denken, dass dies nun auf ewig im Netz stehen bleibt." Und weiter heißt es in dem Artikel: „Eine andere Gefahr, die das Cybermobbing vom Mobbing alter Art wesentlich unterscheidet: die Anonymität der Täter, die oft genug meinen, was sie da täten, sei doch eher lustig und nicht so schlimm. Ein Unrechtsbewusstsein haben sie selten." *(vgl. Stern, 19.10.2011)*

Viele Eltern sind besorgt, dass ihre Kinder zu lange vor dem Fernseher sitzen, am Computer spielen oder im Internet surfen. Das Frankfurter Kinderbüro empfiehlt, mit den Kindern ein Zeitbudget über die Nutzungsdauer zu vereinbaren.

Der Computer wird zunehmend auch für Hausaufgaben genutzt; die Arbeit zuhause am Computer wird von den Schulen sogar vorausgesetzt. Übrigens gilt nicht nur für Minister und Doktorarbeiten auch hier der Schutz der geistigen Leistung und des geistigen Eigentums. Wer Texte einfach kopiert und als seine Leistung – etwa als Hausarbeit – ausgibt, betrügt zweifach. Die Schule und eben den eigentlichen Autor.

Vielleicht könnte die Beliebtheit der Arbeit am Computer genutzt und verstärkt Lern-Software eingesetzt werden, insbesondere für Hauptschüler, die mitunter ohne ausreichende Schreib- und Lesekenntnisse die Schule verlassen. Zudem sollten in den Schulen und Freizeiteinrichtungen Kinder und Jugendliche darauf hingewiesen werden, dass sie ihre persönlichen Daten nicht im Internet nennen.

Die Faszination der sozialen Netzwerke ist allerdings trotz dieser Datenschutzprobleme ungebrochen. Völlig unkritisch werden Bilder von privaten Feiern ins Netz gestellt. Schon heute durchforsten Personalchefs vor der Einstellung das Internet nach entsprechenden Hinweisen auf die Persönlichkeit des Bewerbers, der Bewerberin. Und was einmal im Netz ist, bleibt auch dort.

Das Internet kann auch zu einer Art Pranger werden. Es gibt inzwischen zahlreiche Schilderungen von Menschen, denen im Netz ein Makel nachgesagt wurde. Wem beispielsweise im Netz die Nähe zu einer Sekte, etwa Scientology angedichtet wird, wird im Leben vor manches Problem gestellt, dessen Herkunft er gar nicht ausmachen kann. Sucht er eine Arbeit, wird er vielleicht trotz hervorragender Zeugnisse nicht zum Vorstellungsgespräch eingeladen. Ist er als Selbstständiger unterwegs, wird er trotz des positiven Erstgesprächs möglicherweise nichts mehr von potenziellen Kunden hören.

Facebook & Co sind aber noch in anderer Weise problematisch. Sie unterliegen als ausländische Firmen nicht dem deutschen Datenschutzgesetz. Und mit dem Akzeptieren der Allgemeinen Geschäftsbedingungen tritt man bei facebook z. B. die Rechte an der eigenen Fotografie ab.

Facebook unterliegt nicht dem deutschen Datenschutzgesetz.

↗ FAZIT

→ Medien dienen der Übertragung von Informationen. Sie sind Mittler und deshalb als solche weder „gut" noch „schlecht", vielmehr kommt es auf die übermittelten Inhalte und auf die Nutzung an.

→ Medienverbundsysteme spielen eine immer größere Rolle. Kinder und Jugendliche sind begehrte Adressaten entsprechender Artikel.

→ Radio und Fernsehen sind bei allen Altersgruppen die beliebteste Freizeitbeschäftigung. Neuere Studien gehen allerdings davon aus, dass das Medium Internet bei Jugendlichen inzwischen beliebter ist als Fernsehen.

→ Medien umgeben den modernen Menschen stetig, Kinder wachsen mit ihnen auf.

→ Ziel der Medienpädagogik ist die Medienkompetenz. Medienkompetenz beinhaltet die Fähigkeit, aktiv und kreativ Medien zu nutzen und herzustellen.

→ Radio und Fernsehen sind heute „Nebenbei-Medien". Kinder dagegen sehen und hören intensiv und konzentriert. Kinder erleben Medien.

→ Kinder lernen durch Nachahmung. Dies gilt auch für das Fernsehen. Wenn die Eltern bewusst Sendungen anschauen, werden es die Kinder auch tun, zappen sie, werden die Kinder auch zappen. Medienerziehung hat deshalb auch immer elterliche Gewohnheiten im Blick.

→ Die Herstellung von Medien ist zwar nicht kinderleicht, können aber leicht von Kindern erlernt werden. Entsprechende Geräte dürften vielfältig vorhanden sein.

→ Gewalt ist vor allem bei Jungen beliebt. Dies gilt sowohl für Filme als auch für Videospiele. Die Wirkung solcher Spiele kann für die Beziehung von Menschen fatal sein, da offenbar ein hohes Maß an Empathie für den Mitmenschen verloren gehen kann.

→ Das Spielen mit dem Computer kann auch eine neue Form der sozialen Interaktion darstellen.

→ Die sozialen Netzwerke sind vor allem unter datenschutzrechtlichen Aspekten kritisch zu betrachten.

→·← AUFGABEN UND ANREGUNGEN

1 Bilden Sie Kleingruppen und untersuchen Sie das Programm „Audacity".

2 Verabreden Sie ein Thema für eine Hörspielproduktion, z. B. „Belohnen".

→ Erfinden Sie eine Handlung zum Thema und schreiben hierzu einen Dialog, der nicht länger als drei Minuten dauert. Nehmen Sie einen Sprecher nach dem anderen auf.

→ Überlegen Sie, welche Geräusche zur Geschichte beitragen könnten. Versuchen Sie, mit Alltagsgegenständen diese Geräusche zu erzeugen.

3 Spielen Sie sich Ihre Hörspiele vor und erläutern Sie ihre Machart. Überlegen Sie gemeinsam:

→ Passt die Musik zum Text?

→ Welche Stimmung vermitteln Musik und Geräusche?

→ Wird der Inhalt des Textes von Musik und Geräuschen überlagert oder verstärkt?

TIPPS ZUM WEITERLESEN →→

→ Über Medien reden – Eine Broschüre für Eltern
Bundeszentrale für politische Bildung, S. 2, Bonn 2003

→ Digital spielen – real morden? – Shooter, Clans und Fragger – Computerspiele in der Jugendszene
Rainer Fromm, Schüren, Marburg 2003

→ Kinder an die Fernbedienung – Konzepte und Kontroversen zum Kinderfilm und Kinderfernsehen
Joachim von Gottberg, Lothar Mikos, Dieter Wiedmann (Hrsg.), Vistas, Berlin 1997

→ Internethandbuch für Erzieherinnen und Erzieher – Einstieg, Ausbildung und berufliche Praxis
Michael Kobbeloer, Cornelsen, Berlin 2002

→ Teletubbies & Co, Schadet Fernsehen unseren Kindern?
Norbert Neuß, Claus Koch (Hrsg.), Beltz, Weinheim 2001

Im Internet:

→ Bundeszentrale für politische Bildung, Search&Play Plus, Interaktive Datenbank für Computerspiele,
Beurteilungen für über 300 Spiele zu beziehen
über: www.bpb.de/snp

→ Flimmo, die Programmberatung für Eltern mit zahlreichen Beiträgen rund ums Kinderfernsehen
und dem Programm
zu finden unter www.flimmo.de

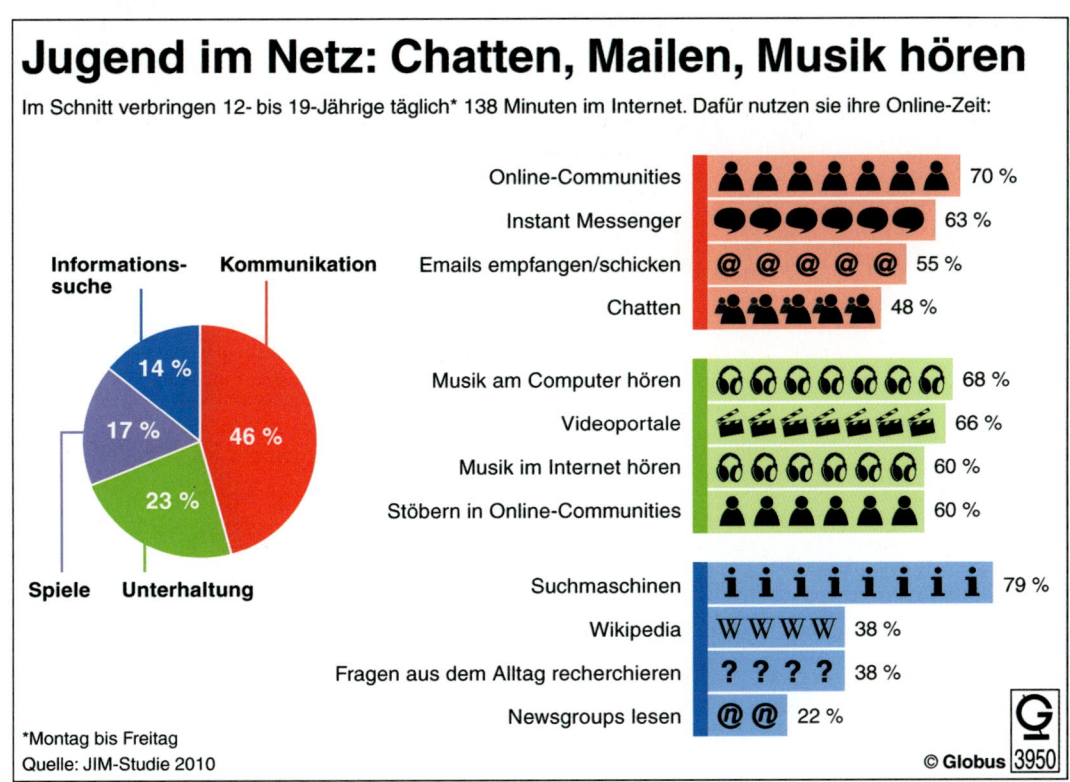

Jugend im Netz: Chatten, Mailen, Musik hören

Im Schnitt verbringen 12- bis 19-Jährige täglich* 138 Minuten im Internet. Dafür nutzen sie ihre Online-Zeit:

Informations-suche 14 %
Kommunikation 46 %
Spiele 17 %
Unterhaltung 23 %

Online-Communities 70 %
Instant Messenger 63 %
Emails empfangen/schicken 55 %
Chatten 48 %

Musik am Computer hören 68 %
Videoportale 66 %
Musik im Internet hören 60 %
Stöbern in Online-Communities 60 %

Suchmaschinen 79 %
Wikipedia 38 %
Fragen aus dem Alltag recherchieren 38 %
Newsgroups lesen 22 %

*Montag bis Freitag
Quelle: JIM-Studie 2010

© Globus 3950

4 Bewegungserziehung

Der fünfjährige Ömer erzählt nach dem Kindergarten begeistert von einer Praktikantin, die seit einer Woche in seiner Gruppe ist: „Die Andrea, die ist vielleicht nett, mit der kann man immer rumtoben." Auf die Antwort, dass doch die anderen Erzieherinnen auch nett seien, entgegnet er: „Ja, aber die Andrea, die ist ja noch keine richtige Erzieherin, die lernt das ja erst, und in der Schule, wo man das lernt, da sagen die Lehrer denen bestimmt, dass sie nicht so mit den Kindern rumtoben dürfen, und das weiß die Andrea noch nicht." *(Zimmer 1993, S. 177)*

Toben macht Spaß und schafft Vertrauen.

↘ FRAGEN

→ *Welche Bedeutung haben Bewegung und Körpererfahrung für die Entwicklung von Kindern?*

→ *Welche Rolle nehmen Erzieherinnen dabei ein? Sollen sie mit Kindern toben und kuscheln oder lieber Distanz halten?*

→ *Wie können pädagogische Fachkräfte Kindern unterstützende Bewegungs- und Ruheangebote machen?*

→ *Welche Rolle spielt Bewegung in der Arbeit mit anderen Zielgruppen wie Schulkindern, Jugendlichen oder Menschen mit einer Behinderung?*

4.1 Körpererfahrung und Bewegung

4.1.1 Ziele der Bewegungspädagogik

Lange Zeit wurde Bewegungserziehung in Kindertageseinrichtungen nur unter dem Gesichtspunkt der Förderung der motorischen Entwicklung betrachtet. Mit dem zunehmenden Wissen um die Bedeutung von Bewegung und Körpererfahrung für alle Entwicklungsbereiche des Kindes veränderten sich auch die bewegungspädagogischen Konzepte: Bewegungserziehung wird nicht mehr als „Fach" verstanden, das abgearbeitet werden muss, wenngleich viele Einrichtungen feste Bewegungsangebote z. B. in Sporthallen machen. Diese sind aber Bestandteil von oder Ausdruck eines weiter verstandenen Bewegungskonzeptes. Die Qualität der Bewegungsmöglichkeiten der Kinder ist auch im „normalen Kindergartenalltag" wesentlich – sie berührt Fragen der Raumgestaltung, des Außengeländes, auswärtiger Aktivitäten wie Waldtage, Schwimmangebote usw.

Gesellschaftlicher Einfluss

Bewegungserziehung mit Kindern muss auch im gesellschaftlichen Zusammenhang gesehen werden. Welchen Stellenwert haben körperliches Wohlbefinden und Bewegungsdrang in der Gesellschaft? Unsere Kultur ist geprägt von einer Trennung von Geist, Seele und Körper, bei der das Denken höher bewertet wird als körperliche Tätigkeiten. Die Entwicklung zur bürgerlich-industriellen Gesellschaft hatte ebenfalls Auswirkungen auf das Verhältnis zum Körper. Körperliche Bedürfnisse werden zugunsten beruflicher Notwendigkeiten abgewertet und verdrängt. Im beruflichen Kontext kommen häufig sehr einseitige Belastungen auf den Körper zu wie langes Stehen, Gehen oder Sitzen, Bildschirmarbeit usw. Einen Ausgleich soll dann der Freizeitbereich schaffen. In den letzten Jahren hat der sogenannte Wellnessbereich enormen Zulauf gewonnen. Alles, was der Körper während der Arbeitszeit entbehren muss, soll hier nachgeholt werden. Daneben gibt es einen ausgeprägten Anteil sportlicher Betätigung in der Freizeit. In einer Zeit, in der die Medien die Maßstäbe bezüglich körperlicher Attraktivität und Leistungsfähigkeit vorgeben, geht es aber auch bei Wellness und Freizeitsport nicht nur um Erholung für den Körper, sondern darum, ihn den Maßstäben entsprechend fit oder schön genug zu halten. Auch ein „Körperkult" kann also zur Entfremdung vom eigenen Körper beitragen, wenn er sich nicht an den individuellen Möglichkeiten und Bedürfnissen orientiert, sondern an von außen gesetzten Idealen.

Auf den ersten Blick scheinen Vorschulkinder von diesem Umgang mit Körper und Körperlichkeit weit entfernt. Aber sie erleben es an Eltern und Bekannten und sie sehen die gesellschaftlichen Maßstäbe auf Werbeplakaten und im Fernsehen. Mit Hinweisen wie „Du bist zu dick" oder „Bist du aber hübsch" oder „Beweg dich doch mal etwas schneller" begegnen auch ihnen körperliche Bewertungen, die Einfluss auf ihr Selbstbild haben werden.

Bewegungsangebote sind Gesundheitsprävention

Deshalb geht es bei Bewegungserziehung mit Kindern darum, ihnen ein gutes Gefühl zum eigenen Körper zu ermöglichen. Kinder sollen sich in ihrem Körper zu Hause fühlen, ihn kennen und einschätzen können – sowohl seine Grenzen wie auch seine Vorlieben und Fähigkeiten. Wer dafür eine sehr feine Wahrnehmung entwickelt, kann die Signale des Körpers hören und sie einordnen. Es ist für Kinder ein Erlebnis, den Herzschlag zu hören, langsame Bewegungen bewusst zu verfolgen, ihre Muskeln zu spüren (was passiert bei welcher Bewegung, wo spannt, wo löst sich etwas usw.), Knochen zu kennen. Bewegungspädagogik leistet damit einen wichtigen Beitrag zur Gesundheitsprävention und zur Gesundheitserziehung von Kindern. Neben gesunder Ernährung, viel frischer Luft und einer emotional unterstützenden Umgebung brauchen Kinder auch ein vielseitiges Bewegungsangebot. Das Toben und Sich-Verausgaben unterstützt die körperlichen Wachstumsreize, regt das Herz-Kreislauf-System an, trainiert die Muskulatur und verbessert die Koordinationsfähigkeit. Bei allen Spiel- und Bewegungsangeboten für Kinder ist Voraussetzung, dass sie spielen, weil sie Lust an der Bewegung oder der Aufgabe haben. Hierfür ist zuallererst eine vertrauensvolle Atmosphäre Bedingung, in der Kinder ihre Tätigkeit selbst bestimmen und an selbst gewählten Aufgaben Erfolgserlebnisse haben können.

Der Körper spricht

Aber auch den Körper als Ausdrucksmittel zu verstehen, ist Ziel der Bewegungspädagogik. Denn während Säuglinge und Kleinkinder sich komplett über ihren Körperausdruck mitteilen und auch die Körpersprache anderer Menschen, Erwachsener wie Kinder, verstehen, scheint diese Fähigkeit mit dem Erwerb der gesprochenen Sprache verloren zu gehen.

In der Erziehung wird ab diesem Zeitpunkt großer Wert darauf gelegt, dass Kinder ihre Wünsche, Gefühle und Gedanken in Worte fassen. Das ist berechtigt im Sinne der Sprachentwicklung, birgt aber die Gefahr, Körpersprache als minderwertig zu betrachten und sie nicht mehr zu nutzen. Wenn Kinder die Erfahrung machen, dass nur auf ihre ausgesprochenen Worte reagiert wird, nicht aber auf ein erstauntes Gesicht, mutlos gesenkte Schultern etc., hören sie auch auf, bei anderen diese Signale wahrzunehmen und zu beachten.

Körpererfahrung in der ersten Lebensphase

In der ersten Phase des Lebens ist emotionale Zuwendung und Berührung für den Menschen lebensnotwendig. In jeder Familie gibt es eine spezifische Berührungskultur, die für das weitere Leben von großer Bedeutung ist. Denn auch später haben alle Menschen ein elementares Bedürfnis nach Berührung, nach Zärtlichkeit und Körperkontakt. Ob und wie sie dieses ausdrücken und ausleben können, wird maßgeblich von den Erfahrungen beeinflusst, die sie als Säugling und im Kleinkindalter gemacht haben.

Körperkontakt bewusst gestalten

Pädagogische Arbeit ist immer Beziehungsarbeit und Beziehung wird unter anderem durch verschiedene Qualitäten von Körperkontakt ausgedrückt und erlebt: der wilde Klaps auf den Rücken zur Begrüßung, zum Trösten in den Arm genommen werden, sich beim Vorlesen anschmiegen, beim Überqueren der Straße eine Hand nehmen

oder beim Rangeln und Toben Kräfte messen. In den körperlichen Aktionen – oder manchmal auch Attacken – drückt sich ein Beziehungsbedürfnis aus, das Erzieherinnen wahrnehmen und beantworten sollten. Dabei kann Körperkontakt – egal in welcher Form – nicht verordnet werden. Erzieherinnen müssen ihre eigenen Grenzen und Bedürfnisse diesbezüglich kennen und respektieren. Ziel ihrer Arbeit sollte sein, auch die Wahrnehmungsfähigkeit der Kinder in Bezug auf ihr Bedürfnis nach Nähe oder Distanz zu stärken.

„Die Berührungen vom Erwachsenen zum Kind müssen kindgemäß sein, d. h. respektvoll auf die kindlichen Bedürfnisse reagieren und nicht missbräuchlich dem Zärtlichkeits- oder Sexualbedürfnis des Erwachsenen dienen. Ein erwachsener Erzieher, der seine Grenzen kennt und seine Bedürfnisse erwachsen erfüllt, wird dazu nicht verführt sein." *(Reichel 1995, S. 59)*

In Bewegungsarbeit mit Kindern und anderen Zielgruppen kann der Umgang mit dem eigenen Körper und der Körperkontakt zu anderen bewusst gestaltet werden. Bewegungsspiele, in denen verschiedene Formen des Körperkontakts vorkommen, verhelfen Kindern dazu, ihren eigenen Körper mit seinen Vorlieben und Möglichkeiten kennenzulernen und einen respektvollen Umgang mit anderen Kindern zu üben. Das können ebenso sehr dynamische Spiele sein wie auch solche zur Entspannung. Hier ein paar Beispiele *(vgl. auch Kap. 4.2.3)*:

Beispiel „Zauberkleber"

Da hat doch wieder irgendjemand den Kleber liegen lassen, den Zauberkleber. Immer zwei Kinder tun sich zusammen und stellen sich vor, sie haben den Zauberkleber. Dann geben sie einen Tropfen Zauberkleber auf ein Knie und kleben das Knie an das Knie des anderen Kindes. Achtung, der Kleber klebt wirklich gut. Können sich die zusammengeklebten Kinder so bewegen? Schließlich ziehen die Kinder ihre Knie mit den Händen wieder auseinander und geben den Zauberkleber auf ein anderes Körperteil, auf das Ohr zum Beispiel, oder den Bauchnabel, oder den Ellbogen (Fortsetzung). Es ist auch möglich, dass die Spielleiterin den Kleber hat und nacheinander allen Kindern einen Tropfen auf ein Körperteil drückt. Dann

muss sie natürlich auch dabei helfen, die zusammengeklebten Körperteile wieder auseinanderzubekommen.

Beispiel „Popcorn"

Heute machen wir Popcorn. Die Kinder stellen sich vor, sie seien alle Maiskörner. Nun stellt die Spielleiterin die große Pfanne auf den Herd: Die Kinder sitzen oder liegen bequem „in der Pfanne" herum. Langsam wird es wärmer und alle werden dicker und beginnen in der Pfanne herumzuspringen. Jedes Maiskorn entscheidet selbst, wann es zu Popcorn geworden ist und ganz leicht in der Pfanne herumhüpft. So richtig gut schmeckt Popcorn aber erst, wenn es süß ist. Deswegen gießt die Spielleiterin Zuckersirup in die

---

Pfanne: Davon werden alle ganz klebrig. Und immer, wenn zwei Popcornkinder zusammenstoßen und sich berühren, kleben sie genau an der Stelle aneinander fest und springen jetzt zusammen herum.

Beispiel „Autowaschanlage"

Heute ist Waschtag – aber Autowaschtag. Dafür knien sich die Spieler in zwei gleich langen Reihen mit dem Gesicht zueinander auf den Boden, sodass zwischen ihnen eine Gasse von etwa zwei Armlängen Abstand entsteht. Das ist die Waschanlage. Jetzt muss nur noch ein Auto kommen. Ein Spieler geht an das eine Ende der Reihe und erklärt, welches Auto er ist. „Ich bin ein schmutziger alter VW Käfer." Dann bewegt er sich auf allen vieren als Auto durch die Reihen und wird von der „Waschanlage" gewaschen, gebürstet, eingeseift, abgespült und schließlich trocken geblasen. Dann kommt das nächste Auto, vielleicht ein nagelneuer Mercedes? Die Spieler sollten daran erinnert werden, dass ihre Waschanlage sich auf die Wünsche der einzelnen Autos einstellt und vorsichtig mit dem Lack umgeht, es soll ja keinen Ärger mit dem Besitzer geben.

Bei allen **Berührungsspielen** sollten diejenigen, die angefasst werden oder eine Massage empfangen, ermuntert werden, „wählerisch zu sein", also der Partnerin zu sagen, welche Berührung ihnen gefällt und welche nicht, wann ihnen etwas wehtut oder wovon sie gerne mehr hätten. Mit kleinen Kindern kann die Erzieherin sich mit mehreren anderen Kindern um ein Kind herum setzen – dann erzählt sie und zeigt gleichzeitig die Art der Berührung. Und dann natürlich den Wechsel nicht vergessen.

Sich bewegen und andere in Bewegung bringen.

4.1.2 Die Bedeutung von Bewegung für die Entwicklung von Kindern

„Habe ich meinen Körper verloren, so habe ich mich verloren. Finde ich meinen Körper, so finde ich mich selbst. Bewege ich mich, so lebe ich. Und bewege diese Welt. Ohne diesen Leib bin ich nicht, und als mein Leib bin ich."

(V. Iljine, zitiert nach: Reichel, S. 57)

Mit der Bewegung fängt alles an

Sie beginnt schon im Mutterleib, kennzeichnet die Entwicklung des Säuglings vom Erkunden des eigenen Körpers (Strampeln, Greifen, Hände und Füße befühlen usw.) bis zum Begreifen der Umwelt durch den Körper (in den Mund nehmen, mit Händen und Füßen fassen und wegstoßen, Erfühlen durch die Haut). Die Bewegungen in diesen ersten Lebensmonaten wirken manchmal unkoordiniert.

„Tatsächlich sind jedoch in keiner Altersphase die Veränderungen so gravierend und schnell wie während der ersten 18 Lebensmonate. [...] Die wichtigsten motorischen Funktionen, die das Kind bis zum Ende des Säuglingsalters erwirbt, sind das Erlernen des gezielten Greifens, der aufrechten Haltung und der ersten selbstständigen Fortbewegung." *(Zimmer 1993 S. 71 f.)*

Die motorische Entwicklung im Kleinkindalter, also von ein bis drei Jahren, ist durch zunehmende Selbstständigkeit gekennzeichnet. Das Kind gewinnt mehr und mehr Sicherheit im Laufen, entwickelt aber auch zahlreiche neue Bewegungsformen wie Springen, Kriechen, Schieben, Rollen, Hängen, Balancieren, Klettern und auch erste Formen des Werfens und gegen Ende des dritten Lebensjahres Versuche des Fangens. Diese Bewegungsgrundformen werden im Kindergartenalter verfeinert und verbessert. Kinder entwickeln in dieser Zeit vor allem ihre feinmotorischen Fähigkeiten weiter. Eine weitere deutliche Entwicklung betrifft die Koordinationsfähigkeit der Kinder. Sie lernen, verschiedene Bewegungsformen miteinander zu kombinieren. Das setzt ein gutes Gleichgewichtsgefühl voraus, zum Beispiel beim Laufen und Schießen, Springen und Werfen usw. Viele Kinder lernen zwischen dem dritten und fünften Lebensjahr das Fahrradfahren. Bewegung ist der Weg des Kindes, sich die Welt aktiv und mit allen Sinnen anzueignen. Die Erfahrungen, die Kinder in Bewegung machen, gehen dabei weit über den Bereich der körperlich-motorischen Entwicklung hinaus. Körpererfahrung und Bewegung beeinflussen die Entwicklung des Kindes auf allen Ebenen, sie sind ein ganzheitlicher Prozess mit Auswirkungen auf den ganzen Menschen. Die Körper- und Bewegungserfahrungen von Kindern sind von großer Bedeutung auch für ihre psychische, soziale und kognitive Entwicklung. In der Bewegung und durch sie erfährt das Kind sich selbst. Die ersten Erfahrungen über die eigene Existenz macht das Kind über seine sensorischen Systeme und seinen Körper. Das Kind macht sich ein Bild vom eigenen Körper – das „Selbst-Konzept". Dieses ist die Grundlage für das Bewusstsein der eigenen Person, für die Unterscheidung zwischen *Ich* und *Umwelt*.

Selbstwirksamkeit entdecken

Auch aus der Beobachtung, dass das eigene Tun Auswirkungen hat, speist sich das entstehende Bild der eigenen Person. „Im Umgang mit Dingen, Spielsituationen und Bewegungsaufgaben rufen sie eine Wirkung hervor und führen diese auf sich selbst zurück. Das Handlungs-

ergebnis verbinden sie mit dem eigenen Können – und so entsteht ein erstes Konzept eigener Fähigkeiten. Sie lernen im Experimentieren und Ausprobieren: Ich bin der Urheber einer Wirkung, ich kann etwas – und dieses Gefühl ist die Basis für das Selbstvertrauen bei Leistungsanforderungen." *(Zimmer 1993, S. 26)*

Körper- und Bewegungserfahrung sind also maßgeblich für den Aufbau von Selbstbewusstsein und Selbstvertrauen. Deshalb ist es wichtig, Kindern viele Möglichkeiten zu bieten, selbst aktiv zu sein. Positive Bewegungserfahrungen können vor allem bei jüngeren Kindern wesentlich dazu beitragen, dass sie ein realistisches, aber zuversichtliches Selbstbild aufbauen.

Soziale Kontakte erproben

In Bewegung und Aktion erfährt das Kind Kontakt zu anderen Menschen. Die soziale Entwicklung wird weniger durch bewusste Erziehungsmaßnahmen und verbale Belehrungen beeinflusst als vielmehr durch die alltäglichen Erfahrungen im Zusammenleben und -spielen mit anderen. Offene und angeleitete Bewegungsangebote beinhalten besonders viele Situationen, in denen Kinder sich mit anderen auseinandersetzen, Konflikte lösen, Rollen übernehmen, Absprachen treffen, Spielregeln aushandeln und einhalten müssen. Sie erleben sich im Spiel in ihrer Unterschiedlichkeit, den verschiedenen Bedürfnissen und Stärken, aber auch in ihrer Gemeinsamkeit, dem gleichen Spielinteresse und dem Spaß miteinander.

Grundqualifikationen sozialen Handelns, die in Spiel und Bewegung zum Tragen kommen, sind

1. **soziale Sensibilität,** also die Fähigkeit, die Gefühle und Bedürfnisse anderer wahrzunehmen und sich in sie hineinversetzen zu können;

2. **Regelverständnis,** also die Fähigkeit, Regeln (entwicklungsgemäß) verstehen und einhalten zu können, selber Regeln aufzustellen usw.;

3. **Kontakt- und Kooperationsfähigkeit,** also Kontakt zu Mitspielerinnen aufnehmen zu können, gemeinsam nach Lösungen zu suchen, eigene Gefühle ausdrücken und mitteilen zu können usw.;

4. **Frustrationstoleranz,** also die Fähigkeit, eigene Bedürfnisse zurückzustellen und mit Misserfolgen umgehen zu können, nicht immer im Mittelpunkt stehen zu müssen usw.;

5. **Toleranz und Rücksichtnahme,** also Respekt vor den anderen Spielern, ihren Leistungen und ihrer Andersartigkeit, die Fähigkeit, andere, auch Schwächere, ins Spiel zu integrieren usw.   *(Zimmer 1993, S. 33)*

Diese sozialen Fähigkeiten sind nur langfristig lernbar und stellen hohe Anforderungen nicht nur an Kinder, sondern an alle Menschen dar.

Für die Arbeit mit Kindern ist außerdem wichtig, dass gerade kleinere Kinder zwar schon Gefühle anderer erkennen können, sie aber noch nicht in der Lage sind, sich in die andere Person in der Weise hineinzuversetzen, dass sie das eigene Handeln danach ausrichten.

„Sensomotorische Intelligenz" entwickeln
In Bewegung entdeckt das Kind die Welt. Kindliches Lernen ist ein Lernen mit dem ganzen Körper und mit allen Sinnen. Das Kind eignet sich die Welt über seine Sinne, seine unmittelbaren Handlungen und seinen Körper an. Dazu gehört zunächst das erprobende und experimentierende Umgehen mit Gegenständen und Materialien, durch das das Kind die Eigenschaften der Dinge erfährt. Nach den Entwicklungstheorien von Piaget sind diese einfachen Tätigkeiten die Grundlage für jede weitere Erkenntnisgewinnung *(vgl. Bd. 1, HF 2, Kap. 1.4)*.

Obwohl das kleine Kind noch nicht sprechen und noch nicht abstrakt denken kann, gewinnt es auf diese Art viel physikalisches Wissen: Es macht Erfahrungen mit den unterschiedlichen Qualitäten von Sand und Wasser, erfährt, welche Gegenstände rollen, hüpfen oder in Scherben gehen, wenn man sie fallen lässt, es lernt etwas über Schwerkraft und Gleichgewicht, wenn es über eine Mauer balanciert oder auf einem Wackelbrett steht. „In den ersten beiden Lebensjahren besteht eine besonders enge Verbindung zwischen Wahrnehmungsvorgängen und motorischen Handlungen. Piaget nennt daher die Bewältigung von Problemen in dieser Zeitspanne **sensomotorische Intelligenz**. Sie basiert ausschließlich auf Handlungen und Wahrnehmung der Dinge im Umgang mit ihnen, nicht aber auf Vorstellung und Denken." *(Zimmer 1993, S. 41 f.)*.

Inwieweit Kinder solche Erfahrungen machen können, hängt einerseits davon ab, ob es in ihrer Umgebung Dinge und Material gibt, das sie zum Handeln und Ausprobieren anregt, und andererseits davon, ob Eltern und pädagogische Fachkräfte ihnen genügend Raum, Gelegenheit und die „innere Erlaubnis" zum Erforschen und Experimentieren geben.

Entspannung finden, zur Ruhe kommen
Alle lebendigen Wesen – Pflanzen, Tiere und Menschen – unterliegen Zyklen von Aktivität und Ruhe, von Wachen und Schlafen, von Anspannung und Entspannung. Insofern muss neben der Beschäftigung mit kindlichem Bewegungsdrang und der Ermutigung zu ausgelassenem und kraftvollem Spiel auch die Möglichkeit zur Entspannung stehen. Die Zunahme von Kindern, deren Verhalten von Unruhe und Nervosität gekennzeichnet sind – häufig mit medizinischer Diagnose –, stellt pädagogische Fachkräfte hier vor besondere Herausforderungen *(s. auch Kap. 4.3.2)*.

Entspannungsphasen

4.1.3 Sensibilisierung der Wahrnehmungsfähigkeit

> Unter **Wahrnehmung** wird das Aufnehmen und Verarbeiten von Reizen über die verschiedenen Sinnessysteme verstanden.

Für die Entwicklung des Kindes sind zunächst die **körpernahen Sinne** von größerer Bedeutung: das taktile System (das Tasten und Berühren), das vestibuläre System (Gleichgewichtssinn), das kinästhetische System (die Bewegungsempfindungen) sowie das gustatorische (der Geschmackssinn) und das olfaktorische System (der Geruchssinn). Die körperfernen Sinne, das auditive System (Hören) und das visuelle System (Sehen) spielen demgegenüber in späteren Jahren eine größere Rolle *(vgl. Band 1, HF 2, Kap. 1.2)*.

Entwicklung der Wahrnehmung

Die Art und Häufigkeit der Sinnestätigkeit unterstützt maßgeblich die Entwicklung des Gehirns beim Säugling und Kleinkind. Die Reize, die durch die Sinnesorgane zum Gehirn gelangen, sorgen hier für eine Verknüpfung der Nervenzellen und nur dadurch werden diese funktionsfähig. Jede Berührung, jede Bewegung, jede sinnliche Wahrnehmung wird in elektrische und chemische Aktivität übersetzt, die zur Bildung neuer Verbindungen und damit zur Differenzierung beiträgt. Wenn die Verbindungen (Synapsen) zwischen den Nervenzellen erst einmal bestehen, hängt ihre Effizienz davon ab, wie häufig sie genutzt werden. Zu wenig genutzte Synapsen baut das Gehirn wieder ab. Je häufiger dagegen eine solche Verbindung genutzt wird, umso schneller arbeitet das Gehirn. Durch das Zusammenwirken dieser verschiedenen Sinnessysteme werden also innere Verarbeitungsprozesse stimuliert. Dadurch entwickeln Kinder Vorstellungen von der äußeren Welt. Dieses **sensomotorische Wahrnehmen,** die Verarbeitung der eingehenden Eindrücke und die Ausbildung von Deutungen und Erklärungsmustern kann als erstes kindliches Denken bezeichnet werden *(Schäfer 2005, S. 83 f.)*.

Die Wahrnehmungssysteme

	System	**Sinnesorgan**
körpernahe Sinne	taktiles System (Berühren, Fühlen)	Haut
	kinästhetisches System (Sich-Bewegen)	Reizempfänger in Muskeln und Gelenken
	vestibuläres System (Gleichgewichtsempfinden)	Innenohr, Gleichgewichtsorgan
	gustatorischer Sinn (Schmecken)	Zunge
	olfaktorischer Sinn (Riechen)	Nase
körperferne Sinne	auditives System (Hören)	Ohren
	visuelles System (Sehen)	Augen

Gerade die körpernahen Sinne sind heute in Gefahr, „aus der Übung" zu kommen. Deshalb ist es eine besondere Aufgabe der pädagogischen Fachkräfte, zu beobachten, welche Sinne von Kindern besonders gebraucht werden, und durch das Zur-Verfügung-Stellen von Material und Geräten eine vielseitige Wahrnehmungsfähigkeit zu fördern.

> „Kim lernt einen indischen Händler kennen, der ihm und dessen Sohn ein Tablett mit Juwelen zeigt. Nachdem die beiden einen kurzen Blick auf die Edelsteine geworfen haben, stellt der Händler das Tablett weg und fordert seine beiden Zuschauer auf, die Juwelen aufzuzählen und zu beschreiben. Kim muss feststellen, dass der Sohn des Händlers die Steine viel besser beschreiben kann [...]"
> *(Szene aus dem Dschungelbuch von R. Kipling, zitiert nach: Baer 1981, S. 107)*

Von dieser Szene haben **Kim-Spiele** ihren Namen erhalten. Es sind Wahrnehmungs- und Gedächtnisspiele.

In ihnen werden das Sehen, das Hören, das Tasten, das Schmecken und das Riechen beansprucht. Selbst wenn hier eine bestimmte Funktion – in diesem Fall die Sinneswahrnehmung – im Vordergrund steht, haben auch diese Spiele Wirkungen auf die soziale, kognitive und emotionale Entwicklung.

Neben den Kim-Spielen, in denen es um wahrnehmen, erkennen und erinnern geht, gibt es natürlich noch viele andere Spiele, in denen die aktive Sinneswahrnehmung angeregt wird.

„Gewürzbasar" – zum Riechen und Schmecken
Gewürze, Kräuter und Früchte liegen auf einem Tisch bereit. Ein Kind (oder auch mehrere) hat die Augen geschlossen und bekommt nun nacheinander Geruchsproben zum Riechen unter die Nase gehalten (Achtung: Ganz vorsichtig sein, für manche Menschen sind bestimmte Gerüche sehr unangenehm – also langsam nähern und keinen Pfeffer o. Ä. nehmen!). Entweder kann das Kind versuchen, den Geruch zu bestimmen, oder es sagt, woran es dieser Geruch erinnert („Riecht wie bei meiner Oma zu Weihnachten."). – Entsprechend kann man das Spiel natürlich auch zum Schmecken machen.

Beispiel „Schuhsalat" – zum Fühlen
Alle Spieler sitzen im Kreis, ziehen ihre Schuhe aus und legen sie in die Mitte auf einen Haufen. Wenn alle die Augen geschlossen haben, kann die Spielleiterin den „Schuhsalat" noch einmal umrühren. Dann versuchen alle mit geschlossen Augen, ihre eigenen Schuhe wiederzufinden. – Variation: Wieder gibt es in der Mitte einen Schuhsalat. Aber diesmal ist die Aufgabe, nur ein Paar – auch wenn es nicht das eigene ist – zu finden.

„Heiße Knödel" – zum Gleichgewichthalten
Auf einem Frühstücksbrettchen oder – für kleinere Kinder – auf einem Pappteller sollen heiße Knödel serviert werden. Die sind so heiß, dass sie auf gar keinen Fall angefasst werden dürfen. Wie gelingt es, sie von einem Platz, zum Beispiel dem Herd, zum anderen Platz, z. B. dem Esstisch, zu bringen, ohne dass sie herunterfallen? Die Knödel können auch von einem Kind zum nächsten weitergegeben werden oder ein zweites Kind läuft mit einem Teller nebenher, um den Knödel gegebenenfalls aufzufangen.

„Spinnennetz" – für alle Bewegungssinne
Vorsicht, Spinne! Die Spieler sitzen im Kreis auf dem Boden und rollen sich ein Wollknäuel (dicke Wolle oder besser noch dünnes, glattes Tau) zu. Dabei hält jeder den Faden fest, bevor er zum nächsten Spieler weiterrollt, so dass sich zwischen den Spielern ein Spinnennetz ergibt. Der Letzte kann nun durch die Löcher des Spinnennetzes steigen, darunter durchkriechen oder versuchen, mit einem Bein in dem einem, mit dem anderen in einem anderen Loch zu stehen usw. Geht das auch, ohne die Fäden zu berühren?

4.1.4 Bewegung und Lernen – kein Gegensatz

Wie schon beschrieben, vollzieht sich das Lernen von Kindern in ihren ersten Lebensjahren hauptsächlich über Körpererfahrung und Bewegung, über aktives Tun, Ausprobieren und Erforschen. Die kognitive Entwicklung hängt von den sinnlichen Anreizen in ihrer Umgebung ab.

So wie Spiel häufig als Gegensatz zum Lernen empfunden wird, gerät auch der Bewegungsdrang von Kindern, je näher der Schuleintritt rückt, immer mehr in „Verruf".

Still sitzen beim Lernen?
Spätestens in der Vorschule hört man oft den Satz, die Kinder müssten nun endlich – als Vorbereitung auf die Schule – das Stillsitzen lernen und längere Phasen der Konzentration durchhalten. Darin drückt sich die Ansicht aus, dass man nur im Sitzen richtig lernen könne und dass Konzentration und Bewegung im Widerspruch zueinander stehen.

> „Was ich unter Lernen verstehe, ist, dass alles, was du weißt, auf drei, vier oder fünf verschiedene Arten gewusst werden muss – mindestens."
> *(Moshe Feldenkrais)*

Oder diese Forderung trägt einfach der Realität in vielen Schulen Rechnung, in denen Lernen nur im Sitzen erfolgt. Aber eigentlich weiß man es ja besser: Schon die Wandelhallen und Gänge in Klöstern verweisen darauf, dass früher im Gehen meditiert wurde. Und die meisten Menschen haben schon die Erfahrung gemacht, dass die zündende Idee, auf die man am Schreibtisch stundenlang vergeblich gewartet hat, dann ganz plötzlich bei einem Spaziergang kam. Auch die Erfahrung, dass das Vokabellernen beim Auf- und Abgehen im Raum am besten funktioniert, weist in eine andere Richtung. Die Gedächtnisforschung zeigt, dass Wörter, Zahlen und Inhalte leichter behalten werden können, wenn sie durch Gesten, rhythmische Bewegungen und sprachliche Wiederholungen begleitet werden. Grund hierfür ist die doppelte Codierung der Lerninhalte, die so motorisch **und** kognitiv gespeichert werden und dadurch schneller und sicherer im Langzeitspeicher des Gehirns wieder auffindbar sind *(vgl. Zimmer 2004, S. 25).*

Wenn es tatsächlich so ist, dass gerade Kinder mit allen Sinnen, mit Körper, Geist und Seele lernen, muss es gegen jede Vernunft sein, dass sie beim Lernen stillsitzen sollen. Gerade das Sitzen ist von allen Haltungen die ungesündeste, die der Mensch auf Dauer einnehmen kann. In empirischen Studien über die Aufmerksamkeitsleistung von Kindern in verschiedenen Schulklassen wurde deutlich, dass die Aufmerksamkeit der Kinder in den Klassen am größten war,

→ in denen in der Pause intensive Bewegungsmöglichkeiten angeboten wurden,
→ die auch während des Unterrichts kurze Bewegungspausen einlegten,
→ bei denen Unterrichtsinhalte auch durch Bewegung vermittelt wurden und
→ die mit ergonomischen Arbeitsplätzen ausgestattet waren, die ein dynamisches Sitzen z. B. auf Sitzbällen, Sitzhockern usw. ermöglichten

(vgl. Zimmer 2004, S. 49).

Bewegung fördert die Durchblutung des Gehirns und sorgt für eine gute Versorgung mit Sauerstoff. Außerdem werden durch Bewegung hormonelle Prozesse beeinflusst, die zum Abbau von Stress und zu einem größeren Wohlbefinden führen. Für pädagogische Fachkräfte gerade im Vorschulbereich, in betreuten Grundschulen, Ganztagsschulen oder in Angeboten der offenen Kinder- und Jugendarbeit, in denen auch Hausaufgabenhilfe geleistet wird, ergeben sich daraus wichtige Hinweise:

→ Wenn Kinder sich nicht konzentrieren können, helfen keine Ermahnungen zum Stillsitzen, sondern eher eine „Tobeeinheit".
→ Unruhigen und „zappeligen" Kindern sollten bewegte Lernmöglichkeiten angeboten werden, sei es eine dynamische Sitzgelegenheit oder ein Arbeitsplatz im Stehen oder das Abfragen von Wissen im Gehen usw.

Motivation entsteht durch Neugier

Kinder sind von Natur aus neugierig. Sie wollen selbst aktiv sein und sind bereit, sich anzustrengen, wenn sie etwas interessiert. Je mehr sie dabei ihren Körper und alle Sinne einsetzen können, umso engagierter sind sie bei der Sache. Welche Erfahrungen Kinder in ihren ersten Lebensjahren mit ihrem Drang, Dinge selbst zu tun und zu erkunden, machen, hat einen starken Einfluss auf ihr späteres Lernverhalten. Von sich aus gehen Kinder lieber auf der Bordsteinkante statt auf dem Bürgersteig, lassen keine Treppe aus, klettern mal schnell auf jede Mauer, um wieder herunterzuspringen, nutzen im Wald jeden Baumstamm zum Balancieren und gehen keiner Pfütze aus dem Weg.

Räumliches Denken braucht sinnliche Raumerfahrung.

Wenn es nach ihnen geht, ist der Weg von hier nach da der reinste Lehrpfad: Kann ich den großen Stein alleine heben und was ist darunter? Welchen Weg nehmen die Ameisen? Was bedeutet das Autokennzeichen HR? Wie funktioniert das Eingangstor der Tiefgarage? Wie viele

Kastanien kann ich auf dem Weg sammeln? Mit welchem Stock kann ich werfen, um noch mehr zu kriegen? Wie tief muss die Pfütze sein, bis das Wasser von oben in meinen Gummistiefel läuft? Usw.

Im Alltag werden Kinder in diesem Entdecker- und Bewegungsdrang aber oft gebremst, weil es Erwachsenen zu gefährlich erscheint, sie es eilig haben oder sie die Kraft einteilen wollen im Hinblick auf den Rückweg. Die Erfahrung, die Kinder dabei machen, ist, dass ihr eigenes Interesse nicht so wichtig ist, dass andere das Ziel und den Weg bestimmen, dass Erwachsene es „besser wissen" und „richtig machen" und dass erst viele Bedingungen erfüllt sein müssen, um etwas Bestimmtes zu tun: z. B. Sicherheitsvorkehrungen, die richtige Kleidung, der richtige Zeitpunkt usw. Oft ist dann aber das Interesse schon erloschen. Der dem Kind innewohnende Tätigkeitsdrang, seine Motivation, kann dadurch schon früh unterdrückt werden. Lässt man Kinder hingegen ihrem eigenen Interesse folgen, so ist oft keine weitere Unterstützung nötig: Kinder wenden sich den Dingen und Aufgaben zu, von denen sie sich angezogen fühlen, sie wollen sich um der Sache selbst willen damit beschäftigen.

Der Körper belohnt sich selbst
Der Körper hat dabei ein eigenes „Belohnungssystem": Wenn Menschen eine neue, positive Erfahrung machen, wird im Gehirn der Botenstoff Dopamin ausgeschüttet. Er bewirkt ein Gefühl freudiger Erregung und führt zu dem Wunsch, weiterzumachen. „Etwas geschafft zu haben, Neues in bereits bestehende Erfahrungen und Erkenntnisse einordnen zu können, neue Informationen wie ein Puzzleteilchen in das vorhandene Wissen integriert zu haben, löst ein beglückendes Gefühl aus." *(Zimmer 2004, S. 56 f.)*

Wenn die Aufgabe bzw. die Beschäftigung damit sich für das Kind also aus sich selbst heraus lohnt, ist es dafür nicht auf besonderes Lob angewiesen. Lob ist für Kinder wichtig, sollte aber nicht zu oft und nur situationsspezifisch ausgesprochen werden. Für die Motivation der Kinder ist wichtig, dass sie in ihrem Tun unterstützt werden, sich Aufgaben von verschiedenem Schwierigkeitsgrad suchen können und sie die Möglichkeit haben, ihren eigenen Weg zu finden, auch wenn das aus Erwachsenenperspektive wie ein Umweg oder „Fehler" erscheinen mag. Positive Erfahrungen, die Möglichkeit, ihrem eigenen Interesse folgen zu dürfen und immer neue Herausforderungen meistern zu können, bieten **of**fene Bewegungsangebote wie die sogenannten Bewegungslandschaften, in denen vielseitige Anreize angeboten werden, die Kinder sich aber ihre Betätigung jeweils selber auswählen *(s. Kap. 4.2).*

> „Wer nicht rückwärtsgehen kann, kann nicht rechnen."

Dieser Satz aus dem Volksmund weist – allerdings sehr verkürzt auf den Zusammenhang von Bewegung und kognitiven Fähigkeiten hin. Es geht hierbei um die Fähigkeit der **Raumwahrnehmung** und das **Orientierungsvermögen.** Sie bilden die Basis für die Bildung von Begriffen und den Umgang mit Zahlen.

Raumwahrnehmung bedeutet, eine Vorstellung von Entfernungen und räumlichen Beziehungen zu entwickeln und die Fähigkeit, Objekte, sich selbst und die Raumbegrenzungen zueinander in Bezug setzen zu können. Es geht um Raumbegriffe wie *oben – unten, vor – hinter, neben, auf, über* usw. Kinder gewinnen solche Informationen über den Raum mit allen Sinnen, besonders aber durch die eigene Bewegung: nach vorne laufen, nach hinten umdrehen, nach oben klettern, unter etwas hindurchrutschen usw. Die Raumrichtungen werden sinnlich erfahren, Begrenzungen wirklich gespürt und der Raum in allen drei Dimensionen erfasst. In Bewegungsspielen kommen die Raumdimensionen häufig ganz selbstverständlich vor. Um die Raumwahrnehmung der Kinder zu unterstützen, kann es hilfreich sein, die Raumbegriffe auch zu benennen.

> **„Rette sich, wer kann" – eine Bewegungsgeschichte**
> Während die Kinder sich durch den Raum bewegen, erzählt die Spielleiterin eine Geschichte: Ein starker Regen kommt auf und alles wird überschwemmt. „Rette sich, wer kann" – die Spielleiterin gibt die Rettungsinseln mit klarer Raumposition an, zum Beispiel *auf* dem Tisch, *im* Karton, *unter* der Decke, *hinter* der Tür, *zwischen* den Stühlen usw.

Verschiedene Lösungen sind möglich
Es gibt viele Möglichkeiten, ein Problem zu lösen. Durch schulisches Lernen und das Bestreben, möglichst schnell

und effektiv zu handeln, suchen Erwachsene in der Regel nach dem „richtigen" Weg für ein Problem. Da Lernen aber subjektiv ist – das heißt, dass jeder Mensch unterschiedliche Fähigkeiten, Wahrnehmungs- und Denkstrukturen hat –, gibt es auch häufig nicht den für *alle* richtigen Weg. Im Spiel können Kinder unterschiedliche Problemlösungsstrategien ausprobieren und Kreativität und Eigeninitiative entwickeln. Hilfreich ist es, wenn pädagogische Fachkräfte dabei fragen: „**Wie** kann man ...?" Das fordert alle Kinder zu eigenem Denken auf und fragt ausdrücklich nach individuell verschiedenen Lösungsmöglichkeiten. Die Frage „Wie kann man einen Ball fangen?" löst ein Experimentieren aus: Man kann den Ball werfen, aufprallen lassen und erst dann fangen, man kann einen gerollten Ball mit den Armen oder den Beinen auffangen und man kann ihn auch frei in der Luft fangen. Die häufig gestellte Frage „Wer kann ...?" bewirkt hingegen sofort eine Teilung der Gruppe in diejenigen, die etwas können, und diejenigen, die das (noch) nicht können. Bei dieser Fragestellung geht es nur um das *Ergebnis,* nicht um den *Prozess.* So kann schon die Fragestellung bei Kindern das Gefühl auslösen, der Aufgabe der Erzieherin nicht gerecht werden zu können, weil die Fragestellung keine unterschiedlichen Lösungen und Schwierigkeitsgrade zulässt. Die Frage nach dem „Wie" lässt dagegen die Situation offen für viele Formen des Umgangs mit dem Ball, also für verschiedene materiale Erfahrungen mit dem Körper und den eigenen Bewegungsmöglichkeiten und für ein mögliches Zusammenspiel der Kinder. Und jedes Kind kann eine Lösung der Frage vorschlagen, weil es unendlich viele gibt *(vgl. Zimmer 2004, S. 160).*

Es gibt viele Arten, einen Ball zu fangen.

↗ **FAZIT**

Ziel und Inhalt einer um die ganzheitliche Entwicklung bemühten Bewegungspädagogik ist:

→ Menschen vielseitige Körper- und Bewegungserfahrungen zu ermöglichen, durch die sie eine gute Wahrnehmung körperlicher und emotionaler Empfindungen entwickeln, in ihren motorischen Fähigkeiten gestärkt werden und sich in ihrem Körper zu Hause fühlen.

→ Körper und Bewegung als Ausdrucksmittel zu verstehen und zu stärken, durch die Beziehungen zu anderen Menschen aufgenommen und gestaltet werden können.

→ Alle Sinne zu aktivieren und mit ihnen die Umwelt zu begreifen.

→ Vertrauen in die eigenen Fähigkeiten zu gewinnen und Freude an der Bewegung zu haben.

Um das zu erreichen, sollten

→ vielseitige Bewegungsmöglichkeiten Bestandteil des alltäglichen Lebens (im Kindergarten und in anderen Einrichtungen) sein;

→ Gruppenräume wie Außengelände durch ihre Gestaltung Möglichkeiten zum Toben wie auch für Ruhe und Rückzug ermöglichen;

→ spezielle Bewegungsangebote wie offene Bewegungslandschaften oder angeleitete Bewegungseinheiten diese Ziele unterstützen;

→ pädagogische Fachkräfte nicht nur mit Geist und Seele, sondern auch mit ihrem Körper zur Verfügung stehen.

→·← AUFGABEN UND ANREGUNGEN

1 In der Bewegungserziehung werden unterschiedliche Kompetenzen gefördert. Legen Sie eine Tabelle an, in der Sie zwischen motorischen, sozialen, Sachkompetenzen und Ich- oder Selbstkompetenzen unterscheiden. Nennen Sie für jede mindestens fünf verschiedene Ziele und finden Sie Beispiele, worin sich diese Kompetenz ausdrückt. Beispiel: Motorische Kompetenz: Koordinationsvermögen; Ausdruck: das Kind kann Bälle fangen und gezielt werfen; Ich-Kompetenz: Lust an der Bewegung; Ausdruck: das Kind hüpft regelmäßig freudig durch den Flur usw.

2 Wie viel Körperkontakt dürfen/sollen Erzieherinnen Ihrer Meinung nach mit Kindern haben? Sammeln Sie Kriterien, woran man einen guten Umgang mit dem Thema Körperkontakt in einer Einrichtung erkennen kann.

3 Entwerfen Sie ein Konzept für eine Bewegungseinheit zu einem der Themen und probieren Sie sie, wenn möglich, während Ihres Praktikums oder in Ihrer Lerngruppe aus:
→ **Toben und Entspannen**
→ **Abenteuer im Dschungel**
→ **Mein Körper**
→ **Gemeinsam sind wir stark**
Wenn Sie diese Konzepte in Ihrer Lerngruppe vorstellen und füreinander kopieren, haben Sie gleich eine gute Sammlung!

4 Welches Verhältnis haben Sie selbst zu „Bewegung"? Nehmen Sie einen Zettel und schreiben Sie auf die eine Seite Bewegungsarten, die Sie mögen, auf die andere diejenigen, die Sie nicht mögen. Suchen Sie sich eine Partnerin, mit der Sie sich darüber austauschen. Überlegen Sie gemeinsam, welchen Einfluss das auf Ihr Verhalten in der Arbeit mit Kindern oder Jugendlichen hat.

TIPPS ZUM WEITERLESEN →→

→ Toben macht schlau
Renate Zimmer, Herder, Freiburg 2004

→ Bildung beginnt mit der Geburt
Gerd Schäfer, Beltz, Weinheim 2005

→ Handbuch der Bewegungserziehung
Renate Zimmer, Herder, Freiburg 1993

4.2 Grundlagen der Psychomotorik

Montagmorgen. Sie sind im 2. Jahr der Erzieherinnenausbildung und machen ein Praktikum in einer Kita. Als Sie an diesem Morgen dort ankommen, stolpern Sie im Mitarbeiterraum fast über ein merkwürdiges Gerät. Auf dem Tisch stapeln sich Kataloge und Broschüren.

„Hallo. Das musst du dir ansehen. Sieh mal." Ihre Anleiterin Maike kommt herein und überschlägt sich fast vor Begeisterung. Sie war in der letzten Woche nicht hier gewesen, weil sie an einem Bildungsurlaub teilgenommen hatte. Irgendwas mit Bewegung, wissen Sie nur. In den

Katalogen auf dem Tisch entdecken Sie viele weitere Bewegungsgeräte. Außerdem Bilder von Turnhallen, in denen Kinder wild durcheinander auf irgendwelchen abenteuerlichen Konstruktionen herumklettern.

Maike ist schon wieder draußen und ruft nach Ihnen: „Hey, schau mal." Im Eingangsflur rauscht Maike auf dem merkwürdigen Ding, über das Sie fast gestolpert wären, an Ihnen vorbei.

„Das ist ein Pedalo. Komm, probiere es mal aus."

„Immer schön das Gleichgewicht halten!"

↘ FRAGEN

→ *Ist Psychomotorik nicht eine Therapiemethode?*

→ *Kann man sie in der pädagogischen Arbeit überhaupt einsetzen?*

→ *Braucht man spezielle Geräte und große Bewegungsräume dafür? Kann man psychomotorisch arbeiten, wenn man das alles nicht hat?*

4.2.1 Entwicklungsförderung durch Wahrnehmung und Bewegung

> Dem Konzept der **Psychomotorik** liegt der Ansatz zugrunde, die psychische, soziale, kognitive und emotionale Entwicklung von Menschen als Einheit zu verstehen, in der jeweils ein Bereich immer Auswirkungen auf den anderen hat.

Die Psychomotorik ist ein **Konzept der Entwicklungsförderung,** das zwar ein spezielles Medium – die Bewegung – in den Vordergrund stellt, über dieses Medium aber zur Stabilisierung der ganzen Persönlichkeit beitragen will.

In der Bundesrepublik prägte Ernst J. Kiphard seit Mitte der 1950er-Jahre die Psychomotorik: Er setzte Bewegung in der Therapie behinderter, verhaltensauffälliger und entwicklungsgestörter Kinder ein, weil er feststellte, dass das körperliche Erleben einen guten Zugang zum Psychischen eröffnete. „Das Bewegungsverhalten eines Kindes gibt uns auch Aufschluss über seine psychische Befindlichkeit, über Prozesse, die es u. U. nicht sprachlich ausdrücken kann oder will, die aber zum Verständnis der beim Kind sichtbaren Probleme von wesentlicher Bedeutung sind." *(Zimmer 2004, S. 186)*

Psychomotorische Erziehung geht davon aus, dass erst durch vielseitige Bewegungs- und Wahrnehmungserfahrungen die Grundlage für eine harmonische Persönlichkeitsentwicklung geschaffen wird. Im Mittelpunkt stehen also nicht bestimmte Bewegungsfertigkeiten, die ein Kind jetzt lernen soll, wie zum Beispiel Geschicklichkeit, Feinmotorik usw., sondern das eigenverantwortliche, aktive Lernen und Probieren entsprechend der eigenen Neigungen und der momentanen Bedürfnisse. Aufgabe der pädagogischen, psychomotorisch orientierten Fachkräfte ist es hier, durch Spielgeräte, Geräteaufbauten oder Spielangebote möglichst vielseitige Bewegungsqualitäten zu ermöglichen.

Zu den Bewegungsarten, um die es geht, gehören z. B.:
→ Schaukeln und Schwingen
→ Rollen und sich Drehen
→ Steigen und Klettern
→ Gleichgewicht
→ Springen
→ Gleiten, Fahren, Rutschen
→ Kriechen und Krabbeln
→ Schieben, Ziehen, Tragen.

Die Psychomotorik hat Spielgeräte und Geräteaufbauten entwickelt, mit denen diese Grundbewegungsformen besonders gut erfahren werden können:

Pedalo
Das Pedalo ist eines der bekanntesten psychomotorischen Spielgeräte. Es erfordert eine gute Gleichgewichts- und Koordinationsfähigkeit von seinem Benutzer. Um sich damit fortzubewegen, muss das Gewicht auf den Trittbrettern ständig von einer Seite auf die andere verlagert werden.

Rollbrett
Rollbretter sind bei Kindern sehr beliebt und bieten sich für viele verschiedene Spielaktivitäten an. Kinder können damit
→ in unterschiedlichen Körperhaltungen fahren und rollen;
→ Gegenstände transportieren;
→ im Raum drehen und schleudern (Rollbrett am Seil, die Erzieherin zieht oder schleudert es durch den Raum);
→ andere Geräte beweglich machen: Ein umgedrehter Kasten auf dem Rollbrett wird zum Auto, eine Bank auf zwei Rollbrettern zum Bus, eine Matte auf vier zum Schiff.

Rollbretter bieten viele Möglichkeiten.

Schwungtuch

Schwungtücher sind große, meist runde, leichte Tücher aus Kunstfaser. Verwendbar sind auch Fallschirme – deswegen sind die Spiele häufig auch als Fallschirmspiele bekannt. Wer kein Schwungtuch hat, kann aber viele Spiele auch mit einem großen Bettlaken probieren. Das Spiel mit dem Schwungtuch braucht viele Mitspieler – denn nur, wenn es von vielen gehalten wird, lässt es sich gut hochschwingen und bewegen.

Psychomotorische Spielgeräte sollen nicht nur eine motorische Herausforderung sein, sondern auch kreative Spielideen der Kinder hervorrufen und das Miteinander der Kinder fördern. So kann mit Rollbrettern eine Auto(renn)strecke im Raum mit Hindernissen, Tunneln, Kurven usw. entstehen. Vielleicht sogar eine ganze Stadt mit verschiedenen Verkehrsmitteln, Transportunternehmen, Straßen und Verkehrsregeln.

Schwungtuchspiele beanspruchen motorische Fähigkeiten wie Halten und Greifen, Schwingen, Kriechen etc. Außerdem sind sie in der Regel auch Kooperationsspiele. Es gibt sehr viele Spielideen für Schwungtücher und wenn in einer Einrichtung ein Schwungtuch zur Verfügung steht, dann lohnt es sich, in entsprechenden Büchern oder Spielkarteien zu stöbern und weitere Ideen auszuprobieren.

4.2.2 Bewegungslandschaften – drinnen und draußen

Aufbau von Bewegungslandschaften

Bewegungslandschaften oder -baustellen sind der Versuch, nach psychomotorischen Gesichtspunkten großräumige und vielseitige Bewegungserfahrungen in einer offenen Spielsituation zu ermöglichen. Räume (Turnhallen, Bewegungsräume, ausgeräumte Gruppenräume oder Eingangshallen) werden wie Landschaften (oder eben Baustellen) gestaltet. Dazu werden Geräte, Möbel oder andere Materialien wie Kartons, Kissen usw. so miteinander kombiniert und aufgebaut, dass sie Kinder zum Ausprobieren vielfältiger Bewegungsformen anregen. Ähnlich wie in der Natur gibt es z. B.

→ Gräben zum Überspringen (zwei Matten, die im Abstand von ca. 1 m nebeneinander auf dem Boden liegen),

→ Berge und Hügel zum Raufklettern und Herunterspringen (Kästen, Matten und aufeinandergetürmte Schaumstoffelemente),

→ Abhänge zum Rutschen und Klettern (schiefe Ebenen aus einer Bank, die an einer Sprossenwand oder einem Kasten eingehängt ist),

→ Tunnel, unter denen man hindurchrutschen oder -kriechen kann (eine Matte zwischen zwei Kästen gewölbt oder ein Tisch),

→ Schaukeln und Seile zum Schwingen und Ausruhen (Matten an Seilen oder in mehrere Reifen eingeschoben, Seile).

Einen Berg erklimmen in der Turnhalle

Diese Landschaften schaffen nicht nur Bewegungsanreize, sondern regen häufig auch zu einer Spielidee an: ein Autorennen mit Hindernissen, eine Schiffsreise usw. So werden gleichzeitig Fantasie, Kreativität, selbstständiges Handeln und Kooperation herausgefordert *(vgl. Zimmer 2004, S. 165)*. Dabei wählen die Kinder Aufgabe und Platz im Raum immer selbst und finden auch ihren **individuellen Umgang** mit einem Gerät oder einem Aufbau. Es gibt kein „richtig" oder „falsch" – jedes Kind findet seine eigene Form der Bewältigung eines Problems. Beim Aufbau von Bewegungslandschaften in einer Halle oder einem Bewegungsraum soll neben der Vielfalt an Bewegungsarten auch berücksichtigt werden, dass unterschiedliche Möglichkeiten hinsichtlich der Dynamik bestehen: Es sollte Rückzugs- und Pausenmöglichkeiten ebenso geben wie Raum für schnelle, ausladende Bewegung. Außerdem können Kinder sowohl in die Planung („Was möchtet ihr heute aufbauen?") wie auch in das Abbauen und Aufräumen einbezogen werden.

Psychomotorik im Wald
Was sich die Psychomotorik von natürlichen Landschaften abgeschaut hat und aufwendig in Räumen nachzubilden versucht, kann natürlich auch draußen, z.B. im Wald, „einfach so" stattfinden.
→ Baumwurzeln, Erdlöcher, Laub, Sand, Matsch und Blätter: Der Waldboden ist uneben und fordert Gleichgewicht, Wahrnehmung und Aufmerksamkeit heraus.
→ Abhänge und Schluchten laden zu Rutschpartien und Kletteraktionen ein, dazu braucht es nicht nur Koordinationsfähigkeit und Geschicklichkeit, sondern auch Mut und Kraft.
→ An einem Wasserlauf werden Staudämme gebaut, Wassertiere beobachtet oder Hexensuppen gekocht: Der Wald hat für jedes Kind die richtige Aufgabe.
→ Regenwürmer finden und Frösche fangen, Steine schleppen und Matschkuchen backen, leichtes

Feuerholz oder große Balancierstämme ranschaffen: Kinder begreifen und erfassen den Wald mit all ihren Sinnen.
→ Für ein Feuer müssen Steine geholt und zu einem Steinwall gebaut werden; mit trockener Birkenrinde gelingt es fast immer, ein Feuer zu entfachen. Dass man ein Streichholz immer vom Körper wegstreichen muss, weiß jeder Feueranzünder. Die Tätigkeiten im Wald stehen in einem Sinnzusammenhang.
→ Passendes Material wählen, ranschaffen und daraus etwas bauen: Neben dem körperlichen Einsatz, Geschicklichkeit und Konstruktionsfähigkeit erfordert das auch Fantasie und Eigeninitiative.
→ Eine Schaukel an einem hohen Ast mitten im Wald: Das ist fast wie Fliegen!
→ Und schließlich: Nach einem Tag im Wald kann jedes Kind stolz sein auf seine Kraft und Ausdauer!
(vgl. Stellbrink 2002, S. 15)

Kinder brauchen Herausforderung und Risiko.

„Ich freue mich auf den Herbst. Da können wir wieder in die Blätter springen!"   *(Philip, 4 J.)*

4.2.3   Beziehungsorientierte Bewegungspädagogik

Eine spezielle Richtung der Psychomotorik wendet sich dem Aspekt der Beziehung und Kommunikation in der Bewegungspädagogik zu. Veronica Sherborne, die von 1922 bis 1990 in England gelebt und vor allem mit behinderten und entwicklungsverzögerten Kindern gearbeitet hat, hat diesen Aspekt in der Arbeit mit integrativen Gruppen besonders hervorgehoben. Das Besondere an ihrer Methode ist, dass sie sehr häufig Partnerarbeit verwendet.

Dabei übernehmen die Partner jeweils sehr unterschiedliche Aufgaben. So arbeiten z. B. Eltern mit ihren Kindern, aber ebenso ältere Kinder, darunter auch Kinder mit Verhaltensauffälligkeiten, mit jüngeren behinderten Kindern. „Die älteren Kinder erfahren in ihrer verantwortungsvollen Rolle eine Aufwertung ihres Selbstwertes und die jüngeren Kinder werden in ihrer Bewegungsentwicklung gefördert." *(Sherborne 1998, S. 17)*

Ziel der Bewegungspädagogik ist es nach diesem Ansatz, die Fähigkeit zur Beziehungsgestaltung zu unterstützen. Dabei beschreibt Sherborne drei unterschiedliche **Beziehungsdimensionen,** die zwischenmenschliche Kontakte charakterisieren und als Beziehungsmöglichkeit für jeden Menschen wesentlich sind:

1. **Umsorgende oder „Füreinander"-Beziehungen** (caring)
   In der Bewegungsarbeit bedeutet „Caring" den fürsorglichen Umgang mit einem oder mehreren Partnern (to care – sich kümmern).
2. **„Miteinander"-Beziehungen** (shared)
   „Shared"-Beziehungen sind durch wechselseitige, symmetrische Kontakte gekennzeichnet (to share – teilen).
3. **„Gegeneinander"-Beziehungen** (against)
   Bei „Against"-Beziehungen setzt man seine Kraft gegen die Kraft oder den Widerstand eines Partners oder einer Fläche ein (against – gegen).

Die drei von Sherborne beschriebenen Beziehungsqualitäten spiegeln sich in der Entwicklung von Kindern wider: In der ersten Zeit erlebt das Kind eine symbiotische Phase, in der es von einer Bezugsperson, in der Regel Mutter und/oder Vater, umsorgt und behütet wird. Getragen und geschaukelt zu werden, sind für das Baby körperlich und seelisch besonders bedeutsame Erfahrungen. Danach folgt eine Phase der Ablösung, in der das Kind sich selbst als unabhängig von seinen Eltern wahrnimmt und dadurch ein eigenes Selbstverständnis aufbaut. Die Abgrenzung und das Weggehen von der Bezugsperson sind dafür nötig. Und schließlich folgt eine Phase des Teilens und der Gegenseitigkeit, in der das Kind Einsicht in soziales Verständnis gewinnt. Sherborne betont die Bedeutsamkeit für Kinder, alle drei Beziehungsdimensionen zu erleben und sich darin auszuprobieren. Erzieherinnen sind für Kinder immer Bezugspersonen – also Menschen, auf die sie sich beziehen. Dabei ist es für pädagogische Fachkräfte wichtig, um die Bedeutung dieser unterschiedlichen Beziehungsarten zu wissen und sich Kindern dafür auch zur Verfügung zu stellen. Das kann auch durch die von Sherborne entwickelten **Partnerübungen** geschehen. Im Folgenden werden verschiedene Übungen beschrieben, in denen jeweils eine der drei Qualitäten besonders zum Ausdruck kommt.

Beispiel „Ohrensessel"

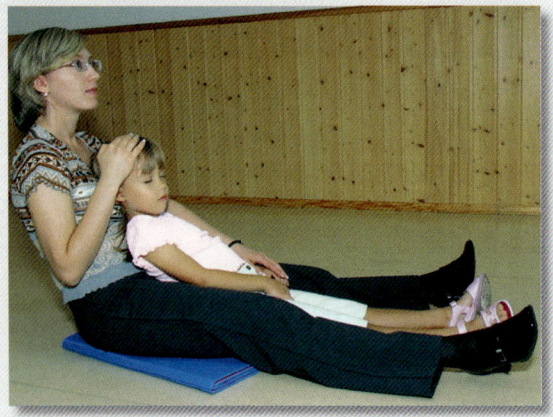

Manchmal ist das Leben anstrengend, auch für Kinder, und da ist es gut, einen weichen warmen Ohrensessel zu haben. Dafür setzt sich die Erzieherin (oder ein größeres Kind) auf den Fußboden, stützt sich mit den Händen nach hinten ab und öffnet die Beine, sodass dazwischen Platz ist. Das ist der Ohrensessel. Nun kann sich ein Kind hineinsetzen: Es setzt sich zwischen die Beine der Partnerin, lehnt sich an und der Ohrensessel beginnt sanft zu wiegen und zu summen.

Beispiel „Auf dem Rücken balancieren"

Wirklich von einem anderen Menschen getragen zu werden, zeigt wörtlich, dass es eine „tragfähige" Beziehung ist. Diese Übung ist für Kinder mit größeren Kindern oder Erwachsenen als Partnern geeignet; sie kann aber auch gut mit älteren Kindern und Jugendlichen eingesetzt werden, da sie eine gewisse Herausforderung bedeutet. Dafür begibt sich ein Partner auf den Boden in den Vierfüßlerstand. Die Knie sollten unter den Hüften, die Hände unter den Schultern sein, sodass sich ein wirklich stabiler Stand ergibt. Die Partnerin beginnt zunächst auf unterschiedliche Weise, ihr Gewicht auf dem Partner abzulegen: sich über den Rücken legen, auf den Po setzen usw. Schließlich kann sie sich ebenfalls im Vierfüßlerstand auf den Partner stellen oder tatsächlich aufrecht oben stehen – dazu entweder beide Füße auf den Kreuzbeinbereich des tragenden Partners oder einen Fuß zwischen die Schulterblätter, den anderen auf das Kreuzbein. Bei dieser Übung sollte jemand dabei sein und Hilfestellung geben. In der Arbeit mit Jugendlichen oder Erwachsenen ist es für beide Partner eine positive Erfahrung, sowohl das Getragenwerden wie auch das Tragen zu erleben.

Beispiel „Ruderboot"

Um ein Ruderboot zu bauen, setzen sich zwei Partner mit gegrätschten und ausgestreckten Beinen gegenüber. Die Beine des einen Partners sollten dabei über den Beinen des anderen Partners liegen, sodass die beiden nicht zu weit auseinander sitzen und sich bequem an den Händen halten können. Abwechselnd legt sich der eine Partner zurück bis auf den Boden und zieht damit seinen Partner in den aufrechten Sitz, dann lehnt sich dieser zurück und zieht wiederum den Ersten hoch. Wichtig ist, dass in Rückenlage wirklich ein Moment der Entspannung eintritt und auch der Kopf wirklich auf dem Boden abgelegt wird. Wird die-

se Übung mit zwei ungleich großen Partnern durchgeführt, zum Beispiel einem Erzieher und einem Kind, dann ist es für das Kind eine aufregende Aufgabe, den Erzieher hochzuziehen (dieser wird das Kind dabei unterstützen). In diesen Übungen testet das Kind seine Kraft gegenüber einem Partner, besonders gegenüber einem älteren und stärkeren Partner. Für das Kind ist es wichtig, seine Kräfte zu entdecken und zu lernen, damit umzugehen. Darüber hinaus ist es für Kinder eine wesentliche Erfahrung, dass sie sich zwar im Spiel mit aller Kraft gegen ihren Partner wenden dürfen, aber ohne damit die Beziehung aufs Spiel zu setzen. Das ist auch für den Umgang in Konfliktsituationen eine wichtige Grundlage: Ich darf meine Interessen engagiert vertreten, ohne dass es das Ende einer Freundschaft bedeuten muss. Gerade für sehr angepasste Kinder ist diese Erfahrung ein bedeutsamer Schritt. Das Ergebnis von „Gegeneinander-Spielen" ist in der Regel eine Vertiefung des Kontakts.

Beispiel „Fest wie ein Stein"

Ein Partner ist der Stein: Dafür ist wieder der Vierfüßlerstand die Grundposition, wichtig ist es, Füße und Knie mehr als hüftbreit auseinanderzustellen und die Hände mit gespreizten Fingern fest auf den Boden zu drücken. Wenn der Stein so liegt mit all seinem Gewicht, versucht der Partner erst vorsichtig, dann mit mehr Kraft, den Stein zu schieben. Ziel ist es, dem Kind ein Gefühl seiner Kraft und Entschlossenheit zu vermitteln.

↗ FAZIT

→ **Psychomotorik** ist ein Ansatz der Bewegungspädagogik, der über das Medium Bewegung die körperliche, geistige und seelische Entwicklung fördern will.

→ Anreize zu vielfältigen Bewegungsformen werden über spezielle Geräte und gestaltete **Bewegungslandschaften** geschaffen. Kinder wählen dabei die Bewegungsart wie auch den Grad der Herausforderung selbst.

→ Die **beziehungsorientierte Bewegungspädagogik,** ein spezieller Ansatz der Psychomotorik, entwickelt Übungen und Bewegungsspiele, die die Fähigkeit zur Gestaltung zwischenmenschlicher Kontakte in den Mittelpunkt stellen.

→·← AUFGABEN UND ANREGUNGEN

1 Versuchen Sie, Ihren Klassenraum umzugestalten und möglichst vielseitige Bewegungsanreize zu schaffen mit dem, was gerade vorhanden ist. Finden Sie verschiedene Bewegungsmöglichkeiten und zählen Sie sie auf. Welche der folgenden Bewegungsqualitäten kamen vor, welche fehlten? Schaukeln und Schwingen, Rollen und sich Drehen, Steigen und Klettern, Gleichgewicht-Springen, Gleiten, Fahren, Rutschen, Kriechen und Krabbeln, Schieben, Ziehen, Tragen.

2 In einer Kindertagestätte wurde beschlossen, das ganze Konzept der Einrichtung an den Grundsätzen der Psychomotorik auszurichten. Einige Eltern sind sehr skeptisch. Beschreiben Sie mit eigenen Worten, was Psychomotorik bedeutet und welche Chancen darin liegen. Sie können auch eine Diskussionsrunde zwischen Eltern und Mitarbeiterinnen simulieren.

3 Wählen Sie aus Ihrer Studiengruppe eine Partnerin und probieren Sie gemeinsam einige der Bewegungsübungen der beziehungsorientierten Bewegungspädagogik – mindestens zu jeder Beziehungsqualität eine – aus. Werden die unterschiedlichen Beziehungsdimensionen für Sie darin deutlich?

4 Bringen Sie verschiedene, möglichst große Kartons mit. Was kann man alles damit tun? Finden Sie mit Ihrer Studiengruppe möglichst viele verschiedene Aktivitäten. Planen Sie in Arbeitsgruppen eine Bewegungseinheit für Kinder mit Kartons. Orientieren Sie sich an dem Aufbau von Spieleinheiten *(Kap. 6.4.3)*.

5 Wie schätzen Sie die Möglichkeit ein, die Kommunikations- und Beziehungsfähigkeit von Menschen durch Bewegungsspiele zu fördern? Begründen Sie Ihre Meinung sowohl auf der Grundlage des Textes wie auch anhand von Beobachtungen und Erfahrungen aus der Praxis.

TIPPS ZUM WEITERLESEN →→

→ Beziehungsorientierte Bwegungspädagogik
Veronica Sherborne, Ernst Reinhardt Verlag, München 1998

→ Handbuch der Psychomotorik
Renate Zimmer, Herder, Freiburg 2002

→ Psychomotorische Spiele für Kinder in Krippen und Kindergärten
Sabine Herm, Cornelsen, Berlin 2006

4.3 Bewegungserziehung als Teil der Gesundheitsprävention

Die Kita-Leiterin öffnet die Post. Sie hat einen Brief der Gesundheitsbehörde erhalten, die verschiedene Vertreter von Schulen, Kindertageseinrichtungen, Einrichtungen der offenen Kinder- und Jugendhilfe, aber auch Ärzte, Mitarbeiter der Jobcenter und viele andere zu einem „runden Tisch" zum Thema „Gesundheitsprävention im Stadtteil" einlädt.

Dieser „runde Tisch" soll regelmäßig zusammenkommen, um das Wissen aller zur Gesundheitssituation von Familien zusammenzutragen und mehr Kooperation zwischen den Einrichtungen zu organisieren.

„Was soll ich denn noch alles tun?", seufzt sie.

Bewegungserziehung ist Teil der Gesundheitsprävention

↘ FRAGEN

→ *Inwiefern sind pädagogische Einrichtungen für Gesundheitsversorgung und -prävention zuständig?*

→ *Wie erkennt man gesundheitsförderliche und gesundheitsschädigende Bedingungen?*

→ *Welche Aspekte der Gesundheitsförderung lassen sich durch Bewegungserziehung umsetzen oder unterstützen?*

4.3.1 Gesundheitssituation von Kindern und Jugendlichen

Wenn man über Gesundheit redet, denkt man in der Regel zuerst an Krankheit. Gesundheit wird meist erst dann ein Thema, wenn jemand krank wird, etwas nicht mehr funktioniert oder eine medizinische Versorgung in Anspruch genommen werden muss. „Gesund aufwachsen" bedeutet aber mehr als „ohne Krankheit" aufwachsen. Die Weltgesundheitsorganisation WHO gibt eine positive Definition von Gesundheit.

> Gesundheit ist ein „Zustand des völligen körperlichen, geistigen und sozialen Wohlbefindens und nicht nur die Abwesenheit von Krankheit und Gebrechen."
> *(WHO, 1948, zit. nach BzgA: Aktiv werden für Gesundheit, Berlin 2010, Heft 1, S. 3)*

Gesundheitsförderung ist also darauf ausgerichtet, Menschen mehr Bewusstsein und mehr Selbstbestimmung in Bezug auf ihre Gesundheit und ihr Wohlbefinden zu ermöglichen. (Gesundheits-)„Prävention bezeichnet die Verminderung von (Teil-)Ursachen bestimmter Erkrankungen oder von Krankheit überhaupt. Das Ziel ist die Senkung von Eintrittswahrscheinlichkeiten oder Inzidenzraten." *(Rosenbrock 2004, S. 27)*

Gesundheitschancen sind ungleich verteilt

Weltweit bestätigen Untersuchungen, dass Armut, niedriger sozialer Status und eine geringe Bildung die Gesundheit der Menschen negativ beeinflussen. In Deutschland z. B. werden Männer der höchsten Einkommensgruppe durchschnittlich zehn Jahre älter als Männer der niedrigsten Einkommen. Auch Übergewicht tritt wesentlich häufiger auf, je geringer Einkommen und Bildungsstand sind. Die WHO geht davon aus, dass 2010 etwa 20 % der erwachsenen Bevölkerung und 10 % der Kinder und Jugendlichen in Europa unter Adipositas leiden.

> „Nicht einfach materielle Armut ist gesundheitsschädigend. Der soziale Sinn, der Armut, Arbeitslosigkeit, Ausgrenzung und anderen Stigmatisierungen beigemessen wird, ist einfach wichtig. Als soziales Wesen benötigen wir nicht nur gute materielle Bedingungen, sondern auch

> von Kindheit an das Gefühl, geschätzt und gemocht zu werden. Wir brauchen Freunde, wir brauchen menschliche Gesellschaften, wir müssen uns nützlich fühlen und wir müssen ein wesentliches Maß an Entscheidungsbefugnissen über eine sinnvolle Arbeit haben. Sonst sind wir anfälliger für Depression, Drogenkonsum, Angst, Feindseligkeit und Hoffnungslosigkeit mit entsprechenden Folgen für die körperliche Gesundheit."
> *(Wilkinson, WHO, 2004)*

Zur Gesundheitssituation von Kindern und Jugendlichen in Deutschland hat das Robert Koch Institut in Berlin 2006 auf der Basis von Befragungen mit Eltern und Kindern viele Daten erhoben (Robert Koch Institut, KiGGS – Die Studie zur Gesundheit von Kindern und Jugendlichen in Deutschland Berlin 2006). Die Aussagen, dass das Gesundheitsrisiko mit geringerem sozialem Status steigt, finden sich auch in diesen Ergebnissen wieder. An den Themen **Übergewicht, psychische Probleme** und **Stress** sollen in diesem Kapitel beispielhaft Ergebnisse zur Gesundheitssituation von Kindern und Jugendlichen vorgestellt werden, um die besondere Bedeutung von Gesundheitsprävention und Bewegungserziehung in sozialen Einrichtungen hervorzuheben.

1. Gesundheitsrisiko Übergewicht

Übergewicht entsteht, wenn dauerhaft mehr Energie aufgenommen wird, als verbraucht wird. Die wesentlichen Ursachen sind zu wenig körperliche Aktivität (Bewegung und Sport) in Kombination mit einem zu kalorienreichen Essen, auch wenn eine erbliche Veranlagung oder bestimmte Krankheiten durchaus eine Rolle spielen können. Nimmt das Übergewicht extreme Formen an, so spricht man auch von Fettleibigkeit (Adipositas). Zahlreiche schwerwiegende Krankheiten können die Folge sein. Hierzu zählen Diabetes (Zuckerkrankheit), Bluthochdruck, Störungen des Fettstoffwechsels und Erkrankungen an Muskeln und Gelenken. Bleibt das Übergewicht bis ins Erwachsenenalter bestehen, erhöht sich das Risiko für Schlaganfall und Herzkrankheiten, Erkrankungen der Gallenblase sowie einige Krebsformen (der Bauchspeicheldrüse, der Brust, der Nieren).

Weitaus belastender als diese langfristigen Risiken sind für die Betroffenen selbst die mit ihrem Dicksein oft verbundenen psychischen Probleme, Hänseleien Gleichaltriger in Kindergarten, Schule und Ausbildung sowie die Isolierung bei sportlichen und anderen Aktivitäten. Die Folge ist oft, dass sich diese Kinder und Jugendlichen aus sozialen Bindungen zurückziehen und dass sie zur Kompensation ihres Kummers weiter essen. Verglichen mit den Jahren 1985 bis 1999 gibt es heute 50 % mehr Kinder und Jugendliche mit Übergewicht und doppelt so viele mit Adipositas. Alarmierend ist auch, dass der Anteil der übergewichtigen Kinder mit dem Alter weiter steigt. Während 9 % der Drei- bis Sechsjährigen zu viel Gewicht haben, sind es bei den Sieben- bis Zehnjährigen bereits 15 % und bei den 14- bis 17-Jährigen schließlich 17 %. Kinder und Jugendliche aus Familien mit niedrigem Sozialstatus sind von Übergewicht und Adipositas besonders häufig betroffen *(KiGGS 2006, S. 27 ff.)*.

2. Psychische Probleme bei Kindern und Jugendlichen

In der Studie des Robert Koch Instituts wurden folgende Bereiche von psychischen Problemen von Kindern und Jugendlichen erfasst:

→ Emotionale Probleme

Hierzu zählen Ängste, Sorgen, Niedergeschlagenheit und Somatisierungstendenzen, d. h. die Umsetzung von emotionalen Problemen in körperliche Symptome wie Bauch- oder Kopfschmerzen.

→ Hyperaktivitätsprobleme,

gekennzeichnet durch motorische Unruhe, Ablenkbarkeit, starken Bewegungsdrang und unüberlegte Handlungen. Wichtig auch hier: Es werden nur Merkmale von hyperaktivem Verhalten erfragt. Eine klinische Diagnose einer Aufmerksamkeits-Defizit-Hyperaktivitätstörung (ADHS) wird nicht gestellt.

→ Verhaltensauffälligkeiten

im Sinne von abweichendem und insbesondere auch aggressivem Verhalten gegenüber anderen in Form von Prügeln, Wutausbrüchen, Ungehorsam, Lügen und Stehlen.

→ Probleme mit Gleichaltrigen

Das sind soziale Probleme wie z. B. Kontaktschwierigkeiten, d. h. von anderen isoliert sein, keinen guten Freund haben, nicht beliebt sein, gehänselt werden oder besser mit Erwachsenen als mit Gleichaltrigen auskommen.

Insgesamt 17 % der untersuchten Kinder und Jugendlichen zwischen 11 und 17 Jahren müssen nach ihren Selbstangaben zumindest in einem der vier oben genannten Problembereiche als auffällig bezeichnet werden, die Angaben der Eltern fallen sogar deutlich höher aus. Bei den Drei- bis Zehnjährigen zeigen insgesamt 29 % Merkmale psychischer Auffälligkeiten in mindestens einem der genannten Problemfelder nach Einschätzung der Eltern.

Was die Situation von Mädchen und Jungen angeht, so müssen nach den Elternangaben deutlich mehr Jungen als Mädchen als auffällig eingeschätzt werden. Nach den Selbstangaben haben eher Mädchen als Jungen Probleme. Mädchen sind sowohl im Selbsturteil als auch nach den Angaben der Eltern häufiger von emotionalen Problemen betroffen als Jungen. In den Bereichen Hyperaktivität, Verhaltensauffälligkeiten und Problemen mit Gleichaltrigen erweisen sich dagegen die Jungen sowohl nach dem Selbst- als auch nach dem Elternurteil häufiger als belastet. Kinder und Jugendliche aus Familien mit niedrigem Sozialstatus weisen ein größeres Risiko auf, unter einem oder mehreren psychischen Problemen zu leiden, als Kinder aus Familien mit mittlerem oder hohem Sozialstatus. Auch Kinder aus Familien mit Migrationshintergrund sind im Durchschnitt häufiger von Symptomen betroffen *(KiGGS 2006, S. 43 ff.)*.

3. Kinder im Stress

Seit den 1990er-Jahren ist das Interesse an Entspannungsverfahren für Kinder und Jugendliche sprunghaft angestiegen. Das hat auch damit zu tun, dass Kinder vermehrt Stresssymptome aufweisen. So leiden bereits 70 % der Acht- bis Zehnjährigen einmal in der Woche unter Erschöpfung. Ein Drittel schläft mindestens einmal pro Woche schlecht. Und 80 % der Viertklässler kennen bereits Kopfschmerzen.

Stress entsteht in unserem Gehirn. Durch gewisse Reize (Stressoren) wie Lärm oder Zeitdruck wird der Körper in einen Zustand der Alarmbereitschaft versetzt. Stresshormone strömen durch das Blut, der Atem wird flach und der Blutdruck steigt. Der Organismus ist für Höchstleistungen bereit. Durch Bewegung oder Ruhe können die Hormone wieder abgebaut werden. Hält der Stress dauerhaft an und man gönnt sich zu wenig Zeit zur Erholung, kann das vegetative Nervensystem aus der Balance geraten. Die Folge können psychosomatische oder funktionelle Krankheitsbilder sein – auch bei Kindern.

Wenn ein Kind unter den Folgen von Stress leidet, kann sich das ausdrücken in Form von

→ Bauchschmerzen,

→ Schlafstörungen, Bettnässen,

→ Nägelkauen,

→ Aggressivität oder Antriebsarmut,

→ Appetitlosigkeit bzw. Kummerspeck,

→ Allergien, Neurodermitis oder anderen Störungen.

4.3.2 Entspannungstechniken für Kinder und Jugendliche

Ebenso, wie Bewegung den Körper in all seinen physiologischen Funktionen stärkt, unterstützen auch gezielte Entspannungsangebote Kreislauf, Körperhaltung, den gesunden Muskelaufbau und die Entwicklung einer guten Haltung – vor allem aber fördern sie die **Selbstwahrnehmungskompetenzen** der Kinder. „Bedienen" können sich Erzieherinnen hier der klassischen Entspannungsverfahren wie **Autogenes Training, Progressive Muskelentspannung, Meditation, Yoga** und **Fantasiereisen.**

Autogenes Training

Das Autogene Training, auch „Konzentrative Selbstentspannung" genannt, wurde in den 1930er-Jahren entwickelt. Anwendung fand es aber über viele Jahrzehnte nur bei Erwachsenen. Erst seit den 1960er-Jahren fand es Eingang in die Arbeit mit Kindern. Viele der heute angewandten Entspannungsverfahren gehen dabei auf das Autogene Training zurück bzw. nutzen Elemente daraus. Während einige Vertreterinnen davon ausgehen, Autogenes Training könne mit Kinder ab etwa acht Jahren angewandt werden, nutzen andere es schon bei Kindergartenkindern ab etwa vier Jahren.

Wirkungsweise

Im Autogenen Training können Menschen ihre Fähigkeit, den eigenen Körper durch Gedanken und bildhafte Vorstellungen zu beeinflussen, bewusst wahrnehmen und die Steuerung von Körpervorgängen lernen. Dies geschieht in sechs verschiedenen Übungen, in denen durch Konzentration auf den Körper und kurze gedankliche Befehle, „Formeln" genannt, die Muskeln gelockert und entspannt werden, die Körpertemperatur reguliert wird, aber auch positiver Einfluss auf das vegetative Nervensystem genommen werde kann, z. B. auf die Atem- und Herzfunktionen und den Verdauungstrakt. Darüber hinaus können positive Befehle (Autosuggestionen) auch auf negative Gedanken, Einstellungen, Ängste, Gefühlsausbrüche etc. Einfluss nehmen.

Beispiel für gedankliche Vorstellung und körperliche Reaktion:

Das Kind denkt an die bevorstehende Klassenarbeit, vor der es Angst hat, und fängt an zu schwitzen, zittert, bekommt Kopf- oder Bauchschmerzen.

Positive Selbstbeeinflussung:

Das Kind „spricht sich gut zu", indem es sich sagt: Ich bleibe ruhig! Mein Kopf ist klar! Ich schaffe es! Somit erlebt das Kind eine Ruhigstellung des Körpers, Verringerung seiner Ängste und Zutrauen in die eigenen Fähigkeiten.

Kinder lernen das Autogene Training im Allgemeinen schneller als Erwachsene, denn sie haben einen natürlicheren Zugang zu ihrem Körper und mehr Vertrauen in ihre Selbststeuerungskräfte.

Progressive Muskelentspannung (PMR)

Die Progressive – das heißt *fortschreitende* – Muskelentspannung wurde von dem amerikanischen Arzt und Neurophysiologen Edmund Jakobson entwickelt. Jakobson beobachtete, dass jede psychische Erregung und Spannung zu einer Zunahme der Muskelspannung führt. Unser Körper löst bei Stress gewisse hormonelle Reaktionen aus, um uns auf rasche Aktionen vorzubereiten. Aktion bedeutet hierbei auch, Muskelspannung aufzubauen, die jedoch oft gar nicht eingesetzt bzw. gebraucht wird. Also kann aus der Anspannung eine Verspannung werden. So beginnt das komplexe Nervensystem, seine Balance zu verlieren, und Stress-Symptome treten auf.

Die PMR leitet Menschen in unterschiedlichsten Übungen dazu an, bewusst ihre Muskeln zu entspannen, sodass dadurch auch das seelische Erregungsniveau wieder gesenkt wird. Damit wird dem Stress der Boden entzogen. PMR wird bereits erfolgreich bei Kindern (ab ca. vier Jahren) und Jugendlichen eingesetzt. Es gibt ein erprobtes Übungsprogramm, das mit der Entspannung der wichtigsten Muskelgruppen arbeitet. Eine Entspannungsstunde für Kinder sollte immer gleich ablaufen und aus folgenden Teilen bestehen: Die Kinder werden auf die Entspannung eingestimmt, dann wird ihnen der Übungsteil vermittelt. Anschließend führen sie diesen selbst aus und besprechen danach, wie sie damit zurechtgekommen sind. Am Ende steht ein kleines „Abschiedsritual".

Die **Wirkungen** im Körper sehen folgendermaßen aus:
→ Die Muskelspannung senkt sich ab, Verkrampfungen gehen zurück. Das gilt für Muskeln, die wir selbst anspannen können, und auch für Muskeln, die unwillkürlich arbeiten, wie z. B. der Magen.
→ Die Gefäße werden locker, dadurch wird der Körper stärker durchblutet und besser mit Sauerstoff versorgt.
→ Der Atem wird gleichmäßiger, wodurch die Entspannung insgesamt vertieft wird.
→ Die Selbstheilungskräfte im kindlichen Organismus werden aktiviert.

Im Gefühlsbereich entwickelt sich durch die Beruhigung der Nerven eine wohltuende Entspannung. Das Kind kann besser mit Frust und Ärger umgehen, es weiß, was es im Fall von Ärger oder Anspannung für sich tun kann. So wird auch sein Selbstbewusstsein gestärkt. Nach und nach reagiert der Organismus körperlich und seelisch weniger stark auf belastende äußere Reize wie Lärm oder aggressive Äußerungen. Dies sind wichtige Voraussetzungen für das Kind, um sich besser konzentrieren zu können.

Entspannungsübungen spielerisch umsetzen
Entspannungstechniken, wie sie in Kindertageseinrichtungen oder Schulen eingesetzt werden, nutzen das Wissen und zum Teil die Methoden des Autogenen Trainings oder der Progressiven Muskelentspannung, sind aber immer abgewandelt, kindgerecht gestaltet und auch mit anderen Ansätzen wie zum Beispiel aus dem Yoga, aus Atem- und Stimmarbeit, Meditation o. Ä. angereichert.

Daraus ergeben sich auch einige nötige Abwandlungen der traditionellen Techniken für Kinder. So werden Kindern Entspannungsformeln aus dem Autogenen Training wie „Ich bin ganz ruhig" zunächst stärker von außen vorgegeben – beispielsweise „Du bist ganz ruhig". Die Kinder werden von außen angeleitet. Die Verinnerlichung

(„Ich bin ganz ruhig") erfolgt nach und nach, bei jüngeren Kindern sogar ausdrücklich überhaupt nicht.

Vor allem bei jüngeren Kindern wird die Entspannung sinnvollerweise in **Fantasiereisen** oder **Entspannungsgeschichten** integriert bzw. durch Übungen und Spiele (Stilleübungen, meditativer Tanz) indirekt hergestellt.

Für Kinder ist es besonders hilfreich, wenn die Übungen mithilfe von Bildern oder Vergleichen erklärt werden. Bei allen Verfahren sollten bildhafte Vorstellungen unterstützend eingesetzt werden. Beim Autogenen Training z. B.: „Du spürst die Wärme der Sonne", bei der Progressiven Muskelentspannung kann Bezug auf Obelix oder Herkules oder King Kong genommen werden, beispielsweise beim Fäuste-Ballen.

Entspannungseinheiten
Für die Umsetzung besteht die Möglichkeit, gezielte Entspannungseinheiten anzubieten. Diese benötigen einen störungsfreien Raum, eine klare Zeitstruktur, einen wiederkehrenden geregelten Ablauf – möglichst mit einem Anfangs- und Abschlussritual – und die Möglichkeit, das Erlebte gemeinsam zu reflektieren.

Oft hilft es auch, einen Wechsel von Bewegung und Entspannung einzubauen. In der Anleitung ist hier eine gründliche Vorbereitung ebenso wichtig wie eigene Erfahrungen mit Entspannung, eine angenehme Stimme und ein gutes Gespür für den Rhythmus der Gruppe.

> „Entspannung hat auf alle Fälle etwas mit Strom zu tun. Weil wenn man den Stecker aus der Steckdose zieht, dann geht die Maschine nicht mehr. Sie ist dann nämlich ohne Spannung."
> *(Simon, Kita-Kind, in: Schäufler 2011)*

Entspannung zwischendurch
Es ist aber nicht zwingend, immer ein „Extra-Angebot" für Entspannung zu bieten. Die meisten Übungen zur Entspannung und Konzentration erfordern kein besonderes Umfeld. **Stilleübungen** können auch auf einem Spaziergang, zu Hause oder in der Schule ganz in die normalen Tätigkeiten eingebettet sein, ohne dass Wörter wie „Stille" oder gar „Übung" fallen müssen. **Fantasiereisen** oder Entspannungsgeschichten können einfach erzählt werden, ohne Übungscharakter zu haben.

Entspannung kann bei Kindern auch mitten im turbulenten Kita-Alltag eintreten, z.B. beim Mandala-Malen am Maltisch, bei der Pizzamassage auf dem Bauteppich, im Bewegungsraum beim Spiel „Stark wie ein Baum" oder in der Kuschelecke, wenn sie ihrem Kuscheltier beim Atmen zusehen. Der „Übungs"charakter kann für das Kind ganz in den Hintergrund treten. Wichtig ist aber, den Kindern ein Bewusstsein für die Möglichkeit der Entspannung zu geben und mit ihnen zu besprechen, was denn Entspannung überhaupt ist.

Baum im Wind: Bewegungs- und Dehnübung
Das Kind steht entspannt aufrecht. Die Füße sind geschlossen, die Arme hängen entspannt an den Seiten. Das Kind stellt sich vor, ein Baum zu sein, mit Wurzeln, die tief in die Erde ragen, und einer Krone, die aufrecht zum Himmel gestreckt ist. Dann nimmt das Kind beide Arme über den Kopf und verhakelt die Daumen. Der Kopf ist zwischen den Oberarmen. Nun kommt ein leichter Wind von rechts und der Baum neigt sich nach links. Nach einigen ruhigen Atemzügen richtet sich das Kind langsam wieder auf, lässt die Arme sinken und spürt mit geschlossenen Augen in seinen Körper hinein. *Wie fühlen sich beide Seiten jetzt an, die, die gedehnt, und die, die gepresst wurde?*

Anschließend wird die Übung zur anderen Seite wiederholt.

Kuscheltieratmung: Atem- und Stilleübung
Das Kind liegt entspannt auf dem Rücken. Auf seinem Bauch ruht ein Kuscheltier. Da sich die Bauchdecke im Atemrhythmus hebt und senkt, wird das Kuscheltier sanft auf und ab geschaukelt. *Wie fühlt sich das Kuscheltier, wenn es so sanft geschaukelt wird? Meinst du, es gefällt ihm? Wie fühlst du dich? Vielleicht könnt ihr so sogar einschlafen? (aus Rücker-Vogler 1994)*

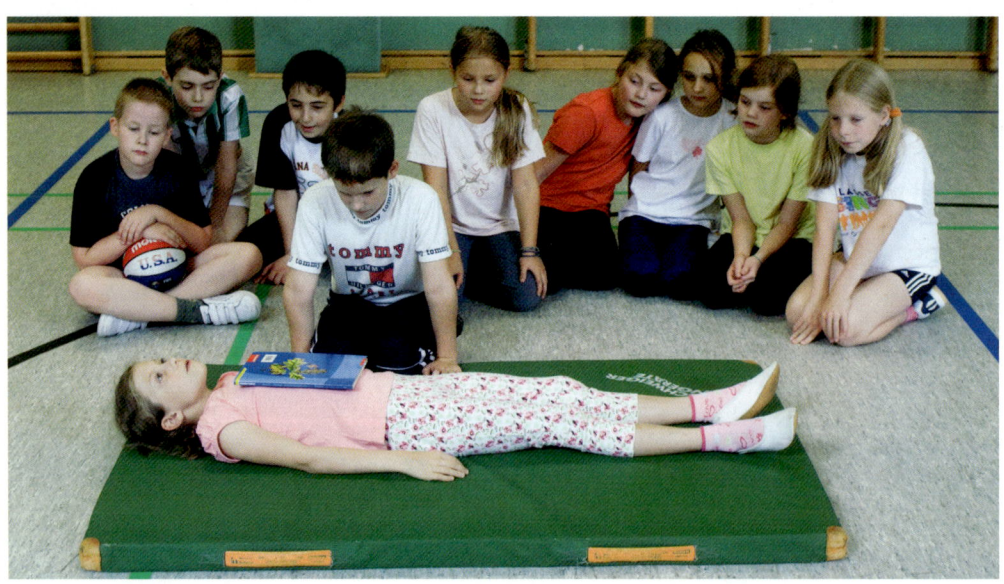

Kann man den Atem sehen?

Entspannung ist aber kein Wundermittel. Sie ersetzt weder das Lernen für die Schule noch kann sie vorhandene Probleme auf Knopfdruck beseitigen. Sie ist ein Hilfsmittel, um mit belastenden Situationen besser umgehen zu können, sie beseitigt jedoch nicht die Ursache für die Belastung. Pädagogische Fachkräfte sollten deshalb nie den Blick für die Ursachen von Stress, Kummer oder auch körperlichen Symptomen verlieren. Auch wenn dem Einsatz von Entspannung bei vielen psychischen und medizinischen Problemen positive Erfahrungen zugrunde liegen, sollte der Nutzen von Entspannung in erster Linie langfristig betrachtet werden *(vgl. Friedrich, Friebel 1998).*

4.3.3   Stadtteil als Bewegungsraum

Wenn Bewegungserziehung als Teil der Gesundheitsprävention erkannt wird, kann sich der Blick nicht auf die pädagogische Arbeit in Kindertageseinrichtungen oder Schulen beschränken. Der Weg von und zur Einrichtung ist ebenso zu berücksichtigen wie die Struktur und das Verkehrsaufkommen des Stadtteils oder Ortes, an dem ein Kind lebt. Auch die Wohnverhältnisse haben maßgeblichen Einfluss auf die Gesundheit von Menschen. „Zuhause sollte ein sicherer Ort sein. Doch für viele Menschen ist das nicht der Fall, insbesondere für gefährdete Gruppen, die einen Großteil ihrer Zeit zu Hause verbringen, wie Kleinkinder, Senioren und Menschen mit Behinderungen", so die WHO-Regionaldirektion für Europa. Noch 2009 wies ein erheblicher Teil des Wohnungsbestands in der EU eine Vielzahl von Gesundheitsrisiken auf, darunter übermäßige Lärmbelastung (22 %), Feuchtigkeit (16 %), beengte Wohnverhältnisse (18 %), Probleme mit der Beheizung im Winter (9 %) und das Fehlen sanitärer Einrichtungen wie einer Spültoilette (3 %), eines Bades oder einer Dusche (3 %) in Innenräumen *(Informationen der WHO: www.euro.who.int – November 2011).*

„Heute gehört die Straße uns."

Aber nicht nur die äußeren Bedingungen, auch die familiären Gewohnheiten spielen eine große Rolle. Gehört es z. B. zur Familienkultur, Sport zu treiben? Oder wollen oder können sich Familien nicht einmal den Beitrag für einen Sportverein leisten? Gehen die Familienmitglieder häufig zu Fuß oder wird jeder Weg mit dem Auto zurückgelegt? Gesundheitsprävention erfordert den Blick über die eigene Einrichtung hinaus und die Bereitschaft zur Kooperation mit anderen Institutionen im Stadt- oder Ortsteil.

Sinnvoll ist es, gemeinsam eine Bestandsaufnahme zu machen, um dann gemeinsame Maßnahmen und Angebote zu entwickeln.

Checkliste: Bewegungsförderung im Quartier
Mithilfe dieser Checkliste soll herausgefunden werden, was im Quartier die Bewegung hemmt und wie diese Hindernisse abgebaut werden können.

Bestandserhebung:
→ Wie ist die Situation im Stadtteil bezüglich Fußwegen, Radwegen, Zebrastreifen, Fußgängerampeln, Sitzbänken usw.?
→ Welche Plätze im Stadtteil können als Bewegungsräume genutzt werden?
→ Wie könnten Bewohner – also auch Kinder und Jugendliche – in die Suche nach solchen Plätzen einbezogen werden?
→ Welche Plätze werden vorwiegend von Kindern, Jugendlichen, älteren Menschen oder anderen „besetzt" und wie könnten diese im Sinne der Bewegungsförderung für alle verändert werden?
→ Was geben Kind und Jugendliche für Bedürfnisse an (z. B. Platz zum Fußballspielen, Skateboardfahren, Spazierengehen usw.)?

Erhebung von Potenzialen
→ Welche Einrichtungen, Vereine usw. im Quartier bieten Maßnahmen zur Bewegungsförderung an?
→ Wie können diese genutzt werden, um auch Angebote für Nichtmitglieder zu machen?
→ Können Sportanlagen, Schulhöfe usw. geöffnet und um spielerische und kommunikative Aspekte ergänzt werden?
→ Können ungenutzte Räume und ungewöhnliche Spielorte (z. B. in Grünanlagen zwischen Wohnblöcken, auf Garagenhöfen, Brachen) für bestimmte Zielgruppen nutzbar gemacht werden – auch temporär?

Entwicklung von Maßnahmen und Vorhaben
→ Welche Maßnahmen lassen sich aus der Analyse ableiten?
→ Wirken die Maßnahmen der Verinselung entgegen, d. h. sind Wegstrecken sicher und bewegungsfreundlich gestaltet?

→ Wie lässt sich die Aufmerksamkeit auch bei Akteuren anderer Bereiche (z. B. Kommunalpolitiker) erhöhen?

→ Werden Bewegungsanreize bei der Planung und Gestaltung aller frei zugänglichen öffentlichen Räume berücksichtigt?

→ Gibt es einen Arbeitskreis im Stadtteil, in dem man Vorschläge einbringen könnte?

(aus: BzgA: Aktiv werden für Gesundheit, Berlin 2010, Heft 4, S. 25)

→·← AUFGABEN UND ANREGUNGEN

1 Nennen Sie Beispiele für Gesundheitsrisiken von Kindern und Jugendlichen und beschreiben Sie Zusammenhänge zwischen körperlichen und psychischen Symptomen.

2 Vergleichen Sie den Grundgedanken des Autogenen Trainings mit dem der Progressiven Muskelentspannung. Welche Methode halten Sie eher für die Arbeit mit Kindern geeignet? Sammeln Sie Argumente und tauschen Sie sich darüber aus.

3 Wählen Sie ein Quartier und untersuchen Sie es mithilfe der Checkliste. Welche bewegungsfördernden, welche bewegungshemmenden Faktoren können Sie beschreiben?

4 Entwerfen Sie eine Entspannungseinheit für die Arbeit mit verschiedenen Zielgruppen. Worauf würden Sie besonders achten, je nachdem, ob Sie mit Kindern, Jugendlichen oder Erwachsenen arbeiten? Stellen Sie Ihre Konzepte – wenn möglich praktisch – in der Lerngruppe vor und geben Sie sich Feedback.

5 Wie ist Ihr persönlicher Umgang mit dem Thema Gesundheit? Wie wichtig sind Ihnen Bewegung, Entspannung, gesunde Ernährung und Stressbewältigung? Stellen Sie Ihre persönlichen Ressourcen und Potenziale wie auch Ihre persönlichen Bedarfe und Schwachstellen zusammen und tauschen Sie sich mit einem Gesprächspartner Ihrer Wahl darüber aus. Welche Rolle spielt Ihr persönliches Verhältnis für den professionellen Umgang?

TIPPS ZUM WEITERLESEN →→

→ Aktiv werden für Gesundheit
Bundeszentrale für gesundheitliche Aufklärung, Berlin 2010, Heft 4

→ Ganzheitliche Entspannungstechniken für Kinder. Bewegungs- und Ruheübungen, Geschichten und Wahrnehmungsspiele aus dem Yoga, dem Autogenen Training und der Progressiven Muskelentspannung
Ursula Salbert, Ökotopia, Münster 2010

4.4   Gefahrenquellen und Aufsichtspflicht

Gerade im Bereich der Bewegungserziehung, aber auch immer dann, wenn pädagogische Fachkräfte Kinder zu Angeboten außerhalb der Einrichtung begleiten wie Schwimmen, Erkundungen im Stadtteil, Ausflüge in den Wald usw., wird das Thema „Aufsichtspflicht" wichtig *(vgl. auch Band 1, HF 1, Kap. 4).*

Was bedeutet es für die zuständige Erzieherin, wenn sich ein Kind beim Spielen im Außengelände oder während eines Bewegungsangebots verletzt, möglicherweise sogar so, dass es medizinisch versorgt werden muss? Wie schnell äußern Eltern den Vorwurf: „Wie konnte das passieren? Sie müssen doch aufpassen!" Oder kommen Vorwürfe von den Leitungskräften: „Sie hatten in dieser Zeit die Aufsichtspflicht. Das hätte nicht passieren dürfen!"? Wie oft werden solche Vorwürfe aber „nur" befürchtet und machen pädagogische Fachkräfte in ihrem pädagogischen Handeln vorsichtig, möglicherweise sogar vorsichtiger als nötig und gut wäre?

> „Seien wir ehrlich: Leben ist immer lebensgefährlich."
> *(Erich Kästner)*

Einerseits ist es wesentliches Ziel von Kindertageseinrichtungen, Kinder zu Selbstständigkeit und Eigenverantwortlichkeit zu erziehen. Andererseits wollen und sollen sie Kinder vor Schaden bewahren. Damit stehen Erzieherinnen in einem starken Spannungsverhältnis. Dieses Spannungsverhältnis befindet sich außerdem auf zwei Ebenen, der rechtlichen und der persönlichen.

Rechtliche Aspekte zur Aufsichtspflicht
Auf der rechtlichen Ebene geht es u. a. um folgende Fragen: Was sind tatsächlich die Rechte und Pflichten pädagogischer Fachkräfte? Was bedeutet im pädagogischen Alltag konkret „Aufsichtspflicht" – was muss eine Erzieherin tun, um diese Pflicht korrekt wahrzunehmen, wann verletzt sie sie? Wann tritt eine Versicherung für einen entstandenen Schaden ein und wann nicht?

Die Aufsichtspflicht leitet sich aus dem Gesetz ab. Laut **§ 1626** des Bürgerlichen Gesetzbuches (BGB) liegt die Personen- und Vermögenssorge für ein Kind bei dessen Eltern. Für die Betreuungszeit in einer pädagogischen Einrichtung übertragen die Eltern ihre „Personensorge"

für das Kind an den Träger der Einrichtung – das ist im Betreuungsvertrag festgeschrieben. Der Träger delegiert diese Verantwortung an die Einrichtungsleitung, die im Sinne der Aufsichtspflicht für den übergeordneten Rahmen verantwortlich ist, d. h. für Fragen des Personaleinsatzes und andere zentrale Aspekte. Die Übernahme von Betreuungsaufgaben und -pflichten wird von hier an die pädagogischen Fachkräfte weitergegeben, und damit auch die Aufsichtspflicht für diese unmittelbare Beaufsichtigung.

Die Aufsichtspflicht ist ein unbestimmter Rechtsbegriff und darum gerade nicht normiert und nicht festgeschrieben. Das heißt, er ist auf Interpretation und **situationsbedingte Auslegung** angewiesen.

Ziel pädagogischer Betreuung ist gemäß deutschen Rechts die freie Entfaltung der kindlichen Persönlichkeit und die Erziehung zur Selbstständigkeit.

In vielen Gerichtsurteilen zur Aufsichtspflicht wird auf dieses Ziel immer wieder hingewiesen. Damit erkennen deutsche Gerichte an, dass die Entwicklung von Kindern, und damit auch pädagogisches Handeln in Kindertageseinrichtungen, einem Gefahrenrisiko unterliegt, und dass Einhaltung der Aufsichtspflicht nicht bedeuten kann, dieses Risiko auszuschalten.

Aufsichtspflicht bedeutet, mit den möglichen Risiken und Gefahren kompetent und umsichtig umzugehen, nicht jedes Risiko zu vermeiden. Wann ist also die Aufsichtspflicht richtig wahrgenommen?

Um die Aufsichtspflicht ausreichend wahrzunehmen, hilft ein Vorgehen in drei Schritten:

1. Prüfen des pädagogischen Rahmens
Handelt es sich bei dem geplanten Programm um eine Maßnahme, die der Entwicklung des Kindes in Richtung auf freie Entfaltung, Selbstständigkeit und Verantwortungsbewusstsein dient? Ist das Vorhaben auch für einen Außenstehenden pädagogisch nachvollziehbar begründet?

2. Prüfen der Detailanforderungen
→ Informationspflicht
   Sind konkrete Gefahren bei der geplanten Aktion absehbar? Sind die Maßnahme und ihre Risiken dem

Alters- und Entwicklungsstand der Kinder angemessen? Lohnt das konkrete Ziel das vermutliche Risiko oder gibt es einen risikoärmeren Weg, der zum GLEICHEN Ergebnis führt? Sind evtl. Eltern über das Vorhaben informiert?

→ **Überwachungspflicht**
Habe ich den Überblick über das Geschehen? Ist genügend Personal in der Nähe, um auch in einem Notfall handeln zu können?

→ **Pflicht zum Eingreifen, Handeln**
(Wie) Bin ich auf einen Unglücksfall vorbereitet?

3. Reflektierte Entscheidung

Entscheidungstransparenz: Gibt es im Team eine übereinstimmende Einschätzung zu den pädagogischen Maßnahmen? Wissen meine Kolleginnen und meine Leitung über mein Vorgehen Bescheid? *(vgl. Hundmeyer, 2006)*

„Zu viel Aufsicht ist ein Verstoß gegen die Zielsetzung der freien Entfaltung und damit ein Verstoß gegen das Grundgesetz. Zu viel Einschränkung behindert die Erziehung zu Selbstständigkeit und Verantwortung. Anders ausgedrückt ist die Aufsicht eine Nebenpflicht, sie ist ein Mittel, um Selbständigkeit zu fördern, weder Selbstzweck noch vorrangig auf Schutz und Sicherheit ausgerichtet." *(Prott, in: www.erzieherin.de)*

Deswegen sollte die wichtigste Frage bei der Planung von Angeboten oder Maßnahmen nicht „Geht das?" sein, sondern „Wie geht es und wie können Bedingungen so gestaltet sein, dass es geht?"

Dabei muss natürlich auch der unterschiedliche Entwicklungsstand von Kindern berücksichtigt werden.

Während Krippenkinder noch eine sehr umfassende Aufsicht benötigen, kann das Maß an Beaufsichtigung schon bei Kindern zwischen drei und sechs Jahren abnehmen, und Hortkinder können schon in einem erheblichen Umfange Gefahren selbstständig bewältigen. Es sollte sich insgesamt ein Prozess vollziehen, der Sicherheit von der überwiegenden Beaufsichtigung im Kleinkindalter hin zum sicheren, eigenständigen Verhalten im höheren Kindesalter, in der Jugend und letztlich im Erwachsenenalter wandelt.

Die persönliche Haltung zur Aufsichtspflicht

Jeder Mensch, und damit jede Erzieherin, hat ein individuelles Empfinden für Sicherheit und Gefahren, das aus eigenen Erfahrungen, Ängsten und Werten gespeist wird. Dieser persönliche Hintergrund wird immer Einfluss auf das Verhalten der Erzieherin in Bezug auf den Umgang mit Risiko, Gefahren und Aufsicht haben.

Wer selber als Kleinkind einmal von einem Baum gefallen ist und sich dabei ein Bein gebrochen hat, ist möglicherweise besonders ängstlich, wenn Kita-Kinder auf Bäume klettern wollen. Wer als Aupair-Mädchen einmal Ärger bekommen hat, weil ein betreutes Kind sich verletzt hat, trägt diese Erfahrung eventuell mit in die professionelle Arbeit in der Kita. Wer als Kind von den eigenen Eltern zu riskanten Sprüngen oder mutigen Aktionen sehr ermutigt worden ist, ist vielleicht auch als Erzieherin gelassener, wenn Kinder im Wald „gefährliche Dinge" ausprobieren wollen.

Wer also Vorhaben wie „Klettern im Baum" nur mit Schweißausbrüchen und großer Nervosität erträgt, sollte die Aufsicht einer Kollegin überlassen. Dies wird auch dem kletternden Kind ein besseres Gefühl bei der Sache vermitteln.

Es scheint so, als sei eine Einrichtung dann gut, wenn dort nie etwas passiert. Das Gegenteil könnte jedoch auch der Fall sein: Vielleicht haben Kinder in diesen Einrichtungen zu wenig Möglichkeiten, Risiken zu erfahren und einschätzen zu lernen und damit wesentliche Schritte auf dem Weg in ihre eigene Selbstständigkeit zu tun.

Wichtig ist, dass Erzieherinnen einschätzen können, was Kinder tun, ihnen vertrauen und ihnen etwas zutrauen. Unter besonderen Umständen müssen sie in Gefahrensituationen eingreifen oder auch das Handeln der Kinder einschränken – wenn der Schaden größer wäre als der Gewinn der gemachten Erfahrung.

> Wer nicht lernt hinzufallen, lernt auch nicht aufzustehen.

Aufsichtspflicht in der Bewegungserziehung

Vor dem Hintergrund der rechtlichen wie auch der persönlichen Ebene muss auch die Aufsichtspflicht im Rahmen von Angeboten zur Bewegungserziehung betrachtet werden.

Geräte und Geräteaufbauten müssen auf mögliche Gefahrenquellen untersucht und möglichst gut abgesichert sein sowie dem Alters- und Entwicklungsstand der teilnehmenden Kinder entsprechen. Andererseits macht gerade das Risiko den Reiz vieler Situationen aus. Und nur in nicht hundertprozentig sicheren Bewegungssituationen erleben die Kinder die Fähigkeiten und Grenzen ihres Körpers. Kinder brauchen Grenzerfahrungen, um die eigenen Fähigkeiten einschätzen zu können und dadurch auch zu mehr Sicherheit über ihren Körper zu gelangen. Diese Sicherheit und Selbsteinschätzung schützt sie auch vor größeren Unfällen.

Es gibt in der Psychomotorik sehr spektakuläre Aufbauten, von tiefen Schluchten und hohen Bergen über frei schwingende Brücken und Riesenschaukeln. Für solche Aufbauten ist ein fundiertes Wissen Voraussetzung, sei es eine psychomotorische Ausbildung, wie man sie inzwischen an vielen Instituten in Deutschland machen kann, oder ein Übungsleiterschein, den etliche Sportvereine

für Leitungskräfte von Sport- und Bewegungsangeboten anbieten. Fortbildungsveranstaltungen geben Raum für eigene Erfahrungen mit dem Körper und Sicherheit in der praktischen Umsetzung von Gelerntem. Aktuelle Informationen zu rechtlichen Fragen erhält man in der Regel bei der zuständigen Landesunfallkasse eines Bundeslandes.

Auf der persönlichen Ebene sollten Erzieherinnen sich fragen, welches Verhältnis sie selbst zu Bewegung und Risiko haben. Wer sich sowohl in der eigenen Bewegung wie auch in der Einschätzung der Fähigkeiten der Kinder sehr unsicher fühlt, sollte diesem Gefühl Rechnung tragen. Es ist immer hilfreich, zunächst selbst auszuprobieren, die eigenen Vorlieben und Unsicherheiten zu kennen und die eigenen Grenzen bewusst auszuloten und außerdem gezielt die motorischen Fähigkeiten der Kinder zu beobachten. Hier ist ein offener Austausch im Team erforderlich, um Verantwortung auch gemeinsam zu tragen.

→·← AUFGABEN UND ANREGUNGEN

1 Erklären Sie mit eigenen Worten den Konflikt, in dem sich Erzieherinnen in Bezug auf die Aufsichtspflicht befinden können.

2 Reflektieren Sie Ihre eigene Kinder- und Jugendzeit: Wie war Ihr Umgang mit gefährlichen Situationen? Welche Hinweise und Werte haben Ihre Eltern Ihnen dazu vermittelt. Tauschen Sie sich darüber in Kleingruppen aus. Benennen Sie Faktoren, die ihnen geholfen haben (oder geholfen hätten), um einen guten Umgang mit Risiko zu entwickeln.

3 In einer Kita sollen auch Krippenkinder aufgenommen werden. Das Team der Einrichtung überlegt, unter welchen Bedingungen die Kleinen das Außengelände nutzen können. Entwerfen Sie unter Berücksichtigung der drei Schritte Kriterien und Fragen, anhand derer die Kolleginnen eine gute Lösung finden können.

4 Entwickeln Sie ein Konzept für einen Elternabend in einer Kindertageseinrichtung, bei dem Sie das Thema „Aufsichtspflicht" bearbeiten wollen. Welche Argumente, Begründungszusammenhänge und Beispiele können Eltern helfen, Ihre Auffassung und Ihre pädagogische Haltung zu verstehen?

5 Naturwissenschaften und Technik entdecken

In einer Frühstückssituation sitzen fünf Kinder im Alter von ca. fünf Jahren am Tisch. Alle haben ihr Essen von zu Hause mitgebracht, und auf dem Tisch befinden sich unterschiedliche Lebensmittel: heißer Tee, Saft, Wasser, verschiedene belegte Brote, Möhren, ein hart gekochtes Ei. Auch Besteck und Geschirr sind unterschiedlich. Die meisten haben eine Plastikbox mit Plastikbesteck. Ein Kind hat einen Steingutteller, eine Keramiktasse und Besteck aus Metall. Den Löffel leiht sie ihrer Freundin, die damit ihren Jogurtbecher leer löffelt.

Dabei stellt sie den Becher immer wieder mit dem Löffel darin auf dem Tisch ab, um sich mit ihrer Freundin unterhalten zu können. Das geht eine Weile gut, dann kippt der Becher um, nachdem sie ihn wieder abgestellt hat. Das Mädchen schaut verwundert in die Runde. Jedes Mal, wenn sie nun

den Becher zurückstellt und den Löffel hineintut, kippt der Becher um, obwohl er doch bisher immer stehen blieb. Sie unternimmt immer neue Anläufe, ohne Erfolg. Schließlich schaut sie hilfesuchend zu Ihnen.

↘ FRAGEN

→ *Was passiert am Frühstückstisch? Wieso kippt der Becher zum Ende des Frühstücks?*

→ *Wie gehen Sie auf diese Episode ein? Wieso sollten Sie hier auf die Kinder eingehen?*

→ *Welche Kompetenzen legt das Mädchen in dieser Beobachtung an den Tag?*

→ *Was können die Kinder am Tisch an diesem Phänomen lernen?*

→ *Welche Bedeutung hat dieser naturwissenschaftliche Zusammenhang im Alltag noch?*

→ *Welche Anforderungen stellt diese Situation an Sie?*

5.1 Naturwissenschaftliche Bildungs- und Lernprozesse eröffnen

> „So ein bisschen Bildung ziert den ganzen Menschen."
> *(Heinrich Heine)*

In seinem Buch „Bildung" befasst sich Dietrich Schwanitz mit bedeutsamen Themen: Geschichte, Literatur, Kunst, Musik. Ohne Kenntnisse in diesen Bereichen kann man unsere heutige Kultur nicht verstehen. Viele alte Geschichten bieten durchaus brauchbare Hilfen bei der Bewältigung heutiger Probleme. Für persönliche Entschei-

dungen kann es hilfreich sein, wenn man die Geschichten eines Odysseus oder Sokrates kennt. Hier werden Erfahrungen vermittelt, die sich wahrscheinlich seit Menschengedenken wiederholen. Zur Lösung vieler menschlicher Probleme braucht man den Rat früherer Generationen. Der Untertitel „Alles, was man wissen muss" ist vielleicht zu streng. Aber man sollte solche Dinge wissen, weil sie eine gute Hilfe sein können. Aber reichen sie heute aus?

Ernst Peter Fischer geht in seinem Band „Die andere Bildung" eben der Frage nach, ob die Bildung, die Schwanitz vorschlägt, heute ausreichend sei. Genügt es, große Opernwerke zu kennen, die bedeutenden Gemälde der abendländischen Kunst und die Gedichte unserer großen Dichter? Man kann ohne Weiteres eine gepflegte Konversation führen, wenn man in diesen Bereichen beschlagen ist – und gleichzeitig nur wenig weiß von den physikalischen und chemischen Vorgängen, mit denen wir täglich zu tun haben. Ob wir nun ein Handy benutzen oder Auto fahren: Viele Menschen wissen nicht, wie die Dinge funktionieren und welche Wirkungen sie haben. Zu guter Letzt gab und gibt es nicht nur Dichter und Denker, sondern auch Naturwissenschaftler und Forscher.

Das ist in einer „Wissensgesellschaft" von großer Bedeutung. Unsere Gesellschaft lebt nicht nur von der Erfahrung früherer Generationen, sondern auch von der innovativen Kraft neuer Entwicklungen. Und schlichtweg davon, dass die Menschen verstehen, was sie tun und was um sie herum vorgeht. Nur so können sie letztlich mündig an den Entscheidungsprozessen in der Gesellschaft mitwirken.

Hier soll nun nicht die eine gegen die andere Position („Allgemeinbildung" gegen „Ausbildung") aufgerechnet werden. Es geht darum, den Kindern möglichst viel von der sie umgebenden Welt zu erschließen, damit sie mündig werden können. Kinder brauchen beides: die alten Erfahrungen und das moderne Wissen!

In den vielen Experimentierbüchern, die zurzeit auf dem Markt sind, finden sich zahlreiche Experimente, die sich oft in unterschiedlichen Variationen wiederholen. Pädagogische Fachkräfte sollten möglichst viele dieser Experimente selbst durchführen und natürlich auch versuchen, sie zu verstehen. In diesem Kapitel geht es allerdings um die Bedeutung, die naturwissenschaftliche Bildung für die Entwicklung und den Bildungsprozess der Kinder hat. Dazu werden grundsätzliche Überlegungen angestellt, die es ermöglichen sollen, beispielsweise gezielt Experimente für Kinder auszuwählen und entsprechende Aktivitäten vorzubereiten.

5.1.1 Forderungen an die Kindertagesstätten

Von der Gesellschaft werden heute viele Anforderungen an Kindertagesstätten gestellt. Das geschieht häufig unter dem Begriff der „Qualität". Es stellt sich die Frage, ob eine Einrichtung ihrem Bildungsauftrag gerecht wird. Entsprechend werden die (Aus-)Bildungsziele formuliert, die Forderungen nach dem, was Kinder lernen und schließlich können sollen, werden von der Gesellschaft her gedacht. In vielen Diskussionen geht es darum, was ein Kind später brauchen wird. Die Kinder sollen später möglichst gute Chancen haben. Auch die Gesellschaft soll letztlich etwas davon haben. Das ist auch sinnvoll – aber eben nur „auch".

Bei der Förderung von Entwicklung und Bildung der Kinder sollten drei Fragen im Vordergrund stehen:
→ Was **sollen** Kinder wissen, können und verstehen? (Ausbildung)
→ Was **können** Kinder wissen, können und verstehen? (Entwicklung)
→ Was **wollen** Kinder wissen, können und verstehen? (Bildung)

„Kinder [...] kann man nicht bilden. Sie bilden sich selbst, von Anfang an. Die Pädagogik muss endlich zur Kenntnis

nehmen, dass wir Informationen nicht passiv wie Computer verarbeiten, sondern sie aktiv erobern [...]" *(Laewen/ Anders 2002, S. 25)*. Gleichzeitig schließen sich die drei Fragen nicht gegenseitig aus. Oft wollen Kinder wissen, was sie sollen, und sie können es auch.

Es lohnt ein Blick auf das unterschiedliche **Verständnis des Lernens.** Lernen auf den Vorgang der Informationsaufnahme zu beschränken, verkürzt den Begriff. Lernen geht über den Erwerb von deklarativem (faktenbezogenem) Wissen hinaus. Es bedeutet eine dauerhafte Verhaltensänderung. Man könnte auch sagen, es kommt nicht nur darauf an, was ein Mensch weiß. Mindestens so wichtig ist, was er kann und tut.

Lernprozesse finden während des ganzen Lebens statt. Unsere Erfahrungen wirken auf uns ein und beeinflussen unser zukünftiges Verhalten. Sehr prägende Prozesse finden im Kindergarten und in der Grundschule statt. Auch die entscheidenden Erlebnisse, die Einfluss auf eine spätere Berufswahl haben, liegen oft im Kindergarten und der Grundschule, in den Jahren vor der Pubertät *(vgl. G. Lück 2003)*. Auch der Begriff „Lernen", ein Verständnis davon, was Lernen bedeutet, gehört dazu.

5.1.2 Was Kinder wissen sollen: Weltwissen

Mit den Ergebnissen von PISA begann in Deutschland eine neue Bildungsdebatte. Donata Elschenbroich ging in ihrem Buch „Weltwissen der Siebenjährigen" wohl als Erste umfassend darauf ein, was Kinder eigentlich können und wissen sollten. Dazu befragte sie zwischen 1996 bis 1999 Menschen jeden Alters aus den unterschiedlichsten Bildungsschichten. Es ging hier also um von außen an die Kinder herangetragene Erwartungen, um das „Was *sollen* die Kinder wissen?". Das Ergebnis dieser Befragung war eine umfangreiche Liste, die später überarbeitet und ergänzt wurde. Sie enthält neben vielen anderen Themen auch Inhalte aus dem naturwissenschaftlichen Bereich und dem Bereich des Lernens. Unter anderem sollen siebenjährige Kinder:

→ „eine Erinnerung daran haben, dass der eigene Lernfortschritt bei anderen Behagen auslöst,
→ dem Vater beim Rasieren zugeschaut haben,
→ mit dem Vater gekocht, geputzt, Betten bezogen, gewerkelt haben,
→ die Erfahrung (gemacht haben), dass Wasser den Körper trägt,
→ schaukeln können,
→ einen Schneemann gebaut haben, eine Sandburg, einen Damm am Bach, Feuer anzünden und löschen können, Windlicht, Windrad erproben,
→ die Erfahrung (gemacht haben), dass ein eigener Verbesserungsvorschlag in die Tat umgesetzt wurde,
→ Wunderkammer Museum (Aura des Alten) erlebt haben,
→ eine Sammlung angelegt haben,
→ Notfalltelefonnummern kennen,
→ eine Methode des Konservierens gegen Verfall kennen,
→ etwas repariert haben,
→ einem Erwachsenen etwas erklärt haben,
→ mit einem Erwachsenen eine ungelöste Frage geteilt haben,
→ auf einen Baum geklettert sein, in einen Bach gefallen sein,
→ gesät und geerntet haben,
→ einen Reißverschluss untersucht haben,
→ mit Schlössern und Riegeln umgehen können,
→ Geräte anschließen und umstecken können (Recorder usw.),
→ eine Botschaft geschrieben haben (E-Mail),
→ ein Buch von Deckel zu Deckel kennen,

→ blauen Schatten sehen,
→ eine Frucht bewusst geschält, freigelegt, den Kern gespalten haben,
→ die Adern eines Blattes und die der eigenen Hand studiert haben,
→ Obstsorten (kennen) und sie am Duft unterscheiden können,
→ die eigene Kraft dosieren können,
→ einen Nagel einschlagen, eine Schraube eindrehen können,
→ einige Blattformen kennen und wissen, was man in der Natur essen kann und was nicht,
→ Mengen in Maßeinheiten erlebt haben,
→ Reflexion: Was kann der Computer? Erste Konzepte von Intelligenz […] haben,
→ Schein-und-Sein-Experimente (kennen und durchgeführt haben),
→ Erfahrungen mit einem Experiment haben (geregelte Versuchsanordnung, systematisches Wiederholen),
→ Butter machen, Sahne schlagen (elementare Küchenchemie),
→ die Farbe der eigenen Augen kennen,
→ den eigenen Pulsschlag gefühlt haben,
→ einem Meister, einem Könner begegnet sein" usw.
(Elschenbroich 2001, S. 30 ff.)

Diese Liste ist mittlerweile ein bescheidener Anfang. Volker Zähme ergänzt sie noch um einige Seiten. Bücher, die sich darum kümmern, „Was Kinder wissen müssen", füllen inzwischen meterweise die Regalflächen von Buchhandlungen. Selbst ein Erwachsener tut sich schwer, hier einen Anfang zu finden und sich schließlich nicht in den unzähligen Details zu verlieren. Es stellt sich unmittelbar die Frage, wie Kinder dieses riesige Pensum leisten sollen, ob sie es überhaupt können.

Die Frage nach dem, was Kinder *können* können, beinhaltet zwei Fragestellungen. Die eine richtet sich an die Methoden, an die Art und Weise, wie Kinder lernen, wie sie Wissen und Fähigkeiten erwerben. Auf sie soll weiter unten eingegangen werden. Die andere fragt nach der Entwicklungspsychologie und dem zugrunde liegenden Menschenbild.

Vor Rousseau (1712-1778) galt das Kind als kleiner Erwachsener, als ein leeres Gefäß, welches nach und nach mit Wissen gefüllt wird. Kindheit, wie wir sie heute kennen, gab es nicht. Damals, man kann das gut auf alten Gemälden sehen, gab es beispielsweise keine spezielle Kleidung für Kinder. Kinder wurden möglichst schnell in die Produktions- und Arbeitsprozesse einbezogen.

Die Hofdamen

Rousseau und Pestalozzi (1746–1826) entwickelten schließlich je ein erstes Konzept, eine erste Theorie von **Kindheit,** und befassten sich mit einer gewissen Me-

thodik mit der Entwicklung des Menschen. Darin spielte die Natur, das „Zurück zur Natur" und der Mensch als „Werk der Natur" eine Rolle. Pestalozzi beschreibt den Menschen im Sozialisationsprozess als „ Werk der Gesellschaft". Moralisch und frei kann ein Mensch letztlich aber nur als ein „Werk seiner selbst" sein – eine Entwicklungsstufe, die längst nicht alle erreichen und halten.

Die Verhaltensforscher Iwan Pawlow (1849–1936) und B. F. Skinner (1904–1990) unternahmen erfolgreiche Konditionierungsversuche („Pawlows Hund", klassische und operante Konditionierung), leiteten daraus die Theorie des Behaviorismus ab und übertrugen sie auf den Menschen und dessen Lernprozesse *(siehe Band 1, HF 2, Kap. 1.6)*. Andere wiederum übertrugen die Evolutionstheorie Darwins auf den Menschen und leiteten daraus den Sozialdarwinismus ab. Rudolf Steiner (1861–1925), der Begründer der Anthroposophie, ging von siebenjährigen Entwicklungsstufen aus, die Pädagogin Maria Montessori (1870–1952) entwickelte beeindruckende Materialien, die das Lernen der Kinder unterstützen sollen *(siehe Band 1, HF 2, Kap. 4)*. Lange Zeit galt das Stufenmodell von Piaget, das auch heute noch eine Rolle spielt. Erik Erikson nahm in seiner Entwicklungspsychologie als Erster den Menschen mit seiner gesamten Lebensspanne in den Blick.

↗ FAZIT

→ Bei der Förderung von Entwicklung und Bildung der Kinder stehen drei Fragen im Vordergrund:
  - Was **sollen** Kinder wissen, können und verstehen? (Ausbildung)
  - Was **können** Kinder wissen, können und verstehen? (Entwicklung)
  - Was **wollen** Kinder wissen, können und verstehen? (Bildung)

→ Gesellschaften leben davon, dass die Menschen verstehen können, was um sie herum vorgeht und was sie tun. Verstehen geht über das faktische Erklären hinaus. Es beinhaltet moralische und ethische Dimensionen. Verstehen ist auf Sinn hin ausgerichtet und bewertet.

→·← AUFGABEN UND ANREGUNGEN

1 Setzen Sie sich mit technischen Geräten Ihrer Umgebung auseinander (Föhn, Kühlschrank, Mikrowelle, Computer). Wie funktionieren sie?

2 Sammeln Sie Artikel zu Klimaveränderungen. Wie „funktioniert" Wetter? Was ist der Unterschied zwischen „Klima" und „Wetter"?

3 Wenn Sie etwas Neues erfahren: Was davon können Sie wiedergeben? Was davon können Sie erklären? Was davon verstehen Sie in seiner Tragweite?

4 Gehen Sie die Liste von Donata Elschenbroich durch: Welche Punkte gehören zu Ihrem persönlichen Erfahrungsschatz? Was müssen Sie noch bearbeiten? Was fehlt Ihnen auf dieser Liste?

5.2 Was ist wissenschaftliches Arbeiten? Wissenschaftsverständnis

Es ist ein Problem für die heutige Pädagogik, dass sie als „beliebig" erscheinen kann. Bei den vielen Autoren und Ansätzen scheint alles und nichts richtig zu sein. In Fragen der Erziehung scheinen sich alle auszukennen. Schließlich wurden wir alle erzogen und verfügen somit über die entsprechenden Erfahrungen. Es werden auch viele tradierte Meinungen weitergegeben:. „Was Hänschen nicht lernt, lernt Hans nimmermehr" oder „ein kleiner Klapps hat noch niemandem geschadet" gehören in diese Rubrik, oder auch Wilhelm Buschs Verse: „Also lautet der Beschluss, dass der Mensch was lernen muss. Lernen kann man Gott sei Dank, aber auch ein Leben lang."

Werden solche und ähnliche Ansichten allgemein als „Wahrheit" geäußert, wird es schwer, Erziehung als *professionelle* Tätigkeit zu vermitteln. Aus den persönlichen Erfahrungen werden Theorien abgeleitet – und als allgemein gültig aufgefasst und dargestellt. Wenn dies ohne empirische Überprüfung geschieht, spricht man von *„naiven Theorien"*. Die Pädagogik ist hingegen eine Wissenschaft, die sich wie die Naturwissenschaften im Allgemeinen ebenfalls **empirischer Methoden** bedient.

Den Naturwissenschaften wird oft mit einer gewissen Ehrfurcht begegnet. Hier gibt es Experten, die sich in einem schwierigen und komplexen Bereich auskennen. Deren Aussagen scheinen sakrosankt und nicht hinterfragbar zu sein. Der Wissenschaftsphilosoph Ernst Peter Fischer ist der Meinung, dass heute viele Menschen nicht in der Lage sind, Aussagen von Experten zu hinterfragen und ihren Gültigkeitsbereich zu erfassen, weil sie über zu wenig naturwissenschaftliches Wissen und vor allem über zu wenig naturwissenschaftliches Verständnis verfügen. Er ist der Meinung, dass ein gebildeter Mensch in der Lage sein muss, im gesellschaftlichen Dialog kritisch mitdenken zu können. Wenn ein großer Teil der Bevölkerung dazu nicht in der Lage ist, kann es auch zu keinen demokratischen und vernünftigen Entscheidungen mehr kommen. Will man darum Kindern Naturwissenschaft als Bildungsinhalt erfahrbar machen, kommt man nicht umhin, selbst über ein naturwissenschaftliches Verständnis zu verfügen und vor allem die Regeln empirischer Forschung zu kennen. Man muss wissen, wie wissenschaftliche Erkenntnisse zustande kommen und wann wir eine Aussage als „wahr" annehmen dürfen. Man muss wissen, wie empirische Forschung im Prinzip funktioniert. Die

Darstellung der wissenschaftlichen Vorgehensweisen und der Methoden wissenschaftlichen Erkenntnisgewinns kann in diesem Kapitel nur sehr allgemein geschehen.

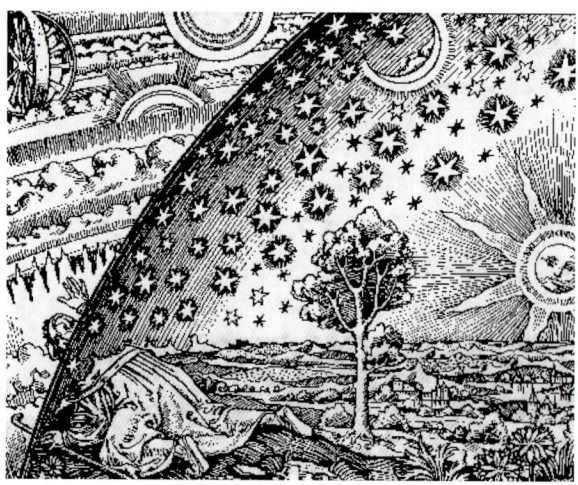

Weltbild im Mittelalter

Die heutigen Forschungsmethoden und die Empirie haben ihre Wurzeln in der **Renaissance.** Seit 1500 verlor die römisch-katholische Kirche an Macht. Von Italien kamen neue künstlerische Impulse und Methoden nach Deutschland. Der Künstler Albrecht Dürer (1471–1528) brachte aus Italien die **Perspektive** mit, die der Architekt und Bildhauer Filippo Brunelleschi um 1410 entwickelt hatte, und entwickelte sie weiter. 1421 bekam Brunelleschi übrigens das alleinige Recht zum Bau eines Schiffes mit einer speziellen Hebevorrichtung zum Transport von Marmor. Damit ging das erste Patent für eine industrielle Erfindung an einen Künstler. Vor allem Künstler(!) unternahmen viele gezielte naturwissenschaftliche Beobachtungen.

Leonardo da Vinci wandte sich unter anderem der Anatomie zu und fertigte über 200 anatomische Studien, d. h. Detailzeichnungen des menschlichen Körpers an. Nur 100 Jahre früher wäre es undenkbar gewesen, einen menschlichen Körper zu solchen Untersuchungszwecken zu öffnen.

Christoph Kolumbus entdeckte 1492 Amerika (wieder), die Erde wurde nicht mehr als Scheibe, sondern (wieder) als Kugel betrachtet. In großen Kompendien wurde zusammengetragen, was in der Natur alles zu sehen war: Tiere, Pflanzen, Steine usw. wurden in endlosen Listen zusammengefasst. Mit Beginn der Neuzeit wurden diese Beobachtungen systematisiert. Verschiedene Organe wurden beispielsweise auf ihre Funktion im Organismus hin untersucht – Lungen, Kiemen, Trachäen – und unter bestimmten Kategorien zusammengefasst, hier: Atmungsorgane.

Immanuel Kant forderte die Menschen auf, ihren eigenen Verstand zu benutzen. In den Wissenschaften wurden Gesetzmäßigkeiten, vor allem kausale (Wenn-Dann-Beziehungen) Zusammenhänge bedeutsam.

Das waren sie natürlich auch schon früher. Aber nun wurden verbindliche Methoden gefordert und entwickelt. Ein berühmtes Beispiel ist der Physiker Isaak Newton (1642–1726), der sich Gedanken darüber machte, *warum* Äpfel zu Boden fallen und wie sie das tun. In der Folge dieser Zeit kam es zur ersten industriellen Revolution. Verbrennungsmaschinen, Eisenbahnen und Elektrizität wurden eher systematisch entwickelt als zufällig entdeckt. Aber auch die „alten" Ägypter hätten nie Pyramiden bauen können, hätten sie nicht schon kausale Zusammenhänge gekannt.

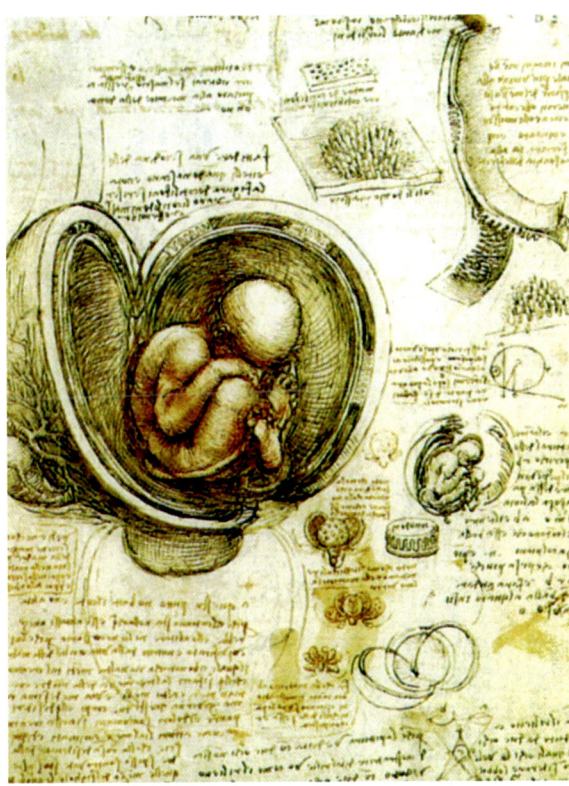

Leonardo da Vinci, Kind im Mutterleib, um 1511

5.2.1 Methoden empirischer Forschung

Forschung geschieht heute systematisch und nach bestimmten Regeln. Am Beginn einer Forschung steht immer ein Forschungsinteresse: Man möchte einen bestimmten Sachverhalt klären oder ein bestimmtes Problem lösen. Natürlich spielen hier **Problemsensitivität** und **Serendipität** der Menschen eine herausragende Rolle *(vgl. Bd. 2, HF 2, Kap. 2)*. Wurden Probleme oder Zusammenhänge bemerkt, werden im Weiteren Vermutungen dazu formuliert, was man erwartet? Zu wissenschaftlicher Forschung gehören **Hypothesen**. Der Wissenschaftler betrachtet einen Teil der Welt unter einer bestimmten Fragestellung (Fallen Äpfel immer nach unten?). Die Arbeitshypothese würde dann lauten: Äpfel fallen nach unten. Nur auf diese Frage kann zunächst Auskunft aus den Experimenten erwartet werden. Damit hat das Interesse des Wissenschaftlers konkrete Auswirkungen auf die Forschungsergebnisse. Andere Gesellschaften stellen andere Fragen und bekommen entsprechend auch andere Antworten.

Oft hängen die gestellten Fragen auch von den zur Verfügung stehenden Instrumenten und Messgeräten ab. Man stellt dann zunächst die Fragen, auf die man sich eine schnelle Antwort erhofft. „DNA ist nicht alles [...] Bereits in den 1960er-Jahren hatten jedoch genetische Experimente wichtige Informationselemente in anderen Bereichen der Chromosomen ans Licht gefördert, teils in ‚nichtcodierten' Teilen der Sequenz, teils ganz außerhalb von ihr. Die Methoden der dann aufkommenden Gentechnik funktionierten jedoch am besten bei konventionellen Genen und Proteinen. *Daher suchten die Wissenschaftler verständlicherweise am intensivsten dort weiter, wo die Sache am klarsten schien."* *(Spektrum der Wissenschaft, März 2004, S. 68)*

Um die Hypothesen zu überprüfen, werden **Versuche** und Versuchsreihen entwickelt, in denen gezielt einzelne Parameter (Einflussfaktoren) verändert und damit ihre Wirkungen bestimmt und beobachtet werden können.

Alle Faktoren in einem solchen Versuchsaufbau sollen möglichst genau kontrollierbar sein. Beispielsweise nimmt man für einen „Fallversuch" eine vorher genau bestimmte Masse (1 kg) und lässt sie aus verschiedenen Höhen in Sand fallen: aus einem, aus zehn, aus 20 m und aus 50 m. Dabei misst man genau, wie schnell die Masse jeweils unten ankommt und wie tief der Krater ist, den sie im Sand hinterlässt. Das **Messen** ist hier die entscheidende Methode.

Empirie leitet sich von dem griechischen Wort für *Erfahrung* her. In der Wissenschaft wird darunter eine im Labor (oder im Feld) durchgeführte Sammlung von Informationen verstanden, die auf systematisch verlaufenden Untersuchungen beruht. Empirische Wissenschaften sind Erfahrungswissenschaften. Ihr liegen konkrete *sinnliche* Erfahrungen, konkrete Beobachtungen zugrunde. Damit ist Forschung immer auch ästhetisch. So wird der „Fallversuch" mit unterschiedlichen Materialien durchgeführt: mit Eisen, mit Holz, mit Federn – immer exakt 1 kg schwer. Die Versuchsreihen werden sowohl in einem Turm durchgeführt als auch in einer luftleeren Röhre. Jede einzelne Veränderung im Versuchsaufbau wird genau festgelegt. Jeder Versuch wird genau vermessen. Am Ende wird man feststellen, dass Blei und Federn im Turm unterschiedlich fallen – jedoch nicht in der luftleeren Röhre. Aus diesen Messergebnissen lassen sich einige **Erkenntnisse** ableiten: z.B. Aussagen über den Luftwiderstand, über die Fallgesetze oder über die Gravitationskonstante „G".

Es entsteht ein sogenanntes **Modell.** Modelle bilden Teile der Wirklichkeit in vereinfachter Form ab und machen sie so verständlich und handhabbar. Bei einfachen Zusammenhängen kann man eine kleine Maschine bauen, an der beispielsweise das Funktionsprinzip eines Krans (Hebelgesetze) deutlich gemacht werden kann. Oft sind die erforschten Zusammenhänge jedoch zu komplex, um sie in einer einfachen Maschine umzusetzen. In solchen Fällen werden heute Grafiken oder Animationsfilme verwendet, die Zusammenhänge werden **visualisiert.** Schließlich werden die Erkenntnisse in mathematische Formeln umgesetzt. Spätestens an dieser Stelle wird es abstrakt. Man geht davon aus, dass nur wenige Zeitgenossen von Albert Einstein in der Lage waren, seine Relativitätstheorie zu verstehen. Grundsätzlich vereinfachen Modelle die Wirklichkeit. Sie sind nie vollständig und müssen ständig erweitert und den neuen Erkenntnissen angepasst werden.

In der empirischen Forschung wird alles genauestens protokolliert und **dokumentiert.** Zum einen, damit unnötige Doppelungen vermieden werden, zum anderen, damit die Versuchsreihe auch für Außenstehende nachvollziehbar wird. Alles, was notiert wird, ist sinnlich, „ästhetisch" im Wortsinne, beobachtbar und nachvollziehbar, messbar. Für viele Phänomene haben die Menschen keinen Sinn entwickelt. Wir können beispielsweise kein Magnetfeld wahrnehmen, wie es etwa der Hammerhai kann. Unsere Augen registrieren nur einen begrenzten Teil des Lichtspektrums. Wir haben keine innere Uhr, mit der wir Tausendstelsekunden exakt wahrnehmen können, was übrigens für viele Untersuchungen immer noch viel zu ungenau wäre. Für diese Fälle wurden zahlreiche Hilfsmittel, gewissermaßen Prothesen erfunden, die Messgeräte. **Messgeräte** müssen überall unter denselben Bedingungen dasselbe Messergebnis vorweisen. Deshalb werden beispielsweise Waagen geeicht.

Eine Messung ist ein Vergleich. Das, womit verglichen wird, ist im Grunde oft eine willkürliche Festlegung. So liegen beispielsweise in Paris das „Urkilogramm" und der „Urmeter". Das sind sehr wertvolle, weil einmalige Gegenstände. An ihnen werden im Prinzip andere Messgeräte geeicht: der Zollstock, die Küchenwaage usw. Früher benutzte man andere Maße: z.B. die Unze oder eine Elle oder einen Fuß. Bei der Messung von Zeit erfolgt heute ein Vergleich mit der *Schwingungsdauer von Cäsiumatomen.* Das ist ziemlich genau im Vergleich zur Sonne, an der man früher den Tag festgemacht hat. Messungen und Messinstrumente sind außerordentlich wichtig für naturwissenschaftliches Forschen. Mit der Entwicklung immer empfindlicherer Messgeräte können alte Messungen überprüft und damit alte Theorien **verifiziert** oder **falsifiziert** werden.

Kinder müssen nicht lernen, alles Mögliche exakt zu messen. Sie sollten aber begreifen können,

→ was eine Messung ist,
→ welche Rolle sie für den naturwissenschaftlichen Erkenntnisgewinn spielt,
→ und einfache Messungen (Vergleiche) durchführen können.

Es geht nicht darum, Kinder abstrakt auswendig lernen zu lassen, worauf man beim Forschen zu achten hat. Es geht darum, sie immer wieder handelnd mit Methoden der Forschung vertraut zu machen. Deshalb sollten naturwissenschaftliche Angebote in ihrem Aufbau und Ablauf dem Vorgehen naturwissenschaftlicher Forschung folgen und die entsprechenden Arbeitsschritte enthalten.

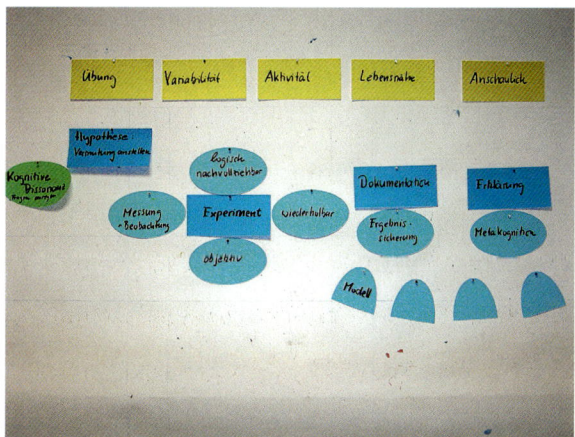

Pinnwand

Die **Dokumentation** hat noch einen weiteren wichtigen Grund. Im Unterschied zu Tieren geben Menschen einmal erworbenes Wissen in großem Umfang an nachfolgende Generationen weiter. Früher geschah dies mündlich, seit einigen tausend Jahren werden dazu Schrift und Bilder (Visualisierung) verwendet. Dokumentationen sind „Gedächtnisspeicher". Wissen wird so orts- und zeitunabhängig und es müssen nicht dieselben Erfindungen bzw. Erforschungen immer wieder neu gemacht werden. Dadurch entsteht Dynamik. Man geht heute davon aus, dass sich das Wissen der Menschheit alle 16 Jahre verdoppelt. Diese Geschwindigkeit nimmt weiter zu und entsprechend rasant ist der Verlauf unserer Entwicklungen.

Ein Versuch sollte so genau beschrieben sein, dass jeder beliebige Wissenschaftler auf der Welt ihn nachbilden kann. Wenn er die Versuchsreihe dann durchführt, muss er zu denselben Ergebnissen kommen wie seine Kollegen. Die Aussagen müssen **überprüfbar, falsifizierbar** („stimmt nicht") oder **verifizierbar** („stimmt") sein. Diese „Wahrheitsprüfung" muss wiederholbar sein. Auch wenn der Versuch hundertmal durchgeführt wird, muss stets dasselbe Ergebnis herauskommen. Vor allem darf es keine Rolle spielen, *wer* den Versuch durchführt. Die Aussage muss **objektiv** sein. Damit besteht eine scharfe Trennlinie zwischen empirischen Methoden und okkultistischen oder esoterischen Methoden.

Zurück zum „Fallversuch": Wurde schließlich eine ganze Reihe gleicher Versuche durchgeführt (man lässt viele

Äpfel fallen) und es tritt immer dasselbe Ergebnis ein (sie kommen unten an), leitet man zunächst als Hypothese eine **Gesetzmäßigkeit** daraus ab: Äpfel fallen von oben nach unten. Auch der Apfel, den ich beispielsweise jetzt gerade in der Hand halte, wird nach unten fallen, wenn ich ihn loslasse. Diese Ableitung eines besonderen Falles von den vielen allgemeinen Beobachtungen bezeichnet man als **Deduktion**. Als Methode gibt es in den empirischen Wissenschaften auch das umgekehrte Vorgehen: die **Induktion**. Hierbei wird vom Besonderen auf das Allgemeine geschlossen. Beispiel: *Mein* Apfel fällt nach unten. Es ist davon auszugehen, dass *alle* Äpfel nach unten fallen.

Dies mutet zunächst banal an. Ein entscheidender Sachverhalt der Forschung besteht aber darin, auch in *alltäglichen Dingen* Besonderes sehen zu können. Zum Forschen gehören wache Aufmerksamkeit, die Bereitschaft und das Vermögen zu unkonventionellem, kreativem Denken ebenso wie ein breites Wissen und spezielles Sachwissen. Viele Forscher konnten sich eine geradezu kindliche Fragehaltung, die an einem grundsätzlichen Verständnis von Welt interessiert ist, erhalten.

Alle wissenschaftlichen Aussagen folgen den Regeln der (aristotelischen) **Logik** und **Kausalität**. Und sie sind vorläufig. Das heißt, sie gelten nur so lange, wie sie nicht widerlegt werden. Die Falsifizierbarkeit einer Hypothese ist daher sehr wichtig. Zu jeder Hypothese gehört eine **Antithese**. Das bedeutet im Regelfall einfach, dass der Forscher immer mitbeobachten muss, ob die in seiner Hypothese aufgestellte Behauptung *nicht* zutrifft. Man gestattet dadurch, die Hypothese auf ihre Richtigkeit hin zu überprüfen. Eine einmal festgestellte Naturgesetzmäßigkeit gilt nur so lange, bis sie widerlegt wurde. Dazu genügt ein einziger Versuch, der den Kriterien empirischer Forschung entspricht.

Wissenschaftliche Aussagen gelten auch immer nur in einem zuvor bestimmten **Geltungsbereich**. Das spielt vor allem seit der Relativitätstheorie Einsteins eine Rolle. Seither wissen wir, dass beispielsweise die Fallgesetze Newtons nur in bestimmten Grenzen, bei „niedrigeren" Geschwindigkeiten gelten, nicht aber bei großen Massen wie schwarzen Löchern oder in der Nähe der Lichtgeschwindigkeit. Eine Federwaage, wie sie Newton benutzt haben dürfte, liefert nur innerhalb der Elastizitätsgrenzen des jeweiligen Materials exakte Messergebnisse. Bei extremer Überbelastung wird sie zerstört.

Einsteins berühmte Formel E = mc² bedeutet, dass der Unterschied zwischen Energie und Materie ein fließender ist. Auch eine „harte" empirische Wissenschaft wie die Physik hat mit dem Problem zu kämpfen, dass einzelne Messergebnisse zwar sehr exakt und nachvollziehbar, gleichzeitig aber auch vom Beobachter abhängig sind. Die Heisenberg'sche Unschärferelation sagt beispielsweise aus, dass zwei Eigenschaften eines Teilchens nicht gleichzeitig messbar sind. Diese Unschärferelation ist dabei keine Folge einer unzulänglichen Messung, sondern prinzipieller Natur. Da die Energie (E) gleich der Masse (m) eines Teilchens mal dem Quadrat der Lichtgeschwindigkeit (c) ist, hängt es davon ab, was man messen will, ob man im Ergebnis eine „Masse" oder eine „Welle" registriert.

5.2.2 Pädagogik mit empirischen Methoden

Im vorigen Kapitel wurde auch die Pädagogik als Wissenschaft bezeichnet, welche sich empirischer Methoden bedient. Das bedeutet, dass man dieselben Anforderungen an pädagogische Aussagen knüpfen kann wie beispielsweise an Aussagen der Physik. Die Aussagen müssen aus methodischen Beobachtungen resultieren, sie müssen objektiv und verifizierbar sein. Die entsprechenden „Versuche" müssen wiederholbar sein. Die Versuchsanordnungen allerdings sind hier nicht ganz einfach, weil es die Ethik verbietet, mit Kindern und Menschen beliebige Versuche durchzuführen.

Sehr wohl lassen sich aber **gezielte Beobachtungen** machen: Welche Erziehung haben Erwachsene genossen und was ist aus ihnen geworden? Wurden sie „autoritär" erzogen? War der Erziehungsstil „laissez faire" oder „demokratisch"? Das lässt sich alles erfragen. Die Biografie vieler Menschen ist nachvollziehbar. Bekamen erfolgreiche Wissenschaftler in ihrer Kindheit viele Anregungen? Blieben ihre Fragen unbeantwortet? Welche Folgen haben Strafen für die Persönlichkeit eines Menschen? Wie beeinflussen Belohnungen das Lernverhalten? Usw. Man wird sich hier nicht auf die Aussagen Einzelner verlassen. Es müssen sehr viele Beobachtungen (Längsschnittuntersuchungen, Querschnittuntersuchungen, repräsentative Stichproben usw.) zusammengetragen werden, bevor eine Aussage gemacht, eine „Gesetzmäßigkeit" formuliert werden kann. Da Menschen sehr individuell sind, haben erst sehr viele Aussagen einen statistischen Wert.

Es lässt sich beispielsweise feststellen, dass Belohnungen im Allgemeinen wirksamer sind als Strafen, und dass es die Entwicklung der Kinder eher fördert, wenn ihre Fragen auch beantwortet werden. Solche statistischen Aussagen sind aber auch in anderen Naturwissenschaften üblich, beispielsweise in der Medizin, wenn es um die Wirksamkeit von Medikamenten oder deren Nebenwirkungen geht.

In der Zeitschrift „Spektrum der Wissenschaft" haben Melanie Killen und Marina Cords Folgendes publiziert: „Tag für Tag werden uns aus aller Welt Ausbrüche von Hass und Gewalt gemeldet. Und unweigerlich drängt sich die Frage auf, ob aggressives Verhalten zur menschlichen Natur gehört *(Hypothese)*. Vielleicht ist dies der Fall. Doch zum Ausgleich – so unsere These – gibt es auch eine ebenso starke Tendenz zur Kooperation *(Antithese)*.' So argumentierte schon vor einem Jahrhundert der russische Anarchist Pjotr Alesejewitsch Kropotkin. In seinem Werk ‚Gegenseitige Hilfe in der Tier- und Menschenwelt' (1904) postuliert er einen natürlichen Hang zur Hilfsbereitschaft *(Überprüfung früherer Versuche)*.

Solche Ansichten relativieren die einseitige Vorstellung, nur aggressives Verhalten habe biologische Wurzeln. Molekularbiologen suchen bei Mäusen nach Genen, welche die Aggressivität steuern – in der Annahme, ähnliche Mechanismen seien auch beim Menschen wirksam *(Hypothese der Molekularbiologen. Die Fragestellung beeinflusst die Richtung der Forschungsergebnisse, was auch gesellschaftliche Folgen hat.)*. Immer wieder haben Naturforscher Parallelen zum Verhalten der Tiere gezogen, um die eher ‚wilden' Verhaltensmuster des Menschen zu erklären. Besonders populär wurde diese Idee durch den österreichischen Zoologen und Nobelpreisträger Konrad Lorenz; 1963 erschien sein Klassiker ‚Das sogenannte Böse. Zur Naturgeschichte der Aggression'. Nach Lorenz ist eine gewisse streitlustige Veranlagung bei den meisten Lebewesen eine notwendige, da ungemein nützliche Charaktereigenschaft: Sie hilft dem Männchen, Ressourcen zu erobern *(Hypothese, die im Weiteren überprüft wird)*.

Doch gegen diese verbreitete Ansicht sprechen zahlreiche entwicklungspsychologische Studien *(Problemsensitivität, Serendipität)*. Bei Konflikten bricht unter Kindern nämlich keineswegs zwangsläufig aggressives Verhalten aus. Vielmehr nutzen sie vielfältige Strategien, um Streit zu vermeiden, zu mildern oder beizulegen und die Folgen für ihre Sozialbeziehungen möglichst gering zu halten *(Was übrigens auch aus dem Blickwinkel Konrad Lorenz' Sinn macht, da ein solches Verhalten in großem Maßstab Ressourcen schont, anstatt sie zu vernichten.)*.

Beispiele für die sozialen Fertigkeiten von Kindern liefert eine Studie, die eine von uns (Killen) zusammen mit Elliot Turiel von der Universität Kalifornien in Berkeley durchgeführt hat. Wir ließen drei vierjährige Kinder jeweils 15 Minuten lang unbeaufsichtigt miteinander spielen *(Die Versuchsanordnung wird beschrieben. Dazu gehören auch Videoaufzeichnungen/Dokumentationsform. Es folgt der Ausschnitt einer entsprechenden Transkription. Der Versuchsaufbau wir nachvollziehbar gemacht.)*.

Ruth, Lily und Michael (die oben beschriebenen Kinder) sind keine Ausnahmekinder. In mehr als 2000 Gesprächen *(Wiederholung des Versuchs und Verifikation)* zwischen Kindern, die ohne Erwachsene in einem Zimmer spielten, kamen Befehle und Unnachgiebigkeit seltener vor als kooperative Äußerungen, in denen ein Kind einen Vorschlag machte oder mit anderen verhandelte *(Beobachtungsergebnisse).*" (Killen, Cords 2004, S. 64 ff.; Ergänzungen in Klammern vom Autor)*

↗ FAZIT

→ Empirische Forschungsmethoden sind in vielen, aber nicht allen Lebensbereichen, Grundlagen des Erkenntnisgewinns. Damit eine naturwissenschaftliche Aussage als „wahr" anerkannt werden kann, muss sie eine Reihe von Bedingungen erfüllen:
  - Die Forschungsfrage muss klar formuliert sein (Hypothese).
  - Die Hypothese muss überprüfbar sein (Verifizierbarkeit und Falsifizierbarkeit).
  - Die Argumentation muss den Regeln der Logik folgen.
  - Versuchsaufbauten müssen klar nachvollziehbar sein.
  - Empirie ist eine sinnliche Erfahrungswissenschaft. Den Aussagen liegen Messungen zugrunde.
  - Das Versuchsergebnis muss wiederholbar sein.
  - Es darf nicht von bestimmten Personen abhängen (Objektivität).
  - Alle Forschungsergebnisse müssen dokumentiert werden.
  - Empirische Aussagen gelten nur im vorher festgelegten Rahmen und nur bis zu ihrer Widerlegung.
  - Forschungsreihen zu fälschen oder Messergebnisse zu schönen ist Betrug.

→ Empirische Methoden haben klare Grenzen. Vieles, was sich der empirischen Forschung entzieht, ist durchaus existenziell und wichtig für den Menschen: Glaube, Liebe, Hoffnung. Ein kleines Gedicht bringt das unter anderem zum Ausdruck:
  „Ich bin – und weiß nicht wer,
  ich komme – und weiß nicht woher,
  ich gehe – und weiß nicht wohin.
  Mich wundert, dass ich glücklich bin."
  (nach Salinger, „Der Fänger im Roggen")

→·← AUFGABEN UND ANREGUNGEN

1 Durchforsten Sie einige Experimentierbücher für Kinder oder Jugendliche. Führen Sie an wissenschaftliches Arbeiten heran, indem sie den oben genannten Kriterien entsprechen?

5.3 Naturwissenschaftliche Experimente planen und durchführen

> „Das Höchste, was dem Menschen gelingen kann, ist das Erstaunen."
>
> *(Goethe)*

„Der Welterkundungsdrang von Kindern, [...] wird im durchschnittlichen deutschen Kindergarten oft nicht nur ignoriert, sondern sogar behindert. Was Kinder umtreibt, was in ihren Köpfen vorgeht, wie und was sie lernen – davon haben die Menschen, die von Berufs wegen täglich mit ihnen umgehen, viel zu wenig Ahnung." *(Laewen/Anders 2002, S. 25)*

Wird der Kindergarten als Schonraum aufgefasst, geschieht genau das: Der Welterkundungsdrang wird ignoriert, nicht ernst genommen. Kinder erforschen die Welt von Geburt an. Sie erkunden ihre Umgebung Schritt für Schritt mit Ausdauer und Methode. Spätestens in ihren Warum-Fragen wird ihr Wissensdurst sichtbar. Sie stellen Fragen zu allen möglichen Bereichen, auch zu naturwissenschaftlichen. Was ist Nacht? Wieso ist der Himmel blau? Wo sind die Schmetterlinge im Winter? Woher kommt der Regenbogen? Was ist ein Schatten? Woher kommt der Strom? Was ist ein Stein? Was ist Zeit? Usw.

Fragen fordern Antworten. Muss man als Kind zu lange auf die Antwort warten oder sind die Antworten unzureichend oder erweisen sie sich als falsch, kann das Interesse des Kindes verloren gehen. Das heißt nicht, dass die begleitenden Erwachsenen sofort jede Frage beantworten können müssten oder sollten. Oft ist es viel spannender und fruchtbarer für das Kind, wenn sich die Erwachsenen zusammen mit ihnen auf die Suche nach Antworten machen (Ko-Konstruktion). Es bedeutet aber schon, dass pädagogische Fachkräfte über eine möglichst breite Allgemeinbildung verfügen und alltägliche naturwissenschaftliche Zusammenhänge in ihren Prinzipien kennen sollten.

Kinder erkunden die Welt in ihrem je eigenen Rhythmus. Man kann im Allgemeinen davon ausgehen, dass sie von sich aus die Fragen stellen, die für sie und ihre Entwicklung in diesem Moment wichtig sind. Kinder brauchen Zeit, um Fragen zu stellen, und sie brauchen Zeit, um die Antworten aufzunehmen. Dann wollen sie wieder mit Fragen in Ruhe gelassen werden. Aber Kinder brauchen und wollen auch Anregungen, Impulse und Gelegenheiten, immer wieder neue Erfahrungen zu machen und die vorhandenen Erfahrungen zu überprüfen. Das erfordert von den Erwachsenen, dass sie den Kindern auch immer wieder neue Themen „zumuten" und ihnen durch Feedback die Möglichkeit geben, ihre Thesen zu überprüfen.

In ihren Erfahrungen stellen Kinder Beziehungen her – zwischen sich und der Umgebung und zwischen den Dingen untereinander. Dabei stellen sie auch ohne Weiteres kausale Zusammenhänge fest und bilden Hypothesen. Es sind dieselben Vorgänge, wie man sie von kreativen Prozessen her kennt *(vgl. Kap. 2)*.

Bei der Exploration der Welt entwickeln und trainieren die Kinder ihre Sinne, erforschen deren jeweilige Reichweite und Gültigkeit. Sie kombinieren ihre Sinne, verbinden und trennen sie wieder. Sie wollen z.B. alles anfassen, weil sie auch mit den Händen „sehen".

Mit den Händen „sehen"

Sie *be-fassen* sich mit Gegenständen und Geräuschen, mit verschiedenen Oberflächen, mit Formen und Farben, mit dem Ausdruck von Gesichtern. Erklärungen (und Ermahnungen) bewirken in der Regel nicht sehr viel. Sie müssen es *tun*, um aus der unmittelbaren eigenen und konkreten Erfahrung ihre ganz persönlichen Schlüsse zu ziehen. Erst auf der Grundlage eigener Erfahrungen können Erklärungsversuche sinnvoll sein. In diesem Zusammenhang sind strenge Verbote nur dann sinnvoll, wenn wirklich nur dadurch echter Schaden zu vermeiden ist.

Bei **naturwissenschaftlicher Bildung** im Kindergarten geht es weniger um ein festgelegtes Wissenscurriculum, welches man abarbeiten sollte. Vielmehr sollten an das angebotene Wissen und die Methoden **qualitative Anforderungen** gestellt werden:

→ Das Wissen sollte wahr und relevant, für die Kinder von Bedeutung sein. Es sollte überprüfbar sein und hinterfragt werden können. Es sollte erfahrbar, nachvollziehbar und erklärbar sein und gleichzeitig neue Fragen provozieren. Es sollte erweiterbar und korrigierbar sein.

Wissen sollte nicht schockieren. Das Wissen sollte ethisch vertretbar sein.

→ Die Kinder sollten möglichst viel Wissen selbst erwerben und verstehen können. Die Wissensinhalte sollten sich an den Interessen der Kinder orientieren. Sie sollten geordnet werden und schließlich in Zusammenhängen stehen. Wissen sollte schließlich in einem Kontext stehen und den Kontext erschließbar machen.

→ Kinder sind die Akteure ihrer eigenen Entwicklung und ihres eigenen Wissensweges.

5.3.1   Entwicklungsmodelle – Piaget und Erikson

Kinder interessieren sich sehr stark für naturwissenschaftliche Phänomene. Später, in der Adoleszenz, gilt das Interesse eher menschlichen Verhaltensweisen. Bekommen Kinder auf ihre Fragen nicht zur rechten Zeit Antworten, können sie entweder auf Medien zurückgreifen („Bildungssendungen" im Fernsehen, Lexika u. a.) oder sie können bzw. müssen warten. Allerdings müssen sie sehr lange warten, wenn sie Informationen in der Schule erhalten wollen. Denn dort werden Physik und Chemie erst ab der Mittelstufe (zur Zeit der Adoleszenz) unterrichtet. Der Sachunterricht der Grundschule behandelt meistens eher biologische Themen.

Das Vorgehen in der Schule orientiert sich in der Regel am Stufenmodell von Piaget. Piaget unterteilt die Entwicklung des Menschen in mehrere Phasen *(s. Band 1, HF 2, Kap. 1.4):*
→ die sensumotorische Phase (0–2 Jahre)
→ die präoperationale Phase (2–4 Jahre: symbolisches, vorbegriffliches Denken und 4–7 Jahre: intuitiv, anschauliches Stadium)
→ die konkret operationale Phase (7–12 Jahre)
→ die formal operationale Phase (12–15 Jahre)

Mit dem Abschluss der formal operationalen Phase gilt nach diesem Modell die Entwicklung des Menschen als beendet. Er ist dann erwachsen, im Unterschied zu Steiners Philosophie, der den Menschen erst nach dem vierten Lebensjahrsiebt, also mit 28 Jahren, erwachsen nennt.

Naturwissenschaften werden allgemein mit formal operationalen Prozessen in Verbindung gebracht. Es soll anhand von Formeln berechnet werden, mit welcher Geschwindigkeit der Apfel unten ankommen wird. Der Apfel muss dabei nicht mehr in die Hand genommen – geschweige denn gegessen werden.

Der formal operationale Umgang mit Naturwissenschaften ist jedoch nur eine Herangehensweise. Und wahrscheinlich wird sie nur dann richtig verständlich, wenn sie auf konkreten Erfahrungen und Erlebnissen aufbauen kann.

Bleibt man beim Stufenmodell **Piagets,** ergeben sich zwei Schritte bei der Erarbeitung der Naturphänomene, wobei der zweite deutlich früher einsetzen kann, da heute eine Vorverlagerung der konkret operationalen Phase zu beobachten ist. Zunächst werden die Phänomene der umgebenden Natur erfahren. Die Kinder lernen möglichst viele Phänomene kennen und machen sich dabei eine Vorstellung von der Welt. Gleichzeitig entwickeln sie Konzepte und bilden Begriffe (z. B. was ist oben, unten, neben, vor, schwer, lang usw.). „Begriff" meint hier keine Vokabel, kein Wort, welches sich abfragen ließe. Es ist vielmehr zu verstehen als ein „Ich habe nun begriffen, was es bedeutet (für mich, für die Welt)", „Ich habe nun verstanden, worum es hier geht, und kann mich entsprechend verhalten". Es geht um die **Bildung kognitiver Konzepte.** Die Kinder entwickeln eine Vorstellung von etwas, z. B. von „Masse", „Gleichgewicht" oder auch von „Fairness" und „Gerechtigkeit".

Erst der zweite Schritt besteht dann in der naturwissenschaftlichen Deutung der Phänomene und im Entdecken und Nachvollziehen kausaler Zusammenhänge.

Erik Erikson *(s. Band 1, HF 2, Kap. 1.4)* beschäftigt sich mit der gesamten Lebensspanne des Menschen vom Säuglingsalter bis zum Greis und sieht im Unterschied zu Piaget die kognitive Entwicklung nicht mit dem Ende der Adoleszenz als abgeschlossen an. Er vertritt eine ganzheitlichere Sichtweise des Menschen.

„Menschlicher Entwicklung liegt nach Erikson ein Prinzip des Wachstums zugrunde, das sich in allen Organismen beobachten lässt, nämlich eben jenes epigenetische Prinzip, das allgemein gesagt bedeutet, dass alles, was wächst, einen Grundplan hat, dem die einzelnen Teile folgen, wobei jeder Teil eine Zeit des Übergewichts durchmacht, bis alle Teile zu einem funktionierenden Ganzen zusammengewachsen sind." *(Lück 2003, S. 32)*

Nach dieser Auffassung verfügen auch kleine Kinder sehr wohl schon über kognitive Strukturen, mit denen sie die Welt auch rational erfassen können. Sie sind nicht so ausgeprägt, wie es bei Erwachsenen der Fall ist, aber sie sind auch vorhanden. Viele Beobachtungen stützen diese Auffassung. Wenn ein Kind beispielsweise bestimmte Handlungen oft wiederholt (es lässt Dinge aus dem Kinderwagen fallen), so lässt sich das ohne Weiteres als eine konsequente Versuchsreihe interpretieren. Dabei werden immer wieder die Wirkungen einzelner Aktionen beobachtet – bis die Kinder wissen, wodurch sie eine bestimmte Wirkung hervorrufen können. Damit wiederum bewegen sie sich denkerisch bereits in kausalen Zusammenhängen.

Alter	Stadium	Stadium	Stadium	Stadium	Stadium	Stadium	Stadium	Stadium
Reifes Erwachsenenalter								Integrität/ Lebensekel
Erwachsenenalter							Generativität/ Selbstabsorption	
Frühes Erwachsenenalter						Intimität/ Isolierung		
Adoleszenz					Identität/ Identitätsdiffusion			
Schulalter				Werksinn/ Minderwertigkeit				
Spielalter			Initiative/ Schuldgefühl					
Kleinkindalter		Autonomie/ Scham						
Säuglingsalter	Urvertrauen/ Misstrauen							

Entwicklung des Menschen nach Erikson (vgl. Lück, S. 33)

Das Durchlaufen der verschiedenen Stadien steht in Wechselwirkung zu kulturellen und sozialen Gegebenheiten. Eine „Krise" tritt immer dann notwendig ein, wenn durch die Reifung einer neuen Fähigkeit eine frühere Form überformt wird. Krisen stellen für Erikson somit positive Entwicklungsimpulse dar.

Im Kindergarten lernen Kinder, sich freier und kraftvoller zu bewegen, und erweitern stark ihr Tätigkeitsfeld. Sie vervollkommnen ihr Sprachvermögen und erweitern zusammen mit der Bewegungsfreiheit und der Sprache auch ihre Vorstellungswelt. Die Kinder werden zunehmend autonomer und wollen auch „groß" werden. Sie wollen die „Dingwelt" „in den Griff" bekommen, selbsttätig sein und selbstständig werden. Parallel zu der Eroberung der Welt bauen sie hier auch ihr Selbstbewusstsein auf.

Das Experimentieren und das Deuten unterschiedlicher Experimente gibt den Kindern schließlich das Gefühl, Situationen beherrschen zu können. Gleichzeitig können sie so auch ihre (vorläufigen) Grenzen erfahren und begreifen. Sie erproben ihr handwerkliches Geschick, entwickeln ihre Grob- und Feinmotorik weiter und schaffen sich dabei eine breitere Basis für Wissen und spätere intellektuelle Fähigkeiten.

Somit sind **Grundbedingungen** formuliert, denen Angebote mit Kindern und Jugendlichen im naturwissenschaftlichen und gestalterischen Bereich gerecht werden sollten:

Lebensnähe: Themen und Materialien sollten aus dem direkten Lebensumfeld der Kinder kommen.

Aktivität: Die Kinder sollten Inhalte und Themen selbst aktiv handelnd bearbeiten können.

Anschaulichkeit: Was bearbeitet wird sollte für die Kinder sinnlich erfahrbar und nachvollziehbar sein.

Übung: Zur Festigung und Durchdringung sollten die Kinder ausreichend Gelegenheit zur Wiederholung haben.

Variabilität: Die Kinder sollten die Möglichkeit haben, Erfahrungen auf unterschiedliche Art und Weise zu machen. Erzieher und Erzieherinnen sollten entsprechend unterschiedliche Möglichkeiten kennen und beherrschen und sich auf die jeweiligen Anregungen der Kinder einlassen können.

5.3.2 Die Rolle der Erzieherin

Erzieherinnen und Erzieher sind immer Vorbilder. Durch ihr Tun und ihr Verhalten – und sie können sich nicht *nicht* verhalten – geben sie immer Beispiel. Allein durch ihre Persönlichkeit vermitteln sie, was Erwachsene wissen und können und wie sie mit Problemen und Situationen umgehen. Die Art und Weise, in der sie sich mit naturwissenschaftlichen Dingen befassen, vermittelt den Kindern, wie „man sich mit naturwissenschaftlichen Dingen eben befasst".

Das ist ein Problem in erzieherischen Berufen. Im Allgemeinen ist das Interesse für naturwissenschaftliche Fragen bei Menschen, die in sozialen Bereichen arbeiten und arbeiten wollen, leider (aber verständlicherweise) eher gering. Sonst hätten sie sich schließlich für einen anderen Beruf entschieden. Mitunter waren die eigenen Erfahrungen mit den Naturwissenschaften in der Schule nicht unbedingt positiv. Diese Erfahrungen beeinflussen die innere Einstellung gegenüber naturwissenschaftlichen Fragestellungen. Wie wurden die entsprechenden Lehrer erlebt? Welches waren die Lieblingsfächer und welches die Angstfächer in der Schule? Bei welchen Themen konnten Erfolgserlebnisse gesammelt werden?

Unangenehme Erfahrungen und Misserfolgserlebnisse sind keine gute Grundlage für erfolgreiche Lernprozesse. Erzieherinnen und Erzieher sind in einem solchen Fall gut beraten, hier als Erwachsene einen Neustart zu wagen. Dabei geht es nicht(!) darum, in mathematischer Präzision und in Kenntnis sämtlicher physikalischer Formeln das ehemalige Schulwissen neu zu beackern und zu reaktivieren. Es geht nicht um abstrakte Kenntnisse. Es geht darum, sich wieder neu für unterschiedliche, beobachtbare natürliche Phänomene zu sensibilisieren und die umgebende Welt nicht einfach als eine Selbstverständlichkeit hinzunehmen, sondern Fragen zu stellen, sie als spannend zu empfinden. Es geht darum, sich einfache (oder auch etwas kompliziertere) Zusammenhänge neu klarzumachen. Es geht um konkrete Erkenntnisse und Erfahrungen. Es geht darum, sich selbst naturwissenschaftliche Erfolgserlebnisse zu verschaffen und zu gönnen und sich damit in die Lage zu versetzen, das auch Kindern zu ermöglichen.

5.3.3 Was unsere Einstellungen prägt

> „Um sein Nichtwissen wissen, ist das Höchste.
> Um sein Wissen nicht wissen, ist krankhaft.“
>
> *(Lao Tse)*

Neben der Schule gibt es in vielen anderen Lebensbereichen prägende Erlebnisse, die unsere Einstellungen formen. Daraus entstehen Selbstkonzepte und unterschiedliche Deutungsmuster der Welt.

Das erste Mal am Meer: War es erschreckend, berauschend, beeindruckend? Ging der Kopf unter Wasser und brannte das Salz in den Augen? Oder war da eher der erfüllte Mittag zusammen mit den Eltern? Was löste diese Naturgewalt in einem aus? Machte sie neugierig oder schüchterte sie ein? Wie wurde in der Familie damit umgegangen? Mahnten die Eltern oft zur Vorsicht? Waren sie selbst ängstlich? Welche Erwartungen wurden an mich als Kind herangetragen? Welche Rollen wurden zugeschrieben? Auch heute werden Klischees von typischem Mädchen- und Jungenverhalten vermittelt. Mädchen wird in der Regel weniger naturwissenschaftliches Verständnis zugebilligt und sie gehen seltener in technische Berufe. Welche Erwartungshaltungen und Rollen wurden übernommen?

Will man Kindern Naturwissenschaften näher bringen, so beginnt die Arbeit mit der Überprüfung des eigenen Standpunkts. Das kann mit Abstand und ohne den Leistungsdruck schulischer Noten leichter gelingen. Gegebenenfalls ist es sinnvoll, die eigenen Standpunkte zu wechseln oder anders zu gewichten. Gehen die Erzieher mit Vorbehalten an Naturwissenschaften heran, so ist die Gefahr groß, dass die Kinder zunächst eben und vor allem diese Vorbehalte übernehmen. Damit sänken ihre Chancen, sich später konstruktiv und kritisch mit naturwissenschaftlichen Problemen auseinandersetzen zu können.

Die Überprüfung der eigenen Standpunkte meint nicht, dass zunächst allumfassend schulisches und naturwissenschaftliches Wissen nachgearbeitet werden sollte. Obwohl entsprechende Sachkenntnis die Arbeit mit den Kindern erheblich erleichtern kann, geht es vor allem darum, grundsätzliche Neugier und Aufgeschlossenheit wieder zu entwickeln. Zumindest sollten Erzieherinnen über naturwissenschaftliche Zusammenhänge so viel wissen, wie Kinder wissen können.

In einem zweiten Schritt sollten sich pädagogische Fachkräfte dann jedoch eingehender mit den jeweiligen Sachverhalten befassen und entsprechend sachkundig sein. Das gilt übrigens für sämtliche Angebote, die mit Kindern durchgeführt werden. Bei einem „Piraten-Projekt" sollten gesicherte geschichtliche Kenntnisse zum Leben von Piraten vorhanden sein, wozu durchaus eine Liste von Fachbegriffen aus der Schifffahrt gehören kann. Bei Kreativ-Angeboten sollten durchaus handwerkliche Fertigkeiten und Kenntnisse zum angebrachten Werkzeuggebrauch oder über jeweilige Kunstepochen oder Künstler vorhanden sein.

Am Sicherungskasten

5.3.4   Sachwissen – Straßen-„Kreide" herstellen

„Kreide" oder auch die Kreidezeit war das erdgeschichtliche Zeitalter am Ende des Mesozoikums (Erdmittelalter). Sie begann vor ca. 135 Millionen Jahren im Anschluss an das Jura und endete vor ca. 65 Millionen Jahren mit dem Beginn des Tertiär.

Während des Mesozoikums brach der Urkontinent Pangäa auseinander und gegen Ende der Kreidezeit hatten sich die jetzigen Kontinente mit ihren bekannten Umrissen geformt.

Die Kreidezeit war die Zeit der Saurier, die vor 65 Millionen Jahren ausstarben. Zur Erklärung gibt es verschiedene Theorien. Die gängigste ist, dass sich durch den Einschlag eines sehr großen Meteoriten die Umweltbedingungen so stark änderten, dass es den Sauriern nicht mehr möglich war, sich anzupassen.

Kreidefelsen, Rügen

Kreide, Kalziumcarbonat ($CaCO_3$), bildet in der Natur drei Gesteinssorten: Kalkstein, Marmor und Gips. Kreide ist ein feines Sedimentgestein, welches durch die Ablagerung von Schalen fossiler Kleinlebewesen entstanden ist.

Auch **Kalkstein** ist biologischen Ursprungs. Kalkstein ist wasserlöslich, weshalb sich in Höhlen Tropfsteine bilden können, sofern die höheren Gesteinsschichten kalkhaltig sind. Er ist aber stärker verfestigt und damit härter als die Kreide.

Marmor ist ein grobkristallines, metamorphes Gestein, welches entsteht, wenn Kreide oder Kalkstein unter dem Einfluss hoher Temperaturen und Drücke umkristallisiert

werden. Das geschieht in der Regel im Erdinneren. Durch Vulkanismus gelangt das Material dann wieder an die Erdoberfläche. Der reinweiße „Statuario", die Marmorsorte, aus der Michelangelo seine Skulpturen fertigte, kommt nur im italienischen Carrara vor. Daher ist er sehr wertvoll.

Gips ist ein weißes Sulfatmineral des Kalziums mit der Formel $CaSO_4 \cdot 2\,H_2O$. Man nennt es auch Kalziumsulfat (also nicht Kalziumcarbonat). Es ist extrem wasserunlöslich und weich. Gips kommt sowohl massiv als auch in feinkörniger Form als farbloser, weißer, roter oder grauer Alabaster vor (aus dem in manchen Kirchen wunderschöne Fenster gefertigt sind), feinfaserig als Fasergips oder als durchsichtiger Selenit. In Chihuahua (Mexiko) wurden bis zu 15 m lange Gipskristalle gefunden.

Gipskristalle

Gips wurde schon seit der Antike und früher als Baumaterial verwendet. Er findet sich in den Pyramiden von Gizeh ebenso wie in der Alabastermoschee in Kairo oder unseren modernen REA-Gips-Platten.

Die Entdeckung, dass durch Erhitzen eine Substanz entsteht, die mit Wasser vermischt wieder aushärtet, verdanken wir den Römern. Wird der Gips auf über 110° C erhitzt, so verliert er das Kristallwasser und es entsteht gebrannter Gips. Wird der wieder mit Wasser vermischt, so nimmt er das Wasser wieder auf und erhärtet dabei. Bei diesem chemischen Prozess entsteht spürbar Wärme. Im Prinzip härtet Gips auch unter Wasser, nur hat dann die Gesamtmasse für sich so wenig Verbund, dass sie zerfällt, wenn sie trocknet.

Da Gips ein sehr weiches Material ist, welches relativ einfach verarbeitet werden kann, lassen sich damit unter Beimengung verschieden farbiger Pigmente auch ganz leicht tolle Malblöcke herstellen, mit denen man sehr gut auf asphaltierten Straßen und überhaupt allen steinigen Oberflächen zeichnen kann.

Man braucht dazu:
→ Gips
→ Messbecher
→ (Plastik)Becher, Tassen o. Ä.
→ Löffel oder Spatel
→ Pigmente
→ Klopapierrollen
→ Kunststofffolie als Unterlage

Die Arbeitsweise:
Man mischt in einem Gefäß ca. 200 ml Wasser mit 14 gehäuften Esslöffeln Gips und ein bis zwei Esslöffel Pigment (Farbpulver). Dabei mischt man zunächst das Gipspulver mit dem Pigment und gibt dann das Wasser in das Gefäß und rührt, bis eine breiige Masse entsteht. Das dauert zwei bis drei Minuten. Anschließend wird die Masse in eine Klopapierrolle gefüllt oder mit den Händen zu Wulsten, Kugeln oder anderen Formen geformt.

Der gesamte Arbeitsprozess sollte sehr zügig (aber nicht hektisch) vonstatten gehen, da der Brei relativ schnell härtet und dann nicht mehr formbar ist. Dabei handelt es sich um einen chemischen Prozess und nicht um ein einfaches Trocknen. Aus diesem Grunde sollte man auch nur so viel Gips anrühren, wie man in einem Arbeitsgang innerhalb von 10 Minuten verarbeiten kann. Der Gipsbrei, der nicht mehr verarbeitet werden kann, wird parallel im Gefäß aushärten.

Es ist gleichzeitig wichtig, auf ein relativ exaktes Mischungsverhältnis zu achten. Nimmt man zu wenig Wasser, so können einzelne Bereiche in der Gesamtmasse nicht mit dem Wasser reagieren und bleiben pulverig. Verwendet man zu viel Wasser, so zögert das nicht den Härtungsprozess hinaus, sondern die Gesamtmasse hat schließlich nur zu wenig Verbund und zerfällt mangels Festigkeit.

Hat man das richtige Mischungsverhältnis verwendet, so ist der handgeformte Malblock in ca. 15 Minuten einsatzbereit. Bei dem gegossenen Malblock kann nach ca. 20 Minuten die Papprolle entfernt werden. Zum vollständigen Durchtrocknen brauchen die Blöcke je nach Wetter einen oder mehrere Tage. Sie können dann beliebig lange gelagert werden.

Achtung! Gips reizt die Haut! Es ist daher sinnvoll, entweder Gummihandschuhe zu tragen oder die Hände vor der Arbeit gut einzucremen. Man sollte auch den Kontakt mit den Augen vermeiden.

5.3.5 Was Kinder wissen können

„Der kleine Jakob lehnt über dem Spülbecken und lässt verschiedene Schiffe zu Wasser: Walnussschalen, einen Radiergummi, die Zitronenpresse, Plastikbecher. Was macht er da eigentlich? Unternimmt er gerade eine Erkundung zum Thema Masse, Dichte und Volumen? Vielleicht geht es ihm um das Archimedische Prinzip. Oder versucht Jakob vielmehr, Effekte der Schwerkraft auszuloten? Oder ist er am Ende zu einem ganz anderen Kontinent aufgebrochen [...]" *(Laewen/Andres 2002, S. 10).*

Bei seinem kindlichen Spiel eignet sich dieser Junge ein komplexes naturwissenschaftliches Wissen an. Gleichzeitig vergleicht er sein bisheriges Vorwissen mit den in den aktuellen Experimenten gewonnenen neuen Erfahrungen. Er arbeitet systematisch, konzentriert, ausdauernd und konsequent.

Im Spiel naturwissenschaftliches Wissen aneignen

Es ist eine Sache, sich klarzumachen, zu welchen Wissenschaften ein Kind momentan in seinem „Spiel" forscht. Mit hoher Wahrscheinlichkeit eignet es sich dabei auf den unterschiedlichsten Gebieten gleichzeitig Wissen und Erfahrung an: in der Physik (Auftrieb), der Chemie (Wasser), der Geschichte (neue Kontinente und Abenteuer) oder der Soziologie.

Eine andere Sache ist es, das auch zu sehen. Das erfordert von den begleitenden Erwachsenen wache Aufmerksamkeit. Es kommt darauf an, im richtigen Moment zu sehen, womit sich ein Kind wirklich beschäftigt, um dann mit Impulsen darauf eingehen zu können, mit entsprechenden Äußerungen dem Kind vielleicht nur bewusst zu machen, womit es sich gerade beschäftigt und welche Leistung es gerade vollbringt. Das bedeutet, den Fokus der Beobachtung weg von den „Defiziten" der Kinder hin auf ihre Kompetenzen und Lernchancen zu richten.

Ein Drittes ist es, selbst etwas zu diesen Dingen zu wissen und dieses Wissen präsent zu haben. Wieso kann man aus Eisen Schiffe bauen, obwohl Eisen nicht schwimmt? Wer war Archimedes? Wieso „kleben" kleine schwimmende Gegenstände auf dem Wasser aneinander? Mögen sie sich? Wie kommt das Wasser von der Wurzel in die Spitze eines Baumes (Kapillarwirkung) und wieso kommt aus einem Wasserhahn im 2. Stock genauso Wasser wie im Erdgeschoss, obwohl es keine Pumpe gibt (Prinzip der kommunizierenden Röhren)? Wie funktioniert ein Stromkreis und wo befindet sich in der Einrichtung der Sicherungskasten?

Wie funktioniert der Wasserkreislauf der Erde und welche Rolle spielen dabei die Wolken? Wie sieht unser Blutkreislauf aus und wie kann ich den Puls messen? (Kleben Sie sich mit Plastilin einen Strohhalm auf die Pulsader am Handgelenk.) Wie heißen die Pflanzen in der Umgebung der Einrichtung und welche davon sollte man nicht essen? Was ist ein Hebel und was kann man damit machen (Wippe)?

Der Lohn der Arbeit liegt neben einem erweiterten Verständnis für die Welt auch in den vielen neuen Projektideen, die mit hoher Wahrscheinlichkeit entstehen.

↗ FAZIT

→ Wer Kinder im naturwissenschaftlichen Bereich fördern will, sollte sich einige (kindliche) Grundhaltungen wieder zu eigen machen: Neugier, Unvoreingenommenheit, Offenheit, Kreativität und den Wunsch, immer wieder Neues dazulernen zu wollen.

→ Grundsätzlich sollten es Erzieherinnen schaffen, (wieder) ein grundsätzliches Interesse an den Phänomenen der Welt zu entwickeln, neugierig zu sein, Fragen zu stellen und Antworten zu suchen. Das sollte eine innere Grundhaltung sein, die mit der der Kinder korrespondiert. Diese Grundhaltung wäre gleichzeitig die eines Forschers. Die könnten die Kinder übernehmen und weiterentwickeln.

→ Die persönlichen Standpunkte der Erzieher beeinflussen die Standpunkte und Grundannahmen der Kinder. Erzieherinnen brauchen ein fundamentales Basiswissen über naturwissenschaftliche Zusammenhänge. Zumindest brauchen sie eine gewisse Offenheit gegenüber naturwissenschaftlichen Fragestellungen und Vorgehensweisen, um eben diese Offenheit an die Kinder weitergeben zu können.

→·← AUFGABEN UND ANREGUNGEN

1 Machen Sie sich mit den unterschiedlichen Eigenschaften der Materialien und Werkzeuge vertraut, mit denen Sie täglich umgehen. Welche Farben sind wasserlöslich, welche nicht? Welche sind giftig? Welche Lösungsmittel gibt es in Ihrer Umgebung und wofür kann man sie verwenden? Was sind elektrische Leiter und womit kann man isolieren?

2 Stellen Sie eine Reihe von Versuchen zum selben Thema zusammen (Licht, Magnetismus, Körper usw.). Stellen Sie möglichst viele Fragen an das Thema, die nicht aus den Anleitungen hervorgehen.

5.4   Naturwissenschaften in Tageseinrichtungen

Will man naturwissenschaftliche Erlebnisse in Kindertageseinrichtungen ermöglichen und als einen Aspekt der Bildungsarbeit berücksichtigen, so sind neben den Kindern, entwicklungspsychologischen Zusammenhängen und der Persönlichkeit des Erziehers oder der Erzieherin eine Reihe von Rahmenbedingungen zu bedenken.

Zunächst sieht die pädagogische Arbeit bei unterschiedlichen pädagogischen **Konzepten** verschieden aus. Die unterschiedlichen Konzeptionen haben bereits Folgen für die **räumlichen Bedingungen.** Bei einer Einrichtung mit festen Stammgruppen wird sich vieles in einem Raum abspielen. Eine offene Einrichtung verfügt über verschiedene, speziell ausgestattete Funktionsbereiche, die oft von spezialisierten Mitarbeiterinnen betreut werden.

Im Kindergarten-Team wird es **unterschiedliche Interessen** und Erfahrungen geben, die nicht immer einfach in Einklang zu bringen sind. Eventuell gibt es Vorbehalte gegen eine „naturwissenschaftliche" Bildung. Es kann motivationale Probleme geben, da die Umsetzung naturwissenschaftlicher Inhalte zunächst einen Arbeitsaufwand bedeutet. Grundsätzlich wird es schwierig, wenn kein gemeinsam getragenes Konzept zustande kommt.

Eltern bringen zum Teil Vorbehalte mit und wollen den Kindern ihre Kindheit erhalten. Sie meinen vielleicht, es genüge, wenn der Stress in der Schule beginnt. Manche Eltern finden solche Bildungsinhalte zwar gut, fühlen sich jedoch überfordert, weil sie selbst zu wenig zu wissen glauben. Andere Eltern wiederum tragen besondere Anforderungen an die Kinder und die Einrichtung heran und erwarten, dass die Kinder mit profundem Wissen in die Schule kommen, um dort dann bessere Startchancen zu haben.

Ein Konzept, welches den Kindern Naturwissenschaften erfahrbar machen soll, braucht die Akzeptanz möglichst vieler Beteiligter, im Team, bei der Elternschaft und beim Träger. Das heißt, es bedarf einiger Vorgespräche und Elternarbeit. Dabei können auch die Ressourcen erkundet werden, die zur Verfügung stehen. Vielleicht sind Eltern Wissenschaftler und können die Kinder im Kindergarten besuchen. Oder es gibt Kontakte zu Hochschulen, Museen, Künstlern. Vielleicht lassen sich über Kontakte einfacher und billiger verschiedene Materialien organisieren. Der Träger muss einen gewissen finanziellen Rahmen bereitstellen.

5.4.1   Der Raum

Laboratorium

Naturwissenschaftliche Forschung geschieht normalerweise in Laboratorien. Für verschiedene Tätigkeiten braucht man oft spezialisierte Räume. Sportler üben in Hallen, Künstler arbeiten in Ateliers, Schauspieler brau-

chen eine Bühne, Musiker Proberäume. Der Raum stimmt auf die jeweilige Tätigkeit ein, unterstützt sie. Mit seiner Atmosphäre erzeugt er eine eigene Stimmung. Neben den anderen Kindern und den begleitenden Erwachsenen ist der Raum wichtigster „Miterzieher".

Gleichzeitig muss der Raum den spezifischen Anforderungen der Tätigkeit entsprechen. Räume für naturwissenschaftliche Erfahrungen sollten **gut beleuchtet** werden können. Eine Neonbeleuchtung ist diffus und erzeugt ein kaltes, leicht flackerndes Licht, was bei genauen Beobachtungen störend sein kann. Günstig ist es, wenn einzelne Arbeitsplätze über eine eigene Lichtquelle verfügen. Das Arbeitslicht sollte in der Regel von links kommen, damit bei Rechtshändern nicht der Schatten der eigenen Hand auf die Arbeitsfläche fällt. Gut ist es, wenn der Raum über ausreichend Tageslicht verfügt. Fenster können groß sein und eine Fensterbank besitzen. Gleichzeitig ist es für viele Experimente und Erlebnisse von Vorteil, wenn man den Raum auch vollständig abdunkeln kann.

Allein die Dunkelheit ist für Kinder eine starke Erfahrung. Manchmal ängstigt die Dunkelheit zunächst. Erzieher müssen hier die Kinder sensibel wahrnehmen. Dann ermöglicht eine **Dunkelkammer** aber eine Reihe spannender Wahrnehmungen und Tätigkeiten. Viele Lichtphänomene lassen sich hier besser beobachten als im Tageslicht. Für ältere Kinder ist es spannend, hier mit lichtempfindlichen Materialien umzugehen. Spätestens in der Grundschule sind viele Kinder ohne Weiteres dazu in der Lage, auch mit Filmmaterialien (Schwarz-Weiß-Fotografie) zu experimentieren.

Arbeitsflächen brauchen eine kindgerechte Höhe. Sie müssen belastbar und gut zu reinigen sein. Die Größe richtet sich vor allem nach den Experimenten. Die Kinder sollten selbstständig als auch in kleinen Gruppen arbeiten können. Stehen Tische an der Wand, empfiehlt sich ein **Spritzschutz** (indem z. B. auf Schulterhöhe der Kinder eine Folie angebracht wird.). Die Tische müssen standfest sein. Um besser sehen zu können, krabbeln Kinder schon auch einmal spontan auf den Tisch. Es müssen keine Werkbänke sein. Es sollte aber möglich sein, bei Bedarf auch einmal eine Schraubzwinge anbringen zu können.

In einem Laboratorium braucht man **Wasser**. In einem tieferen Waschbecken mit schwenkbarem Hahn kann man auch Eimer oder Wannen leicht mit Wasser füllen. Da Wasser sehr schwer ist, braucht man Abstellflächen in gut erreichbarer Nähe. Der Abguss sollte stets frei sein.

Wenn mit Wasser in Wannen experimentiert wird, spritzt auch leicht etwas davon auf den Boden. Bei vielen **Bodenbelägen** besteht dann erhöhte Rutschgefahr. Verschüttetes Wasser sollte man so rasch wie möglich aufnehmen. Das können auch Kinder. Der Raum sollte im Allgemeinen den Belastungen standhalten, da es die Experimentierfreude stark hemmt, wenn zu viele Vorsichtsmaßnahmen und Regeln beachtet werden müssen.

Mit **Strom** sollte sehr überlegt umgegangen werden. Ein Laboratorium braucht Steckdosen an den richtigen Stellen, nämlich dort, wo Lampen, Computer, Bügeleisen, Wasserkocher usw. gebraucht werden. Das ist in der Regel in der Nähe der Arbeitsplätze, auch in der Nähe von Wasser. Alle elektrischen Installationen müssen unbedingt den Standards entsprechen und bei Beschädigungen sofort verschlossen und repariert werden. Die Erzieherinnen und Erzieher müssen wissen, wie sie sich bei Stromunfällen zu verhalten haben und auch, wo sich die entsprechenden Sicherungen befinden und wie damit umzugehen ist.

Manchmal braucht man Strom ausgerechnet dort, wo keine Steckdose ist. Man verwendet dann ein entsprechendes **Verlängerungskabel**. Dieses kann leicht zu einer Stolperfalle werden. Zur Planung von Funktionsbereichen gehört, dass man sich auch überlegt, auf welchen Wegen sich die meisten Personen im Raum bewegen werden. Solche **Wegstrecken** skizziert man günstigerweise in der Planung, hält sie frei und platziert dort keine Möbel oder Ablagen oder eben Verlängerungskabel.

5.4.2 Die Atmosphäre

Die Atmosphäre wirkt auf die Personen im Raum und regt bestimmte Verhaltensweisen an. Das gilt nicht nur für Kinder, sondern auch für Erwachsene. Saubere und geordnete Arbeitsplätze regen zu strukturiertem und überlegtem Vorgehen an. Im Verlauf einer Experimentierphase kann es allerdings leicht zu Unordnung kommen. Das behindert die Arbeit der Kinder und ihre Lernprozesse nicht unbedingt. Im Gegenteil: Oft ist es schädlicher, die Kinder mit irgendwelchen Ordnungshinweisen aus ihrer Konzentration zu reißen. Ein Experiment verläuft dann gut, wenn die Kinder sich so auf ihre Forschung einlassen, dass sie die Welt um sich herum vergessen, wenn sie sich ganz der Sache widmen. Wichtiger ist es, den Raum immer wieder, auch mit den Kindern zusammen, in einen einladenden Zustand zu bringen.

Die Schrankinhalte sollten den Kindern zugänglich sein, es sei denn, es handelt sich um giftige oder sehr gefährliche Dinge. Es ist sinnvoll, mit den Kindern zusammen brauchbare Ordnungssysteme zu entwickeln und umzusetzen.

Ordnungssysteme

Wo bringt man günstig Papiere, Stifte, Farben unter? Wo Schüsseln und Becher? Wo Löffel, Messer, Schaber usw.? Wie sollen die Plätze beschriftet werden, welche Symbole will man verwenden?

> Es gibt kein „richtiges" Ordnungssystem. Die Ordnung muss sich an den räumlichen Bedingungen, den Experimenten, den Interessen der Kinder und der Konzeption der Einrichtung ausrichten.

Spannend ist es, Ordnungen und Regeln zusammen mit den Kindern zu entwickeln. Die unterschiedlichen Dinge sollten dann ihren Platz bekommen und auch dort zu finden sein. Im Laufe der Zeit wird man vielleicht feststellen, dass sich eine Ordnung nicht bewährt und dass sie verbessert werden kann. Wird der Raum dann entsprechend umstrukturiert, ist allein dieses Vorgehen bereits ein wissenschaftliches. Die gegebene Situation wird analysiert, positive und negative Aspekte werden herausgearbeitet. Dann werden Verbesserungsvorschläge erarbeitet (Hypothese) und in einer ersten Phase ausprobiert (Versuch). Haben sie sich bewährt (Verifikation), setzt man sie dauerhaft um – und behält die Gesamtsituation weiter im Auge. Letztlich kann die Verwaltung des Raumes natürlich nicht bei den Kindern liegen. Damit wären sie überfordert. Es muss im Team geklärt werden, wer für den Raum zuständig ist. Dazu gehört ein regelmäßiger Blick auf die Ausstattung und den Zustand von Installationen und Geräten.

Zu naturwissenschaftlicher Forschung gehört die Dokumentation. Dazu gibt es unterschiedliche Möglichkeiten. Eine besteht in **Präsentationsflächen** im Raum. An ih-

nen können Zeichnungen, Skizzen oder Bilder angebracht sein, die zu unterschiedlichen Forschungen entstanden sind. Vielleicht ist ein Versuchsaufbau angezeichnet oder es hängen dort Fotos, die während einer Experimentierreihe entstanden sind. Eventuell wird dasselbe Experiment wiederholt durchgeführt und entsprechende Fotos untereinander angebracht usw. Solche Flächen schaffen auch Atmosphäre und würdigen die Arbeit der Kinder.

Dokumentationen können sich auch in **Portfolios** von Kindern finden. Dabei kann es sich sowohl um die Dokumentation eines Kindes zu seiner Forschung als auch um die Dokumentation der Erzieherin zum Kind während dessen Forschung handeln.

Viele Experimente führt man sinnvollerweise **im Freien** durch. Für diesen Fall ist es gut, einen speziellen „Koffer" zu haben, in dem sich einige praktische Dinge befinden: Lupen, Messer, Skalpelle, Draht, Bindfaden und Garn, ein längeres Seil, Klebstoff, Nägel, Schrauben, Hammer und Schraubendreher, Papier und Stifte, ein Feuerzeug, Kompass, eventuell eine Karte der Gegend, ein Magnet, eine Plastikplane, Säge und Axt usw., Erste-Hilfe-Packung, das Handy. Die Ausstattung richtet sich nach dem, was man vorhat, sie sollte aber auch eine Bandbreite spontaner Forschungen und Aktionen ermöglichen.

Das gilt auch für die Ausstattung des **Experimentierraumes.** Die meisten Dinge, mit denen experimentiert wird, sollten aus der direkten Lebensumwelt der Kinder stammen: Becher, Löffel, Metalle, Plastilin, Holz, Kämme, Tücher usw. Für manche Experimente benötigt man allerdings etwas aufwendigere Geräte. Neben einem Satz guter und großer Lupen (aus Glas, Verkleinerungs- und Vergrößerungsgläser) sollte es eine genaue Waage geben (gute Küchenwaage und Personenwaage), für Messungen mit geringeren Gewichten eine Federwaage (gibt es im Bereich für wenige Gramm bis hin zu Waagen für einen Zentner). Diese Geräte sollen nicht daran hindern, mit den Kindern zusammen Messinstrumente, z. B. Waagen, auch zu erfinden. Die Wippe ist im Grunde auch eine Waage.

Ein **Laboratorium** braucht eine weiße Wand für Projektionen und ein Mikroskop. Inzwischen gibt es erschwingliche Mikroskope, die sich auch an einen Computer anschließen lassen. In diesem Fall können mehrere Kinder gleichzeitig die Vorlage im Mikroskop betrachten und bei Bedarf auch schnell ausdrucken. Allerdings muss man den Einsatz eines Computers sehr genau bedenken und planen. Zwar sollen Kinder keine Scheu vor dem Computer entwickeln und lernen, ihn als eine Kulturtechnik einzusetzen. Aber es ist gut, wenn man den Computer beherrscht und ihm nicht ausgeliefert ist.

5.4.3 Informationsquellen

> „Ich suche nicht – ich finde!"   *(Pablo Picasso)*

Es ist sinnvoll, in einem Laboratorium Nachschlagewerke leicht zugänglich zu machen. Das können auch Lexika auf CD-ROM sein. Echte Bücher haben aber den Vorteil, dass man sie gezielter auswählen (kaufen) und in ihnen gezielter suchen kann. Das „Blättern" ist für Kinder eine sehr effektive Such-, Finde- und Lernstrategie, da sie oft nicht wissen können, unter welchen Stichwörtern sie suchen sollen. Gleichzeitig lassen sich bereits aus Bildern viele Informationen gewinnen, auch wenn man noch nicht lesen kann.

Mit Büchern kann man sich in einen stillen Winkel zurückziehen und „schmökern". In ihnen zu lesen, ist in der Regel weniger anstrengend als das Lesen am Bildschirm. Oft sind in Büchern auch mehr und umfangreichere Informationen zu finden. Bücher sind unkomplizierter und ihre Information schnell und spontan verfügbar. Und die Kinder können sie selbstständig nutzen.

Es gibt auch „Visuelle Lexika". In ihnen sind Bilder zu bestimmten Themenbereichen geordnet und erklärt. Dort können sich Kinder beispielsweise damit vertraut machen, aus welchen Teilen ein Fahrrad zusammengebaut ist und wie diese Teile heißen. Über die Abbildungen werden sie auch in die Lage versetzt, die entsprechenden Teile an ihrem eigenen Fahrrad wiederzuerkennen. Kleinere Kinder haben hier die Möglichkeit, sich an Stelle von Wörtern, die sie noch nicht lesen können, an Abbildungen zu orientieren, zu denen sie die Erzieherinnen dann befragen können.

Lexika und Nachschlagewerke gibt es für unterschiedliche Altersgruppen *(s. Band 1, HF 2, Kap. 5.4)*. Das schlägt sich in der Auswahl der Themen nieder, in der Art der Bebilderung und vor allem in der Sprache. Man sollte darauf achten, dass die jeweiligen Zusammenhänge und Informationen korrekt sind. Das ist längst nicht immer der Fall. Manchmal sind Zusammenhänge so vereinfacht dargestellt, dass sie nicht mehr stimmen und nicht sinnvoll nachvollzogen werden können. Gute Bücher sollte man sehr sorgfältig hüten.

Neben Nachschlagewerken sind auch Informationen zu verschiedenen Wissenschaftlern und Erfindern, z. B. in Form von Biografien, hilfreich. Vor allem aber sollten hier Experimentierbücher zu finden sein. Auch von diesen ist der Markt inzwischen überschwemmt. Gute Experimentierbücher haben ausreichende Beschreibungen und Bebilderungen, sodass die Kinder die meisten Versuche selbstständig durchführen können.

Eine wichtige Informationsquelle für die Kinder sind allerdings nach wie vor die Erzieher und Erziehrinnen.

Die Experimente und deren Themen sollten dem Erfahrungsbereich der Kinder entnommen sein. Die naturwissenschaftlichen Zusammenhänge sollten klar dargestellt sein. Eine Formelsammlung ist im Kindergarten nicht angebracht. Für die Kinder von Vorteil ist es aber, wenn auch die heutigen technischen Anwendungen eines naturwissenschaftlichen Phänomens verdeutlicht werden.

Die Experimente sollten so offen sein, dass vielfältige Beobachtungen möglich sind. Sie sollten zu weiteren Fragen anregen und weitere Experimente provozieren.

Leider sind viele Experimente nur mit hohem Aufwand durchführbar, was in manchen Experimentiersammlungen nicht berücksichtigt ist. So wird es in der Regel nicht ohne Weiteres gelingen, mithilfe einer Kunststoffflasche, einem Korken, Karton und einer Fahrradpumpe selbst eine wasserbetriebene Rakete zu bauen. Die Probleme beginnen mit dem Anbringen der Leitwerke (Flügel) an der Flasche und reichen über die notwendige Dichtheit der Rakete bis hin zur Statik, da die gefüllte Flasche mit einem Kilogewicht stabil stehen muss und den freien Fall zurück zur Erde überstehen sollte.

5.4.4 Naturwissenschaften erleben

Bei der naturwissenschaftlichen Bildung im Kindergarten geht es darum, die **Naturwissenschaften erfahrbar(!)** zu machen. Es sei hier unterstrichen, dass „erfahren" bedeutet: direkt, unmittelbar, mit den eigenen Sinnen, körperlich erfahren, erleben. Es gibt heute eine Menge Lernsoftware zu naturwissenschaftlichen Themen, die man vor einem Einsatz gründlich auf ihre sachliche Richtigkeit hin überprüfen muss. Allerdings werden dann die Inhalte nur noch medial vermittelt und „gelernt". Es geht dann letztlich um deklaratives Wissen. Deklaratives Wissen bekommt aber nur schwer einen wirksamen Bezug zur Wirklichkeit und verflüchtigt sich leicht. Es besteht ein bedeutender Unterschied, ob man ein Experiment selbst durchgeführt hat und dabei spontan auftauchender Probleme lösen musste oder ob man nur einen entsprechenden Animationsfilm sieht.

Ob man nur die Gleichung lernt: „Druck ist gleich Kraft durch Fläche" oder durch Versuch und Irrtum erfährt, dass man zwar mit Leichtigkeit einen Nagel in ein Holz hämmern kann, aber keinen stumpfen Bolzen, macht einen Unterschied. Das eine geht, das andere nicht. Warum? Welches Prinzip wirkt da? Jetzt ist es am Erwachsenen, anzuregen. Was lässt sich leicht in die Pinnwand drücken? Nägel, Nadeln, Zahnstocher – aber keine Schraubenköpfe, Korken oder stumpfe Bleistiftrückseiten. Wenn man einen Zahnstocher gegen die Haut drückt, piekst es, aber nicht bei einem Legostein (es sei denn, man nimmt die Ecke). Hier kommt noch heute eine uralte Erfindung zur Anwendung: der Keil. Keile verwendet man, wenn man mit geringem Kraftaufwand in andere Materialien eindringen will. Der Holzfäller mit der Axt in den Baum, ein Kind mit der Schere in einen Karton. (Bei der Schere kommt auch der „Hebel" zur Anwendung.) Erst beim wiederholten Machen, durch das Tun, können das Funktionsprinzip und die Anwendungsmöglichkeiten klar werden. Nur so kann man es letztlich „be-greifen". Auf diesem Wege bekommen Erfahrungen eine Bedeutung und können zu Erkenntnissen werden. Das dient auch der Konzept- und Begriffsbildung bei den Kindern. Abgesehen davon, verhilft eine solche Übung zur Sicherheit im Umgang mit unterschiedlichen Materialien und Werkzeugen (Feinmotorik, Auge-Hand-Koordination).

Je nach Größe der Einrichtung kann es praktisch sein, wenn von den jeweiligen Geräten mehrere Exemplare vorhanden sind. Es ist auch wichtig, von welcher Be-schaffenheit die unterschiedlichen Werkzeuge und Geräte sind. Edlere Materialien motivieren zu einem schonenderen Umgang. Schon das Material vermittelt Wert und Wichtigkeit. Man kann ohne Weiteres Steingut anstelle von Kunststoff einsetzen. Schwerere Gegenstände besitzen mitunter mehr Standfestigkeit, was für viele Versuche eine Rolle spielt. Es ist auch von Vorteil, wenn die verwendeten Werkzeuge ein gutes Design haben. Gutes Design zeichnet sich aus durch eine gute Optik, durch ansprechende Proportionen sowie vor allem durch eine gute Funktionalität. Die Verletzungsgefahr ist bei scharfen Messern und Scheren geringer als bei stumpfen.

Grundsätzlich sollten die Kinder in den korrekten Gebrauch der unterschiedlichen Werkzeuge und Geräte gut eingeführt werden. Zum richtigen Gebrauch gehört auch ein schonender Umgang. Das macht sie kompetent und letztlich selbstbewusster. Und es schont die Ressourcen der Einrichtung.

> Menschen haben unterschiedliche **Lernkanäle** und sind unterschiedliche Lerntypen. Es gibt motorische, akustische und visuelle Typen. Viele Menschen sind visuelle Typen. Dementsprechend sehen Kinder Erwachsenen bei den unterschiedlichsten Gelegenheiten zu.
> Selten aber ist ein Lernkanal ausschließlich besetzt. In aller Regel ist der Lernerfolg am größten, wenn die unterschiedlichen Lernkanäle in einer individuell optimalen Mischung ausgeschöpft werden, man also etwas hört, sieht und dann auch tun und üben kann.

Kinder beim Experimentieren

5.4.5   Planung naturwissenschaftlicher Bildung

Hochhaussiedlung

Die Erfahrungsräume der Kinder sind heute sehr begrenzt. Oft behindern beengte Wohnverhältnisse die Kinder bei ihrer Erkundung der Welt. Viele Wohnanlagen zeichnen sich neben ihrer architektonischen Fantasielosigkeit durch Verbotsschilder wie „Spielen verboten" oder „Betreten des Rasens verboten" aus. Die Nachbarn stören sich mehr am Lärm der Kinder als am Lärm des Verkehrs. Der wiederum schränkt den Spielraum der Kinder weiter ein. Auch in verkehrsberuhigten Zonen gibt es immer weniger zu entdecken. An normal frequentierten Straßen können Kinder im Grunde nicht mehr spielen. Viele Spielplätze sind so weit von den Wohnungen entfernt, dass vor allem kleinere Kinder nicht selbstständig dorthin gelangen können. Dort wiederum sind in der Regel nur wenig anregungsreiche Standards geboten. In Städten ist es außerordentlich schwierig, in naturnahe Umgebungen mit Wiesen, Bäumen und Wasser zu kommen. Der Kontakt zu Tieren wird zu einer Ausnahmesituation.

Für Kinder ist es heute sehr schwer, Abenteuer zu erleben. Es gibt wenig Gelegenheit zum Klettern oder zum Brückenbauen. Das Übernachten im Freien ist eine fast beängstigende Ausnahme. Über vielen Städten gibt es keinen Sternenhimmel mehr, da in der üppigen Beleuchtung die Sterne schlicht kaum mehr zu sehen sind. Die Milchstraße wird so zu einer grauen Theorie. Bei aller Globalisierung ist für diese Kinder die Welt sehr klein geworden. Ihre Erfahrungen sind nicht mehr ihre eigenen. Die Erfahrungen kommen aus zweiter und dritter Hand und sind nicht mehr originär. Damit ist auch nicht mehr sicher, wie zuverlässig sie sind.

Selbstverständlich gibt es auch viele Kinder, die über einen reichen eigenen Erfahrungsschatz verfügen, die von ihren Eltern und ihrer Umgebung viele Anregungen und Impulse bekommen. Damit spielt das **Einzugsgebiet** einer Einrichtung eine entscheidende Rolle bei der Planung naturwissenschaftlicher Bildung. Die muss nämlich vom **Entwicklungs- und Wissensstand** der jeweiligen Kinder ausgehen.

Vorschulkinder haben nur wenig Interesse an nackten, abstrakten Daten, Fakten und Zahlen, Hintergründen und Zusammenhängen. Sie brauchen plastische Geschichten, die eine **Identifikation,** ein Miterleben, das Erfahren von Zusammenhängen ermöglichen. Daher ist es wichtig, dass die Erzieher und Erzieherinnen ein solches plastisches Geschichtswissen besitzen, dass sie auch über ein gewisses Maß an humanistischer Bildung *(vgl. Schwanitz)* verfügen, um Naturwissenschaften erfahrbar zu machen *(vgl. Fischers Ansatz)*. Wer war Archimedes? Warum rief er „Heureka" und was ist eine „Archimedische Schraube"? Wer war Columbus? Was ist „das Ei des Columbus"? (Wie bringt man ein Ei dazu, dass es auf der Spitze steht?) Wer war Galileo und was presste ihm sein trotziges „Und sie bewegt sich doch" ab?

Robert Stirling (1790–1878) war ein englischer Priester, der im 19. Jahrhundert eine Maschine entwickelte, mit der heute Satelliten mit Strom versorgt werden, den „Stirlingmotor". Er funktioniert „ohne" Treibstoff. Eigentlich hatte Stirling beabsichtigt, den Bergleuten ihre Arbeit erleichtern zu können und die Kinder aus den Schächten zu holen.

Naturwissenschaftliche Entwicklungen haben immer auch einen **gesellschaftlichen Kontext,** in dem sie entstehen. Der Kontext, die Kenntnis von Personen, bietet die Möglichkeit zur Identifikation, zur Teilhabe. Kinder hören gerne Geschichten.

5.4.6 Forschung im Kindergartenlabor

Kinder sind sich ihrer „Forschungsmethoden" nicht unbedingt bewusst. Oft, und den Erwachsenen geht es leider häufig nicht anders, wiederholen sie Handlungsabläufe stereotyp, ohne sie methodisch zu variieren. Wenn etwas nicht funktioniert, suchen sie die „Schuld" oft beim entsprechenden Werkzeug. Kinder schimpfen dann auf die „doofe" Säge oder die Zange, die nicht richtig greifen will (genauso, wie wir öfter auf den „doofen" Computer schimpfen). Es ist daher sinnvoll, die Kinder in der **korrekten Handhabung** eines Werkzeugs zu unterweisen, ihnen zu zeigen, wie man eine Säge, eine Zange richtig benutzt, bei welchen Materialien eine Schere funktioniert und wo man besser ein anderes Werkzeug verwendet.

Miteinhergehen sollte aber vor allem eine **Sensibilisierung** für die jeweiligen Materialien und Werkzeuge sowie den eigenen Körper, mit denen man die entsprechenden Dinge manipuliert.

Kindliche „Forschungsmethoden"

Selten werden umfangreichere Möglichkeiten ausgelotet: möglichst hohe Burgen bauen, mit Wasser experimentieren (Matsch, Bäche usw.), Armierungen mit Stöcken, wenn eine Wand mit bestimmter Größe oder einem bestimmten Verlauf entstehen soll. Die andauernde Beobachtung von Trocknungsprozessen mit ihren entsprechenden Folgen, Sieben und Suchen, Schmecken, das Beobachten von verschiedenen Tieren, das Graben in feuchtem und trockenen Sand, Höhlen und Tunnels bauen, Manipulation des Sands mit unterschiedlichen Werkzeugen (Schaufeln, Baggern, Hände), Nachrichten hinter-

lassen usw. Um ihr Repertoire effektiv zu erweitern, sind Kinder auf **Anregungen** aus ihrem Umfeld angewiesen. Sie geben sich gegenseitig Ratschläge weiter. Oft brauchen sie nur einen kleinen Tipp, um bei ihren Versuchen und Vorhaben weiterzukommen. Wenn sich die Erwachsenen auf Hinweise beschränken, bekommen die Kinder die Chance, eine eigene Lösung zu finden, selbst etwas herauszufinden. Das spielt für die Entwicklung ihres Selbstvertrauens und ihrer Kompetenz eine Rolle.

Kinder werden in der Regel nicht selbst **systematische Experimente** erfinden, um bestimmte naturwissenschaftliche Phänomene zu ergründen. Sie werden nicht von sich aus auf die Idee kommen, Gläser über brennende Kerzen zu stülpen, um zu überprüfen, ob sie dann ausgehen. Die begleitenden Erwachsenen werden solche Experimente an die Kinder herantragen, an denen naturwissenschaftliche Zusammenhänge erfahrbar und deutlich werden können. Ist ein solcher Anstoß erfolgt, sind Kinder allerdings schon in der Lage, selbst weitere Experimente zu entwickeln. Dann begeben sie sich auf den Weg, die Natur zu erforschen.

> Trägt man Experimente an Kinder heran, so sollten diese verschiedene Kriterien erfüllen. Lück schlägt folgende vor:
> → die Experimente müssen funktionieren (Erfolg, Motivation)
> → sie müssen in einem Zeitrahmen von bis zu 25 Minuten durchzuführen sein
> → die Materialien müssen ungefährlich sein
> → die Materialien müssen einfach zu beschaffen sein
> → die Kinder müssen die Experimente selbst durchführen können
> → die naturwissenschaftlichen Zusammenhänge sollten den Kindern verständlich vermittelbar sein, um den Eindruck der Zauberei zu vermeiden
> → die Versuche sollten in großen Teilen aufeinander aufbauen *(vgl. Lück 2003)*

Wenn die Experimente funktionieren, haben die Kinder ein **Erfolgserlebnis** und sind motiviert, weitere Experimente durchzuführen. Vor allem für jüngere Kinder ist das wichtig, damit sie nicht durch Frustration rasch das Interesse an naturwissenschaftlichen Dingen verlieren oder zu dem Selbstbild kommen, sie verstünden von diesen Dingen nichts. Älteren Kindern kann man auch etwas kompliziertere Versuchsanordnungen zumuten. In diesem Fall geht es darum, sie zu sorgfältiger Arbeit, Ausdauer und genauer Beobachtung anzuhalten. Die Kinder sollten bei einem etwaigen Misserfolg verstehen können, warum ein Versuch nicht gelang, und in der Lage sein, den Versuch mit entsprechenden Korrekturen erneut durchzuführen. Auf Versuche, die im Allgemeinen nicht gelingen, weil z.B. die Versuchsanordnung zu diffizil ist oder das Gelingen von unkalkulierbaren Rahmenbedingungen (Luftfeuchtigkeit, Luftdruck, Konzentration von Chemikalien usw) abhängt, sollte man verzichten.

Der **Zeitrahmen** und die **Auswahl** der Experimente hängen vom Entwicklungsstand und der jeweiligen Konzentrationsfähigkeit der Kinder ab. Es muss den Kindern möglich sein, aufmerksam und wach dem Versuch zu folgen, den sie durchführen oder den sie sehen. Versuche haben auch einen Spannungsbogen, eine Dramaturgie. Was wird nun geschehen? Wird es funktionieren? Die Spannung, die die Neugier weckt, sollte sich aufbauen können, was auch eine gewisse Zeit benötigt. Dauert der Versuch zu lange, bricht der Spannungsbogen ab.

Allerdings gibt es interessante Experimente, die sich nur über einen längeren Zeitraum durchführen lassen. Zum Beispiel das unterschiedliche Färben von Blüten oder das Züchten von Kristallen. Dabei erfahren die Kinder, dass Forschen auch etwas mit **Geduld** zu tun hat. Solche Versuche finden sinnvollerweise an einem festen Ort statt, zu dem die Kinder immer wieder gehen können, um die Veränderungen zu beobachten. Das kann auch zusammen mit den Erziehern und Erzieherinnen geschehen. Verschiedene Stadien des Versuchsablaufs können dann dokumentiert werden (Notizen, Fotografien, Zeichnungen usw.).

Die eingesetzten **Materialien** sollten ungefährlich sein. „Ungefährlich" ist dabei ein relativer Begriff, da bei falscher Handhabung fast alles gefährlich ist. Spülmittel sind giftig, Zahnstocher spitz, Trinkhalme können ins Auge gehen, Messer zu Schnittverletzungen führen, synthetische Kleidung fängt schnell Feuer usw. Wichtig ist daher, dass die Kinder verantwortungsvoll in den sorgfältigen und **sachgerechten Umgang** mit den verschiedenen Dingen eingeführt werden und dass die jeweiligen

Kinder nur zu den Dingen Zugang haben, die sie auch beherrschen können. Kinder müssen auch die Erfahrung machen können, dass es Dinge gibt, die gefährlich sind, und dass Dinge kaputtgehen können. Dabei erfahren sie, dass es sinnvoll ist, ein erhöhtes Maß an Achtsamkeit, Sorgfalt und Vorsicht zu entwickeln.

Selbstverständlich gehören Gifte oder Säuren nicht in den Materialfundus für Experimente für Kinder. Diese Gefahrenquellen können Kinder nicht einschätzen. Schon kleine Unachtsamkeiten haben dann eine katastrophale Wirkung. Laboratorium und Experimente sollten solcher Art sein, dass die Kinder auf keinen Fall ernsthaften Schaden nehmen können.

Die verwendeten Materialien sollten einfach zu beschaffen sein. Das hängt zum einen davon ab, ob man geeignete Bezugsquellen kennt oder welche Kontakte man hat. Vor allem bedeutet es aber, dass die eingesetzten Materialien am besten aus der **Lebensumwelt** der Kinder kommen. Die eingesetzten Materialien sollten nicht exotisch, sondern den Kindern bekannt sein, damit die Kinder einen persönlichen Bezug zu dem aufbauen können, womit sie experimentieren. Metall- oder Kunststofflöffel, Salz, Wasser, Spülmittel, Nadeln kennen die Kinder aus ihren jeweiligen Haushalten. Mit Kaliumpermanganat kann man auch schöne Experimente machen. Es ist jedoch nicht haushaltsüblich. Bei manchen Dingen lohnt es sich auch, sie ins Bewusstsein der Kinder zu bringen, beispielsweise Zink und Kupfer (Elektrizität) oder Aktivkohle (Wasserreinigung).

Wenn Kinder die Experimente selbst durchführen können, werden sie kompetent. Sie lernen Arbeitsabläufe zu planen und umzusetzen. Sie sind darauf angewiesen, sich selbst und ihre Handlungen zu kontrollieren. Bei Fehlern können sie dann selbst nach Lösungen suchen. Vor allem sind sie dann **selbst aktiv** und initiativ. Das jeweilige Handeln wird zu ihrem Handeln, die gewonnenen Erkenntnisse werden zu ihren Erkenntnissen. Sie können sich ihrer eigenen Kompetenz und Wirkung bewusst werden (Wirkbewusstsein). Dadurch können sie auch Selbstvertrauen entwickeln und lernen, inwieweit sie ihre Selbstständigkeit weiterentwickeln.

Wenn Kinder die Experimente selbst durchführen und kontrollieren können, haben sie auch wesentlich bessere Chancen, die jeweiligen Zusammenhänge richtig zu verstehen und einordnen zu können.

Beim Umgang mit naturwissenschaftlichen Phänomenen geht es nicht zuletzt darum, einer Mystifizierung der Welt entgegenzuwirken. Naturwissenschaftliche Forschung ist keine „Zauberei" und die Kinder sollten sie nicht als solche erleben. Gleichwohl besitzen „Zauberer" viel psychologisches und naturwissenschaftliches Wissen, mit dessen Hilfe sie die Zuschauer verwirren können.

In den Laboratorien lernen die Kinder die Eigenschaften unterschiedlicher Stoffe kennen. Dazu muss es ihnen möglich sein, die Substanzen in die Hand zu nehmen und sie mit möglichst vielen Sinnen zu erleben.

Lernprozesse sind **soziale Prozesse.** Oft fällt es den Erwachsenen schwer, sich dabei zurückzuhalten. Manche Testreihen gehen nicht sehr schonend mit dem Material um. Es ist aber wichtig für Kinder, bei ihrer Forschung auch die Belastungsgrenzen von Materialien zu erproben.

Die Erwachsenen müssen die Kinder sehr sensibel und aufmerksam beobachten. Kinder müssen die Chance bekommen, Zusammenhänge zu erfahren. Erzieherinnen und Erzieher sollten im Verlauf von kindlicher Forschung vorsichtig von einem Teilnehmer zu einem Zuschauer werden. Man sollte keine schnellen Lösungen und Erklärungen anbieten, sondern sich auf die Hinweise beschränken, die den Kindern helfen, die Lösung selbst zu finden. Eine besondere Rolle spielt dabei die **Sprache.** Die Erzieher werden an manchen Stellen korrekte Bezeichnungen anbieten müssen und so Wortschatzarbeit leisten. Die Kinder erarbeiten sich Sprache, indem sie nach Formulierungen und Beschreibungen suchen. Insofern sind Experimente und das Sprechen darüber effektive Situationen für den Spracherwerb.

Eine besondere Rolle spielt die **Metakognition.** Sie bedeutet das Nachdenken über das eigene Denken und bildet die Basis für den Erwerb **lernmethodischer Kompetenzen.**

> **„Metakognition** bezieht sich auf das eigene Wissen über die eigenen kognitiven Vorgänge [...] z. B. die lernrelevanten Eigenschaften von Informationen [...]. Eingeschlossen in das Konzept der Metakognition sind die Aspekte ‚Wissen' und ‚Regulation' oder ‚Kontrolle' über die eigenen kognitiven Vorgänge. Es sind somit die eigenen kognitiven Prozesse, die zum Gegenstand der Reflexion und bewussten Steuerung gemacht werden. Die Bewusstheit dieser Vorgänge ist ein wesentliches Bestimmungsstück von Metakognition und unterscheidet diese von kognitiven Funktionen wie Denken, Gedächtnis oder Problemlösen, die auch, ohne dass das Subjekt sich Rechenschaft über sie ablegt, ausgeführt werden können. Metakognitives Bewusstsein erwerben Kinder unter Anleitung und mit Unterstützung. Werden sie nicht auf ihre gedanklichen Prozesse hingewiesen, bleiben diese im Wesentlichen unbewusst und unterentwickelt."
>
> *(in kindergarten heute, 2/2004, S. 8)*

5.4.7 Wie man die Neugier zum Versiegen bringen kann

Auf dem Weg zu forschendem Entdecken und zur Neugier verfolgen Erwachsene leider auch viele Verhinderungsstrategien, die letztlich die Neugier zum Versiegen bringen können. Sie tun das allerdings oft in der festen Überzeugung, den Kindern im Sinne von Fürsorge Gutes zu tun. So gibt es eine Reihe immer wiederkehrender Redewendungen, die man als „Negativen Beistand" bezeichnet und auf die man nach Möglichkeit verzichten sollte:

→ „Pass auf – du fällst gleich herunter!"
→ „Das kannst du noch nicht!"
→ „Da habe ich Angst um dich!"
→ „Spiel ruhig – aber mach dich nicht schmutzig!"
→ „Ist das peinlich. Was denken denn da die Leute über dich!"
→ „(Wenn du etwas tust ...) gib acht auf ...!" (es folgt eine beliebig lange Liste verschiedener An-

weisungen und Regeln, die den größten Teil der Energie aufzehren.)

→ „Spritz nicht so viel herum. Krempel die Ärmel hoch. Dreh den Wasserhahn zu ...!"

Sehr hemmend sind auch ständige Aufsicht und Beobachtung. Sie unterstellen zunächst, dass man dem Kind nicht trauen kann und dass es in erster Linie unselbstständig ist (Defizitorientierung). Diese Form des „Beistands" hat zu großen Teilen eine angenehme und funktionierende Umgebung für den Erwachsenen im Blick.

Interessanterweise geschehen in einer Umgebung mit einem etwas erhöhten Verletzungsrisiko weniger schwere Unfälle, als man es allgemein annimmt. Schwere Unfälle werden mitunter dadurch provoziert, dass eine Umgebung vorgaukelt, man wäre für die Folgen seiner eigenen Handlungen nicht mehr verantwortlich und es könne grundsätzlich nichts passieren. Es lässt sich auch beobachten, dass Erwachsene, die als Kind die eine oder andere Blessur davontragen durften, später einem geringeren Verletzungsrisiko unterliegen. Das soll nun keine Ermunterung dazu sein, Kinder unnötigen Risiken auszusetzen. Selbstverständlich müssen sie vor Schaden bewahrt werden. Aber sie müssen auch erfahren können, dass beispielsweise ein Messer scharf ist. Das muss nicht unbedingt dadurch geschehen, dass sie sich schneiden.

↗ FAZIT

→ Bei der Beschäftigung mit naturwissenschaftlichen Phänomenen steht nicht der Wissenserwerb im Vordergrund. Insofern hat es auch keinen Sinn, einem festen Curriculum zu folgen.

→ Wichtiger als spezifisches (Fach-)Wissen ist es, die Ausbildung von **Aufgeschlossenheit** für das Forschen und für wissenschaftliches Denken zu entwickeln. Es geht darum, Freude am Entdecken und Lernen zu entwickeln. Natürlich ist Wissen auch wichtig. Ohne Kenntnisse kann man nur schwer denken. Es entsteht hier jedoch gewissermaßen als schönes „Nebenprodukt".

→·← AUFGABEN UND ANREGUNGEN

1 Bauen Sie sich eine *Camera obscura*. Suchen Sie Experimente mit Prismen, Spiegeln, geschliffenen Gläsern und Taschenlampen und führen Sie sie durch.

2 Untersuchen Sie die Räume Ihrer Praxiseinrichtung daraufhin, ob und welche Experimente sich dort durchführen lassen.

3 Machen Sie sich mit den Biografien einiger Forscher (Leonardo da Vinci, Kekule, Sybilla Merian, Darwin, Einstein usw.) oder mit der Geschichte einiger Erfindungen (Flaschenzug, Schiffsbau, Druckmaschine, Papier usw.) so vertraut, dass Sie Kindern davon erzählen können.

4 Machen Sie sich mit dem korrekten Gebrauch verschiedener Werkzeuge vertraut.

5 „Wenn Kinder die Experimente selbst durchführen können, werden sie kompetent." Beziehen Sie Stellung zu diesem Satz.

6 „Beim Umgang mit naturwissenschaftlichen Phänomenen geht es auch darum, einer Mystifizierung der Welt entgegenzuwirken." Unter welchen Voraussetzungen und mit welchen Zielen wäre „Zaubern" ein lohnendes Projekt mit Kindern?

5.5 Ökologie und ökologische Lebensräume

Viele Naturphänomene erlebt man am besten im Freien. Allein eine Übernachtung unter freiem Himmel bietet Beeindruckendes: die Sterne, viele Geräusche, Tiere, Sonnenaufgang und -untergang, Wind, Tau, Grillen am offenen Feuer, Verbrennungsvorgänge, Verkohlung, Hitze, angenehme Wärme beim richtigen Abstand, Feuer löschen.

An Bächen lässt sich endlos vieles erforschen. Dort kann man Brücken bauen und Staudämme oder Bewässerungsanlagen errichten, Hebevorrichtungen für Wasser, Wasserräder. Man kann alles Mögliche schwimmen, untergehen und Steine springen lassen. Man kann Wasser versickern sehen und einen Brunnen graben. Wasser macht viele unterschiedliche Geräusche. Es gibt dort viele Tiere und Pflanzen.

Regenbogen

Die Natur hat in der Regel einen hohen Erlebniswert und hinterlässt meist positive und dauerhafte Eindrücke. Viele naturwissenschaftliche Phänomene lassen sich hier spielerisch erfahren und erleben.

> „Der Großteil der Kinder kommt heute nicht mehr oder nur noch in sehr eingeschränktem Maße direkt mit der belebten Natur in Kontakt. Wenn sie die Welt der Pflanzen erleben möchten, so müssen sie sich mit Parks oder deren Vorstufen beschäftigen, um Tiere kennenzulernen, müssen sie einen Zoo besuchen, den Wandel der Natur im Verlauf der Jahreszeiten können sie oft nur anhand weniger Baum-Einsiedler am Rand der Wohnstraßen erfahren. […]
>
> Das schönste und einflussreichste Erleben der Natur geschieht wohl in unkontrollierten Ecken, die sich fast überall finden lassen. Hier dürfen Kinder mit der ganzen Person zur Sache gehen, Bäche stauen, Hütten bauen, Tiere beobachten, sie dürfen sich besudeln und schon mal einen kleinen Flurschaden anrichten bei ihrem Tun. Früher gab es Abenteuerspielplätze, auf denen genau diese Dinge passieren durften, ja sollten."
>
> *(Zähme 2002, S. 123)*

Kinder müssen die Erfahrung machen können, dass Natur auch verletzliche und bewahrenswerte Schöpfung ist.

Scham und Ekel werden oft von Erwachsenen an die Kinder weitergegeben. So sind viele Phobien wahrscheinlich erlernt: z. B. die Angst vor Spinnen, obwohl es in Deutschland in der Natur keine gefährlichen Spinnen gibt. Ebenso der Ekel vor Schnecken oder Schlangen. Im Regelfall geschieht hier Modelllernen. Die Kinder übernehmen die Verhaltensweisen der Erwachsenen. Und die sind nicht immer sinnvoll oder vernünftig. So verursachen manche panische Verhaltensweisen im Zusammenhang mit Bienen oder Wespen mehr Gefahren, als dass sie helfen.

→·← AUFGABEN UND ANREGUNGEN

1 👆 Machen Sie sich mit einer Gruppe von Kindern in der Stadt auf den Weg und suchen Sie dort Tiere und erkunden Sie, wie sie leben.

5.6   Technische Experimente

Im Labor kann man nach einem Ausflug in die Natur unterschiedliche Phänomene gezielter erforschen. Die hier vorgeschlagenen Kategorien sind letztlich willkürlich. Es sind auch andere sinnvolle Ordnungen denkbar.

> → Experimente mit dem Körper
> → Versuche mit Wasser
> → Biologische Experimente
> → Chemische Experimente
> → Experimente mit der Zeit
> → Experimente aus den Bereichen der Physik (Mechanik, Kalorik, Optik, Akustik)
> → Beobachtungen zum Klima

Technische Experimente und Anwendungen werden derzeit in vielen Experimentierbüchern präferiert. Verschiedene Firmen bieten ganze Spielsysteme an, die zur Beschäftigung mit technischen Themen anregen. Das reicht von einfachen Stecksystemen über stabilere Baukästen mit Metallteilen bis hin zu Magnetbausätzen, Bausätzen für einfache Maschinen und Roboter, in denen auch bereits kleine Computer verbaut werden, oder Bausätzen mit Solarmodulen.

Mit all diesen Dingen sollten Kinder auch Erfahrungen sammeln können und sie beschäftigen sich oft auch gerne mit diesen Geräten und den dahintersteckenden Phänomenen.

Kinder sammeln Erfahrungen

5.7   Mathematische Experimente

Die meisten Kinder beginnen sich bereits im Kindergarten für Zahlen zu interessieren. Bei den Erwachsenen erfahren sie, dass der Umgang mit Zahlen wichtig ist. Beispielsweise beim Einkaufen oder beim Teilen eines Geburtstagskuchens. Das hat natürlich auch etwas mit Gerechtigkeit und Fürsorge zu tun. Die meisten Kinder entwickeln ein Interesse daran, zählen zu lernen. Spätestens, wenn die Kinder in die Grundschule wechseln sollen, wird von ihnen ein gewisses mathematisches Grundverständnis erwartet. Viele Kinder können dann bereits wenigstens im Zahlenraum bis 10 addieren und subtrahieren.

Zu erklären, was Zahlen sind, und mit den unterschiedlichen Arten von Zahlen umzugehen, fällt allerdings auch vielen Erwachsenen schwer. Natürliche und unnatürliche Zahlen, reelle Zahlen, Ordinalzahlen, imaginäre oder komplexe Zahlen usw. sind uns im Alltag eher selten bewusst. Am ehesten noch die positiven und negativen Zahlen. Die arithmetischen Kenntnisse und Anforderungen des Alltags betreffen in der Regel nicht viel mehr als die Grundrechenarten.

Da hier aber mathematisches Grundverständnis beginnt, ist es durchaus sinnvoll, hier mit Kindern spielerisch zu üben. Beispielsweise, wenn im Morgenkreis erkundet wird, wie viele Kinder da sind und wie viele fehlen. Oder wenn für eine Gruppe von Kindern Materialien vorbereitet werden. Dabei werden Mengen visualisiert und aktiv erfahrbar.

Anschaulich und auch ästhetisch ansprechend sind viele mathematische Lösungen der Geometrie. Die meisten

Kinder haben Freude an den regelmäßigen Formen und Strukturen. Viele Kinder verbringen gerne Zeit damit, Muster zu entwerfen, und freuen sich an Regelmäßigkeiten, beispielsweise indem sie Kästchen auf kariertem Papier farbig gestalten. Solche Abfolgen finden sich an vielen Stellen. Mäander sind seit Jahrtausenden beliebte Zielformen.

Die allermeisten Menschen ziehen Symmetrien vor. Das gilt nicht nur für Spiegelsymmetrien, sondern auch für Punktsymmetrien oder Rotationssymmetrien, wie sie beispielsweise in der Ausgestaltung von Moscheen verwendet werden. Ein beliebter Spielgegenstand ist entsprechend das Kaleidoskop. Kinder spielen auch gerne mit Spiegeln. Je nach Anordnung verdoppeln sie nicht nur, sondern vervielfachen bis ins Unendliche. Eine beeindruckende Erfahrung.

Es ist nicht immer offensichtlich, wenn Kinder im Bereich der Mathematik experimentieren. Abstrakte Operationen im Sinne von Algebra oder Analysis sind in der Regel kaum zu erwarten. Eine Reihe mathematischer Probleme können und werden aber auch zeichnerisch gelöst. Die Nautik bediente sich früher solcher Verfahren. So sind im Bereich der Geometrie viele aktive Erfahrungen und Einsichten möglich. Mathematische Vorgehensweisen werden dabei anschaulich.

Das kann sehr einfach geschehen, wenn Papier gefaltet wird, z. B. beim Origami, auch genau und mehrfach (Teilen, Symmetrie). Beeindruckend sind Experimente, die sich mit einem *Möbiusband* anstellen lassen.

In vielen Arbeiten der Bildenden Künste wird (sehr gezielt und bewusst) mit geometrischen Grundformen gearbeitet: Punkt, Linie, Fläche (z. B. Paul Klee), Kreis, Quadrat, Dreieck (z. B. Johannes Itten). Eine ganze Kunstrichtung befasste sich gezielt mit solchen mathematischen Zusammenhängen, nämlich der Konstruktivismus (Sol Lewitt, Donald Jud, Francois Morellet oder auch Victor Vasarely u. a.). Künstler des Bauhaus in Weimar entwickelten gezielt Spielzeug auf solchen mathematischen Grundlagen (z. B. das Bauspiel von Alma Siedhof-Buscher, 1924 oder das berühmte Bauhaus-Schach von Josef Hartwig). Diese sehr handlungsorientierte Herangehensweise verfolgte auch Maria Montessori mit den von ihr entwickelten mathematischen Materialien.

Bei all diesen Spielzeugen spielten neben der Funktionalität immer auch die haptischen Materialeigenschaften und die Ästhetik im Sinne von „schön" eine Rolle. Mathematik hat ein großes ästhetisches Moment. In der Kunst wird sie häufig eingesetzt, um „Schönheit" zu erzielen. So ist M. C. Escher bekannt für seine äußerst raffinierten und ansprechenden Flächenlösungen. Mathematik findet sich aber auch im Maßwerk gotischer Fenster. Diese Fenster und viele andere Bilder beinhalten übrigens oft ein ganz bestimmtes mathematisches Verhältnis, den goldenen Schnitt. Dieses Verhältnis kommt auch in sehr vielen natürlichen Formen vor und wird von Menschen als sehr harmonisch und ansprechend empfunden.

TIPPS ZUM WEITERLESEN →→

→ Die Entdeckung des Schattens
Roberto Casati, Berlin Verlag, Berlin 2001

→ Leonardo, Heisenberg & Co.: Eine kleine Geschichte der Wissenschaft in Portraits
Ernst Peter Fischer, 2 Bände, Piper, München 2002

→ Reise zum Mittelpunkt des Frühstückseis – Streifzüge durch die Physik der Alltäglichen Dinge
Len Fisher, Campus Verlag, Frankfurt 2003

→ Keilschrift, Kompass, Kaugummi – Eine Enzyklopädie der frühen Erfindungen
Peter James, Nick Thorpe, dtv, München 2002

→ Da Vincis Vermächtnis oder Wie Leonardo die Welt neu erfand
Stefan Klein, Fischer Verlag, Frankfurt 2008

→ Am anderen Ende des Mikroskops – Bericht vom ersten außerordentlichen Bakterienkongress
Elmer W. Koneman, Berlin 2003

→·← AUFGABEN UND ANREGUNGEN

1 Stellen Sie ein Möbiusband her.

2 Wie funktioniert ein Abakus?

3 Entwerfen Sie ein Maßwerk mit Zirkel und Lineal.

4 Machen Sie sich mit folgenden und ähnlichen Spielen vertraut: UNO, Schiffe versenken, Käseschächtelchen, Steichholzspiele, Himmel-und-Hölle-Hüpfspiel, Schach, Dame, Go, tic-tac-toe, 4-in-eine-Reihe, Kniffel.

5 Bauen Sie selbst einen Drachen und lassen Sie ihn steigen.

6 Führen Sie eine Reihe einfacher und komplizierterer naturwissenschaftlicher Experimente selbst durch. Protokollieren und dokumentieren Sie Ihre Beobachtungen.

7 Legen Sie sich eine Sammlung solcher Versuche zu und führen Sie auch eine Liste der Materialien, welche Sie zu deren Durchführung benötigen.

8 „Durchsuchen" Sie Ihren Haushalt und die Einrichtung, in der Sie ein Praktikum machen. Erstellen Sie eine Liste von Gerätschaften und Chemikalien, die Sie für Experimente gebrauchen können.

9 Fertigen Sie Zeichnungen an von verschiedenen Fundstücken. Beobachten Sie sie mit einer Lupe oder wenn möglich unter einem Mikroskop.

10 Beschäftigen Sie sich mit der Biografie eines berühmten Erfinders oder Naturwissenschaftlers.

11 Setzen Sie sich mit der Geschichte verschiedener Erfindungen auseinander.

12 Notieren Sie naturwissenschaftliche Fragen, die Sie bei den Kindern hören oder die sie gezielt an Sie stellen. Können Sie sie beantworten? Suchen Sie Antworten darauf.

13 Notieren Sie naturwissenschaftliche Fragen, auf die Sie selbst keine Antwort wissen. Suchen Sie nach Antworten!

14 Schaffen Sie sich ein Lexikon an und lesen Sie regelmäßig darin.

15 Beschäftigen Sie sich mit einigen Lern-CDs für den Computer zu verschiedenen naturwissenschaftlichen Themen.

16 Nehmen Sie Alltagsgegenstände auseinander und untersuchen Sie deren Funktionsweise.

17 Reparieren Sie möglichst viel selbst.

18 Richten Sie sich eine Tüftlerecke ein.

3 IN GRUPPEN PÄDAGOGISCH HANDELN

Inhaltlicher Überblick

Sozialpädagogische Einrichtungen zeichnen sich unter anderem dadurch aus, dass Kinder und Jugendliche sich in Gruppen zusammenfinden. Die Gruppe ist ein Ort, an dem Kinder und Jugendliche sich mit anderen zusammen handelnd mit der Welt auseinandersetzen.

Pädagogische Fachkräfte verfügen über ein umfassendes Wissen zur Bedeutung und Funktion von Gruppen. Sie sind in der Lage, ihr gruppenpädagogisches Wissen aufgrund fundierter Kenntnisse auf die einzelnen Altersstufen – vom Kleinstkind bis zum jungen Erwachsenen – zu übertragen.

Erzieherinnen können aber auch konflikthafte Situationen erkennen, untersuchen und sinnvolle Handlungsmöglichkeiten entwickeln. Dabei spielt die Gruppe eine zentrale Rolle.

Das Handlungsfeld vermittelt zunächst grundlegendes Wissen zum pädagogischen Handeln in Gruppen. Mithilfe dieses Wissens können Erzieherinnen Gruppenprozesse analysieren, die Dynamik in Gruppen verstehen und angemessen handeln.

Hinzu kommen Informationen zu den verschiedenen Altersgruppen, zur Heimerziehung sowie zum pädagogischen Handeln in besonderen Situationen, wie z.B. bei Konflikten bzw. wenn Aggressionen im Spiel sind. Abschließend wird aufgezeigt, wie durch die Mediation solche Situationen positiv bewältigt werden können.

Durch die Auseinandersetzung mit den aufgeführten Themen sollen Erzieherinnen in der Lage sein, Erziehungs- und Bildungsprozesse von Kindern und Jugendlichen in unterschiedlichen sozialpädagogischen Institutionen und Situationen zu fördern, da sie über ein breites Wissen und über ein Bewusstsein für die Bedeutung der Gruppe für die jeweiligen Altersstufen und Institutionen verfügen.

1 Gruppenpädagogik

Zu Beginn der Ausbildung fährt Ihre Klasse eine Woche zu Studientagen in ein Freizeitheim. Die Tage dienen dazu, dass sich die Studierenden besser kennenlernen und so eine gute Grundlage für die Gemeinschaft gelegt wird. Die Vorbereitungen für die Studientage laufen sehr gut. Schnell wird Einigkeit hergestellt in Bezug auf das Programm und den Speiseplan, schließlich gehört es zu den Studientagen dazu, dass alles von der Klasse selbst organisiert wird. Die Klassenlehrerin unterstützt die Klasse allerdings dabei. Die Studientage werden ein voller Erfolg. Alle sind begeistert von der Atmosphäre und dem guten Miteinander.

Nach ca. vier Wochen verändert sich das Klima in der Klasse merklich. Die Diskussionen im Unterricht aber auch in Kleingruppen werden deutlich aggressiver. Es bilden sich mehr und mehr Kleingruppen. Bei der Einteilung in Arbeitsgruppen fällt auf, dass zwei Studierende nie eine Gruppe finden. Die Klassenlehrerin wird immer häufiger kritisiert.

Schließlich fallen einigen Studierenden diese Veränderungen auf. In einer Klassenstunde sprechen sie ihre Beobachtungen an. Die Klassenlehrerin hört zunächst nur zu und lässt die Studierenden schildern, was sie beobachtet haben. Als sie gefragt wird, wie sich denn eine solche Veränderung im Gruppenklima erklären lässt, erläutert sie, dass dies etwas völlig Normales sei und zu jedem Gruppenprozess dazugehöre. Diese Aussage weckt das Interesse der Studierenden. Jetzt möchten Sie mehr über solche Gruppenprozesse wissen. Gemeinsam überlegen Sie Fragen zu diesem Thema und beginnen nun, sich damit fachlich auseinanderzusetzen.

Eine Gruppe oder eine Masse?

↘ FRAGEN

→ *Welche Arten von Gruppen gibt es? Kann man verschiedenen Gruppen angehören?*

→ *Wie bilden sich Gruppen und welche Phasen durchlaufen sie?*

→ *Wie sieht die Aufgabe von Gruppenleiterinnen in den einzelnen Gruppenphasen aus?*

→ *Gibt es förderliches und problematisches Verhalten von Gruppenleiterinnen?*

→ *Wie können Erzieherinnen Gruppenprozesse sinnvoll unterstützen?*

1.1   Merkmale einer Gruppe

Der gesamte Berufsalltag ist durch die Arbeit in Gruppen bestimmt: Z.B. wird in einer Kleingruppe ein Bilderbuch vorgelesen, zehn Kinder und zwei Erzieherinnen arbeiten in einem Projekt zusammen, im Team wird das Sommerfest geplant und am Abend findet ein Elternabend statt. Deshalb brauchen pädagogische Fachkräfte gruppenpädagogisches und gruppendynamisches Wissen.

> „Die **Gruppenpädagogik** gilt als eine der drei klassischen Methoden der Sozialarbeit/Sozialpädagogik" *(Böhm 2000, S. 7),* neben der Einzelfall- und der Gemeinwesenarbeit. Zum Ziel hat sie die Entwicklung sozialer Kompetenzen.

Eine Gruppe lässt sich über bestimmte **Merkmale** beschreiben:

→ **Zusammengehörigkeitsgefühl:** Innerhalb einer Gruppe muss ein gewisses Maß an Zusammengehörigkeit vorhanden sein. Dieses Gefühl entsteht in Gruppen, die sich regelmäßig treffen und freiwillig zusammen kommen, leichter, als in Gruppen, die nicht selbstbestimmt zusammen sind.

→ **Dauer der Existenz der Gruppe:** Im Gegensatz zur Masse, bei der es nur zu zufälligen Kontakten unter den Menschen kommt, zeichnet sich eine Gruppe dadurch aus, dass sie über eine gewisse Dauer existiert. Je länger die Gruppe zusammen ist, umso eher kann auch ein Zusammengehörigkeitsgefühl entstehen.

→ **Die Beziehung der Gruppenmitglieder untereinander:** Von einer Gruppe kann dann gesprochen werden, wenn die Mitglieder direkten Kontakt zueinander haben und sich begegnen. Sie kommunizieren miteinander und sie pflegen die Beziehung untereinander.

→ **Gemeinsame Gruppenziele:** Eine Gruppe kann nur existieren, wenn sie über ein gemeinsames Gruppenziel bzw. mehrere Gruppenziele verfügt. Diese Gruppenziele schaffen die Motivation, sich mit den anderen Gruppenmitgliedern zu treffen und sich auch auf den schwierigen Gruppenprozess einzulassen.

→ **Entwicklung gemeinsamer Normen, Werte und Regeln:** Im Laufe eines Gruppenprozesses kristallisiert sich recht schnell heraus, welche Regeln, Normen und Werte in einer Gruppe gelten. Was wird in einer Gruppe abgelehnt? Was finden die Teilnehmerinnen gut?

→ **Gruppentraditionen:** Solche Gruppentraditionen entstehen an markanten Punkten, wie zum Beispiel einer gemeinsamen Klassenfahrt zu Beginn der Ausbildung. Die Gruppe bekommt so ein Gefühl für die eigene Gruppengeschichte.

→ **Rollen:** In jeder Gruppe gibt es bestimmte Rollen. Sie werden von den einzelnen Gruppenmitgliedern besetzt. Hierzu gehören diejenigen, die Ideen einbringen, sich verantwortlich fühlen, sich aus vielem heraushalten, stören, alles hinterfragen u. v. m.

(vgl. Metzinger 1999, S. 9 f.)

1.2   Arten von Gruppen

„Je nach Größe und Art können Gruppen unterteilt werden. Die folgende Übersucht vermittelt die wichtigsten Aspekte der wesentlichen **Gruppenarten.**

Kleingruppe:
→ überschaubare Zahl von Personen (acht bis zehn Mitglieder), die sich gegenseitig kennen und häufig Kontakt haben.

Großgruppe:
→ Die meisten Wissenschaftler bezeichnen eine Gruppe ab etwa 20 bis 30 Mitgliedern als Großgruppe.

Primärgruppen:
→ Sie sind die Gruppen, in denen der Mensch zuerst Mitglied wird (Familie, Spielgruppe).
→ Die Mitglieder stehen in vorwiegend emotional

bestimmten, direkten und häufigen persönlichen Beziehungen zueinander.

→ Die geringe Gruppengröße unterstützt die gegenseitige Beeinflussung und fördert so die Entwicklung ähnlicher Einstellungen, Werte und Normen.

Sekundärgruppen:

→ In ihnen wird das Individuum erst später in seinem Leben Mitglied (Kindergartengruppe, Schulklasse, Verein, Betrieb).

→ Sie umfassen eine größere Anzahl von Mitgliedern und sie sind durch eine mehr bewusste Zweck- und Zielorientierung und rationale Organisation gekennzeichnet.

→ Es herrschen bei den Gruppenmitgliedern relativ unpersönliche und spezifische und wenig emotionale Beziehungen vor.

Formelle Gruppen:

→ Die Ziele, Normen, Rollen usw. in diesen Gruppen sind ausdrücklich vorgeschrieben (Satzung, Verordnung, Gesetze).

→ Sie sind fest organisiert, zweckbewusst aufgebaut und werden planmäßig geleitet.

Informelle Gruppen:

→ Sie entstehen spontan und stecken sich ihre Ziele selbst. Sie sind nicht fest organisiert und von

daher auch nicht an eine von außen festgesetzte Ordnung oder Struktur gebunden.

Eigengruppe (Ingroup):

→ Sie ist die Gruppe, der sich der Einzelne zugehörig fühlt und mit der er sich identifiziert. Soziale Beziehungen Vertrautheit, Wirgefühl, Sympathie und Kooperation verbinden das Individuum mit dieser Gruppe. Wenn ein starkes Gefühl der Zusammengehörigkeit und Loyalität besteht, grenzt sich die Gruppe von den „Anderen" ab.

Fremdgruppe (Outgruppe):

→ Mit ihr verbindet das Individuum keine sozialen Beziehungen. Sie kann negativ beurteilt werden (Vorurteile) und zur Eigengruppe in Gegnerschaft stehen.

Nach dem Ausmaß der unabänderlichen Notwendigkeit einer Mitgliedschaft können **freiwillige** (z. B. Fußballverein) und **unfreiwillige** (eigene Familie) Gruppen unterschieden werden." *(Metzinger 1999, S. 11)*

Eine weitere Unterscheidung bezieht sich auf **offene** und **geschlossene Gruppen.** Hier geht es um die Öffnung nach außen und die Bereitschaft, neue Mitglieder aufzunehmen, bzw. das Gegenteil davon.

1.3 Gruppendynamische Aspekte

Gruppen sind keine statischen Gebilde, sondern sehr dynamisch. Sie befinden sich ständig in Bewegung. Sie werden durch bestimmte Ereignisse, durch ihre Mitglieder und deren individuelle Lebensgeschichte und Lebenserfahrungen beeinflusst.

Jede Gruppe durchläuft bestimmte **Phasen** *(s. Kap. 1.4).* Wie diese Phasen verlaufen, hängt von verschiedenen **Faktoren** ab:

→ Welche **Persönlichkeiten** haben die Gruppenmitglieder?

→ Welche **Vorerfahrungen** haben sie – auch mit Gruppen – gemacht? Hatten Gruppenmitglieder mit Gruppen negative Erfahrungen, so werden sie

sich möglicherweise innerhalb einer Gruppe distanzierter verhalten. Können Gruppenmitglieder auf positive Erfahrungen zurückblicken, werden sie sich auf Gruppenprozesse eventuell offener einlassen.

→ In welchem **Umfeld** befindet sich eine Gruppe? Trifft sie sich in attraktiven Räumen? Ist es ein vorgegebener Rahmen (z. B. Kleingruppen innerhalb des Unterrichts)? Etc.

→ In welcher aktuellen **Situation** steht die Gruppe? Gibt es aktuelle Geschehnisse, die sich auf das Gruppengeschehen auswirken?

→ Welche **Gruppenerfahrungen** haben die Leiterin/der Leiter? So ist es ein großer Unterschied, ob dies für eine Erzieherin die erste Kindergartengruppe ist, für die sie als Gruppenleiterin verantwortlich ist, oder ob sie dies bereits zum fünften Mal miterlebt.

Diese verschiedenen Faktoren wirken sich auf das Gruppengeschehen aus. Und sie tragen dazu bei, dass die Entwicklung in jeder Gruppe einzigartig ist und nicht gleich verläuft. Trotzdem gibt es natürlich in allen Gruppen Ähnlichkeiten. Diese Ähnlichkeiten beziehen sich zum Beispiel auf die Phasen, die eine Gruppe durchläuft. In jeder Gruppe gibt es Phasen von Nähe und Distanz, Phasen von Streit und Auseinandersetzung. So erleben Gruppen „Höhen und Tiefen, Fortschritt und Rückschritt, Aktivität und Passivität" *(Metzinger 1999, S. 39)*. Solche Bewegungen in Gruppen werden mit dem Begriff der **Gruppendynamik** verbunden. Diese Bewegung entsteht eben auch durch die Zielsetzungen in einer Gruppe.

> Ein Chor hat das gemeinsame Ziel, eine Aufführung gut hinzubekommen und dadurch möglicherweise neue Mitglieder zu werben.
>
> Die Arbeitsgruppe in einer Klasse verfolgt das Ziel, den Arbeitsauftrag erfolgreich zu bearbeiten.
>
> Die Fortbildungsgruppe zum Thema „Neue Methoden der Sprachstandserhebung" möchte sich für den eigenen pädagogischen Alltag anregen lassen.
>
> Vier Kinder, die sich in der Bauecke verabredet haben, möchten einen möglichst hohen und stabilen Turm bauen.

Neben den **Gruppenzielen** kommen aber auch immer bei allen Gruppenmitgliedern **persönliche Ziele** hinzu. Dies bedeutet, dass jedes Gruppenmitglied seine eigenen Ziele in den Gruppenprozess mit einbringt.

„Die Gesamtheit der individuellen Ziele, die ein Einzelner in einer Gruppe im Auge hat, bezeichnen wir als persönlichen Zielpool." *(Stahl 2007, S. 4)* Dieser persönliche Zielpool ist nun mit sehr Unterschiedlichem gefüllt: „Sachliches schwimmt darin neben Zwischenmenschlichem, Wichtiges neben Unwichtigem, Veröffentlichtes neben Unveröffentlichtem, Bewusstes treibt gut sichtbar an der Oberfläche und Unbewusstes ‚löst sich erst nach heftigem Rühren vom Boden'" *(ebenda)*.

Während sich die sachlichen Ziele immer auf den Inhalt beziehen, geben die persönlichen Ziele in der Regel Auskunft über die Beziehungsebene.

> Die Mitglieder eines Chores einigen sich auf die Aufführung eines Musicals. Das sachliche Ziel, auf das sich alle verständigen, betrifft die Aufführung des Musicals. Einige Chormitglieder erhoffen sich über das Mitsingen im Chor, neue Freunde kennenzulernen, mit denen sie über die Chorproben hinaus Kontakt halten können. Andere Chormitglieder hingegen möchten durch die Chorproben nur vom beruflichen Alltag abschalten und legen auf weitere persönliche Kontakte keinen großen Wert.

Aus all den Zielen, die die einzelnen Gruppenmitglieder nun mitbringen, muss eine Schnittmenge gebildet werden, die groß genug ist, damit sie die Gruppe über die angestrebte gemeinsame Zeit hin trägt. Alle müssen sich also bewusst sein, dass in jeder Gruppe ein **gruppendynamischer Prozess** herrscht, der u. a. von den Zielen, aber auch von den Vorerfahrungen der Gruppenmitglieder abhängig ist. Kompliziert wird der Gruppenprozess auch dadurch, dass jedes Mitglied für seine eigenen Ziele und die Gruppenziele eine eigene Hierarchie hat.

> So beteiligen sich einige der Chormitglieder, die durch den Chor auf neue Kontakte hoffen, in den Proben weniger engagiert, sind aber während der Proben und in den Pausen sehr gesprächig. Wenn es um die Frage geht, wer etwas bei ganztägigen Chorproben am Wochenende zum Essen mitbringt, sind sie sofort bereit, einen entsprechenden Beitrag zu leisten.

Jedes Mitglied hat eigene und Gruppenziele

1.4   Gruppenphasen

In der Fachliteratur wird in der Regel von fünf oder sechs Gruppenphasen ausgegangen *(vgl. Stahl 2007, Metzinger 1998)*. Im Folgenden werden die wichtigsten Gruppenphasen dargestellt.

1.4.1   Die Gründungsphase/Orientierungsphase

Wenn sich eine Gruppe bildet, so ist der Anfang immer von großer Unsicherheit und von Ängsten gekennzeichnet. Die Gruppenmitglieder beschäftigen Fragen wie z. B.: Finde ich einen guten Platz in der Gruppe? Lerne ich nette Menschen kennen? Wie wird die Gruppenleiterin sein? Was kommt auf mich zu? Werde ich die Anforderungen erfüllen können?

Die Unsicherheit führt dazu, dass ein gehemmtes Klima in der Gruppe herrscht. Es schwankt zwischen Nähe und Distanz. Gruppenmitglieder reagieren auf der einen Seite erleichtert, wenn sie feststellen, dass andere Gruppenmitglieder ähnliche Ansichten vertreten, aus dem gleichen Ort kommen, wie man selbst, oder gleiche Interessen haben. Auf der anderen Seite zeigen sie sich distanziert, melden sich nicht gleich, wenn etwas gefragt wird, oder warten bei der Verteilung von Aufgaben ab. Innerhalb der Gruppe herrscht noch kein Vertrauen.

Die Gruppenteilnehmer achten sehr darauf, wie ihr Verhalten wirkt. Sie beurteilen das eigene Verhalten mit den Augen der anderen Gruppenmitglieder. „Nun ist es schwer, sich erwartungskonform zu verhalten, wenn man zu Beginn der Gruppe die Erwartungen der anderen bestenfalls erahnen kann." *(Stahl 2007, S. 83)* Entsprechend zurückhaltend zeigt man sich auch mit den eigenen Wünschen und Bedürfnissen. In dieser Anfangsphase äußern die wenigsten konkrete und klare Wünsche. Schließlich können sie ja den Wünschen der anderen Gruppenmitglieder widersprechen und einen selbst an den Rand der Gruppe drängen.

Stellung der Gruppenleiterin

In der Orientierungsphase spielt die Gruppenleiterin eine zentrale Rolle. „Aus Leitungssicht sind vier Aspekte besonders wesentlich, wenn es gilt, der Gruppe einen guten Start zu ermöglichen:
1. **Vermitteln von Gewissheit**
2. **Veröffentlichen der Wahrheit der Situation**

3. **Verschieben von Konflikten und**
4. **Akzeptieren von Scheu und Zurückhaltung"**
(Stahl 2007, S. 86)

Zu „Vermitteln von Gewissheit" gehört die zügige Information über die offiziellen Ziele. Dann sollte schnell ein Überblick gegeben werden, wer zur Gruppe gehört. Und schließlich sollte die Gruppenleiterin vermitteln, welche Regeln in der Gruppe das Miteinander bestimmen sollen.

Die Gruppenleiterin sollte das Sicherheitsbedürfnis der Teilnehmerinnen beachten. Zur Sicherheit trägt zum Beispiel bei, wenn die Gruppenmitglieder schnell wichtige Informationen bekommen, wie z. B. Stundenpläne, die Tagesstruktur während einer Fortbildung oder mit wem die Gruppe alles zu tun haben wird.

Erteilt die Gruppenleiterin in der Anfangsphase Arbeitsaufträge, so ist wichtig, dass diese klar strukturiert und verständlich sind und zum Beispiel die Gruppeneinteilung vorgegeben ist und nicht den Teilnehmerinnen überlassen wird. Wichtig ist, dass die Gruppenmitglieder in dieser Phase die Möglichkeit haben, miteinander in Kontakt zu kommen. Deshalb sind auch wechselnde Kleingruppen hilfreich, da dies allen die Chance gibt, sich gegenseitig kennenzulernen.

Die Gruppenleiterin muss sich bewusst sein, dass die Gruppenmitglieder sich zunächst an ihr orientieren und sie genau beobachten.

> Als sich die Klasse zum ersten Mal miteinander traf, achtete die Klassenlehrerin darauf, dass ein Stuhlkreis aufgestellt war, sodass sich alle gut sehen konnten. Sie selbst stellte sich der Gruppe vor und erläuterte die Ziele der Ausbildung. Dabei hob sie besonders hervor, dass alle Kolleginnen daran interessiert seien, dass die Studierenden die Be-

rufsausbildung zur Erzieherin gut bestehen. Sie erwähnte aber auch, dass es ihr wichtig ist, dass in der Klasse ein freundliches, aufgeschlossenes Klima herrscht und alle wohlwollend miteinander umgehen.

Schließlich bat sie alle Studierenden, sich kurz vorzustellen und dabei auch zu sagen, aus welchem Ort sie kommen.

Nach dieser Vorstellungsrunde erhielten die Studierenden die wichtigsten Informationen, wie zum Beispiel den Stundenplan, einen Jahresplan mit den wichtigsten Terminen sowie weitere Angaben zur Ausbildung. In einem Klassengespräch ermutigte die Klassenlehrerin alle zu Nachfragen, was rege genutzt wurde.

Fördernde Verhaltensweisen der Gruppenleiterin

Die wichtigste Aufgabe der Gruppenleiterin besteht in der Orientierungsphase darin, den Mitgliedern die Unsicherheit zu nehmen. Hierzu gehört auch, dass sie durch ihr eigenes Verhalten bereits **Gruppennormen** setzen kann:
→ Sie hört aufmerksam und aktiv zu.
→ Sie fragt interessiert und zugewandt nach.
→ Sie achtet darauf, dass unterschiedliche Meinungen, wenn sie geäußert werden, auch von der Gruppe akzeptiert werden.
→ Sie hebt hervor, dass man eine Sache aus unterschiedlichen Perspektiven betrachten kann.
→ Wenn sie Konflikte innerhalb der Gruppe beobachtet, lässt sie diese Konflikte zu und ist unterstützend aktiv bei der Suche nach Lösungen des Konflikts.

Die Gruppenleiterin kann gut aushalten, dass einzelne Teilnehmerinnen sich noch eher unverbindlich verhalten, und zeigt Verständnis dafür, dass sich manche gelegentlich zurückziehen. Sie achtet darauf, dass die Atmosphäre locker und gelöst ist. Und schließlich beobachtet sie das Gruppengeschehen genau, um zu verhindern, dass Einzelne sich isolieren oder isoliert werden.

Wie kann die Gruppenleiterin dies umsetzen? Je umfassender sie informiert, umso sicherer fühlen sich die Gruppenmitglieder. Sie unterbreitet der Gruppe konkrete Vorschläge, wenn es um die Gestaltung des Gruppenalltags geht, sie greift die Wünsche und Bedürfnisse der Teilnehmerinnen auf und achtet darauf, dass auch auf diese eingegangen wird.

Hilfreich sind in dieser Phase **Spiele zum Kennenlernen.** Auch Partner- oder Kleingruppenarbeit unterstützt den Prozess des Kennenlernens. Hierbei öffnen sich die Gruppenmitglieder leichter als vor der gesamten Gruppe und so können sie sich untereinander auch schneller kennenlernen. Bei der Bildung von Kleingruppen sollten immer wieder neue Konstellationen entstehen, so bekommen die Teilnehmerinnen einen besseren Kontakt zu allen Gruppenmitgliedern. Grundsätzlich ist es wichtig, solche Kontaktmöglichkeiten zu bieten, die die Gruppenmitglieder nicht „in peinliche Situationen" *(Stahl 2007, S. 88)* bringen. „Je intensiver die Teilnehmer sich untereinander real begegnen, desto unwichtiger werden Vorurteile als Handlungsleitfaden." *(ebenda)*

Werden Angebote durchgeführt, eignen sich in dieser Phase solche, in denen etwas konkret getan wird, möglicherweise die Gruppenmitglieder auch parallel etwas erledigen und in denen sie schnell erfolgreich sind und miteinander Freude haben. So entsteht eine positive Gruppenatmosphäre. Weil die Gruppenleiterin um die Scheu der Gruppenmitglieder weiß, verzichtet sie in dieser Phase auf Präsentationen vor der ganzen Gruppe.

Hemmende Verhaltensweisen der Gruppenleiterin

In der Orientierungsphase wird die Gruppenleiterin von den Teilnehmerinnen genau beobachtet. Deshalb sollte sie vermeiden,
→ sich mit nur einem Gruppenmitglied sehr lange und ausführlich zu beschäftigen,
→ durch komplexe, langfristige Aufgabenstellungen mit vielerlei Entscheidungsmöglichkeiten die Gruppe zu überfordern. So kann schnell ein Klima entstehen, das von Frust geprägt ist.

1.4.2 Die Rollenklärungs- oder Streitphase

In der Fachliteratur wird diese Phase mit unterschiedlichen Begriffen belegt. So spricht Stahl von der Streitphase und fügt den Begriff „Storming" hinzu *(vgl. Stahl 2007, S. 92)*. Metzinger benutzt dagegen den Begriff der Machtkampf- oder Positions- bzw. Rollenklärungsphase *(vgl. Metzinger 1999, S. 43)*. Diese Begriffe sind synonym zu verstehen und werden auch so gebraucht.

Wenn die Gruppe in die Rollenklärungsphase kommt, hat sie schon viel erreicht. Die Gruppenmitglieder kennen sich und haben an Sicherheit gewonnen. Die Gruppe verfügt bereits über gewisse Strukturen. Es gibt Regeln und Normen, wenn sie auch noch nicht stabil sind. Die Gruppe hat sich über ein gemeinsames Ziel verständigt und die Erfahrung gemacht, dass dieses gemeinsame Ziel trägt.

Der Begriff „Rollenklärungsphase" macht deutlich, dass es in dieser Phase auch darum geht, innerhalb der Gruppe zu klären, wer welche Rolle übernimmt bzw. übernehmen will. Es entscheidet sich also hier, welchen Platz die einzelnen Gruppenmitglieder einnehmen werden.

Rollen in Gruppen

„In Gruppen treffen Menschen aufeinander, die sich zum Teil erheblich voneinander unterscheiden können. Diese Unterschiede beziehen sich auf Interessen, Bedürfnisse, Fähigkeiten, Eigenschaften, Erfahrungen, Schichtzugehörigkeit, Geschlecht und Alter. Wenn dabei beim einzelnen Mitglied ein bestimmtes Verhalten immer wieder auftritt und weitgehend beständig bleibt, werden letztendlich an dieses Gruppenmitglied Erwartungen gerichtet, die in die Übernahme einer Rolle münden. Jede Gruppe erwartet vom Einzelnen, dass er sich in einer bestimmten Art und Weise verhalten soll. So erfolgt z. B. in jeder Gruppe eine gewisse Aufgabenverteilung, d. h. einer ist der Führer und Manager, ein anderer vielleicht der Unterhalter, Ideengeber und Vermittler. An jede Rolle sind Erwartungen geknüpft, die ihre besondere Bedeutung für den Rollenträger und für die Gruppe festlegen.

Die Rolle entwickelt sich in dauernder Wechselwirkung zwischen der Persönlichkeit des Rollenträgers und den Erwartungshaltungen, die ihm die Gruppe entgegenbringt. Ein Gruppenmitglied z. B., das häufig zu Späßen bringt. Ein Gruppenmitglied z. B., das häufig zu Späßen und Witzen aufgelegt ist und gerne bei passender oder auch unpassender Gelegenheit auffällt, kann durch die Erwartungshaltung der Gruppe die Rolle des Gruppenclowns zugewiesen bekommen." *(Metzinger 1999, S. 25)*

In Gruppen lassen sich nach Metzinger **drei Arten von Rollen** finden *(vgl. Metzinger 1999, S. 26 ff.)*:

Aufgabenrollen: Darunter fallen die Gruppenmitglieder, die bereit sind, neue Ideen einzubringen. Sie übernehmen die Initiative, wenn es zum Beispiel darum geht, für etwas verantwortlich zu sein oder für die Gruppe etwas zu erledigen. Sie sind an der Meinung der anderen Gruppenmitglieder interessiert, fragen bei Gesprächen nach. Sie sind selbst in der Lage, eine eigene Meinung zu formulieren und diese Position zu vertreten. Allerdings äußern sie ihre Meinung so, dass andere ermutigt werden, auch eine eigene Sichtweise einzubringen.

Erhaltungsrollen: Wer eine solche Rolle einnimmt, legt Wert darauf, dass auch die stillen Gruppenmitglieder zu Wort kommen, und ermutigt sie, sich zu äußern. Er zeigt sich gegenüber anderen wertschätzend und freundlich. In Konflikten vermittelt er und sucht nach Kompromissen. Er nimmt auch das Ziel der Gruppe in den Blick und entfernt sich die Gruppe zu sehr davon, ist er in der Lage, die anderen darauf aufmerksam zu machen.

Dysfunktionale Rollen: In jeder Gruppe können wir Einzelne antreffen, die den Gruppenprozess immer wieder stören. Solche Störungen können sich darin zeigen, dass sie sich in Gesprächen, wenn sich andere zu Wort melden, durch ihre Mimik abwertend zu dem Gesagten äußern (z. B. durch Stirnrunzeln, Kopfschütteln oder Augenbrauenhochziehen). Sie machen sich über andere lustig, stellen Gruppenmitglieder bloß. In Gruppendiskussionen stören sie, indem sie Nebengespräche führen oder sich ganz zurückziehen. Wenn sie sich selbst zu Wort melden, formulieren sie oft sehr scharf, aggressiv und gegenüber anderen abwertend.

Stahl nimmt eine differenziertere Einteilung vor. Er unterscheidet in **psychologische** und in **gruppendynamische Rollen.**

Unter **psychologischen Rollen** versteht er solche Rollen, „bei denen das mit ihnen in Verbindung gebrachte Verhaltensrepertoire aus einer psychologischen Veranlagung heraus erklärt und verstanden wird" *(Stahl 2007, S. 308)*. Psychologische Rollen sind zum Beispiel der Clown oder die Einsichtige, der Eigenbrötler oder die stets Zufriedene. Psychologische Rollen tragen zur Sicherheit in der Gruppe und für die einzelnen Teilnehmer bei: Wenn der Clown an dem Gruppengespräch teilnimmt, wird es sicher nicht allzu ernst. Die Einsichtige achtet darauf, dass im Gespräch die Argumente anderer auch wirklich gehört werden, und sie ist bereit, ihre Meinung auch zu ändern. Ist sie dabei, kommt es meistens zu einem Ergebnis.

Gruppendynamische Rollen zeigen, welchen Einfluss oder welche Macht der Rollenträger auf das Geschehen in der Gruppe hat *(vgl. Stahl 2002, S. 308)*. Stahl unterteilt die gruppendynamischen Rollen in vier Typen:

„**Der inoffizielle Führer.** Er verdankt seinen Einfluss der Tatsache, dass die von ihm verkörperten Themen von der Gruppe ‚gewünscht' werden und hoch im Kurs stehen. Er drückt aus und lebt vor, was in der Gruppe gerade thematisch favorisiert wird." *(Stahl 2007, S. 325)*. Der inoffizielle Führer steht deshalb so hoch im Kurs in der Gruppe, da er das zentrale Thema der Gruppe repräsentiert. Sein Platz ist mitten im Gruppengeschehen, ohne dass er der offizielle Sprecher der Gruppe ist. Auffällig ist bei den inoffiziellen Führern, dass sie besonders im Leistungsbereich positiv auffallen. Sie bringen Ideen ein, übernehmen Aufgaben und verfügen über sprachliche Kompetenz. Im sozial-emotionalen Bereich gelingt es ihnen gut, auf andere Gruppenmitglieder zuzugehen, sie zeigen sich kontaktfreudig und hilfsbereit.

Der Mitläufer: Er verhält sich eher zurückhaltend, lässt anderen den Vortritt. Er macht immer mit. „Er verzichtet darauf, der Gruppe eigene Impulse zu geben, und verkörpert seinerseits keine zusätzlichen Themen. Sein Hauptziel in der Gruppe ist nicht die Schaffung eines von ihm geprägten Klimas, sondern das Dazugehören." *(Stahl 2007, S. 326)*. Das Problem bei den Mitläufern ist, dass sie sich zu leicht unterordnen. Sie wechseln unter Umständen auch schnell die Positionen, wenn die inoffiziellen Führer diese verändern. Sie äußern sich selten offen. Ihre Meinung ist nicht erkennbar. Gruppenleiter müssen darauf achten, dass sie die Mitläufer immer wieder freundlich damit konfrontieren, dass ihre eigene Meinung wichtig ist und das Gruppengeschehen davon profitiert, wenn sie sich äußern.

Der Außenseiter: Er befindet sich am Rande der Gruppe, gehört aber trotzdem dazu. Seine Interessen und Themen werden von der Gruppe geduldet, auch wenn sie keine wesentliche Rolle spielen. Die Themen der Außenseiter können aber im Laufe des Gruppenprozesses zu zentralen Themen werden, wenn sich die Gruppe verändern will. Außenseiter haben oft von außen betrachtet ein negatives Image. Dabei kann es aber immer wieder vorkommen, dass sie von der Gruppe selbst durchaus wertgeschätzt werden. Dies ist besonders dann der Fall, wenn sie Themen repräsentieren, auf die die Gruppe durchaus stolz ist, da sie eine positive Außenwirkung mit sich bringen.

Der Sündenbock: „Er ist das Gegenstück zum inoffiziellen Führer. An ihn werden die Tabuthemen der Gruppe delegiert. Er trägt gewissermaßen jenen thematischen Sprengstoff mit sich herum, der der Gruppe zu bedrohlich und heikel erscheint, als dass er öffentlich gezündet werden könnte." *(Stahl 2007, S. 327)*. Der Sündenbock repräsentiert also oft solche Themen, die die einzelnen Gruppenmitglieder bei sich selbst abspalten. So wird der Kollege, der sich bei der Verteilung von Aufgaben immer mit der Begründung raushält, dass er sich vor zu viel Belastung schützen muss, schnell als unsozial abgetan. Dabei macht er nur zum Thema, dass in der Gruppe ein Klima tendenzieller Überlastung herrscht, dies aber nicht benannt werden darf.

Besonders die Außenseiter und der Sündenbock nehmen eine wichtige Funktion innerhalb der Gruppe wahr. Sie können für die Gruppe zum Korrektiv werden. Und sie können mit ihrer Rolle verhindern, dass in der Gruppe ein Zwang zur einheitlichen Meinung entsteht. So kann der Konformitätsdruck innerhalb der Gruppe reduziert werden. Der Außenseiter thematisiert das, was sich niemand traut, anzusprechen. Damit weist er die Gruppe auf wichtige Themen hin. Es kommt immer wieder auch vor, dass der Außenseiter Lösungsvorschläge einbringt, die sich beim ersten Hinschauen als verrückt erweisen. Geht man aber genauer darauf ein, kann die Gruppe damit vielleicht aus gewohnten Bahnen ausbrechen und sich mit der Umsetzung dieses Lösungsvorschlages auf neue Wege begeben. So tragen diese Rollen dazu bei, dass die Gruppe nicht erstarrt und beweglich bleibt.

Wichtig ist es, immer zu beachten, dass ein Mensch verschiedene Rollen einnehmen kann und sich auch immer wieder in wechselnden Rollen zeigen wird.

Wir sollten uns also davor hüten, einzelne Gruppenmitglieder ganz auf eine Rolle festzulegen.

Dass wir Rollen einnehmen, hat eine wichtige Funktion: So wird das Zusammenleben innerhalb einer Gruppe wesentlich vereinfacht. „Wer eine Rolle übernimmt, trägt dazu bei, Erwartungssicherheit zu schaffen und die Komplexität des Gruppengeschehens für sich selbst und alle anderen zu reduzieren. Durch Rollenverteilung wird das Miteinander einerseits überschaubarer, stabiler, berechenbarer und andererseits beengter, ritualisierter und langweiliger." *(Stahl 2007, S. 303)*

Rollenträger machen, wie bereits deutlich wurde, durch ihre Rolle immer auch ein Thema innerhalb der Gruppe deutlich. So kann der Clown beispielsweise mit seinen Späßen darauf aufmerksam machen, dass es in jeder Gruppe auch darum geht, Spaß miteinander zu haben bzw. auf eine freundliche Atmosphäre geachtet werden sollte. Und er wird vielleicht seine Späße besonders dann machen, wenn die anderen auf zu viel Disziplin achten. Derjenige, der sich innerhalb der Gruppe rebellisch verhält, macht damit zum Thema, dass es wichtig ist, den Gruppenteilnehmerinnen genügend Freiheit einzuräumen. Derjenige, der sich oft einsichtig zeigt und zu Kompromissen und Zugeständnissen bereit ist, verweist mit seinem Verhalten darauf, dass eine Gruppe nur funktioniert, wenn sich alle ein Stück weit unterordnen.

Eine solche Sichtweise auf Rollen trägt dazu bei, nicht nur die positiven Rollen positiv zu bewerten, sondern auch bei den dysfunktionalen Rollen zu erkennen, dass diese Rollenträger eben nicht nur Störer sind, sondern auch eine wichtige Funktion innerhalb einer Gruppe haben.

Die Dynamik in der Rollenklärungsphase

Nachdem sich die Gruppe in der Orientierungsphase kennenlernen konnte, beginnt nun eine Zeit der Auseinandersetzung, des Streitens. Die Gruppe überprüft ihre Selbstständigkeit und schaut, wie weit sie hier bereits gehen kann. Innerhalb der Gruppe bilden sich Untergruppen. Es scheint so, als ob nun wieder eher das Trennende innerhalb der Gruppe im Vordergrund steht. Es ist eine „Zeit des **Sich-Abgrenzens,** Sich-Auseinandersetzens, Sich-Unterscheidens" *(Stahl 2007, S. 93)*.

Während es in der Orientierungsphase darum geht, herauszufinden, was die Gruppenmitglieder verbindet, was ihre gemeinsamen Interessen und Ziele sind, steht in der Rollenklärungsphase im Mittelpunkt, was eben nicht zur gemeinsamen Schnittmenge gehört. Die Gruppenmitglieder treten zueinander in Konkurrenz, suchen die Auseinandersetzung um den größtmöglichen Einfluss in der Gruppe. Die Individualität der Einzelnen wird immer deutlicher und sichtbarer. Dies führt auch dazu, dass die einzelnen Gruppenmitglieder sich näherkommen oder mehr Distanz zueinander empfinden. Wenn es gelingt, die nun erkennbaren Unterschiede nicht wegzudrücken, sondern für die ganze Gruppe zu nutzen, wird die Leistungsfähigkeit der Gruppe sich erhöhen *(vgl. Stahl 2007, S. 95)*.

Der Einzelne kann in dieser Phase aber auch sehr unter Druck geraten. Zum einen lösen Konflikte immer auch Ängste aus: Ängste vor unkontrollierten Emotionen, davor, dass die Gruppe die konflikthaften Situationen nicht mehr steuern kann, und schließlich auch davor, dass die Gruppe auseinanderfallen könnte. Hier spielen entsprechende negative oder positive Vorerfahrungen eine große Rolle. Haben die Teilnehmerinnen in vorherigen Gruppen erlebt, dass diese Phase bei aller Anstrengung auch konstruktiv verlaufen kann, werden sie sich in den Auseinandersetzungen nicht so leicht entmutigen lassen. In dieser Phase ist es wichtig, dass Einzelne vorpreschen und Themen und Konflikte ansprechen, dann werden sich die Zögerlichen eher anschließen.

> Nach Stahl verläuft die Rollenklärungsphase dann **konstruktiv,** wenn „zur rechten Zeit das rechte Thema am rechten gruppendynamischen Ort mit der rechten Haltung bearbeitet wird und die rechten Konsequenzen hervorbringt".
> *(Stahl 2007, S. 103)*

Die Stellung der Gruppenleiterin

Die Gruppenleiterin sieht sich in dieser Phase plötzlich verstärkt infrage gestellt.

> Während bisher die Einteilung in Gruppen ohne große Probleme verlief, wird jetzt jede Anweisung hinterfragt und entsprechend kommentiert: „Ach, schon wieder Gruppeneinteilung nach dem Zufallsprinzip", oder: „Muss das sein? Können wir das nicht selbst entscheiden?"

Die Gruppenmitglieder testen nun aus, wie weit sie bei der Gruppenleiterin gehen können, ob sie ihre Ankündigung ernst gemeint hat, ob es ihr wichtig ist, dass vereinbarte Regeln eingehalten werden, ob sie auch in Konflikten fair und offen bleibt.

Förderndes Verhalten der Gruppenleiterin

Ein wichtiger Grundsatz in dieser Phase lautet, dass **Konflikte zugelassen** werden sollen. Die Leiterin soll dabei helfen, dass die Gruppe diese Konflikte klären kann. Sie muss die Konflikte nicht für die Gruppe lösen, aber den Raum geben, den die Gruppe braucht, damit die Konflikte angesprochen werden können. Hierzu gehört es zum Beispiel, Stimmungen innerhalb der Gruppe, die die Leiterin wahrgenommen hat, anzusprechen, der Gruppe die eigene Beobachtung zu schildern und sie damit zu konfrontieren. Förderlich ist es auch, wenn die Gruppenleiterin immer wieder gezielt nachfragt, ob die Gruppe **Klärungsbedarf** hat, und deutlich macht, dass dafür jederzeit Raum vorhanden ist.

Aktives Zuhören hilft in dieser Phase sehr *(vgl. Band 1, HF 1, Kap. 1)*. Die Gruppenleiterin fasst „unter Einbezug auch des nur Angedeuteten die Äußerungen der Streitparteien so zusammen, dass die Betroffenen sich verstanden und bei der Präzisierung ihrer Gedanken und Gefühle unterstützt fühlen" *(Stahl 2007, S. 122)*.

Jetzt kommt es auch darauf an, die Gruppe genau zu beobachten, zu schauen, ob einzelne Gruppenmitglieder zu sehr auf eine bestimmte Rolle festgelegt werden, und darauf zu achten, dass die Rollen innerhalb der Gruppe **flexibel** gehandhabt werden, dass niemand auf eine Rolle fixiert ist.

Angriffen auf die eigene Person sollte die Gruppenleiterin gelassen begegnen und für sich klären, welche Funktion diese Angriffe haben.

Besteht die Möglichkeit, mit der Gruppe Aktivitäten durchzuführen, dann eignen sich nun besonders solche Angebote, in denen es auf **Kooperation** ankommt und die unterschiedlichen Begabungen der Teilnehmerinnen für die Gruppe nutzbar sind. Wichtig ist auch, dass in dieser Phase keine Spiele ausgewählt werden, in denen einzelne Gruppenmitglieder alleine stehen oder sogar bloßgestellt werden, es also einzelne Verlierer gibt. Wenn solche Spiele ausgewählt werden, dann sollte immer die ganze Gruppe das Spiel verlieren oder gewinnen können.

Hemmendes Verhalten der Gruppenleiterin

Sobald sich die Gruppenleiterin in Konflikten **parteiisch** verhält, trägt sie zu einer Verschlechterung des Gruppenklimas bei. Jetzt können sich nicht mehr alle darauf verlassen, dass sie sich in schwierigen Situationen neutral verhält und vermittelnd tätig wird.

Werden einzelne Gruppenmitglieder gehänselt und die Leiterin akzeptiert dies oder hält sich dabei heraus, bietet den **Schwächeren also keinen Schutz** in der Gruppe, wirkt sich dies auch sehr negativ aus. Alle Gruppenmitglieder müssen sich darauf verlassen, dass die Leiterin keinen schutzlos der Gruppe überlässt. Immer wieder lässt sich beobachten, dass sie mit der Aussage: „Die Teilnehmer sollen Konflikte alleine lösen" nur ihre passive Haltung rechtfertigen möchte.

Schwächeren Schutz bieten

Wird die Leiterin angegriffen und sie reagiert darauf **aggressiv, abwertend** und persönlich gekränkt, verhindert sie, dass die Gruppenmitglieder künftig Konflikte ansprechen. Allerdings kommt es jetzt auch darauf an, dass die Gruppenleiterin sich konsequent verhält, wenn es zum Beispiel um einen Regelbruch geht. Hier achten die Gruppenmitglieder ganz genau auf die Reaktion der Leiterin: Akzeptiert sie das Verhalten oder thematisiert sie es bzw. besteht auf der Einhaltung der Regel?

Immer wieder kann es vorkommen, dass es Gruppen nicht gelingt, die Rollenklärungsphase zu überstehen.

Dann lösen sie sich an dieser Stelle auf. Sobald die zentralen Konflikte in der Gruppe aber gut bearbeitet sind, kann sie in die nächste Phase übergehen. Dass Konflikte erfolgreich bearbeitet sind, bedeutet nicht, dass in der Gruppe nun ein völlig harmonisches Klima herrscht. Es zeigt vielmehr, dass die Gruppe ihre Konflikte kennt, dass sie darüber Bescheid weiß, was sie trägt und verbindet, aber eben auch anerkennt, dass es Bereiche und Themen gibt, die die Gruppenmitglieder trennen, die einen Dissens aufzeigen. Die Rollenklärungsphase trägt dazu bei, dies zu zeigen, erfahrbar zu machen. Wenn die Gruppe diese beiden Pole – die gemeinsamen verbindenden Ziele und den Dissens – anerkennt, dann kann sie sich in die nächste Phase begeben.

1.4.3 Die Vertrautheits- oder Vertragsphase

Ist die Rollenklärungsphase „konstruktiv verlaufen, herrscht anschließend in der Gruppe eine Stimmung wie nach einem Sommergewitter: Die Luft ist rein, die Sicht ist klar, die Atmosphäre entspannt sich. Diese nachgewitterliche Stimmung ist geprägt von Erleichterung: Die heiklen Punkte sind angesprochen worden, nun ist vorerst das Schlimmste vorüber." *(Stahl 2007, S. 127)*

Das **Zusammengehörigkeitsgefühl** in der Gruppe steigt. Es lässt sich beobachten, dass die Gruppenmitglieder immer öfter von „wir" sprechen. In dieser Phase geht es nun auch darum, die Gruppennormen und -regeln weiter auszubauen und „vertraglich" abzusichern. Diese **Absprachen, Regeln und Normen** können direkt (explizit) benannt sein, es gibt sie aber auch als implizite Absprachen, über die nicht groß geredet wird, die sich aber herauskristallisiert haben und an die sich die Gruppenmitglieder im Großen und Ganzen halten. Dies kann auch bedeuten, dass die Gruppe bestimmte Regeln schriftlich festhält, damit sich alle an die Absprache erinnern. Klar vereinbarte Regeln helfen der Gruppe auch, ein entsprechendes Selbstbild zu formen und zu einer **Gruppenidentität** zu kommen.

Zur Gruppenidentität gehört auch, dass sich in manchen Gruppen nun eine **Gruppensprache** entwickelt.

Die Klasse hat in der Klassenstunde zusammen mit der Klassenlehrerin **Gesprächsregeln** diskutiert und schriftlich auf einem Plakat festgehalten. In jeder Klassenstunde werden nun die Regeln in die Raummitte gelegt. Jetzt kann die Klassenlehrerin die Gesprächsleitung an zwei Studierende abgeben und so die Klassenstunde begleiten.

Während in der Orientierungsphase die einzelnen Gruppenmitglieder von der Gruppe noch eine idealisierende, wenig realistische Vorstellung hatten, so hat die Gruppe jetzt einen **realistischen Blick auf sich.** Alle wissen, was mit der Gruppe möglich ist, aber eben auch, was mit dieser Gruppe nicht geht. Dieser realistische Blick ist eine wichtige Grundlage für gemeinsame Vorhaben und Projekte.

Insgesamt ist das **Gruppenklima freundlich.** Diskussionen können kontrovers verlaufen, aber in einer eher gelassenen Atmosphäre. Die Eigenheiten der einzelnen Gruppenmitglieder werden akzeptiert und nicht als störend empfunden. Sie sind eher ein Zeichen für Individualität, die in der Gruppe nun positiv gesehen wird.

Stellung der Gruppenleiterin

Die Bedeutung der Gruppenleiterin verschiebt sich erneut. Während sich die Gruppe in der Orientierungsphase an der Leitung orientiert und in der Rollenklärungsphase an ihr gerieben und vielfältige Konflikte mit ihr ausgetragen hat, wird sie nun immer stärker in der Rolle der **Moderatorin** erlebt. Diesen „Bedeutungsverlust" erleben manche Leiterinnen als problematisch und gegen sich gerichtet. Dies ist aber von der Gruppe nicht so gemeint. Es ist nur eine Aussage über den Zustand der Gruppe, nicht über die Gruppenleiterin. Die Gruppe macht damit deutlich, dass sie z. B. zur Klärung von Konflikten nun auf die Leiterin als Moderatorin setzt. Die Leiterin befindet sich nicht im Abseits, ihre Funktion und Rolle hat sich lediglich verändert. Sie ist aber weiterhin für die Gruppe wichtig. Für die Gruppe gewinnen die internen Führerfiguren zunehmend an Bedeutung.

In der Klassenstunde, die dieses Mal ohne die Klassenlehrerin stattfindet, sprechen Studierende an, dass bei bestimmten Lehrern Gruppen-Leistungsnachweise ohne individuellen Bewertungsbereich erbracht werden müssen. Obwohl einzelne Studierende die Lehrer schon darauf angesprochen haben, dass doch auch bei Gruppennoten immer ein individuell bewerteter Teil enthalten sein müsste, weigern sich die Lehrer, dies zu ändern.

Die Klasse entscheidet nach längerer kontroverser Diskussion, dass sie dies nicht akzeptiert, und beauftragt die Klassensprecherinnen, nochmals das Gespräch mit den betroffenen Lehrern zu suchen. Die Studierenden sind sich einig, dass sie zunächst versuchen wollen, diesen Konflikt ohne Klassenlehrerin zu lösen.

Förderndes Verhalten der Gruppenleiterin

In dieser Phase ist es für die Gruppe wichtig, dass ihr immer mehr **Verantwortung übertragen** wird. So können die ausgehandelten Regeln auch auf ihre Tauglichkeit überprüft und gegebenenfalls angepasst werden. Zu einem offenen Gruppenklima kann auch beitragen, dass die Gruppe etwas gemeinsam unternimmt und so das Zusammengehörigkeitsgefühl weiter wachsen kann. Hierzu gehört auch, dass die Gruppenleiterin, wenn sie Konflikte wahrnimmt, diese anspricht.

So sorgt die Leiterin für ein **offenes Gruppenklima.** Sie beobachtet auch, ob die Rollen in der Gruppe festgefahren sind oder ob sich die Gruppenmitglieder immer wieder in unterschiedlichen Rollen einbringen und ihre Fähigkeiten zum Einsatz bringen können. Sollte sie beobachten, dass in der Gruppe Druck darauf ausgeübt wird, nach der überstandenen Rollenklärungsphase nicht zu sehr auszuscheren, spricht sie diese Beobachtungen an und spiegelt der Gruppe ihre Wahrnehmung. In Diskussionen achtet die Leiterin darauf, dass die Gruppe Absprachen auch dokumentiert.

Eigene Ideen und Planungen der Gruppe unterstützt sie. Bei der Auswahl von **Angeboten, Aktivitäten und Spielen** achtet sie darauf, dass in ihnen die **Eigenaktivität** der Gruppe gefordert wird und die Einzelnen Verantwortung übernehmen müssen, wenn die Aktion gelingen soll.

So werden „noch Unklarheiten, Ungereimtheiten und Doppeldeutigkeiten […] transparent, die Nachbesserungen erfordern und damit die Reißfestigkeit der Absprachen erhöhen" *(Stahl 2007, S. 152).*

Hemmendes Verhalten der Gruppenleiterin

Gerade die veränderte Rolle der Gruppenleiterin – ihr vermeintlicher Bedeutungsverlust – verleitet immer wieder dazu, sich aus dem Gruppengeschehen zurückzuziehen oder herauszuhalten und damit die **Leitungsrolle aufzugeben.** Dies schadet der Gruppe aber, denn die Tatsache, dass die gruppeninternen Führer wichtiger werden, bedeutet nicht, dass die Leiterin nicht gebraucht wird. Ein solches Verhalten kann von der Gruppe als Desinteresse ausgelegt werden. Hierzu gehört auch, wenn die Gruppenleiterin darauf verzichtet, eine eigene Meinung zu einem Problem zu äußern.

Hemmend für die weitere Entwicklung der Gruppe ist aber auch eine zu **starke Dominanz** der Leiterin. Aussagen wie „Das machen wir jetzt einfach so!" ohne Diskussion und Absprache geben der Gruppe das Gefühl, dass die Leiterin ihr nicht zutraut, Probleme eigenständig anzugehen und zu lösen. Damit wird das Selbstwertgefühl der Gruppe und ihrer Mitglieder nicht erhöht, vielmehr kann es zu Rückzug und Resignation führen.

Fehlende Möglichkeiten, das Gruppengeschehen zu überprüfen und über die Situation der Gruppe nachzudenken, führen dazu, dass sich möglicherweise wieder Tabus aufbauen, Disharmonien nicht gesehen werden und Probleme sich immer mehr ausbreiten.

Zum Abschluss dieser Phase ist es gut, wenn sich alle Mitglieder der Gruppe nochmals der vertraglichen Basis bewusst werden und überprüfen, ob diese noch stimmig für sie ist. So kann die Gruppe Zwischenbilanz ziehen und, wenn notwendig, Veränderungen vornehmen.

1.4.4 Die Differenzierungs- oder Arbeitsphase

Diese Gruppenphase zeichnet sich besonders dadurch aus, dass die Gruppe nun **gemeinsame Aktivitäten** gut durchführen kann. Das Gruppenklima ist „von konzentrierter, zielorientierter Aktivität und **persönlichem Verantwortungsgefühl** geprägt. Es ist sachlich, wenn sachliche Ziele verfolgt werden; es ist persönlich, wenn zwischenmenschliche Ziele verfolgt werden. Es findet keine manipulative Verflechtung von Sach- und Beziehungsebene statt. Die Einzelnen übernehmen offen die Verantwortung für ihr Tun und Lassen, ohne sich benutzen zu lassen oder sich herauszureden." *(Stahl 2007, S. 166)*

Jetzt schafft es die Gruppe, **produktiv** ein Projekt zu bearbeiten. Es gelingt ihr, konzentriert und effektiv das Vorhaben zu verfolgen. Aufgaben können verteilt und arbeitsteilig bearbeitet werden. Die Gruppe verfügt über ein **positives Selbstbild** und weiß, dass sie die an sie gestellten Anforderungen erfolgreich bewältigen kann. Die einzelnen Gruppenmitglieder wissen nun genau, an welcher Stelle sie für die Gruppe eine Stütze sind und wobei sie der Gruppe nicht helfen können.

Die Klasse befindet sich im zweiten Ausbildungsjahr zur Erzieherin. Die Studierenden äußern den Wunsch, nochmals gemeinsame Studientage durchzuführen. Die Klassenlehrerin unterstützt die Klasse bei diesem Vorhaben und klärt mit den Studierenden, welche Schritte zu tun sind. Zunächst muss die Klasse Ziele formulieren, warum sie diese Studientage durchführen möchte. Dann formuliert sie einen Antrag an die Lehrerkonferenz, in dem sie um Zustimmung und Genehmigung bittet. In der Konferenz stellen die beiden Klassensprecherinnen den Antrag vor und stehen für Nachfragen zur Verfügung Die Klassenlehrerin macht deutlich, dass sie das Vorhaben unterstützt, und begründet dies u. a. damit, dass die Klasse die Studientage in hohem Maße eigenständig vorbereitet und diese Tage mit wichtigen Inhalten für die Ausbildung verknüpft. Die Klasse wünscht sich als Thema eine Auseinandersetzung mit der Erlebnispädagogik.

Nachdem die Lehrerkonferenz dem Vorhaben zugestimmt hat, beginnt die Klasse mit der Feinplanung. Gemeinsam mit der Klassenlehrerin wird vereinbart, wer für welche Punkte zuständig ist. Eine Kleingruppe organisiert ein geeignetes Haus. Eine andere Kleingruppe nimmt Kontakt mit einem Hochseilgarten auf, der in der Nähe des Hauses liegt. Sie fragt nach einem ganztägigen erlebnispädagogischen Programm, klärt die Kosten und die Inhalte und stellt die Ergebnisse der Klasse vor. Parallel dazu entwickeln zwei Kleingruppen für zwei Nachmittage erlebnispädagogische Spielerunden. Eine weitere Kleingruppe organisiert das Essen und die Hin- und Rückfahrt.

In Klassenstunden werden die jeweiligen Ergebnisse vorgestellt und die Planung der Studientage verfeinert. Die Klassenlehrerin gibt in dieser Phase die Moderation an zwei Studierende ab. Sie selbst ist dabei, äußert sich auch dazu, unterstützt, bringt eigene Vorschläge mit ein oder reagiert auf Anfragen der Klasse. Während die Klasse plant, kommt der Wunsch auf, dass die Klassenlehrerin während der Studientage noch eine Unterrichtseinheit zur Entstehung der Erlebnispädagogik durchführt.

Sie erklärt sich damit einverstanden, bittet aber darum, dass zwei oder drei Studierende diese Unterrichtseinheit mitvorbereiten. Da sie einen Film zeigen möchte, fragt sie, ob jemand bereit ist, diesen Film bei der lokalen Medienzentrale zu bestellen. Zwei Studierende melden sich und übernehmen diese Aufgabe.

Die Studientage sind ein großer Erfolg für die Klasse. Das Programm begeistert die Studierenden. Die Klasse merkt, wie gut sie alles vorbereitet hat. Durch die erlebnispädagogischen Elemente und besonders durch den Tag im Hochseilgarten erleben sich die Studierenden von ganz neuen Seiten. Immer wieder kommt es aber auch zu Auseinandersetzungen um den Küchendienst. Die Klassenlehrerin spricht in den abendlichen Reflexionsrunden ihre Beobachtung an. Der Konflikt entzündet sich an der Frage, wie genau der Küchendienst geregelt werden muss und wer sich wie oft in der Küche engagiert. Die Diskussion über diesen Konflikt führt dazu, dass sich alle mehr angesprochen fühlen und damit auch verstärkt Verantwortung übernehmen.

Stellung der Gruppenleiterin

Die Rolle der Gruppenleiterin in dieser Phase unterscheidet sich sehr von ihren bisherigen Aufgaben. Sie fühlt sich oft nicht mehr gebraucht, da die Gruppe das Wesentliche selbst regelt. Sie beobachtet das Gruppengeschehen und ist bei manchen Aktivitäten auch direkt dabei, wenn die Gruppenmitglieder sie fragen.

Förderndes Verhalten der Gruppenleiterin

Der Gruppenleiterin gelingt es, sich zurückzuhalten. Sie sieht ihre Rolle mehr in der **Beratung.** Sie bestärkt die Gruppe dabei, auch zu **anderen Gruppen Kontakt** aufzunehmen.

Sie hebt die **Kompetenzen** der Gruppenmitglieder hervor. Und sie gibt Anregungen oder **Impulse,** wenn sie feststellt, dass die Gruppe diese gerade gebrauchen kann. Nur wenn sich die Gruppenleiterin so verhält, kann die Gruppe diese produktive Phase auch als solche erleben. Hält sich die Gruppenleiterin jetzt angemessen zurück, zeigt sie der Gruppe auch, dass sie in ihre Fähigkeiten und Kompetenzen Vertrauen setzt. Diese **Zurückhaltung** fällt Gruppenleiterinnen immer wieder schwer. „Konnten sie während der vorhergehenden Phasen glänzen und sich profilieren, so sind sie jetzt angemeldet. Die Arbeitsphase der Gruppe ist halt nicht die Arbeitsphase des Coachs." *(Stahl 2007, S. 168)*

Am Ende dieser Phase unterstützt die Leiterin die Gruppe auf ihrem Weg zur letzten Phase besonders dadurch, dass sie nochmals mit der Gruppe den derzeitigen Stand anschaut und mit der Gruppe bewusst nun den letzten Schritt geht.

Hemmendes Verhalten der Gruppenleiterin

Gerade weil es manchen Leiterinnen schwerfällt, „nicht gebraucht" zu werden, binden sie in dieser Phase die Gruppe an sich und nehmen entsprechend Einfluss. So leiten sie die Diskussionen, intervenieren bei der Suche nach Lösungen oder **kontrollieren die Gruppe.**

1.4.5   Die Abschluss- oder Trennungsphase

Jede Gruppe löst sich einmal auf, keine Gruppe ist von Dauer. Das Ende einer Gruppe kann aus unterschiedlichen Gründen erfolgen. Nach bestandener Prüfung gehen alle Studierenden in das Berufspraktikum, mit dem Ende des Schuljahres verlassen Schüler die Klasse, durch den Wegzug zweier Familien werden in der Kindergartengruppe drei Plätze frei, die sehr schnell mit neuen Kindern belegt werden. Und schließlich besteht auch immer die Möglichkeit, dass einzelne Gruppenmitglieder genug haben und sich eine neue Gruppe suchen wollen.

Damit allen Gruppenmitgliedern diese Phase positiv in Erinnerung bleibt, sollte sie bewusst geplant und gestaltet werden.

In dieser Phase wird nochmals zurückgeschaut, **Bilanz gezogen.** Die gemachten Erfahrungen werden ausgewertet. „Nach der gelegentlich hektischen Zeit des Miteinandertuns braucht es nun einen Moment des Innehaltens, Zurückschauens und Sichneuorientierens." *(Stahl 2007, S. 169)*

So wird jeder Einzelne in der Gruppe für sich Bilanz ziehen und sich nochmals seine persönlichen Ziele anschauen und mit den erreichten Ergebnissen abgleichen. Je nachdem, wie dies ausfällt, wird er zufrieden oder weniger zufrieden sein. Die individuelle Bilanz wird nicht nur auf der **Sachebene** gezogen, sondern ganz besonders auf der **Beziehungsebene.** So tauchen Fragen auf wie z. B.: „Welche Freundschaften sind im Laufe der Zeit gewachsen? Sind sie tragfähig über das Ende der Gruppe hinaus?" usw.

Die Gruppenmitglieder werden sich aber auch bereits auf die **Zukunft** ausrichten. Sie beschäftigen sich nicht nur mit dem nahenden Abschied und der Auflösung der Gruppe, sondern auch mit dem, was für sie persönlich danach kommt. Einerseits wird also zurückgeschaut andererseits werden aber gleichzeitig auch schon Pläne für die Zukunft geschmiedet. Beides ist für diesen letzten Schritt wichtig. Auf der einen Seite können die Gruppe und jeder Einzelne nun sehen, dass die Zeit mit dieser Gruppe sinnvoll war und auch jedem viel gegeben hat.

Auf der anderen Seite zeigen die Zukunftspläne dem Einzelnen auch, dass mit dem Ende dieser Gruppe nicht alles zu Ende ist, sondern es ein Danach gibt.

Für die Gruppe ist es wichtig, dass sie die Chance erhält, miteinander zu bilanzieren. Werden die individuellen Bilanzen nun öffentlich ausgetauscht, können die Gruppenmitglieder nochmal Neues voneinander erfahren, Erinnerungen werden wach und gemeinsame Erlebnisse ausgetauscht. Auch der **Abschieds- und Trennungsschmerz** muss seinen Platz bekommen.

Die Abschlussphase kann aber auch längst überwunden geglaubtes Verhalten erneut zu Tage fördern. Plötzlich finden wieder Auseinandersetzungen wie in der Rollenklärungsphase statt. Die Gruppenleiterin wird kritisiert und getestet. Die Mitglieder suchen den Streit mit ihr und provozieren sie. Wenn es um Entscheidungen der Gruppe geht, sind sie weniger kompromissbereit als bisher.

Förderndes Verhalten der Gruppenleiterin

Die Gruppenleiterin kann viel zum Gelingen der Abschiedsphase beitragen. Ist sie sich der Schwierigkeiten in dieser Phase bewusst, so wird ihr daran gelegen sein, sie bewusst zu gestalten. So sollte sie, wenn dies nicht von der Gruppe selbst gewünscht wird, eine **Rückschau einleiten** und damit an gemeinsame Erlebnisse, Auseinandersetzungen, schwierige und gute Zeiten erinnern. Sie wird Raum für eine **Auswertung** der gemeinsam verbrachten Zeit und der Lernergebnisse schaffen. Ein realistischer Blick hilft den Gruppenmitgliedern zu erkennen, wo sie erfolgreich waren und was nicht geklappt hat.

Die Gruppenleiterin sollte auch mit den Teilnehmerinnen den **Blick in die Zukunft** richten. Die Gruppenmitglieder erzählen beispielsweise von ihren Zukunftsplänen. Adressen werden ausgetauscht, sodass alle auch **Kontakt zueinander** halten können, wenn sie dies wollen. Gibt es Fotos von den verschiedenen Stationen der Gruppe, so lohnt es sich, diese nochmals gemeinsam anzuschauen und so Erinnerungen auszutauschen. Und schließlich ist es sehr hilfreich, wenn die Gruppenleiterin mit der Gruppe ein **Abschlussfest** plant und durchführt.

Hemmendes Verhalten der Gruppenleiterin

Der größte Stolperstein in der Schlussphase liegt in der **emotionalen Abhängigkeit** der Gruppe zur Leiterin.

Sätze der Leiterin wie „Ich kann mir gar nicht vorstellen, dass ihr einmal nicht mehr da seid!" geben den Gruppenmitgliedern das Gefühl, dass ihre neuen Zukunftspläne, das Ende der Gruppe eigentlich nicht sein darf, nicht legitim ist, und kann sie in Gewissenskonflikte stürzen. Hierzu gehören auch **besonders attraktive Angebote** der Leiterin.

Auf der anderen Seite ist es nicht hilfreich, wenn die Leiterin Angriffe oder **abwertende, kritische Äußerungen** der Teilnehmer **persönlich nimmt,** also auf sich bezieht und nicht sieht, dass dies mit dem nahenden Abschied und der Auflösung der Gruppe zu tun hat. Eine Gefahr liegt auch darin, dass die Gruppenleiterin die **Auflösung der Gruppe ignoriert** und so tut, als ob alles ganz normal weitergehen werde.

Jede Trennungs- und Abschiedsphase aktiviert bei allen beteiligten Transitionserfahrungen. Je nachdem, wie gelungen oder weniger geglückt diese Phasen erlebt wurden, wird die Reaktion nun ausfallen. Deshalb ist eine besonders sensible und aufmerksame Begleitung durch die Gruppenleiterin notwendig.

„Abschiede rühren an Trennungsängste, die bereits in frühester Kindheit ihren Ursprung haben. Der Mensch muss ein Leben lang lernen, Trennung und damit verbundene Abschiede zu ertragen. Die Intensität der Gefühle ist dabei abhängig von der persönlichen Bedeutung der Menschen, von denen man sich trennen muss." *(Böhm 2000/10, S. 30)*

↗ FAZIT

→ Jede Gruppe verfügt über bestimmte Merkmale wie z. B. gemeinsame Ziele oder ein gewisses Zusammengehörigkeitsgefühl.

→ Es gibt verschiedene Arten von Gruppen.

→ Gruppen sind dynamische, also bewegliche Gebilde.

→ Jede Gruppe durchläuft bestimmte Phasen.

→ Die Gruppenleiterin ist in den Gruppenprozess einbezogen.

→·← AUFGABEN UND ANREGUNGEN

1 Schauen Sie miteinander das Bilderbuch „Frederick" von Leo Lionni an. Überlegen Sie miteinander, wodurch sich Frederick von den anderen Gruppenmitgliedern unterscheidet. Diskutieren Sie dann, wodurch es Frederick gelingt, Einfluss auf die Gruppe zu gewinnen, und was sich durch ihn innerhalb der Gruppe verändert.

2 Diskutieren Sie in Kleingruppen die Regeln, die in Ihrer Klasse aus Ihrer Sicht gelten.

3 Erstellen Sie eine Liste mit expliziten und impliziten Regeln, die im Team in Ihrer letzten Praxisstelle gegolten haben. Vergleichen Sie untereinander diese Regeln. Gibt es bestimmte Regeln, die in vielen Teams nicht direkt angesprochen werden? Woran könnte dies liegen?

4 Reflektieren Sie, welche Rollen Sie in verschiedenen Gruppen bisher eingenommen haben. Denken Sie darüber nach, wie Sie sich in diesen Rollen gefühlt haben. Waren es zugewiesene oder selbstgewählte Rollen?

5 Teilen Sie die Gruppe in Kleingruppen mit ca. sechs Teilnehmerinnen. Füllen Sie davor eine Tüte mit unterschiedlichen Materialien (Bauklötzen, Steinen etc.). Jede Gruppe erhält nun den Auftrag, innerhalb von fünf Minuten aus den Materialien ein Bauwerk zu erstellen. Ein Gruppenmitglied wird gebeten, das Geschehen zu beobachten. Folgende Beobachtungsfragen können helfen: Wie arbeitet die Gruppe? Gibt es ein planvolles Vorgehen? Wer arbeitet wie zusammen? Gibt es Gruppenmitglieder, die sich eher heraushalten? Gibt es Teilnehmer, die die Ideen anderer aufgreifen? Zum Schluss wird die Gruppenarbeit im Plenum ausgewertet. Welche Rollen sind sichtbar geworden?

6 Befragen Sie Ihre Anleiterin aus Ihrem letzten Praktikum, wie Übergänge und Abschiede mit der Gruppe gestaltet werden. Beziehen Sie dabei unterschiedliche Abschiede wie z. B. Übergang zur Schule, Umzug von Kindern und Familien, Stellenwechsel einer Erzieherin mit ein.

TIPPS ZUM WEITERLESEN →→

→ Viele sind noch lange keine Gruppe.
Regine Böhm, in: Kindergarten heute, Heft 9/10 2000

→ Dynamik in Gruppen
Eberhard Stahl, Beltz Verlag, Weinheim 2007

→ Arbeit mit Gruppen
Adalbert Metzinger, Lambertus Verlag, Freiburg im Breisgau 1999

→ Die Kindergruppe
In: Theorie und Praxis der Sozialpädagogik (TPS), Heft 2, 2012

1.5 Erlebnispädagogik

Heute geht's in den Wald! Die Erzieherinnen haben Seile und Gurte zwischen den Bäumen aufgespannt. Sie laden zum Klettern, Balancieren und Schaukeln ein. Helena (4) schaut sich die Situationen lange an, bevor sie sich an das erste Seil wagt. Skeptisch folgt ihr Blick dem langen Faden. Wohin führt der wohl? Mit beiden Händen ergreift sie vorsichtig ein Seil in Stehhöhe und lässt sich ganz langsam baumeln. Wie fühlt sich das an? Helena macht das noch eine ganze Weile, dann wendet sie sich ihrer näheren Umgebung zu. Was machen die anderen Kinder? Eine Erzieherin steht mit helfender Hand ganz in ihrer Nähe. Stück für Stück traut sie sich immer mehr zu: Sie schaukelt ganz sanft, dann entdeckt sie ihre Freude am Balancieren. Schließlich klettert sie sogar über eine Seilbrücke von einem Baum zum anderen. Das war toll!

Helena klettert stolz über die Brücke

↘ FRAGEN

→ *Was hat Helena in der beschriebenen Situation „erlebt"?*

→ *Warum empfindet Helena Stolz?*

→ *Was empfindet die Erzieherin in dieser Situation?*

1.5.1 Was ist Erlebnispädagogik?

Das Konzept der Erlebnispädagogik hat seine Wurzeln in der Reformpädagogik und geht vor allem zurück auf **Kurt Hahn** (1886–1977), den Gründer des Internats Schloss Salem. Grundlegend beeinflusst wurde er von *Jean-Jaques Rousseau,* der sich in seinem Erziehungsroman „Emile" für eine natürliche Erziehung aussprach, und von *Henry David Thoreau,* der davon überzeugt war, durch ein bedürfnisloses Leben in der Natur zum eigentlich Wesentlichen zu kommen.

Für Hahn war die Gesellschaft seiner Zeit gezeichnet durch einen Mangel an menschlicher Anteilnahme, Initiative, Spontaneität und Sorgsamkeit und durch einen Verfall körperlicher Tauglichkeit. Diese Mängel wollte er mit seinem erlebnispädagogischen Konzept beseitigen, zu dem körperliches Training (z. B. Bergwandern, Kanufahren, Segeln), Dienst am Nächsten (z. B. beim See- oder Bergrettungsdienst), handwerklich-technische oder künstlerische Projekte und Expeditionen (z. B. mehrtägige Berg- oder Skitouren) gehörten. Entscheidend für alle Aktionen ist, dass sie als außergewöhnliche Erlebnisse wahrgenommen werden. Denn nur diese können sich tief einprägen und zur Entwicklung der Persönlichkeit beitragen, indem sie das Gefühl vermitteln, einer neuen Anforderung Stand gehalten und sie gemeistert zu haben.

Diese Erinnerung hilft beim Bestehen späterer schwieriger Situationen.

Im Mittelpunkt der Erlebnispädagogik steht das Erlebnis. Allerdings kein alltägliches Erlebnis wie z. B. Shoppen, sondern ein besonderes Erlebnis, das nicht alltägliche Emotionen weckt und mit Anforderungen an die Persönlichkeit verbunden ist. Solche subjektiven Erlebnisse sind jedoch nicht vorausplanbar. Der pädagogische Auftrag besteht deshalb darin, ein sogenanntes pädagogisches **Setting** zu gestalten, in dem bestimmte Erfahrungen und Lernziele möglich oder wahrscheinlich werden. Das kann z. B. eine mehrtägige Expedition in die Berge oder auf das Meer sein oder aber ein einfaches Leben und Arbeiten auf dem Land. Im Vordergrund der pädagogischen Arrangements stehen jedoch immer **Handlungsorientierung** und **Ganzheitlichkeit, Persönlichkeitsentwicklung** und **Naturbezug.**

Die Themen Bewegung, Gesundheit und Körpergefühl haben mittlerweile auch in alle Bildungs- und Erziehungspläne für Kindertagesstätten Einzug gehalten. Erlebnispädagogische Aktionen fördern Kinder und Jugendliche in ihrer Körper- und Sinneswahrnehmung und in ihrer sozialen Kompetenz.

1.5.2 Merkmale und Methoden der Erlebnispädagogik

Handlungsorientierung und Ganzheitlichkeit
Die Methoden der Erlebnispädagogik fördern die Entwicklung von Selbstvertrauen. Kinder und Jugendliche lernen ihre eigenen Grenzen kennen und schulen ihre Wahrnehmungsfähigkeit. An erlebnispädagogischen Aktionen ist immer der ganze Mensch beteiligt (Körper, Geist und Seele) und gefordert. Pädagogisch betrachtet bieten erlebnispädagogische Elemente hervorragende Bedingungen zur Vermittlung von sozialen und ganzheitlichen Erfahrungen.

Gruppenorientierung
Da erlebnispädagogische Aktionen in der Regel in einer Gruppe stattfinden, entsteht ein direkter Bezug zur Gruppendynamik. So werden soziale Kompetenzen und die Kooperationsfähigkeit des Einzelnen gefördert.

Erlebnispädagogik ist echt
Bei erlebnispädagogischen Aktionen handelt es sich um echte und unmittelbare Situationen, auf die echt und unmittelbar reagiert werden muss. Durch die Echtheit der eigenen Entscheidung wird persönliches Verantwortungsbewusstsein gefördert. Befindet sich Helena beispielsweise in einer Grenzsituation (zu weit, zu hoch geklettert), muss sie auch wieder hinaus- bzw. hinunterfinden. Sie hat nun mehrere Wahlmöglichkeiten: Sie kann es alleine versuchen, sie kann sich von anderen helfen lassen, sie kann die Erzieherin zu Hilfe rufen usw. Es gibt immer unterschiedliche Möglichkeiten.

Das ist die **Authentizität** der Erlebnispädagogik. Grenzerfahrungen bieten meistens die Chance zu einer Veränderung („ich wusste nicht, dass ich das kann …"), manchmal auch zur Bestätigung, („hab ich's doch gewusst ..."). Erlebnispädagogische Aufgaben bieten die persönliche Auseinandersetzung mit Ängsten und Widerständen. Das Erlebnis in der Gruppe vermittelt soziale Erfahrungen (z. B. bekommt Helena sofort Hilfe, wenn sie alleine nicht mehr weiterkommt).

Freiwilligkeit

Erlebnispädagogik ist freiwillig. Das Sicherheitsgefühl bei Kindern und Jugendlichen und das subjektiv empfundene Risiko können in Wagnissituationen individuell unterschiedlich sein. Das Prinzip Freiwilligkeit ist deshalb ein ganz wichtiger Bestandteil erlebnispädagogischer Aktionen. Es fördert die Eigenverantwortung und Selbstsicherheit. Helena in unserem Beispiel bestimmt ihr Engagement und damit ihren Lernerfolg selbst. Sie selbst entscheidet, wie hoch und weit sie klettert oder springt, bestimmt also selbst die Dimension ihrer Herausforderung. Erzieherinnen sollten hierbei motivierend einwirken, auf alle Fälle aber die Entscheidung der Kinder akzeptieren. Manchmal kann auch ein „nein" wertvoller sein als ein „ja". Lernerfolge können nicht erzwungen werden, sondern sind abhängig von der inneren Einstellung der Betroffenen.

Naturbezug

Meistens finden erlebnispädagogische Aktionen in der Natur statt. Kinder und Jugendliche werden draußen ganzheitlich gefordert. Die Natur dient dabei nicht nur als Medium, sondern ebenso als „Stilmittel". Motorische Fertigkeiten und ökologisches Bewusstsein werden parallel angesprochen, die Selbst- und Fremdwahrnehmung wird verbessert.

Herausforderung!

1.5.3 Formen der Erlebnispädagogik

In der Praxis der modernen Erlebnispädagogik existieren gegenwärtig drei Modelle nebeneinander. Sie unterscheiden sich hauptsächlich darin, ob eine anschließende Reflexion des Erlebten vorgesehen ist und wie diese Reflexion gestaltet wird.

→ „The Mountains speak for themelves"-Modell
   Folgt dem Motto: Die Natur ist die beste Lehrmeisterin. Erlebnisse und das Erlernen bestimmter Dinge sind in der Natur unvermeidlich. Deshalb ist auch eine anschließende Reflexion nicht erforderlich.
→ „Outward Bound Plus"-Modell
   Folgt dem erstgenannten Modell, sieht jedoch eine anschließende Reflexion des Erlebten vor. Allerdings sah sich die Erlebnispädagogik dadurch mit dem Vorwurf konfrontiert, sie entwickle sich zu einer therapeutischen Methode.
→ Metaphorisches Modell
   In diesem zurzeit am häufigsten vorkommenden Modell ist Reflexion zwar vorgesehen, das Erlebte

soll dabei jedoch nicht überfrachtet und „zerredet" werden. In das Reflexionsgespräch können auch Geschichten oder Metaphern einfließen.

Entscheidend für den Erfolg einer erlebnispädagogischen Aktion ist der **Transfer** (Übermittlung) der Lernerfahrungen in die Alltagswirklichkeit der Teilnehmer.

Erlebnispädagogik

1.5.4   Erlebnispädagogik am Beispiel eines Niedrigseilgartens

Am Beispiel eines mobilen Niedrigseilgartens soll gezeigt werden, wie erlebnispädagogische Elemente konkret und einfach umgesetzt werden können.

Was ist ein mobiler Niedrigseilgarten?

Aus Seilen, Bäumen und Knoten entstehen vielfältige Spielstationen. Ein mobiler Niedrigseilgarten besteht aus mehreren künstlichen Hindernissen und Übungen mit Seilen und Gurten, die in sicherer Absprunghöhe installiert werden. Die mobile Kletter- und Bewegungslandschaft besitzt einen großen Aufforderungscharakter. Mobile niedrige Seilelemente können überall dort, wo Bäume stehen, einfach und kurzfristig auf- und abgebaut werden. Dadurch wird ein hohes Maß an räumlicher Flexibilität erreicht. Der Seilgarten besteht aus unterschiedlichen Problemlöse- und Abenteueraufgaben für Einzelne oder für eine Gruppe. Ein mobiler Waldseilgarten ist zudem umweltfreundlich, weil er keine „Spuren" in der Natur hinterlässt.

Ziel von mobilen Niedrigseilgärten

Ziel von mobilen Niedrigseilgärten in der professionellen Kinderbetreuung ist die **Verbindung von Natur- und Umwelterziehung** sowie Bewegungs- und Gesundheitspädagogik. Ein wichtiger „Nebeneffekt": Gefördert wird auch das soziale Lernen in der Natur im Spannungsfeld von Kooperation und Kommunikation.

Schaukeln ...

In einem Niedrigseilgarten werden soziale Kompetenzen und gruppendynamische Prozesse sowie Körper- und Sinneswahrnehmung gefördert. Ebenso dient er der Gesund-

heitsprävention durch Bewegungs- und Körperkoordinationsübungen. Mit Geschick und Mut, Konzentration und Koordination erleben Kinder im mobilen Niedrigseilgarten soziales Lernen in der Gruppe. Absprachen, das Anerkennen von Regeln, Rücksicht auf andere nehmen, sich helfen lassen – all dies erfolgt in den Aktionen. Die Förderung des Selbstvertrauens und des Selbstbewusstseins, das Entwickeln von Lösungsstrategien sowie die Förderung von Kooperation und Kommunikation sind weitere Ziele und Entwicklungschancen der Niedrigseilaktionen.

Zu den wesentlichen Elementen der persönlichen Entwicklungsmöglichkeiten in einem Niedrigseilgarten gehören die Freude im Spiel, die Achtung vor der Natur, das Ausprobieren neuer Möglichkeiten, das Treffen von Entscheidungen, sich zu bewegen und sich zu überwinden.

Durch die natürliche Umgebung des Waldes entsteht eine Abenteuerlandschaft mitten in der Natur. Hier können Kinder im mobilen Waldseilgarten ihre persönlichen Grenzen kennenlernen und überwinden. Neben der körperlichen und psychischen Herausforderung sowie dem sozialen Lernen in Gruppen wird bei mobilen Waldseilgärten vor allem eine intensive Naturerfahrung vermittelt. So können z. B. an verschiedenen Projekttagen unterschiedliche Altersgruppen im mobilen Niedrigseilgarten betreut werden. Je nach Entwicklungsstand und Alter können die Kinder unterschiedliche Stationen nutzen und meistern.

Entwicklungschancen durch Niedrigseilgärten

→   soziale Kompetenzen
→   Gruppendynamik
→   Körper- und Sinneswahrnehmung
→   Bewegungs- und Körperkoordinationsübungen
→   Förderung der Konzentrationsfähigkeit
→   Soziales Lernen
→   anerkennen von Regeln
→   Rücksicht nehmen
→   Förderung des Selbstvertrauens und des Selbstbewusstseins
→   Entwickeln von Lösungsstrategien
→   Förderung von Kooperation und Kommunikation
→   Naturerfahrung und Umweltbildung

Sicherheit und soziales Lernen

Ein mobiler Niedrigseilgarten benötigt keine aufwendigen Sicherungssysteme wie etwa ein Hochseilgarten. Wegen der geringen Höhe ist immer ein kontrollierter Absprung möglich. Dadurch bergen Niedrigseilelemente kaum Verletzungsgefahren, reichen aber aus, um tolle Erlebnisse – wie Balancieren, Hangeln, sich gegenseitig Halten sowie das Spiel mit der eigenen Schwerkraft – intensiv erfahren zu können. Die Gefahr eines unkontrollierten Sturzes kann noch zusätzlich minimiert werden, indem andere Gruppenmitglieder den Übenden Hilfestellung geben. Dies wiederum fördert die soziale Verantwortung des Einzelnen sowie das Gruppengefühl.

Für einen Niedrigseilgarten benötigt man lediglich: ein paar geeignete Bäume und einige Seile unterschiedlicher Länge aus dem Bergsport. Am besten geeignet sind Statikseile mit einer Dehnung von ca. 3 %–5 %, Karabinerhaken und Bandschlingen. Folgende Niedrigseilelemente eignen sich gut zum Einstieg und können schnell auf- und wieder abgebaut werden:

→ Schaukeln
→ Kletternetze
→ verschiedene Arten von Wackelbrücken und Seilgängen

Erlebnispädagogische Weiterbildung

Es ist zu empfehlen, ein wenig Zeit in Fortbildung zu diesem Thema zu investieren, da hier beispielsweise Grundlagentechniken von Niedrigseilelementen, Seil- und Materialkunde, Knotentechniken und Sicherheitsaspekte behandelt werden. In Deutschland gibt es mittlerweile einige Anbieter von Seminaren und praktischen Workshops zum Thema Erlebnispädagogik. Erzieherinnen und Erzieher lernen hier die besonderen Möglichkeiten der unterschiedlichen Aspekte der Erlebnispädagogik kennen und können diese sofort in ihren Einrichtungen anwenden. Die Seminare sollten eine eindeutig praktische Ausrichtung haben.

↗ FAZIT

Erlebnispädagogische Maßnahmen sollen dazu beitragen,

→ Selbstvertrauen und Selbstverantwortung zu entwickeln

→ eigene Grenzen kennenzulernen

→ die Wahrnehmungsfähigkeit zu schulen

→ die Persönlichkeit ganzheitlich zu entwickeln (Körper, Seele und Geist)

→ soziale Erfahrungen und Selbsterfahrungen zu vermitteln

→ Kooperationsfähigkeit zu fördern

→ Erfahrungen in der Gruppe zu machen

→ Entscheidungen zu treffen

→ Naturerfahrung zu machen

→·← AUFGABEN UND ANREGUNGEN

1 Beobachten Sie Kinder in „Grenzsituationen" und beschreiben Sie die Situation.

2 Besuchen Sie mit Ihrer Gruppe einen Seilgarten oder Kletterwald in Ihrer Nähe und tauschen Sie sich über Ihre Erfahrungen aus.

TIPPS ZUM WEITERLESEN →→

→ Erlebnispädagogik in der Natur: Praxisbuch für Einsteiger
Hubert Kölsch, Franz-Josef Wagner, E. Reinhardt Verlag, München 2004

→ Praktische Erlebnispädagogik
Annette Reiners, ZIEL, Augsburg 2007

→ Erleben und Lernen
Bernd Heckmair, Werner Michl, E. Reinhardt Verlag, München 2008

→ Lexikon Erlebnispädagogik
Andrea Zuffellato, Astrid Habiba Kreszmeier, ZIEL, Augsburg 2007

→ Naturerfahrung im Kindergarten
Institut für Bildung und Entwicklung (Hrsg.), Don Bosco, München 2000

Zwei kommentierte Empfehlungen über Niedrigseilgärten:

→ On-Line
Wilfried Dewald, Christian Häußler, ZIEL, Augsburg 2006
Hier erfährt man viel über Seile und Knoten und Niedrigseilelemente. Außerdem bekommt man Anregungen, was man sonst noch so mit Seilen machen kann.

→ Schaukelfee und Klettermax
Alexandra Schwarzer, Pro Business, Berlin 2011
Hier werden unzählige niedrige Seilspielgeräte für Kinder im Wald vorgestellt und sinnvoll und praxisnah beschrieben, sodass man sie leicht selbst aufbauen kann.

1.6 Inklusion

„Mitspielen verbieten ist verboten"

Sie haben sich für ein Praktikum in einer integrativen Tageseinrichtung entschieden. Heute ist Ihr erster Tag und Ihre Praxisanleitung erklärt Ihnen die Regeln in der Gruppe und der gesamten Einrichtung.

„Mitspielen verbieten ist bei uns verboten", sagt sie. Sie schauen verwundert und fragen nach. „Wir sind hier zwar eine Integrative Tageseinrichtung, aber wir wollen den nächsten Schritt in Richtung Inklusiver Pädagogik gehen. Wir wollen inklusive Werte in die Tat umsetzen und beginnen mit diesem Grundsatz, die Ausgrenzungen zu überwinden und Gleichheit zu fördern."

Inklusion

↘ FRAGEN

→ *Warum handelt die Tageseinrichtung nach dem obigen Grundsatz?*

→ *Was wissen Sie über den Unterschied zwischen Integration und Inklusion?*

1.6.1 Inklusion – Bildung für alle

Der Begriff der **Integration** oder der integrativen Arbeit ist seit vielen Jahren bekannt und wurde in Bereichen der Behinderung wie auch der interkulturellen Erziehung benutzt.

Bereits in den 1990er-Jahren wurde jedoch in der globalen UN-Initiative „Education for all" und der Erklärung von Salamanca (1994) gefordert, dass Kinder mit Behinderungen nicht ausgesondert werden sollen und alle Kinder einen Zugang zu Schulbildung erhalten.

Die Initiative „Bildung für alle" *(UNESCO 1990)* verlangt eine neue Form der Pädagogik, die zur Grundlage hat, „dass menschliche Unterschiede normal sind, dass das Lernen daher an die Bedürfnisse des Kindes angepasst werden muss und sich nicht umgekehrt das Kind nach vorbestimmten Annahmen über das Tempo und die Art des Lernprozesses richten muss" *(UNESCO 1994).*

> Der Blick wandelt sich also in den letzten Jahren von Integration zu Inklusion. Nicht etwas Fremdes muss in ein bestehendes Gefüge integriert werden, sondern alle sind gleich – die Bedingungen des Lernens und der Umwelt müssen angepasst werden.

Inklusion bezieht sich folglich auf alle Kinder in einer Tageseinrichtung und nicht nur auf Kinder mit besonderen Bedürfnissen. Alle Kinder sollen in Tageseinrichtungen das vorfinden, was sie zur Entfaltung ihrer Fähigkeiten und Potenziale benötigen. Dieser Blickwechsel ist radikal: Er geht weg vom Blick auf einen Lernenden, der sich in ein bestehendes Bildungssystem zu integrieren hat, hin zu einem Bildungssystem, das an die Bedürfnisse der Lernenden angepasst werden muss.

„Looking at education through an inclusive lens implies a shift from seeing the child as a problem to seeing the education system as a problem." *(UNESCO, Guidelines for inclusion, 2005, S. 27)*

Von der deutschen UNESCO-Kommission wurden 2009 besondere **Merkmale** benannt, die eine inklusive Arbeit ausmachen.

Merkmale von Inklusion
Das **Recht auf Teilhabe aller** Kinder an qualitativ hochwertiger Bildung, unabhängig von Geschlecht, Religion, ethnischer Zugehörigkeit, besonderen Lernbedürfnissen, sozialen und ökonomischen Voraussetzungen, sowie die Entwicklung ihrer Potenziale.
Die unterschiedlichen Bedürfnisse aller Lernenden stehen im Mittelpunkt ebenso wie das Recht jedes Kindes auf **individuelle Förderung** in sozialer Gemeinschaft.
Heterogenität wird als Chance für Lern- und Bildungsprozesse genutzt.
Flexible Bildungsangebote, entsprechende strukturelle und inhaltliche Anpassungen in allen Bereichen des Bildungssystems inklusive der frühkindlichen Bildung.
Barrieren werden beseitigt, welche die Teilhabe von Kindern an Bildungsprozessen behindern.
Kinder werden in ihrer **Mehrfach-Gruppenzugehörigkeit** und damit in ihrer konkreten Lebenslage wahrgenommen *(Booth, Index für Inklusion, 2010).*
Besondere Aufmerksamkeit gilt den Kindern, die von **Marginalisierung und Benachteiligung** betroffen oder bedroht sind.
(Sulzer/Wagner, Inklusion in Tageseinrichtungen, WiFF, 2011)

Inklusion wird somit zu einer **Querschnittsaufgabe** in der pädagogischen Arbeit aller pädagogischen Fachkräfte.

1.6.2 Inklusive Werte als Grundlagen pädagogischer Arbeit

Tony Booth, der Entwickler des „Index for Inclusion" hat in einer großangelegten Befragung **Begriffe und Werte** gesammelt, die für ihn die **Grundlagen inklusiver Pädagogik** darstellen. Im Folgenden werden Auszüge daraus vorgestellt *(GEW Broschüre, Tony Booth 2011).*

Gleichheit und Rechte
Gleichheit meint nicht, dass alle Menschen gleich sind, sondern dass sie **gleichwertig** behandelt werden. Ungleichheiten müssen reduziert werden. Es darf keine Rolle spielen, aus welchem Elternhaus ein Mensch kommt oder welcher Nationalität er ist.

Jeder Mensch hat die gleichen Rechte und auch der Zugang zu Bildung muss so gestaltet sein, dass ihn jeder wahrnehmen kann. In den Bildungsbereichen der Bildungspläne der einzelnen Bundesländer wird deutlich, dass hier Menschenrechte gefördert werden und Beziehungsverhältnisse entstehen können.

Partizipation
In vielen Bildungseinrichtungen wird die Teilnahme von Familien, Kindern und auch dem pädagogischen Personal noch nicht angestrebt. **Teilhabe** ist mehr als nur ein Mitmachen und Dasein, sondern geschieht dann, wenn eine Person sich einbezogen und akzeptiert fühlt. Eine Kinderkonferenz in einer Tageseinrichtung ist dann sinnvoll, wenn sie den Kindern ermöglicht, aktiv zu sein und mit anderen zusammen zu lernen und zu handeln.

Respekt für Vielfalt und Gemeinschaft

Vielfalt in der Gesellschaft stellt kein Problem dar, sondern muss als eine Chance und Ressource gesehen werden. Die Zugehörigkeit zu unterschiedlichen Gruppen schafft Identität und Gleichberechtigung. In einer Gemeinschaft zu sein bedeutet Bindung und ein Zusammengehörigkeitsgefühl. Inklusive Gemeinschaft heißt, gemeinsam zu handeln, Verständigung untereinander und Öffnung nach außen für alle.

Das Anderssein (die Migration, die Behinderung, das Ältersein usw.) ist nicht negativ zu bewerten, sondern muss als ein Bestandteil von Kultur und auch dem eigenem Leben akzeptiert werden. Auch junge Menschen werden älter, können eine Behinderung erfahren oder im Ausland zu einem Migranten werden.

Nachhaltigkeit

Inklusion lebt nicht nur im Heute, sondern hat die Aufgabe, Kinder und Jugendliche auf nachhaltige Gemeinschaften und Lebenswelten vorzubereiten. Der **dauerhafte Abbau** von Ausgrenzung und Diskriminierung muss eine Hauptaufgabe in inklusiven Tageseinrichtungen sein. Gemeinsam gegen die Umweltzerstörung zu kämpfen und ein ökologisches Bewusstsein zu schaffen, gelingt nur als gesamtgesellschaftliche Aufgabe und beginnt in der Tageseinrichtung.

Gewaltfreiheit und Vertrauen

Das Zuhören und Verstehen von anderen und anderen Perspektiven ermöglicht erste Schritte zu einem gewaltfreien Miteinander. Kinder und Erwachsene müssen **Konfliktlösungsstrategien** und mediative Kompetenzen erwerben. In Tageseinrichtungen müssen Erwachsene als Modelle für Kinder ihr Handeln vorleben und Meinungsverschiedenheiten im offenen Dialog statt hinter dem Rücken klären.

Das Vertrauen dem anderen gegenüber schafft Grundstrukturen für Dialoge und bestärkt Kinder und Jugendliche im positiven Handeln.

> „Menschen fühlen sich frei, ihre Meinung zu sagen, wenn sie darauf vertrauen, dass andere in einen respektvollen Dialog mit ihnen eintreten, ohne sich daraus einen Vorteil zu verschaffen."
> *(GEW Broschüre: Tony Booth 2011, S. 18)*

Darüber hinaus benennt Booth noch weitere Bereiche wie **Ehrlichkeit, Mitgefühl, Freude** oder auch **Schönheit** als grundlegende Werte inklusiver Pädagogik.

→·← AUFGABEN UND ANREGUNGEN

1. ☞ Lesen Sie die Salamanca Erklärung und stellen Sie diese anhand von Bildern, Fotos oder Zeichnungen dar. Gestalten Sie eine Ausstellung damit und überlegen Sie, wo Sie die Elemente in der pädagogischen Realität finden können.

2. ☞ Setzen Sie die Inklusionsbrille auf und gehen Sie in Ihrer Praktikumseinrichtung auf Spurensuche. Wo finden Sie integrative und wo inklusive Ansätze der pädagogischen Arbeit?

TIPPS ZUM WEITERLESEN →→

→ Inklusion in Kindertageseinrichtungen – Qualifikationsanforderungen an die Fachkräfte
A. Sulzer, P. Wagner, Wiff Expertisen, 2011

→ Die Salamanca Erklärung und der Aktionsrahmen zur Pädagogik für besondere Bedürfnisse
UNESCO, www.unesco.de, 10.01.2012

→ Ten things you need to know about „Education for all".
UNESCO

→ Wie sollen wir zusammenleben
Tony Booth, GEW Broschüre, Hassmüller, 2011

→ Auf dem Weg zu einer inklusiven Kindertagesstätte
Anja Dilk, Andre Dupuis, GEW Broschüre, Hassmüller, 2011

→ Fair in der Kita
H. Fritsche, U. Schuster, Leipzig 2009

→ www.unesco.org

→ www.fair-in-der-Kita.de

1.7   Genderkompetenz

Die Gleichstellung von Frauen und Männern ist eine Zukunftsaufgabe!

Sie lesen während der Ausbildung zum ersten Mal in Ihrem Stundenplan das Wort „Gender". Von Ihrer Lehrerin erfahren Sie, was mit dem Begriff Gender und mit der Gleichstellung von Männern und Frauen gemeint ist.

↘ FRAGEN

→ *Gibt es Geschlechtsunterschiede in Bereichen des privaten und öffentlichen Lebens?*

→ *Welche Vorteile und Konsequenzen hätte die Gleichstellung von Frauen und Männern in unserer Gesellschaft (bei der Berufswahl, in der Gesundheit, im Sport, in der Mobilität)?*

→ *Woher kommen die Unterschiede?*

→ *Werden Jungen und Mädchen heute noch unterschiedlich erzogen, wenn ja warum?*

1.7.1   Gender-Mainstreaming

Der Begriff „Gender-Mainstreaming" kann nicht wörtlich ins Deutsche übersetzt werden. Im Englischen wird unterschieden zwischen dem **sozial konstruierten** Geschlecht **gender** und dem durch primäre und sekundäre Geschlechtsmerkmale gekennzeichneten **biologischen** Geschlecht **sex**. Da es im Deutschen keine Entsprechung für das soziale Geschlecht gibt, wurde der Begriff „Gender" ins Deutsche übernommen, um diese beiden Seiten deutlich zu machen.

Gender-Mainstreaming ist der Versuch, die Gleichstellung der Geschlechter auf allen gesellschaftlichen Ebenen durchzusetzen und benachteiligte Gruppen in die Mitte der Gesellschaft zu holen (= Mainstream). Mit „Mainstreaming" werden Prozesse bezeichnet, bestimmte Konzepte in der Mitte der Gesellschaft zu etablieren, „Gender-Mainstreaming" meint also den Prozess, Gen-derkompetenz und den **Wert der Gleichstellung** zu etablieren. Er unterscheidet sich von ausgesprochener Frauenpolitik oder Mädchenarbeit dadurch, dass **beide Geschlechter** gleichermaßen einbezogen werden sollen.

Die Zugehörigkeit zum weiblichen oder männlichen Geschlecht ist noch immer eine der bedeutsamsten gesellschaftlichen Unterscheidungen. Das Leben von Männern und Frauen, nicht nur in Deutschland, weist in den meisten Bereichen des öffentlichen und privaten Lebens große Unterschiede auf, ohne dass dies immer bewusst wäre. Die Verteilung von Ressourcen und Positionen zwischen Männern und Frauen sowie die Teilhabe an Entscheidungsprozessen in unserer Gesellschaft sollen mithilfe des Gender-Mainstreamings genauer in den Blick genommen werden.

Für die Arbeit mit Jungen und Mädchen bedeutet dies, nicht nur den pädagogischen Alltag zu betrachten, sondern auch die institutionellen und gesellschaftlichen Strukturen *(vgl. Rabe-Kleberg 2003)*. Für die Praxis kann es ein hilfreicher Rahmen sein, um eine geschlechterbewusste Sichtweise und daraus abgeleitete Maßnahmen zu verankern.

Rechtliche Grundlagen

Im Grundgesetz, Artikel 3 Absatz 2 heißt es: „Männer und Frauen sind gleichberechtigt. Der Staat fördert die tatsächliche Durchsetzung der Gleichberechtigung von Frauen und Männern und wirkt auf die Beseitigung bestehender Nachteile hin."

Somit ist es eine öffentliche Aufgabe, die Gleichstellung von Männern und Frauen herbeizuführen. Gleichstellungspolitik ist ein eigenständiges Politikfeld der Bundesregierung. Das zuständige Ressort ist das *Bundesministerium für Familien, Senioren, Frauen, Jugend,* kurz BMFSFJ. Aufgrund eines Beschlusses der Bundesregierung zur Gleichstellung 1999 wurde Folgendes postuliert:

> „Die Gleichstellung von Frauen und Männern ist **durchgängiges Leitprinzip** und soll bei allen politischen, normgebundenen und verwaltenden Maßnahmen der Bundesregierung in ihren Bereichen gefördert werden."

Gender-Mainstreaming wurde von der Bundesregierung in den Jugendplan 2000 als ein „allgemein fachliches Prinzip" aufgenommen. Der Kinder- und Jugendplan soll darauf hinwirken, dass die Gleichstellung von Mädchen und Jungen als durchgängiges Leitprinzip gefördert wird.

Verfahren und Instrumente zur Umsetzung

Gender-Mainstreaming will die bestehenden Geschlechterverhältnisse und die darin wirkenden geschlechterbezogenen Benachteiligungen sichtbar machen und verändern. Dabei geht es eben nicht darum, stereotyp *die* Männer oder *die* Frauen in den Blick zu nehmen, sondern Menschen in ihrer Vielfalt und Unterschiedlichkeit wahrzunehmen und zu berücksichtigen *(vgl. auch Kap. 1.6 zur Inklusion)*. Es handelt sich um ein Konzept, das die politische Gleichstellung im Geschlechterverhältnis, d. h. Geschlechtergerechtigkeit anstrebt.

Alle Entscheidungen und Aktivitäten einer Organisation sollen danach befragt werden, wie sich diese auf Frauen und Männer auswirken bzw. ob sie zur Herstellung von Geschlechtergerechtigkeit beitragen. Dieses Thema umfasst viele Facetten: z. B Gleichstellung, Chancengleichheit, Frauenförderung, Einschätzung geschlechtsspezifischer Auswirkungen von Maßnahmen, Aufmerksamkeit für Anliegen der Verschiedenheit (Diversität) usw.

Damit Prozesse des Gender-Mainstreamings durchgeführt werden können, wurden verschiedene analytische **Instrumente** entwickelt, dazu gehören z. B.
→ geschlechterdifferenzierte Statistiken,
→ Checklisten und Raster,
→ Bildungsinstrumente wie Schulungen und Gender-Trainings,
→ Befragungen, Anhörungen usw.

Da Gender ein Thema der Organisationsentwicklung ist, stammen die zwei nachfolgenden Methoden aus der Qualitätssicherung:

Die 3-R-Methode aus Schweden

Hier werden Fragen gestellt nach der
→ **R**epräsentation (der Geschlechter): **Wer** entscheidet über Angebote, Maßnahmen usw.?
→ **R**essourcen: **Was** sind die zur Verfügung stehenden Ressourcen (Geld, Raum, Zeit, Gehalt)?
→ **R**ealität: **Wer** bekommt was zu welchen Bedingungen (Normen, Werte, Interessen)? *(vgl. Stepanek, Krull 2001, S. 60)*

Das Sechs-Schritte-Programm nach Tondorf

1. Definition der gleichstellungspolitischen Ziele auf der Basis des Ist-Zustands (Welcher Soll-Zustand wird durch das zu entscheidende Vorhaben angestrebt?)
2. Analyse der Probleme der Betroffenen (Welches sind die konkreten Hemmnisse auf dem Weg zu mehr Chancengleichheit? Welche Gruppen sind betroffen?)
3. Entwicklung von Optionen (Welche Alternativen bestehen hinsichtlich der Realisierung?)
4. Analyse der Optionen und Entwicklung eines Lösungsvorschlags (Welche Option lässt den höchsten Zielerreichungsgrad erwarten?)
5. Umsetzen der getroffenen Entscheidungen
6. Erfolgskontrolle und Evaluation (Wurden die Ziele erreicht? Ursachen für Nicht- oder Teilerreichung?) *(Vgl. Krell, Mückenberger, Tondorf 2008)*

Vielfältige Gender-Checks und Leitfäden stehen für die Kinder- und Jugendhilfe zur Verfügung. Sie wurden und werden auf Bundes- und Landesebene von Verbänden und Arbeitsgemeinschaften entwickelt, die über deren Homepages abrufbar sind. *(www.dji.de/kjhgender/)*

Die Entwicklung des Gender-Konzepts

Das Konzept des Gender-Mainstreaming entstand in den 1980er-Jahren im Zusammenwirken mit der internationalen Frauenbewegung und Institutionen der Entwicklungszusammenarbeit. Der Auftrag an die Politik, die Welt durch die „Genderbrille" zu betrachten, erfolgte zunächst durch die 4. Weltfrauenkonferenz 1995 in Peking. Hier wurde ausdrücklich Folgendes festgehalten: „Die Förderung der Frau und die Herbeiführung der Gleichberechtigung von Frauen und Männern sind eine Frage der Menschenrechte und eine Voraussetzung für soziale Gerechtigkeit und dürfen nicht isoliert als reine Frauenfrage betrachtet werden." Weiterhin wurde darauf verwiesen, „dass diese Anliegen nur zum Erfolg führen werden, wenn Frauen miteinander und in Partnerschaft mit Männern auf das gemeinsame Ziel der Gleichberechtigung der Geschlechter in der ganzen Welt hinarbeiten".

Im Jahr 2007 ging es bei der Frauenrechtskommission der Vereinten Nationen in New York im Wesentlichen um zwei Themen:

1. Die Beseitigung aller Formen der Diskriminierung und Gewalt gegen Mädchen.
2. Rollen von jungen Männern im Erreichen der Gleichstellung und Überprüfung von deren Umsetzung in den Vereinten Nationen.

Der Grundsatz des Gender-Mainstreaming hat in vielen Ländern, auch in Deutschland, zu einem Paradigmenwechsel in der Gesellschaftspolitik geführt. Auf EU-Ebene wurde Gender-Mainstreaming 1994 aufgegriffen und zu einem zentralen Konzept der EU-Gleichstellungspolitik. Alle Mitgliedstaaten sind verpflichtet, „Chancengleichheit in allen Politikfeldern umzusetzen". Im Amsterdamer Vertrag 1999 wurden die Mitgliedstaaten dazu verpflichtet, die in Artikel 3 Abs. 2, als Querschnittsaufgabe genannte Chancengleichheit, in allen Politikfeldern umzusetzen. Alle Beteiligten sind für das verbindliche Ziel der Gleichstellung verantwortlich und alle Inhalte sind auf die spezifische Geschlechtlichkeit hin zu überprüfen. Daran sind alle Hierarchieeben zu beteiligen.

Gleichstellungspolitik in Deutschland

Frauenpolitik wird zunehmend als Politik sowohl für Frauen bzw. Mädchen als auch für Männer bzw. Jungen verstanden. Einerseits ist die spezielle Ansprache von Mädchen und Frauen immer noch notwendig wegen struktureller Benachteiligungen, z.B. auf dem Arbeitsmarkt, gleichzeitig wird jedoch hervorgehoben, dass Jungen und Männer als Partner im Gleichstellungsprozess verstanden und aktiviert werden müssen. Der Blick wird zunehmend auf die Geschlechterverhältnisse gerichtet und damit auf die **spezifischen Lebenssituationen** von Mädchen und Jungen, Frauen und Männern.

Für die Frauenrechtskommission in New York hatte das BMFSFJ, unterstützt durch das DJI, den Auftrag, vorbildliche Mädchen- und Jugendarbeit darzustellen. Als die zwei Säulen einer zukunftsorientierten Gleichstellungspolitik gelten:

→ Defizite von Jungen in der Schule, Probleme von Jungen mit Rollenvorbildern sowie im Umgang mit den neuen Medien machen aufmerksam auf die Notwendigkeit geschlechtersensibler Jungenpolitik.

→ Alte und neue Herausforderungen für Mädchen wie z.B. Schwangerschaften von Teenagern, Magersucht usw. Die Angebote an Ausbildungsplätzen lassen eine eigenständige Mädchenpolitik als unverzichtbar erscheinen.

> Moderne **Gleichstellungspolitik** ist gekennzeichnet durch die ganze Vielfalt von Frauen- und Männerleben, wie sie sich heute in Deutschland darstellt. Es geht um gleiche Chancen von Mädchen und Jungen, Männern und Frauen mit und ohne Kinder, in allen Altersstufen sowie in besonderen Lebenssituationen.

1.7.2 Geschlechterbewusste Erziehung

> Hiermit wird eine „Haltung der Aufmerksamkeit und des bewussten Umgangs mit geschlechterbezogenen Zusammenhängen sowohl bei Kindern als auch bei den Pädagogen selbst bezeichnet. […] Zu unterscheiden davon sind Ansätze, die ausdrücklich geschlechtsspezifisch arbeiten, […] Mit *Mädchenarbeit* und *Jungenarbeit* wird meist die geschlechtshomogene (Gruppen)Arbeit von Frauen mit Mädchen bzw. von Männern mit Jungen bezeichnet.
> Eine geschlechterbewusste Reflexion *kann* zu geschlechtsgetrennten Angeboten führen; im Kitaalltag ist dies aber nicht die Regel."
>
> *(Lutze Rohrmann 2010, S. 12)*

Grundlage für eine geschlechterbewusste Erziehung ist die **Genderkompetenz** der pädagogischen Fachkräfte. Damit ist die Fähigkeit gemeint, relevante Geschlechteraspekte zu erkennen und gleichstellungsorientiert zu bearbeiten. An Mädchen und Jungen werden von Geburt an, bewusst oder unbewusst, geschlechtsspezifische Rollenerwartungen gestellt. In der pädagogischen Praxis ist deshalb von den Fachkräften zu prüfen, inwiefern hier Geschlechtsrollen zugewiesen werden. Beispielsweise ist bei der Auswahl von Spielmaterialien darauf zu achten, dass Geschlechtsstereotypen bewusst entgegengewirkt wird.

Folgende Fragen können bei der Alltags- und Angebotsgestaltung helfen, zu überprüfen, ob auf geschlechterbewusste Erziehung geachtet wird:

→ Haben Mädchen und Jungen gleiche Chancen beim Zugang zu Räumen, Material und Angeboten?
→ Erhalten Mädchen und Jungen gleichermaßen die Aufmerksamkeit der pädagogischen Fachkräfte?
→ Werden Angebote so gestaltet, dass Mädchen und Jungen gleichermaßen angesprochen werden?
→ Werden Unterschiede *zwischen* Mädchen und Jungen wahrgenommen und die Akzeptanz dieser Unterschiede gefördert?
→ Werden Unterschiede *innerhalb* der Gruppe der Jungen bzw. *innerhalb* der Gruppe der Mädchen wahrgenommen und die Akzeptanz dieser Unterschiede gefördert?
→ Werden geschlechtsbezogene Aspekte in allen Bildungsbereichen reflektiert und berücksichtigt?
→ Machen sowohl Mädchen als auch Jungen Erfahrungen in *allen* Bildungsbereichen?
→ Wie werden Mädchen und Jungen beteiligt?
→ Werden Männer in die Planung, Durchführung und Reflexion von Angeboten, Vorhaben und Projekten mit einbezogen? *(Lutze Rohrmann 2010, S. 15).*

1.7.3 Haltung der pädagogischen Fachkräfte

Pädagogische Fachkräfte müssen ihre eigene Sozialisation und ihr eigenes Rollenverständnis als Mann bzw. Frau überdenken, um Geschlechterfragen entsprechend vermitteln zu können. Sie müssen **Genderkompetenz** haben in Bezug auf die systematische Erhebung **geschlechtsbezogener Daten** und hinsichtlich **genderpädagogischer Perspektiven** (Anwendung). Auch Fragen der **Zusammenarbeit im Team** sind von Bedeutung z. B.:

→ Wie gehen Männer und Frauen im Team miteinander um?
→ Wie integrieren sie sich angesichts der Differenzen?

→ Wie reagiert das Team auf Unterschiede?
→ Grundsätzlich ist die Jugendhilfe um eine adäquate Unterstützung der jeweiligen Entwicklungs- bzw. Bildungsprozesse von Jungen und Mädchen bemüht.

Sozialpädagogische Qualifikation bedeutet also die Reflexion einer fachkompetenten (sozial-)pädagogischen **Haltung** von Pädagogen und anderen Fachkräften. Zu hinterfragen wäre, wie und wo die sozialpädagogischen Einrichtungen der Jugendhilfe zu mehr Geschlechtergerechtigkeit beitragen können. Es muss auch berücksichtigt werden, dass die Verteilung der Geschlechter im Kinder- und Jugendhilfebereich nach wie vor sehr unterschiedlich ist.

Konkrete Vorgehensweise

Wie können sozialpädagogische Einrichtungen konkret zu mehr Geschlechtergerechtigkeit beitragen?

Am Anfang steht eine Analyse der bestehenden Strukturen, die **systematische Erhebung** geschlechtsbezogener Daten. Es geht darum, **analytische Fragen** zu stellen, um die Ermittlung von Fakten entlang der Differenz **(Ist-Analyse)**.

Erst auf dieser Grundlage lassen sich **gemeinsame Ziele** formulieren und **Maßnahmen** und Projekte entwickeln. Dabei ist die konsequente Beachtung der Geschlechterdifferenz wichtig (Was weiß ich über die Lebenslagen der betroffenen Mädchen und Jungen?). Genderpädagogische Perspektiven in der Sozialpädagogik sind primär gerichtet auf die Veränderung der Lebenswelten der Kinder und Jugendlichen. Kinder und Jugendliche sollen ermutigt werden, bei der Gestaltung eines gelingenden Lebens mitzuwirken.

↗ FAZIT

Gender ist nützlich, weil

→ Diskriminierungen abgebaut werden können,

→ Kosten durch spätere Korrekturen vermieden werden können,

→ Innovationspotentiale beider Geschlechter genutzt werden können,

→ mehr qualifiziertes Personal gewonnen werden kann,

→ höhere Berufszufriedenheit und Motivation im Beruf erreicht werden können,

→ die Qualität der Dienstleistung durch Passgenauigkeit des Personals steigt,

→ Arbeitsstrukturen und Kultur in den Organisationen sich verändern werden, wenn Männer und Frauen gleichberechtigt arbeiten,

→ sich das Image von Verwaltung und Politik verbessern könnte.

→·← AUFGABEN UND ANREGUNGEN

1 Beobachten Sie während Ihres Praktikums gezielt, wo Mädchen und Jungen bevorzugt spielen. Stellen Sie Ihre Beobachtungen in der Klasse vor!

2 Schauen Sie sich in Ihrer Praxisstelle um. Suchen Sie Bücher mit männlichen und weiblichen Protagonisten. In welcher Rolle, bei welchen Tätigkeiten, werden sie dargestellt? Organisieren Sie eine Bücherausstellung zum Thema „Gender" in der Klasse.

3 Entwickeln Sie Flyer und Werbematerial für den Beruf „Erzieher/-in". Testen Sie Ihre Ergebnisse, indem Sie Realschüler konsultieren und mit ihnen darüber sprechen. Werten Sie Ihre Erfahrungen in der Klasse aus.

4 Analysieren Sie in Ihrem Umfeld die Umsetzung von Gender. Zu welcher Erkenntnis kommen Sie? Tauschen Sie sich darüber in der Klasse aus. Worauf wollen Sie in Zukunft achten? Sammeln Sie Kriterien.

TIPPS ZUM WEITERLESEN →→

→ Neue Wege gleiche Chancen. Gleichstellung von Männern und Frauen im Lebensverlauf
BMFSFJ, Juni 2012, zu bestellen unter „1. Gleichstellungbericht"

→ Gender. Eine Studie zur Situation von Männern in Kindertageseinrichtungen und in der Ausbildung zum Erzieher.
BMFSFJ, DJI Bulletin 75, 2/2006

→ Gleichstellung und Gender Mainstreaming. Ein Handbuch
Brigitte Stepanek, Petra Krull, Hrsg., Frauen- und Gleichstellungsbeauftragte der Landesregierung Mecklenburg-Vorpommern, 3. Auflage, Rostock 2003

2 Kinder in den ersten drei Lebensjahren

Die viergruppige Tageseinrichtung für Kinder in Düsseldorf „Gipfelstürmer" hat vor einem halben Jahr Kinder unter drei Jahren in ihrer Einrichtung aufgenommen. Die Kolleginnen hatten zu Beginn wenig Erfahrung mit dieser Altersgruppe und empfanden sich durch ihre pädagogische Ausbildung nicht gut auf diese Altersgruppe vorbereitet.

Die Planungs- und Umstrukturierungsphase war schwierig, u. a. mussten Anträge zur Finanzierung gestellt werden. Die Einrichtung hatte nur etwa ein halbes Jahr Zeit, um sich auf die neue Zielgruppe umzustellen. In dieser Zeit mussten bauliche Veränderungen vorgenommen werden, Kataloge wurden gewälzt, um altersgerechte Möbel und Spielmaterialien zu finden.

Heute ist Ihr erster Praxistag bei den „Gipfelstürmern" in einer altersgemischten Gruppe mit Kindern auch unter drei Jahren. Sie sind sehr aufgeregt. Die Leiterin begleitet Sie in den Gruppenraum. Die Gruppenleiterin bittet Sie, erst einmal das Spiel der Kinder zu beobachten.

Carlo, sechs Monate alt, ist seit vier Wochen in der Kita. Wenn seine Mutter ihn morgens bringt, fängt er sofort zu schreien an. Erst wenn die Erzieherin ihn auf dem Arm herumträgt wird er ruhiger.

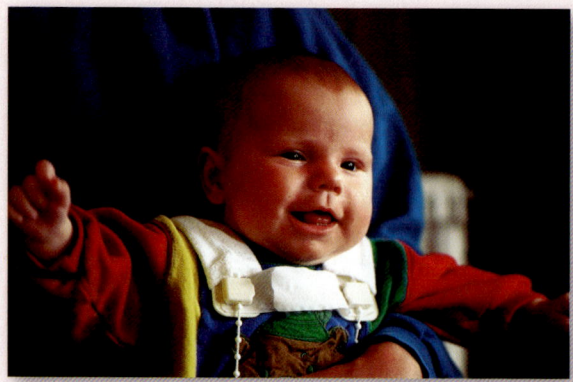

Alltag in einer altersgemischten Gruppe

Mia (0;9) ist noch beim Frühstück. Sie sitzt im Hochstuhl und stopft sich bedächtig ein vorgeschnittenes Häppchen Brot nach dem anderen in den Mund. Die Krümel sammelt sie mit „spitzen" Fingern ein, betrachtet sie, lässt sie dann zu Boden fallen und schaut den Krümeln hinterher. Dabei jauchzt sie laut auf.

Seit einer Woche ist Sebastian (1;9) wie verändert. Es ist vorgekommen, dass er seine Mutter auf dem Flur laut angeschrien und mit den Füßen aufgestampft hat. Spürt er Widerstand, reagiert er, in dem er sich auf den Boden fallen lässt. Gestern geschah das mitten im Freispiel beim Aufräumen.

Beim Mittagessen gibt es Schwierigkeiten. Die Erzieherin will das jüngste Kind der Gruppe, Carlo (6 Monate), füttern. Aber Carlo macht kaum den Mund auf und dreht den Kopf weg. Zuerst redet die Erzieherin mit sehr viel Geduld auf Carlo ein und singt ein Lied beim Füttern. Doch nach einiger Zeit beobachten Sie, dass die Stimme lauter und bestimmter wird. Wie würden Sie reagieren, wenn ein Kind nicht essen will?

Jannis (2;3 Jahre) sitzt um 12:30 Uhr müde vor seinem Teller Nudeln. Er malt mit der Gabel kleine Soßen-Wege auf den Teller. Mit dem Essen spielt man doch nicht, oder etwa doch? Ab und zu steckt er sich eine Nudel in den Mund. Als er nach seinem Wasserglas greift, kippt es um. „Oh Jannis, nicht schon wieder", ruft die Erzieherin vom Nachbartisch, steht auf und wischt das Wasser auf. Zehn Minuten später ruft Jana (3 Jahre): „Jannis ist schon wieder eingeschlafen." Die Erzieherin trägt Jannis in den Schlafraum und deckt ihn zu.

Dort sitzt Ihre Kollegin mit Louisa (1;3 Jahre) auf dem Schoß vor einem Bett. Louisa kann nicht einschlafen. Sie weint und will zu ihrer Mama. Die Erzieherin hat schon alle „Tricks" versucht, die sie von Louisas Mutter kennt. Das Schnuffeltuch in die rechte Hand und den Teddybären in die linke Hand geben. Sie singt leise achtmal das Lied „Lalelu". Die „Großen" sind so laut nebenan. Gleich wird Jannis auch wieder wach. Der Schlafraum müsste sich woanders befinden.

Währenddessen steht die pädagogische Fachkraft im Nebenraum am Wickeltisch und versorgt Sophie (2 Jahre) mit einer frischen Windel. Marc (2;5 Jahre) kommt auch hereingelaufen, zerrt an seinem Hosenreißverschluss und ruft: „Pippi, ich muss Pippi machen!" Die Erzieherin erzählt Ihnen, dass Marcs Eltern vor einem Jahr unbedingt wollten, dass Marc „trocken" wird. In einem Elterngespräch wurde sehr deutlich, dass sie das als die Aufgabe des Fachpersonals im Kindergarten ansahen.

Lennart (1 Jahr) kann erst seit einem Monat laufen. Das sieht noch sehr abenteuerlich aus. Er ist sehr neugierig und schaut in jede Schublade, zieht Sachen vom Tisch und hat vor Kurzem ein scharfes Schneidemesser vom Frühstückstisch gezogen. Den pädagogischen Fachkräften sitzt der Schreck noch immer in den Gliedern. Eine von ihnen hatte vergessen, das Messer auf das Regal zu legen. Am glücklichsten ist er, wenn er den langen Flur zur Leiterin ins Büro laufen kann. Dabei stören ihn keine Stühle und Tische.

Die dreijährige Christina und die fast vierjährige Mara kümmern sich jeden Tag hingebungsvoll um die neun Monate alte Mia. Sie füttern sie, tragen sie herum und bringen ihr Spielzeug. Auch beim Wickeln stehen sie neben der Wickelkommode, wollen helfen und unterhalten Mia. Am liebsten singen und spielen sie Fingerspiele mit ihr. „Kleine Schnecke" hört sie am allerliebsten. Auch die beiden Mädchen genießen die Zeit mit den Erwachsenen und Mia alleine. Die Kinderpflegerin macht sich ein bisschen Sorgen, denn Mias Po ist seit über einer Woche sehr wund.

Bei Felix (5 Jahre) und Sebastian (6 Jahre) ist dies zurzeit ganz anders. Sie scheinen von Jannis (2;3 Jahre) nur noch genervt zu sein. Er rennt immer hinter ihnen her und will mitspielen. Sie klettern im Außengelände auf die höchsten Türme, um Ruhe vor ihm zu haben. Die Kinderpflegerin hilft, zu schlichten.

Elina (1;6 Jahre) steht im Waschraum und will Zähne putzen. Die Kinderpflegerin reicht ihr die Zahnbürste mit Zahncreme. „Alleine machen", hören Sie Elina sagen.

„Alleine machen" – der Wunsch nach Autonomie

Heute ist ein sonniger Tag, es sollen 28°C werden. Eine Erzieherin hat draußen schon das Sonnensegel gespannt. Alle Kinder werden eingecremt. Bei den jüngeren Kindern wird besonders darauf geachtet, dass sie eingecremt sind und Sonnenhüte tragen.

Es gibt viel zu bedenken und viel zu tun in einer altersgemischten Gruppe. Das wird ein aufregendes Praktikum, denken Sie.

↘ FRAGEN

→ *Wie viele Kinder unter drei Jahren werden außerfamiliär betreut?*

→ *Welche Betreuungsformen gibt es?*

→ *Welche Gründe gibt es für Eltern, ihre Kinder in einer Familiengruppe betreuen zu lassen?*

→ *Wie sind die Strukturen und Rahmenbedingungen in Krippen und kleinen altersgemischten Gruppen?*

→ *Wie verläuft ein Tag in einer Gruppe mit Säuglingen, Kleinkindern und älteren Kindern? Wie gestaltet sich der pädagogische Alltag?*

→ *Welche pflegerischen Aufgaben gibt es? Wie werden Säuglinge und Kleinkinder gepflegt? Welche Bedeutung hat dieser Bereich? Und welche Versorgungsaufgaben gehören zu diesem Tätigkeitsfeld?*

→ *Wie entwickeln sich Säuglinge und Kleinkinder? Wie lernen junge Kinder?*

→ *Wie sollte die Eingewöhnungsphase für Kinder unter drei Jahren gestaltet werden?*

→ *Welche Aufgaben hat eine sogenannte „Bezugserzieherin"?*

→ *Welche Absprachen sind zwischen Eltern und Mitarbeiterinnen für die Betreuung der Kinder wichtig (z. B. Essverhalten, Schlafverhalten)?*

→ *Wie werden die Räumlichkeiten gestaltet? Welches Spielmaterial gibt es für die Kinder?*

2.1 Soziale und gesellschaftspolitische Situation

In vielen europäischen Nachbarländern ist die Förderung von Kindern unter drei Jahren schon lange selbstverständlich. 2002 haben sich die Länder der EU in Barcelona auf eine Zielangabe für den Ausbau der Betreuungsangebote für unter Dreijährige geeinigt. Bis zum Jahr 2013 soll es in jedem Mitgliedsstaat für mindestens 33 % dieser Altersgruppe Platzangebote geben (**quantitativer Platzausbau**).

Der **qualitative Ausbau** (Qualifikationsniveau der Fachkräfte, Bildungsprogramme, Personalschlüssel, Gruppengröße, Angebotsform, Öffnungszeiten usw.) liegt in der Verantwortung der nationalen Politik. In einigen Ländern, wie z.B. Belgien, Frankreich, Dänemark und Schweden, ist die quantitative Zielangabe schon lange erreicht. In der Regel handelt es sich dabei um Ganztagesplätze. Deutschland schnitt 2002 mit einer Platz-Kind-Relation von 9 % relativ schlecht ab. Die Zahl ist mittlerweile gestiegen, trotzdem sind die Möglichkeiten außerfamiliärer Betreuung in Deutschland auch zehn Jahre später, besonders in den alten Bundesländern, noch nicht ausreichend.

Die Forderung nach Krippenplätzen ist in Deutschland in den letzten Jahren verstärkt Gegenstand der familienpolitischen Diskussion und auch Thema der sozialpädagogischen Forschung geworden. Gesellschaftliche Ideologien zur Mutter-Kind-Bindung werden immer stärker öffentlich in den Medien diskutiert.

2011 besuchten 517 000 unter Dreijährige eine Kindertageseinrichtung oder wurden von einer Tagespflegeperson betreut. Bis 2013 soll für ca. 39 % der unter Dreijährigen ein Betreuungsplatz zur Verfügung stehen. Das sind ca. 750 000 Plätze bundesweit. Ein Drittel der Kinder wird vermutlich in der Tagespflege betreut.

> Ab 2013 wird jedes Kind mit Vollendung des ersten Lebensjahres einen Rechtsanspruch auf Förderung in einer Einrichtung oder in der Tagespflege haben.

„Darauf haben sich Bund, Länder und Kommunen im Jahr 2007 geeinigt. Mit der Qualifizierungsinitiative für Deutschland von Bund und Ländern wurden diese Ausbauziele im Oktober 2008 bekräftigt (KiföG, Kinderförderungsgesetz 2008). Darüber hinaus wurden zusätzlich weitere qualitative Maßnahmen vorgesehen, insbesondere zur Gewinnung und Qualifizierung von Erzieherinnen, Erziehern und Tagespflegepersonen sowie zur Verbesserung der Sprachförderung von Anfang an. Der Bund beteiligt sich an den Kosten des Ausbaus bis zum Jahr 2013 zu einem Drittel mit insgesamt vier Milliarden Euro. [...] Ab dem Jahr 2014 unterstützt der Bund die Länder mit jährlich 770 Millionen Euro. [...]. [D]er Ausbau der Kindertagesbetreuung kann nur dann zur Realisierung des Wunsch- und Wahlrechts der Eltern und der Chancenge-

---

FAZ, 19.10.2011

Wo bleiben die guten Krippen?

Die Verarbeitung von Trennungsängsten gelingt nicht immer: Wissenschaftler ergründen, wie sich die Fremdbetreuung auf kleine Kinder auswirkt.

Von Martina Lenzen-Schulte

Westfalen-Blatt, 23.09.2011

Krippe schadet Kleinkindern
Arzt warnt: zu viel Stress

■ Von Sabine Schulze

Bielefeld (WB). Gruppenbetreuung macht Kleinkinder krank: 50 bis 90 Prozent, so Dr. Rainer Böhm, leiden deshalb unter „erheblicher chronischer Stressbelastung". Die wiederum verursacht Zivilisationserkrankungen mit.

Stuttgarter Zeitung, 26.09.2011

Kinderärzte warnen vor schlechten Krippen

Neue Westfälische, 23.09.2011

Baby-Stress in der Krippe
Tagung der Kinderärzte in der Stadthalle
VON THOMAS GÜNTTER

Pressestimmen

rechtigkeit für alle Kinder beitragen, wenn die Eltern auf die Qualität der Kinderbetreuung vertrauen können und frühkindliche Förderung in den Betreuungsalltag integriert ist." *(Bericht der Bundesregierung 2010 nach § 24 a Abs. 5 SGB VIII über den Stand des Ausbaus für ein bedarfsgerechtes Angebot an Kindertagesbetreuung für Kinder unter drei Jahren für das Berichtsjahr 2009)*

Experten vermuten, dass sich eine bedarfsgerechte Anzahl qualifizierter Angebote zur außerfamiliären Erziehung, Bildung und Betreuung von Kindern unter drei Jahren positiv auf folgende Faktoren auswirken kann:

→ auf die Kinder durch frühe Förderung,
→ auf die Eltern durch eine bessere Vereinbarkeit von Beruf und Familie,
→ auf die Wirtschaft durch verkürzte Ausstiegszeiten qualifizierter Fachkräfte,
→ auf die Gesellschaft durch die erleichterte Entscheidung für ein Leben mit Kindern.

Für die Vereinbarkeit von Familie und Beruf, den Wiedereinstieg in das Berufsleben und für eine gute individuelle

Förderung der Kinder ist es notwendig, viele und unterschiedliche Angebote bereitzustellen und auszubauen. Zum anderen ist es wichtig, der Chancengleichheit für Kinder gerecht zu werden. **Qualitätsorientierte, flexible und bedarfsgerechte Bildungs- und Betreuungsangebote** sind zentrales Ziel der Familienpolitik.

Vereinbarkeit von Familie und Beruf? Realisierbar?

2.1.1 Qualität statt Quantität

Neben der quantitativen Herausforderung ist die Verbesserung der Qualität in der institutionellen Arbeit und Tagespflege mit Kindern unter drei von besonderer Wichtigkeit. Nur wenn bestimmte Kriterien berücksichtigt und verbessert sind, spricht nach neuesten Erkenntnissen der Säuglings- und Bindungsforschung nichts gegen eine frühe außerfamiliäre Betreuung. Es handelt sich dabei um Aspekte der **pädagogischen Orientierung** und der **Prozess- und Strukturqualität.**

> **Grundlegende Bedingungen für qualitätsorientierte Arbeit mit unter Dreijährigen:**
> → Berücksichtigung der Kinder unter drei in allen Bildungsplänen der Länder
> → Allgemeingültige Mindeststandards für die pädagogische Arbeit mit Kindern unter drei Jahren
> → Altersangemessene Altersmischung
> → Altersangemessene Gruppengröße

> → Altersangemessene Verweildauer in der Kita
> → Angemessener Personalschlüssel
> → Ausreichende Verfügungszeit für Fachkräfte
> → Gute räumliche und materielle Bedingungen
> → Berücksichtigung der Altersgruppe in der Aus- und Weiterbildung der Fachkräfte
> → Positive feinfühlige Grundhaltung der Fachkräfte
> → Schlüsselqualifikationen der Fachkräfte (beobachten, reflektieren, planen, dokumentieren etc.)
> → Qualifizierung von Tagespflegepersonal

Die konkreten Mindestanforderungen hat die Deutsche Liga für das Kind 2008 in 36 Eckpunkten festgelegt *(nachzulesen in www.liga-kind.de „Dokumentation". Was sagen Wissenschaftler zur außerfamiliären Betreuung von jungen Kindern?)*

„Der Psychologe Fthenakis zweifelt daran, dass es heute gute Kitas gibt. Nötig sei ein Bildungskonzept für die frühe Kindheit *(taz Interview Heide Oestreich/ www.taz.de 02.09.2007).*

taz: Herr Fthenakis, die CDU-Politikerin Ilse Falk sagt: Mittlerweile werden Mütter, die bei ihren Kleinkindern bleiben wollen, hierzulande als Rabenmütter hingestellt. Sind sie das?
Wassilios Fthenakis: Mit solchen Etikettierungen sollten wir aufhören. Niemand möchte irgendeine Mutter diskriminieren. Die einen sind gerne Hausfrau und Mutter, die anderen wollen das Muttersein mit einer Erwerbstätigkeit kombinieren. Wir haben keinen Grund, die einen gegen die anderen auszuspielen.

taz: Viele Mütter können sich nicht vorstellen, ihr Kind nach einem Jahr in die Kita zu schicken, wie das neue Elterngeld es vorsieht. Die sichere Bindung des Kindes geht für sie vor.
Wassilios Fthenakis: Die sichere Bindung wird nicht behindert, wenn das Kind eine gute Einrichtung besucht. Wir wissen aber aus der Forschung, dass es eine erhebliche Anzahl an Kindern gibt, denen es nicht gelingt, eine sichere Bindung an die Eltern zu entwickeln, unabhängig davon, ob sie in die Krippe gehen oder nicht. Wenn diese Kinder die Chance bekommen, eine hochwertige Einrichtung zu besuchen, dann lernen sie dort eine sichere Bindungsqualität. Diese sichere Bindung übertragen sie dann sogar auf die Eltern. So verstanden unterstützen diese Einrichtungen die Bindung an die Eltern geradezu. [...]

taz: Rebellieren die Mütter nicht zu Recht, weil es diese Idealkitas mit tollen BetreuerInnen nicht gibt, sie aber jetzt schon gebraucht würden?
Wassilios Fthenakis: Die Bundesrepublik hat den Aufbau dieses Systems im Gegensatz zu allen anderen europäischen Ländern sträflich vernachlässigt. [...] Allerdings brauchen wir bessere Konzepte für die frühkindliche Bildung. Es gibt einzelne Orte in Deutschland, wo die Krippen gut sind, aber bisher sind das Glücksfälle. [...]

taz: Früher ging es um die wichtige Bindung an die Mutter. Heute wird dagegen betont, wie wichtig die Anregungen durch andere Kinder sind. Gab es da einen Umschwung in der Forschung?
Wassilios Fthenakis: Nein. Die Bindungsqualität ist heute genauso wichtig wie früher. Aber unbestritten ist auch, dass die Bindungsqualität nicht die gesamte Entwicklung steuert. Das Kind braucht intellektuelle und soziale Anregungen, die über die Bindungsqualität allein nicht gesteuert werden. Wer das gegeneinander ausspielt, argumentiert lediglich ideologisch.

taz: Warum wird dann so leidenschaftlich gestritten?
Wassilios Fthenakis: Weil Kinderärzte und Sozialpädiater lange Zeit gepredigt haben, dass Fremdbetreuung schlecht ist. Das war gut gemeint, aber es basierte nicht auf fundierten Erkenntnissen. Wir haben heute die große amerikanische Längsschnittstudie, die alle diese Aspekte gründlich untersucht hat. Die NICHD-Studie ist die größte Studie weltweit über außerfamiliale Betreuung. Heraus kam: Eine gute außerfamiliale Betreuung kann die Qualität des Aufwachsens bereichern und beeinträchtigt das Eltern-Kind-Verhältnis nicht. Ich empfehle allen Ideologen: Bevor sie uns ihren ideologischen Schwanengesang aufdrängen, sollten sie sich mit dem Forschungsstand befassen."

2.1.2 10-Punkte-Programm für ein bedarfsgerechtes Angebot

Im Mai 2012 formulierte das Bundesfamilienministerium unter der Leitung von Familienministerin Kristina Schröder ein 10-Punkte-Programm, das dazu beitragen soll, ein bedarfsgerechtes Betreuungsangebot zur Verfügung stellen zu können.

1. Festanstellung von Tagespflegepersonen
Neue Tagespflegepersonen gewinnen, Ausstieg verhindern: Die Festanstellung von Tagespflegepersonen fördert die Nachhaltigkeit in der Kindertagespflege durch Planungssicherheit für Eltern, Tagespflegepersonen und Jugendämter. [...]

2. Stärkung der Kindertagespflege
Die strukturellen Rahmenbedingungen der Kindertagespflege verbessern, Standards für die Mindestqualifizierung bundesweit implementieren, die Anschlussfähigkeit des Berufsbildes fördern [...]

3. Gewinnung von Fachpersonal

Zusätzliche Fachkräfte gewinnen und qualifizieren, Ausbildungskapazitäten steigern, Fachkräfte besser vergüten, Arbeitsbedingungen verbessern [...]

4. Ausbau betrieblicher Kinderbetreuung

Betreuungsplätze dort schaffen, wo die Vereinbarkeit von Familie und Beruf infrage steht. [...]

5. Ausschöpfung von Betreuungs-Potenzialen

Freie Kapazitäten bei Kitaplätzen und beim Fachkräfteeinsatz ermitteln und für den Ausbau nutzen.

6. Qualitätscheck

Ausbau- und Betreuungshürden erkennen, beseitigen und Betreuungsqualität stärken: Bürokratische Standards in spezifischen Bereichen, deren Sinn und Zweck aus Kindeswohlsicht nicht erkennbar sind, werden modifiziert. Das Qualitätscheck-Verfahren orientiert sich an Artikel 3 der UN-Kinderrechtekonvention, der das Wohl des Kindes und einen kindeszentrierten Blick als zentralen, vorrangig zu berücksichtigenden Gesichtspunkt allen staatlichen Handelns benennt. [...]

7. Zinsgünstige KfW-Kredite

Finanzielle Hürden beim Ausbau vor Ort beseitigen.

8. Ausschöpfung finanzieller Spielräume

Effizienten und zweckgerichteten Mitteleinsatz prüfen, [...] Bund und Länder unterstützen sich hier gegenseitig [...] Gemeinsames Ziel ist es, alle Mittel zweckgerichtet für den Ausbau U3 einzusetzen und keine Ausgabenreste entstehen zu lassen.

9. Qualitätsgesetz

Vertrauen der Eltern in die Qualität der Betreuung stärken, Verlässlichkeit für Fachkräfte und Jugendämter steigern, Kindeswohl fördern, Chancengerechtigkeit gewährleisten: Bildung braucht, gerade unter föderalen Bedingungen, verlässliche Qualitätsstandards. Bis zum Jahr 2020 sollen wissenschaftlich fundierte qualitative Mindeststandards bundesweit erreicht sein. Durch ein Qualitätsgesetz soll ein „Rahmen-Bildungsplan" mit bundesweiter Gültigkeit geschaffen werden, der den Förderauftrag mit Mindeststandards konkretisiert und den Bildungsplänen der Länder trotzdem noch Spielraum für landesspezifische Gestaltung überlässt. [...]

10. Internationale Zusammenarbeit

Gegenseitiges Verständnis, internationale Vergleiche, Austausch guter Praxis fördern und internationale Empfehlungen zur Qualität entwickeln [...]. Das Bundesfamilienministerium richtet ein Internationales Büro ein, das die Vertretung Deutschlands auf internationaler Ebene unterstützt und wissenschaftlich begleitet."
(www.bmfsfj.de/BMFSFJ/kinder-und-jugend,did=186656. html, 27.07.2012)

2.1.3 Betreuungsformen in Deutschland

Betreuungsformen für Kinder unter drei Jahren werden im 8. Sozialgesetzbuch dem Kinder- und Jugendhilfebereich zugeordnet.

> → Sie dienen der „Betreuung, Bildung und Erziehung".
> → Sie sollen sich „pädagogisch und organisatorisch an den Bedürfnissen der Kinder und ihrer Familien orientieren".
> → Sie sollen „die Entwicklung des Kindes zu einer eigenverantwortlichen und gemeinschaftsfähigen Persönlichkeit" fördern.

In Deutschland werden Kinder unter drei Jahren in vier unterschiedlichen Gruppenformen betreut. Diese unterscheiden sich durch **Gruppengröße**, **Alter** der Kinder, **Konzeption** und **Betreuungsschlüssel**. Die Anzahl der Kinder pro Gruppe variiert je nach Bundesland.

→ In **Krippengruppen** werden ausschließlich unter dreijährige Kinder betreut (durchschnittliche Gruppengröße 11–12 Kinder).
→ **Altersgemischte** Gruppen werden sowohl von unter Dreijährigen als auch über Dreijährigen bis zur Einschulung besucht (ein kleiner Teil dieser Gruppen nimmt auch noch Schulkinder auf, durchschnittliche Gruppengröße 14–17 Kinder).

→ In **Kindergartengruppen** können bis zu fünf Zweijährige aufgenommen und im Gegenzug die Zahl der über Dreijährigen mit einem Schlüssel von 1 : 2 verringert werden (durchschnittliche Gruppengröße 19–21 Kinder).

→ Einrichtungen **ohne Gruppenstruktur** haben die sogenannten Stammgruppen aufgelöst. Die Kinder werden nicht nach Alters- oder Zielgruppen getrennt (offene Arbeit). Diese Betreuungsform ist in den einzelnen Bundesländern noch relativ selten.

Diese Gruppenformen sind in Ost- und Westdeutschland in unterschiedlicher Anzahl vertreten, in Ostdeutschland werden Kinder unter drei Jahren häufiger in Krippen betreut. Besonders in NRW findet man dagegen viele altersgemischte Gruppen und Kindergartengruppen, die einige Kinder unter drei Jahren aufnehmen.

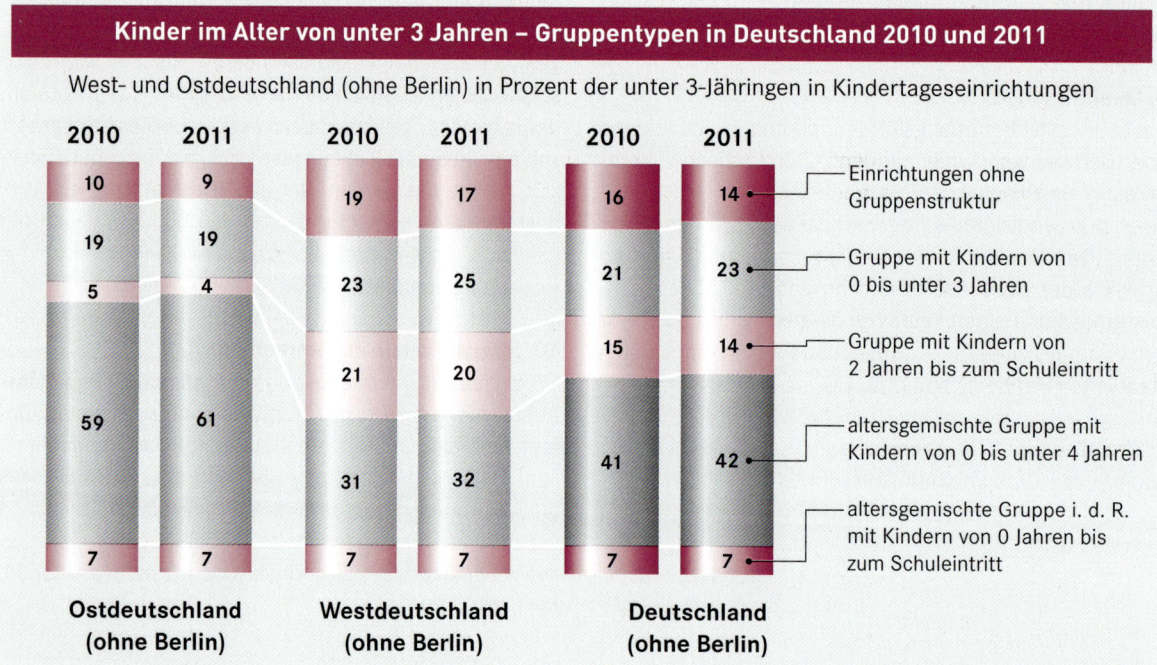

Kinder im Alter von unter 3 Jahren – Gruppentypen in Deutschland 2010 und 2011

West- und Ostdeutschland (ohne Berlin) in Prozent der unter 3-Jährigen in Kindertageseinrichtungen

Einrichtungen ohne Gruppenstruktur
Gruppe mit Kindern von 0 bis unter 3 Jahren
Gruppe mit Kindern von 2 Jahren bis zum Schuleintritt
altersgemischte Gruppe mit Kindern von 0 bis unter 4 Jahren
altersgemischte Gruppe i. d. R. mit Kindern von 0 Jahren bis zum Schuleintritt

Ostdeutschland (ohne Berlin)
Westdeutschland (ohne Berlin)
Deutschland (ohne Berlin)

Quelle: Stat. Bundesamt; Berechnungen der Dortmunder Arbeitsstelle Kinder- und Jugendhilfestatistik; rundungsbedingte Abweichungen

In **altersgemischten** Gruppen und in der Offenen Arbeit besteht die Gefahr, dass die Bedürfnisse der Kinder unter drei Jahren zu wenig berücksichtigt werden können. Durch die Gruppengröße und die momentane Personalsituation in diesen Gruppen kann es passieren, dass ihnen nicht die notwendige Aufmerksamkeit zuteil wird. Wenn z. B. in einer Einrichtung nur vier bis fünf Kinder unter drei Jahren in einer Kindergartengruppe aufgenommen werden, fehlen zum Teil gleichaltrige Spielpartner.

Als vor einigen Jahren mit der Aufnahme von Kindern unter drei Jahren in Einrichtungen begonnen wurde, wurde noch häufig der Fehler begangen, sie auf alle Gruppen aufzuteilen (pro Gruppe ein bis zwei Kinder), um die Belastung durch die neue Altersgruppe unter allen Fachkräften aufzuteilen. Den Kindern fehlten dadurch homogene Spielpartner. Sinnvoller ist, innerhalb einer Gruppe und gruppenübergreifend altershomogene und altersheterogene Spielpartner finden zu können.

Viele Fachkräfte haben auch das Gefühl, den älteren Kindern nicht mehr gerecht werden zu können. Im Tagesablauf müssen sie sich im Hinblick auf die Pflegetätigkeiten und die Aufsichtspflicht den jüngeren Kindern mehr zuwenden. Eltern der älteren Kinder haben Angst, dass dadurch die Förderung ihrer Kinder und die Vorbereitung auf die Schule in diesen Gruppenformen „zu kurz" kommen.

Der Vorteil von altersgemischten Gruppen – die Möglichkeit „von älteren Kindern" in heterogenen Gruppen zu lernen – rückt in der Diskussion durch die aktuellen Gruppengrößen und den Personalschlüssel leider oft in den Hintergrund.

Kinder brauchen andere Kinder, damit sie Erfahrungen teilen und voneinander lernen können (Lernen im sozialen Kontext). Dabei sind Kontakte zu Gleichaltrigen und älteren Kindern von entscheidender Bedeutung für die kindliche Entwicklung. Sie bauen Beziehungen auf und entwickeln soziale Basiskompetenzen. Der Eintritt in die soziale Welt mit anderen Kindern ist eine große **Entwicklungsaufgabe** für junge Kinder. Diese Chancen gilt es für Fachkräfte zu erkennen und in der Planung des pädagogischen Alltags zu nutzen.

„Viele Kinder verbringen mit dem Übergang von der Familie in eine institutionelle Betreuung zum ersten Mal viel Zeit mit anderen Kindern. Daher ist es wichtig, bei der Zusammensetzung der Gruppe das Alter der Kinder sowie ihr Interesse an sozialem Austausch zu berücksichtigen. Je nach Altersstruktur der Gruppe ergeben sich für die Kinder unterschiedliche soziale Erfahrungs- und Erlebnisräume. Bei altershomogenen Gruppen empfiehlt sich eine Gruppengröße von sechs bis acht Kindern und in altersheterogenen Gruppen eine Größe von 15 Kindern pro Gruppe. Die Betreuung von unter Dreijährigen in Gruppen mit geringer Altersspanne hat von 2010 zu 2011 leicht zugenommen. Die altersübergreifende Gruppe ist zwar rückläufig, im Westen jedoch häufiger vertreten als im Osten. Der Anteil an Gruppen mit geringer Altersspanne, also Gruppen, in denen Kinder im Alter bis unter drei Jahren betreut werden, ist im Vergleich zum Vorjahr deutschlandweit leicht gestiegen. […] Rückläufig ist dagegen der Anteil der Gruppen mit großer Altersspanne, so die altersheterogene Gruppe mit Kindern im Alter von zwei Jahren bis zum Schuleintritt […]. Diese Gruppenform kommt in Ostdeutschland kaum vor (4 Prozent) und ist in Westdeutschland häufiger anzutreffen (20 Prozent). Ebenso ist eine Abnahme an altersheterogenen Gruppen, in denen Kinder von null Jahren bis zum Schulalter betreut werden, zu verzeichnen." *(Dritter Zwischenbericht zur Evaluation des Kinderförderungsgesetzes a. a. O. 2011)*

Neben dem Tagesstätten-Ausbau steigt die Zahl der Tagesmütter und -väter. Ein Drittel der 750 000 Plätze werden 2014 vermutlich Tagespflegeplätze sein. Außerdem entstehen neue Betreuungsformen, wie z. B. private kommerzielle Einrichtungen (0–4 Jahre), sogenannte „Betreuungsnester": Tagespflege in Kitas und Betriebskindergärten von großen Firmen.

2.1.4   Wie alles begann …

Bei der Betrachtung der historischen Wurzeln der Kinderkrippen wird deutlich, dass heutige Gründe zum Ausbau von Plätzen sich auch in der Vergangenheit widerspiegeln:
→ Frauen und Berufstätigkeit
→ Bevölkerungszahlen
→ Chancengleichheit von Kindern.

Schon bei der Gründung der ersten institutionalisierten Betreuungsangebote in Deutschland für Kinder in den ersten drei Lebensjahren zu Anfang/Mitte des 19. Jahrhunderts stand die **Vereinbarkeit von Familie und Berufstätigkeit** im Vordergrund. So wurden von Juni bis Oktober „Erntekrippen" eingeführt. Ziel der ersten Erntekrippen war die Sicherung der elterlichen Arbeitskräfte. Weitere Krippen folgten Mitte des 19. Jahrhunderts in Großstädten wie Dresden, Berlin und Hamburg. Gesunde Kinder im Alter von sechs Wochen bis drei Jahren von arbeitenden, außerhalb ihres Haushaltes erwerbstätigen Frauen, wurden aufgenommen. Es gab damals keine pädagogischen Ziele. Das Interesse galt dem Bevölkerungswachstum und der benötigten Arbeitskraft der Frauen. Zu dieser Zeit lag die Säuglingssterblichkeit durch ein hohes Infektionsrisiko bei 20 Prozent. Die Kinder wurden in altershomogenen Gruppen (Säuglinge, Kriechlinge, Gehlinge) von „Kindsmägden" ohne fachliche Ausbildung betreut. Es wurde auf deren instinktive Mütterlichkeit vertraut. Sicherheit und Hygiene standen im Vordergrund. Die Qualität der Arbeit in den Krippen war schlecht. Weiterhin wurden aber auch viele Kinder einfach zu Hause eingesperrt, wenn beide Elternteile arbeiten gehen mussten.

Erst durch Pestalozzi rückte die sozial-emotionale Beziehung zwischen Mutter und Kind in den Vordergrund. Die frühkindliche Bindung erhielt größere Bedeutung.

Auch das bürgerliche Familienmodell hat hier seinen Ursprung. Nur unversorgte Kinder sollten noch in die Betreuung gebracht werden (z. B. von Witwen).

Während des Ersten Weltkriegs begann in Deutschland der Ausbau von Krippenplätzen. Viele Mütter wurden als zusätzliche Arbeitskraft benötigt. Betriebskrippen wurden gegründet. Die wirtschaftlichen Probleme der Weimarer Zeit führten allerdings dazu, dass die meisten Krippen wieder aufgelöst werden mussten.

Im Dritten Reich spielten Krippen ebenfalls keine große Rolle, da Mütter zu Hause bleiben und sich der Erziehung der Kinder widmen sollten. Die wenigen Plätze des Hilfswerks „Mutter und Kind" waren für ledige Erwerbstätige oder kranke Frauen gedacht.

Nach dem Zweiten Weltkrieg wurde in der DDR der Ausbau der Krippen stark vorangetrieben, um die Erwerbstätigkeit der Mütter zu ermöglichen und die Gleichberechtigung sicherzustellen. Krippen waren die unterste Stufe des Bildungssystems, aber auch dem Gesundheitswesen zugeordnet *(vgl. Berger 1997)*.

In der BRD waren Krippenplätze selten und vor allem für Kinder von allein erziehenden Erwerbstätigen vorgesehen. Tonangebend blieb das Ideal der bürgerlichen Familie, in der unter Dreijährige in der Familie betreut werden. Kinderärzte und Fachleute mit tiefenpsychologischer Orientierung beurteilten die außerfamiliäre Betreuungsform negativ. Dabei wurde auf die Hospitalismus-Untersuchungen von Rene Spitz und die Bindungsforschung von John Bowlby zurückgegriffen. 1951 sah Bolwby in der Fremdbetreuung eher Nachteile (Deprivation, Verschlechterung der Mutterbindung). Die Hauptverantwortung für das Kindeswohl lag in den Händen der Mutter, auch wenn diese sich überfordert und isoliert fühlte. Mögliche Chancen einer Fremdbetreuung blieben unberücksichtigt *(vgl. Berger 1998)*.

Ende der 1970er- und Anfang der 1980er-Jahre begann ein intensiverer Ausbau von Plätzen für Kinder unter drei Jahren. Die „klassische" Familie (Vater, Mutter, Kind) nahm ab, die Zahl der Trennungen und Scheidungen und die Nachfrage nach Plätzen für unter Dreijährige erhöhte sich. Die verschiedenen Entwicklungen in Ost und West erklären, warum es bis heute Unterschiede in der Versorgung mit Krippenplätzen gibt.

2.2 Sanfte Eingewöhnung – Guter Start in eine gute Erziehungspartnerschaft

Der Übergang von der Familie in die Tageseinrichtung bedeutet eine hohe Anpassungsleistung für das Kind. Diese Phase versetzt es in eine extreme Stresssituation und verlangt beachtliche emotionale Leistungen.

Noch vor wenigen Jahren war es üblich, auch ganz junge Kinder nach kurzer Zeit relativ abrupt ohne Eltern in den Einrichtungen zu lassen. Forschungen der 1980er-Jahre *(Hans-Joachim Laewen)* ergaben, dass diese Kinder auf Dauer der primären Bezugsperson gegenüber ein stärkeres unsicheres Bindungsverhalten zeigten, massiven Trennungsstress erlebten und häufiger erkrankten als Kinder, die langsam und behutsam mithilfe der Eltern eingewöhnt wurden. Ein Anstieg des Stresshormons Kortisol konnte im Speichel der beobachteten Kinder nachgewiesen werden. Diese Ergebnisse führten in den letzten 25 Jahren zur Entwicklung sanfter Eingewöhnungskonzepte *(vgl. HF 1, Kap. 1.4)*.

Der Übergang muss von pädagogischen Fachkräften für Eltern und Kinder **sensibel begleitet** werden. Das aufgebaute Vertrauen zwischen Eltern und Kind darf nicht durch falsche und zu frühe Trennungsversuche erschüttert werden. Die **Eingewöhnungsphase** muss zum Wohle des Kindes als gemeinsamer Prozess geplant und durchgeführt werden. Daher benötigt jede Einrichtung ein **Eingewöhnungskonzept.**

Das zurzeit in Deutschland am weitesten verbreitete Eingewöhnungsmodell ist das von Infans entwickelte Modell mit aufeinander aufbauenden Phasen, das **Berliner Eingewöhnungsmodell** *(vgl. Laewen, Andres 2007)*. Das Modell ist sehr differenziert, die kindlichen individuellen Bedürfnisse stehen im Mittelpunkt. Es stellt den pädagogischen Fachkräften eine detailliert begründete und ausführliche Handlungsanleitung zur Verfügung, die in der für alle Beteiligten herausfordernden Eingewöhnungsphase Orientierung bietet.

Es handelt sich aber um kein „fertiges Rezept". Jede Eingewöhnung verläuft trotz der vorgegebenen Phasen individuell und orientiert sich am Kind.

Sanfte Eingewöhnung ist:

→ elternbegleitend

→ bezugspersonenorientiert

→ abschiedsbewusst

ZIel ist es, das Kind eine neue tragfähige Beziehung zu einer Fachkraft (Bezugserzieherin) aufbauen zu lassen, ohne dass sein Vertrauen in seine primäre Bezugsperson erschüttert wird.

Das Eingewöhnungskonzept beginnt lange vor dem ersten Tag des Kindes in der Einrichtung. Schon zu Beginn der Anmeldegespräche ist es sinnvoll, Eltern das Eingewöhnungskonzept der Einrichtung vorzustellen und in **schriftlicher Form** (Broschüre) mitzugeben. Im Berliner Modell wird erwartet, dass das Kind von einer Bezugsperson (in der Regel den Eltern) begleitet wird.

Die Fachkräfte benötigen vor dem ersten Aufnahmetag Zeit, um sich mit den Eltern in einem **Erstgespräch** auszutauschen. Fragen zu Ess- und Schlafgewohnheiten, Spielinteressen, Vorlieben, Lernfortschritte, Rituale, bisherige Erfahrungen mit Trennung etc. sollten besprochen werden. Auch die Trennungsängste der Eltern können in diesem Gespräch thematisiert werden.

Ziel ist, eine positive, wertschätzende Erziehungspartnerschaft von Anfang an zu gestalten.

Dazu zählt auch, dass Eltern rechtzeitig erfahren, wie sie sich während der Eingewöhnung verhalten sollen und wie lange diese Phase ungefähr dauern wird.

→ Kind und Eltern sollten bereits vor der Eingewöhnung die Einrichtung und alle wichtigen Bezugspersonen kennenlernen können.
→ Zu Beginn der Eingewöhnung sollte die Erzieherin die Kindergruppe bereits auf das neue Kind vorbereitet haben.
→ Zuständig für die Eingewöhnung des Kindes ist eine Bezugs-Erzieherin. Sie sollte während der Eingewöhnungszeit keinen Urlaub nehmen.

→ Aufenthalt des Kindes in der Einrichtung gemeinsam mit dem Elternteil nur für kurze Zeit am Tag.
→ Genaue Absprache der langsamen Steigerung der Anwesenheitszeit des Kindes und des Rückzugs des Elternteils.
→ Passives Verhalten des Elternteils in der Gruppe, gleichzeitig Zurverfügungstehen für die Bedürfnisse des Kindes. Kind nicht drängen, sich von ihnen zu entfernen. Zulassen, dass die Erzieherin versucht, Kontakt aufzunehmen. Wunsch des Kindes nach Nähe immer akzeptieren.
→ Erzieherin berücksichtigt die aktuellen Spielinteressen des Kindes bei der vorbereiteten Umgebung.
→ Vermeidung plötzlicher und unvorbereiteter Trennungen vom Elternteil. Verabschiedung vor jedem Trennungsversuch und Mitteilung, wann Elternteil zurückkommt. Dadurch lernt das Kind, Vertrauen in die Rückkehr zu entwickeln.
→ Kein erster Trennungsversuch vor dem 4. Tag (und nicht an einem Montag)! Langsame Steigerung der Dauer der ersten Trennungen – Orientierung am Wohlergehen des Kindes. Je nach Verhalten des Kindes wird von einer kürzeren oder längeren Eingewöhnung gesprochen. Dafür beobachtet die Erzieherin während des Abschieds und bei der Wiederkehr des begleitenden Elternteils das Verhalten des Kindes gegenüber der Bezugsperson.
→ Beobachtung des Verhaltens des Kindes durch die Erzieherin, darauf basierendes Impulsgeben. Ständiger Austausch über die Eingewöhnung von Bezugspersonen/Eltern und Erzieherinnen.
→ Die Eingewöhnung gilt als erfolgreich beendet, wenn das Kind sich auch in schwierigen, traurigen oder verunsicherten Situationen von der neuen Bezugsperson helfen und sich trösten lässt. Es wird dann auch von der Bezugserzieherin als Basislager gesprochen *(vgl. HF 1, Kap. 1)*.
→ Das Kind entwickelt erste Spielideen, ist neugierig und exploriert und nimmt Kontakt zu anderen Kindern auf. Auch die Übernahme der Fachkraft von Pflegeritualen gehört dazu.

Fünf Schritte bei der Eingewöhnung nach dem Berliner Eingewöhnungsmodell

1. Der erste Kontakt: Das Aufnahmegespräch

Das Aufnahmegespräch ist der erste ausführliche Kontakt zwischen Eltern und Bezugserzieher. Im Mittelpunkt steht dabei das Kind mit seinen Bedürfnissen und die Eingewöhnung des Kindes in die Krippengruppe.

2. Die dreitägige Grundphase

Ein Elternteil kommt drei Tage lang mit dem Kind in die Einrichtung, bleibt ca. eine Stunde und geht dann mit dem Kind wieder. In den ersten drei Tagen findet kein Trennungsversuch statt. Der Elternteil verhält sich passiv, schenkt aber dem Kind volle Aufmerksamkeit – der Elternteil als sichere Basis. Die Erzieherin nimmt vorsichtig Kontakt auf und beobachtet die Situation (Mitnahme des „Übergangsobjekts").

3. Erster Trennungsversuch und vorläufige Entscheidung über die Eingewöhnungsdauer

Der Elternteil kommt am vierten Tag mit dem Kind in die Einrichtung, verabschiedet sich nach einigen Minuten klar und eindeutig und verlässt den Gruppenraum für ca. 30 Minuten, bleibt aber in der Nähe.

Variante 1:
Kind bleibt gelassen oder weint, lässt sich aber von Erzieherin trösten und findet nach kurzer Zeit zurück in sein Spiel.

Variante 2:
Kind protestiert, weint und lässt sich auch nach einigen Minuten nicht trösten bzw. fängt ohne Anlass wieder an zu weinen.

4. Stabilisierungsphase

Kürzere Eingewöhnungszeit:
Am 5. und 6. Tag langsame Ausdehnung der Trennungszeit, mögliche Beteiligung beim Füttern und Wickeln, Beobachtung der Reaktion des Kindes, Elternteil bleibt in Einrichtung.

Längere Eingewöhnungszeit:
5.–6. Tag Stabilisierung der Beziehung zur Erzieherin, erneuter Trennungsversuch frühestens am 7. Tag; je nach Reaktion des Kindes Ausdehnung der Trennungszeit oder längere Eingewöhnungszeit (2–3 Wochen).

5. Schlussphase

Der Elternteil hält sich nicht mehr in der Einrichtung auf, ist aber jederzeit erreichbar. Die Eingewöhnung ist dann beendet, wenn das Kind sich schnell von der Erzieherin trösten lässt und grundsätzlich in guter Stimmung spielt.

Phasen des Berliner Eingewöhnungsmodells nach Infans

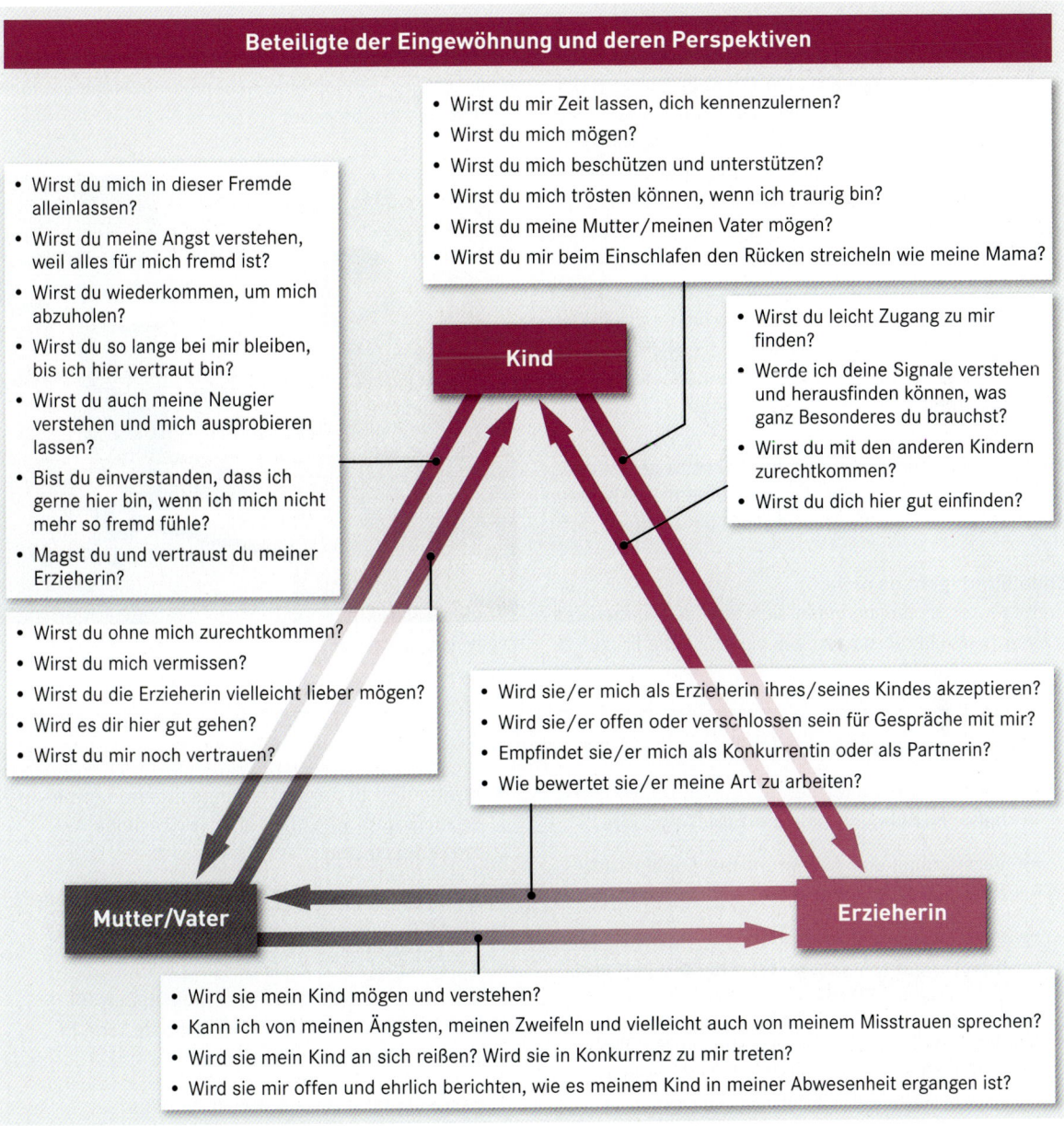

Beteiligte der Eingewöhnung und deren Perspektiven

- Wirst du mir Zeit lassen, dich kennenzulernen?
- Wirst du mich mögen?
- Wirst du mich beschützen und unterstützen?
- Wirst du mich trösten können, wenn ich traurig bin?
- Wirst du meine Mutter/meinen Vater mögen?
- Wirst du mir beim Einschlafen den Rücken streicheln wie meine Mama?

- Wirst du mich in dieser Fremde alleinlassen?
- Wirst du meine Angst verstehen, weil alles für mich fremd ist?
- Wirst du wiederkommen, um mich abzuholen?
- Wirst du so lange bei mir bleiben, bis ich hier vertraut bin?
- Wirst du auch meine Neugier verstehen und mich ausprobieren lassen?
- Bist du einverstanden, dass ich gerne hier bin, wenn ich mich nicht mehr so fremd fühle?
- Magst du und vertraust du meiner Erzieherin?

Kind

- Wirst du leicht Zugang zu mir finden?
- Werde ich deine Signale verstehen und herausfinden können, was ganz Besonderes du brauchst?
- Wirst du mit den anderen Kindern zurechtkommen?
- Wirst du dich hier gut einfinden?

- Wirst du ohne mich zurechtkommen?
- Wirst du mich vermissen?
- Wirst du die Erzieherin vielleicht lieber mögen?
- Wird es dir hier gut gehen?
- Wirst du mir noch vertrauen?

- Wird sie/er mich als Erzieherin ihres/seines Kindes akzeptieren?
- Wird sie/er offen oder verschlossen sein für Gespräche mit mir?
- Empfindet sie/er mich als Konkurrentin oder als Partnerin?
- Wie bewertet sie/er meine Art zu arbeiten?

Mutter/Vater   **Erzieherin**

- Wird sie mein Kind mögen und verstehen?
- Kann ich von meinen Ängsten, meinen Zweifeln und vielleicht auch von meinem Misstrauen sprechen?
- Wird sie mein Kind an sich reißen? Wird sie in Konkurrenz zu mir treten?
- Wird sie mir offen und ehrlich berichten, wie es meinem Kind in meiner Abwesenheit ergangen ist?

Beziehungsdreieck – Schaubild aus der Langzeitfortbildung „Qualität von Anfang an", pädQUIS 2011, Inhalte aus Laewen 2007

Der Start in die außerfamiliäre Betreuung ist für alle Beteiligten neu, anstrengend und durch starke Gefühle geprägt. Laewen spricht vom sogenannten **Beziehungsdreieck**, in dem Eltern, Kind und Fachkraft stehen.

Nach einer erfolgreichen Eingewöhnung findet weiterhin jeden Tag eine Übergabe zwischen Eltern und Fachkräften statt, die gut und behutsam geplant werden sollte. Die Begrüßungsphase, d. h. der Übergang von der Familie in die Einrichtung, ist häufig sehr schwierig für alle Beteiligten. Eltern und junge Kinder spüren an dieser Stelle unter Umständen immer noch Trennungsschmerz und Unsicherheiten. Häufig entwickeln sich hier Rituale, die den Übergang (Transition) und den „Start in den Tag" für Eltern und Kind erleichtern können (Blick- und Körperkontakt, ein bestimmtes Spiel, begrüßen des Kuscheltiers, Winken am Fenster etc.).

Es ist wichtig, dass Fachkräfte den individuellen Abschiedsritualen Raum geben. Vielleicht möchten Eltern auch noch einen Augenblick im Gruppenraum verweilen. Vor knapp 200 Jahren mussten Eltern ihre Kinder aus Sorge vor Infektionskrankheiten an der Schwelle zur Krippe in Krippenkleidung kleiden und abgeben. Heute werden Eltern und Kinder von pädagogischen Fachkräften bewusst in der Einrichtung willkommen geheißen und in dieser Übergangsphase unterstützt. Eltern erleben zugewandte Fachkräfte, die trotz der Eile mancher Eltern Ruhe ausstrahlen. Bei der Begrüßung können Eltern den pädagogischen Fachkräften auch aktuelle wichtige Informationen über ihr Kind geben (schlecht geschlafen, der erste Zahn kommt usw.).

Auch der Abschied ist eine wichtige und zu gestaltende Situation, die Zeit braucht. Ereignisse vom Tag können ausgetauscht und ein Spiel noch beendet werden.

Ohne Eltern geht es nicht

Eltern junger Kinder befinden sich erst seit kurzer Zeit in einer neuen Lebensphase. Sie haben häufig Fragen zu Themen der Kindererziehung, Pflege, Ernährung usw. und wirken manchmal verunsichert durch Medien, Freunde oder Familie: „Bin ich eine Rabenmutter, wenn ich mein Kind in eine Krippe gebe?"

Ohne Eltern geht es nicht

Eltern junger Kinder brauchen

→ verlässliche, bedarfsentsprechende, wohnortnahe, flexible und finanzierbare Angebote,

→ Verständnis und Akzeptanz der Fachkräfte, dass das Kind außerfamiliär betreut wird,

→ Verständnis und Akzeptanz der Fachkräfte für Erwartungen, Anliegen, Rückmeldungen und Wünsche der Eltern,

→ das Gefühl, in der Einrichtung willkommen, respektiert und akzeptiert zu sein (Erziehungs- und Bildungspartnerschaft),

→ die Stärkung der elterlichen Kompetenz, insbesondere bei Risikofamilien,

→ Verständnis für die Ängste und Sorgen von Eltern (z. B. „Mein Kind hat die Erzieherin lieber als mich" oder „Ich verpasse wichtige Entwicklungsschritte"),

→ Bildungsdokumentation der Aktivitäten und der Entwicklungsschritte ihres Kindes,

→ Kontinuität in der Betreuungssituation (eine Bezugsfachkraft), d. h. eine verlässliche Ansprechpartnerin,

→ Sicherheit und hohes Maß an Vertrauen, dass ihr Kind in der Einrichtung „gut aufgehoben" ist, gut gefördert und betreut wird,

→ intensiven Informationsaustausch, Zeit für Kommunikation, Entwicklungsgespräche in guter Gesprächsatmosphäre,

→ Absprachen über die tägliche Pflege (z. B. mithilfe eines Logbuches),

→ Hilfen für die Loslösung und Zeit für den Übergang = elternbegleitende Eingewöhnung,

→ Kontakt zu anderen Eltern, Netzwerkarbeit (Babysitterbörse, psychosoziale Angebote, Beratungsstellen, Referenten für Themenabende).

2.3   Junge Kinder in ihrer Entwicklung verstehen

2.3.1   Kindliche Bedürfnisse und Entwicklungsaufgaben

> „[...] keiner, der sich mit der menschlichen Entwicklung befasst, kann sich dem Gefühl des Staunens und der Freude entziehen."
>
> *(Lewis Wolpert)*

In den letzten Jahren ist der Erforschung der körperlichen und seelischen Entwicklung junger Kinder große Aufmerksamkeit geschenkt worden. Zahlreiche neue Erkenntnisse zu ihrer Entwicklung konnten gewonnen werden. Noch vor 50 Jahren wurde das neugeborene Kind als unbeschriebenes weißes Blatt oder leeres Gefäß betrachtet, das von Eltern und Pädagogen beschrieben bzw. gefüllt werden musste. Als „Reflexbündel" wurden Kinder nach der Geburt bezeichnet und ihr Gehirn als frei instruierbare Tabula rasa betrachtet.

Einige Wissenschaftler aus unterschiedlichen Disziplinen (Psychologie, Neurobiologie, Pädagogik, Soziologie), u. a. Jaroslav Koch (Psychologe am Prager Institut für Mutter und Kind und Entwickler der Spiel- und Bewegungsanregungen des heutigen Prager-Eltern-Kind-Programms PEKiP) stellten sich aufgrund von Forschungsergebnissen gegen diese These. „Im Kinde ist eine ungeheure Menge von Entwicklungsmöglichkeiten verborgen, von denen wir bis heute keine Ahnung haben." *(Jaroslav Koch 1969)*

Insbesondere die **Neuropsychologie** und aktuelle **Säuglingsforschung** der letzten Jahre haben dazu geführt, dass wir heute von einem **kompetenten Säugling** sprechen. Das Kind wird als Akteur seiner Entwicklung gesehen. Die Selbstbildungspotenziale zur Auseinandersetzung mit sich selbst und seiner sozialen und sachlichen Umwelt bringt jedes Kind von Geburt an mit. Der Säugling ist mit allen Kompetenzen ausgestattet, die er für seine Weiterentwicklung braucht, u. a. der Fähigkeit zur Kontaktaufnahme und Kommunikation (Blickkontakt, nonverbal Kommunikationsfähigkeit) und der grundlegenden Wahrnehmungsfähigkeit.

> Kompetenter Säugling bedeutet nicht, „alles zu können" sondern „alles lernen zu können".

Kinder in den ersten Lebensjahren lernen insbesondere mithilfe folgender Lernformen:

→ **Lernen durch Experimentieren – Lernen durch Be-greifen und Be-handeln**
Mona (7 M.) liegt auf dem Boden und spielt mit Bällen und Greifringen. Sie nimmt sie in den Mund, hält sie fest, rollt sie, schaut sie an, betastet sie usw.
Das Erkunden von Materialien (Oberflächen, Temperatur, Konsistenz) mithilfe aller Sinne hilft, eigene kindliche Theorien über die Welt (seine Gegenstände und Menschen) zu bilden und zu verändern. Das fördert logisches und problemlösendes Denken.

→ **Lernen durch Nachahmung**
Lisa (2 J.) füttert ihre Puppe mit einem Löffel und erzählt der Puppe dabei eine Geschichte.
Etwas, das selber erlebt wurde, wird in das eigene Handlungsrepertoire übernommen.

→ **Lernen durch Wiederholung**
Leon (12 M.) möchte immer wieder beim Wickeln das beliebte „Kuckuck-Spiel" mit einem Tuch spielen – seit Wochen.
Das Wiederholen von (Spiel-)Aktionen festigt Lernerfahrungen (hier die Objektpermanenz).

Die Entwicklung des Menschen wird heute als dynamischer **Interaktionsprozess** zwischen genetischer Ausstattung und Erfahrungen verstanden. Jeder Mensch ist einzigartig, ein Individuum im sozialen Kontext (Wechselspiel: Anlagen und Umwelt). Kinder gleichen Alters haben nicht zwangsläufig gleiche Bedürfnisse und Fähigkeiten. Es gibt interindividuelle Unterschiede in der Entwicklungsgeschwindigkeit von Kindern. Bestimmte Entwicklungsphasen bauen zwar aufeinander auf. Die Dauer und der Zeitpunkt variieren aber von Kind zu Kind. In der heutigen Entwicklungspsychologie wird häufig von sogenannten Entwicklungsfenstern und sensiblen Phasen *(vgl. Bd. 1, HF 2, Kap. 1, auch Maria Montessori)* gesprochen.

„Die Existenz zeitlich gestaffelter sensibler Phasen für die Ausbildung verschiedener Hirnfunktionen führt zu dem Postulat, dass das Rechte zur rechten Zeit verfügbar oder angeboten werden muss. [...] Da bislang nur wenig experimentelle Daten darüber vorliegen, wann das menschliche Gehirn welche Informationen benötigt, ist wohl die beste Strategie, sorgfältig zu beobachten, wonach die Kinder fragen. [...] Es sollte demnach ausreichen und wäre wohl auch die optimale Strategie, sorgfältig darauf zu achten, wofür sich das Kind jeweils interessiert, wonach es verlangt und wodurch es glücklich wird. Babys können auch schon im vorsprachlichen Stadium durch Lachen, Weinen und differenzierte Mimik signalisieren, was für sie richtig und wichtig ist." *(Singer 2001)*

Entwicklung verläuft nicht immer gleichmäßig, sondern in Schüben. Nach deutlich zu beobachtenden Fortschritten treten immer Phasen auf, in denen Entwicklung stillzustehen oder gar Rückschritte zu machen scheint. Solche Phasen sind im Entwicklungsverlauf wichtig. Bisherige Erfahrungen werden eingeordnet und verarbeitet, das braucht Zeit. Häufig folgen im Anschluss neue Entwicklungsveränderungen bzw. Differenzierungen älterer Fähigkeiten. Entwicklung findet in vielen Bereichen statt *(vgl. Bd. 1, HF 2, Kap. 1)*, z.B.:

→ Sozial-Emotionale Entwicklung
→ Identitätsentwicklung
→ Sprachentwicklung
→ Kognitive Entwicklung
→ Bewegungsentwicklung

Diese unterschiedlichen **Entwicklungsbereiche** stehen miteinander in hochgradig vernetzter Beziehung (Ganzheitlichkeit). Entwicklungsschritte in einzelnen Bereichen können gleichzeitig auftreten (Krabbeln und erste Wörter), sie können aber auch zu unterschiedlichen Zeiten erfolgen (frühe „Redner" – späte „Läufer"). Sie können sich untereinander verstärken (Identitätsbildung und Sprache „ich, meins, alleine, selber machen"), aber auch hemmen (neu erworbene Mobilität braucht intensive Übungsphasen, in denen die „Läufer" z.B. keine Zeit für Gespräche und Spiele mit anderen haben).

> Die Entwicklung verläuft plangeleitet, von innen heraus – wird aber maßgeblich von den äußeren Lebensbedingungen beeinflusst und geprägt. Die Umwelt muss hinreichend reich sein, damit das, was benötigt wird, auch vorhanden ist und die Kinder das, was sie suchen, auch finden können.
>
> **Beispiel:** Kinder lernen greifen (angeborene Fähigkeit der Bewegungsentwicklung). Es muss aber ein interessanter Gegenstand zum Greifen vorhanden sein.

Je mehr Erfahrungen ein Säugling macht, umso strukturierter und ausdifferenzierter entwickelt sich das Gehirn, d.h. neue Kontakte an den Nervenzellen bilden sich *(vgl. Bd. 1, HF 2, Kap. 1)*. Einfachste sensomotorische Aktivitäten bilden so die Grundlage für spätere, kompliziertere Aktivitätsentwicklungen.

Für die kindliche Entwicklung ist es förderlich, alle Sinne anzuregen. Leider findet aber auch schon im ersten Lebensjahr häufig eine Überlastung mit optischen und akustischen Reizen statt (z.B.: Luca, 5 Monate, liegt in einer Babywippe, in der er sich kaum bewegen kann, trägt eine enge Kinderjeans, über ihm hängt ein Trapez mit verschiedenfarbigen Greifringen, die Spieluhr spielt eine Melodie, im Radio läuft Musik, ein Elternteil sitzt neben dem Kind und bietet eine Rassel an).

Taktile Erfahrungen (z.B. Massage, Streichel- und Kitzelspiele) und Möglichkeiten der **Bewegungserfahrungen** sind sinnvoll in den Alltag zu integrieren. Erst Tast- und Bewegungserfahrungen bilden nämlich die Basis für die spätere Entwicklung höherer geistiger Fertigkeiten wie z.B. der Raumorientierung.

Selbst einfachste Bewegungsabläufe muss der Säugling erst koordinieren lernen, beispielsweise das selbstständige Essen.

> *Frederick (10 Monate) beobachtet seine Mutter beim Tischabräumen. Dabei fällt ein Keks aus der Schüssel. Frederick krabbelt zum Tisch, schaut seine Mutter an, deutet ihr Lächeln als Zustimmung, muss sich aufrichten, mit der linken Hand die Tischplatte halten, reckt sich, beobachtet den Keks und verändert seinen Stand, bis er ihn mit den Fingerspitzen langsam zu sich ziehen kann. Er greift den Keks mit der ganzen Hand, muss die Kraft der Finger dosieren, um den Keks nicht zu zerdrücken, und steckt ihn sich in den Mund. Fredericks Mutter staunt und lacht über Fredericks Verhalten.*
>
> In dieser Handlung stecken bereits so viele Sinnesleistungen, dass ein Kind diese nur mit ausgeprägter Bewegungs- und Wahrnehmungsfähigkeit und ihrem perfekten Zusammenspiel bewältigen kann. Jede Handlung aktiviert unterschiedliche Sinnessysteme. Wenn das Kind den Keks ergreifen will, ist zuerst das visuelle System angesprochen.

Es muss den Keks sehen, ihn vom Hintergrund unterscheiden und seine räumliche Lage und Entfernung feststellen. Wenn es ihn ergreifen will, liefert ihm das kinästhetische System Informationen über die Stellung seiner Arm- und Handgelenke sowie des gesamten Körpers, der Gleichgewichtssinn liefert Informationen über die eigene räumliche Lage. Wenn das Kind den Gegenstand berührt, gewinnt es über den Tastsinn Informationen über dessen Oberflächenstruktur, über die Tiefensensibilität, über dessen Gewicht. Hat das Kind Erfolg bei seinen Bemühungen ist dies mit positiven Emotionen verbunden (Belohnungscharakter). Die positive Bestätigung der Mutter schafft noch positive Kommunikations- und Beziehungserfahrungen. Die Verarbeitung der Sinnesinformationen verläuft unbewusst.

Dieses Beispiel macht deutlich, wie komplex eine Entwicklung von einfachen kleinen Schritten zu immer komplizierteren und ineinander verwobenen Handlungen und Leistungen des Gehirns verläuft.

Für ihre Entwicklung sind Kinder auf Sinnesreize angewiesen. Als Neugeborene sind sie in der Regulation ihres inneren Gleichgewichts noch abhängig von der Fähigkeit ihrer Bezugspersonen, die Selbstregulation des Kindes zu unterstützen, indem sie ihm vielfältige Reize bieten und es gleichzeitig vor Reizüberflutung schützen. Das Kind spielt und sucht Sinnesreize nur, wenn es sich sicher fühlt. Reize, die Kinder überfordern, ängstigen und das innere Gleichgewicht beeinträchtigen, lösen die Suche nach der schutzgebenden Bezugsperson aus. Entweder nähert es sich seiner Bezugsperson oder ruft diese herbei. Direkte Nähe, Trost und Körperkontakt durch eine feinfühlige Bindungsperson unterstützen das Erkundungsverhalten des Kindes.

Die Entwicklung von Kleinst- und jüngeren Kindern ist maßgeblich durch Beziehungserfahrungen bestimmt. Beide rückversichern sich z. B. durch Blickkontakt zur Bezugsperson: positive Bindungsqualität (d. h. Vertrauen, Verlässlichkeit, Ansprache, emotionale Zuwendung, Wertschätzung, Blick- und Körperkontakt, emotionales Auftanken, emotionale Sicherheit).

Steht dem Kind keine feinfühlige und konstante Bindungsperson zur Verfügung, wird sein Erkundungsverhal-ten teilweise oder vollständig deaktiviert. Die Folgen sind weniger Reizsuche, weniger Übung im Umgang mit den Reizen und Anregungen der Spielwelt und damit weniger Entwicklungsmöglichkeiten für das Kind.

Pädagogische Fachkräfte müssen deshalb die kindliche Entwicklung und ihre neugierige Auseinandersetzung mit der Umwelt positiv wahrnehmen und verstehen. Erst dann können sie Kinder als Entwicklungsbegleiter durch entwicklungsfördernde Verhaltensweisen unterstützen und Spiel- und Erfahrungsarrangements initiieren (beobachten – planen – dokumentieren). Sie tragen eine hohe Verantwortung für die Entwicklung der ihnen anvertrauten Kinder.

Entwicklungsaufgaben in den ersten Lebensjahren:
Kognitive Entwicklung
Entwicklung von (Basis-)Emotionen und Emotionsverständnis
Körperliche Entwicklung
Kommunikation – Interaktion – Spracherwerb
Kindliche Spielentwicklung
Aufbau sicherer Beziehungen (Bindungen)
Zurechtfinden in der sozialen Welt mit anderen Kindern und Erwachsenen
Streben nach Autonomie und Kontrolle
Entwicklung der Selbstregulation (z. B. Schlaf, Hunger)

Entwicklungsaufgaben von Kindern in den ersten Lebensjahren

Zu Beginn stehen die **Bedürfnisse** nach Pflege und Betreuung, verlässlicher und einfühlsamer Beziehung, Sicherheit, Autonomie und Regulation in unmittelbarem Zusammenhang mit den frühen Bildungsprozessen von Kleinstkindern. Ziel ist es, die Lebensbedingungen des Kindes so zu gestalten, dass es sein ganzes Potenzial an Fähigkeiten entfalten kann, um forschend die Welt zu erobern (Bildungsprozesse/Selbstbildung).

2.3.2 Entwicklungstabelle von Kuno Beller

In der Fachliteratur gibt es unterschiedliche Entwicklungstabellen. Die Entwicklungstabelle von Dr. E. Kuno Beller soll hier als sehr praxisorientiertes Instrumentarium in Ausschnitten vorgestellt werden. Sie ist für die Beobachtung und Entwicklungseinschätzung von Kindern bis ca. vier Jahren ausgelegt. Die Tabelle wurde bereits in den 1980er-Jahren von Kuno Beller entwickelt und wird seitdem in vielen Einrichtungen besonders bei Kindern unter drei Jahren genutzt.

Ihr Einsatz ist relativ **zeitaufwendig.** Die Einschätzung der Entwicklung eines Kindes basiert auf Beobachtungen der pädagogischen Fachkraft in natürlichen Alltagssituationen und in seiner vertrauten Umgebung. Die Ergebnisse sind dafür aber sehr **aussagekräftig** und eignen sich als Ausgangspunkt individueller pädagogischer Angebote. Die bisher erworbenen Kompetenzen, die aktuellen Interessen und Entwicklungsthemen des Kindes werden deutlich und lassen sich leicht in pädagogische Angebote „übersetzen", die das Kind seinem Entwicklungsstand und damit seinen Bedürfnissen und Interessen entsprechend fördern.

Mithilfe der Tabelle kann das Kind in acht verschiedenen Entwicklungsbereichen von der Geburt bis zum 72. Monat eingeschätzt werden (z. B. Sprache, sozial-emotionale Entwicklung, Körperpflege, Kognition). Diese Bereiche sind in zwölf Phasen eingeteilt. In jedem dieser Bereiche werden Entwicklungsverläufe, Veränderungen und Fortschritte in alltäglichen Verhaltensweisen des Kindes ganz konkret und anschaulich dargestellt und durch Beispiele erläutert.

**Beispiel Entwicklungsbereich
Sozial-emotionale Entwicklung Phase 5
(Ca. 12–18 Monate)**

1. Imitiert Erwachsene.
   Bsp.: Klatscht in die Hände, stützt die Ellenbogen auf den Tisch, wischt das Gesicht mit dem Taschentuch.
2. Drückt Zuneigung, Ärger, Eifersucht klar und direkt aus.
   Bsp.: Umarmt liebevoll, lächelt, bietet Spielzeug an; drückt Ärger durch Weinen und offene

---

Aggression aus; wird eifersüchtig, wenn Eltern oder Betreuer einem anderen Kind Aufmerksamkeit schenken.

3. Begrüßt bekannte Personen.
   Bsp.: Nähert sich ihnen mit offenen Armen, sagt „Mama" oder den Namen der Person.
4. Drückt Mitleid und andere Gefühle für andere Kinder aus.
   Bsp.: Umarmt, schaut betroffen und besorgt, wenn ein anderes Kind weint; versucht zu helfen, bringt weinendem Kind ein Spielzeug.
5. Gehorcht schwierigen Aufforderungen.
   Bsp.: „Bring mir das.", „Schmeiß das weg.", „Warte!", „Zeig deinen ..." (jeden Körperteil).
6. Sagt, was es möchte, drückt seine Bedürfnisse sprachlich aus.
   Bsp.: „Keks", „mehr", „bitte".
7. Zeigt Zeichen von Selbstbild.
   Bsp.: Reagiert auf seinen Namen, zeigt auf Teile seines Körpers und seiner Kleidung.

K. Beller, Entwicklungstabelle, Berlin 5. Aufl., 2005, S. 19.

Die Entwicklungstabelle hilft Fachkräften, einen positiven Blick auf das Kind zu haben. In dieser Tabelle steht immer das einzelne Kind im Vordergrund, ohne das Ziel, das Kind mit anderen Kindern bzw. der Entwicklungsnorm zu vergleichen.

Die Entwicklungstabelle kann:
→ als Nachschlagewerk kindlicher Entwicklung dienen,
→ den Blick für Beobachtungskriterien „schärfen" und Fachkräfte sensibel machen für Entwicklungsschritte junger Kinder,
→ für einzelne Entwicklungsbereiche genutzt werden,
→ zur Erstellung eines Entwicklungsprofils genutzt werden,
→ als Grundlage zur Planung von Bildungsangeboten etc. verwendet werden,
→ für Elterngespräche hilfreich sein (die Ergebnisse),
→ als Formulierungshilfe für Bildungsdokumentationen dienen.

2.3.3   Biologisch-physiologische Signale junger Kinder

Um den Tagesablauf individuell und an den Bedürfnissen der Kinder zu orientieren, müssen Fachkräfte die Signale der Kinder wahrnehmen und deuten können.

Bewusstseinszustände des Säuglings

1. Der ruhige Tiefschlaf: Das Kind schläft tief und fest, die Augen sind dabei fest geschlossen und bewegen sich nicht. Es werden keine oder nur geringe motorische Aktivitäten beobachtet. Das Kind scheint totale Entspannung zu erleben. Es ist ein gleichmäßiger Atemrhythmus und ruhiger Herzschlag zu erkennen.

Der ruhige Tiefschlaf

2. Traumphasenschlaf: Die Augen sind zwar geschlossen, bewegen sich jedoch gelegentlich. Die motorische Aktivität reicht von kleinen Zuckungen bis zu Drehungen des Körpers und Ausstrecken der Gliedmaßen. Das Gesicht bewegt sich gelegentlich, u. a. durch Stirnrunzeln, Lächeln („Engelslächeln"), Kau- und Saugbewegungen, manchmal auch durch stimmhaftes Lachen, gelegentliches Meckern und Unruhe. Ein unregelmäßiger Atem ist zu beobachten. Für Geräusche von außen ist es jetzt empfänglich und es könnte davon aufwachen.

3. Aufwachend/verträumt bzw. einschlafend: Die beiden Übergänge vom und zum Schlafen können sehr unterschiedlich aussehen. Beim Aufwachen werden z. B. die Augen abwechselnd geöffnet und geschlossen, mitunter sind sie auch halb geöffnet. Das Kind ist geistig abwesend und völlig ruhig. Das Einschlafen hingegen kann mit Weinen einhergehen, weil sich das Kind vielleicht vor dem Schwinden der Sinne fürchtet. Es kann aber auch friedlich „in den Schlaf sinken". Häufig sind leichte Be-

wegungen (Lächeln, Stirnrunzeln, Lippenspitzen) zu beobachten. Die Augen sind teilnahmslos, die Lider schwer, Augen können nicht gehalten werden.

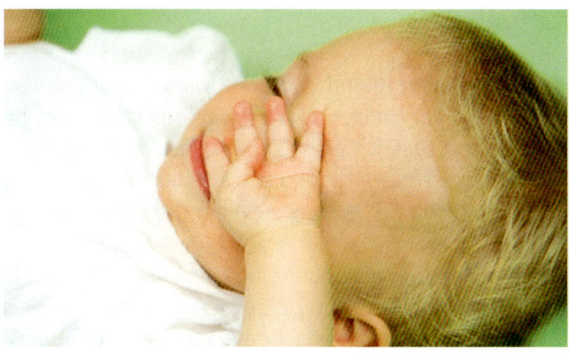

Aufwachend/verträumt

4. Ruhig/aufmerksam: Körper und Gesicht zeigen wenig Aktivität, das Gesicht ist entspannt, die Augen geöffnet, der Blick klar. Das Kind beobachtet, ist interessiert, aufnahmebereit und am Geschehen beteiligt. Es konzentriert sich auf Sehen und Hören, macht keine körperliche Bewegung, bis hin zur körperlichen Starre.

5. Wach/erzählend: Das Kind teilt sich mit, bewegt Arme und/oder Beine und ist vergnügt. Vielleicht brabbelt es vor sich hin oder schaut sich die Bewegung seiner Hände oder Füße an. Das Kind kann seine Aufmerksamkeit nach innen oder außen richten. Vielleicht erzählt es eine „Geschichte" – meist kurz vorm Essen oder bei Aufregung (lautieren). Die Augen wandern, Fixieren fällt schwer oder findet gar nicht statt. Rhythmische Bewegungsfolgen sind zu beobachten (auch recht heftig). Signalwirkung auf Eltern mit dem Ziel, die Interaktion zwischen Eltern und Kind zu verstärken.

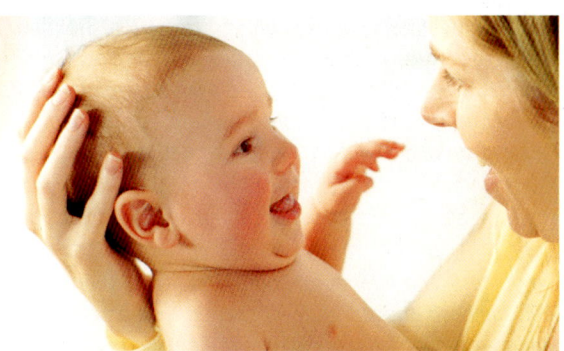

Wach/erzählend

6. Unruhig, ein Bedürfnis anmeldend: Das Kind ist quengelig, wimmert und teilt mit, dass es ein Bedürfnis hat. In diesem Zustand kann man viel über das Kind erfahren. Wenn die Betreuungsperson das Bedürfnis erkennt und befriedigt, wechselt das Kind wieder in einen zufriedeneren Zustand (das Kind kann den Zustand aber auch selbst regulieren).

7. Weinend/schreiend: Das Kind weint entweder, weil es Schmerzen, Hunger oder ein Bedürfnis hat („ich will nicht alleine sein, ich bin müde, ich friere"). Vielleicht ist es auch überstimuliert und braucht eine Pause. Es zeigt oft zahlreiche Körperbewegungen und das Weinen hält an. Elementares Signal der ersten Monate ist das Schreien. Es scheint, als wisse das Kind z. B., dass Schreien das beste Mittel zur Kommunikation ist. Es funktioniert über größere Entfernungen und erregt schnell die Aufmerksamkeit der Erwachsenen. *(In Anlehnung an König 2007)*

Bezugspersonen reagieren einfühlsam auf den Säugling, wenn sie die kindlichen Signale

→ wahrnehmen,

→ richtig interpretieren,

→ prompt und

→ angemessen darauf reagieren.

Kindliche Signale sind für die individuelle Tagesgestaltung sehr wichtig. Sie kehren immer wieder im Laufe eines Tages. Je jünger das Kind ist, desto kürzer sind die Wachphasen (Punkt 4 und 5). Diese beiden Phasen bieten sich z. B. an, um jungen Kindern Spielanregungen zu geben oder einen Dialog zu führen.

2.4   Tagesgestaltung

2.4.1   Wünsche eines Kindes im ersten Lebensjahr

So könnte mein Morgen beginnen (Mona, 14 Monate):
Ich freue mich sehr, wenn du mich jeden Morgen begrüßt. Du wirst bald wissen, ob es ein Ritual gibt, was mir hilft, mich von meinen Eltern zu lösen. Winkst du mit mir meinen Eltern am Fenster? Danke, dass du daran denkst und schon auf mich wartest. Von meinen Eltern kannst du jeden Morgen erfahren, wie mein bisheriger Tag verlaufen ist, ob ich gut geschlafen habe und so weiter. Gib mir die Chance, in Ruhe in den Tag zu starten. Drängle mich bitte nicht. Ich weiß in der Regel ,mit wem ich was spielen möchte oder ob ich mich erst einmal zurückziehe. Ungeduldige Vorschläge und Angebote irritieren mich eher. Setze dich doch einfach zu mir und beobachte mich. Du wirst sehen, dass ich dich dann bald verlasse und auf Entdeckungstour gehe. Aber bleib in meiner Nähe. Ein kleiner Spaziergang an deiner Hand oder auf deinem Arm könnte den Start in den Tag auch erleichtern. Wir schauen zusammen, was die anderen Kinder machen, alle begrüßen mich und ich kann alle beobachten.

Das möchte ich alles in der Gruppe erleben:
Ich möchte essen, wenn ich Hunger habe, und trinken wenn ich Durst habe. Zu lange Wartezeiten verstehe ich noch nicht. Ich möchte schlafen können oder mich zurückziehen, wenn mir danach ist. Vielleicht brauche ich dabei deine Unterstützung. Ich bewege mich gerne. Hast du dafür Platz? Ungestört von anderen möchte ich mich einer Sache zuwenden können. Gibst du mir Zeit und Raum dafür? Viele Unterbrechungen und Veränderungen mag ich nicht. Ich möchte mit Gleichaltrigen spielen und von älteren Kindern lernen. Auch du bist ein großes Vorbild für mich. Ich brauche dich in meiner Nähe, wenn ich unsicher bin. Du gibst mir Halt. Ich glaube, es gibt wirklich viel zu tun an einem Tag bei dir in der Gruppe.

2.4.2   Plädoyer für Langsamkeit und Zeit

Alles braucht seine Zeit: erkennen, begreifen, verstehen. Kinder sind neu in dieser Welt, sind neugierig. Sie wollen verstehen: genau betrachten, immer wieder sehen, vertraut werden, zuhören, Unterschiede wahrnehmen usw. Sie wollen begreifen: anfassen, fühlen, schmecken, riechen. Wirklich verstehen können Kinder nur das, was sie auch erleben. Erleben ist Gegenwart, gelebte Zeit: atmen, fühlen, hören, sehen, riechen, schmecken usw. Erleben braucht Zeit, genügend Zeit, sonst verkümmert es.

Kinder können sich einer Sache ganz hingeben, können aus wenigen Dingen tausend Spiele erfinden, wollen die gleiche Geschichte wieder und wieder, ohne dass es ihnen langweilig wird, wenn
→ wir ihnen nicht durch tausend gut gemeinte „Anregungen" die Zeit dafür stehlen,
→ wir sie nicht mit einer ständigen „Animation" zum Konsumieren zwingen,
→ wir ihre Sinne nicht durch viele Reize betäuben.

Kinder können sich konzentrieren und entfalten, wenn
→ wir ihnen die Zeit zum eigenen Erfahren lassen,
→ wir sie nicht zu früh mit unseren Erklärungen im eigenen Erkennen stören.

Kinder lernen viel und intensiv,
→ nicht durch die Fülle von Spielangeboten, sondern durch die Fülle ihrer eigenen Erfahrungen, die sie dort machen, wo sie sich einer Sache hingeben können.

2.4.3   Planung der Tagesgestaltung

In Tageseinrichtungen für Kinder ist es wichtig, sich bewusst zu sein, dass insbesondere jüngere Kinder an jedem Tag in der Einrichtung das Gefühl von Sicherheit und Orientierung brauchen, um sich positiv entwickeln zu können *(vgl. Tietze, Viernickel 2007, S. 52 f.)*.

Die Fachkräfte tauschen sich bei der Planung, Strukturierung und Gestaltung der pädagogischen Arbeit aus und stimmen ihr Handeln und ihre Vorstellungen auf dem Hintergrund ihrer Beobachtungen und der aktuellen wissenschaftlichen Erkenntnisse ab. Entwickelt ein Team für möglichst viele Aspekte des pädagogischen Alltags eine gemeinsame Vorstellung, ermöglicht dies den Kindern, sich in der gesamten Einrichtung gut bewegen zu können.

Die Gestaltung eines Tages, einer Woche bis hin zur langfristigen Jahresplanung erfordert von den Fachkräften, ihre Ideen unter Berücksichtigung einer Vielfalt von unterschiedlichen Bedürfnissen der Kinder in einen zeitlichen Ablauf zu bringen und dabei in hohem Maß flexibel zu sein. Viele Elemente der **Tagesgestaltung** kehren täglich wieder. Die Dauer und Reihenfolge variieren allerdings:
→ Begrüßung und Verabschiedung
→ Routinen, wie z. B. Mahlzeiten, Körperpflege
→ Ruhephasen
→ freies Spiels (auch im Außengelände)
→ Bildungsangebote
→ Einzelförderung
→ Exkursionen
→ bestimmte Rituale

Wiederkehrende Situationen und Routinen gestalten einen strukturierten Tagesablauf insbesondere für Kleinstkinder und jüngere Kinder vorhersehbar und bieten ihnen **Orientierung** und **Sicherheit.** Sie helfen Kindern, ein Zeitgefühl zu entwickeln, für sich selbst vorausschauend zu planen und für Aktivitäten, Routinen und Übergänge ihr individuelles Tempo zu finden.

Die Größe der Kindergruppe, die bestehenden Regeln, die Raumgestaltung, die Möbel- und die Materialauswahl sowie die Fachkräfte unterstützen diese Orientierung und Sicherheit durch **Überschaubarkeit** und bilden den Rahmen für kindliche Aktivitäten. Ein Personen- oder Raumwechsel, zu viel Materialangebote, unüberschaubare Möbel, eine zu große Gruppe, ständiges Umräumen können junge Kinder vorübergehend verunsichern.

Wenn junge Kinder die Einrichtung besuchen, orientieren sich die Fachkräfte bei der Gestaltung des Tages „am individuellen Rhythmus des Kindes und an den Ritualen und Gewohnheiten in der Familie. Um zu gewährleisten, dass Routinen (z. B. Füttern) zu unterschiedlichen Zeiten und unmittelbar stattfinden können, bedarf es genauer Absprachen im Team." *(Tietze, Viernickel 2007, S. 52)*. Bei der Planung von betrieblichen Abläufen, Arbeitszeiten und Diensten der einzelnen Fachkräfte muss immer berücksichtigt werden, dass besonders Kleinstkinder häufig in der Eingewöhnungsphase sehr abhängig von der jeweiligen Bezugsperson in der Gruppe sind.

Bei jüngeren Kindern hat der individuelle **Tagesrhythmus** Vorrang vor dem Gruppenrhythmus. Es geht nicht darum, möglichst schnell die Gruppe und die Bedürfnisse des Einzelnen zeitlich aufeinander abzustimmen. Fachkräfte strukturieren den Tagesablauf so, dass sie sich jedem Kleinst- und jüngeren Kind intensiv zuwenden können. Einen bestimmten Tagesablauf zu festen Zeiten zu erzwingen, kann heißen, dass das Kind daran gehindert wird, seinen eigenen Rhythmus zu finden. Den braucht es aber im Rahmen des **Selbstregulationsprozesses.** Die individuellen Bedürfnisse des Kindes bestimmen die Reihenfolge und Dauer der einzelnen Tagesabschnitte. Die Dauer einzelner Tagesabschnitte kann sich auch kurzfristig ändern (Veränderung der Wach- und Schlafphasen, Ernährungsumstellung von der Flasche zur Beikost usw.). Aus diesem Grund muss ausreichend Zeit für Übergänge von einer Phase in die nächste eingeplant werden.

Natürlich bietet ein Tag auch Spielräume für **spontane Veränderungen,** die sich aus aktuellen Ereignissen und Bedürfnissen ergeben. Auf Grundlage der Beobachtung und im Dialog mit den Kindern werden die langfristige Planung (Feste, Projekte, Exkursionen usw.) als auch die Tagesgestaltung immer wieder angepasst. Die Fachkräfte müssen bei der Tagesgestaltung außerdem darauf achten, dass sie

→ eine Ausgewogenheit zwischen abwechslungsreichen Aktivitätsphasen und Ruhe- und Entspannungsphasen herstellen,
→ immer wieder neu entscheiden, in welchem Rah-

men sich die Kinder frei entscheiden können, d. h. wie viel Freiraum angemessen ist.

Flexible Alltagsabläufe bieten jungen Kindern die Möglichkeit, ihren Interessen und Bedürfnissen nachzugehen. Es kommt seltener zu Frustrationen durch Unterbrechung einer Handlung. Dabei beachten die Fachkräfte die individuell verschiedenen Formen der Kontaktaufnahme und Kommunikation und signalisieren ihre Dialog- und Kommunikationsbereitschaft.

Routinen wie **Essen, Schlafen** oder **Wickeln** ermöglichen den Fachkräften eine besondere und ungeteilte Form der Zuwendung. Aber auch geplante Bildungsangebote mit Einzelnen oder einer Kleingruppe können intensivere Zuwendung bieten. Bildungsangebote sollten sich immer an der Neugierde des Kindes und seiner Entscheidung dafür oder dagegen orientieren.

Mit der Zeit erfahren jüngere Kinder, dass sich ihre eigenen Bedürfnisse und Interessen in Einklang bringen lassen mit Interessen und Bedürfnissen der Gruppe. Sobald sich jüngere Kinder am Gruppenrhythmus orientieren, werden sie aktiv an der Planung der Tagesgestaltung für die Gesamtgruppe beteiligt. Fachkräfte müssen darauf achten, dass Kleinst- und jüngere Kinder gemeinsame Gruppenaktivitäten verkraften, insbesondere wenn noch ältere Kinder zur Gruppe gehören.

Auch Kleinstkinder und jüngere Kinder können sich bereits am Alltagsgeschehen der Gruppe beteiligen. Sie sind anwesend, beobachten und sind aufmerksam bei dem, was ältere Kinder und Erwachsene tun. Die Fachkräfte müssen bei jungen Kindern darauf achten, dass diese bei Aktionen mit der Gesamtgruppe nicht überfordert werden. Kleinstkinder und jüngere Kinder zeigen ihre Bedürfnisse durch Gestik, Mimik, Körperspannung, bedeutungstragende Laute und erste Worte und gestalten dadurch im individuellen Dialog mit Kindern und Erwachsenen ihren eigenen Tagesrhythmus.

Je jünger die Kinder sind, desto größer sind ihr Anspruch und ihr Recht auf eine höchst individuelle Berücksichtigung ihrer Bedürfnisse. Gerade Säuglinge und jüngere Kinder benötigen häufig in unbekannten neuen Situationen Zeit, um zu beobachten. Fachkräfte, die ihnen diese Zeit, Ruhe und Sicherheit geben und sie nicht drängen „aktiv zu werden", schaffen eine Basis für neugieriges Spielverhalten.

Mit der Zeit wollen Kleinstkinder und jüngere Kinder aktiv werden, mitmachen, mitbestimmen, „selber machen". Sie brauchen im Laufe des Tages Möglichkeiten, Entscheidungen zu treffen, die sie überblicken können (z. B. zwei Alternativen beim Brotbelag: Wurst oder Käse; Wo wird die Schlafmatratze heute hingelegt? Usw.).

Wurst oder Käse?

Wo und wie werden in Einrichtungen die individuellen Wünsche, Bedürfnisse und Interessen der ganz jungen Kinder berücksichtigt, akzeptiert und begrüßt?

> Ein Säugling dreht beim Füttern immer wieder den Kopf weg und presst die Lippen zusammen.
> Ein junges Kind möchte nur von einer bestimmten Bezugsperson gewickelt werden. Ein 18 Monate altes Kind möchte sich selber Essen auftun.
> **Wie reagieren Sie?**

Jüngere Kinder wollen die Welt der Älteren kennenlernen. Spielsachen sind eher unwichtig. In den Vordergrund tritt das Interesse für Telefone, Kochtöpfe, Wäschekörbe, Blumen gießen, spülen, fegen usw.

Schon die einfachsten **Interaktionen** mit Erwachsenen – Windeln wechseln, Gang zur Nachbargruppe, eine Einschlafgeschichte – hinterlassen Spuren. Kinder lernen Wörter und Gefühle, den Umgang mit anderen, Einzelheiten wahrzunehmen, sich an Ereignisse zu erinnern und Probleme zu lösen. Diese individuell gestalteten Kommunikations- und Alltagssituationen im Tagesablauf gilt es zu erkennen und organisatorisch und didaktisch-methodisch auszubauen. Vor allem Körperpflege, gemeinsame Mahlzeiten, Schlaf- und Ruhephasen sowie Freispielphasen ermöglichen neue unmittelbare Erfahrungs- und Bildungsräume.

2.5   Beziehungsorientierte Pflege

In der pädagogischen und beziehungsorientierten Pflege geht es nicht vorrangig um die Pflegehandlung und notwendigen Versorgungsleistungen, sondern vielmehr um die Gestaltung der Beziehung währenddessen. Pflege ist mehr als nur Pflege. Die durch großes Einfühlungsvermögen gestalteten individuellen pflegerischen Tätigkeiten haben einen hohen Stellenwert für die Beziehungserfahrungen des Kindes und vermitteln wohltuende positive prägende Basiserfahrungen.

Das Befinden jedes einzelnen Kindes steht dabei im Vordergrund der jeweiligen Pflegehandlung und Versorgungsleistung. Je jünger die Kinder sind, desto größer ist der pflegerische Anteil der Arbeit in Krippen und altersgemischten Gruppen (wickeln, füttern, an- und ausziehen, baden, Zähne putzen usw.).

Darüber hinaus sollten alle pflegerischen Tätigkeiten die Basis für pädagogische Bildungsprozesse sein. Gerade Alltagsroutinen bieten vielfältige Möglichkeiten, Lernanlässe zu initiieren (Tisch decken, Hände waschen lernen, Fingerspiele auf dem Wickeltisch, Fußmassage etc.).

Dabei ist es für das Fachpersonal wichtig, genug Zeit und angemessene räumliche Bedingungen für beziehungsorientierte Pflegehandlungen und Versorgungsleistungen einzuplanen. Fachkräfte dürfen in den oben genannten Bereichen nicht in zeitsparende Routine verfallen.

So braucht beispielsweise das Füttern eines Kleinstkindes in einer angenehmen Atmosphäre je nach Kind ca. 20 Minuten.

Teamabsprachen, das Einplanen von Zeitressourcen, das Ermöglichen von gruppenübergreifendem Arbeiten und Transparenz der Arbeit sind deshalb für das gesamte Team der Einrichtung von großer Bedeutung.

Das Kind darf auf gar keinen Fall bei pflegerischen Handlungen als Objekt gesehen und behandelt werden, z. B. hochnehmen oder hinlegen wie einen Gegenstand, ungeduldige Bewegungen, Temperaturunterschiede nicht berücksichtigen (etwa bei einer kalten Wickelunterlage oder kalten Händen der Fachkraft), oder mit der eigenen Aufmerksamkeit nicht beim Kind sein.

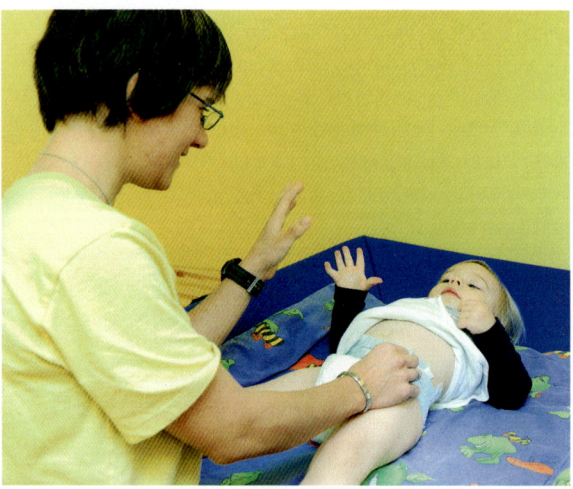

Beziehungsorientierte Pflege braucht Zeit

2.5.1 Mahlzeiten und Ernährung

Kleinstkinder werden nach ihrem individuellen Tagesrhythmus regelmäßig gefüttert. Der Ernährungsplan für das erste Lebensjahr kann je nach Kind sehr unterschiedlich aussehen. Jüngere Kinder erfahren individuelle Unterstützung, bis sie zunehmend selbstständig essen und trinken können. Die Selbstständigkeit und Selbstwirksamkeit nimmt zu. Selbstständigkeit sollte aber beim Essen nicht das einzige oder oberste Ziel sein, schon gar nicht aus Gründen möglicher Arbeitsentlastung. Wenn junge Kinder ein Hungergefühl verspüren, steht das primäre Bedürfnis vor dem Wunsch nach Selbstständigkeit. Fachkräfte können dann eine kleine Portion der Mahlzeit auftun und wenn der „erste Hunger gestillt ist" die Möglichkeit zur Selbsttätigkeit fördern. Wenn Kinder allein essen wollen, werden sie selbstverständlich in diesem Wunsch unterstützt. Wichtig ist, dass andere, unter Umständen gleichaltrige Kinder in diesem Bereich noch die ganz intensive Zuwendung und Unterstützung der Bezugsperson einfordern.

Einige wichtige Informationen über gesundheitsbewusste Ernährungserziehung sind für den Umgang mit sehr jungen Kindern wichtig:
→ Flaschennahrung und Breie frisch zubereiten,
→ gemeinsame Mahlzeiten in angenehmer Atmosphäre verbringen; bei Kleinstkindern bedeutet

das unter Umständen allein mit der Bezugsperson zu sein,
→ Fachkräfte haben Vorbildfunktion,
→ Mitbestimmung der Kinder bei der Essensauswahl ermöglichen, allerdings nicht durch zu viel Wahlfreiheit verwirren,
→ Kinder in die Essenszubereitung einbeziehen,
→ Kindern Zeit zum Essen lassen,
→ das Sättigungsgefühl der Säuglinge und Kleinkinder respektieren und nicht zum Aufessen überreden,
→ dem Wunsch nach selbstständigem Hantieren und Experimentieren mit Löffel, Gabel oder auch dem Essen nachkommen,
→ Essen (auch die Milchflasche) oder Süßigkeiten nicht als Trostpflaster und „Mundstopfer" einsetzen,
→ am Ende des ersten Lebensjahres immer mehr Nahrungsmittel anbieten, die das Kind greifen, löffeln oder mit der Gabel aufspießen kann. Kauen kräftigt Zähne und Mund- bzw. Gesichtsmuskulatur und begünstigt eine gute Sprachentwicklung. Mit kleinteiligen Essensstücken sollte man Kleinstkinder allerdings nie alleine lassen,
→ frühes Trinken aus dem offenen Becher oder Glas fördern.

2.5.2 Individualität am Beispiel der „Schläfertypen"

Ruhe- und Schlafphasen sollten sich an Alter und Entwicklungsstand der Kinder orientieren und individuelle Schlaf- und Ruhebedürfnisse von Kindern berücksichtigen. Durch folgende Beispielfragen für ein Erstgespräch mit Eltern sollten Informationen für den Bereich Ruhen und Schlafen eingeholt werden:

→ Gibt es regelmäßige Schlafzeiten?
→ Wo schläft es ein? Wie signalisiert es Müdigkeit?
→ In welcher Lage schläft es ein? Rückenlage, seitlich, rechte/linke Seite usw.?
→ Was braucht es zum Einschlafen? Schnuffeltuch, Stofftier, Schnuller, Streicheln, Lieder, Spieluhr?
→ Was zieht es zum Schlafen an? (Schlafanzug, Body, Schlafsack usw.)?
→ Wie wird es wach? Friedlich oder eher weinend?
→ Was braucht es beim Wachwerden? Ansprache, etwas Ruhe, will es hochgenommen werden, Körperkontakt usw.?

Weder Zeitpunkt noch Dauer des Schlafbedarfs sind gleich. Jedes Kind kommt auf seine Weise an seinem Ort zur Ruhe, allerdings liegt kaum ein Kind sofort still.

Auch außerhalb der festgelegten Phasen muss es **Rückzugs- und Erholungsmöglichkeiten** geben. Auch ohne müde zu sein, brauchen insbesondere Kleinstkinder und jüngere Kinder Erholungsphasen vom aufregenden Alltagsgeschehen. Die Rückzugsbereiche und Schlafräume sind dafür angenehm gestaltet.

Schlafrituale und Entspannungshilfen der Fachkräfte können die Kinder dabei unterstützen, in den Schlaf zu finden, und vermitteln Zuwendung und Geborgenheit. Während der Schlafphase ist eine Fachkraft anwesend oder in Hörweite. Dies ist besonders dann wichtig, wenn Kinder im Schlaf weinen oder beim Aufwachen schreien. Sie erfahren direkte Ansprache und Hilfe. Es gibt für Kinder, die nicht schlafen wollen, alternative Angebote. Die Fachkräfte beobachten die Kinder während des Tagesgeschehens und erkennen individuelle Ruhe- und Schlafbedürfnisse. Ausreichende Schlaf- und Entspannungsphasen sind eine wichtige Voraussetzung für die gesunde Entwicklung und Bildungsprozesse des Kindes.

Verschiedene, z. T. in einer Person kombinierte Schläfertypen (humorvoll dargestellt)
(nach Lill, Sporleder 2001, S. 190)

1. „Der **Schlafwuseler** dreht, rollt, wühlt sich hin und her, bis er die richtige, angenehme Schlafposition gefunden hat.

2. Der **Wusel(nicht)schläfer** macht Kopfstand auf der Matratze, schlägt Kobolz, stört die anderen beim Einschlafen, braucht ein Einzelzimmer ohne Zuschlag, turnt mit geschlossenen Augen, schläft irgendwann bei einem Kopfstand ein.

3. Der **raumgreifende Schläfer** braucht drei Matratzen, schläft grundsätzlich quer.

4. Der **Gewohnheitsschläfer** kommt nur zur Ruhe, wenn er den immer gleichen Schlafnachbarn antrifft und Matratze oder Bett exakt an derselben Stelle stehen.

5. Die Angst, etwas zu verpassen, führt zu permanentem, krampfhaftem Wachhalten, dies ist der Kandidat für den **Suppenschüsselschlaf.**

6. Der **Herdenschläfer** schläft nur, wenn alle anderen Schäfchen schlafen – egal wie müde er ist, er treibt daher die anderen in den Schlafstall.

7. Der **Klammeraffe** sucht den Hautkontakt zur Bezugsperson, zwingt Erwachsene zum bezahlten Mittagsschlaf.

8. Der völlig verpennte **Dauerschläfer** könnte jede Stunde „abgelegt" werden, er verpasst alles, ist aber glücklich.

9. Der **Sitzschläfer** reißt sofort die Augen auf, wenn er hingelegt wird, will einfach eben nur sitzen (und schlafen).

10. Der **Motorisierte** schläft nur (ein), wenn er herumgefahren wird (ob drinnen oder draußen).

11. Der **Musikfreund** braucht musikalische Untermalung zum Einschlafen – dabei sind die Vorlieben im Einzelfall sehr unterschiedlich ausgeprägt. (Manche scheinen Musik aber auch als Ruhestörung zu empfinden.)

12. Der **Schuckelschläfer** muss intensiv geschaukelt werden, während der Seekranke genau das nicht vertragen kann."

2.6 Bildungsprozesse junger Kinder gezielt begleiten

Pädagogische Prozesse werden durch die Gestaltung des Raumes und die Auswahl der zur Verfügung gestellten Materialien beeinflusst.

Kinder in den ersten Lebensjahren benötigen einen strukturierten, überschaubaren **Gruppenraum**. Bereiche zum Spiel in Kleingruppen, zum kreativen Gestalten und Rückzugsmöglichkeiten müssen neben Pflege- und Schlaf- bzw. Ruhebereichen vorhanden sein. Es ist wichtig, dass die Bezugsperson ständig Kontakt zu den Kleinstkindern aufnehmen kann, um alle Signale wahrnehmen zu können.

Raum, Mobiliar und Material müssen den aktuellen **Sicherheitsvorschriften** entsprechen. Fußböden sollten mithilfe unterschiedlicher Oberflächenstrukturen gestaltet werden, z. B. mit Teppichboden oder Linoleum.

In altersgemischten Gruppen scheint es außerdem sinnvoll, **abgetrennte Spielbereiche** für bestimmte Altersgruppen anzubieten, damit ältere und jüngere Kinder auch ungestört voneinander spielen können.

Auch jüngere Kinder sollten **freien Zugriff** auf Materialien im Freispiel haben. Idealerweise werden sie sichtbar für jüngere Kinder aufbewahrt.

Materialbeispiele:
→ erste Bilderbücher
→ Spielzeug zum Liebhaben (Kuscheltiere, Puppen)
→ Mobiles
→ Materialien zur Sinneswahrnehmung
→ Haushaltsgegenstände
→ Alltagsmaterialien
→ Bälle, Ringe
→ Spiegel
→ Rollenspielmaterial
→ Bausteine

Die Auswahl des Materials und die Planung einzelner Aktivitäten hängen von den Beobachtungen der Fachkräfte und damit von der kindlichen Entwicklung ab. Die pädagogischen Fachkräfte bieten Säuglingen und Kleinkindern aus den unterschiedlichen Bildungsbereichen Aktivitäten an.

Einige Beispiele:
→ Lieder, Fingerspiele, Kniereiter usw.
→ erste Bilderbuchbetrachtungen
→ Bewegungslandschaften
→ Experimente mit Wasser, Sand usw.
→ Buden bauen aus Tüchern und Kartons
→ „Spuren hinterlassen" mit Fingerfarbe, Ton usw.
→ Streichel- und Massagespiele

Die Planung ist abhängig von den Beobachtungen über Entwicklungs- und Bildungsprozesse und Interessen und Bedürfnisse der Kinder. Die Teilnahme der Kinder ist immer freiwillig.

Gerade Kinder in den ersten Lebensjahren sind wissbegierig und neugierig. Wichtig ist es, dass die Signale des Kindes richtig gedeutet werden: „Ich bin wach, interessiert, neugierig und möchte mit dir zusammen etwas erleben." Manchmal brauchen Kinder aber auch Zeit, bestimmte Bildungsangebote zuerst einmal aus sicherer Distanz zu beobachten, und kommen später hinzu. Die Dauer und die Inhalte sind abhängig von dem Entwicklungsstand des Kindes. Die Anregungen der pädagogischen Fachkräfte müssen sich in das augenblickliche Gruppengeschehen einordnen und dürfen Kinder nicht in ihren Tätigkeiten stören.

Die **Planungsaspekte** für Bildungsangebote mit jungen Kindern nennen wichtige Erkenntnisse im Hinblick auf die Begleitung individueller geplanter Bildungsprozesse.

Bildungsprozesse planen

Planungsaspekte für Bildungsangebote mit jungen Kindern (aus Sicht des Kindes):

→ Achte auf meinen Wachheitsgrad und meine momentane Situation. Ich sollte ausgeschlafen und satt sein.

→ Schaffe eine angenehme Atmosphäre und Raumtemperatur.

→ Berücksichtige Trage- und Haltetechniken.

→ Biete mir bitte viel Bewegungsfreiheit (z. B. eine Matte, ausziehen bis auf den Body).

→ Begib dich bitte auf meine Augenhöhe.

→ Sprich beim Spiel mit mir. Orientiere Mimik, Gestik und Sprechweise an meinem Alter. Begleite dein Handeln und meines sprachlich.

→ Schau mich an! Berühre mich! Sei ganz aufmerksam und schenke mir deine Zuwendung!

→ Ruhephasen gehören auch zu einer gemeinsamen Spielzeit.

→ Baue Wiederholungen oder Variationen ein.

→ Versuche je nach Spielanregung und Material meine beiden Körperhälften anzuregen.

→ Beobachte meine Signale während der Spielphase (z. B. Veränderung des Bewusstseinszustands, Wegdrehen des Kopfes). Ich zeige dir, ob du einfühlsam und adäquat auf meine Signale reagierst. Verändere unter Umständen dein Vorhaben.

→ Schaffe einen einfühlsamen Übergang von der Spielzeit zurück in das Gruppengeschehen.

↗ FAZIT

→ Das Kind braucht in seinen ersten Lebensjahren **Bezugspersonen,** die feinfühlig und angemessen auf seine Signale eingehen.

→ Positive **Bindungserfahrungen** schaffen Vertrauen und verstärken das Explorationsverhalten von jungen Kindern.

→ Erst wenn bestimmte Kriterien berücksichtigt und verbessert werden, spricht nach neuesten Erkenntnissen der Säuglings- und Bindungsforschung nichts gegen eine frühe außerfamiliäre Betreuung des Kindes. Es handelt sich dabei um Aspekte der **pädagogischen Orientierung** und der **Prozess- und Strukturqualität.**

→ Kinder brauchen **entwicklungsfördernde Rahmenbedingungen,** um ihr Entwicklungspotenzial entfalten zu können. Die **Grundbedürfnisse** nach Nahrung, Schlaf, Regulation, die angemessene Nähe vertrauter Personen und deren Zuwendung und Kommunikationsbereitschaft schaffen positive Rahmenbedingungen. Geborgenheit und Sicherheit des Umfelds schaffen das „Basislager" für die kindliche Expedition. Körperliches und psychisches Wohlergehen sind wesentliche Voraussetzungen für die positive Entwicklung.

→ „Werden frühe Entwicklung und frühes Lernen als aktive, ganzheitliche, komplexe und stark motorisch gebundene Prozesse verstanden, ist die isolierte, einseitige Förderung einzelner Entwicklungsfunktionen wenig sinnvoll. Wichtig ist dagegen die bewusste Bereitstellung von Erfahrungsmöglichkeiten, die alle Sinne ansprechen: Räume sollten so gestaltet sein, dass dem Bewegungs- und Handlungsdrang der Kleinkinder entsprochen werden kann, die sprachliche Begleitung von Aktivitäten sowie ein emotional zugewandter, achtungsvoller Umgang mit den Kindern, der häufigen Körperkontakt einschließt, sollte in allen Alltagssituationen anzutreffen sein." *(Viernickel, Völkel 2009, S. 123)*

→·← AUFGABEN UND ANREGUNGEN

1 Die Lehrkraft stellt einzelne Aussagen/Fragen im Plenum vor und bittet Sie, dazu Stellung zu nehmen. Sie stellen sich zu einzelnen Aussagen auf eine Seite des Raumes (stimme zu/stimme nicht zu). Beispiele: Ich war selber früher als Kind in einer Gruppe für Kinder unter drei Jahren oder bei einer Tagesmutter.
Ich habe schon als Babysitter gearbeitet.
Ich habe eigene Kinder.
Als Elternteil würde ich mein Kind in den ersten drei Jahren nicht in eine Institution geben.

2 Teilen Sie die Klasse in zwei Gruppen. Eine Gruppe sammelt Argumente, die für eine frühe außerfamiliäre Betreuung in der frühen Kindheit sprechen (Literatur- und Internetrecherche). Die andere Gruppe sammelt Gegenargumente. Begeben Sie sich in der Klasse in eine Pro-/Kontra-Diskussion. Werten Sie die inszenierte Diskussion aus. Welche Fragen bleiben ungeklärt? An welcher Stelle benötigen Sie noch mehr Informationen?

3 Erstellen Sie ein Schaubild. Welche Fachkenntnisse benötigt eine Fachkraft, wenn sie mit Kindern unter drei Jahren arbeitet?

4 Schildern Sie aus Sicht eines Kindes eine „Traumfachkraft für Kinder unter drei Jahren": „Ich wünsche mir eine Erzieherin, die ....“

5 Erstellen Sie einen Teamvortrag zum Thema „Bildungs- und Lernerfahrungen junger Kinder in heterogenen und homogenen Gruppen".

6 Gehen Sie in Ihrer Einrichtung auf Spurensuche. Wo finden Sie anregende Räumlichkeiten und Materialien für Kinder unter drei? Begeben Sie sich auch auf die Augenhöhe der jungen Kinder (z.B. mithilfe einer Rollbrettfahrt durch die Einrichtung). Sehen Sie Gefahrenquellen? Zeichnen Sie im Anschluss in der Klasse in einer Kleingruppe eine Traumeinrichtung für Kinder in den ersten drei Lebensjahren.

7 Pflegesituationen sind im weitesten Sinne auch Lernsituationen. Schildern Sie Ideen für ganzheitliche Lernanlässe und Bildungsprozesse in den Bereichen Ruhen und Schlafen, Mahlzeiten und Ernährung und Körperpflege. Berücksichtigen Sie Formen kindlichen Lernens.

8 Erstellen Sie in Ihrer Klasse eine Ideenbörse für weitere Bildungsbereiche (Musik, Sprache usw.). Beispiel: Lieder/Fingerspiele/Reim, Spielmaterial, Bilderbücher in den ersten Lebensjahren.

9 Lesen Sie sich das Einstiegs-Szenario noch einmal durch. Welche Bildungsprozesse finden in einzelnen Szenen statt? Was könnten, aufbauend auf den Erfahrungen der Kinder, die nächsten neuen Herausforderungen sein?

10 Beobachten Sie ein Kind unter drei Jahren. Notieren Sie die Interessen, Spielthemen, Entwicklungsschritte dieses Kindes und planen Sie pädagogische Impulse oder Projektideen. Setzen Sie diese Ideen nach Absprache mit der Praxisanleitung in der Einrichtung um. Reflektieren Sie Ihre Erfahrungen.

11 Schreiben Sie aus der Sicht eines sechs Monate alten Säuglings einen Brief an seine Eltern und an die pädagogische Fachkraft im Hinblick auf die anstehende Eingewöhnungsphase.

12 Überlegen Sie in Einzelarbeit, was Ihnen in fremden/neuen Situationen hilft. Tauschen Sie sich mit einem Partner darüber aus. Übertragen Sie Ihre Erfahrungen auf die der jungen Kinder in der Eingewöhnungsphase. Wodurch können Sie jungen Kindern in der Eingewöhnungsphase helfen? Entwickeln Sie zu zweit ein Eingewöhnungskonzept für eine Einrichtung.

13 Entwickeln Sie für ein Kind unter drei Jahren und ein älteres Kind ein Bildungsangebot, in dem das ältere Kind sein „Expertenwissen" weitergeben kann.

TIPPS ZUM WEITERLESEN →→

→ Bildungsräume für Kinder von Null bis Drei
Angelika von der Beek, Verlag das Netz, Berlin 2006

→ Entwicklungstabelle
Kuno Beller, Freie Universität Berlin, 5. Aufl. 2005

→ Wach, neugierig und klug. Kinder unter 3. Ein Medienpaket für Kitas, Tagespflege und Spielgruppen.
Bertelsmann Stiftung (Hrsg.), Gütersloh 2006

→ Praxisbuch Krippenarbeit.
Antja Bostelmann, Verlag an der Ruhr, Mülheim 2008

→ Kinder unter drei – Bildung, Erziehung und Betreuung von Kleinstkindern
Kindergarten heute spezial 2006

→ Kinder unter 3 aufnehmen. Alles was Leiterinnen wissen und tun müssen
Herder Leitungsheft kompakt, 2009

→ Kinder unter drei – ihre Entwicklung verstehen und begleiten
Kindergarten heute kompakt, 2010

→ 0–3 Jahre. Entwicklungspsychologische Grundlagen.
H. Kasten, Beltz, Weinheim 2005

→ Ohne Eltern geht es nicht. Die Eingewöhnung von Kindern in Krippen und Tagespflege
Hans-Joachim Laewen, Beate Andres, Hédervári, Cornelsen, Berlin 2007

→ Von Abflugrampe bis Zwischenlandung. Qualitätslexikon für Krippenprofis
Gerlinde Lill, Waltraud Sporleder, Luchterhand, Neuwied 2000

→ Babyjahre. Entwicklung und Erziehung in den ersten vier Jahren.
Remo H. Largo, Piper, München 2010

→ Kleinstkinder in Kita und Tagespflege.
Zeitschrift für die Arbeit mit Kindern unter 3. Herder, Freiburg

Filme

→ „Ein Leben beginnt …"
www.liga-kind.de

→ „Im Frühlicht"
Donata Elschenbroich

→ „KITas kleinkindgerecht bauen und ausstatten"
www.paedagogikfilme.de

→ „Krippenkinder"
www.liga-kind.de

→ „Nähe zulassen"
unter www.naehe-zulassen.de

→ „Schlüsselsituationen im Krippenbereich"
www.kitas-hamburg.de

Internet

→ www.bzga.de

→ www.dge.de (Deutsche Gesellschaft für Ernährung)

→ www.kindersicherheit.de

→ www.lalechliga.de

→ www.liga-kind.de

→ www.pekip.de

→ www.pikler.de

3 Kinder im Schulalter

3.1 Vorschulkinder und Schulfähigkeit

Ihre Klasse steckt gerade mitten im zweiten, größeren Blockpraktikum, um den Umgang mit Schulkindern einzuüben. Dabei sind Sie in einer Außenwohngruppe eingeteilt, in der auch Schulkinder leben.

Hier wohnt auch Phillipp, 6 Jahre. Er soll im kommenden Sommer eingeschult werden. Zurzeit besucht er halbtags eine Kindertageseinrichtung. Sie machen während Ihres Praktikums folgende Beobachtungen:

Phillipp ist ein sehr aktives Kind. Er ist immer in Bewegung. Motorisch ist er sehr geschickt. Die Erzieherin berichtet Ihnen, dass Phillipp als Zweijähriger Laufrad und als Dreijähriger Fahrrad ohne Stützräder fahren konnte. Heute „rast" er mit seinem Fahrrad durch die Gegend, er probiert auch schon „schnelle Starts" und „Vollbremsungen" aus. Er klettert viel. Kein Baum, keine Mauer ist vor ihm sicher. Auf der anderen Seite interessiert sich Phillipp aber überhaupt nicht für „ruhige" Beschäftigungen. Wenn Sie ihm anbieten, mit ihm ein Bilderbuch zu betrachten oder ihm eine Geschichte vorzulesen, springt er schon nach kurzer Zeit auf und verkündet, keine Lust mehr zu haben. Den Inhalt des Buches oder der Geschichte kann er danach nicht oder nur sehr knapp wiedergeben. Er malt und bastelt selten. Allein hat er dabei überhaupt keine Ausdauer. Nach Aufforderungen antwortet er häufig: „Das kann ich nicht." Nur wenn Sie neben ihm sitzen bleiben, ihm helfen und ihn loben, kann er eine Aufgabe beenden. Der Umgang mit den anderen Kindern in der Gruppe gestaltet sich schwierig. Ein Zusammenspiel ist nur dann möglich, wenn die anderen Kinder genau das machen, was er möchte. Verweigern sich die anderen Kinder, wird er schnell wütend oder sogar handgreiflich. Zunehmend wollen ihn die anderen Kinder deshalb beim Spielen nicht dabeihaben. Das aber kann Phillipp nicht vertragen. Oftmals stört er dann die Kinder oder ärgert sie sogar. Fordert eine Erzieherin ihn auf, die Kinder in Ruhe zu lassen und sich mal einen Moment allein zu beschäftigen, gelingt auch das selten. Phillipp ist kaum in der Lage, einer Beschäftigung alleine nachzugehen. Die Erzieherinnen sprechen auf einer Teamsitzung über Phillipp. Dabei werden Bedenken geäußert, ob er wirklich schulfähig ist.

Schulfähig?

↘ FRAGEN

→ *Was meinen Sie? Ist Phillipp schulfähig?*

→ *An welchen Kriterien lässt sich Ihrer Meinung nach Schulfähigkeit festmachen?*

→ *Wie kann eine Erzieherin sinnvoll auf die Schule vorbereiten?*

3.1.1 Schwerpunkte und Ziele in der Arbeit mit Schulkindern

Auch in der Arbeit mit Schulkindern, z. B. in der OGS, ist es die vorrangige Aufgabe der Erzieherin, die Grundbedürfnisse der Kinder zu sichern. Das Kind soll sich wohlfühlen. Daher ist eine altersgerechte Raumgestaltung notwendig, die auch Möglichkeiten der Ruhe und des Rückzugs bietet. Gleichzeitig wird täglich ein abwechslungsreiches und gesundes Mittagessen bereitgestellt, das nach Möglichkeit gemeinsam eingenommen wird und damit ein wichtiges Gemeinschaftserlebnis darstellt. Daneben ist die Erzieherin Ansprechpartnerin für alles, was das Kind in Schule und Elternhaus bewegt. Eine durchgehende Betreuung ist oftmals auch in den Ferien und an unterrichtsfreien Tagen gewährleistet.

Zu den weiteren Aufgaben gehören die besondere Förderung von Kindern aus bildungsbenachteiligten Familien einerseits und die besondere Förderung von überdurchschnittlich begabten Schülerinnen und Schülern durch spezielle Angebote andererseits *(vgl. Ministerium für Schule, Jugend und Kinder des Landes NRW, Erlass vom 12.02.2003 zur „Offenen Grundschule im Primarbereich").* Gleichzeitig sollen themenbezogene, klassen- und jahrgangsstufenübergreifende Aktivitäten, Arbeitsgemeinschaften und Projekte (z. B. Sport, Theater, Musik, naturwissenschaftliche Experimente) durchgeführt werden. Erwünscht sind auch Projekte mit geschlechtsspezifischem und interkulturellem Hintergrund.

Zwischen der Bildungsaufgabe der Erzieherin und ihrer Erziehungsaufgabe besteht ein enger Zusammenhang. Kinder erwarten nicht nur ein umfangreiches Programmangebot, auch verbindliche Verhaltensregeln sind vonnöten. Dazu gehören z. B. Pünktlichkeit, Zuverlässigkeit, Ordnung usw. Die Erzieherin muss sich hier insbesondere ihrer Vorbildfunktion bewusst sein.

Der Übergang von der Kindertageseinrichtung in die Grundschule stellt für das Kind ein einschneidendes Ereignis dar, den Beginn eines neuen Lebensabschnitts. Von den Kindern wird zunehmende Selbstständigkeit erwartet, z. B. möglichst bald den Schulweg alleine zurückzulegen, längere Zeit stillsitzen und konzentriert mitarbeiten zu können, sich Hausaufgaben zu merken und diese selbstständig zu erledigen. Zwar werden die meisten Kinder von ihrer Familie oder der Kindertageseinrichtung vorbereitet, dennoch kommt es häufig, besonders am Anfang, zu Umstellungsschwierigkeiten. Hier muss die Erzieherin unterstützend tätig werden, u. a. durch Zuwendung und Zuhören. Um verbessert Hilfestellung leisten zu können, muss sich die Erzieherin intensiv mit den entwicklungspsychologischen Grundlagen und Aufgabenstellungen des Schulkindalters auseinandersetzen *(vgl. Band 1, HF 2, Kapitel 1).*

Entwicklungspsychologische Kenntnisse sind auch bei der Planung von Projekten und Aktivitäten, die durchgeführt werden sollen, notwendig. Denn hier stellt sich die Frage: Wofür interessieren sich Grundschulkinder besonders? Was macht ihnen Spaß und was macht ihnen weniger Freude? Die Freizeitgestaltung erschöpft sich jedoch nicht in der Durchführung von sogenannten „gelenkten" Spielangeboten. Aufgabe der Erzieherin im Schulkindbereich ist ebenso wie in der Vorschulpädagogik die Begleitung des freien Spiels *(vgl. Band 1, HF 2, Kap. 2.7).* Die Erzieherin sorgt für die Bereitstellung günstiger Rahmenbedingungen, z. B. eine sinnvolle Raumgestaltung und altersgemäße Spielmaterialien. Sie beobachtet und hält sich bereit, um dort unterstützend einzugreifen, wo die Kinder dies wünschen oder eine mögliche Gefahrensituation dies erfordert.

Erzieherin mit Schulkindern

Das Schulkind lernt durch den zunehmenden Umgang sowohl mit erwachsenen Bezugspersonen wie Lehrerinnen und Erzieherinnen als auch mit ungefähr gleichaltrigen Kindern seine eigene Persönlichkeit kennen. Es muss seine eigenen Bedürfnisse gegenüber denen anderer abgrenzen, ein eigenes Selbstbewusstsein entwickeln, eine eigene Meinung äußern, Einfälle und Ideen hervorbringen und durchsetzen, Konflikte lösen, Konzentration und Ausdauer beweisen, Kraft und Geschicklichkeit erproben sowie seinen eigenen Körper und seine Geschlechterrolle kennenlernen.

Im Schulkindalter nimmt die vorrangige Orientierung an den Eltern und der Familie ab. Die „peer-group", also die Gruppe der Gleichaltrigen, tritt stärker in den Vordergrund. Dadurch eröffnen sich viele neue Spiel- und Erfahrungsmöglichkeiten, gleichzeitig treffen jedoch oftmals unterschiedliche Meinungen aufeinander. Missverständnisse müssen ausgeräumt und die eigene Ansicht deutlicher artikuliert werden. Es müssen nachvollziehbare Argumente und gerechte Kompromisse gefunden werden. Auf diese Weise werden auch Kommunikationsstrukturen erlernt, Kritikfähigkeit und Toleranz entwickelt und ein Gemeinschaftsgefühl gefördert. Zum Aufbau dieser *Kernkompetenzen* benötigt das Kind die Unterstützung der Erzieherin.

3.1.2 Schulfähigkeit – was ist das?

Kinder entwickeln sich unterschiedlich. Ein Kind ist beispielsweise schon sehr weit in der Fähigkeit, sich zu konzentrieren, ein anderes kann gut turnen, malen oder schneiden. Vor dem Schulantritt wird daher bei verschiedenen Gelegenheiten ermittelt, ob das Kind schulfähig wirkt, z.B. bei der Anmeldung, dem Kennenlerntag und der schulärztlichen Untersuchung.

Mit „Schulfähigkeit" ist kein genau bestimmbarer Entwicklungsstand des einzelnen Kindes gemeint. Denn das Kind muss als Gesamtpersönlichkeit betrachtet und seine individuellen Voraussetzungen und Vorerfahrungen miteinbezogen werden. Bestehen Bedenken an der Schulfähigkeit, dann ist der Gesamteindruck des Lernanfängers dafür entscheidend, nicht das unzureichende Vorhandensein einzelner Fähigkeiten.

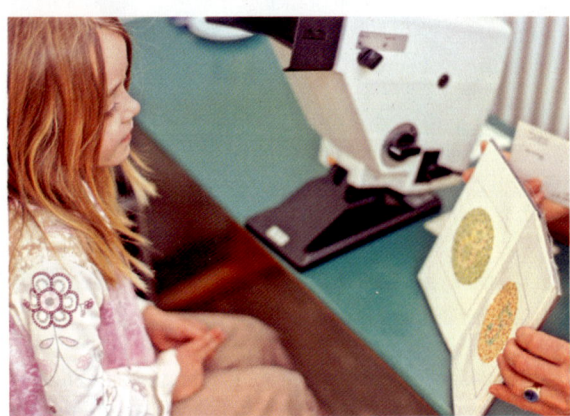

Kind bei der Schuleingangsuntersuchung

Betrachtet wird zum einen die **körperliche Entwicklung** des Kindes. Damit sind alle grobmotorischen und feinmotorischen Fähigkeiten des Kindes gemeint sowie Auffälligkeiten des Körperstatus, wie beispielsweise eine stark vom Durchschnitt abweichende Körpergröße, ein stark vom Durchschnitt abweichendes Körpergewicht oder Beeinträchtigungen in der Seh- und Hörfähigkeit.

Auch die **sozialemotionalen Fähigkeiten** des Kindes werden angeschaut. Hierzu gehören Aspekte wie Kontaktfähigkeit, Kooperationsbereitschaft und Konfliktverhalten. Weiterhin wird auch beleuchtet, ob das Kind Gefühle wie Staunen, Überraschung, Mitleid usw. zeigen kann und wie es mit der eigenen Angst umgeht. Auch das Arbeitsverhalten des Kindes ist von großer Bedeutung, dazu gehören Selbstständigkeit, Ausdauer, Konzentrationsfähigkeit und Lernbereitschaft.

Geprüft wird zudem die **kognitive Entwicklung** des Kindes, wie z. B. seine Merkfähigkeit, sein Aufgabenverständnis, Lern- und Spielverhalten, seine Sprechfähigkeit, sein Zahlenverständnis und seine Mengenauffassung. Diese Aspekte werden in den Schulfähigkeitsprofilen noch genauer differenziert *(vgl. Kap. 3.1.3)*.

Dieses Verständnis von Schulfähigkeit hat sich erst in den vergangenen Jahren entwickelt. Noch in den 1970er-Jahren waren mit Schulfähigkeit einseitig kognitive Fähigkeiten verknüpft. Als Konsequenz daraus wurde die Arbeit mit Vorschulmappen eingeführt. Es zeigte sich aber schnell, dass sich die mit den kognitiven Trainings verbundenen Erwartungen nicht erfüllt haben.

Mit der Zeit haben vor allem sogenannte soziale und motivationale Faktoren – „Schulbereitschaft" umschrieben – zusätzlich an Bedeutung gewonnen.

Seit den 1980er-Jahren ist ein sehr komplexes Verständnis von Schulfähigkeit vorherrschend. Dabei werden die Gesamtpersönlichkeit des Kindes und zusätzlich sein Umfeld betrachtet. Weiß die Lehrerin oder die Erzieherin, in welchem familiären Umfeld das Kind bisher aufgewachsen ist, kennt z. B. Wohnverhältnisse, finanzielle Situation, Erziehungsstil, Wertvorstellungen, Geschwisteranzahl usw., dann betrachtet sie neben dem individuellen Entwicklungsstand immer auch die jeweilige Lebenssituation des Kindes. Dadurch kann sie für jedes einzelne Kind pädagogische Maßnahmen und Hilfen entwickeln, die gerade während der Schulanfangsphase unverzichtbar sind. Außerdem kann besser beurteilt werden, ob ein Kind möglicherweise vom Schulbesuch zurückgestellt wird.

3.1.3   Das Schulfähigkeitsprofil

Das Schulministerium in NRW nennt als Kriterien für die Schulfähigkeit folgende Aspekte (verkürzt):

Grob-motorik	Fein-motorik	Wahrneh-mung	Umgang mit Aufgaben	Soziale Kompetenz	Sprache	Mathematik
– sich selbstständig an- und ausziehen – Treppen sicher steigen – Roller und Rad fahren – einen Ball fangen	– einen Stift halten und damit malen – einfache Formen ausschneiden – kleine Gegenstände sicher greifen	– Formen und Farben unterscheiden – Gegenstände nach Merkmalen ordnen – Raumlagen unterscheiden (rechts, links, oben, unten, vorne, hinten) – seine Kraft im Spiel mit anderen einschätzen	– sich auf vorgegebene Spiele einlassen – durch Rückschläge nicht sofort entmutigt sein	– die Befindlichkeit anderer wahrnehmen und darauf reagieren – Regeln einhalten – Kompromisse eingehen – Konflikte gewaltfrei lösen – Kritik und Enttäuschung ertragen – die Ablehnung von Wünschen ertragen – sich eine Zeit alleine beschäftigen	– deutliches Sprechen in ganzen Sätzen – zuhören – Interesse im Umgang mit Büchern – einzelne Laute am Wortanfang heraushören – Formen wiedergeben – „Kritzelbriefe" schreiben	– Zahlenmengen bis 5 erfassen – vergleichen (größer, kleiner) – ordnen (Farbe, Form, Größe) – sich im Raum orientieren (rechts – links …)

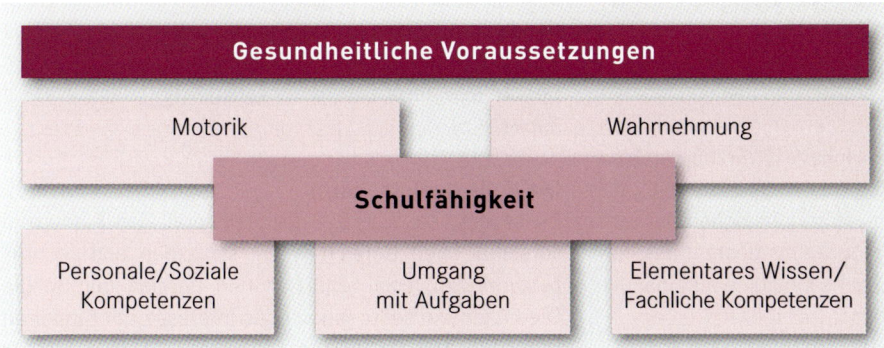

Übersicht über die Kompetenzbereiche

3.1.4   Förderung von Schulfähigkeit

Zu einem gelingenden Übergang in die Grundschule tragen sogenannte *Vorläuferfähigkeiten* zum Erlernen des Lesens und Schreibens bei – wie beispielsweise die **phonologische Bewusstheit**. Auch **mathematisches Vorwissen** sowie **Übergangsbewältigungsfähigkeiten** können beim Übergang helfen.

Phonologische Bewusstheit

Unter phonologischer Bewusstheit versteht man die Befähigung, die formalen Eigenschaften der gesprochenen Sprache zu erkennen, z.B. den Klang der Wörter beim Reimen und Wörter als Teile von Sätzen, Silben als Teile von Wörtern und Laute als Teile von Silben. Sie entwickelt sich in der Regel spontan, d.h. ohne Anleitung, schon im Vorschulalter.

In einem engeren Sinn versteht man unter phonologischer Bewusstheit den bewussten Umgang mit den kleinsten Einheiten der gesprochenen Sprache, den Phonemen (Lauten). Diese Fähigkeit, Anlaute zu erkennen und aus Lauten ein Wort zu bilden, entwickelt sich üblicherweise erst unter Anleitung im Zusammenhang mit dem Schriftspracherwerb.

Diverse Studien haben gezeigt, dass die phonologische Bewusstheit bereits im Vorschulalter gefördert werden kann und die beteiligten Kinder bis zum Ende der Grundschulzeit im Lesen und (Recht-)Schreiben denjenigen Kindern überlegen waren, die nicht gefördert worden waren. Auch sogenannte Risikokinder, d.h. Kinder, die gefährdet sind, später Lese- und Rechtschreibprobleme zu entwickeln, konnten mit Trainingsprogrammen so weit gefördert werden, dass sie sich nach drei Schuljahren in ihren Fähigkeiten nicht mehr von ihren Altersgenossen unterschieden. Der bekannteste Test zum Erfassen der phonologischen Bewusstheit ist das Bielefelder Screening (BISC) *(vgl. Band 1, HF 2, Kap. 5.5)*.

Als sehr erfolgreich in der Förderung der phonologischen Bewusstheit hat sich das unter der Leitung von Prof. Wolfgang Schneider entwickelte „Würzburger Trainingsprogramm zur phonologischen Bewusstheit" erwiesen. Das Gruppentraining „Hören, lauschen, lernen" dieses Würzburger Trainingsprogramms besteht aus insgesamt 57 Sprachspielen zu sechs inhaltlich aufeinander aufbauenden Übungseinheiten.

1. Lauschspiele
2. Reime
3. Sätze und Wörter
4. Silben
5. Anlaute
6. Phoneme (Laute)

Das Trainingsprogramm wird im letzten Kindergartenhalbjahr von Erzieherinnen durchgeführt. Es erstreckt sich über insgesamt 20 Wochen mit täglichen etwa zehnminütigen Sitzungen.

Mathematisches Vorwissen

Das mathematische Gegenstück zur phonologischen Bewusstheit ist das mengen- und zahlenbezogene Vorwissen. Es geht hierbei neben dem Zählen und der Zahlenkenntnis auch um das Ordnen (z.B. von Dick nach Dünn) und das Klassifizieren von Gegenständen nach bestimmten Merkmalen (z.B. was kann fliegen?) sowie um das Vergleichen (z.B. größer – kleiner, dicker – dünner). Auch hier können vorschulische Fähigkeiten den Schulerfolg vorhersagen.

Ein Verfahren zur Erfassung des mengen- und zahlbezogenen Vorwissens ist der Osnabrücker Test zur Zahlbegriffsentwicklung (OTZ), der für Kinder von fünf bis 7,5 Jahren entwickelt wurde. Ziel dieses Tests ist es, diejenigen Kinder herauszufinden, bei denen die Zahlbegriffsentwicklung verzögert ist, um sie entsprechend fördern zu können.

Übergangsbewältigungsstrategien

Zur Schulfähigkeit gehört aber auch, dass die Erzieherin dem Kind „Übergangsbewältigungsstrategien" vermittelt. Das bedeutet, dass sie das Kind so weit stärken muss, dass es selbstbewusst genug ist, auch schwierige Situationen zu meistern und sich nicht „unterkriegen" zu lassen. Was Kinder bei Übergängen stärkt, wird unter dem Begriff **Resilienz** zusammengefasst *(vgl. Band 1, HF 1, Kapitel 1.5)*.

Die Rolle der Erzieherin

Es ist nicht die Aufgabe der Erzieherin, den Kindern im vorschulischen Bereich lesen, schreiben und rechnen beizubringen. Das gehört in den Bereich der Schule. Die Erzieherin sollte jedoch das Interesse der Kinder am Sprechen und Singen, an Zahlen und Mengen wecken und aufrecht erhalten, damit sie in ihrem Alltag wertvolle Vorläuferfähigkeiten erwerben können und Trainingsprogramme erst gar nicht notwendig werden.

Fingerspiele, Singspiele und Abzählverse fördern den Erwerb auf spielerische Weise im Alltag der Kinder. Auch mit einer Reihe anderer Spiele kann die phonologische Bewusstheit gefördert werden, beispielsweise mit einem Anlaut-Memory, Silbendomino und Reimlotto.

Die Erzieherin kann Rollenspiele anregen (z. B. einkaufen gehen) und Kritzelbriefe schreiben lassen (z. B. Einkaufszettel). Bei dem Rollenspiel könnte die Erzieherin gleichzeitig auch die „mathematische Brille" aufsetzen und die Kinder über den Preis von Waren nachdenken und ihn aufschreiben lassen. Mit einer Kasse im Kaufmannsladen kann der Preis von mehreren Waren ermittelt und Spielgeld abgezählt übergeben werden.

Grundsätzlich sollte die Erzieherin den Umgang mit Zahlen und Mengen immer wieder in den Alltag einbinden, Gelegenheiten dafür gibt es zahlreiche: z. B. Zuordnungen beim Tischdecken oder beim Aufstellen der Stühle für den Gesprächskreis usw. Gleichzeitig muss sie auch die anderen Kompetenzbereiche im Blick behalten, denn die Kinder sollen nicht nur kognitiv, sondern ganzheitlich auf die Schule vorbereitet werden. Bewegungsangebote, Wahrnehmungsspiele, auch naturwissenschaftliches Lernen gehören selbstverständlich zur Schulvorbereitung dazu.

Das bedeutet aber auch, dass eine sinnvolle Schulvorbereitung nicht erst im letzten Jahr vor der Schule beginnen darf, sondern schon vom ersten Tag an in der Kindertageseinrichtung stattfinden sollte.

↗ FAZIT

Mit der Veränderung der Altersstufe vom Vorschul- zum Schulkind ergeben sich veränderte **Anforderungen an die Erzieherin** im Hinblick auf:

→ Betreuung,
→ Förderung und Bildung,
→ Erziehung,
→ Entwicklungsstand,
→ Freizeitgestaltung,
→ zu erreichende Kompetenzen.

Der Begriff **Schulfähigkeit** ist ganzheitlich zu betrachten. Er umfasst folgende Kompetenzbereiche:

→ körperliche Entwicklung,
→ Grob- und Feinmotorik,
→ Wahrnehmung,
→ Umgang mit Aufgaben,
→ Motivation des Kindes,
→ Ich-Kompetenz,
→ sozialemotionale Fähigkeiten,
→ kognitive Entwicklung, insbesondere sprachliche und mathematische Fähigkeiten.

Zusätzlich sollten Vorerfahrungen und Lebenssituation des Kindes berücksichtigt werden. Bei der Schulvorbereitung muss die Erzieherin entsprechend auf eine ganzheitliche Förderung vom ersten Kindergartentag an achten. Ein besonderes Augenmerk liegt dabei auf der Vermittlung von **phonologischer Bewusstheit, mathematischem Vorwissen** und **Übergangsbewältigungsstrategien.**

→·← AUFGABEN UND ANREGUNGEN

1 ☝ **1.1** Sammeln Sie Singspiele, Fingerspiele, Regelspiele, Rollenspiele usw., die sich eignen, phonologische Bewusstheit zu fördern. Teilen Sie sich dazu in Gruppen ein. Jede Gruppe sucht für einen Bereich Spiele heraus oder entwickelt eigene Ideen.

1.2 Spielen Sie einige Spiele im Klassenverband. Teilen Sie anschließend jeweils eine Liste mit den gesammelten Vorschlägen aus.

2 ☝ Verfahren Sie in Bezug auf das mathematische Vorwissen auf ähnliche Weise wie unter Aufgabe 1.

3 ✎ Beschäftigen Sie sich mit den veränderten Arbeitsbedingungen und Voraussetzungen der neuen Altersstufe. Stellen Sie Vergleiche zum bisherigen Arbeitsfeld Kindertageseinrichtung an, um die Unterschiede konkret zu verdeutlichen und die Arbeitsweisen/-bedingungen eindeutig abzugrenzen.

3.1 Bereiten Sie eine Tabelle nach folgendem Muster vor, in der Sie die Arbeit mit Vorschul- und Schulkindern vergleichen:

	Kleinkinder/ Vorschulkinder	Schul- kinder
Ziele		
Entwicklung		
Freispiel/Frei- zeitgestaltung		
Pflichten		

3.2 Losen Sie aus, wer seine Tabelle per Overheadprojektor präsentiert, die anderen Studierenden nehmen Stellung und ergänzen.

3.3 Formulieren Sie als Fazit aus der Tabelle die „neuen" Anforderungen an die Erzieherin in Bezug auf das Schulkindalter.

4 ✎ **4.1** Lesen Sie sich die Einstiegssituation erneut durch und beurteilen Sie mithilfe der Kriterien für die Schulfähigkeit Phillipps Entwicklungsstand. Suchen Sie sich bei Bedarf im Internet eine ausführlichere Kriterienliste als unter 3.1.2 dargestellt.

4.2 Entwickeln Sie Möglichkeiten, Phillipp sinnvoll zu unterstützen.

4.3 Diskutieren Sie Ihre Ideen im Klassenverband.

TIPPS ZUM WEITERLESEN →→

→ www.phonologische-bewusstheit.de

→ www.testzentrale.de

→ www.kindergartenberater.de/bildung/schulfaehig/html/relativitat_von_schulfaehigkeit.html

→ Schuleingangsphase. Hilfen für eine kindgerechte Einschulung.
Hildegund Weigert, Edgar Weigert, Beltz Verlag, Weinheim, 5. Aufl. 1997

→ Erfolgreich starten! Schulfähigkeitsprofil als Brücke zwischen Kindergarten und Grundschule. Eine Handreichung.
Ministerium für Schule, Jugend und Kinder des Landes Nordrhein-Westfalen, Düsseldorf 2003

3.2   Hausaufgabenbetreuung

Sie absolvieren Ihr Praktikum in der Gemeinschaftsgrundschule „Anne Frank" im offenen Ganztagsbereich. Ihre Praxisanleiterin Frau Budde bittet Sie darum, dass Sie die Honorarkraft Frau Klein bei der Hausaufgabenbetreuung unterstützen.

Der Raum, in dem die Hausaufgaben angefertigt werden, ist relativ klein und wird ausschließlich von Dritt- und Viertklässlern benutzt. Es gibt insgesamt fünf Tische, an denen jeweils vier Kinder Platz nehmen können. 20 Kinder können also gleichzeitig Hausaufgaben machen, dabei sitzen sie ausgesprochen eng beieinander. An einer Wand stehen zwei Regale mit Materialien. Als wichtigste Regel gilt für die Kinder:
Im Hausaufgabenraum herrscht absolute Ruhe!

Im Verlauf der Hausaufgabenzeit wird die Tür von außen immer wieder geöffnet. Kinder schauen nach, ob schon ein Platz frei geworden ist, um selbst mit den Hausaufgaben anfangen zu können. Die Honorarkraft steht dann auf, geht an die Tür und erklärt, dass im Moment noch alle Plätze besetzt seien. Diese Momente nutzen die Kinder im Raum gerne für kurze Gespräche, sodass schnell große Unruhe herrscht. Auch stehen einzelne Kinder immer wieder auf, um Materialien aus dem Regal zu nehmen oder wieder hineinzustellen.

Frau Klein selbst läuft oft im Raum hin und her, beantwortet die Fragen der Kinder oder schaut ihnen über die Schulter. Dabei kommentiert sie gern die Aufgaben oder weist auf Fehler hin. Diese Aufgaben müssen die Kinder dann neu machen, dabei erklärt Frau Klein den Kindern nicht Verstandenes auch noch einmal. Im Anschluss diktiert Frau Klein einigen Kindern ein paar Sätze, weil die Viertklässler am nächsten Tag ein Diktat schreiben und dafür üben wollen. Auch jetzt kommt es wieder zu größerer Unruhe bei den übrigen Kindern. Die Honorarkraft muss oft an die bestehende Regel erinnern und für Ruhe sorgen. Die Hausaufgabenzeit ist für ein Kind erst dann beendet, wenn alle Aufgaben vollständig erledigt sind. Dies kann bei Einzelnen bis zu zwei Stunden dauern. Frau Klein kontrolliert dann auf Richtigkeit und Vollständigkeit. Ein Kind, das fertig geworden ist, verlässt leise den Raum und ein neues Kind kommt herein und beginnt zu arbeiten.

Insgesamt wirkt die Situation auf Sie eher chaotisch. Viele Kinder sind unkonzentriert und manch einer wird bis zur Abholzeit gar nicht fertig. Sie bekommen dann auch mit, wie sich eine Mutter bei Frau Budde beschwert. Eine Lehrerin hat ihr die Rückmeldung gegeben, ihr Sohn Jannik erledige die Hausaufgaben oftmals nur unvollständig und sei im Lesen und Schreiben hinter den anderen zurück.

Schulkinder bei den Hausaufgaben

↘ FRAGEN

→ *Welche eigenen Empfindungen haben Sie, wenn Sie an das Thema „Hausaufgaben" denken?*

→ *In welchen Praxisfeldern außer einer Ganztagsgrundschule muss eine Erzieherin Hausaufgaben betreuen?*

→ *Warum wirkt die beschriebene Hausaufgabensituation „chaotisch"?*

3.2.1 Das Problem: Unterschiedliche Ansichten

Am Thema „Hausaufgaben" entzünden sich immer wieder Konflikte. Dies liegt insbesondere daran, dass Kinder, Eltern, Lehrer und pädagogisch Tätige oft unterschiedliche Ansichten dazu haben.

Kinder haben in den meisten Fällen „keine Lust" auf Hausaufgaben. Diese werden als lästig und die Freizeit einschränkend empfunden. Viele Kinder sind der Meinung, die Hausaufgaben seien zu umfangreich oder zu schwierig. Sie wollen lieber spielen.

Eltern wissen um die Bedeutung des Schulerfolgs für den weiteren Lebensweg ihrer Kinder. Sie üben nicht selten „Druck" auf ihre Kinder aus, die Hausaufgaben pünktlich und gewissenhaft anzufertigen. Eltern von Grundschulkindern kontrollieren daher oftmals das Ergebnis und wünschen in der Regel die vollständige, richtige und saubere Bearbeitung der Aufgaben. Sind die Eltern berufstätig, fordern sie von den pädagogischen Fachkräften, dass sie stellvertretend diese „Kontrollfunktion" übernehmen und dafür sorgen, dass die Hausaufgaben vollständig erledigt werden, bevor die Kinder nach Hause kommen.

Lehrer orientieren sich bei der Vergabe von Hausaufgaben an den jeweiligen Schulordnungen und Richtlinien. Sie beabsichtigen mit der Erteilung von Hausaufgaben einen Lernzuwachs ihrer Schülerinnen und Schüler oder die Einübung bestimmter Aufgaben. Auch die Lehrer fordern die vollständige und gewissenhafte Erledigung aller Aufgaben. Gerade Grundschullehrer wünschen aber auch eine Rückmeldung darüber, ob die Kinder die Aufgaben verstanden haben oder zu viel aufgegeben wurde. In einem solchen Fall dürfen die Hausaufgaben auch mal unvollständig bleiben.

Erzieherinnen, die Hausaufgabenbetreuung leisten, tragen die Verantwortung, alle diese Ansichten möglichst „unter einen Hut" zu bringen. Oft muss den Eltern vermittelt werden, dass es sich bei der Hausaufgabenbetreuung um kein Nachhilfestudio handelt. Gerade Grundschulkindern muss am Nachmittag ein Ausgleich zum Unterricht in Form von verschiedenen Freizeitangeboten oder freiem Spiel ermöglicht werden. Eine gute Kooperation mit Elternhaus und Lehrkräften ist unumgänglich, scheitert aber oft daran, dass für gemeinsame Besprechungen keine Anrechnungs- bzw. Verfügungsstunden vorgesehen sind.

3.2.2 Warum überhaupt Hausaufgaben?

Aufgrund der eben genannten Schwierigkeiten ist es durchaus berechtigt, nach dem Sinn von Hausaufgaben zu fragen. Einige Schulen haben sie wohl auch schon abgeschafft. An den meisten Schulen bleiben Hausaufgaben allerdings weiterhin fester Bestandteil, weil sie

→ der Übung des Gelernten dienen. Mit Hausaufgaben soll erprobt werden, ob das Wissen „sitzt", sie können als Nachbereitung betrachtet werden. Das im Unterricht Behandelte wird vertieft.

→ die Möglichkeit bieten, das Gelernte anzuwenden. Es soll nun auch auf unbekannte, neue Situationen übertragen werden.

→ auf die kommende Unterrichtsstunde vorbereiten, wenn zum Beispiel ein hinführender Text gelesen werden soll. Das ermöglicht, dass der Unterricht interessant durchgeführt werden kann, denn alle Schüler befinden sich dann auf einem ähnlichen Kenntnisstand.

→ von den Schülerinnen und Schülern selbstständiges Arbeiten sowie Disziplin und Verantwortung fordern.

→ die unterschiedlichen Lernfortschritte der Kinder im Unterricht ausgleichen können. Kindern, die im Unterricht konzentriert und zügig gearbeitet haben, verbleiben weniger Aufgaben als solchen, die „getrödelt" haben. Zu beachten ist dabei aber immer, dass sich lernschwache Kinder nicht „bestraft" fühlen.

→ die Kinder zu Fleiß, Pflichterfüllung, Ausdauer erziehen,

→ den Schülerinnen und Schülern das Lernen lehren.

Es kann festgehalten werden, dass Hausaufgaben trotz der genannten Problematik ihre Berechtigung haben. Allerdings sind sie nur dann sinnvoll, wenn die Hausaufgabenzeit für alle Beteiligten zufriedenstellend gestaltet werden kann.

3.2.3   Zum Umfang von Hausaufgaben

„Hausaufgaben sollen so bemessen sein, dass sie, bezogen auf den einzelnen Tag, in folgenden Arbeitszeiten erledigt werden können:

→ für die Klassen 1 und 2 in 30 Minuten,
→ für die Klassen 3 und 4 in 60 Minuten,
→ für die Klassen 5 und 6 in 90 Minuten,
→ für die Klassen 7 bis 10 in 120 Minuten.

Für die gymnasiale Oberstufe ist keine zeitliche Begrenzung festgelegt, doch sollte auch hier eine zeitliche Überforderung der Schülerinnen und Schüler vermieden werden.

Sinn, Ausmaß und Verteilung von Hausaufgaben sollen mit den Schülerinnen und Schülern und in den Sitzungen der Klassen- und Jahrgangsstufenpflegschaften sowie in Einzelberatungen mit den Eltern erörtert werden. Zwischen den einzelnen Lehrkräften einer Klasse hat die Klassenleitung die Aufgabe, einen Ausgleich herbeizuführen, wenn es im Einzelfall zu einer Häufung von Hausaufgaben und damit zu einer zeitlichen Überforderung der Schülerinnen und Schüler kommt.

In Ganztagsschulen der Primarstufe und der Sekundarstufe I entscheidet das von der Schulkonferenz beschlossene Ganztagskonzept auch über die Zeiten zur Erledigung der Hausaufgaben innerhalb des Tagesablaufes. Das schließt Vorgaben zur Gestaltung und zum zeitlichen Umfang von Phasen selbstständigen Lernens in der Schule und zu Hause ein." *(vgl. BASS 12–63 Nr. 1 und 2)*

3.2.4   Die Rolle der Erzieherin bei der Hausaufgabenbetreuung

Erzieherinnen haben zunächst einmal die Aufgabe, den Kindern die grundsätzliche Notwendigkeit von Hausaufgaben deutlich zu machen. Hier sind also gute Argumente gefragt. Ein Argument könnte sein: Hausaufgaben sind dafür da, das Lernen zu lernen.

Erzieherin berät bei den Hausaufgaben

Kinder sind motivierter, wenn sie Selbstständigkeit und Eigenverantwortung zeigen können. Hausaufgaben müssen deshalb nicht ständig kontrolliert werden und die Erzieherin muss hier Vertrauen in die Kinder zeigen. Am sinnvollsten ist es, wenn sie sich einen festen Sitzplatz sucht und die Kinder sie bei Problemen ansprechen können.

Ganz wichtig ist es, Lösungen nicht einfach vorzugeben, sondern die Kinder zu eigenem Denken und Handeln anzuregen, ihnen Hilfe zur Selbsthilfe zu geben. So kann die Erzieherin bei Fragen die Benutzung von Lexika oder anderen Hilfsmitteln vorschlagen oder auf das Internet verweisen sowie alle Kinder zur gegenseitigen Hilfestellung ermutigen.

Fertiggestellte Hausaufgaben sollten grundsätzlich mit Wertschätzung bedacht werden, auch wenn sie als selbstverständlich gelten. Wenn die Erzieherin feststellt, dass die Hausaufgaben von den unter *3.2.2* genannten Zielen abweichen, kann Sinn und Zweck hinterfragt und mit der zuständigen Lehrerin oder dem zuständigen Lehrer Rücksprache aufgenommen werden. Falls das nicht möglich ist, kann eine Notiz für die Lehrkraft geschrieben und den Kindern die Aufgabe erlassen werden.

Wie die Hausaufgaben am besten erledigt werden, muss jedes Kind für sich selbst herausfinden. Trotzdem kann die Erzieherin eine Reihenfolge vorschlagen, deren Befolgung sich als hilfreich erweisen kann:

1. Mit dem Lieblingsfach beginnen. So motivieren erste Erfolgserlebnisse für weitere Aufgaben.
2. Anschließend kommen Aufgaben, die besondere Konzentration und Problemlösungsdenken erfordern.
3. Der Schlussphase sollten dann Routineaufgaben vorbehalten sein (etwas nachlesen oder abheften), denn die Konzentrationsfähigkeit lässt mit der Zeit nach.

Hausaufgaben sollten zwar zügig erledigt werden, wichtig sind aber auch kurze Pausen. Diese Pausenzeiten sollten vorab verabredet werden: z. B. nach etwa 30 Minuten konzentrierter Arbeit folgen fünf Minuten Pause. In dieser Pause kann die Erzieherin ein kurzes Bewegungsspiel durchführen. Wichtig ist auch, die Hausaufgabenzeit auf ein annehmbares Maß zu beschränken. Dies muss die Erzieherin auch den Eltern gegenüber vertreten.

Wünschenswert ist darüber hinaus eine gute Zusammenarbeit und ein Austausch mit den Lehrkräften. Die Erzieherin sollte sich um Hospitationen in den Klassen der Kinder bemühen, um das Vorgehen der Lehrerinnen und Lehrer kennenzulernen und die Kinder entsprechend unterstützen zu können. Gleichzeitig sollte sie die Lehrerinnen und Lehrer auch einmal zur Hausaufgabenzeit einladen, damit diese sich ein Bild davon machen können.

↗ FAZIT

→ Das Thema „Hausaufgaben" führt häufig zu Konflikten, z. B. zwischen Eltern und Kindern, Eltern und pädagogischen Fachkräften. Die Erzieherin hat die Aufgabe, die Hausaufgabenzeit so zu gestalten, dass alle Beteiligten zufrieden sind.

→ Wichtig ist: Hilfe zur Selbsthilfe geben, Wertschätzung zeigen, mit Lehrern kooperieren, Rücksprache mit Eltern halten und sinnvolle Reihenfolgen einhalten. Notwendig ist auch eine durchdachte Raumgestaltung.

→·← AUFGABEN UND ANREGUNGEN

1 **Abstandhalten**
Legen Sie ein Hausaufgabenheft oder einen anderen Gegenstand, den Sie mit dem Thema „Hausaufgaben" verbinden, in die Mitte des Raumes. Stellen Sie sich so nah an den Gegenstand, wie es Ihnen gefühlsmäßig möglich ist, d. h. wenn Sie „Hausaufgaben" positive Gefühle entgegenbringen, positionieren Sie sich nah am Gegenstand; bei negativen stellen Sie sich weiter entfernt auf. Begründen Sie reihum Ihren Standpunkt.

2 Lesen Sie sich die Einstiegssituation erneut durch. Halten Sie schriftlich fest, was bei der geschilderten Hausaufgabenbetreuung als ungünstig zu bewerten ist.

3 **Projektvorschlag**

3.1 Frau Budde bittet Sie um Mithilfe bei der Verbesserung/Optimierung der Hausaufgabensituation. Erarbeiten Sie ein sinnvolles Konzept für die Hausaufgabenzeit.

Berücksichtigen Sie dabei

→ die Rahmenbedingungen (Welche/r Arbeitszeit/-zeitraum ist sinnvoll? Welche Person/en ist/sind für die Hausaufgabenbetreuung verantwortlich? Welche Qualifikation haben die Fachkräfte? In welchen Räumen findet die Hausaufgabenbetreuung statt? Welche Regeln sollen gelten? usw.)
→ die Raumgestaltung

→ das Verhalten der Erzieherin (Wie kann die Erzieherin „Hilfe zur Selbsthilfe" geben? Wie kann die konkrete Zusammenarbeit mit Eltern und Lehrern aussehen? usw.)
Begründen Sie Ihre Ideen.

3.2 Halten Sie Ihre Vorstellungen schriftlich fest. Fertigen Sie zur besseren Veranschaulichung eine Skizze einer „optimalen" Raumsituation an.

3.3 Präsentieren Sie Ihr fertiges Konzept in der Klasse.

3.4 Vergleichen Sie nach der Präsentation verschiedene Konzepte miteinander. Welche Unterschiede/Gemeinsamkeiten gibt es?

3.5 Für welches Konzept würden Sie sich entscheiden, wenn Sie Frau Budde wären? Begründen Sie Ihre Meinung.

4 Planung und Reflexion einer Hausaufgabenbetreuung

Üben Sie sich in der Rolle der Erzieherin und führen Sie in Ihrer Praktikumsstelle eine Hausaufgabenbetreuung durch. Planen und reflektieren Sie schriftlich. Dabei können Ihnen die folgenden Aspekte helfen:

Planung

Ort, Zeit, Anzahl und Alter der Teilnehmer:
1. Beschreibung der Ausgangssituation, z.B. Bedeutung der Hausaufgaben, Raumgestaltung, Raumatmosphäre, Zeit, Regeln, Absprachen etc.
2. Eigene Rolle und Aufgaben
3. Individuelle, situationsbezogene Adressatenbeschreibung (1–2 Adressaten), z.B. sozial-emotionales Verhalten, kognitive Fähigkeiten, Arbeitsverhalten etc.
4. Didaktische Absicht (Ziele)
Begründen Sie jeden einzelnen Schritt!

Reflexion

1. Wie verlief die Hausaufgabenbetreuung? Was war beabsichtigt – was nicht?
2. Wie haben sich die einzelnen Kinder verhalten? Inwieweit konnten angestrebte Ziele realisiert werden?
3. Mit welchen Verhaltensweisen der Kinder hatten Sie Probleme? Warum?
4. Welche Auswirkungen hatte Ihr pädagogisches und methodisches Verhalten auf die einzelnen Kinder?
5. Welche Konsequenzen ziehen Sie daraus für Ihr zukünftiges pädagogisches und methodisches Handeln?

TIPPS ZUM WEITERLESEN →→

→ So machen Hausaufgaben Spaß. Was Kindern wirklich hilft. Für mehr Spaß am Lernen und weniger Stress in der Schule.
Carola Engler, Südwest-Verlag, München 1999

→ Hausaufgaben. Helfen – aber wie?
Britta Kohler, Beltz Verlag, Weinheim 2005

→ Hausaufgaben ohne Stress. Informationen und Tipps für Eltern.
Monika Rammert, Elke Wild, Herder, Freiburg 2007

3.3 Die Methode „Lesen durch Schreiben"

Sie betreuen nun jeden Tag die Hausaufgaben mit. Heute übernehmen Sie die Erstklässler, die bereits um 11:00 Uhr Unterrichtsschluss haben.

Im Hausaufgabenraum beobachten Sie die Kinder. Diese arbeiten überwiegend selbstständig und haben ihre Matheaufgaben bald gelöst. Da keine weiteren Aufgaben anstehen, bis zum Mittagessen aber noch Zeit ist, machen Sie den Kindern einen Vorschlag: „Wir können ja noch lesen üben. Holt mal euer Lesebuch!"

Sie erinnern sich noch an die Einschulung Ihres jüngeren Bruders. Er hatte eine Fibel, in der nacheinander Buchstaben eingeführt wurden. Oft hat er in der Schule oder nachmittags mit Ihnen lesen geübt.

„Wir haben kein Lesebuch", sagen die Kinder. „Wir können noch nicht lesen!", rufen sie weiter. „Wir können aber schreiben!" Und schon holt ein Kind einen kurzen Brief aus der Tasche, den es an die Lehrerin geschrieben hat. Sie sind überrascht.

Lesen durch Schreiben

↘ **FRAGEN**

→ *Wie haben Sie selbst lesen und schreiben gelernt?*

→ *Was wissen Sie schon über die Methode „Lesen durch Schreiben"?*

3.3.1   Zwei Prinzipien der Methode

Die Methode „Lesen durch Schreiben" wurde bereits in den 1970er-Jahren von dem schweizerischen Grundschullehrer Dr. Jürgen Reichen entwickelt, fand allerdings erst etwa 20 Jahre später den Weg in die deutschen Grundschulen. Heute wird sie in sehr vielen Schulen angewendet. Lesen durch Schreiben funktioniert im Wesentlichen nach folgenden zwei Prinzipien.

1. Lesedidaktisches Prinzip: Lesen durch Schreiben
Es gibt keine Lese-Fibel. Die Kinder lernen zunächst auch nicht lesen, sondern nur schreiben. Das Lernziel ist, dem Kind die Lautstruktur der Sprache zu vermitteln. Das einzige Arbeitsmaterial ist eine Bilder-Buchstabentafel, bei der bestimmte Laute durch ein Symbol dargestellt sind, z.B. A wie Affe, S wie Sonne oder Sch wie Schiff usw. Das Kind bildet nun die Laute des gewünschten Wortes und malt die entsprechenden Buchstaben von der Tabelle ab.

Das hat den Vorteil, dass das Kind von Anfang an mit dem gesamten Laut- und Buchstabenbestand des Alphabets arbeiten und damit alle gewünschten Worte schreiben kann.

Das Ergebnis ist erstaunlich. Die Kinder können bereits nach kurzer Zeit ganze Sätze und bald Briefe schreiben.

Dadurch verinnerlicht das Kind die Buchstaben-Laut-Zuordnung, sodass es die Tabelle nach kurzer Zeit nicht mehr benötigt. Das Kind sollte nun immer wieder zum Schreiben angeregt werden, z.B. zum Briefeschreiben und -beantworten, wodurch die Motivation zum Lesen gesteigert wird. Es gibt eine Fülle an weiteren Lernmaterialien, die immer wieder neue Schreib-/Leseanreize bieten.

Das Kind sollte nie zum Lesen gezwungen werden, denn das Lesen stellt sich als „Begleitprodukt" des Schreibens von selbst ein. Der Vorteil der Methode ist, dass jedes Kind nach seinem eigenen Tempo vorgehen darf.

2. Lernpsychologisches Prinzip: Selbstgesteuertes Lernen
Der herkömmliche Fibelunterricht war Frontalunterricht im Klassenverband, bei dem die Kinder gemeinsam einen Buchstaben gelernt haben und bald einfache Wörter und kurze Sätze lesen und schreiben konnten. Die Methode „Lesen durch Schreiben" verläuft dagegen völlig individuell und überwiegend selbstgesteuert. Die Kinder können mithilfe des zur Verfügung gestellten Materials, z.B. Arbeitsblättern, didaktischen Spielen usw., selbst entscheiden, welche Aufgaben sie in welcher Zeit lösen. Individuelle Vorerfahrungen und Begabung des einzelnen Kindes finden somit ihre Berücksichtigung.

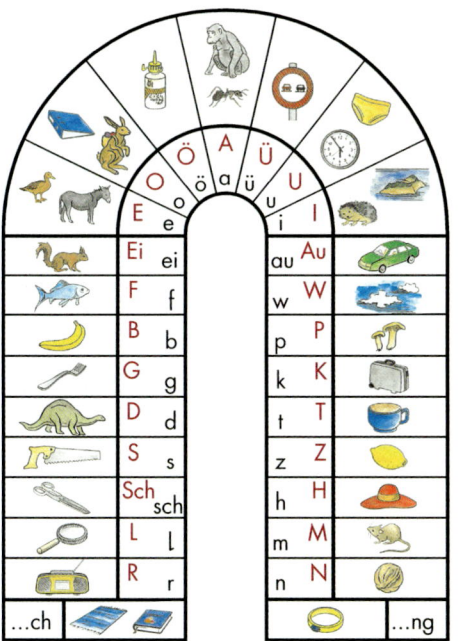

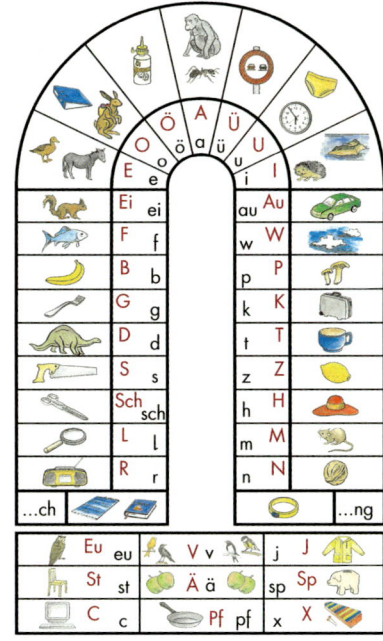

Buchstabentabelle von Dr. Reichen
Links: Schülerausgabe
Rechts: zum Klassenaushang

Diese individuelle Art zu lernen wird als „Werkstattunterricht" bezeichnet. Reichen versteht seine Methode auch nicht nur als „Schreib- und Leselehrgang", sondern als allgemeine und umfassende Förderung und Erweiterung von Sprachkompetenz, Wahrnehmungsfähigkeiten, Lesefähigkeiten sowie einer aufgabenbezogenen Arbeitshaltung (Konzentrationsvermögen und Anweisungsverständnis).

3.3.2 Vor- und Nachteile der Methode

1. Vorteile

Die Kinder

→ können von Anfang an alle gewünschten Wörter schreiben,

→ können selbst bestimmen, was sie schreiben wollen,

→ lernen Schreiben und Lesen hauptsächlich durch aktive Prozesse und kaum über nur aufnehmende, passive Prozesse,

→ erleben zunächst keine Misserfolge beim Vorlesen. Die bei klassischen Fibellehrgängen typische Situation, dass ein schwacher Schüler in der Klasse vorgeführt wird, weil er seinen Text „vorstottert", während der Lehrer oder die Lehrerin laut korrigiert, wird vermieden. Langweilige Lesestunden entfallen, schwache Schüler werden psychologisch entlastet.

→ erleben, dass sie sich das Schreiben und Lesen selbst beigebracht haben. Dadurch wird das Selbstbewusstsein gestärkt und Erfolgserlebnisse vermittelt. Hierdurch werden legasthenische Fehlentwicklungen vermieden.

2. Mögliche Nachteile

Die Kinder

→ lesen zunächst überhaupt nicht. Viele Kinder kennen aber bereits im Kindergartenalter Buchstaben oder können schon vor der Einschulung erste Texte lesen. Diesen Kindern wird das Lesen „vorenthalten".

→ gewöhnen sich durch das unkorrigierte Schreiben Fehler an und haben später Probleme mit der Rechtschreibung.

→ werden überfordert, denn insbesondere leistungsschwache Schüler brauchen mehr Halt.

→ müssen durch Lehrerinnen und Lehrer unterrichtet werden, die sich fortbilden, gut zusammenarbeiten und bereit sind, den Schulalltag organisatorisch zu verändern. Wichtig ist außerdem Begleitung von außen, z. B. durch ein reichhaltiges Bibliotheksangebot.

Viele Lehrerinnen und Lehrer in Grundschulen praktizieren aufgrund dieser Kritik die Methode „Lesen durch Schreiben" nicht in Reinform. So ist es z. B. möglich, den Kindern anhand der Anlauttabelle schreiben beizubringen, parallel dazu aber auch immer wieder neue Buchstaben einzuführen und bekannte Wörter auch im Diktat abzuprüfen.

15.11.

HSE: HLo Igel HIo Mos Komd
Ruchut De Baum Ich Mach Plas

15.11.
Hase: Hallo Igel, hallo Maus, kommt ruhig unter den Baum! Ich mach Platz.

15.3.

Ich war bein Zahn Arzt.
und er hat eine blome.
In dem Zahn gestoft

8.1.
Ich war auf bis zwölf Uhr 12, bis es knallt.
Bzw. Text kein Kinderkram 1, S. 330
„Ich war bein Zahn Arzt..."

3.3.3   Hinweise für die Hausaufgabenbetreuung

→ Beim Vorsprechen sollen einzelne Buchstaben nicht buchstabiert, sondern lautiert werden, d. h. „k" ist nicht kaa, sondern „k", „f" ist nicht ef, sondern „f" usw.

→ Die Kinder dürfen zu Beginn nicht zum Lesen oder gar zum lauten Vorlesen gedrängt werden. Jedes Kind wird in eigenem Tempo von sich aus zu lesen beginnen.

→ Wörter und Sätze dürfen besonders im 1. Schuljahr nicht korrigiert werden. Korrekte Rechtschreibung wird erst später vermittelt. Zu Beginn müssen die Wörter lediglich lautrichtig sein, d. h. keine Laute dürfen fehlen, zu viel sein oder in falscher Reihenfolge auftreten.

→ Die Kinder sollen nicht abschreiben, sie müssen selber schreiben.

→ Wichtig ist außerdem, nur im Notfall Hilfestellung zu geben. Die Kinder arbeiten individuell und sollen ihre Entdeckerfreude und Neugierde behalten.

↗ FAZIT

→ Der Methode „Lesen durch Schreiben" liegen zwei Prinzipien zugrunde: das **lesedidaktische** Prinzip und das **lernpsychologische** Prinzip.

→ Bei der Hausaufgabenbetreuung muss die Erzieherin bestimmte Empfehlungen beachten, um das Lernen der Kinder zu unterstützen und nicht zu hemmen.

→·← AUFGABE UND ANREGUNGEN

1 🖉 Vergleichen Sie die Methode „Lesen durch Schreiben" mit dem (herkömmlichen) Fibellehrgang und stellen Sie die Unterschiede tabellarisch gegenüber:

Lesen durch Schreiben	Fibellehrgang
Die Kinder lernen individuell und eigeninitiativ.	Zu lernende Buchstaben werden systematisch vorgegeben.
…	…

TIPPS ZUM WEITERLESEN →→

→ www.heinevetter-verlag.de
Beim Heinvetter Verlag können sämtliche Unterrichtsmaterialien bestellt werden. Darüber hinaus gibt es eine Übersicht über „Reichenseminare", auf denen Dr. Jürgen Reichen und seine Mitarbeiter Lehrer/innen und anderen Interessierten seine Methode erläutert.

→ „Hannah hat Kino im Kopf": Die Reichen Methode Lesen durch Schreiben und ihre Hintergründe für Lehrerinnen und Lehrer, Studierende und Eltern.
Jürgen Reichen, Heinevetter-Verlag, Hamburg 2003

3.4 Freizeit mit Schulkindern gestalten

Sie absolvieren Ihr Praktikum in einem Kinder- und Jugendzentrum. In der „OT Bonnstr.", so der offizielle Name, werden nachmittags Schulkinder zwischen sechs und 14 Jahren betreut, ab 18:00 Uhr steht die Einrichtung dann Jugendlichen offen.

Die Schulkinder kommen meistens direkt nach der Schule in die OT. Sie leben überwiegend in der Hochhaussiedlung in unmittelbarer Nähe. Die Wohnverhältnisse sind meist beengt und draußen gibt es nur einen Spielplatz. Einige Spielgeräte wurden aber mutwillig von älteren Jugendlichen zerstört. Kinder, die keine offene Ganztagsgrundschule besuchen, z. B. weil sie schon auf die nahe gelegene Realschule gehen, haben die Möglichkeit, ein warmes Mittagessen und Hausaufgabenbetreuung zu erhalten. Der Schwerpunkt der Arbeit mit den Schulkindern liegt in der Zeit zwischen 15:00 Uhr und 18:00 Uhr. Dann ist „Freizeit"!

In dem Jugendzentrum gibt es viele Möglichkeiten, seine Freizeit zu verbringen. Es gibt einen Kicker- und einen Billardtisch sowie eine Tischtennisplatte. In einem anderen Raum steht ein Regal, auf dem alle möglichen Gesellschaftsspiele Platz gefunden haben. Darüber hinaus gibt es einen großen Werkraum und einen Computerraum.

Nachmittags finden außerdem verschiedene regelmäßige Angebote statt, z. B. Gestalten, Kochen und Sportangebote wie Selbstverteidigung und Fußball. Dann und wann werden auch Ausflüge und Projekte durchgeführt.

Viele Schulkinder ziehen sich auch gerne in die gemütliche Sofaecke zurück, ruhen sich aus und unterhalten sich. Oft gesellen Sie sich zu ihnen. An einem Tag äußert ein Mädchen, dass es gerne mal wieder „etwas richtig Tolles" machen möchte. „Au, ja", ruft ein Junge, „können wir nicht alle zusammen was machen?" Sie überlegen. Sie könnten mit den Kindern ein Projekt durchführen. Allerdings haben Sie mit dieser Altersstufe noch keine Erfahrung.

Schulkinder haben Freizeit

↘ FRAGEN

→ *Was wissen Sie über die Interessen und Bedürfnisse von Schulkindern?*
→ *Welche Projekte eignen sich für das Schulkindalter?*

3.4.1   Die Bedeutung von „Freizeit" für Schulkinder

Der Begriff „Freizeit" wird meist als Gegensatz zur Arbeit aufgefasst und bezeichnet die Zeit, die dem Berufstätigen außerhalb seiner Arbeitszeit zur Verfügung steht. Diese Zeitspanne lässt sich nochmals unterteilen in die Zeit, die mit existenzerhaltenden Maßnahmen wie Essen, Schlafen, Körperpflege usw. ausgefüllt ist, und in die wirklich private Zeit, die frei eingeteilt und gestaltet werden kann.

Eine ähnliche Definition von Freizeit lässt sich auch auf Schulkinder und Jugendliche übertragen, wenn man die Schule mit einem Beruf gleichsetzt. Nach Schule, Mittagessen und Hausaufgaben bleiben den Schulkindern noch etwa drei bis fünf Stunden Freizeit pro Tag, die meist nach 15:00 Uhr stattfindet. Das Leben der Kinder ist also zum größten Teil verplant. Eine im Schulkindbereich tätige Erzieherin sollte daher den Kindern immer auch die Möglichkeit geben, einfach „nichts" zu tun und sich nur auszuruhen.

Generelles Ziel ist, nicht über die Kinder hinweg zu bestimmen, sondern ihnen verschiedene Möglichkeiten der Freizeitgestaltung anzubieten, aus denen sie auswählen können:
1. **Geplante Freizeitangebote und -projekte:** z.B. ein Ausflug ins Museum oder ein Projekt zum Thema: „Wir schreiben und gestalten ein eigenes (Bilder-)Buch."
2. **Vorhandene Spielangebote** nutzen: z.B. Kicker, Billard, Tischtennis, Gesellschaftsspiele, Computer.
3. **Freispiel:** tatsächlich frei verfügbare Zeit, die man in der Bauecke oder in der Kuschelecke verbringen kann, in der man Musik hören oder ein Buch lesen kann usw.

Bei Ausflügen und Projekten ist es grundsätzlich wichtig, die Kinder in die Planung aktiv mit einzubeziehen, z.B. bei der Auswahl des Zielortes, bei der Besorgung von Eintrittskarten, beim Erfragen von Öffnungszeiten usw.

Mit den in der Einrichtung vorhandenen Spielangeboten können Kinder sich selbst beschäftigen – mit oder ohne Aufforderung. Diese Angebote fördern ihre motorische Entwicklung und ihr Sozialverhalten. Außerdem werden Kinder sich dabei ihrer eigenen Interessen und Bedürfnisse bewusst.

Schulkindern stehen in den sie betreuenden Einrichtungen die verschiedensten Materialien und viele verschiedene Spielpartner zur Verfügung. Damit wird ihnen eine große Bandbreite an sinnvollen und attraktiven Freizeitgestaltungen angeboten.

Sinnvolle und attraktive Freizeitgestaltungen werden angeboten

3.4.2   Die Entwicklung von Schulkindern nach Erik H. Erikson

An anderer Stelle *(HF 2, Kap. 1)* ist die Entwicklung von Schulkindern bereits kurz besprochen worden. Die nochmalige Betrachtung, insbesondere der psychoanalytischen Entwicklung nach Erik H. Erikson, gibt wichtige Hinweise in Bezug auf die entwicklungsgerechte und an den Bedürfnissen orientierte Planung von Freizeitprojekten.

Herangezogen wird hierfür das **vierte Stadium** des von Erikson entwickelten Stufenmodells der psychosozialen Entwicklung, die Entwicklungsphase **„Werksinn gegen Minderwertigkeitsgefühl",** die im Schulalter (6. bis ca. 13. Lebensjahr) vorherrschend und daher wichtig für die Planung von Freizeitprojekten mit Schulkindern ist.

Das vierte Entwicklungsstadium bezeichnet Erikson mit dem Selbstgefühl „Ich bin, was ich lerne". Es ist gekennzeichnet durch den Tatendrang der Kinder.

Mit **Werksinn** ist dabei das Gefühl der Kinder gemeint, „auch nützlich zu sein, etwas machen zu können und es sogar gut und vollkommen zu machen" *(Erikson, Identität und Lebenszyklus)*. Die Kinder möchten Dinge produzieren und entwickeln dabei Ehrgeiz und Fleiß. Damit beweisen sie ihrer Umwelt, dass sie schon fast erwachsen sind, und verschaffen sich so Anerkennung.

Gleichzeitig streben die Kinder auch danach, ihr Werk zu vollenden. Erikson nennt daher als ersten Teil der psychosozialen Modalität (Modalität = Art und Weise des Seins, Denkens) in dieser Phase, die Aufgabe „etwas Richtiges", von Erwachsenen Anerkanntes zu tun. Gemeint ist damit die Entwicklungsaufgabe, die dem Kind in dieser Phase abverlangt wird.

Kinder in dieser Entwicklungsstufe zeigen großes Interesse an Gegenständen aus der „realen" Welt, suchen sich nützliche Beschäftigungen und wollen nicht mehr „nur spielen". Schulkinder fügen sich gerne einer „milden, aber festen Disziplin" und erlernen gerne Dinge, auf die sie von allein nicht gekommen wären. Dies vermittelt ihnen das Gefühl, an der realen Welt der Erwachsenen teilzunehmen und sich aktiv in sie einzufügen.

Die Lehrerin bzw. Erzieherin hat daher die Aufgabe, Spiel und Arbeit sinnvoll abzuwechseln. Schulkinder möchten außerdem nicht allein, sondern „mit anderen zusammen tätig sein". Dies nennt Erikson den zweiten Teil der psychosozialen Modalität dieser Entwicklungsphase.

Bekommen die Kinder nicht die Gelegenheit, sich nützlich zu machen oder produktiv tätig zu sein bzw. erfahren sie keine Anerkennung, werden ihre Leistungen nicht zur Kenntnis genommen, nur getadelt statt gelobt oder als unbedeutend abgetan, werden sie sich unbefriedigt und minderwertig fühlen.

Das Gefühl von **Minderwertigkeit** und Schwäche bildet sich aber auch aus, wenn der Werksinn überbeansprucht wird. Stellen die Eltern oder die Erzieherin zu hohe Ansprüche an die Kinder und überfordern sie damit, so scheitern sie in dieser Phase.

Erik Erikson misst dem **naturwissenschaftlichen** Unterricht eine große Bedeutung bei. Dieser kommt dem Erkundungsdrang der Kinder sehr entgegen und trägt zur aktiven Erschließung der Lebenswirklichkeit bei. Er ermöglicht die Betrachtung sowie eine experimentelle Erprobung von Alltagsphänomenen und gibt den Kindern damit das Gefühl, an der realen Erwachsenenwelt teilzunehmen.

Nach Eriksons Erkenntnissen sind Kinder vor allem in der Kindergarten- und Grundschulzeit besonders sensibel und aufgeschlossen für naturwissenschaftlichen Unterricht. Dieser wird allerdings, basierend auf der Kognitionsforschung Piagets *(vgl. Band 1, HF 2, Kap. 1)*, frühestens ab Klasse 5 in den Schulen als eigenständiges Fach (Physik, Chemie, Biologie) unterrichtet. Nach Erikson bietet dieser späte Zeitpunkt einen entscheidenden Nachteil: Weil bei vielen Kindern schon ab zwölf Jahren die Pubertät einsetzt, gilt das Interesse der Jugendlichen in dieser Phase mehr der Identitätsfindung beziehungsweise der Festigung der Ich-Identität und weniger den schulischen Aktivitäten (Beginn der Entwicklungsphase 5 *Identität gegenüber Identitätsdiffusion*). Deshalb gestaltet es sich für Lehrer schwieriger, bei Jugendlichen in dieser Phase Interesse an Naturwissenschaften wecken zu können.

Eine mit Schulkindern tätige Erzieherin könnte hier optimal ansetzen und für die Planung von Freizeitaktivitäten beachten, dass Schulkinder:
→ **neue Technologien kennenlernen und erweitern wollen,**
→ Lust an Vollendung der Dinge haben,
→ Anerkennung von Gleichaltrigen wünschen,
→ Feedback von Erwachsenen erstreben,
→ sich an der Realität orientieren möchten,
→ eine sinnvolle Abwechslung von Spiel und Arbeit wünschen,
→ gemeinsam mit anderen tätig werden wollen,
→ Erfolg haben möchten,
→ ernst genommen werden und Wertschätzung erfahren wollen,
→ gerne naturwissenschaftliche Erfahrungen machen.

3.4.3 Freizeitprojekte mit Schulkindern

Homepage eines Jugendzentrums gestalten
Ziel dieses Projekts ist es, den beteiligten Kindern Fach-

kenntnisse im Umgang mit dem Computer zu vermitteln, sich über Inhalte der neuen Homepage auszutauschen und zu verständigen sowie Beiträge zu verfassen. Beteiligt werden sechs Mädchen und Jungen im Alter von zehn bis 13 Jahren.

Zunächst findet ein Brainstorming statt, bei dem die Kinder Vorschläge zur Gestaltung der Homepage sammeln. Eine dabei entstehende Idee könnte sein, Besucher und Mitarbeiter der OT zu interviewen und diese Interviews als Audiobeitrag auf der Homepage zu installieren. Die Kinder entwickeln Fragen, wie z. B.: „Was gefällt dir besonders gut in unserer OT?", „Was magst du gar nicht?" Die Interviews werden aufgezeichnet und im Anschluss vorgespielt und bewertet. Darüber hinaus können viele andere Ideen entstehen, wie z. B. ein Chatroom oder ein Bereich, in dem durchgeführte Projekte präsentiert werden. Am Ende des gesamten Projekts steht eine neu gestaltete Homepage, die große Anerkennung bei den nicht beteiligten Kindern und Jugendlichen sowie den Mitarbeitern findet.

Tanzvorführung einer Mädchengruppe

Bei diesem Projekt sollen die beteiligten Mädchen, die zwischen acht und 12 Jahre alt sind, befähigt werden, selbstständig zu arbeiten, indem z. B. Schrittfolgen entwickelt und Übungszeiten abgesprochen werden. Außerdem soll durch einen erfolgreichen Auftritt zur Weihnachtsfeier das Selbstbewusstsein der Mädchen gestärkt werden. Die Mädchen orientieren sich an dem, was sie im Fernsehen sehen. Außer einer sinnvollen Choreografie überlegen sie sich noch einen Text für eine Rap-Einlage sowie Kleidung und Make-up für den Auftritt. Bei der Aufführung ist ihnen ein großer Applaus gewiss und sie fühlen sich schon wie richtige Superstars …

↗ FAZIT

→ Mit „Freizeit" ist in einer sozialpädagogischen Einrichtung oder in einer Ganztagsgrundschule die Zeit gemeint, die nach den Hausaufgaben zur freien Verfügung steht. Die Schulkinder haben meist folgende Möglichkeiten der Freizeitgestaltung:
   1. Teilnahme an geplanten Aktivitäten sowie Projekten oder Ausflügen
   2. Nutzung vorhandener Spielmaterialien
   3. Freispiel
→ Bei der Planung von Freizeitangeboten muss die Erzieherin neben der Lebenssituation insbesondere Interessen und Bedürfnisse berücksichtigen. Dazu sind Kenntnisse über den Entwicklungsstand dringend notwendig.

→·← AUFGABEN UND ANREGUNGEN

1 Lesen Sie erneut das Kapitel 3 in HF 2 und informieren Sie sich über die situationsorientierte Planung von Projekten. Lesen Sie außerdem im HF 2 das Kapitel 1 über die kognitive Entwicklung von Schulkindern.

2 Sammeln Sie eigene Projektideen, die dem Entwicklungsstand der Kinder gerecht werden. Formulieren Sie zu jedem Projektvorschlag auch die möglichen Teilthemen.

   2.1 Präsentieren Sie Ihre Vorschläge in der Klasse.

   2.2 Begründen Sie Ihr Vorgehen.

TIPPS ZUM WEITERLESEN →→

→ Identität und Lebenszyklus.
   Erik H. Erikson, Suhrkamp, Frankfurt 1973

4   Jugendliche und junge Erwachsene

Ercan möchte Erzieher werden, um mit Jugendlichen zu arbeiten. Davon, wie diese Arbeit aussehen soll, hat er auch konkrete Vorstellungen. Beispielsweise möchte er mit Jugendlichen Fußball spielen, gerne auch Kicker und Konsolenspiele. In Gesprächen möchte er zudem mit Jugendlichen deren Probleme lösen. Hierbei könnte ein Schwerpunkt in der Beratung von Jugendlichen mit Migrationshintergrund liegen, da Ercan der Meinung ist, dass viele junge Menschen aufgrund mangelnder Kenntnis der deutschen Sprache, religiöser Vorschriften und kultureller Unterschiede zwischen Deutschland und ihren Herkunftsländern nicht ausreichend integriert sind.

Jugendliche beim Kicker spielen

Ercan glaubt, für die Arbeit mit Jugendlichen besonders geeignet zu sein, da er viele Jahre selbst Besucher eines Jugendzentrums war. Hier hat er die Arbeit der dort tätigen Diplom-Sozialpädagoginnen und Erzieherinnen kennengelernt:

→ Der **Offene Bereich** des Jugendzentrums ist für Jugendliche ab 14 Jahren jeden Tag in der Woche von 17:00–21:00 Uhr und samstags von 18:00–22:00 Uhr geöffnet. Hier werden alle Besucher von der anwesenden pädagogischen Fachkraft persönlich, zumeist mit Handschlag, begrüßt. Zum Selbstkostenpreis erhält man Getränke und Snacks, gegen Abgabe eines Pfands erhält man Karten- und Gesellschaftsspiele sowie die nötigen Utensilien, um an den Kicker- und Billardtischen zu spielen.

→ Zweimal pro Woche findet ein fachlich begleitetes **medienpädagogisches Angebot** statt. Neben PC- und Konsolenspielen können die jugendlichen Besucher das Internet nutzen.

→ Dreimal pro Woche haben die Jugendlichen die Möglichkeit, **Krafttraining** zu betreiben. Hierzu stehen spezielle Übungsgeräte zur Verfügung.

→ Einmal pro Woche gibt es ein **Kickboxangebot.**

→ Zweimal pro Woche findet ein **musikpädagogisches Angebot** statt. Zur Verfügung stehen Platten- und CD-Spieler, ein Mischpult, Mikrofone und diverse Musikinstrumente.

→ Jeden ersten Freitag im Monat ist **Kinotag.** Hier können die Jugendlichen gemeinsam ausgewählte Filme über einen Beamer schauen.

→ Mittwochs ist **Mädchentag.** An diesem Tag dürfen ausschließlich weibliche Besucherinnen das Jugendzentrum nutzen. Das Angebot variiert, da es sich den Wünschen der Besucherinnen anpasst.

→ In den **Ferien** gibt es besondere Angebote, z. B. gemeinsame Ausflüge und Ferienfahrten für verschiedene Altersgruppen.

→ Die Organisation übernimmt der Träger des Jugendzentrums in Zusammenarbeit mit der Leiterin und teilweise mit dem gesamten Team.

↘ FRAGEN

→ *Was wissen Sie über Jugendarbeit?*

→ *Handelt es sich bei Ercans angestrebter Arbeit mit Jugendlichen und der Arbeit der pädagogischen Fachkräfte im Jugendzentrum um Jugendarbeit? Woran machen Sie Ihre Entscheidung fest?*

4.1   Lebensphase Jugend

Ist die Arbeit mit Jugendlichen aus fachlicher Sicht gleichzusetzen mit dem häufig synonym verwendeten Begriff „Jugendarbeit"? Um diese Frage zu beantworten, bedarf es zunächst der Klärung einzelner Aspekte.

> **Jugend** ist ein Begriff, der vielfältigen Zuschreibungen unterliegt. Hier soll der Jugendbegriff vornehmlich im Zusammenhang mit der Konstruktion einer **Lebensphase** erörtert werden, um darauf aufbauend mit Jugendlichen arbeiten zu können.

4.1.1   Entstehung, Ausdehnung und Ausdifferenzierung

Schon im antiken Griechenland gab es Versuche, verschiedene Lebensaltersstufen zu benennen. Hippokrates kannte beispielsweise das Kind, den Knaben, den Jüngling, den Jungmann, den Mann und den Greis *(vgl. Ferchhoff 2007)*. In der frühen Neuzeit wurden die Begriffe Kind, Jüngling und Jugend z. T. synonym verwendet. Es fand jedoch eine „Eingrenzung" der Jugendphase auf das Alter von 14 bis 21 Jahren statt. Mit unserem heutigen Verständnis von Jugend hatte diese Eingrenzung jedoch noch wenige Gemeinsamkeiten. Ferchhoff kommt zu der Einschätzung, dass „Lebensalterseinteilungen und Begriffe von Jugend selbst kontext-, d. h. **zeit- und kulturgebunden** waren und sind *(Ferchhoff 2007, S. 86)"*.

Ein Blick in die Geschichte zeigt auch, dass die Lebensphase Jugend immer im Kontext **ökonomischer, sozialer** und **kultureller** Erfordernisse zu betrachten ist. So gab es in der landwirtschaftlich geprägten vorindustriellen Gesellschaft noch keinerlei Abgrenzung zwischen den Lebensphasen. Die Generationen lebten unter einem Dach, hatten überwiegend die gleichen Aufgaben und sozialen Kontakte. Auch Kindheit im heutigen Sinne war als Lebensphase nicht vorhanden.

Die um 1850 einsetzende **Industrialisierung** führte zumindest im urbanen Umfeld zu einer veränderten Form der Beschäftigung. Es entstanden außerhäusliche Produktionsformen, was auch den Ausbau sozialer Kontakte außerhalb der Kernfamilie mit sich brachte. So konnte eine gesonderte Lebenssphäre für Kinder entstehen, die von einem „neuen sozialen und pädagogischen Verständnis von Kindsein" *(Hurrelmann 2004, S. 20)* begleitet wird. Kinder galten zunehmend nicht mehr als kleine Erwachsene, sondern als Menschen, die sich innerhalb einer eigenen Phase zu Erwachsenen entwickeln müssen. Somit ergaben sich auch besondere psychologische und pädagogische Betrachtungen. Eine Jugendphase nach heutigem Verständnis gab es aber noch nicht.

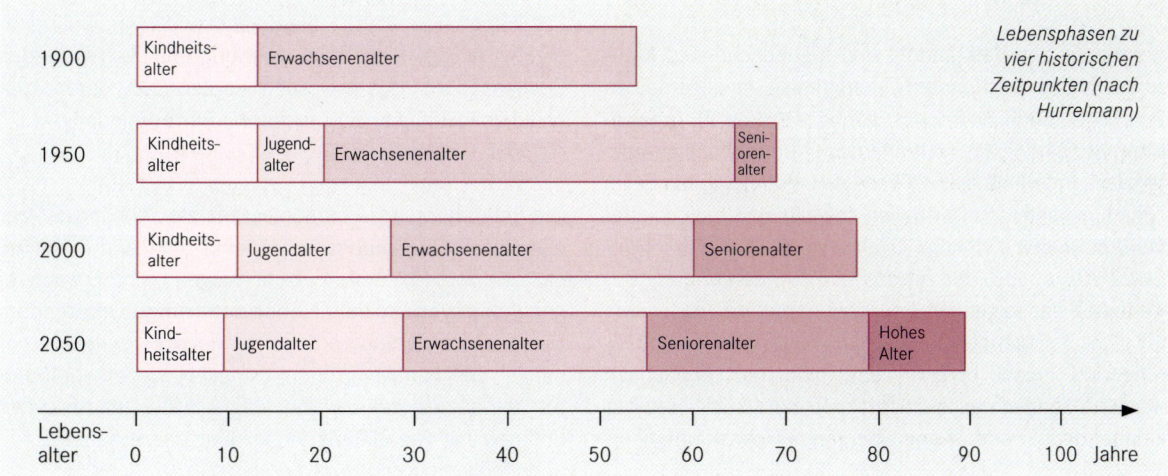

Lebensphasen zu vier historischen Zeitpunkten (nach Hurrelmann)

Zu Beginn des **20. Jahrhunderts** wurden die Anforderungen an den Beruf derartig komplex, dass gezielte Ausbildungen notwendig wurden. Somit beschleunigte sich der Prozess der sozialen Neuorientierung. Hierzu trug auch der verpflichtende Besuch des allgemeinen Schulwesens für alle Kinder bei. Dies sollte auf die beruflichen Anforderungen im Arbeitsprozess vorbereiten. Im Zuge der sich immer weiter ausdifferenzierenden schulischen wie beruflichen Ausbildung verlagerte sich der Übergang in das Erwachsenenleben über die Pubertät hinaus und kennzeichnet somit die neue Phase „Jugend" im menschlichen Lebenslauf *(vgl. ebd., S. 20)*.

Hurrelmann diagnostiziert eine weitere, fortschreitende zeitliche Verkürzung der Kindheitsphase und eine weitere Ausdehnung der Jugendphase *(vgl. ebd., S. 17)*.

> „Die **Jugendphase** begann sich also zu dem Zeitpunkt zu konstituieren, da der Schwierigkeitsgrad der **beruflichen Tätigkeiten** ein solches Maß erreicht hatte, dass bestimmte Eignungen und Qualifikationen zu deren Ausübung verlangt wurden. In diesem Stadium der Entwicklung entstanden zugleich die Möglichkeiten, dem gesellschaftlichen Nachwuchs die als notwendig erachtete Entwicklungs- und Reifezeit zuzugestehen *(Hurrelmann 2004, S. 21)*."

Von einem kurzfristigen Ende dieses Trends ist nicht auszugehen. Scherr *(vgl. 2009, S. 19)* beschreibt die Jugendphase, an Hurrelmann anknüpfend, aus soziologischer Sicht als „ein gesellschaftsgeschichtliches Phänomen".

Nach heutigem Verständnis sind Jugendliche also Menschen in einer bestimmten Lebensphase. Im allgemeinen Sprachgebrauch findet sich häufig der Begriff **Jugendalter,** der eine Phase während des Lebenszyklus charakterisiert. Innerhalb dieser Phase sammeln Jugendliche im Zusammenspiel intellektueller, sozialer und biologischer Veränderungen vielfältige Erfahrungen *(vgl. Oerter/Montada 2002, S. 258)*, die für das Hineinfinden und die Bewältigung der folgenden Erwachsenenphase, aber auch für eine „gelingende" Seniorenphase von großer Bedeutung sind. Jugend bedeutet aber nicht nur „erwachsen werden", sondern auch „nicht mehr Kind sein", und beinhaltet damit bedeutsame Übergänge (Transitionen).

Oerter und Dreher markieren das Ende der Kindheit und damit den Beginn des Jugendalters mit dem Beginn der **Pubertät,** also dem Eintreten der Geschlechtsreife. Auch die Abgrenzung zwischen Jugend- und frühem Erwachsenenalter erfolgt in der Entwicklungspsychologie und der Soziologie nicht allein über das Alter, sondern anhand von **Funktionsbereichen** (z. B. der Aufnahme einer beruflichen Tätigkeit), von **Rollenübergängen** und von Kriterien der **sozialen Reife** *(vgl. Oerter/Dreher 2002, S. 259)*.

Die „Jugend als kollektive Statuspassage" weist also keinen trennscharfen Altersbeginn und auch keinen eindeutigen Abschluss auf. Ferchhoff *(2007, S. 86 ff.)* bettet die Jugendphase zusätzlich auch noch in viele Ungleichzeitigkeiten und asynchrone Entwicklungen, in vielfache Teilübergänge, unterschiedliche rechtliche, politische und kulturelle Mündigkeitstermine sowie verschiedene Teilreifen in sexueller, politischer und sozialer Hinsicht ein.

In der internationalen Jugendforschung wird der Begriff **Adoleszenz** verwendet, der unterteilt wird in
→ frühe Adoleszenz (11–14 Jahre)
→ mittlere Adoleszenz (15–17 Jahre)
→ späte Adoleszenz (18–21 Jahre)

Die Adoleszenz erstreckt sich also über etwa ein Jahrzehnt, das quantitativ und qualitativ uneinheitliche Entwicklungsprozesse aufweist *(vgl. Oerter/Dreher 2002, S. 259)*.

Seit über 20 Jahren wird in der Jugendforschung im Zusammenhang mit der Adoleszenz die **Postadoleszenz** diskutiert. Diese Phase „kann als biografische Lebensphase charakterisiert werden, in der sich in unterschiedlichen Lebensbereichen (Wohnen, Beruf, Partnerschaft, Familiengründung etc.) eine wachsende Verselbstständigung junger Menschen vollzieht und Korrelate des Erwachsenenstatus erworben werden (z. B. durch Ausbildungsabschluss, Berufseintritt, Partnerbindung etc.)" *(vgl. Buba 1996, S. 351)*.

Die Entstehung der Postadoleszenz als „Anhängsel" der eigentlichen Jugendphase verdankt sich der Tatsache, dass an der Nahtstelle zwischen Jugend- und Erwachsenenalter **psychosoziale Neuorientierungen** stattfinden. Diese sind aufgrund veränderter Heirats-, Lebensbeziehungs- und Familiengründungsmuster, wegen veränderter Ablösungsprozesse und aufgrund der tendenziellen Entkopplung von Bildung, Ausbildung und Berufstätigkeit notwendig geworden *(vgl. Ferchhoff 2007, S. 87 f.)*.

4.1.2 Die Jugendphase aus rechtlicher Sicht

Die Gesetzgebung in Deutschland bemüht sich im Hinblick auf die Phase Jugend (und Kindheit) um Klarheit. In Gesetzestexten, beispielsweise im Sozialgesetzbuch (SGB) Achtes Buch (VIII) Kinder- und Jugendhilfe (i. d. F. vom 14. Dezember 2006) oder im Jugendschutzgesetz (JuSchG) (vom 23. Juli 2002) werden genaue Altersangaben zu Eingrenzung der Phase(n) genannt. So ist nach § 7 SGB VIII sowie nach § 1 JuSchG **Kind,** wer noch nicht 14 Jahre alt ist. **Jugendlicher** ist, wer 14, aber noch nicht 18 Jahre alt ist. Darüber hinaus gilt nach § 7 Abs. 1 Satz 4 als **junger Mensch,** wer noch nicht 27 Jahre alt ist.

> „Die" Jugendphase ist schwer zu greifen, da Veränderungen, beispielsweise gesellschaftlicher Art, dazu beitragen, dass das Individuum sich permanent anpasst bzw. anpassen muss. Die damit einhergehenden Transitionen gilt es zu bewältigen bzw. pädagogisch adäquat zu begleiten. Daran ändern auch die klaren gesetzlichen Bestimmungen nichts.

Die Jugendphase beginnt mit 14 Jahren ...

... und endet mit dem 18. Geburtstag.

4.1.3 Entwicklungsaufgaben

Das von Robert J. Havighurst entwickelte Konzept der **Entwicklungsaufgaben** hilft Erzieherinnen dabei, pädagogisch kompetent handeln zu können. Im Zentrum steht die Idee, dass Entwicklungsaufgaben dem Grunde nach Lernaufgaben für die gesamte Lebensphase darstellen. Ziel ist es also, seine eigene Entwicklung und die den jeweiligen Phasen entsprechenden Aufgaben kompetent in die Hand zu nehmen oder als Pädagoge Menschen dabei kompetent zu begleiten.

Mit Blick auf die Jugendphase ist es also zunächst bedeutsam, die entsprechenden Entwicklungsaufgaben zu kennen. Diese Entwicklungsaufgaben der Adoleszenz sind z. T. Weiterführungen von Aufgaben der Kindheit. Andere Aufgaben beginnen mit der Adoleszenz und setzen sich ins (frühe) Erwachsenenalter fort. An dieser Stelle sind dringend Kenntnisse erforderlich. Zur Darstellung dient die folgende Abbildung:

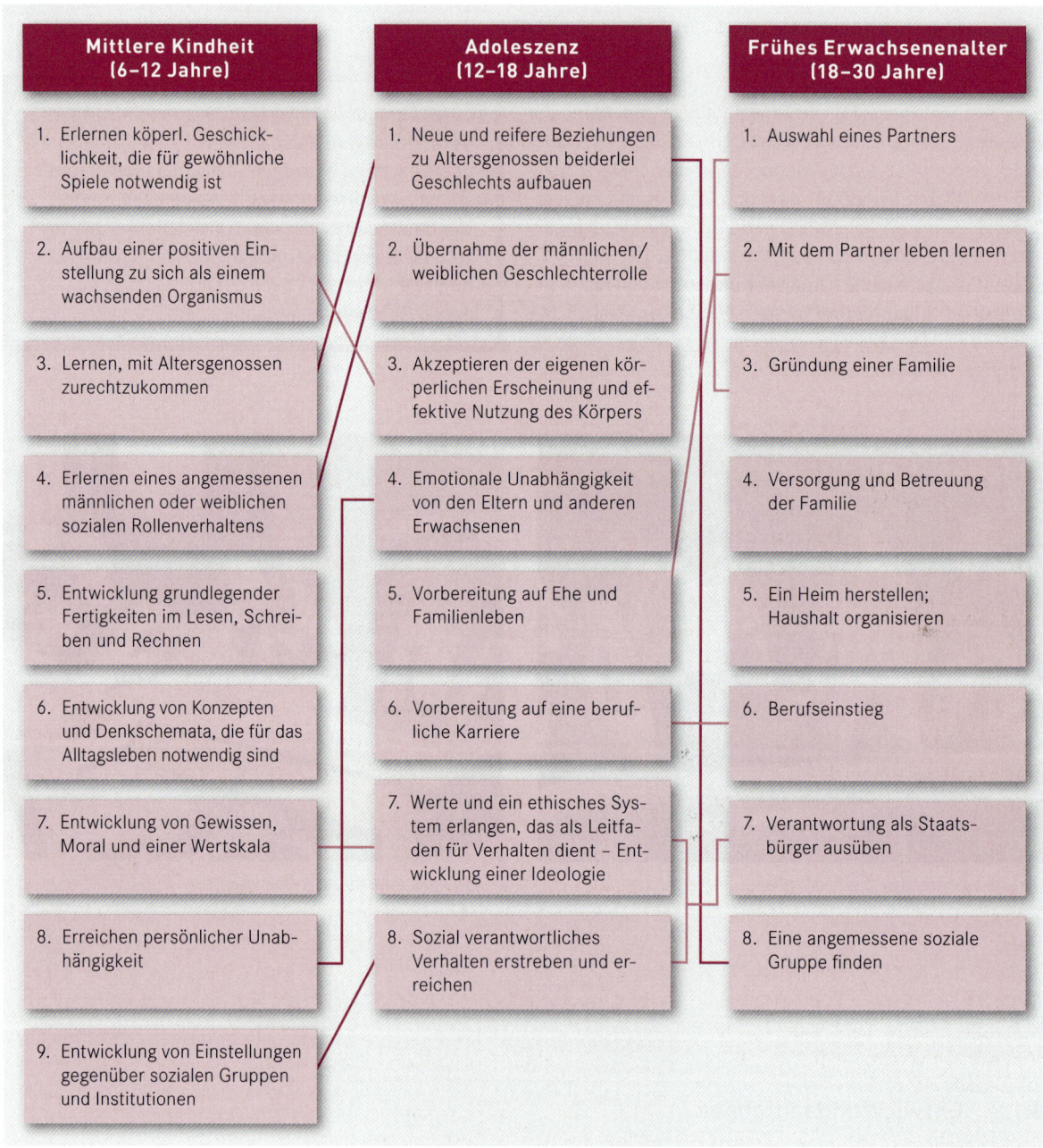

Mittlere Kindheit (6–12 Jahre)	Adoleszenz (12–18 Jahre)	Frühes Erwachsenenalter (18–30 Jahre)
1. Erlernen köperl. Geschicklichkeit, die für gewöhnliche Spiele notwendig ist	1. Neue und reifere Beziehungen zu Altersgenossen beiderlei Geschlechts aufbauen	1. Auswahl eines Partners
2. Aufbau einer positiven Einstellung zu sich als einem wachsenden Organismus	2. Übernahme der männlichen/ weiblichen Geschlechterrolle	2. Mit dem Partner leben lernen
3. Lernen, mit Altersgenossen zurechtzukommen	3. Akzeptieren der eigenen körperlichen Erscheinung und effektive Nutzung des Körpers	3. Gründung einer Familie
4. Erlernen eines angemessenen männlichen oder weiblichen sozialen Rollenverhaltens	4. Emotionale Unabhängigkeit von den Eltern und anderen Erwachsenen	4. Versorgung und Betreuung der Familie
5. Entwicklung grundlegender Fertigkeiten im Lesen, Schreiben und Rechnen	5. Vorbereitung auf Ehe und Familienleben	5. Ein Heim herstellen; Haushalt organisieren
6. Entwicklung von Konzepten und Denkschemata, die für das Alltagsleben notwendig sind	6. Vorbereitung auf eine berufliche Karriere	6. Berufseinstieg
7. Entwicklung von Gewissen, Moral und einer Wertskala	7. Werte und ein ethisches System erlangen, das als Leitfaden für Verhalten dient – Entwicklung einer Ideologie	7. Verantwortung als Staatsbürger ausüben
8. Erreichen persönlicher Unabhängigkeit	8. Sozial verantwortliches Verhalten erstreben und erreichen	8. Eine angemessene soziale Gruppe finden
9. Entwicklung von Einstellungen gegenüber sozialen Gruppen und Institutionen		

Entwicklungsaufgaben der Adoleszenz nach Havighurst (aus: Oerter/Dreher 2002, S. 270)

4.1.4 Jugend und Identität

Unter dem **Identitätsbegriff** werden unverwechselbare persönliche Daten wie Alter, Geschlecht, Name und Beruf verstanden. Der zentrale Aspekt der Identität, der uns hier interessiert, ist jedoch die einzigartige Persönlichkeitsstruktur eines jeden Menschen. Sie steht in Verbindung „mit dem Bild, das andere von dieser Persönlichkeitsstruktur haben", und beinhaltet gleichzeitig „das eigene Verständnis für Identität, die Selbstkenntnis und den Sinn für das, was man ist bzw. sein will" *(vgl. Oerter/ Dreher 2002, S. 290 f.).*

Der 1968 von Erik Erikson eingeführte Begriff *Identität* versucht die Frage zu beantworten: „Wer bin ich?" Diese Frage muss in der Jugendphase beantwortet werden und wird in den folgenden Phasen gelebt *(vgl. Keupp u. a. 2006, S. 77).*

Jürgen Fritz bezeichnet die **Identitätsentwicklung,** insbesondere in der Adoleszenz, als „ein Gefühl des Menschen, im Sog unterschiedlicher Forderungen und Erwartungen nicht unterzugehen, etwas Unverwechselbares, Eigenes, Gleichbleibendes in den Interaktionen darstellen zu können, von den anderen darin erkannt zu werden und es auch über die Zeit bewahren zu können" *(vgl. Fritz 1993, S. 167).* Um dies gewährleisten zu können, gestatten Kulturen jungen Menschen in der Adoleszenz „eine mehr oder weniger anerkannte Karenzzeit" *(vgl. Erikson 1966, S. 137).* Diese Zeit bezeichnet Erikson als **psychosoziales Moratorium.** Hier kann sich der junge Mensch durch freies Experimentieren in verschiedenen Rollen üben und so seinen Platz in der Gesellschaft finden sowie ein sicheres Gefühl für innere und soziale Kontinuität gewinnen.

Jugend und Selbstkonzept

Als **Selbst** wird die kognitiv-affektive Struktur des Wissens um die eigene Person, die regulierende Instanz für die Bewertung von Situationen, das eigene Verhalten, das Verhalten anderer und die Motivierung eigenen Handelns bezeichnet *(vgl. Oerter/Montada 2008, S. 972).* Weiß der Mensch um sein Selbst und kann er dies bewerten, so verfügt er über ein **Selbstkonzept.** Dieses enthält zwei Hauptkomponenten: Die **affektive** Komponente (Selbstvertrauen und Selbstwertgefühl) sowie die **kognitive** Komponente (Selbstwahrnehmung und das Wissen von sich selbst).

Im Jugendalter können bzw. sollen verschiedene Selbst gebildet werden, die je nach Kontext variieren. Dies kann über die intensive und bewusste Beschäftigung mit der eigenen Person erfolgen und führt dazu, „dass man sich in seiner Umwelt nicht mehr als einfacher und unkomplizierter Akteur sieht, sondern ein wachsendes Verständnis für die Vielfalt und Widersprüchlichkeit der eigenen Identität gewinnt" *(vgl. Oerter/Montada 2008, S. 972).* Identität differenziert sich somit letztlich über die Arbeit am eigenen Selbst aus.

Jugend und Rolle

Lothar Krappmann bezeichnet **Rollen** als institutionell abgesicherte und sozial definierte Verhaltenserwartungen. Dies ermöglicht Interaktionspartnern komplementäres Handeln und das Teilen von Bedeutungssystemen *(vgl. Krappmann 2005. S. 98 ff.).* Indem Klassifikationsregeln erlernt werden, welche definieren, was in einer Rolle für relevant gehalten wird, werden gleichsam Rollen angeeignet. Dies beinhaltet zugleich, dass Rollen je nach Situation zu interpretieren sind. Darüber hinaus kann das gleiche Verhalten von verschiedenen Menschen in der gleichen Position damit erklärt werden, sich konform zu bestehenden Normen zu verhalten.

Fritz beschreibt „Rolle" als den „objektiven Anteil in den Vorgängen zwischen Individuen" *(vgl. Fritz 1993, S. 171)* und unterscheidet **acht Rollentypen:**

→ **Psychische Rollen** (z. B. die Besonnene)
→ **Primär-Rollen** (z. B. Mann, Frau, die Langsame)
→ **Kulturelle Rollen** (z. B. Deutsche, Belgierin)
→ **Soziale Rollen** (z. B. Erzieherin, Schülerin)
→ **Mitmenschliche Rollen** (z. B. Kollegin, Freundin)
→ **Formale Rollen** (z. B. Vorgesetzte, Gruppenleiterin, Konkurrentin)
→ **Familiale Rollen** (z. B. Mutter, Tochter, große Schwester)
→ **Gruppen-Rollen** (z. B. Sündenbock, Mitläufer)

Gemeinsam ist diesen Rollentypen das Annehmen von entlastenden **Typisierungsschemata,** also der Bündelung verschiedener Merkmale, die nicht immer wieder neu definiert (für sich selbst und nach außen hin) werden müssen. Unterschiedlich sind jedoch die Geltungsbereiche der Rollen, die Machtfülle, die mit diesen Rollen verbunden ist, und die Starrheit der Erwartungsstruktur *(vgl. Fritz 1993, S. 171 f.).* Jede Rolle verlangt ein höheres oder geringeres Maß an Identifikation. Dadurch ist das Individuum, das immer mehrere Rollen einnimmt, dazu gezwungen, sich mit der Rolle auseinanderzusetzen und so Identitätsarbeit zu leisten.

↗ FAZIT

→ Die „Arbeit" am Selbst bzw. Selbstkonzept und an, mit und innerhalb von Rollen trägt wesentlich zur Bildung der Persönlichkeitsstruktur bei. Innerhalb des psychosozialen Moratoriums können Jugendliche „sich selbst erkunden" und Rollen erproben. So können Jugendliche herausfinden, was sie eigentlich wollen, was letztlich ein wichtiger Aspekt der Identitätsfindung ist.

→ Diese besonders relevanten Aspekte bilden neben anderen die „Lernaufgaben" innerhalb der Jugendphase – gemäß dem Konzept der Entwicklungsaufgaben, die es zu beachten gilt.

→·← AUFGABEN UND ANREGUNGEN

1 Beantworten Sie die folgenden Fragen in Einzelarbeit. Notieren Sie die wichtigsten Aspekte kurz und prägnant jeweils auf einer Karte. Behalten Sie bei Ihren individuellen Aufzeichnungen im Blick, dass Sie diese im Anschluss einer Partnerin so gut erklären können sollten, dass diese den Inhalt versteht und Sie Nachfragen beantworten können.

1.1 Wie kam es zu einer eigenständigen Jugendphase?

1.2 Welche Aspekte der Ausdehnung und Ausdifferenzierung der Jugendphase kennen Sie?

1.3 Beschreiben Sie den Begriff Adoleszenz und dessen Sinn und stellen Sie Verbindungen zum Begriff Jugendalter her.

1.4 Nennen Sie Paragrafen, die sich mit der Strukturierung des Lebenszyklus befassen.

1.5 Was sind Entwicklungsaufgaben und warum sind sie für die Arbeit mit Jugendlichen wichtig?

1.6 Welche Entwicklungsaufgaben gibt es in der Jugendphase und womit stehen sie in Verbindung?

1.7 Welche Entwicklungsaufgaben sind für die Jugendphase von besonderer Relevanz? Begründen Sie Ihre Entscheidung.

2 Bereiten Sie sich nun darauf vor, Ihr Fachwissen einer Partnerin zu vermitteln. Sortieren Sie hierzu Ihre Notizen sinnvoll und verinnerlichen dabei (nochmal) das, was Sie lehren möchten.

Heben Sie nun Ihre Karten hoch und schauen Sie sich um, ohne zu sprechen. Sobald eine weitere Person ihre Karten hochhält, finden Sie sich mit dieser zusammen und tauschen Ihr Fachwissen aus. Klären Sie vorab den möglichen Ablauf.

TIPPS ZUM WEITERLESEN →→

→ Entwicklungspsychologie
Rolf Oerter, Leo Montada (Hg), Beltz Verlag, Weinheim, Basel 2008

→ Soziologische Dimensionen der Identität. Strukturelle Bedingungen für die Teilhabe an Interaktionsprozessen
Lothar Krappmann, Klett-Cotta, Stuttgart 2005

→ Methoden des sozialen Lernens
Jürgen Fritz, Juventa Verlag, Weinheim und München 1993

→ Lebensphase Jugend. Eine Einführung in die sozialwissenschaftliche Jugendforschung
Klaus Hurrelmann, Juventa Verlag, Weinheim und München 2004

4.2 Inhalte der Jugendarbeit

Nachdem im vorigen Abschnitt auf den Begriff „Jugend" und deren besondere Kennzeichen eingegangen wurde, ist es nun möglich, die **Adressaten** und deren Bedarfe und Bedürfnisse in den Blick fachlichen Handelns zu nehmen.

Offen sind die Fragen nach dem „Wie" und dem „Wer". Auf welchem fachtheoretischen Hintergrund vollzieht sich Jugendarbeit und welche Profession (und nachran-gig welcher Ausbildungsberuf) befasst sich mit dieser Fachtheorie und wendet sie an? Auch die Fragen nach dem „Wo" und nach gesetzlichen Grundlagen scheinen interessant.

Darüber hinaus kann auch noch die Frage aufgeworfen werden, ob der Begriff „Jugendarbeit" nicht zu kurz ge-griffen ist.

4.2.1 Adressaten der Jugendarbeit

Die Generationsphase Kind wird in der Fachliteratur zu Jugendarbeit zumeist ausgespart bzw. nur am Rande behandelt. Ein Blick in die Geschichte der Jugendarbeit und in die gegenwärtige Praxis zeigt jedoch, dass die Arbeit mit Kindern Bestandteil der Jugendarbeit ist. Dies erscheint im Hinblick auf die sich verschiebenden, inei-nander übergehenden und korrelierenden Aspekte der Lebensphasen Kindheit und Jugend auch sinnvoll.

Der Begriff Jugendarbeit hat seinen Ursprung in der „Ju-gendfürsorge" aus den Jahren um 1900. Dieser Begriff bezeichnete „im weitesten Sinne alles, was Elternhaus, Schule, Gemeinde und Staat, was wohltätige Vereine und sozial gesinnte Personen für einen Minderjährigen von seiner Geburt an bis zu dem Zeitpunkt tun, wo er die Voll-jährigkeit erreicht hat, und was ihn befähigen soll, sich als selbstständiges, sozial brauchbares Glied der Gesell-schaft zu behaupten" *(vgl. Petersen 1915. Entnommen aus: Giesecke 1980, S. 13)*. Der preußische Jugendpflegeerlass von 1911 führte den Begriff „Jugendpflege" für die Arbeit mit nicht straffälligen und nicht verwahrlosten Jugendli-chen ein. Zunehmend wurde „Jugendfürsorge" und „Ju-gendpflege" differenziert und unter dem Begriff „Jugend-arbeit" subsumiert. „Das Reichsjugendwohlfahrtsgesetz (RJWG) von 1922 ersetzte den Begriff ‚Jugendarbeit' durch ‚Jugendwohlfahrtspflege', und die Novelle zum Ju-gendwohlfahrtsgesetz (JWG) von 1961 ersetzte diesen Begriff wiederum durch den der ‚Jugendhilfe'" *(Giesecke 1980, S. 13 f.)*. Dennoch setzte sich der Begriff Jugendar-beit im Sprachgebrauch weitestgehend durch. Dies könn-te u. a. mit seinem emotionalen Gehalt zu tun haben.

Im Gegensatz zur „Jugendarbeit" haften dem Begriff „Kinderarbeit" in unserem Sprachgebrauch negative Assoziationen an, was eine eigenständige Verwendung als nicht sinnvoll erscheinen lässt. Da sich im Kontext sozialpädagogischen Wirkens Kinder ab dem Besuch der Grundschule zu einer eigenständigen Adressatengruppe entwickelt haben, scheint ein „implizites Mitdenken" die-ser Zielgruppe unter dem Begriff der Jugendarbeit als we-nig sinnvoll. Thole schlägt daher vor, „die enge terminolo-gische Fassung ‚Jugendarbeit' aufzugeben und zukünftig von ‚Kinder- und Jugendarbeit' zu sprechen", auch wenn der Schwerpunkt zuweilen bei „den Älteren" liegt *(Thole 2000, S. 13)*.

Adressaten der Jugendarbeit

Wichtig erscheint eine allgemein anerkannte stringente Definition von Kinder- und Jugendarbeit. Darum wird jedoch in der Fachöffentlichkeit bis heute gerungen. Dies hat verschiedene Gründe:

→ Wie vorab dargestellt, sind die Begriffe Jugend und Jugendarbeit z. T. „unscharf", da sie vielerlei Einflüssen unterliegen und gesellschaftlichen Veränderungen ausgesetzt sind.

→ Die disziplinäre Zuordnung der (Kinder- und) Jugendarbeit ist nicht eindeutig und „bleibt ein außerschulisches Handlungsfeld ohne eindeutigen fachlichen Ort" *(Thole 2000, S. 25).*

Thole nennt sechs **fachwissenschaftliche Optionen** der Kinder- und Jugendarbeit:

→ eigenständiges Fachgebiet mit einem eigenständigen Theoriebildungsdiskurs und eigenen Forschungsambitionen,

→ erziehungswissenschaftliches Teilgebiet,

→ sozialpädagogische „Subdisziplin",

→ Bestandteil der Jugend- und Erwachsenenbildung,

→ Teil der Sozialwissenschaft,

→ Praxisfeld ohne „disziplinären Ort"

(vgl. Thole 2000, S. 25).

4.2.2 Gesetzliche Grundlagen der Jugendarbeit

Der explizite Einbezug des Begriffs „Kinder" entspricht – zumindest in Teilen – den Bezeichnungen von Ämtern und Behörden (z. B. Amt für **Kinder, Jugend und Familie** der Stadt Köln) sowie von Gesetzestexten. So regelt das **Kinder- und Jugendhilfegesetz** (KJHG) seit 1990 als achtes Sozialgesetzbuch (SGB VIII) Leistungen für die Zielgruppe und ist somit über die **Kinder- und Jugendhilfe** (KJH) „ein sozialer Dienstleistungsbereich, der sich sowohl auf Interventionsaufgaben und das sogenannte Wächteramt des Staates bezieht, als auch eine öffentliche Infrastruktur zur Pflege, Erziehung und Bildung von Kindern und Jugendlichen vorhält" *(vgl. Rätz-Heinisch u. a. 2009, S. 15).* Innerhalb der Kinder- und Jugendhilfe vollzieht sie sich also als ein Teil der Kinder- und Jugendarbeit. Diese richtet ihr Angebot nicht über die Sorgeberechtigten an die Zielgruppe, sondern direkt an die Kinder und Jugendlichen.

Die Rechtsgrundlage der Kinder- und Jugendarbeit, die **§§ 11 und 12 SGB VIII,** werden durch die jeweiligen Ausführungsgesetze der Bundesländer konkretisiert. Die Leistungen der Kinder- und Jugendarbeit gehören nicht in den Bereich der subjektiven Rechtsansprüche, sondern zur öffentlichen Gewährleistungsverantwortung des öffentlichen Trägers (Öffentliche Träger werden durch Landesrecht bestimmt. Für die Wahrnehmung der Aufgaben errichtet jeder örtliche Träger ein Jugendamt, jeder überörtliche Träger ein Landesjugendamt. *Vgl. § 69 SGB VIII).* Das bedeutet, dass die Leistungen von den Leistungsberechtigten (bzw. den Nutzern) nicht eingeklagt werden können, jedoch vom Gewährleister (Öffentlicher Träger) in ausreichendem Maße zur Verfügung gestellt werden müssen *(vgl. Rätz-Heinisch u. a. 2009, S. 99).*

4.2.3 Angebote der Jugendarbeit

Zur Beantwortung der Frage wie, wo und von wem Jugendarbeit durchgeführt wird, gibt § 11 SGB VIII in Verbindung mit den gesetzlichen Grundlagen wichtige Hinweise:

1 Jungen Menschen sind die zur **Förderung ihrer Entwicklung erforderlichen Angebote** der Jugendarbeit zur Verfügung zu stellen. Sie sollen an den Interessen junger Menschen anknüpfen und von ihnen mitbestimmt und mitgestaltet werden, sie zur Selbstbestimmung befähigen und zu gesellschaftlicher Mitverantwortung und zu sozialem Engagement anregen und hinführen.

2 Jugendarbeit wird angeboten von Verbänden, Gruppen und Initiativen der Jugend, von anderen Trägern der Jugendarbeit und den Trägern der öffentlichen Jugendhilfe. Sie umfasst für Mitglieder bestimmte Angebote, die **offene Jugendarbeit** und **gemeinwesenorientierte Angebote.**

3 Zu den **Schwerpunkten** der Jugendarbeit gehören:

→ außerschulische Jugendbildung mit allgemeiner, politischer, sozialer, gesundheitlicher, kultureller, naturkundlicher und technischer Bildung,

→ Jugendarbeit in Sport, Spiel und Geselligkeit,

→ arbeitswelt-, schul- und familienbezogene Jugendarbeit,

→ internationale Jugendarbeit,

→ Kinder- und Jugenderholung,
→ Jugendberatung.

4 Angebote der Jugendarbeit können auch Personen, die das 27. Lebensjahr vollendet haben, in angemessenem Umfang einbeziehen.

Auf die Frage, **wie** Jugendarbeit fachlich ausgestaltet sein soll, finden wir in § 11 des SGB VIII nur bedingt Antworten. Pauschal kann jedoch gesagt werden, dass Methoden zur Anwendung kommen sollten, die die in Absatz 1 genannten Aspekte ermöglichen.

Eine allgemeingültige Definition vor einem fachwissenschaftlich methodisch-didaktischen Hintergrund wäre nötig, erscheint jedoch aufgrund der Vielfältigkeit der Jugendarbeit schwierig. Eine Möglichkeit, diesem Umstand zu begegnen, sind individuell auf den jeweiligen Kontext abgestimmte Konzepte. Dies ist nicht nur mit Blick auf die individuellen Bedürfnisse des Klientels sinnvoll, sondern auch, um die Jugendarbeit gegenüber der Politik, den Finanzgebern und letztlich dem eigenen Träger gegenüber zu legitimieren. Dies führte in den vergangenen Dekaden zu einem regelrechten „Konzeptboom" *(Deinet/Sturzenhecker 1996, S. 7)*. Zu erklären ist diese Entwicklung durch z. T. erhebliche Unterschiede der Realitäten vor Ort, durch eine Pluralität älterer und neuerer Theorien, durch eine Unsicherheit bezüglich der Ziele

(Bildung versus Erziehung; Emanzipation versus soziale Kontrolle; sozialpolitische Indienstnahme versus Eigenständigkeit) und durch die Ungewissheit, „ob, inwieweit und in welcher Form ‚Theorie' und ‚Praxis', ‚wissenschaftliches Wissen' und ‚praktisches Können', analytisches ‚Know-how' und erfahrungsbegründetes ‚Knowing that' produktiv aufeinander bezogen werden können" *(Scherr 1996, S. 197)*.

Vor der Erarbeitung eines Konzepts für die Kinder- und Jugendarbeit sollten sich grundlegende Überlegungen auf eine „brauchbare" Definition beziehen. Bei der Suche nach einer Definition können sechs verschiedene Perspektiven eingenommen werden *(vgl. Thole 2000)*. Diese können:

1. aufgabenbezogen und inhaltlich definiert sein (beispielsweise Bildung, Partizipation etc.),
2. gemäß der Arbeitsfelder und Angebotsformen definiert sein (z. B. Jugendzentren, mit Jugendlichen im offenen Bereich Kicker spielen etc.),
3. sich stringent an rechtlichen Bestimmungen orientieren,
4. sich an der Geschichte der Kinder- und Jugendarbeit orientieren,
5. unter Rückgriff auf erziehungswissenschaftliche, soziologische oder psychologische Wissensbestände definiert werden,
6. gesellschaftstheoretisch orientiert sein.

Arbeitsdefinition

Kinder- und Jugendarbeit umfasst alle
→ außerschulischen und nicht ausschließlich berufsbildenden,
→ vornehmlich pädagogisch gerahmten und organisierten,
→ öffentlichen,
→ nicht kommerziellen bildungs-, erlebnis- und erfahrungsbezogenen
→ Sozialisationsfelder
→ von freien und öffentlichen Trägern, Initiativen und Arbeitsgemeinschaften.

Kinder ab dem Schulalter und Jugendliche können hier
→ selbstständig, mit Unterstützung oder in Begleitung von ehrenamtlichen und/oder beruflichen Mitarbeiterinnen,
→ individuell oder in Gleichaltrigengruppen,
→ zum Zweck der Freizeit, Bildung und Erholung,
→ einmalig, sporadisch, über einen turnusmäßigen Zeitraum oder für eine längere, zusammenhängende Dauer zusammenkommen und sich engagieren.

Die **außerschulische Kinder- und Jugendarbeit** konstituiert damit ein freiwilliges Angebot in einem doppelten Sinne: Weder können Kinder und Jugendliche zu einer Teilnahme verpflichtet werden, noch können sie andererseits ihre Teilnahme einklagen.

Auf die Frage, **wo** Kinder- und Jugendarbeit stattfindet bzw. stattfinden sollte, könnte man pauschal antworten: Dort, wo Kinder und Jugendlichen sie benötigen. Dies kann von Region zu Region sowohl quantitativ als auch qualitativ unterschiedlich sein. In einer strukturschwachen Region erscheint z. B. eine **arbeitsweltbezogene**

Jugendsozialarbeit *(nach § 11 Abs. 3 Satz 3 SGB VIII)* besonders sinnvoll. In einem Stadtteil, in dem Faktoren wie Wohnraumdichte, häusliche Gewalt, Schulabstinenz usw. besonders prekär zum Vorschein kommen, erscheint dagegen eine **schul- und familienbezogene Jugendsozialarbeit** als sinnvoll.

Der Kinder- und Jugendhilfestatistik (KJH-Statistik) ist zu entnehmen, dass die Kinder- und Jugendarbeit in den 1990er-Jahren ein expandierendes Arbeitsfeld innerhalb der Kinder- und Jugendhilfe war. Sie verzeichnet einen Anstieg der Einrichtungen um 34 % auf 17 920, um bis 2002 wieder auf 17 372 Einrichtungen zurückzugehen. Der größte Teil dieser Einrichtungen sind **Jugendzentren, Jugendfreizeitheime und Häuser der offenen Tür** mit 46 %. Diese Institutionen sind eher der Offenen Kinder- und Jugendarbeit zuzurechnen.

Jugendräume und -heime ohne hauptamtliches Personal bilden mit 31 % die zweitgrößte Gruppe im Bereich der Kinder- und Jugendarbeit, gefolgt von anderen Einrichtungsarten bzw. Initiativen der **mobilen Jugendarbeit, Jugendbildungsstätten, Jugendkunstschulen, pädagogisch betreuten Spielplätzen** oder auch **Jugendherbergen** mit 23 % *(vgl. Pothmann 2008, S. 26).*

Pro 100 000 der 12- bis 21-jährigen Bevölkerung bestehen 183 Einrichtungen. Diese bundesweite Einrichtungsdichte verdeckt jedoch große regionale Unterschiede. Allein die Ost-West-Unterschiede sind erheblich. Während für Westdeutschland der beschriebene Quotient bei einem Wert von 167 liegt, beträgt dieser für Ostdeutschland 247. Demnach ist für den Osten Deutschlands also von einer „im Verhältnis zur altersentsprechenden Bevölkerung deutlich höheren Zahl von Einrichtungen auszugehen" *(vgl. Pothmann 2008, S. 26).*

Laut amtlicher Statistik zu öffentlich geförderten Maßnahmen fanden im Jahre 2004 insgesamt 97 267 Veranstaltungen im Rahmen der Kinder- und Jugendarbeit statt, schwerpunktmäßig in den Bereichen Freizeit und Erholung sowie Bildung. Im gleichen Zeitraum nahmen 3 667 451 Jungen und Mädchen an öffentlich geförderten Maßnahmen der außerschulischen Jugendbildung, der internationalen Jugendarbeit, der Mitarbeiterfortbildung und der Kinder- und Jugenderholung teil. Das bedeutet im Vergleich zu den Vorjahren rückläufige Maßnahmen- und Teilnehmerzahlen. Dieser Trend ist in Ostdeutschland stärker ausgeprägt als in Westdeutschland. Bei der Zusammensetzung des Spektrums öffentlich geförderter Maßnahmen der Kinder- und Jugendarbeit stellen die Angebote der Kinder und Jugenderholung mit ca. 47 % den größten Anteil dar. 38 % der Veranstaltungen entfallen auf den Bereich der außerschulischen Jugendbildung, 11 % auf die Mitarbeiterfortbildung bei den freien Trägern und 4 % auf Maßnahmen der internationalen Jugendarbeit *(vgl. Pothmann 2008, S. 29 f.).*

Für die dargestellten Einrichtungen und Maßnahmen werden natürlich auch Mitarbeiter benötigt. Auch hierzu erhebt das Statistische Bundesamt Daten und gibt an, dass im Jahre 2002 die Beschäftigtenzahl im Bereich der Kinder- und Jugendarbeit insgesamt bei 45 514 liegt, wobei sich die Zahl – umgerechnet auf Vollzeitstellen – auf 31 734 Mitarbeiter reduziert. Dies zeigt, dass die Kinder- und Jugendarbeit eine nicht geringe Quote an Teilzeitbeschäftigung bietet bzw. erzwingt.

39 137 Beschäftigte sind pädagogische Fachkräfte. Unter den Fachkräften liegt der Frauenanteil bei rund 57 %, knapp 58 % sind jünger als 40 Jahre und etwas weniger als 59 % sind bei freien Trägern beschäftigt. Der Anteil der befristeten und damit z. T. prekären Beschäftigungsverhältnisse liegt im Osten bei 54 %, im Westen bei 18 % *(vgl. Pothmann 2008, S. 27 f.).*

Die Anforderungen an eine pädagogische Fachkraft in vielen Arbeitsfeldern, wie beispielsweise der Offenen Kinder- und Jugendarbeit, sind den Anforderungen an eine Fachkraft in einer Kindertagesstätte im Kontext des Situationsansatzes ähnlich. „Es hängt in der Jugendpflege nicht weniger als alles von der Person des Jugendpflegers ab" *(Dehn 1929. Entnommen aus: Thole 2000, S. 161).* Sollte diese Aussage richtig gewesen sein und sich auf die heutige Zeit übertragen lassen, so ist der prozentuale Anstieg an Fachpersonal positiv zu bewerten.

Eine nicht zu unterschätzende Größe sind in der Kinder- und Jugendarbeit die ehrenamtlichen Kräfte. Neben Honorarkräften mit geringem Stundenumfang, Praktikanten, Beschäftigten nach dem Bundesfreiwilligendienstgesetz (in der Nachfolge des Zivildienstes) und Mitarbeitern im Rahmen des Freiwilligen Sozialen Jahres (FSJ) bildeten und bilden „Ehrenamtler" z. T. (immer noch) eine tragende Säule innerhalb der Kinder- und Jugendarbeit. Die hier eingebrachte Arbeit ist qualitativ wie quantitativ jedoch schwer zu erfassen. Nur wenige, z. T. regionale, Studien geben Auskunft über die eingebrachten Kompetenzen und Arbeitszeiten sowie über motivationale Anreize.

„Empirisch und über Erfahrungen zaghaft angezeigt ist zumindest, dass

→ ehrenamtliche Mitarbeiterinnen dazu tendieren, pädagogische Handlungsstrategien zu reproduzieren, die sie in ihrer ehrenamtlichen Jugendarbeitsphase kennenlernten,

→ ehrenamtliche Mitarbeiterinnen zumeist in den Kinder- und Jugendverbänden und dort bei der Gestaltung von Freizeiten und Erholungsmaßnahmen, Schulungen und Gruppenstunden aktiv sind,

→ in sach- und politikbezogenen Arbeitsbereichen vornehmlich männliche und in der konfessionellen Kinder- und Jugendarbeit hauptsächlich weibliche Ehrenamtliche zu finden sind,

→ die ehrenamtlichen Mitarbeiterinnen am längsten aktiv sind, wenn sie sich einen „Funktionärsstatus" erobern,

→ sich die Ehrenamtlichen durchschnittlich unter vier Jahren engagieren, wo sich ihr Engagement auf Aktivitäten vor Ort konzentriert und begrenzt und

→ in der Regel in der Mitte des zweiten Lebensjahrzehnts sich das ehrenamtliche Tun gänzlich einstellt" *(Thole 2000, S. 178 f.).*

Für den Einsatz ehrenamtlicher Kräfte im Rahmen der Jugendhilfe verlangt der Gesetzgeber lt. § 73 SGB VIII, dass diese „angeleitet, beraten und unterstützt werden".

Arbeitsfelder und Konzepte in der Kinder- und Jugendarbeit

„Arbeitsfelder" und Orte

→ **Einrichtungen**
Jugendzentren
Jugendhäuser
Jugendclubs
Jugendheime
Bildungsstätten
Tagungshäuser
Jugendkunstschulen
Soziokulturelle Zentren
Bauspielplätze
Horte

→ **Kinder- und Jugendverbandsarbeit**

→ **Jugendpflege**

→ **„Mobile" Arbeitsfelder**
Straßensozialarbeit
Kulturpädagogische Projekte
Stadtranderholungen
Spielmobile

→ **Kooperative Handlungsfelder**
Jugendsozialarbeit
Kinder- und Jugendschutz
Schulen

„Theorie"konzepte

→ **Sozialraumorientierung**
→ **Multiperspektivischer Ansatz**
→ **Emanzipativer Ansatz**
→ **Subjekttheoretischer Ansatz**
→ **Akzeptierender Ansatz**
→ **„Psychoanalytischer" Ansatz**
→ **Cliquenorientierung**

Aktuelle „Praxis"konzepte

→ **Mädchen und Jungenarbeit**
→ **Kulturpädagogik**
→ **Interkulturelle Ansätze**
→ **Erlebnispädagogik**
→ **Sportive Ansätze**

Arbeitsbereiche und „Maßnahmen"

→ **Jugend„freizeit"arbeit**
→ **Kulturarbeit**
→ **Jugendbildung**
→ **„Erholung"**
→ **Internationale Jugendarbeit**
→ **„Spielplatz"**
→ **Jugendsozialarbeit**
→ **MitarbeiterInnenfortbildung**
→ **Jugendhilfeplanung**

Arbeitsfelder nach Thole 2000

⤢ FAZIT

→ Die Übersicht zeigt zusammenfassend die beschriebenen Sachverhalte auf und visualisiert, dass die Kinder- und Jugendarbeit (innerhalb der Kinder- und Jugendhilfe) ein komplexes, breit gefächertes und zuweilen undurchschaubares Arbeitsfeld darstellt, welches für pädagogisches Fachpersonal vielfältige Möglichkeiten bietet.

→·← AUFGABEN UND ANREGUNGEN

1 ☞ Was wissen Sie (nun) über Jugendarbeit? Beantworten Sie die Frage, indem Sie
a) sich die Inhalte vergegenwärtigen bzw. die Texte durcharbeiten und
b) im Anschluss eine „gedankliche Landkarte" gemäß Ihres individuellen Verständnisses der Jugendarbeit erstellen (z. B. in Form eines Mind-Maps, von Clustern etc.).

2 ✎ Vergleichen Sie Ihre Erarbeitung mit der, die Sie im Anschluss an das Praxisbeispiel dieses Kapitels erstellt haben.

3 Benennen Sie Ihren Lernzuwachs, indem Sie sich mit einer Partnerin darüber austauschen.

4 ✎ Beziehen Sie Ihre neu gewonnenen Erkenntnisse auf das Praxisbeispiel und gehen Sie in Partnerarbeit erneut der Frage nach, ob es sich bei Ercans angestrebter Arbeit mit Jugendlichen und der Arbeit der pädagogischen Fachkräfte im Jugendzentrum um Jugendarbeit handelt? Woran machen Sie Ihre Entscheidung nun fest?

5 Stellen Sie Ihre Ergebnisse im Plenum vor.

TIPPS ZUM WEITERLESEN →→

→ Alle im Kapitel benannten Quellen sind lesenswert! Von besonderer Bedeutung erscheinen:

→ Kinder- und Jugendarbeit. Eine Einführung
Werner Thole, Juventa Verlag, Weinheim und München 2000

→ Aktuelle Daten zur Stand und Entwicklung der Kinder- und Jugendarbeit – eine empirische Analyse
Jens Pothmann, in: Werner Lindner, (Hg): Kinder- und Jugendarbeit wirkt. Aktuelle und ausgewählte Evaluationsergebnisse der Kinder- und Jugendarbeit. VS Verlag für Sozialwissenschaften, Wiesbaden 2008

4.3 Felder der Kinder- und Jugendarbeit

Wie man den vorigen Abschnitten entnehmen kann, ergibt sich für die Kinder- und Jugendarbeit eine „diffuse Allzuständigkeit", die eine eng gefasste Definition von Kinder- und Jugendarbeit nicht zulässt. Eingrenzungen sind jedoch möglich und machen die Arbeitsfelder „greif-

barer". Dies gelingt umso besser, je kleiner und damit klarer umrissen das Aufgabengebiet ist. Im Folgenden werden ausgewählte Arbeitsfelder, -bereiche und Konzepte *(s. Schaubild S. 261)* näher erläutert.

4.3.1 Offene Kinder- und Jugendarbeit

Das laut der Kinder- und Jugendhilfestatistik bedeutsamste, zumindest umfangreichste, Arbeitsfeld innerhalb der Kinder- und Jugendarbeit ist die **Offene Kinder- und Jugendarbeit** *(§ 11 Abs. 2 Satz 2 SGB VIII)*, welche in Jugendzentren, Jugendfreizeitheimen und Häusern der offenen Tür stattfindet.

Die Geschichte der Offenen Kinder- und Jugendarbeit ist eng verknüpft mit der bereits umrissenen Kinder- und Jugendarbeit. Einrichtungen der Offenen Kinder- und Jugendarbeit nannte man im Kaiserreich und in der Weimarer Republik „Jugendheime" und „Jugendclubs". Hier sollten durch die staatliche Jugendpflege und die Verbände der freien Wohlfahrtpflege (Kirchen und Vereine) vor allem männliche Jugendliche aus den unteren sozialen Schichten der Großstädte erreicht werden.

Die Offene Kinder- und Jugendarbeit heutiger Ausprägung hat ihren Ursprung in den westlichen Besatzungszonen der Nachkriegszeit. Neben der kommunalen Jugendpflege, der verbandlichen Jugendarbeit und der Jugendsozialarbeit initiierte die amerikanische Militärregierung eine „Offene Clubarbeit". Damit wurde unter dem Dach der *German Youth Activities* (GYA) eine neue Angebotsstruktur etabliert. Diese waren entgegen der verbandlichen Tradition der deutschen Jugendarbeit **„weltanschaulich neutral** ausgerichtet, wahrten die **Pluralität** der Meinungen und waren den Prinzipien der **Freiwilligkeit** verpflichtet" *(Hafeneger 2005, S. 510 f.)*.

1956 endete das GYA-Programm. Schon vorher waren die Nachbarschaftsheime, Clubs und Jugendtreffs in der amerikanischen, englischen und französischen Besatzungszone nach und nach in die Verantwortung der deutschen Städte und Landkreise übergegangen. Neben den Diskussionen um Trägerschaften standen nun vor allem jugendschützerische und fürsorgerische Leitmotive im

Vordergrund. „In der Tradition der deutschen Jugendarbeit sollten Jugendliche von der Straße ferngehalten, vor Verwahrlosung bewahrt und vor Gefährdungen geschützt werden. In den Jugendhäusern und Heimen der Offenen Tür (HOT) wurde ein neuer Weg der positiven, lebendigen und erzieherisch-wertvollen Freizeitgestaltung darin gesehen, sich um das große Heer der unorganisierten Jugend zu kümmern" *(Hafeneger 2005, S. 512)*.

In den 1960er-Jahren gewann im Zuge der jugendpädagogischen Diskussionen auch die Freizeitgestaltung immer mehr an Bedeutung. „Aktivitäten, Regeneration und der Bildungsgedanke sollten in den Jugendhäusern einen **Ausgleich und Kompensation** zum Berufsleben und der zunehmenden Spezialisierung in der Arbeitswelt schaffen." *(Hafeneger 2005, S. 513)*. Der „Jugendclub" öffnete sich den Bedürfnissen der Jugendlichen und gestattete ihnen **Mitbestimmung.** Er wurde „zu einer neuen Organisationsform der Offenen Kinder- und Jugendarbeit, verstanden als angemessener persönlichkeitsbildender, bedürfnis- und interessenorientierter Ausdruck heutiger jugendlicher Gesellungsformen und informeller Geselligkeit" *(Hafeneger 2005, S. 513)*.

Anfang der 1970er-Jahre bildeten sich in fast allen größeren Städten der Bundesrepublik „Frauenzentren, Frauenforen und Frauenhäuser, in denen die Isolation der Frauen in Familie und Beruf aufgebrochen und ein frauenspezifisches Selbstbewusstsein aufgebaut werden sollte" *(www2.hu-berlin.de)*. Dies beeinflusste auch die Arbeit der Offenen Kinder- und Jugendarbeit, indem beispielsweise **emanzipatorische Konzepte** Einzug hielten.

In den 1980er-Jahren zogen sich viele aktive Gestalter aus der Jugendarbeit zurück. Die nachkommende Generation trägt die Selbstverwaltungsansprüche nicht mehr. Das bedeutet für die Realität in den Einrichtungen, dass

Jugendliche aus unteren sozialen Schichten zunehmend den Alltag bestimmen. Dies erforderte **zunehmend professionelle Fachkräfte.** In der Professionalisierungsdebatte werden **Infrastruktur-, Alltags- und Raumorientierung** bestimmend. Jugendlichen sollen Räume und Gelegenheiten in ihrem Alltag bzw. Stadtteil zur Verfügung gestellt werden.

In den 1990er Jahren gerät die Offene Kinder- und Jugendarbeit – wie die Kinder- und Jugendarbeit insgesamt – zunehmend unter Druck, sich nicht nur pädagogisch, sondern auch finanziell den sich ändernden Anforderungen anzupassen. Durch die Evaluation der geleisteten Arbeiten sollen (kosten-)effizientere Strukturen geschaffen werden *(vgl. Hafeneger 2005, S. 517)*. Hieran knüpfen die bereits dargestellten Abgrenzungs- und Definitionsbemühungen an.

Die Offene Kinder- und Jugendarbeit kann seit dieser Zeit als ein **Freizeit-, Nutzungs- und Erprobungsort** angesehen werden. Zugleich wird der Anspruch, für alle Jugendlichen gleichermaßen attraktiv zu sein, aufgegeben. Vor allem in den Ballungsgebieten entwickeln sich Einrichtungen der Offenen Kinder- und Jugendarbeit zu wichtigen **integrativen** Treffpunkten und Lebensorten für benachteiligte männliche Jugendliche und junge Männer.

Vor allem in der komplexen Offenen Kinder- und Jugendarbeit gehört Folgendes zu den Kernaufgaben der Fachkräfte: Beziehungsaufbau und -gestaltung, Zeithaben, sich einlassen, sich treffen, unterstützen, vermitteln, beraten, begleiten, mediative Elemente vorhalten und bei Suchprozessen Orientierung und Halt bieten. Zudem müssen bei der Suche nach Lösungen für Lebensprobleme der Jugendlichen Aspekte wie Vernetzung, Kooperation und Einmischung selbstverständlich sein. Dazu ist eine **institutionalisierte Zusammenarbeit** mit Kindertagesstätten, Horten, Schulen und sozialen Einrichtungen unabdingbar *(vgl. Hafeneger 2005, S. 517)*.

Die konzeptionelle Ausgestaltung richtet sich innerhalb der Kernaufgaben des professionellen Alltags nach den **individuellen Bedarfen und Bedürfnissen** der (potenziellen) Nutzer und natürlich auch nach den **finanziellen Ressourcen.** Sport und Bewegung, Spiel, Beratung und Gespräch usw. – all das kann im Rahmen der Offenen Kinder- und Jugendarbeit individuell, gruppen-, alters- und geschlechtspezifisch vorgehalten werden *(vgl. Arbeitsdefinition S. 252)*.

4.3.2 Mädchen- und Jungenarbeit

Ein aktuelles „Praxis"-Konzept der Kinder- und Jugendarbeit, welches auch in Jugendzentren (mitgedacht werden unter diesem Begriff auch Offene Türen, Jugendclubs, Jugendheime, Jugendfreizeiteinrichtungen, Jugendhäuser etc.) seinen festen Platz gefunden hat, ist die **Mädchen- und Jungenarbeit.**

Jungenarbeit
Die Frage, ob Jungenarbeit innerhalb der (Offenen) Kinder- und Jugendarbeit überhaupt nötig ist, scheint vor dem Hintergrund, dass männliche Jugendliche ohnehin zur Zielgruppe gehören, gestattet. Gesellschaftliche Veränderungen, in denen sich Jungen veränderten Bedingungen und Aufgaben stellen müssen, machen jedoch ein spezielles Bemühen um diese Zielgruppe erforderlich. Im Kern geht es auch heute immer noch um die Erwartung, Jungen, die unangenehm aufgefallen sind oder aufzufallen drohen, sozial zu integrieren. Im Zuge einer feministisch motivierten Emanzipation innerhalb der (Offenen) Kinder- und Jugendarbeit „reichte es aus, Jungen im Zaum zu halten und sie im Sinne der Kritik an den Männern antisexistisch zu sozialisieren" *(Sielert 2005, S. 65)*.

Inzwischen ist klar, „dass Jungen nicht nur Probleme *machen,* sondern auch welche *haben"* (ebd.). Die Pluralisierung männlicher Lebenssituationen führt zu einer Vielfalt männlicher Lebensentwürfe und damit zu verschiedenen Jungentypen. Jungen können sich „ihren Typ" jedoch nicht immer frei auswählen, da sich die individuellen sozialen Lebensressourcen, die Zugänge zu Bildung, Finanzen, Anregungsmilieus oder Personen sowie kommunikative Kompetenzen divergieren. Aus diesem Grund ist die Zielgruppe „Junge" in der (Offenen) Kinder- und Jugendarbeit differenziert zu betrachten und zunächst auf verschiedene Gruppierungen zu achten: z. B. kulturelle oder politische Szenen; deutsche und ausländische Jungen; Migranten, die sich hier wohlfühlen, und solche, die in ihre Heimat zurück wollen; cliquenorientierte Jugendliche und „einsame Wölfe"; laute und leise Jungen; Gewinner- und Verlierertypen *(vgl. Sielert 2005, S. 65)*.

Daneben gilt es, sich den speziellen und individuellen männlichen Defiziten zuzuwenden. Ausgangspunkt könnten Bereiche sein, die für Männer **problematisch und krisenhaft** sein können:

1. „Männer scheitern in Ehen, Beziehungen und Partnerschaften zu Frauen oder sind überhaupt nicht mehr in der Lage, Kontakte zu Frauen herzustellen.

2. Männer sind aufgrund ihrer emotionalen Abhängigkeit von Frauen verunsichert oder sogar hilflos, wenn Frauen heutzutage Eigenforderungen anmelden und für ihre Unabhängigkeit von Männern eintreten.

3. Männer erleben ihre Sexualität zunehmend als wenig befriedigend und leiden in erschreckend vermehrtem Maße unter ‚Funktionsstörungen‘ ihrer Sexualität.

4. Männer können sich häufig mit ihrer Berufstätigkeit nicht mehr identifizieren; sie finden darin keinen Sinn mehr und kaum noch Wert. In ihrem Privatleben sind sie oft nicht in der Lage, die Versagungen im Beruf auszugleichen. Von daher sind sie von der Gefahr des Sinnverlustes umgeben.

5. Männer vermissen in großer Zahl wirkliche Freunde. Ihre Beziehungen zu anderen Männern sind meist konkurrenzbetont. Von daher getrauen sie sich gegenüber anderen Männern nicht wirklich, sich zu öffnen. Männerbeziehungen bleiben also oberflächlich, bestenfalls kumpelhaft.

6. Männer beginnen ihre eingeschränkte Körperlichkeit und Sexualität vermehrt zu spüren und auch als Defizit zu erleben. Sie wünschen sich Änderungen und schauen vielfach eifersüchtig auf die größere Erlebnisfähigkeit von Frauen.

7. Männer erkennen zunehmend, dass es ihnen an sinnvollen Bewältigungsstrategien für ihre Probleme fehlt. Flucht in die Arbeit, Alkohol, Krankheit oder Gewalttätigkeit werden als falsche Wege wahrgenommen. Vielfach fehlt es aber noch an lebbaren Alternativen.

8. Manche Männer werden sich auch der kulturellen, sozialen und ökologischen Folgeprobleme traditioneller Männlichkeit bewusst und suchen nach Auswegen.“

(Hollstein 2001, S. 34. Siehe auch: Sielert 2010, S. 20 f.)

Auch heute gehört es leider hin und wieder immer noch zur „gender correctness“, „Männlichkeit und Jungesein zunächst einmal grundsätzlich schlecht zu bewerten“ *(Sielert 2010, S. 21).* In einer Befragung pädagogischer Fachkräfte kommt zutage, dass Jungen als aggressiv, cool, derb, distanziert, dominant, draufgängerisch, eitel, egozentrisch, grenzenlos, gockelhaft, hart, kämpferisch, Konkurrent, Kotzbrocken, laut, lonesome Cowboys, Machos, Rambos, raumgreifend, protzig, tapfer, tonangebend und als Übermänner beschrieben werden *(BZgA 1998, S. 71 f., vgl. auch: Sielert 2010, S. 21).* Weiterhin wird zum Ausdruck gebracht, dass Jungen eigentlich durchgängig schwach sind, jedoch versuchen, sich permanent als stark zu präsentieren.

Es erscheint unumgänglich, an diesen Zuschreibungen „zu arbeiten“ und Jungen fachlich reflektierter und mit größtmöglicher Objektivität in den Blick zu nehmen. Die „Behebung“ der „Männerprobleme“ durch fachlich orientierte (präventive) Jungenarbeit sollte das vornehmliche Ziel sein. Bei den Handlungsstrategien muss ein Gleichgewicht bestehen zwischen Verständnis, Unterstützung und Bekräftigung auf der einen Seite und dem Aufzeigen von Verhaltensalternativen und von fremd- oder selbstschädigenden Verhaltensweisen auf der anderen Seite *(vgl. Sielert 2005, S. 68).*

Fünf zentrale **Zielbereiche** haben sich in der Arbeit mit Jungen als praktisch und konzeptionell brauchbar herauskristallisiert:

1. **Entwicklung von Selbstvertrauen und Selbstrespekt:**
   Hier können männliche Pädagogen wertvolle Hilfen bieten: durch „in Beziehung sein“, „stützend zur Seite stehen“, das „zeitweise Einnehmen einer ‚Ersatzvaterrolle‘ oder besser noch der Rolle des Mentors“, durch das „Schenken von Fürsorge“ und das „zur-Seite-Stehen in Konflikt- und Angstsituationen“.

2. **Wertschätzung anderer Personen, Dinge und Ereignisse**
   Positive Akzente können von den Jungenarbeitern gesetzt werden: Modellverhalten, Verstärkung prosozialer Äußerungen, ausführliche und wertende Nachbesprechungen von Aktivitäten sowie Anregungen zur Beschäftigung mit hilflosen Personen und Kindern.

3. **Umgang mit der eigenen Energie und Körperlichkeit**
   Um dem Bedürfnis von Jungen nach Bewegung, Aktivität und Kraftbeweis entgegenzukommen, sollten sportliche Aktivitäten angeboten werden. Zudem sollten Fantasiereisen, sanfte Körperspiele und gemeinsames Philosophieren den Körper als Seismograf schulen, für die Dinge, die gut und weniger guttun.

4. **Umgang mit Grenzen**
   Jungen sind häufig das zeitweilige Überschreiten von Grenzen gewöhnt. Deshalb sind ein gemeinsames,

partizipatives Erarbeiten von Regeln und das permanente und konsequente Arbeiten mit Regeln wichtig. Rollenspiele und geeignete situative Konfrontationen, etwa bei gewalttätigem oder sexistischem Verhalten, können Jungen dabei helfen, eigene Grenzen, aber auch die von anderen zu erkennen und adäquat damit umzugehen.

5. **Fähigkeit und Bereitschaft zur Suche nach Verhaltensalternativen**

Jugendarbeiter sollten Jungen dabei unterstützen, durch eine angemessene Selbstwahrnehmung eine realistische Wahrnehmung von alternativen Verhaltensweisen in Schule, Beruf, Freizeit etc. zu erlangen. Biografische Impulse, persönliche Beratung und themenzentrierte Arbeit an relevanten Kontexten, z. B. Freundschaft, Arbeitsteilung mit der Partnerin, Intimität, Berufspläne, Gesundheit etc., sind wichtige Aspekte der Jungenarbeit *(vgl. Sielert 2005, S. 68 f.)*.

Mädchenarbeit

Lange Zeit wurde an der gängigen Praxis in der Offenen Kinder- und Jugendarbeit kritisiert, dass geschlechtsspezifische Unterschiede nicht oder nur unzureichend berücksichtigt wurden. Dadurch kam die Gleichberechtigung von Jungen und Mädchen, wie sie heute als Grundrichtung der Erziehung in § 9 SGB VIII verlangt wird, zu kurz. Um diesem Missstand zu begegnen, wurden Ansätze der feministischen Mädchenarbeit entwickelt. Diese versteht sich als parteilich für Mädchen und ihre Belange. In der feministischen Mädchenarbeit wird davon ausgegangen, „dass die Lebensrealitäten von Mädchen primär durch ihre Geschlechtszugehörigkeit bestimmt werden. Ihr zentrales Anliegen ist es, die Lebenssituationen von Mädchen/Frauen zur verbessern. Sie setzt bei den Sozialisationsbedingungen und den daraus resultierenden Verhaltensmustern und Zukunftsvorstellungen an. Sie will Mädchen ermöglichen, in patriarchale Strukturen und ihre Wirkweisen Einsicht zu nehmen und sich ihrer bewusst zu werden, um sich aus ihnen zu befreien, sich zu behaupten und sich eine eigenständige Identität als Frau zu erarbeiten" *(Klees u. a. 2007, S. 14 f.)*.

Ein umfassendes und einheitliches Theoriegebäude zur (feministischen) Mädchenarbeit gibt es nicht. Als unverzichtbare **Prinzipien** haben sich aber aus der Praxis heraus folgende entwickelt:

→ die „Neu- bzw. Aufwertung weiblicher Eigenschaften und Kompetenzen,

→ Parteilichkeit der Pädagoginnen
→ Arbeit in geschlechtshomogenen Gruppen und eigenen Räumen"
(Klees u. a. 2007, S. 33).

Von zentraler Bedeutung ist in der Mädchenarbeit, „Mädchen **wahr**zunehmen, ihnen ein ernsthaftes Gegenüber zu sein, ihnen zu vertrauen, sie zu begleiten auf ihrem Weg" *(Graff 2005, S. 60)*.

Wenn von Mädchenarbeit gesprochen wird, dann beinhaltet dies Pädagogik und Jugendarbeit. Die hier eingebrachten Ressourcen wie Personal, Geld, Zeit und Raum müssen Mädchen ebenso zugute kommen wie Jungen. „Unsere Kultur der Zweigeschlechtlichkeit verteilt diese Dinge deutlich zuungunsten von Mädchen. Da die Geschlechterhierarchie sowohl alles prägt als auch von uns immer wieder neu hergestellt wird, haben wir die Verantwortung, Jugendarbeit bewusst zu gestalten und so umzugestalten, dass Mädchen sich dort wiederfinden, dass sie Raum für Gestaltung, Experimente und ernsthafte Beziehungen sind." *(Graff 2005, S. 60)*. „Raum" ist hier sowohl wörtlich als auch metaphorisch zu verstehen.

Mädchenarbeit soll stärken.

Ein „klassisches" **Beispiel,** Mädchen im Rahmen der Offenen Kinder- und Jugendarbeit in den Blick zu nehmen, ist der im Eingangsbeispiel aufgeführte Mädchentag. Hier steht die gesamte Einrichtung einen Tag lang ausschließlich Mädchen bzw. jungen Frauen zu Verfügung. Durch **partizipative Methoden** wird den Besucherinnen die Möglichkeit gegeben, die Einrichtung als ihren Erfahrungsraum zu erfassen und Wünsche für die Nutzung über den Mädchentag hinaus zu formulieren. Ausgehend von den gesammelten mädchenspezifischen Bedarfen ist es dann die Aufgabe der Mitarbeiterinnen, entsprechende Impulse der „mädchengerechten Gestaltung" in den Regelbetrieb einzubringen. Dies könnten beispielsweise von Mädchen präferierte Angebote/AG sein. Weiterhin ist die Ausgestaltung der übrigen Angebote daraufhin zu überprüfen, ob sie den Ressourcen und Bedürfnissen von Mädchen gerecht werden. Bei dem im Eingangsbeispiel benannten medienpädagogischen Angebot würde das beispielsweise bedeuten, dass bei der Anschaffung der Hard- und Software auf die Nutzungspräferenzen von Mädchen geachtet wird. Von besonderer Bedeutung ist, dass (der Prozess der) Mädchenarbeit fortwährend fachlich begleitet und evaluiert wird.

Mädchen- und Jungenarbeit sind aus der modernen Arbeit im Kontext von (Offener) Kinder- und Jugendarbeit nicht mehr wegzudenken. Als Praxiskonzept ist sie in unterschiedlichen Ausprägungen etabliert und leistet wertvolle Unterstützung in der Arbeit mit und vor allem für Mädchen und Jungen.

4.3.3   Maßnahmen im Bereich Freizeit und Erholung

Bei den Maßnahmen der Kinder- und Jugendarbeit nehmen die Schwerpunkte Freizeit und Erholung eine wichtige Stellung ein. Ferienfreizeiten greifen diese Elemente auf und gehören nach wie vor zum „klassischen Repertoire" der Kinder- und Jugendarbeit. Sie vereinen Entspannung und Erholung mit Abenteuer und Erlebnis. Dies gelingt durch das Heraustreten aus den alltäglichen Lebensumständen und -erfahrungen *(vgl. Projektgruppe WANJA 2000, S. 20).* Ferienfreizeiten bzw. -fahrten entstanden in der Jugendbewegung, zu denen die Pfadfinder und die Wandervogelbewegung zählen. Diese wiederum gelten u.a. als Vorläufer der Erlebnispädagogik *(s. HF 3, Kap. 1.6).* Bis heute verstehen vor allem die freien Verbände, z.B. kirchliche, Pfadfinder, AWO, Die Falken usw. Kinder- und Jugendfreizeiten als ihre Kernaufgabe. Das Grundprinzip hierbei ist es, in einer fremden Umgebung in einer Gruppe „alternative Erfahrungs- und Erlebnisräume als Rahmen für kollektive und individuelle Bildungsprozesse zu arrangieren" *(Projektgruppe WANJA 2000, S. 20).*

Konzeptioneller Ausgangspunkt für die Planung und Durchführung von Kinder- und Jugendfreizeiten sind die häufig negativen sozialen Effekte des gesellschaftlichen Wandels wie beispielsweise die zunehmende „Vermarktwirtschaftlichung" jugendlicher Erlebnis- und Aneignungsräume, die insbesondere benachteiligte Jugendliche betrifft, und die damit einhergehende „Verregelung" von Erlebnisräumen. Weitere Ausgangspunkte stellen die „Erosion" der Familien als Erziehungsinstanz und eine damit einhergehende Institutionalisierung von Erziehungsaufgaben dar *(vgl. Projektgruppe WANJA 2000, S. 20).*

Den benannten Missständen soll durch die Erfahrung von Geselligkeit und einem sozialen Miteinander entgegengewirkt werden. Bekannte Muster der Alltags- und Problembewältigung sollen durch die Begegnung mit Neuem und durch Grenzerfahrungen durchbrochen werden. Neue bzw. alternative Handlungsmuster sollen entwickelt werden. Individuelle und kollektive Lernprozesse sollen durch das Arrangieren von entsprechenden Gelegenheitsstukturen angestoßen werden. Hier geht es darum, materielle und soziale Rahmenbedingungen zu schaffen, die Jugendlichen ein Engagement und damit Lernen ermöglicht.

Als anerkannte Methode gilt die Gruppenpädagogik nach Bernstein/Lowy *(s. HF 3, Kap. 1).* Das Phasenmodell ist bei der Diagnose des Gruppenprozesses und der Entwicklung des Beziehungsgeflechts hilfreich, Interventionen können den jeweiligen Gruppendynamiken angepasst und analysiert werden *(vgl. Projektgruppe WANJA 2000, S. 21).*

4.3.4   Bildung in der Jugendarbeit

Bildung insgesamt und Bildungsprozesse werden traditionell der Institution Schule zugeschrieben. Bildungsziele werden hier konkret vorgegeben und im Unterricht vermittelt. Seit geraumer Zeit wird jedoch darüber diskutiert, welche Lernprozesse von Kindern und Jugendlichen sich außerhalb des Lerngeschehens am „Lernort" Schule vollziehen. Klar scheint in diesem Zusammenhang, dass Bildung nicht nur formell, sondern auch informell sein kann.

Ausgehend vom allgemeinen Ziel der Bildung – der Befähigung zu autonomer Lebensbewältigung und -führung in allen Lebensbereichen – gelten als **informelle Bildung** alle bewussten oder unbewussten Formen des praktizierten Lernens außerhalb formalisierter Bildungsangebote *(vgl. Rätz-Heinisch u. a. 2009, S. 106)*. Informelles Lernen unterscheidet sich demnach vom formalen Lernen insbesondere dadurch, „dass es in aller Regel von den individuellen Interessen der Subjekte gesteuert wird. Es ist meist ungeplant, beiläufig, implizit, unbeaufsichtigt" *(Rätz-Heinisch u. a. 2009, S. 106)*. Demnach findet diese Art des Lernens in allen Kontexten des Lebens statt – in der Familie, in der Freizeit usw. Demzufolge kann informelle Bildung sowohl innerhalb als auch außerhalb formaler Bildungsinstitutionen stattfinden. Ist Bildung (oder auch Erziehung) aber freiwillig – allerdings organisiert und mit einem Angebotscharakter –, so spricht man von **non-formaler Bildung.** Somit wird deutlich, dass die Kinder- und Jugendarbeit ein klassischer Ort ist, der informelles und non-formales Lernen ermöglicht. „Informelle Bildung findet statt, indem die Angebote und Leistungen an den Interessen und Bedürfnissen der Jugendlichen ansetzen und mit ihnen zusammen (fort)entwickelt werden. Non-formale Bildung findet sich in sämtlichen Formen von Projekt- und Gruppenarbeiten, die von den jungen Menschen freiwillig genutzt werden" *(Rätz-Heinisch u. a. 2009, S. 107)*.

Hierzu ein Beispiel: Das Lernen englischer Vokabeln im Schulunterricht entspricht dem **formalen Bildungsbegriff.** Wenn Jugendliche sich im Jugendzentrum, auf dem Schulhof oder zu Hause über englische Musik und deren Texte unterhalten und darüber die englische Sprache lernen, so ist dies der **informellen Bildung** zuzurechnen. Findet im Jugendzentrum, wie im Eingangsbeispiel be-

schrieben, ein musikpädagogisches Angebot statt, bei dem die Jugendlichen über das Rappen selbstgeschriebener, englischer Texte Englisch lernen, so ist das **non-formale Bildung.**

Bei den immer wieder aufkommenden und mehr oder weniger kontrovers geführten Bildungsdebatten in Deutschland fällt auf, dass informelles und non-formales Lernen häufig kein gutes Ansehen hat. In Bildungsstudien „erfolgreicher" Länder, wie beispielsweise Frankreich, wird auf die Erfolge der Ganztagsschule verwiesen. Diesem System „nacheifernd" wird in Deutschland seit Jahren die Offene Ganztagsschule ausgebaut, bei dem Schule und Jugendarbeit kooperieren sollen. Die Erfolgschancen mit Blick auf „gebildete" Kinder und Jugendliche sind dabei umso höher, je besser die Kooperation gelingt.

Bezüglich der Ausrichtung der Zusammenarbeit kann man zwischen **horizontaler, vertikaler** und **diagonaler Kooperation** unterscheiden. Hierbei handelt es sich um das Zusammenwirken von Akteuren desselben Bereichs und aus unterschiedlichen Bereichen sowie einer branchenübergreifenden multiprofessionellen Zusammenarbeit mit dem Ziel, einer bestehenden oder potenziellen Nachfrage ein entsprechendes Angebot gegenüberzustellen *(vgl. Picot u. a. 2001, S. 305 f.)*.

Eine solche Betrachtung von Kooperationsmöglichkeiten bietet auf unterschiedlichen Ebenen viele Möglichkeiten, da durch die Zusammenführung unterschiedlicher Wissensbasen das Angebot klientenspezifischer Lösungen „passgenauer" geschehen kann. Nach dem Vorbild der Arbeitsteilung macht bei einer solchen Zusammenarbeit „jeder das, was er am besten kann". Im Idealfall ergänzen sich die Kompetenzen der einzelnen Akteure derart, dass es für jedes Problem einen eigenen und geeigneten Spezialisten gibt und in der Gesamtheit Bildung ganzheitlich(er) angeboten werden kann.

Dass im Sinne einer umfassenden Bildung das Zusammenwirken verschiedener Akteure notwendig ist, veranschaulicht die folgende Grafik *(nach Rauschenbach 2006)*.

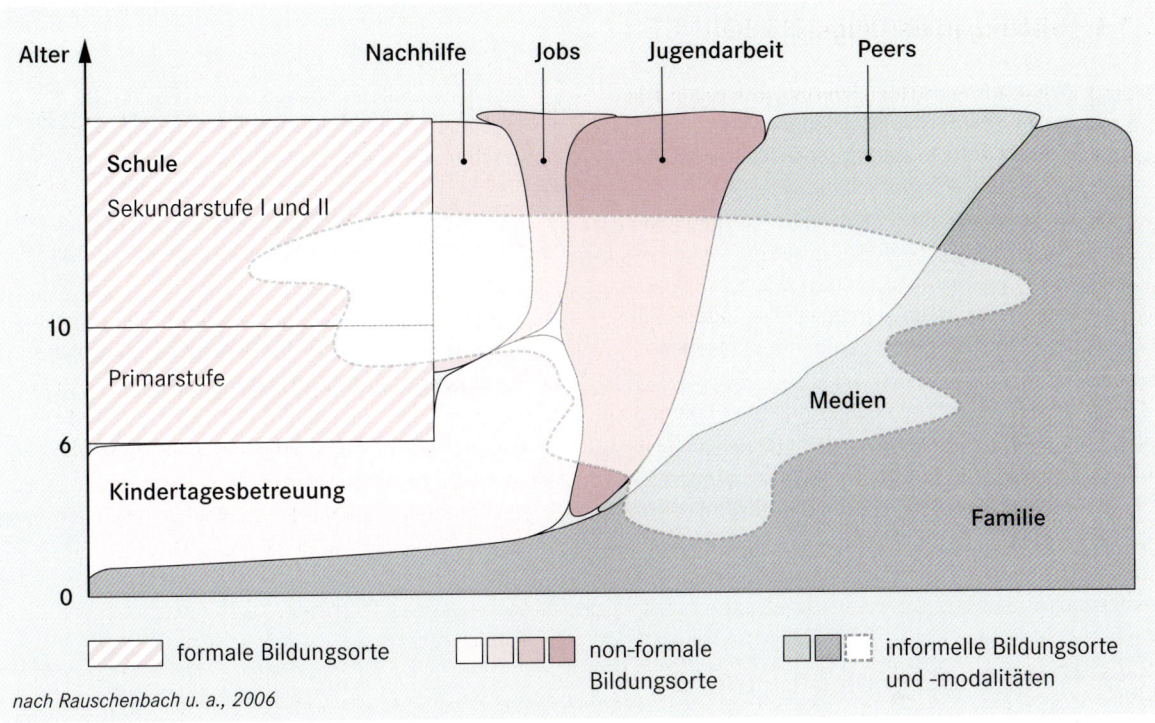

nach Rauschenbach u. a., 2006

Bildungsorte und -modalitäten im Kindes- und Jugendalter nach Rauschenbach

↗ FAZIT

→ Anhand exemplarischer - mit Blick auf ihre relevante und quantitative Ausprägung jedoch ausgewählter – Arbeitsfelder und Orte, Arbeitsbereiche und Praxiskonzepte in der Kinder- und Jugendarbeit wird deutlich, dass es viele inhaltlichen Überschneidungen gibt. Dies ergibt sich u. a. aus der z. T. gemeinsamen Geschichte, aber auch aufgrund wechselseitiger Beziehungen. So ist es ohne Weiteres möglich, dass ein im Sozialraum verortetes Jugendzentrum auch eine Jugendfreizeit durchführt. Sowohl im „Regelbetrieb" als auch in der Maßnahme können (oder soll vielleicht sogar) auf die individuellen Bedürfnisse der Teilnehmer zugeschnittene Aspekte der Mädchen- und Jungenarbeit angewendet werden.

→ „In der Jugendarbeit gibt es eine lange Tradition, die eigenen Arbeitsweisen als Bildung zu konzipieren. Jugendarbeit erhebt den Anspruch Bildung zu sein, aber muss sich auch dem Anspruch stellen, Bildung in ihrer Praxis zu realisieren." *(Rauschenbach 2006, S. 1)*.

→ „Informelle und non-formale Bildung sind durch die Selbstbildung der jungen Menschen durch Eigentätigkeit und Aktivität charakterisiert. Einrichtungen der Kinder- und Jugendarbeit, die nicht in dem Maße formalisiert sind wie die Schule und die traditionell auf Freiwilligkeit der Teilnahme sowie auf Beteiligung und Teilhabe setzen, verfügen darum über sehr gute Voraussetzungen, informelles Lernen und non-formale Bildung zu fördern" *(Rätz-Heinisch 2009, S. 108)*.

→·← AUFGABEN UND ANREGUNGEN

1 Was wissen Sie (nun) über Jugendarbeit? Beantworten Sie die Frage, indem Sie
a) sich die Inhalte vergegenwärtigen bzw. die Texte (vertieft) durcharbeiten und
b) im Anschluss Ihre vorab erstellte „gedankliche Landkarte" erweitern.

2 Benennen Sie Ihren Lernzuwachs, indem Sie sich mit einer Partnerin darüber austauschen.

3 Beziehen Sie Ihre neu gewonnenen Erkenntnisse auf das Praxisbeispiel und gehen Sie in Partnerarbeit erneut der Frage nach, ob es sich bei Ercans angestrebter Arbeit mit Jugendlichen und der Arbeit der pädagogischen Fachkräfte im Jugendzentrum um Jugendarbeit handelt. Woran machen Sie Ihre Entscheidung nun fest?

4 Findet in der im Eingangsbeispiel vorgestellten Einrichtung Bildung statt? Wenn ja, wie und wodurch?

5 Was könnte Ercan zur Bildung der Besucher des Jugendzentrums beitragen?

6 Stellen Sie Ihre Ergebnisse im Plenum vor.

→·← AUFGABEN FÜR DIE PRAXIS

1 Beobachten Sie über einen längeren Zeitraum den Ablauf einer Jugendeinrichtung, einer Maßnahme etc. und fertigen Sie ein Beobachtungsprotokoll an.

2 Stellen Sie Vergleiche mit Ihrer „gedanklichen Landkarte" an. Welche Aspekte finden Sie in der Praxis wieder, welche vermissen Sie?

3 Stellen Sie auf der Grundlage Ihrer Aufzeichnungen und Ihres Wissens Möglichkeiten dar, fachgerecht mit Kindern und Jugendlichen zu arbeiten.

TIPPS ZUM WEITERLESEN →→

→ Alle im Kapitel benannten Quellen sind lesenswert! Von besonderer Bedeutung erscheinen:

→ Handbuch Offene Kinder- und Jugendarbeit
Ulrich Deinet, Benedikt Sturzenhecker(Hg.), VS Verlag für Sozialwissenschaften, Wiesbaden 2005

→ Kinder- und Jugendarbeit. Eine Einführung
Werner Thole, Juventa Verlag, Weinheim und München 2000

→ www.aba-fachverband.org

5 Heimerziehung und betreute Wohnformen

Sie absolvieren Ihr Praktikum in einer Außenwohngruppe (AWG). Hier leben insgesamt acht Kinder im Alter von sechs Jahren bis 14 Jahren, darunter Peter M., neun Jahre alt.

Peter zeigt große Lernschwächen und hat Schwierigkeiten, sich sprachlich auszudrücken. Fast täglich unterstützen Sie ihn intensiv bei der Erledigung der Hausaufgaben. Dennoch zeigt er eine geringe Ausdauer und ist schnell frustriert, wenn er eine Aufgabe nicht sofort bewältigen kann. Manchmal rastet er völlig aus und wird aggressiv gegen Menschen oder Gegenstände. Dies gilt nicht nur für Hausaufgabengabensituationen, sondern ist häufig der Fall, wenn Anforderungen an Peter gestellt werden.

Sie sprechen Ihre Praxisanleiterin auf die Gründe für seine Heimunterbringung an. Sie berichtet Ihnen:

Als Peter fünf Jahre alt war, erreichte das Jugendamt ein Anruf der Polizei. Sie hatte Frau M. unter erheblichem Alkoholeinfluss mit Peter in der Nacht gegen 2:30 Uhr aufgegriffen. Das Kind zeigte eindeutig Spuren von Misshandlung, wie blaue Flecken auf Rücken und Gesäß.

Die Anamnese des Jugendamtes ergab am folgenden Tag: Frau M. war schon seit mehreren Jahren alkoholabhängig. Regelmäßig traf sie sich mit ihrer „Clique" an einer Bushaltestelle, um gemeinsam Bier zu trinken.

Frau M. weiß nicht, wer Peters Vater ist. Sie lebte zum damaligen Zeitpunkt mit einem Mann zusammen, von dem Peter regelmäßig verprügelt wurde, wenn er zu sehr „nervte".

Peter wurde zunächst in einer Bereitschaftspflegestelle untergebracht. Seine Mutter weigerte sich, mit dem Jugendamt zusammenzuarbeiten. Sie äußerte, dass sie kein Alkoholproblem habe und nur „ab und zu mal ein Bierchen trinke". Ihr Freund sei „ein netter Kerl, der keiner Fliege etwas zuleide tue". Das Familiengericht entzog ihr daraufhin die gesamte elterliche Sorge. Vormund wurde Frau Schmidt vom SKM (Katholischer Verband für soziale Dienste). Peter wechselte in die AWG, hier lebt er jetzt seit vier Jahren.

Sie kennen Frau M. gut. In regelmäßigen Abständen kommt sie in die AWG, um Peter zu besuchen. Diese Besuchskontakte finden immer in Begleitung einer Erzieherin statt. Mittlerweile zeigt sich die Mutter kooperativer. Sie hat sich von ihrem Partner getrennt und einen Entzug gemacht. Im letzten Hilfeplangespräch wurde daher thematisiert, ob Peter demnächst allein mit seiner Mutter etwas unternehmen könne.

In einer Außenwohngruppe

↘ FRAGEN

→ *Was verstehen Sie unter „Heim" bzw. „Heimerziehung"?*

→ *Welche Aufgaben kommen auf eine Erzieherin in diesem Arbeitsfeld zu?*

5.1 Aufgaben und Ziele der Heimerziehung

5.1.1 Rechtsgrundlagen nach dem SGB VIII (Kinder- und Jugendhilfe)

Nach § 1 SGB VIII hat jeder junge Mensch „ein Recht auf Förderung seiner Entwicklung und auf Erziehung zu einer eigenverantwortlichen und gemeinschaftsfähigen Persönlichkeit".

Um diesen Anspruch zu verwirklichen, hat die **Jugendhilfe** die Aufgabe,

1. „[...] junge Menschen in ihrer individuellen und sozialen Entwicklung zu fördern und dazu beizutragen, Benachteiligungen zu vermeiden oder abzubauen,

2. Eltern und andere Erziehungsberechtigte bei der Erziehung zu beraten und zu unterstützen,

3. Kinder und Jugendliche vor Gefahren für ihr Wohl zu schützen,

4. dazu beizutragen, positive Lebensbedingungen für junge Menschen und ihre Familien sowie eine kinder- und familienfreundliche Umwelt zu erhalten oder zu schaffen".

Laut § 27 SGB VIII haben Eltern bzw. Personensorgeberechtigte einen Anspruch auf Hilfe (Hilfe zur Erziehung), wenn es **Probleme bei der Entwicklung** des Kindes gibt oder eine dem **Wohl des Kindes/Jugendlichen** entsprechende Erziehung vom Elternhaus **nicht gewährleistet** ist.

Hilfen zur Erziehung (§§ 28–35 SGB VIII) sind:
§ 28 Erziehungsberatung
§ 29 Soziale Gruppenarbeit
§ 30 Erziehungsbeistandschaft, Betreuungshelfer
§ 31 Sozialpädagogische Familienhilfe
§ 32 Erziehung in der Tagesgruppe
§ 33 Vollzeitpflege
§ 34 Heimerziehung, sonstige betreute Wohnform
§ 35 Intensive sozialpädagogische Einzelbetreuung

Welche Hilfe in welchem Umfang gewährt wird, richtet sich nach dem erzieherischen Bedarf im Einzelfall: Nach § 36 KJHG wird ein **Hilfeplanverfahren** in Gang gesetzt, bei dem das Jugendamt unter Einbeziehung des Kindes/Jugendlichen und der Personensorgeberechtigten entscheidet, ob und welche Hilfe zur Erziehung notwendig und geeignet ist und wer sie erbringen soll. Zuvor wird die zuständige Sozialarbeiterin des **Allgemeinen Sozialen Dienstes** (ASD, ein Fachdienst des Jugendamtes) eine **Anamnese** erstellen sowie die hilfesuchenden Eltern und/oder Kinder beraten und Vorteile und Nachteile der möglichen Hilfe aufzeigen.

Hilfeplanung steht außerdem nicht nur am Anfang der Hilfe. Im Verlauf der Hilfe finden regelmäßig (ein bis vier Mal pro Jahr) **Hilfeplangespräche** statt, bei denen alle Beteiligten (Mitarbeiterin des Jugendamtes, ggf. Vormund des Kindes/Jugendlichen oder Eltern, Erzieherin, Kind/Jugendlicher selbst) prüfen, ob die geleistete Hilfeart wirklich geeignet ist und die Hilfeziele angemessen waren und ob die Hilfemaßnahme verändert oder unverändert fortgeführt oder beendet wird.

Wird nun eine Heimunterbringung als geeignete Hilfeform angesehen, wird die zuständige Sozialarbeiterin des ASD einen Platz suchen. Dabei sind die Eltern und das Kind/der Jugendliche bei der Auswahl der Einrichtung oder Pflegestelle zu beteiligen, z. B. können verschiedene Einrichtungen angesehen und ein Probewohnen vereinbart werden.

Unter der Hilfeform **Heimerziehung** (§ 34 SGB VIII) wird also die Unterbringung, Betreuung und Erziehung eines Kindes oder Jugendlichen über Tag und Nacht außerhalb der Ursprungsfamilie in einer Einrichtung verstanden. Im § 34 werden gleichrangig auch sonstige betreute Wohnformen aufgeführt, wozu u. a. Wohngemeinschaften, Jugendwohnen, betreutes Einzelwohnen, Schutzhilfe und ausgelagerte Heimplätze gehören.

> ### § 34 Heimerziehung, sonstige betreute Wohnform
>
> Hilfe zur Erziehung in einer Einrichtung über Tag und Nacht (Heimerziehung) oder in einer sonstigen betreuten Wohnform soll Kinder und Jugendliche durch eine Verbindung von Alltagserleben mit pädagogischen und therapeutischen Angeboten in ihrer Entwicklung fördern. Sie soll entsprechend dem Alter und Entwicklungsstand des Kindes oder des Jugendlichen sowie den Möglichkeiten der Verbesserung der Erziehungsbedingungen in der Herkunftsfamilie
>
> 1. eine Rückkehr in die Familie zu erreichen versuchen oder
>
> 2. die Erziehung in einer anderen Familie vorbereiten oder
>
> 3. eine auf längere Zeit angelegte Lebensform bieten und auf ein selbstständiges Leben vorbereiten. Jugendliche sollen in Fragen der Ausbildung und Beschäftigung sowie der allgemeinen Lebensführung beraten und unterstützt werden.

Die Unterbringung in einem Heim oder einer anderen betreuten Wohnform erfolgt nach den §§ 27, 34 und 41 SGB VIII. Für die Hilfegewährung ist allein das örtliche Jugendamt zuständig. § 41 SGB VIII regelt die Hilfe für junge Volljährige in gleichem Umfang. Jungen Volljährigen bis zum 27. Lebensjahr kann auf Antrag so lange Hilfe gewährt werden, wie sie aufgrund seiner individuellen Situation als notwendig erscheint.

Nach § 42 SGB VIII kann das Jugendamt ein Kind oder einen Jugendlichen auch sofort in Obhut nehmen, wenn eine dringende Gefahr für sein Wohl besteht wie im Fallbeispiel oben. Kleinere Kinder werden meistens in **Bereitschaftspflegestellen** (auch: *familiäre Bereitschaftsbetreuung*), also in einer Familie, untergebracht, bis das Familiengericht eine Entscheidung über weitere Maßnahmen getroffen hat.

Obwohl die Eltern und das Kind von Anfang an beteiligt sind, gibt es immer wieder Fälle, in denen keine Einigung über die notwendige Hilfe erzielt werden kann. Hält das Jugendamt eine Heimunterbringung zum Wohl oder Schutz des Kindes für notwendig (z. B. nach einer Inobhutnahme), verweigern die Eltern dies aber, müsste ein Entzug der elterlichen Sorge beim Familiengericht beantragt werden. Die elterliche Sorge kann ganz oder in Teilen (z. B. nur das Aufenthaltsbestimmungsrecht) entzogen werden. Dies hängt davon ab, inwieweit die Eltern zur Kooperation bereit sind.

Wird das Sorgerecht ganz entzogen, bestellt das Gericht einen **Vormund,** um die Interessen des Kindes/des Jugendlichen wahrzunehmen. Vormund wird in der Regel entweder eine Mitarbeiterin des Jugendamtes (Amtsvormund) oder eine Mitarbeiterin eines (sozialen) Vereins (Vereinsvormund, z. B. vom SKM). Wird das Sorgerecht in Teilen entzogen, z. B. nur das Aufenthaltsbestimmungsrecht oder nur die Vermögenssorge, wird ein **Pfleger** bestimmt, der sich dann „Aufenthaltsbestimmungs-" oder „Vermögenspfleger" usw. nennt.

Heimerziehung und Vollzeitpflege sind sogenannte **stationäre Erziehungshilfen.** Die anderen im SGB VIII genannten Hilfeformen werden **ambulant** bzw. **teilstationär** (§ 32 Tagesgruppe) durchgeführt, d. h. die betroffenen Kinder und Jugendlichen leben (überwiegend) in ihrer Herkunftsfamilie. Voraussetzung für die Gewährung von stationären Erziehungshilfen und damit die Trennung von der elterlichen Familie ist, dass der Gefahr für das Kind/den Jugendlichen nicht auf andere Weise, auch nicht durch ambulante bzw. teilstationäre Hilfen, begegnet werden kann. Dies ist im Bürgerlichen Gesetzbuch (§ 1666 a BGB) geregelt. Heimerziehung ist damit in den meisten Fällen das Mittel der „letzten Wahl" und wird dann gewährt, wenn andere Hilfen gescheitert sind oder aussichtslos erscheinen.

Beratung durch den ASD

5.1.2 Gründe für eine Heimunterbringung

Kinder und Jugendliche, für die eine Heimunterbringung in Erwägung zu ziehen ist, stammen in den meisten Fällen aus schwierigsten Verhältnissen. Es handelt sich dabei um sogenannte „Unterschichtenkinder". Der Ausbildungsgrad der Eltern ist gering und die Arbeitslosenquote hoch. Die Familien leben von Arbeitslosengeld II („Hartz IV") oder anderen Sozialleistungen. Oft spielen Alkohol- oder andere Suchterkrankungen eine Rolle, die sich negativ auf die in dieser Familie lebenden Kinder auswirken.

Indikation für die Heimunterbringung	%
Gefährdung des Kindeswohls	19
Einschränkung der Erziehungskompetenz	17
Auffälligkeiten im sozialen Verhalten	12
Unzureichende Förderung	11
Unversorgtheit des jungen Menschen	9
Belastung durch familiäre Konflikte	7
Belastung durch Probleme der Eltern	7
Übernahme eines anderen Jugendamtes	6
Entwicklungsauffälligkeiten	6
Schulische Probleme	4

Stand: 31.12.2008, Günder 2011, S. 44

Darüber hinaus ist die individuelle Lebensgeschichte der betroffenen Kinder und Jugendlichen in vielen Fällen erschütternd: Sie wurden Opfer von Vernachlässigung, seelischer oder körperlicher Misshandlung, häuslicher Gewalt oder sexuellem Missbrauch.

Die Gefährdung des Kindeswohls und die Einschränkung der Erziehungskompetenz sind mit 19 % bzw. 17 % auch die häufigsten genannten Gründe für die Heimerziehung. Darüber hinaus haben auch unbegleitete minderjährige Flüchtlinge (z. B. aus Afrika) Anspruch auf Hilfe und damit auf die Unterbringung in einer stationären Einrichtung *(vgl. dazu BI, Kap. 2.3.5)*.

In der Heimerziehung sind aber auch Jugendliche aus „ganz normalen" Elternhäusern anzutreffen, die aufgrund von Konflikten mit den Eltern nicht mehr zu Hause leben wollen.

5.1.3 Aufgaben und Ziele der Heimerziehung

Die genannten traumatischen Lebenserfahrungen finden ihren Ausdruck in Verhaltensstörungen. Bei 42 % der in den stationären Einrichtungen lebenden Kinder und Jugendlichen liegen aggressive Verhaltensweisen bzw. -auffälligkeiten vor, dazu gehören u. a. verbale Aggressionen, körperliche Gewalt, aber auch Selbstverletzung. Auch emotionale Störungen treten häufig auf. „Unter den Heimkindern ist das Vorliegen einer emotionalen oder Verhaltensstörung (mindestens) dreimal so hoch wie in der (Allgemein-)Population aller Kinder/Jugendlichen." *(Günder 2011, S. 44 f.)*. Es gibt häufig auch psychisch erkrankte Kinder.

Für die Heimerziehung bedeutet das, dass die betroffenen Kinder und Jugendlichen eine **pädagogische** und/ oder **therapeutische Unterstützung** benötigen. Heime

müssen daher ein sehr differenziertes, sozialpädagogisch-therapeutisches Angebot bereithalten, damit sie den unterschiedlichsten Problemlagen wirkungsvoll begegnen können. Die Kinder und Jugendlichen erhalten somit die Möglichkeit, die traumatischen Erfahrungen in neuer Umgebung aufzuarbeiten und mit neuen Bezugspersonen positive Verhaltensmechanismen zu erlernen bzw. einzuüben.

Darüber hinaus weisen auffallend viele der betroffenen jungen Menschen eine geringe Lern- und Leistungsmotivation auf. Eine komplexe Problemlage sowie fehlende Unterstützung im Elternhaus führte zu schulischen Misserfolgen. Die Betroffenen verfügen über ein nur gering ausgeprägtes Selbstwertgefühl. In der Heimerziehung sollen durch eine **gezielte Förderung** schulische Erfolge erreicht und als Folge das Selbstwertgefühl gesteigert werden. Lern- und Leistungsmotivaton sollen zurückgewonnen werden.

Sind die Verhaltensstörungen abgebaut und traumatische Erfahrungen erfolgreich verarbeitet worden, kann darauf aufbauend angestrebt werden:

→ Die **Rückkehr in die Herkunftsfamilie.** Dies ist nur möglich, wenn dort keine Gefahr mehr für das kindliche Wohl besteht.

→ Die Erziehung in einer anderen Familie durch **Adoption** oder Aufnahme als **Pflegekind.**

→ Die **Verselbstständigung** des jungen Erwachsenen durch sozialpädagogisch betreutes Wohnen. Der junge Volljährige soll von nun an ein weitgehend unabhängiges Leben führen. Eine abgeschlossene Schul- und Berufsausbildung gehören dazu.

Verbesserung der schulischen Leistungen durch gezielte Förderung

5.2   Betreuungsformen der Heimerziehung

5.2.1   Strukturelle und inhaltliche Prinzipien

Seit den 1970er- und 1980er-Jahren haben in der Heimerziehung erhebliche Veränderungen stattgefunden. Waren „Kinderheime" früher größere Anstalten, haben sich heute eine Vielzahl an **Betreuungsformen** außerhalb der Herkunftsfamilie entwickelt, die kaum noch zu überschauen sind.

Formen der Betreuung in der Heimerziehung
Tagesheimgruppen innerhalb und außerhalb der Heime
Beobachtungsstationen und Orientierungsgruppen
Notaufnahmefamilien/-gruppen, Krisenwohnungen
Bereitschaftspflegefamilien, Kindernotdienst, Entlastungdienste, Kurzzeitwohnen, Übergangs- und Bereitschaftspflegestellen
Therapeutische Heime, pädagogisch-therapeutische Intensivbetreuung, heilpädagogische Pflegenester, Kinderdörfer etc.
Heilpädagogische Großfamilie, Pflegefamilienkooperativ, Kinderhäuser, Kinderhotel, Jugendpension, Mädchenhäuser, Heime für Ausreißer/Straßenkinder
Mutter-Kind-Heime
Außenwohngruppen, Kinderwohngruppen, Jugendwohngemeinschaften, therapeutische Wohngemeinschaft
Ambulant betreutes Einzelwohnen, Flexible Betreuung, Mobile Betreuung, sozialintegratives Zentrum, stadtteilbezogene Heimerziehung, Verbundsysteme
(vgl. Stahlmann in Kupffer/Martin, S. 74)

Zur Einschätzung der verschiedenen Heimformen schlägt Stahlmann drei **Strukturprinzipien** vor:

1. **Regionalisierung**

   Ziel der *Regionalisierung* ist die Unterbringung von Kindern und Jugendlichen in der Nähe ihres Herkunftsmilieus. Dies bedeutet, dass Kinder/Jugendliche nach Möglichkeit in ihrem Stadtteil verbleiben können und ihr gewohntes soziales Netz nicht verlieren.

2. **Dezentralisierung**

   Dezentralisierung bedeutet die Auflösung größerer Anstalten zugunsten kleinerer Wohnformen mit dem Ziel, überschaubare Lebenszusammenhänge für die betroffenen jungen Menschen und die pädagogischen Mitarbeiterinnen zu schaffen. Mehrere Kinder bzw. Jugendliche leben in einer großen Wohnung oder in einem Haus zusammen.

3. **Flexibilisierung/Differenzierung**

   Mit *Flexibilisierung bzw. Differenzierung* ist das flexible Eingehen auf die individuelle Problemlage des Kindes bzw. des Jugendlichen gemeint. Die Einrichtung muss sich den Bedürfnissen des jungen Menschen anpassen und nicht umgekehrt. Dies bedeutet z. B., dass mehr oder weniger optimale Wohn- oder Lebensformen entsprechend der jeweiligen Entwicklung gestaltet werden. So haben viele Einrichtungen spezielle Jugendwohngruppen geschaffen.

Neben diesen strukturellen Prinzipien werden außerdem **inhaltliche Prinzipien** genannt, die sich auf den Inhalt der pädagogischen Arbeit beziehen:

1. **Der Alltag und die Lebenswelt**

   Die Begriffe *Alltagsorientierung* und *Lebensweltorientierung* stehen für eine pädagogische Ausrichtung hin zu der jeweiligen Lebenssituation des Kindes/des Jugendlichen. Beide Begriffe können als inhaltliche Umsetzung der oben genannten Strukturprinzipien verstanden werden. *Alltagsorientierung* bedeutet, dass an den Erfahrungen und Ressourcen der Betroffenen angesetzt wird. Gleichzeitig soll der gemeinsam gelebte Alltag bewusst gestaltet werden, dazu gehören: gemeinsame Übernahme von Verantwortung, demokratische Strukturen, Autonomie der Heimgruppen, Zuständigkeit der Gruppen für alle Alltagsbelange sowie Transparenz der Entscheidungen. Erweitert wurde das Konzept der *Alltagsorientierung* durch die *Lebensweltorientierung*. Darunter wird die Teilhabe des pädagogischen Personals an der Lebenswelt der Kinder/Jugendlichen verstanden. Die pädagogische Arbeit orientiert sich an der Biografie und der Lebenslage des Kindes/Jugendlichen. Der zukünftige Lebensentwurf wird gemeinsam mit den Erzieherinnen entwickelt.

2. **Die Gruppe**

   Regionalisierung, Dezentralisierung und Differenzierung wirken sich auch auf die Heimgruppe aus. Durchschnittlich sechs bis zehn Kinder/Jugendliche leben mit ihren Erzieherinnen zusammen. Auf dieser Basis sollen konstante Beziehungen aufgebaut werden, die einen emotionalen Bezugspunkt und einen Rückhalt für die Bewohnerinnen und Bewohner darstellen. Elementare Formen sozialer Interaktion können gelernt und ausprobiert werden: gemeinsames Spielen, Theaterspielen, Diskussionen, Bewegung, Projekte oder Ausflüge. Gleichzeitig wird die Mitwirkung an Entscheidungen intensiviert (Demokratisierung). Autoritäre Vorgaben der Heimleitung, Großküchen, Speisesäle und zentrale Wäschereien wurden abgeschafft. Für die Gestaltung in den Gruppen sind die Gruppenmitglieder selbst verantwortlich.

3. **Das einzelne Kind und der einzelne Jugendliche**

   Individualisierung ist hier das Stichwort. Während in der traditionellen Heimerziehung die Biografie eines Kindes/Jugendlichen durch die Heimunterbringung unterbrochen wurde, wird nun an die Lebensgeschichte angeknüpft. Das Konzept der Individualisierung setzt nicht an den Defiziten der Betroffenen an, sondern an ihren Ressourcen, d. h. an den vorhandenen Möglichkeiten des Einzelnen.

Diskussionsrunde in der Wohngruppe

5.2.2 Kinder- und Jugendheim

Im Kinder- und Jugendheim sind unterschiedliche **Formen von Wohngruppen** die Regel:

Viele Einrichtungen haben ein größeres Stamm- oder Mutterhaus, in dem mehrere **Binnenwohngruppen** untergebracht sind. In diesen Wohngruppen leben bis zu zehn Kinder unterschiedlichen Alters und Geschlechts, die von mindestens vier Mitarbeitern und Mitarbeiterinnen (Sozialarbeiter/-pädagogen, Erzieher/-innen) im Schichtdienst betreut werden. Die Kinder leben im Einzel- oder Doppelzimmer. Daneben gibt es Gemeinschaftsräume wie Wohnzimmer, Essbereich und Küche sowie Badezimmer und Toiletten. Für Gespräche und die Verwaltungsarbeiten steht den Mitarbeitern in der Regel ein Büroraum zur Verfügung. Außerdem gibt es auch immer einen Schlafplatz (im Büro oder separat) für den Kollegen, der die Nachtbereitschaft übernimmt. Die pädagogischen Mitarbeiter arbeiten in der Regel in einem 24-Stunden-Wechseldienst. Dienstbeginn ist z. B. um 12:00 Uhr des einen Tages, Dienstende am folgenden Tag um 12:00 Uhr. Sobald alle Kinder schlafen, beginnt die Nachtbereitschaft, d. h. der pädagogische Mitarbeiter hat die Möglichkeit, selbst zu schlafen, wenn alle Kinder und Jugendlichen zu Bett gegangen sind. Unterstützung erhält der Mitarbeiter durch einen Kollegen, der einen Früh-, Spät- oder Zwischendienst übernimmt, oder einen Praktikanten.

Aufgrund des Wechseldienstes wird in der Regel nach einem **Bezugserziehersystem** gearbeitet. Der Bezugserzieher ist für bis zu drei Kinder seiner Gruppe im Besonderen verantwortlich.

Außenwohngruppen, auch AWG genannt, gehören organisatorisch zur Heimeinrichtung, befinden sich aber vom Stamm- oder Mutterhaus entfernt in Einfamilienhäusern oder größeren Etagenwohnungen. Außenwohngruppen sind also unauffällig in das normale Wohnumfeld integriert. Der „negative Heimcharakter" *(Günder, 2011, S. 75)* mit den entsprechenden Vorurteilen konnte dadurch erheblich reduziert werden. Den dort lebenden Kindern und Jugendlichen gelingt es viel eher, Freunde und Freundinnen in der Nachbarschaft oder in der Schule zu finden und sie sind besser in den Sozialraum integriert. Die „Serviceleistungen" des Stammhauses, wie z. B. therapeutische oder pädagogische Angebote, können auch von der AWG in Anspruch genommen werden.

Außenwohngruppen haben sich so bewährt, dass Heimeinrichtungen teilweise nur noch Außenwohngruppen unterhalten.

In einer **Intensivgruppe** leben bis zu sieben Kinder und Jugendliche mit starken Sozialisations- und Verhaltensstörungen. Sie werden von fünf pädagogischen Fachkräften im Wechseldienst und zusätzlichen Heilpädagoginnen und Therapeutinnen betreut. Viele Betroffene waren in einer Regelgruppe nicht mehr „tragbar", z. B. wegen ihres aggressiven Verhaltens. In dieser Gruppe erfahren sie eine besondere Unterstützung durch speziell geschultes Personal.

In einer **Jugendwohngruppe** leben Jugendliche zwischen ca. 14 und 18 Jahren. Diese Gruppenform ist in der Regel als Außenwohngruppe konzipiert. Es gibt Gruppen, die Jugendliche beider Geschlechter aufnehmen, aber auch reine Mädchen- oder Jungengruppen. Mädchengruppen der stationären Jugendhilfe nehmen häufig Jugendliche auf, die sexuelle Missbrauchserfahrungen gemacht haben. In Jungengruppen werden oftmals Jugendliche betreut, die ein aggressives und/oder sexuell grenzüberschreitendes Verhalten gezeigt haben. Ein Schwerpunkt der Arbeit von Jugendwohngruppen ist die beginnende Verselbstständigung. So sind die Jugendlichen z. B. am Wochenende nach Absprache für die Zubereitung des Essens selbst verantwortlich. Sie erledigen das Wäschewaschen (jeder hat einen festgelegten „Waschtag" in der Woche) und das Putzen ihrer Zimmer selbstständig. Die Bewohner befinden sich in der Regel in einer schulischen oder betrieblichen Ausbildung. Ziel ist, bald ein selbstständiges Leben führen bzw. in das **Betreute Wohnen** wechseln zu können, wo keine durchgängige Betreuung mehr stattfindet.

Blick in eine Wohngruppe

5.2.3   Kinderdorf

Im Kinderdorf (bekannt sind die SOS-Kinderdörfer) werden die Kinder **nicht** im Wechseldienst betreut. Die Einrichtung ist **familienähnlich** strukturiert. In der Regel leben sechs Kinder zusammen mit der „Gruppenmutter" (oder auch dem Gruppenvater) in einem Haus mit Garten im Dorf und bilden eine Lebensgemeinschaft. Der Partner der Kinderdorfmutter und auch ein eigenes Kind können Teil der Kinderdorffamilie sein. Unterstützt wird die Kinderdorfmutter durch andere pädagogische Mitarbeiterinnen des Dorfes und eine Hauswirtschaftskraft. Die Kinderdorfmutter ist für die ihr anvertrauten Kinder emotionale Bezugs- und zugleich Erziehungsperson.

Der SOS-Kinderdorf e. V. legt in seinem pädagogischen Konzept großen Wert auf eine beständige Beziehung der Kinderdorfmutter zu den aufgenommenen Kindern. Es ist sehr wichtig, den Kindern weitere Beziehungsabbrüche zu ersparen und ihnen so eine möglichst optimale Entfaltung und Entwicklung zu ermöglichen. Eine Kinderdorfmutter sollte deshalb bereit sein, sich zeitlich und emotional langfristig zu binden, d. h. die Tätigkeit mindestens so lange auszuüben, bis alle Kinder der Familie „herausgewachsen" sind. Dann steht sie vor der Entscheidung, ob sie eine neue Kindergeneration aufnehmen, in ihren alten Beruf zurückkehren oder sich neu orientieren will.

Kinderdorf

5.3   Die Erzieherin im Tätigkeitsfeld Heimerziehung

5.3.1   Hauptaufgaben der Erzieherin

Die Aufgaben einer Erzieherin in den stationären Erziehungshilfen sind vielfältig. Sie variieren auch im Hinblick auf das Ziel der Heimunterbringung: Wird eine Rückkehr in die Herkunftsfamilie angestrebt, so ist die Elternarbeit eine der wichtigsten Aufgaben. Ist das Ziel die Vorbereitung auf die Erziehung in einer anderen Familie, hat die Erzieherin in Zusammenarbeit mit dem Jugendamt die Aufgabe, diesen Prozess vorzubereiten (z. B. durch Gespräche mit allen Beteiligten). Ist die Heimunterbringung auf Dauer angelegt, hat die Erzieherin bei Jugendlichen die Aufgabe, im Verselbstständigungsprozess zu beraten und zu unterstützen.

Hauptaufgaben der Erzieherin im Tätigkeitsfeld „Heimerziehung"

Kinder und Jugendliche im Alltag begleiten:
als Ansprechpartnerin da sein, hauswirtschaftliche und pflegerische Tätigkeiten selbst übernehmen oder ältere Kinder/Jugendliche dabei anleiten und unterstützen (kochen, Wäsche waschen, aufräumen, putzen), Hausaufgaben betreuen, Arztbesuche begleiten usw.

Kinder und Jugendliche pädagogisch begleiten, sie „erziehen":
Regeln aufstellen, Pflichten beaufsichtigen, bei Konflikten und Auseinandersetzungen vermitteln, positive und negative Sanktionen aussprechen usw.

pädagogische Angebote planen und durchführen, z. B. zur Stärkung des Selbstbewusstseins oder zur Verbesserung des sozialen Miteinanders usw.,

Freizeit- und Ferienaktivitäten planen und durchführen,

mit Eltern zusammenarbeiten,

Hilfeplangespräche vorbereiten und daran teilnehmen,

individuellen Erziehungsplan (IEP) für das einzelne Kind oder den Jugendlichen aufstellen,

verwaltungsorientierte Tätigkeiten übernehmen (z. B. Dokumentation der Tagesereignisse, Gruppengeldverwaltung usw.),

im Team zusammenarbeiten (Gruppenerzieherteam, aber auch auf Gruppenleiterebene oder in der Gesamtkonferenz),

mit Jugendamt und anderen Institutionen und Fachkräften kooperieren (z. B. Schule, Kinder- und Jugendpsychiatrie, Therapeuten usw.)

Eine große Anzahl der im Heim lebenden Kinder und Jugendlichen ist von Verhaltensstörungen betroffen. Die Erzieherin darf die Ursache dafür nicht allein in der Person des Kindes und dessen fehlerhaft verlaufenen Entwicklung suchen. Vielmehr muss sie verstehen, dass das Kind auf das gestörte Familiensystem reagiert, in dem es bisher aufgewachsen ist. Das Kind ist der „Symptomträger" für grundlegende Probleme in seiner Familie (systemischer bzw. familientherapeutischer Ansatz).

Folglich ist es von großer Bedeutung, dass die Erzieherin Symptome und Ursachen der verschiedenen Störungen kennt und weiß, wie sie sich in bestimmten Situationen pädagogisch sinnvoll verhält, z. B. wenn ein Kind „ausrastet", aggressiv ist:

> Peter bewirft die Erzieherin mit Spielzeugen, nachdem er sich über sie geärgert hatte. Außerdem beschimpft er sie wüst.

Hilfreich sind darüber hinaus Kenntnisse zum pädagogischen Umgang mit Traumata, z. B. wie sich eine Erzieherin angemessen verhält, wenn ein Kind einen „Flashback" hat:

> Die Erzieherin ruft den Praktikanten Bernd zur Hilfe. Als dieser Peter am Arm anfasst, verfällt er in eine „Schockstarre", wehrt sich nicht mehr und fängt bitterlich an zu weinen.

Aufgabe einer Heimerzieherin ist, sich ausführlich in diese Themen einzuarbeiten! *(Siehe auch Tipps zum Weiterlesen, Aufgaben 2 + 3).*

5.3.2   Erziehungsplanung

Die Bezugserzieherin ist für die Erstellung des **individuellen Erziehungsplans** eines Kindes (IEP) zuständig. Sie erfasst den **Entwicklungsstand** des Kindes unter Einbezug von Fachpersonen. Die als notwendig erachteten Veränderungen werden festgehalten und kurz-, mittel- und langfristige **Ziele** gesetzt. Der IEP enthält außerdem die anzuwendenden **Strategien** (Beschreibung der Vorgehensweise und Handlungsschritte) sowie Vorschläge zur Unterstützung durch Fachleute. Er konkretisiert die Ergebnisse des Hilfeplangesprächs und setzt sie in Arbeitsschritte um.

5.3.3   Elternarbeit

Im § 37 KJHG ist ausdrücklich festgelegt, dass „die in der Einrichtung für die Erziehung verantwortlichen Personen und die Eltern zum Wohl des Kindes oder des Jugendlichen zusammenarbeiten". Aufgabe der Erzieherin ist es, während der Zeit der Heimunterbringung die Beziehung zwischen Kind und Eltern zu fördern und die Eltern über das aktuelle Tagesgeschehen zu informieren. Wie bereits in Kapitel 5.1.1 dargestellt, sind die Eltern auch im Rahmen der Hilfeplanung gemäß § 36 SGB VIII zu beteiligen.

Die Heimunterbringung stellt eine längerfristige oder auch endgültige Trennung der Lebensorte der Eltern und des Kindes dar. Es kann davon ausgegangen werden, dass die Beteiligten ein großes Maß an Trennungsschmerzen und Trauer empfinden. Trennungsschmerz und Trauer werden nicht so groß sein, wenn die Eltern von Anfang an in den Heimalltag integriert sind und vielfältige Kontaktmöglichkeiten bestehen und gefördert werden. Bei diesen Gelegenheiten kann die Erzieherin Eltern und Kind beobachten, wie sie auf die Trennung reagieren, und sich als Gesprächspartnerin anbieten.

Die traditionelle Form der Elternarbeit im Heim ist also die Beziehungs- und Kontaktpflege. Solche Kontakte können stattfinden in Form von

→ Telefongesprächen,
→ Briefen, E-Mails,
→ Besuchen der Eltern im Heim,
→ Elternabenden und Elternwochenenden im Heim,
→ Besuchen der Kinder und/oder Erzieherinnen bei den Eltern,
→ Sommerfesten, Weihnachtsfeiern etc.,
→ gemeinsamen Projekten, z. B. Bastelaktivitäten für einen bevorstehenden Basar, Durchführung eins Fußballturniers etc.

Aufgabe der Erzieherin ist es hierbei, solche Kontakte zielgerichtet zu planen und durchzuführen.

Allerdings muss die Erzieherin bei der Elternarbeit im Arbeitsfeld Heimerziehung mit grundsätzlichen Schwierigkeiten rechnen. Viele Eltern sind mit sich und ihren eigenen Problemen so beschäftigt, dass sie keine Möglichkeit für eine Zusammenarbeit sehen oder Termine und Absprachen nicht einhalten bzw. unzuverlässig sind. Je nach Vorgeschichte stellen die Eltern sogar eine psychische Gefährdung dar.

Es ist folglich nicht selten, dass die Erzieherin Elternarbeit ohne Eltern realisieren muss. Denn die Auseinandersetzung mit der eigenen Herkunft ist wichtig, um die Vergangenheit zu bewältigen und um zu einer eigenen Identifikation zu gelangen. Diese Auseinandersetzung kann stattfinden in Form von Gesprächen über die Familie, Anschauen von Fotos usw.

↗ FAZIT

→ Heimerziehung ist eine Hilfe zur Erziehung nach dem § 34 SGB VIII. Sie ist eine stationäre Erziehungshilfe.

→ Die betroffenen Kinder und Jugendlichen können, wollen oder dürfen aus unterschiedlichen Gründen vorübergehend oder auf längere Sicht nicht in ihrer Herkunftsfamilie leben. Dabei ist die Gefährdung des Kindeswohls der häufigste Grund für die Heimunterbringung.

→ Die traumatischen Lebenserfahrungen finden häufig Ausdruck in einer emotionalen oder Verhaltensstörung. Viele Kinder sind auch traumatisiert oder psychisch erkrankt. Aufgabe der Heimerziehung ist, pädagogisch-therapeutische Angebote bereitzuhalten oder anzubahnen. Dazu ist die Kooperation mit unterschiedlichen Institutionen und Fachkräften notwendig (z. B. Kinder- und Jugendpsychiatrie, Therapeuten).

→ Im Arbeitsfeld Heimerziehung arbeitet eine Erzieherin in der Regel in einer (Binnen- oder Außen-) Wohngruppe, in der sechs bis zehn Kinder oder Jugendliche leben. Zu ihren Aufgaben zählt die konkrete Begleitung im Alltag. Als Bezugserzieherin kooperiert sie mit dem Jugendamt, bereitet das Hilfeplangespräch vor und ist für die Erziehungsplanung zuständig. Auch die Elternarbeit fällt in ihren Verantwortungsbereich.

→·← AUFGABEN UND ANREGUNGEN

1   Arbeitsfeld „Heimerziehung"

a) Lesen Sie das Fallbeispiel aufmerksam durch und markieren Sie alle „Schlüsselbegriffe".

b) Was wissen Sie über die gesammelten Schlüsselbegriffe schon? Welche Kenntnisse müssen Sie noch erwerben?

c) Überlegen Sie vor diesem Hintergrund und ggf. schon eigener Praxiserfahrungen:

Was brauche ich, um in diesem Arbeitsfeld arbeiten zu können?	Was muss ich wissen und können?	Was will ich erreichen?
...	...	...

d) Planen Sie mit Ihrer Lehrerin/Ihrem Lehrer vor diesem Hintergrund den Unterricht zum Thema. Reflektieren Sie nach Abschluss der Unterrichtsreihe.

2   Verhaltensstörungen

a) Sammeln Sie in der Klasse die verschiedenen Verhaltensstörungen, von denen Heimkinder betroffen sein könnten.

b) Bilden Sie Gruppen. Bearbeiten Sie jede Verhaltensstörung nach folgenden Aspekten:

→ Definition
→ Symptome/Verhaltensweisen
→ Ursachen
→ Hilfestellungen der Erzieherin im Umgang mit dem Kind/Jugendlichen

c) Präsentieren Sie in der Klasse.

d) Entwerfen Sie ein Handlungskonzept, um Peters aggressivem Verhalten wirksam begegnen zu können.

3   Traumatisierte Kinder und Jugendliche

Informieren Sie sich über mögliche Traumata und zum pädagogischen Umgang damit.

TIPPS ZUM WEITERLESEN →→

→ Herausforderung Alltag. Praxishandbuch für die pädagogische Arbeit mit psychisch gestörten Jugendlichen
Martin Baierl, Vandenhoeck & Ruprecht, Göttingen 2011

→ Elternarbeit in der Heimerziehung
Hans-Günther Homfeldt, Jörgen Schulze-Krüdener, Reinhardt Verlag, München, 1. Aufl. 2007

→ Philipp sucht sein Ich. Zum pädagogischen Umgang mit Traumata in den Erziehungshilfen
Wilma Weiß, Beltz Juventa, Weinheim und Basel, 6. Aufl. 2011

→ www.heimerziehung.de

→ www.sos-kinderdorf.de

→ www.skmev.de

6 Pädagogisches Handeln in besonderen Situationen

6.1 Umgang mit Konflikten

Die Kindertagesstätte „Buddelflink" verfügt über verschiedene Fahrzeuge, die die Kinder im Außengelände zu Bewegung anregen sollen. Es gibt u. a. ein blaues Tretauto, das besonders unter den Jungen sehr beliebt ist.

Sie sind Praktikantin in dieser Einrichtung und beobachten Erik (5;8 Jahre). Er fährt mit dem Auto durch das Gelände und stoppt am Rutschenhäuschen. Hier steigt er vom Auto ab, klettert die Stufen hinauf und rutscht herunter. In der Zwischenzeit hat sich Elias (5;2 Jahre) auf das Tretauto gesetzt.

Erik kommt angelaufen und schreit: „Ich hatte das Auto zuerst, runter mit dir." Dabei fasst er Elias am Ärmel und versucht, ihn vom Fahrzeug zu schubsen. Elias setzt sich zunächst zur Wehr, kommt aber gegen den stärkeren Erik nicht an und fällt vom Fahrzeug.

Elias liegt schließlich im Dreck und weint. Erik fährt mit dem Tretauto davon, ohne sich noch einmal umzusehen.

Eingreifen oder nicht?

↘ FRAGEN

→ *Wie reagieren Sie: Greifen Sie ein und vermitteln oder lassen Sie die Situation auf sich beruhen?*

→ *Gibt es bewährte Vorgehensweisen?*

→ *Welche „typischen" Konflikte unter Kindern haben Sie selbst schon beobachtet? Wie wurden sie gelöst?*

6.1.1 Definition von Konflikt

Konflikte gehören zum Leben dazu. In der Kindertagesstätte gehören sie zum Alltag. Untersuchungen zufolge schwankt die Anzahl der Konflikte bei Vorschulkindern zwischen fünf und acht in der Stunde *(vgl. Kain et. al. 2007)*. Sie nehmen also viel Raum ein und ziehen einen großen Teil der Energie auf sich. Erwachsene reagieren im Umgang mit Konflikten zwischen Kindern häufig hilflos.

Aber was genau ist eigentlich unter einem Konflikt zu verstehen? Laut Duden ist ein Konflikt ein „Zusammenstoß", ein Streit, ein Zerwürfnis oder auch ein Widerstreit der Motive. In der Psychologie bzw. in den Sozialwissenschaften allgemein spricht man von einem Konflikt, wenn mindestens zwei Perspektiven gleichzeitig gegensätzlich oder unvereinbar sind. Ein Konflikt kann sich auf einzelne Personen beschränken (**intrapersonell**), aber auch mehrere Menschen (**interpersonell**) oder ganze Organisationssysteme (**organisatorisch**) umfassen. Konflikte werden als Störung des „normalen" Lebens empfunden und verhindern den gewohnten Handlungsverlauf. Konflikte haben die Tendenz zu eskalieren, d. h., sie weiten sich aus und nehmen an Intensität zu *(siehe dazu Kap. 6.2)*. Streitereien unter Kindern enden oftmals mit Handgreiflichkeiten. Es wird geschubst, gehauen, getreten, gekniffen.

> Um einen Konflikt handelt es sich, wenn
> → **mindestens zwei Perspektiven oder Sichtweisen vorhanden sind,**
> → **es ein gemeinsames Problem gibt,**
> → **die Handlungsabsichten unterschiedlich sind,**
> → **Gefühle (Angst, Wut) eine Rolle spielen,**
> → **die Beteiligten versuchen, sich gegenseitig zu beeinflussen.**

Konflikte unterscheiden sich von Problemen vor allem dadurch, dass sich die betroffenen Personen in der Bewältigung der Situation uneins sind und dabei **negative Gefühle** entwickeln. Da die Gefühle einen starken Handlungsantrieb verursachen, ist die Aktionsbereitschaft in Konflikten sehr hoch.

Grundsätzlich kann man sogar sagen: je stärker das Gefühl, desto höher die Handlungsbereitschaft. Wut wird z. B. gern an Gegenständen ausgelassen, da „fliegen die Fetzen" oder eben auch „Teller an die Wand". Ein starkes Gefühl kann unter Umständen eine kritische Urteilsbildung vermindern oder sogar vollständig unterdrücken. Daraus folgt dann ein Handeln ohne vorheriges Nachdenken, das im Nachhinein oft bereut wird.

Konflikte können nach verschiedenen Gesichtspunkten kategorisiert werden:

1. **Schwelender Konflikt:** Ein schwelender Konflikt findet unter der sichtbaren Oberfläche statt. Er ist erst auf den zweiten Blick zu erkennen und weitet sich oft nach ganz eigenen Regeln aus.

> Elias fährt sehr oft und gerne mit dem blauen Tretauto. Am liebsten hat er es für sich allein. Erik hatte sich in den vergangenen Tagen schon mehrfach geärgert, weil Elias nicht bereit war, sich mit ihm abzuwechseln.

2. **Offener Konflikt:** Der offene Konflikt ist das Gegenteil eines schwelenden Konflikts. Im günstigen Fall mündet er in einer problemlösenden Diskussion, im ungünstigen Fall kann er mit Handgreiflichkeiten enden.

> Erik und Elias hauen und treten sich.

3. **Spontaner Konflikt:** Spontane Konflikte können ganz plötzlich in der Öffentlichkeit und auch unter Menschen, die sich nicht kennen, ausbrechen.

> Auf einem öffentlichen Spielplatz liegt ein Laster unbeachtet im Sandkasten. Der dreijährige Timo beginnt, ihn mit Sand zu beladen. Plötzlich kommt Malte, ebenfalls drei Jahre alt, angelaufen und reißt Timo das Spielzeug aus der Hand: „Das ist aber meiner!"

Wie kann man Kindern im Kindergarten- oder frühen Schulalter verständlich machen, was ein Konflikt ist und wo er herkommt? Erklären könnte man es ihnen mit dem Hinweis darauf, dass Konflikte Wünsche sind, die aufeinanderstoßen oder sich nicht vertragen *(Kain et. al., 2007, S. 9 f.)*. Der Begriff des „Wunsches" wird bereits von dreijährigen Kindern verstanden.

Kindern kann auch vermittelt werden, dass Konflikte **offen** oder **versteckt** auftreten können. Der offene Konflikt ist dabei die „klassische Streiterei", die offen ausgetragen und für jedes Kind beobachtbar ist. Der versteckte Konflikt findet im Kopf des Kindes statt und ist für andere Kinder unsichtbar bzw. nicht beobachtbar. Gerade schüchterne oder unsichere Kinder ziehen sich zurück, wenn sie von anderen geärgert oder gehänselt werden. Sie bleiben allein mit ihrem „Widerstreit der Motive", nämlich dem Impuls „Ich möchte mich wehren", der ankämpft gegen das Gefühl: „Ich habe Angst vor dem, was dann passiert, deshalb sage oder tue lieber nichts."

Offener Konflikt

6.1.2 Ursache von Konflikten bei Kindern

Bereits sehr kleine Kinder erleben verschiedene Konflikte mit unterschiedlichen Personen wie Eltern, Geschwistern oder gleichaltrigen Kindern. Einer Beobachtungsstudie *(Dittrich, Dörfler, Schneider, 2001)* zufolge lassen sich dabei sechs typische Themenbereiche unterscheiden:

1. Konflikte wegen Objekten oder Sitzplätzen (Bsp.: „Ich habe zuerst mit dem Bagger gespielt." – „Jetzt will ich aber, gib her!")
2. Einhaltung bzw. Nichteinhaltung von Regeln (Bsp.: Beim Brettspiel: „Der Jonas schummelt!" – „Nein, stimmt nicht!")
3. Ärgern oder Provozieren anderer Kinder (Bsp.: „Du Dummi! Du weißt nicht mal, dass 1 + 1 zwei sind!" – „Der hat Dummi zu mir gesagt." [weint dabei])
4. Konflikte wegen Spielrollen oder sozialer Positionen (Bsp.: „Ich bin Chef, du bist zweiter Chef." – „Ich will auch mal erster Chef sein!" [weint dabei])
5. Sich-Einmischen oder Stören beim Spiel anderer Kinder (Bsp.: „Gib her, ich weiß genau, wie man aus Legosteinen ein Raumschiff baut!" – „Geh weg, wir spielen jetzt Lego.")
6. Eskalation bei lustigen oder wilden Tobespielen (Bsp.: Zwei Jungs „kämpfen" und haben sichtlich Spaß dabei. Einer fällt dabei hin und tut sich weh. Er steht auf und tritt dem Gegner gegen das Schienbein.)

Bei Kleinstkindern im zweiten Lebensjahr drehen sich laut einer Untersuchung 88 % der Konflikte um Objekte bzw. Spielzeuge und den Wunsch, diese sofort haben oder benutzen zu wollen. Dies ist oft nicht möglich, weil gerade ein anderes Kind mit dem bestimmten Spielzeug beschäftigt ist oder das Objekt einem anderen Kind gehört. Eine absichtlich gegensätzliche Haltung gegenüber einem anderen Kind ist in dieser Altersstufe eher auszuschließen.

Mit zunehmendem Alter der Kinder und kognitiven und sozialen Entwicklungsfortschritten verringern sich die Konflikte und Streitereien um Spielzeuge und Objekte (bei Vierjährigen nur noch 46,8 % aller Konflikte) und an ihre Stelle treten Konflikte mit „sozialen Kontrollwünschen", z.B. *wer* mitspielen darf, *was* gespielt und *welche Regeln* verwendet werden, wer der Erste oder Beste war. Auch Provokationen und Hänseleien nehmen zu *(vgl. Kain et al. S. 11 f.)*.

6.1.3 Bedeutung von Konflikten für Kinder

Für die Erzieherin sind die Konflikte der Kinder oft anstrengend. Sie versucht, Konflikte zu vermeiden, indem sie z.B. den „Klügeren" zum Nachgeben auffordert. Sie kann entweder in den Konflikt eingreifen und das Verhalten der Kinder korrigieren oder aber sie macht nichts und wartet, dass die Kinder den Streit selbstständig lösen.

Was ist hier das richtige Verhalten? Bei der Konfliktvermeidung durch Nachgeben entsteht nur ein vordergründiges Einvernehmen: Der „Klügere" fühlt sich übervorteilt oder ärgert sich, weil er seine Rechte nicht in Anspruch nehmen konnte. Der Konflikt schwelt weiter.

Ein Eingreifen in eine Konfliktsituation ist immer dann erforderlich, wenn negative Verhaltensweisen wie Ausgrenzen, Auslachen oder aggressive Übergriffe stattfinden. Grundsätzlich soll die Lösung des Konflikts jedoch nicht durch die Erzieherin vorgegeben werden. Andererseits sind Kinder im Vorschulalter damit überfordert, einen Konflikt allein zu lösen.

Kinder können und sollen – ihrem Alter und ihrer Reife entsprechend – aktiv in den Prozess der Konfliktlösung miteinbezogen werden. Auf diese Weise wird ihnen schon im frühen Alter die Kompetenz zur Konfliktlösung vermittelt. Durch eine verordnete Konfliktvermeidung oder durch autoritäre Vorgaben wird den Kindern dieses wichtige Lern- und Erfahrungsfeld genommen.

Schon Wissenschaftler wie Jean Piaget oder Erik Erikson haben die Bedeutung von Konflikten für die kognitive und soziale Entwicklung von Kindern betont. Durch Streit und Auseinandersetzungen lernen sie, sich in die Perspektive anderer hineinzuversetzen. Dadurch wird der Abbau des kindlichen Egozentrismus gefördert. Auch neuere Studien unterstreichen die Bedeutung von Konflikten für die soziale Entwicklung. Die Kinder erwerben neben Einfühlungsvermögen auch Fähigkeiten wie Kooperation, Kommunikation und Akzeptanz von Werten.

Pädagogische Fachkräfte haben die Aufgabe, eine positive Konfliktkultur unter den Kindern zu fördern und pädagogisch reflektierte und konstruktive Konfliktlösungsmethoden zu kennen und zu praktizieren *(vgl. Marx, 2011, S. 9)*.

6.1.4   Konstruktive Methoden zur Konfliktlösung

Schon im Vorschulalter ist der gewaltfreie und faire Umgang miteinander zu fördern. Für den Alltag in der Kita bedeutet das: Kinder brauchen eine auf ihr Alter zugeschnittene **Handlungskompetenz**, um mit Konflikten umgehen und sie konstruktiv lösen zu können.

Das Palaverzelt
Das „Palaverzelt" ist ein innovatives Konfliktlösungsritual, das speziell für Kinder im Kindergartenalter von einem Team aus Erzieherinnen, Kitaleiterinnen und Studierenden der Ostfalia Hochschule entwickelt wurde. Erzieherinnen können diese Methode bei Auseinandersetzungen zwischen den Kindern anwenden und diese dabei aktiv einbeziehen. Die Kinder erlernen ein Ritual, das sie in die Lage versetzt, ihre eigenen Gefühle zu versprachlichen, die eigenen Bedürfnisse und die des anderen Kindes wahrzunehmen und gemeinsam eine Lösung des Konflikts zu entwickeln. Grundlage dieses Konfliktrituals ist die Mediationsmethode *(vgl. Kap. 6.4)* unter Einbeziehung von Elementen der gewaltfreien Kommunikation.

Die **Methode** des Palaverzeltes besteht aus fünf Phasen:
1. Streitgeschichte erzählen: Jedes Kind erzählt aus seiner Sicht, wie es zu dem Streit gekommen ist. Dabei wird ein Sprechball eingesetzt, d. h. nur das Kind, das einen kleinen Ball in der Hand hält, darf sich äußern. Durcheinanderreden wird so vermieden.
2. Gefühle beschreiben: Die beteiligten Kinder erhalten „Delfinkarten", auf denen Gefühle/Emotionen bildlich dargestellt sind. Jeder sucht sich die Karte aus, die zu dem eigenen Gefühl passt. Mithilfe der Erzieherin beschreibt jedes Kind seine Gefühle.
3. Wünsche äußern: Die Erzieherin fragt die Kinder, welche Wünsche sie haben, um den Streit zu beenden. Dabei werden den Kindern „Wunschsymbole" an die Hand gegeben.
4. Lösungen sammeln: Die Erzieherin fragt die Kinder nach Lösungsvorschlägen. Für jede Idee erhält das Kind eine „Ideenkarte".
5. Sich einigen und Frieden schließen: Die Kinder einigen sich auf eine Lösung. Danach dürfen sie sich eine „Friedenstaube" aussuchen und als Symbol der Versöhnung ihre Namen daraufschreiben.

Dieses Vorgehen nimmt etwa zehn bis 15 Minuten in Anspruch und lässt sich gut in den Alltag integrieren. Zur Vorbereitung wird an einem ruhigen Ort ein Zelt aufgestellt, in dem das Gespräch stattfindet. Dieses sollte dauerhaft stehen bleiben. Hilfreich ist auch, ein- oder zweimal wöchentlich einen festen Zeitpunkt zu vereinbaren und eine „Palaverzeltstunde" anzubieten, um mit den Kindern eventuell aufgelaufene Konflikte zu bearbeiten.

Erzieherin und Kinder im „Palaverzelt"

KLIK – Konflikte lösen im Kindergarten

Bei „KLIK" handelt es sich um ein Trainingsprogramm, bei dem Kindern im Alter von fünf bis sieben Jahren in 20 Sitzungen (z. B. im Rahmen eines Projekts) auf spielerische Weise und unter Einbeziehung aller Sinne ein Weg gezeigt wird, wie sie ihre Konflikte selbstständig lösen können.

Das Trainingsprogramm wurde von Kindergartenpädagoginnen und einem Psychologen entwickelt *(Kain u. a., 2007)*. Sie stellten fest, dass Kinder erst dann ihre Konflikte selbst lösen können, wenn sie verstanden haben, wie es zum Streit gekommen ist, was man selbst dabei fühlt und wenn sie sich in die andere Person hineinversetzen können.

KLIK besteht im Wesentlichen aus drei Bausteinen:

1. **Förderung der emotionalen Kompetenz (1.–8. Sitzung):** Konflikte gehen immer mit negativen Gefühlen einher. Die Kinder lernen während des Trainings drei negative und drei positive Gefühle kennen. Mithilfe von „Smileys" lernen sie, diese Gefühle bei sich und bei anderen zu beschreiben. Gleichzeitig eignen sie sich an, wie sie ihre Gefühle, z. B. große Wut, kontrollieren (Emotionsregulation) können. Um dies für Kin-

der verständlich zu machen, wird die Formulierung „Chef von etwas sein" eingeführt: Manchmal ist das Kind der „Chef der Wut". Besonders bei großer Wut ist jedoch die „Wut der Chef". Kinder in diesem Alter wollen gerne selber der „Chef" sein und sind mithilfe dieser Formulierung motivierter, Kontrolle über ihre negativen Gefühle zu entwickeln.

2. **Förderung des Konfliktverständnisses (9.–13. Sitzung):** Ein wichtiges Prinzip von KLIK ist die kindgerechte Vermittlung, was ein Konflikt ist und wie Konflikte entstehen. Zentral ist dabei der Begriff des Wunsches. Als Symbole werden „Wunschwolken" und Blitze eingesetzt: Bei einem Streit krachen Wunschwolken ineinander, dabei blitzt und funkt es.

3. **Förderung der Konfliktlösefähigkeit (14.–20. Sitzung):** Die Kinder erlernen ein Konfliktlöseritual, das aus sechs Schritten besteht. Es befähigt sie, Konflikte selbstständig zu lösen. Zur Durchführung des Rituals werden die Hände eingesetzt, die unterschiedliche Bewegungen machen:

Schritt	Handbewegung
01 Wahrnehmung eines Konflikts	Jedes Kind macht eine Faust. Die Fäuste der Kinder stoßen aneinander.
02 Äußern von Wünschen	Die Hände öffnen sich. Die Hand des einen Kindes macht eine Redebewegung, die des anderen symbolisiert in Form einer aufrechten Schale das große Ohr.
03 Aktives Zuhören	Wechsel der Handbewegungen
04 Lösungssuche	Jedes Kind schnippt mit zwei Fingern und sagt „KLIK" dabei.
05 Auswahl einer Lösung und Vereinbarung	Die Kinder hängen ihre Daumen ein, verbinden beide Hände und machen einen Handschlag nach.
06 Verankern eines positiven Gefühls	Mit den Händen werden Schmetterlinge nachgemacht: Beide Daumen werden verknüpft, während die anderen Finger Flatterbewegungen machen.

Konfliktlöseritual „KLIK", Kain u.a., S. 38

Der Vorteil beim Einsatz der Hände ist, dass das Ritual überall, auch im Freien oder bei Ausflügen, eingesetzt werden kann. Im Unterschied zu anderen Ritualen (z. B. beim Palaverzelt) spielt die Beschreibung, wie es zum Streit gekommen ist, nur eine untergeordnete Rolle. Wichtiger ist herauszufinden, was sich jedes der am Streit beteiligten Kinder eigentlich gewünscht hat. In den Trainingssitzungen wird zunächst zwischen „guten" und „schlechten" Lösungen unterschieden. Als Symbol für die gute Konfliktlösung (z. B. miteinander reden, sich entschuldigen, gemeinsam etwas Schönes machen, einen Kompromiss finden – „Jeder muss ein bisschen nachgeben", Hilfe holen, auseinandergehen) wird ein „Friedensschmetterling" verwendet, für die schlechte Konfliktlösung (schlagen, beschimpfen, anschreien, schlecht über den anderen denken, schweigen) eine „Faust". Lösungen werden außerdem über zusätzliche Symbole, Farben, Bildkarten, Gesang und Bewegung thematisiert.

Sechs Schritte zur guten Bewältigung eines Streits

Nach dem Projekt können die Kinder Konflikte zunehmend selbstständig bewältigen und mehr und mehr auch die Umsetzung der Konfliktlösung übernehmen und kontrollieren. Die Aufgabe der Erzieherin ist es, bei Bedarf Hilfestellung zu geben. Im Idealfall gibt sie nur noch kurze Hinweise oder ist stille Beobachterin.

Grundschulkinder werden Streitschlichter

Das „Streit-Schlichter-Programm" verfolgt das Ziel, dass ältere Grundschulkinder und Kinder/Jugendliche in der Sekundarstufe I Konflikte ohne die Beteiligung Erwachsener regeln können. Dazu werden ausgewählte Kinder/Jugendliche in einem Trainingskurs (ca. zwei Wochenstunden innerhalb von zwölf bis 15 Wochen) zu „Streitschlichtern" ausgebildet.

Das Streit-Schlichter-Programm wurde ursprünglich in den USA entwickelt. Wissenschaftler entwickelten und erprobten das Ausbildungsprogramm für Schülerinnen und Schüler zum **Peacemaker.** Sie wurden trainiert, um bei Streitereien zwischen Mitschülern vermitteln zu können. Aus den USA stammt auch die Bezeichnung **Mediation,** die „Vermittlung durch unparteiische Dritte in Streitfällen" *(Götzinger/Kirsch, S. 10)* bedeutet *(vgl. Kap. 6.4).*

Das Streit-Schlichter-Programm stellt eine Sonderform der Mediation dar, nämlich eine **„Peer-Mediation".** Der Mediator ist als unparteiischer Dritter bei der Konfliktlösung behilflich, d. h. die Lösung eines Konflikts wird nicht von den Streitschlichtern vorgegeben, sondern von den

Kontrahenten erarbeitet. Dabei helfen die Streitschlichter den Betroffenen, sich über ihre Gefühle und Interessen klar zu werden und sie verständlich zum Ausdruck zu bringen. Das gemeinsame Ziel ist es, eine Lösung ohne Verlierer zu finden.

Hilfreich ist, zwei Kinder einer Klasse oder Gruppe zu Streitschlichtern auszubilden. Alle übrigen Kinder können bei Streitigkeiten zu den Mediatoren gehen, um ihre Konflikte gleichberechtigt und gewaltfrei zu klären. Für den Trainingskurs können sich die Kinder freiwillig melden. Bei mehr als zwei Kindern sollte die Auswahl durch die Lehrerin/Erzieherin erfolgen, da ein Streitschlichter über soziale Fähigkeiten wie z.B. Einfühlungsvermögen, Teamfähigkeit, sprachliche Kompetenz, Kreativität und Fantasie verfügen muss.

Der qualifizierte **Streitschlichter:**
→ nimmt sich Zeit,
→ verweist auf folgende Regeln und setzt sie durch:
    1. Einander ausreden lassen!
    2. Höflich bleiben!,
→ hört zu und wiederholt alle Aussagen,
→ lässt die Konfliktpartner durch geschickte Fragen selbst Lösungen entwickeln,
→ bleibt neutral, ergreift nicht Partei,
→ ist verschwiegen.

Darüber hinaus muss der Mediator in der Lage sein, die **sechsphasige Gesprächsstruktur** einzuhalten:
1. Erklären der Regeln
2. „Was ist passiert?"
3. „Wie hast du dich gefühlt?"
4. „Was ist vor dem Streit passiert, das einen von euch geärgert hat?"
5. Lösungsvorschläge
6. Vertrag und Nachtreffen
(vgl. Götzinger/Kirsch, S. 10)

Ziel des Konfliktlösungsprozesses ist ein schriftlicher Vertrag.

Streitschlichtervertrag

Zwischen _____ und _____

Hiermit verpflichten wir uns, folgende Vereinbarungen einzuhalten:

Ort, Datum, Unterschriften
(Streitende und Streitschlichter)

9342E

Beispiel für einen Streitschlichtvertrag

Da immer mehr Kinder Ganztagsschulen besuchen, kommt auf eine in diesem Arbeitsfeld tätige Erzieherin die immer wichtiger werdende Aufgabe zu, in die Ausbildung der Schülermediatoren eine sozialpädagogische Sichtweise einzubringen oder diese sogar zusammen mit einem Lehrer/einer Lehrerin auszubilden. Dabei könnte die Erzieherin z.B. die Auswahl und Durchführung der Übungen, Spiele und Rollenspiele übernehmen, während die Aufgabe der Lehrerin darin bestehen könnte, die Inhalte der klassischen Mediation altersgemäß didaktisch aufzubereiten.

Grundsätzlich gibt die Erzieherin im Alltag bei der Durchführung des Konfliktlösungsrituals immer dann Hilfestellung und Unterstützung, wenn die Kinder dies benötigen.

Um das soziale Lernen zu fördern, kann die Erzieherin entsprechende Projekte anbieten und durchführen.

↗ FAZIT

→ **Konflikt:** Mindestens zwei gegensätzliche oder unvereinbare Perspektiven existieren gleichzeitig. Sie gehen immer mit negativen Emotionen einher.

→ Konflikte gehören zum Alltag. Je jünger die Kinder sind, desto häufiger drehen sich die Streitereien um ein Objekt/Spielzeug, das auch ein anderes Kind benutzen möchte.

→ Die Erzieherin verhält sich in Streitsituationen richtig, wenn sie die Kinder ihrem Alter entsprechend in die Konfliktlösung mit einbezieht, ihnen Lösungsmuster anbietet und mit ihnen Lösungsmöglichkeiten einübt. Die Kinder erwerben dadurch schon früh eine Konfliktlösekompetenz.

→ Die pädagogische Fachkraft muss konstruktive **Konfliktlösungsmethoden** kennen und praktizieren können. Bei Vorschulkindern und jungen Schulkindern eignen sich z. B. das „Palaverzelt" und das Trainingsprogramm „KLIK". Erst ältere Grundschulkinder sind in der Lage, Konflikte selbstständig unter sich zu klären, z. B. im Rahmen eines Streit-Schlichter-Programms.

→·← AUFGABEN UND ANREGUNGEN

1 Beschreiben Sie zu jedem der sechs Themenbereiche von Konflikten kurz eine eigene Situation aus der Praxis.

2 2.1 Wählen Sie zu zweit eine Konfliktsituation aus, in der Sie sich hilflos und unwohl fühlten (d. h. Sie hatten/kannten keine angemessenen Handlungsstrategien, um den Konflikt zu bewältigen).

2.2 Stellen Sie diese Konfliktsituation schriftlich (gut leserlich) auf einer Karte dar.
Wählen Sie in einer Kleingruppe (sechs Personen) eine Situation aus und klären Sie den beschriebenen Konflikt entsprechend dem Alter der beteiligten Kinder mithilfe eines der vorgestellten Konfliktlösungsrituale. Üben Sie ein Rollenspiel ein und stellen Sie Ihre Konfliktlösung in der Klasse vor.

2.3 Beurteilen Sie als Beobachter des Rollenspiels, ob das gewählte Konfliktlösungsritual richtig auf die Konfliktsituation angewendet und eine für die Kinder zufriedenstellende Lösung erarbeitet wurde.

3 Analysieren Sie die Vor- und Nachteile der vorgestellten Konfliktlösungsrituale.

TIPPS ZUM WEITERLESEN →→

→ Wenn Kinder in Konflikt geraten. Eine Beobachtungsstudie in Kindertagesstätten.
Gisela Dittrich, Mechthild Dörfler, Kornelia Schneider, Beltz, Weinheim 2001

6.2 Umgang mit aggressiven und gewaltbereiten Kindern und Jugendlichen

Sie absolvieren ein Praktikum in der OT Kölnstraße. Ihr Praxisanleiter ist der Erzieher Bernd W.

Zu den Besuchern zählt seit drei Wochen auch Kenan, 15 Jahre alt. Kenan äußert sich häufiger kritisch über einige Angebote, z. B. „Ist ja Kinderkram, was ihr hier macht!" oder „Ein richtiger Mann kocht nicht, aber ihr könnt mir gerne mal was servieren!". Bei solchen Aussagen schaut er immer wieder provozierend zu Ihnen und Bernd.

Bei jedem Besuch provoziert er Sie und Bernd weiter und wird regelmäßig respektlos. Er missachtet bewusst einige Regeln der OT, z. B. raucht er demonstrativ im Eingangsbereich. Bernd versucht mehrere Male, Kenan zurechtzuweisen. Jedoch ohne Erfolg: Bernd kann sich gegen den Jugendlichen nicht durchsetzen. Sie beobachten, dass auch das übrige Team ratlos zu sein scheint. Es geht Kenan möglichst aus dem Weg und vermeidet jeden Konflikt.

An einem Dienstag planen einige Jugendliche ein Kickerturnier. Dazu hängen Sie Listen aus, in die sich die Jugendlichen eintragen und Mannschaften zuordnen können. Kenan, der sich als „Chef" fühlt, will die Mannschaftsbildung bestimmen und droht hierbei den anderen Gewalt an. Einige beugen sich, andere steigen aus dem Turnier aus.

Als das Turnier beginnt, gewinnt Kenans Mannschaft die ersten vier Spiele. Beim Endspiel kassiert Kenans Team allerdings kurz vor Schluss noch ein Tor, sodass es jetzt 4 : 4 steht. Kenan brüllt seine Gegner an: „Du hast den Tisch angehoben, du Hurensohn! Das Tor gilt nicht!" Die Gegner protestieren, doch Kenan schreit: „Hier wird gemacht, was ich sage, oder es gibt was auf die Fresse!"

Bernd, der den Vorfall beobachtet hat, kommt dazu und stellt Kenan zur Rede: „Mir reicht es jetzt! Leute wie dich können wir hier nicht gebrauchen. Du hast vorerst Hausverbot, verschwinde jetzt!" Dabei geht er einen Schritt auf Kenan zu, fasst ihn am Oberarm und schiebt ihn energisch Richtung Ausgang. Der 15-Jährige reißt beide Arme hoch: „Fass mich nicht an, ey, sonst stech ich dich ab!" Wutentbrannt steht der Jugendliche vor Bernd, die Situation droht zu eskalieren.

Kenan stammt aus sozial schwachen Verhältnissen. Der Vater ist seit einiger Zeit arbeitslos, die Mutter ist Hausfrau und spricht nur wenig deutsch. Kenan hat noch zwei Schwestern, die 17 und zwölf Jahre alt sind. Die Wohnverhältnisse sind beengt: Die fünfköpfige Familie lebt in einer 63 m² großen Wohnung. Der Vater kommt mit seiner Situation schlecht zurecht und lässt seinen Ärger oft an Frau und Kindern aus. Er hat hohe Erwartungen an Kenans Schulleistungen, die dieser nicht erbringen kann. Der Junge ist im 7. Schuljahr einer Hauptschule, das er wiederholen muss.

Wie reagiert der Erzieher richtig?

↘ FRAGEN

→ *Haben Sie in Ihrer Praxis schon ähnliche Situationen erlebt?*

→ *Wie kann Bernd jetzt noch eine Eskalation verhindern?*

6.2.1 Begriffsklärung

Wie kann eine pädagogische Fachkraft **erfolgreich deeskalieren** und aggressiven und gewaltbereiten Kindern/Jugendlichen „Grenzen setzen"?

Bevor diese Frage geklärt wird, ist eine Begriffsklärung sinnvoll. Im Duden finden sich die folgenden Definitionen:

aggressiv: angreifend; auf Angriff, Aggression gerichtet
Aggression: Angriffsverhalten, feindselige Haltung eines Menschen oder eines Tieres als Reaktion auf eine wirkliche oder vermeintliche Minderung der Macht mit dem Ziel, die eigene Macht zu steigern oder die Macht des Gegners zu mindern
Eskalation: Substantiv zu eskalieren a) stufenweise steigern, verschärfen b) sich ausweiten, an Umfang oder Intensität zunehmen aufgrund der Tatsache, dass die Beteiligten in ihren Maßnahmen rigoroser werden
Deeskalation: Substantiv zu deeskalieren: die eingesetzten Mittel stufenweise verringern oder abschwächen

Ein Konflikt hat sich also so gesteigert (ist eskaliert), dass ein oder mehrere Beteiligte(r) auf Angriff gerichtet sind. Sie sind bereit und in der Lage, (körperliche) Gewalt auszuüben. Der Pädagoge hat die Aufgabe, einzugreifen und den Konflikt zu entschärfen (deeskalieren).

Die Definition von **Gewalt** ist schwieriger. In der Fachliteratur sind sich die Experten einig, dass darunter im engeren Sinn körperliche Attacken zu verstehen sind, z. B. deutsche Jugendliche, die einen Ausländer mit einem Baseballschläger bedrohen, oder Schüler, die zu dritt einen Klassenkameraden zusammenschlagen. In allen Fällen handelt es sich um einen Konflikt zwischen mindestens zwei Personen, bei der mindestens einer Person mit physischen Mitteln (Körperkraft oder Waffen) Schaden zugefügt wird.

Der Gewaltbegriff lässt sich noch um verbale Attacken erweitern, schließlich kann man Menschen nicht nur mit einem Faustschlag, sondern auch mit Worten wirkungsvoll treffen. Zur verbalen Gewalt gehören Verspotten, Beschimpfen, Beleidigen, Auslachen oder Abwerten. Das Opfer wird auf psychischer Ebene geschädigt. Oft sind verbale Attacken Vorstufe einer Prügelei.

Unter Gewalt wird an dieser Stelle also eine unmittelbare Wechselbeziehung zwischen Personen verstanden, d. h. Gewalt wird körperlich oder psychisch von einer konkreten Person gegen eine andere ausgeübt.

Ein gewaltbereites Kind oder ein gewaltbereiter Jugendlicher ist also darauf vorbereitet, „in Bereitschaft", anderen einen physischen oder psychischen Schaden zuzufügen.

6.2.2 Eine positive Einstellung haben

Es gibt eine Reihe von Vorschlägen und **Strategien** für eine erfolgreiche Deeskalation. Eine der wichtigsten Voraussetzungen, um deeskalierend wirken zu können, ist eine positive Grundeinstellung und Haltung.

Carl Rogers (1902–1987), ein US-amerikanischer Psychologe und Psychotherapeut und Begründer der **klientenzentrierten Gesprächstherapie,** nennt als Grundhaltung **Wertschätzung** (Akzeptanz), **Einfühlungsvermögen** (Empathie) und **Echtheit** (Kongruenz).

a) Wertschätzung (Akzeptanz)
Die bedingungslose positive Wertschätzung wird realisiert durch vorbehaltloses Annehmen der Person, gerade auch mit ihren Besonderheiten und Schwierigkeiten. Sie bedeutet wesentlich, dass die Person so akzeptiert wird, wie sie sich selber sieht.

Beispiel:
Kenan provoziert den Erzieher Bernd und wird regelmäßig respektlos. Er missachtet Regeln, stört und macht andere Jugendliche „blöd an", bedroht sie sogar. Die Pädagogen haben dennoch die Hoffnung, positiv auf Kenan einwirken zu können.

In der Arbeit mit aggressiven und gewaltbereiten Jugendlichen ist es notwendig, die Person und ihr unangemessenes Verhalten zu trennen, also den Menschen Kenan als wertvoll zu empfinden, aber sein Verhalten abzulehnen.

Geht der Erzieher dabei geschickt vor, ist die Chance groß, Kooperationsbereitschaft zu erreichen. Das Kind/der Jugendliche sieht keine Notwendigkeit, mit Widerständen zu reagieren, denn der Pädagoge wird nicht als Gegner betrachtet.

b) Einfühlungsvermögen (Empathie)

Einfühlungsvermögen bezeichnet die Fähigkeit, sich in eine andere Person eindenken und seine Gefühle, Absichten und Persönlichkeitsmerkmale nachempfinden zu können. In der Psychotherapie bezeichnet der Begriff Empathie eine Strategie der Stimmungsübertragung vom Patienten auf den Therapeuten. Dadurch ist es dem Therapeuten möglich, die Emotionen und die Stimmung des Patienten bei sich selbst zu erleben und somit besser zu verstehen. Gerade Jugendliche, die psychische Verletzungen hinter sich haben, benötigen ein sensibles Einfühlungsvermögen.

> **Beispiel:**
> Die Erzieher in der OT Kölnstraße erkennen, dass Kenan aufgrund seiner Lebensumstände frustriert ist (Arbeitslosigkeit, beengte Wohnverhältnisse, schlechtes Vorbildverhalten des Vaters, Leistungsdruck). Möglicherweise fühlt er sich auch als Ausländer diffamiert, d.h. in seinem Wert herabgesetzt.

Auch wenn die Erzieher verstehen, dass die Ursache für Kenans Verhalten in seinem Lebensweg und seinen Gefühlen zu suchen ist, dürfen sie sein Verhalten nicht billigen. Sich in seine Lage zu versetzen hilft aber, ihn besser zu verstehen.

c) Echtheit (Kongruenz)

Kongruenz (von lat. congruens „übereinstimmend", „passend") bedeutet Übereinstimmung. Unter Echtheit/Kongruenz versteht man eine Offenheit und Ehrlichkeit, die hilfreich auf die andere Person wirkt und bei der Kopf und Herz übereinstimmen. Verbale Aussagen und die sie begleitende Körpersprache, bei der die Gefühle durch Mimik, Gestik und Stimme zum Ausdruck kommen, dürfen sich nicht widersprechen.

Pädagogen müssen also auch mit ihren Gefühlen hinter dem stehen, was sie mit dem Verstand entscheiden oder äußern.

> **Beispiel:**
> Der Erzieher Bernd lobt Kenans Mannschaft für den Sieg in den ersten vier Spielen beim Kickerturnier. In Gedanken ärgert er sich aber darüber. Die Jugendlichen werden die Unstimmigkeit bemerken und Bernd noch weniger akzeptieren.

Sinnvoll ist daher, immer die Wahrheit zu sagen, auch wenn sie vielleicht unangenehm ist.

Erzieher sollten Akzeptanz, Echtheit und Empathie zeigen.

6.2.3 Distanz einhalten

Die Distanz, die man gegenüber einer anderen Person einnimmt, sagt etwas über das momentane Verhältnis der beteiligten Personen aus. Finden sich zwei Menschen sympathisch, kommen sie sich näher (geistig und körperlich) und ihre Distanz verringert sich. Es lassen sich vier Distanzen unterscheiden *(Bärsch/Rhode 2008):*

1. **Intim-Distanz** (auch Nahdistanz) bis zu 90 cm
2. **Persönliche Distanz** (0,9 m–1,5 m)
3. **Gesellschaftliche Distanz** (1,5 m–3 m)
4. **Öffentliche Distanz** (3 m–8 m)

Die **Intim-Distanz** ist die körperliche Distanz zwischen sehr eng befreundeten Menschen, Liebespaaren sowie Eltern und Kindern.

Geraten Menschen, die einander fremd sind, freiwillig oder unfreiwillig in diese intime Distanz, z. B. bei öffentlichen Veranstaltungen, im Fahrstuhl oder in überfüllten Verkehrsmitteln, so löst dies oft Unbehagen, Unruhe oder Aggressionen aus. Bärsch/Rhode *(ebd.)* machen deutlich, dass auch Gewalttätigkeiten in Fußballstadien möglicherweise durch das Zusammendrängen von Menschen in die intime Distanz gefördert werden.

In der **Persönlichen Distanz** haben die beteiligten Personen die Möglichkeit, sich die Hand zu geben, mit der Faust kann der andere aber nicht erreicht werden. Die Persönliche Distanz ist der Abstand, den Menschen meist automatisch einnehmen, wenn sie ein Gespräch suchen, sich aber nicht sehr vertrauliche Dinge mitteilen wollen. Sie signalisiert eine offene und neutrale Gesprächsbereitschaft.

Die **Gesellschaftliche Distanz** gilt besonders für offizielle gesellschaftliche oder geschäftliche Anlässe. Viele Vorgesetzte nehmen bei Kritikgesprächen diesen Abstand ein. Auch bei Streitigkeiten oder Konflikten wird sie häufig eingehalten. Bei der Gesellschaftlichen Distanz ist ein anhaltender Blickkontakt erwünscht, Wegsehen während des Gespräches würde vom Gesprächspartner als taktlos empfunden werden.

Die **Öffentliche Distanz** wird auch als Seminar- oder Ansprachedistanz bezeichnet. In ihr befinden sich Personen, die Reden oder Vorträge vor Menschengruppen halten. Es handelt sich um den notwendigen Abstand, um den gesamten Zuhörerkreis im Blickfeld behalten zu können, z. B. zwischen Professor und Studenten im

Hörsaal oder zwischen Chef und Mitarbeitern bei einer Betriebsversammlung *(vgl. Bärsch/Rhode, S. 14 ff.)*.

In Konfliktsituationen muss differenzierter vorgegangen werden. Läuft ein Konflikt wenig emotional ab, kann sich die räumliche Nähe des Erziehers zum Kind oder Jugendlichen durchaus konfliktreduzierend auswirken. Die Anwesenheit des Erziehers hat eine hinderliche Wirkung auf die Kontrahenten oder trägt zu ihrer Beruhigung bei.

In aggressiv aufgeladenen Situationen und bei höherer Erregung wird eine geringe Distanz dagegen als bedrohlich empfunden und kann zur Eskalation führen. Für den Pädagogen gilt: nicht in die Intim-Distanz einer Person eindringen und sie niemals anfassen! Selbst wenn der Erzieher geschubst wird: auf keinen Fall zurückschubsen! Dies wäre der Beginn einer „taktilen Gewaltspirale" *(ebd., S. 78)*, also einer Vorstufe von Schlagen und Treten. Ratsam ist das Einhalten der Gesellschaftlichen Distanz von 1,5 m–3 m, d. h. der Pädagoge befindet sich außerhalb der unmittelbaren Schlagdistanz und achtet darauf, dass sich ein Tisch oder eine ähnliche Barriere zwischen ihm und dem Aggressor befindet. Dies erschwert zwar die Kommunikation, die eigene Sicherheit hat aber Vorrang.

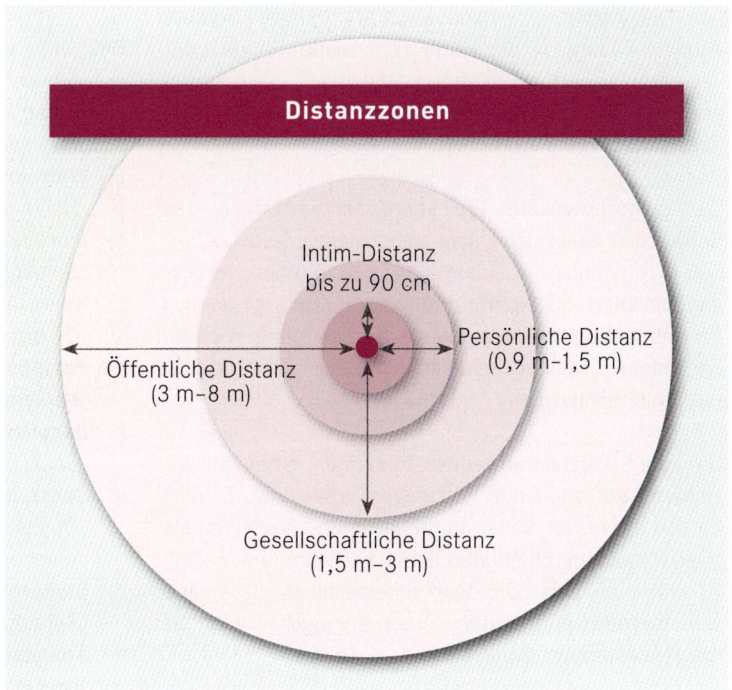

Distanzzonen

Intim-Distanz
bis zu 90 cm

Persönliche Distanz
(0,9 m–1,5 m)

Öffentliche Distanz
(3 m–8 m)

Gesellschaftliche Distanz
(1,5 m–3 m)

6.2.4 Kommunikationsregeln beachten

Eine selbstbewusste Körperhaltung einnehmen!

„Die Haltung spiegelt die Haltung!" *(Bärsch/Rhode, S. 10).* Gemeint ist damit, dass die Körperhaltung die Geisteshaltung widerspiegelt oder, wie bereits der Kommunikationsforscher Paul Watzlawick feststellte: „Man kann nicht nicht kommunizieren." Über die Körpersprache, also Haltung, Gestik und Mimik, aber auch über die Sprechweise, können Rückschlüsse auf die Befindlichkeit einer Person getroffen werden.

Dies bedeutet, dass der potenzielle Angreifer in einer bedrohlichen Situation durch das Lesen der Körpersprache erkennen kann, wen er vor sich hat. Zu unterscheiden ist dabei der

1. „ängstliche Typ"
2. „aggressive Typ"
3. „selbstbewusste Typ"

Der **ängstliche Typ** wirkt unsicher. Unsicheres Verhalten ist zu erkennen an hängenden Schultern, einem unruhigen oder auf den Boden gehefteten Blick, nervösem Hin- und Herwippen, einer ernsten Miene ohne Lächeln, verkrampften Händen.

Der **aggressive Typ** möchte seine Überlegenheit zeigen. Dies macht er deutlich durch breitbeiniges Stehen, geballte Fäuste, in die Hüfte gestemmte Hände oder verschränkte Arme, verengte Augenlider, nach unten gezogene Mundwinkel, einen kalten oder harten Blick, Vermeidung von Blickkontakt.

Der **selbstbewusste Typ** kennt seine Stärken und Schwächen, er ist sich seiner selbst sicher. Selbstsicherheit ist erkennbar an einem aufrechten Stehen, zurückgenommenen Schultern, erhobenem Kopf, geradeaus gerichtetem Blick, entspanntem Stehen ohne Wippen, Blickkontakt, freundlichem Lächeln und allgemein lockerer Gesichtsmuskulatur.

Um eine Eskalation abwenden zu können, ist ein selbstsicheres Auftreten des Pädagogen notwendig. Er darf für den Aggressor weder durch unsicheres Verhalten als „Opfer" noch durch überhebliches Verhalten als „Feind" zu erkennen sein. Die Wahrscheinlichkeit, dass eine selbstbewusst auftretende Person angegriffen wird, ist am geringsten *(vgl. Bärsch/Rhode, S. 10 ff.).*

Türöffner verwenden

Türöffner sind Äußerungen, die zum Sprechen auffordern. Sie enthalten keine persönlichen Gedanken oder Gefühle des Senders (Erziehers), fordern aber den Empfänger (Kind/Jugendlichen) auf, seine Gedanken oder Gefühle zu äußern.

> „Erzähl mal, was vorgefallen ist!"
> „Möchtest du darüber sprechen?"
> „Ich höre."
> „Na, was gibt es?" usw.

Kommunikationskiller vermeiden

Kommunikationskiller sind das Gegenteil von Türöffnern. Sie enthalten Vorwürfe oder negative Bewertungen, sie signalisieren eine geringe Wertschätzung.

> „Was soll das denn schon wieder?"
> „Ich verstehe gar nichts mehr!"
> „Wie oft habe ich dir schon gesagt, dass ..."
> „Lass den Mist!"

Destruktiv können sich auch folgende Reize auswirken *(vgl. Dutschmann, 1977):*

a) **Geben von Anweisungen, Kommandos:**
„Du musst auf die Erzieher hören!"

b) **Warnen oder Drohen:**
„Nimm dich bloß in Acht!"

c) **Moralisieren oder Predigen:**
„So benimmt man sich nicht!"

d) **Beurteilen, Verurteilen, Kritisieren:**
„Du bist unmöglich!"

e) **Fehlende Anerkennung:**
„Kapierst du es immer noch nicht?"

f) **Beschämen oder Lächerlichmachen:**
„Schämst du dich nicht?"

g) **Spott, Ironie:**
„Du bist wirklich ein Held. Wie kann man nur so dumm sein?"

h) **Bloßstellungen vor anderen:**
„Seht mal alle her!"

i) **Analysieren, Diagnostizieren, Kategorisieren:**
„Du bist genau wie dein Vater!"

Ich-Botschaften senden

Mithilfe von Ich-Botschaften kann der Erzieher sein eigenes Empfinden und seine Gefühle äußern, ohne dabei Vorwürfe zu machen. Ich-Botschaften stehen im Gegensatz zu Du-Botschaften, die Vorwürfe, Befehle oder Ermahnungen beinhalten. Die meisten Streit-/Konfliktgespräche sind mit negativen „Du-Botschaften" durchsetzt. Du-Botschaften verletzen die Gefühle des Gegenübers und reizen ihn zu einer Gegenattacke und sollten daher unbedingt vermieden werden.

> „Ich habe den Eindruck, du bist mit deinen Gedanken ganz woanders." **statt** „Du hörst mir ja nie zu!"
> „Mir ist nicht klar, wie du das gemeint hast." **statt** „Was du sagst ist unlogisch."
> „Ich fühle mich durch deine Körperhaltung bedroht." **statt** „Du bist aggressiv."

Offene Fragen stellen – „Warum"-Fragen nur selten verwenden

Offene Fragen sind Fragen, auf die man nicht nur mit „Ja" oder „Nein" antworten kann. Nachfragen ist eine der besten Möglichkeiten, eine Eskalation zu verhindern, denn wer spricht, wird mit hoher Wahrscheinlichkeit nicht schlagen und hat gleichzeitig die Gelegenheit, seine Situation zu erklären. Der Pädagoge wiederum zeigt Interesse und bekommt möglicherweise Informationen, um an einer Lösung zu arbeiten.

Dabei sollten möglichst keine *„Warum"*-Fragen verwendet werden, weil sie häufig als Angriff gewertet werden:

> „Warum hast du schon wieder getreten?"
> „Warum bist du immer so aggressiv?"

Alternativ kann die pädagogische Fachkraft die **5W-Technik** einsetzen, also Fragen nach dem *Was, Wer, Wie, Wann* oder *Wo* stellen.

> „Wie kam es zu der Schlägerei?"
> „Was war dein Problem?"

6.2.5 Deeskalationsstrategien verwenden

Eigendeeskalation

Befindet sich die pädagogische Fachkraft selbst in der Situation, dass sie von Jugendlichen/jungen Erwachsenen massiv bedroht wird, so gilt: **Ruhe bewahren.** Panik, Hektik oder hastige Bewegungen können reflexartige Reaktionen herausfordern.

Der Pädagoge sollte eine **selbstsichere Haltung einnehmen.** Aufrechtes, festes Stehen auf beiden Beinen und mit gutem Bodenkontakt bewirkt außerdem, dass man bei möglichen Angriffen ausweichen und nicht so leicht umgestoßen werden kann. Außerdem klingt auch die Stimme fester.

Der Pädagoge sollte nun den **Aggressor ansprechen** und dabei Blickkontakt halten. Sätze oder Aufforderungen sollten in ruhigem Tonfall und kurz und präzise geäußert werden, z. B.: „Nimm die Fäuste runter!" oder „Leg das Messer weg!". Dabei kann der Pädagoge die Methode der „broken record" (kaputte Schallplatte) anwenden, d. h. das Gewünschte mehrfach wiederholen. Wichtig ist, sachlich zu bleiben, nicht zu drohen oder zu beleidigen und auf keinen Fall Körperkontakt aufzunehmen. Auch ein Wechsel in die Opferrolle mit Flehen oder unterwürfigem Verhalten ist zu vermeiden. Der Pädagoge kann aber laut äußern, dass er sich bedroht fühlt: „Ich fühle mich bedroht." Insgesamt sollte der Pädagoge eine möglichst neutrale Position einnehmen. Die meisten Täter lassen in diesen Fällen von ihrem Opfer ab.

Sollte die Äußerung der eigenen Gefühlslage und die mehrfach wiederholte Aufforderung keine Wirkung zeigen, muss die pädagogische Fachkraft **Hilfe einfordern.** Dazu kann eine Person in der Nähe konkret angesprochen werden: „Katja (Praktikantin), ruf die Polizei" oder „Du in der blauen Jacke, hol Michael (Erzieher)."

Als letzte Möglichkeit, eine Eskalation abzuwenden, bleibt noch, das für den Angreifer **Unerwartete zu tun** und den Überraschungseffekt auszunutzen, z. B. eine

Ohnmacht oder einen Hustenanfall vortäuschen und die gewonnenen Sekunden zur Flucht nutzen. Dabei sind der Kreativität keine Grenzen gesetzt. Eine weitere Möglichkeit besteht darin, bewusst eine Grenze zu ziehen, indem sich der Pädagoge frontal vor dem Angreifer aufstellt und deutlich zeigt, dass er keine Angst hat. Dabei streckt er die Arme vor und zeigt offen seine Handflächen. So ist er einigermaßen geschützt und zeigt, dass

er selbst nicht angreifen will. Hilfreich ist es auch, wenn der Pädagoge Befreiungsgriffe aus Kampfsportarten beherrscht und sich im Ernstfall schnell befreien und fliehen kann.

Im Anschluss an eine solche bedrohliche Situation ist auf jeden Fall die Polizei zu rufen *(vgl. Bärsch/Rhode S. 80 ff.).*

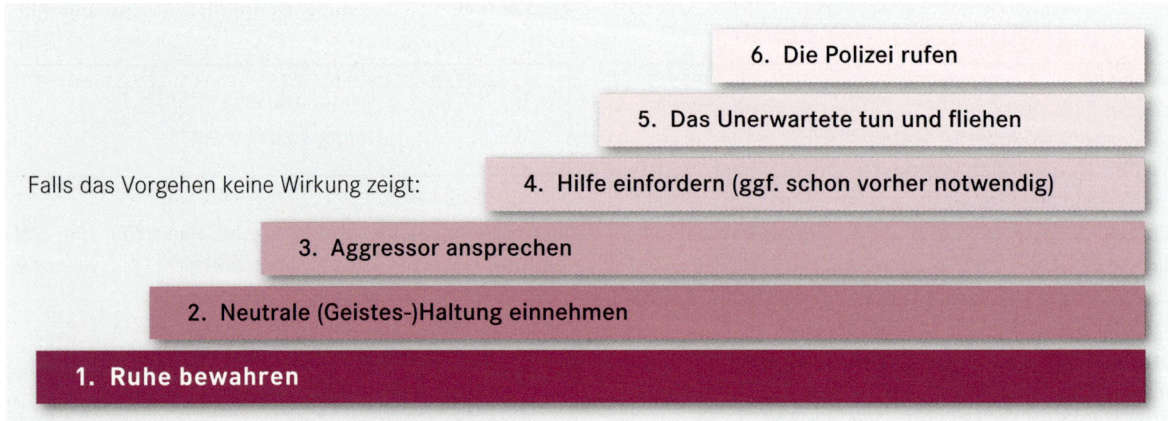

6. Die Polizei rufen

5. Das Unerwartete tun und fliehen

Falls das Vorgehen keine Wirkung zeigt: 4. Hilfe einfordern (ggf. schon vorher notwendig)

3. Aggressor ansprechen

2. Neutrale (Geistes-)Haltung einnehmen

1. Ruhe bewahren

Stufen der Eigendeeskalation

Fremddeeskalation

Kommt es zu aggressiven Konflikten zwischen Jugendlichen, so ist es die Pflicht der pädagogischen Fachkraft, zu **intervenieren und die Auseinandersetzung zu stoppen.** Dabei ist es wichtig, sprachlich klar und eindeutig aufzutreten. Aussagen wie: „Könntet ihr damit aufhören?" oder „Ich würde mir wünschen, dass ihr damit aufhört", verwässern die Botschaft. Daher gilt: Fragen und Konjunktive vermeiden. Angebracht ist ein entschiedenes: „Hört auf!" oder „Auseinander!".

Die pädagogische Fachkraft tut gut daran, auf ihre eigene **Sicherheit zu achten.** Sind Waffen im Spiel oder stehen die Jugendlichen unter Drogeneinfluss, kann ein Eingreifen lebensgefährlich sein. In einem solchen Fall sollte Hilfe geholt bzw. die Polizei gerufen werden. In weniger extremen Situationen sollte der Pädagoge in keinem Fall von hinten an die Streitenden herantreten, sondern immer in deren Blickfeld bleiben, wenn er sich nähert.

Wichtig ist, **im Team zusammenzuhalten,** als Einheit aufzutreten und Grenzüberschreitungen nicht zuzulassen. Gegebenenfalls kann sich auch jeweils ein Pädagoge um einen der Kontrahenten kümmern.

Vor der konkreten Trennung der Streitenden sollten diese direkt **angesprochen werden:** „Aufhören!" oder „Nimm die Fäuste runter!" Auch hier bietet sich die Technik der „broken record" (kaputte Schallplatte) an. Hilfreich kann sein, die **Namen der Kontrahenten zu nennen.** Dies mindert den Stress und lässt einen Menschen „aufhorchen".

Zur **Trennung** der beiden Streitenden sollte versucht werden, deren Blickkontakt zu unterbrechen und sie in unterschiedliche Räume zu bringen, bis sich die Gemüter beruhigt haben und die emotionale Erregung abgeklungen ist. Ein **Konfliktgespräch** (s. o.) ist erst nach etwa 30 Minuten sinnvoll.

Beim Einsatz von körperlicher Gewalt oder sogar Waffen muss das Team **Konsequenzen ziehen.** Grundsätzlich gilt, dass Konsequenzen nicht nur angedroht, sondern in jedem Fall auch umgesetzt werden müssen. Dazu gehören Maßnahmen wie die Übernahme von Aufgaben bis hin zum Hausverbot. Brutale Gewaltausbrüche bzw. -straftaten sollten angezeigt werden.

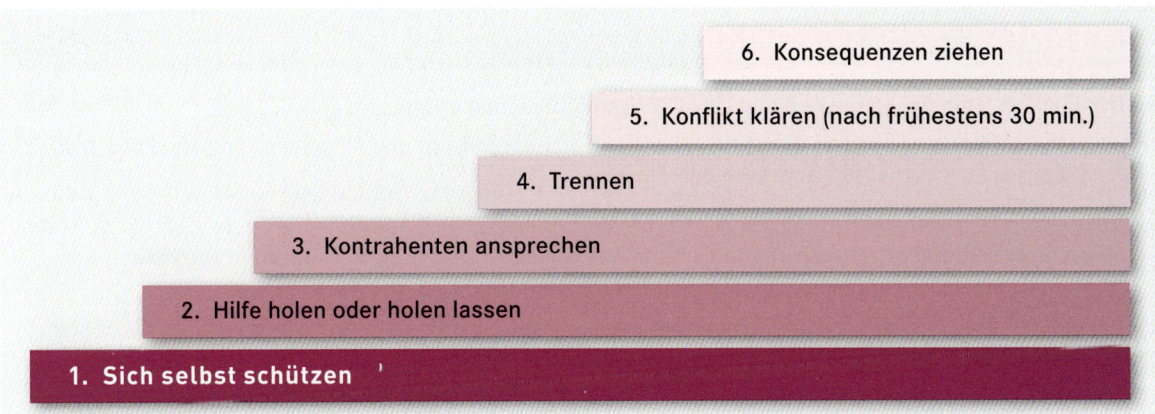

Stufen der Fremddeeskalation

Grundsätzlich hilfreich für Erzieherinnen und Erzieher ist die Teilnahme an einem Deeskalations-/Konfliktinterventionstraining *(vgl. Bärsch/Rhode S. 88 ff., 132 ff.).*

Regeln aufstellen und durchsetzen

In der Arbeit mit Kindern und Jugendlichen gibt es immer wieder Situationen, in denen bewusst Grenzen überschritten werden. Ab diesem Moment ist die pädagogische Fachkraft gefordert, bestehende Regeln durchzusetzen. Tut sie es nicht, dann akzeptiert sie das schlechte Benehmen und erlaubt es damit.

„Benehmen, das du ignorierst, ist Benehmen, das du erlaubst." (Wentzek)

Kinder und Jugendliche, die Regeln immer wieder bewusst überschreiten und dabei sich und andere bzw. das soziale Miteinander in Gefahr bringen, tun dies meist nicht ohne Grund. Diesem gilt es nachzuspüren, vor allem, wenn das regelverletzende Verhalten oder Provokationen über einen längeren Zeitraum andauern. Sinnvoll ist hier, zunächst das Gespräch mit dem Kind oder Jugendlichen zu suchen.

Für das Miteinander der gesamten Gruppe, z. B. im Jugendzentrum, ist es hilfreich, gemeinsam „Hausregeln" zu vereinbaren. Ein Jugendlicher, der aktiv an der Erstellung von Verhaltensregeln mitgearbeitet hat, fühlt sich auch verantwortlich für deren Einhaltung. Dadurch kommt nicht nur der pädagogischen Fachkraft die Rolle zu, für die Einhaltung der Regeln zu sorgen, sondern allen Mitgliedern der Gruppe bzw. Besuchern des Jugendzentrums. Es ist erwiesen, dass Regeln entschieden besser akzeptiert werden, wenn sie *gemeinsam* erarbeitet wurden.

Damit Regeln akzeptiert werden können, sollten sie:
→ selbsterklärend,   → praktikabel,
→ kurz und eindeutig,   → nachvollziehbar sein.

Eine Regel in der OT könnte zum Beispiel lauten: „Alkohol ist verboten!" Wird diese Regel überschritten, könnte die pädagogische Fachkraft wie folgt vorgehen:

Stufe 1:
Der Pädagoge verhält sich **kooperativ.** Er spricht den Jugendlichen an und bittet ihn freundlich, ihm die Bierflasche abzugeben oder draußen weiterzutrinken.

Stufe 2:
Der Pädagoge nimmt eine **neutrale Haltung** ein und fordert nun deutlich und bestimmt: „Gib mir das Bier oder geh raus." Diese Aufforderung wiederholt er noch ein oder zwei Mal („broken record").

Stufe 3:
In der Stufe 3 zeigt der Pädagoge **Konsequenzen** auf: „Du hast zwei Möglichkeiten: Entweder du bekommst Hausverbot oder das Bier verschwindet jetzt. Du musst dich entscheiden."

Wichtig ist dabei, dass der Jugendliche die Entscheidung trifft. Er übernimmt somit selbst Verantwortung für sein Handeln. Der Pädagoge gibt den „Schwarzen Peter" ab. Bei der Formulierung der Konsequenz sollte er darauf achten, dass er das gewünschte Verhalten zuletzt nennt, so bleibt es besser im Gedächtnis. Außerdem muss die angekündigte Konsequenz auch durchführbar sein. In diesem Fall müsste der Pädagoge das Hausverbot im Notfall mithilfe der Polizei durchsetzen.

↗ FAZIT

Der Erzieher kann in aggressiven und gewalttätigen Situationen erfolgreich deeskalieren,

→ wenn er über eine positive Grundeinstellung und Haltung verfügt und Akzeptanz, Empathie und Kongruenz in sein Verhaltensrepertoire übernimmt,

→ wenn er nie in die Intim-Distanz einer Person eindringt,

→ wenn er selbstbewusst auftritt und Kommunikationsregeln beachtet, d. h. Türöffner verwendet, Kommunikationskiller vermeidet, Ich- statt Du-Botschaften sendet, offene Fragen stellt,

→ wenn er über Strategien und Vorgehensweisen zur Eigen- und Fremddeeskalation verfügt, die er sinnvollerweise in einem Trainingskurs geübt und gefestigt hat.

Grundsätzlich ist wichtig, Verhaltensregeln mit den Kindern/Jugendlichen gemeinsam zu erarbeiten und angekündigte Konsequenzen unbedingt durchzusetzen.

→·← AUFGABEN UND ANREGUNGEN

1 Beurteilen Sie, ob sich der Erzieher Bernd in der beschriebenen Handlungssituation richtig verhalten hat. Was könnte er anders/besser machen?

2 Auf der nächsten Teamsitzung der OT Kölnstr. wird noch einmal über Kenan und die Gesamtsituation in der OT gesprochen. Die pädagogischen Fachkräfte sind sich einig, dass sie handeln müssen, um die Gruppendynamik in der Einrichtung wieder zu verbessern und Eskalationen zukünftig zu vermeiden.
Entwickeln Sie auf dieser Grundlage ein Erfolg versprechendes pädagogisches Handlungskonzept. Begründen Sie Ihr Vorgehen.
2.1 Formulieren Sie zunächst die Kompetenzen, die die Jugendlichen erwerben sollen (Sach-/Sozial-/Selbstkompetenz).

2.2 Berücksichtigen Sie in Ihrem Handlungskonzept z. B. folgende Aspekte:

→ erzieherische Grundhaltung

→ Kommunikation

→ ganzheitliches Lernen durch Projektarbeit

→ entwicklungsangemessene unterstützende und gegenwirkende Erziehungsmaßnahmen

→ Stellenwert des pädagogischen Verhältnisses

→ rechtliche Aspekte, z. B. Jugendstrafrecht, Rechte der Einrichtung/des Jugendlichen

TIPPS ZUM WEITERLESEN →→

→ www.teamotion.eu

→ www.gewaltakademie.de

6.3 Sexueller Missbrauch

In Ihrer Praktikumsstelle fällt Ihnen Anna-Lea, fünf Jahre alt, auf. Im vergangenen Jahr war sie mit ihrer Mutter in das Umfeld der Kindertageseinrichtung gezogen, die mitten in einem sozialen Brennpunkt liegt.

Beim Aufnahmegespräch erzählte die Mutter, dass sie seit einem halben Jahr mit einem neuen Mann zusammenlebe, den sie sehr liebe und sie so manche Alltagsschwierigkeiten vergessen lasse.

Von Anfang an sucht das Mädchen einen intensiven Kontakt zu Ihnen. Sie macht schnell gute Entwicklungsfortschritte.

Seit etwa zwei Monaten klagt Anna-Lea immer wieder über heftige Kopf- und Bauchschmerzen. Sie wirkt oft traurig oder bedrückt. Als Sie die Mutter darauf ansprechen, berichtet diese, dass Anna-Lea seit einiger Zeit Albträume habe, oft nachts schreiend aufwache. Sie schaue wohl zu viel fern. Morgens sei sie vielleicht einfach müde. Eine andere Erklärung für die Verhaltensänderung der Tochter habe sie sonst nicht.

Eines Nachmittags erzählt Ihnen Anna-Lea dann: Wenn die Mutter abends zum Sport gehe, dann komme der Klaus (Freund der Mutter) zu ihr ins Bett. „Dann drückt er mich und ruckelt so komisch. Das tut mir weh!"

↘ FRAGEN

→ *Wie werden Sie jetzt reagieren?*

→ *Könnten Anna-Leas Kopf- und Bauchschmerzen sowie ihre Albträume in einem Zusammenhang mit dem Verhalten des Stiefvaters stehen?*

6.3.1 Definition von sexuellem Missbrauch

Der sexuelle Missbrauch gehört zum Alltag sehr vieler Mädchen und Jungen. Er kommt so häufig vor, dass man davon ausgehen kann, dass in jeder Kindergartengruppe, in jeder Schulklasse und in jeder anderen Kinder(freizeit-)gruppe Kinder zu finden sind, die missbraucht werden. Forschungen kamen zu dem Ergebnis, dass etwa 10 % bis 15 % der Mädchen und etwa 5 % der Jungen bis zum Alter von 14 oder 16 Jahren „mindestens einen unerwünschten oder durch die moralische Übermacht einer deutlich älteren Person oder durch Gewalt erzwungenen sexuellen Körperkontakt" erlebt haben *(Deegener 2010, S. 30)*. Selbst Säuglinge und Kleinkinder werden sexuell ausgenutzt.

Der Begriff „sexueller Missbrauch" wird in der Literatur recht uneinheitlich definiert. Manche Wissenschaftler verstehen darunter das Ausnützen eines Kindes zur sexuellen Befriedigung eines Erwachsenen. Diese knappe Definition umfasst allerdings nicht das ganze Phänomen: Einerseits wird die Perspektive der Opfer ausgeklammert, andererseits werden nur Erwachsene als mögliche Täter genannt. Studien weisen aber darauf hin, dass viele erwachsene Täter bereits in ihrer Jugend Kinder sexuell missbraucht haben.

In der Regel ist sexueller Missbrauch durch folgende **Kennzeichen** charakterisiert:

→ **Eine sexuelle Handlung:**
Das Opfer wird z. B. gezwungen, lüsterne Blicke und Redensarten zu ertragen, sich nackt zu zeigen oder den Missbraucher nackt zu sehen, sich Pornos anzuschauen, Zungenküsse zu geben. In schweren Fällen muss das Opfer den Missbraucher oder sich selbst mit der Hand befriedigen bis hin zu einer versuchten oder vollendeten vaginalen, analen oder oralen Vergewaltigung. Sexueller Missbrauch entwickelt und steigert sich häufig von weniger intimen Formen hin zu intimen Formen des Körperkontakts.

→ **Eine Abhängigkeitsbeziehung:**
Beim Täter, der meist ein Mann ist, handelt es sich überwiegend um eine Person, die das Kind kennt, der es vertraut oder sogar liebt: der Vater, der Großvater, der Partner der Mutter, der Onkel, der Bruder,

aber auch der Erzieher, der Pastor, der Trainer. Sexueller Missbrauch durch Fremde ist im Vergleich eher selten.

→ **Die Bedürfnisbefriedigung des Mächtigeren:**
Kinder können keine gleichberechtigten Partner von Erwachsenen sein. Sie sind emotional, sozial, rechtlich, finanziell usw. von ihnen abhängig. Somit besteht ein großes Beziehungs- bzw. Machtgefälle. Beim sexuellen Missbrauch handelt es sich um einen Machtmissbrauch durch den Täter und sein Bedürfnis nach Überlegenheit, Dominanz, Unterwerfung oder auch Nähe.

→ **Die mangelnde Einfühlung in das Kind:**
Kein Kind – egal wie alt – will sexuell missbraucht werden. Sexueller Missbrauch ist ein traumatisches Erlebnis, das auch mit konkreten körperlichen Traumata verbunden sein und schwerwiegende Folgen nach sich ziehen kann (s. u.). Die Täter leugnen häufig die negativen Folgen als natürliche Einführung in den Bereich der Sexualität oder sogar besondere (väterliche) Liebe; die Kinder werden zu Sexualobjekten herabgewürdigt.

→ **Das Gebot der Geheimhaltung:**
Die kindlichen Opfer haben Angst, durch die missbrauchende Person selbst oder durch weitere Personen aus dem Umfeld bestraft zu werden. Oft geht der sexuelle Missbrauch mit konkreten Gewaltandrohungen einher: „Wenn du was sagst, dann ...“ Viele Opfer haben außerdem Angst, „schuld“ daran zu sein, dass jemand aus der Familie oder dem Umfeld „wegen ihnen“ bestraft wird, und schweigen deshalb.

„Zusammenfassend wird unter sexuellem Missbrauch von Kindern jede Handlung verstanden, die an oder vor einem Kind entweder gegen den Willen des Kindes vorgenommen wird oder der das Kind aufgrund seiner körperlichen, seelischen, geistigen oder sprachlichen Unterlegenheit nicht wissentlich zustimmen kann. Die Missbraucher nutzen ihre Macht- und Autoritätsposition *(oftmals unter Gewaltandrohung, d. Verf.)* aus, um ihre eigenen Bedürfnisse auf Kosten der Kinder zu befriedigen, die Kinder werden zu Sexualobjekten herabgewürdigt.“ *(Deegener 2010, S. 22)*

6.3.2 Überlebensstrategien und Abwehrmechanismen missbrauchter Kinder

Um sexuellen Missbrauch möglichst frühzeitig zu erkennen, ist es notwendig, über die Folgen sexuellen Missbrauchs informiert zu sein.

Leider gibt es keine wirklich eindeutigen Signale. Man kann nie mit Sicherheit von einem bestimmten Verhalten auf sexuellen Missbrauch schließen. In vielen Fällen hat eine Verhaltensänderung ganz andere Ursachen. Die nachfolgend aufgezeigten **Signale** können, müssen aber nicht auf sexuellen Missbrauch hinweisen. Sie sind aber bei betroffenen Kindern sehr häufig beobachtet worden. „Sie dienen dem Schutz, der Abwehr, dem Überleben. Jedes Kind wehrt sich gegen den sexuellen Missbrauch in der ihm eigenen Weise.“ *(Braun/Keller, S. 8)*. Hier die wichtigsten Überlebens- und Abwehrmechanismen:

→ **Sexualisiertes Verhalten:**
Sexualisiertes Verhalten wird als das charakteristischste Symptom sexuellen Missbrauchs angesehen. Es beinhaltet u.a. Aspekte wie sexualisiertes Spiel mit Puppen, Einführen von Gegenständen in den After oder die Vagina, öffentliches Masturbieren, Ersuchen um sexuelle Stimulation von Erwachsenen oder anderen Kindern und altersunangemessenes sexuelles Wissen.

→ **Angstgefühle:**
Angst gehört zu den häufigsten Folgeerscheinungen, denn der sexuelle Missbrauch geht oft mit Gewaltandrohungen einher. Das missbrauchte Kind hat aber z.B. auch Angst vor dem Alleinsein (mit dem Täter) oder vor Männern. Vielfach tritt die Angst unwillkürlich in einer Situation auf, in der das Kind an spezifische Merkmale des Täters oder der Tat erinnert wird.

→ **Schlafstörungen und Albträume:**
Findet der Missbrauch in der Wohnung und vielleicht sogar im eigenen Bett statt, kann sich das Kind dort nicht mehr sicher fühlen. Es hat Ein- oder Durchschlafprobleme oder wacht bei den kleinsten Geräuschen auf. Vielfach plagen es schreckliche Träume.

→ **Sprachstörungen:**
Aufgrund der Drohungen des Täters steht das betroffene Kind unter dem Druck, nicht sprechen zu dürfen. Andererseits möchte es aber gern erzählen, was ihm widerfahren ist, um den Missbrauch zu beenden. Es muss immer kontrollieren, was es äußert. Dies kann zu Sprachstörungen führen wie Stottern, Stammeln oder auch gänzliches Verstummen. (Dem Kind verschlägt das Erlebte die Sprache.)

→ **Einnässen oder Einkoten:**
Einnässen und Einkoten sind Ausdruck der großen Belastung und der nächtlichen Angst.

→ **Kopf-, Hals-, Magen- und Unterleibsschmerzen:**
Diese Beschwerden ohne erkennbare organische Ursachen sind Ausdruck des emotionalen Stresses (Es „schlägt" auf den Magen.) Sie können auch dem Schutz dienen, denn der Täter nimmt vielleicht Rücksicht, wenn das Kind krank ist.

→ **Schulleistungsstörungen:**
Dem Kind fällt es schwer, sich zu konzentrieren. Es ist vielleicht müde oder denkt an den Missbrauch. Schule erscheint nicht mehr so wichtig. Das Kind hat andere Sorgen.

→ **Depression:**
Die ausweglose Situation macht depressiv. Das Kind kann kaum noch Freude empfinden, es ist traurig und bedrückt.

→ **Sozialer Rückzug/Isolation:**
Das betroffene Kind zieht sich zurück, weil es sich selbst für schlecht und sündig hält. Es hat außerdem Angst, sich zu verraten. Denn wenn es einen Freund oder eine Freundin mal mit nach Hause nähme, könnte der Freund etwas merken.

→ **Selbstzerstörerisches Verhalten:**
Hass und Wut werden nicht gegenüber dem Täter, sondern gegen sich selbst ausgelebt. Das Kind kaut z. B. Nägel, reißt sich die Haare aus, fügt sich Schnittverletzungen zu. Es baut auf diese Weise Gefühle der inneren Anspannung und Leere ab. Selbstzerstörerisches Verhalten ist immer als Hilferuf zu verstehen.

→ **Plötzliche Verhaltensänderung:**
Das betroffene Kind ändert scheinbar ohne Grund sein Verhalten. Es wird z. B. aggressiv oder spielt den Klassenclown, obwohl das vorher nicht seine Art war.

Neben den Opfern, die spezifische Signale aussenden, gibt es überaschenderweise einen hohen Anteil von missbrauchten Kindern, die keine Folgeerscheinungen zeigen. Mögliche Erklärungen hierfür sind, dass sich die Folgeerscheinungen erst später manifestieren oder manche Kinder wirklich weniger beeinträchtigt sind, da sie widerstandsfähiger sind.

Kinder zeigen aber vermehrt Signale, wenn die mütterliche Unterstützung fehlt, Gewalt angewendet wird, der Täter zum Kind eine enge Beziehung hat, sie häufig oder durch sehr intime Formen des Körperkontakts missbraucht werden.

6.3.3 Was zu tun ist, wenn sexueller Missbrauch vermutet wird

Beim sexuellen Missbrauch liegt, wie auch bei körperlicher oder seelischer Misshandlung, bei Vernachlässigung, bei Suchtabhängigkeit der Eltern oder bei komplexen Mischformen, **Kindeswohlgefährdung vor** *(siehe dazu HF 4, Kap. 2).*

Auch wenn der Verdacht auf sexuellen Missbrauch eines Kindes bei der Erzieherin Wut, Angst oder Hilflosigkeit auslöst und sie den Wunsch verspürt, das betroffene Kind *sofort* vor weiteren Übergriffen zu schützen, ist dennoch das Wichtigste: **Ruhe bewahren und planvoll vorgehen.** Unüberlegte Aktionen, wie zum Beispiel ein sofortiges Gespräch mit der Mutter oder dem (Stief-)Vater, können die Situation ggf. noch verschlimmern und die Gefährdung erhöhen.

Schnelles Handeln ist aber notwendig, denn solange das Kind nicht wirksam geschützt wird, wird der Missbrauch sehr wahrscheinlich fortgeführt.

In Anna-Leas Fall sollte die Erzieherin *weiter zuhören* und deutlich machen, dass das Verhalten des Stiefvaters nicht akzeptabel ist. Sie kann auch behutsam Einzelheiten nachfragen. Es ist aber nicht die Aufgabe der Erzieherin, „kriminalistische" Recherchen anzustellen und „nachzubohren". Das Kind entscheidet selbst, wie viel es erzählen möchte. Diese Grenze der Mitteilungsbereitschaft muss die Erzieherin respektieren.

Nach dem Gespräch sollte die Erzieherin dem Mädchen sagen, dass sie mit der Mutter sprechen wird, damit sich derartige Übergriffe nicht wiederholen. Der denkbaren Bitte von Anna-Lea, niemandem etwas zu erzählen, darf die Erzieherin nicht nachkommen.

Noch am selben Tag muss die Erzieherin das **Gespräch mit der Leiterin und den Kolleginnen suchen** und über ihren Verdacht berichten. Sämtliche Beobachtungen, die mit dem Missbrauch in Zusammenhang stehen könnten, z. B. Verhalten des Kindes in der letzten Zeit, sollten zusammengetragen und schriftlich dokumentiert werden.

Im Anschluss sollte gemäß § 8 a Abs. 2 KJHG eine in Bezug auf sexuellen Missbrauch erfahrene Fachkraft hinzugezogen werden, um das **Gefährdungsrisiko** für das Kind **abzuschätzen.** Abzuklären ist auch, ob die Mutter von den Übergriffen weiß, warum sie ihre Tochter bisher nicht schützen konnte und inwieweit sie vermutlich bereit sein wird, Hilfe anzunehmen. Die Ergebnisse der Risikoabschätzung müssen ebenfalls sorgfältig dokumentiert werden.

In erster Linie ist es die Aufgabe der Eltern, ihr Kind vor sexuellem Missbrauch zu schützen. In diesem Fall müssten Leiterin und Bezugserzieherin die **Mutter** über die Beobachtungen und Vermutungen des Kindergartens **informieren.** Die Mutter sollte nun alle Maßnahmen ergreifen, damit ihr Kind zukünftig geschützt ist, also sich z. B. vom Partner trennen. Aufgabe der Kindertageseinrichtung ist es, die Mutter darauf hinzuweisen, dass sie Anspruch auf erzieherische Hilfen oder andere Formen der Unterstützung hat, z. B. eine Familienberatung oder -therapie.

Wird vermutet, dass die Mutter sich uneinsichtig zeigt oder nicht in der Lage sein wird, die Gefahr von ihrem Kind abzuwenden, wird das Gespräch in der Regel von einem Mitarbeiter des Jugendamtes geführt. In einem solchen Fall können Schutzmaßnahmen auch gegen den Willen der Mutter ergriffen werden, z. B. die *Inobhutnahme*. Dazu schaltet das Jugendamt notfalls das Familiengericht ein.

6.3.4 Präventive Erziehung

„Steig nicht in ein fremdes Auto", „zieh dich ordentlich an", „geh nicht allein in den Wald", „geh nicht mit einem Fremden mit", „mach die Tür nicht auf, wenn du alleine bist", „nimm keine Schokolade von einem fremden Onkel", „sei vor der Dunkelheit zu Hause" ...

So und ähnlich lauten die Warnungen, mit denen die meisten Kinder aufwachsen.

Diese Art der Prävention (Vorbeugung) führt zu Verängstigung, schränkt die Bewegungsfreiheit und Selbstständigkeit der Kinder ein und führt damit zu einer Verstärkung der Abhängigkeit von den Eltern. Gerade dies kann den „Boden" für einen Missbrauch bereiten, denn gehorsame, unsichere und angepasste „Ja-Sager-Kinder" sind ideale Opfer.

Eine sinnvolle Prävention muss Kinder stark machen, sie in die Lage versetzen, sexuelle Übergriffe zu erkennen, einzuordnen und sich dagegen zu wehren, also sich selbst zu schützen und „NEIN" zu sagen

Folgende Themenbereiche werden als grundlegend für eine präventive Erziehung beschrieben *(vgl. Braun/Keller, S. 22):*

1. „Mein Körper gehört mir". Durch ein positives Körpergefühl und Stolz auf den eigenen Körper wächst das Selbstbewusstsein. Ein selbstbewusstes Kind traut sich, „Nein" zu sagen und sich gegen sexuelle Übergriffe zu wehren.
2. „Intuition": Maßstab für das Kind sind seine eigenen Gefühle: „Ich kann mich auf meine Gefühle verlassen."

3. „Geheimnisse": Kinder lernen „gute" Geheimnisse (z. B. Überraschungen) von „schlechten" Geheimnissen zu unterscheiden. Schlechte Geheimnisse werden einem Erwachsenen anvertraut.
4. „Berührungen": Kinder lernen zwischen „guten" und „schlechten" Berührungen zu unterscheiden. Schlechte Berührungen weisen die Kinder ab.
5. Nein sagen: Kinder dürfen und sollen „NEIN!" zu Erwachsenen sagen, wenn diese Wünsche haben, die das Kind nicht erfüllen möchte.
6. Hilfe suchen: Kinder sind in der Lage, sich Hilfe zu holen. Sie kennen Hilfsangebote vor Ort.

Es gibt eine Reihe von Arbeitsmaterialien gegen sexuellen Missbrauch, mit denen Kinder in den angeführten Bereichen gestärkt werden können. Die Materialien beinhalten u. a. Spiele, Lieder, Geschichten und Reime. Diese können im besten Fall Gesprächsanlass sein und betroffene Kinder motivieren, sich jemandem anzuvertrauen. Vielleicht bekommen sie auch Mut, sich gegen sexuelle Übergriffe zu wehren.

Fest steht, dass es nicht ausreicht, wenn nur die Erzieherin in Kindertageseinrichtung und Schule präventiv arbeitet. Prävention muss in die Gesamterziehung des Kindes integriert werden, also auch im Elternhaus erfolgen. Die Erzieherin muss also die Eltern in die Vorbeugungsarbeit mit einbeziehen, d. h. es sollten Elternabende stattfinden, auf denen die Inhalte der geplanten Projekte vorgestellt und diskutiert werden.

↗ FAZIT

→ Sexueller Missbrauch gehört zum Alltag sehr vieler Kinder. Für die Erzieherin ist es daher von großer Bedeutung, auffälliges Verhalten richtig zu deuten und Überlebensstrategien bzw. Abwehrmechanismen sexuellen Missbrauchs zu kennen.

→ In konkreten Verdachtsfällen tauscht sie sich mit ihren Kolleginnen aus, sammelt und dokumentiert Informationen und zieht zusammen mit der Leitung eine erfahrene Fachkraft nach § 8 a KJHG hinzu, um das Gefährdungsrisiko für das betroffene Kind abzuschätzen.

→ Eine dem sexuellen Missbrauch vorbeugende Erziehung gehört zum Aufgabenbereich der Erzieherin. Dazu führt sie mit den Kindern entsprechende Projekte durch und bezieht auch das Elternhaus mit ein.

→·← AUFGABEN UND ANREGUNGEN

1 Tragen Sie für Ihre Heimatstadt Adressen von Anlauf- und Beratungsstellen zusammen, die spezielle Hilfen bei sexuellem Missbrauch anbieten.

2 **2.1** Suchen Sie Materialien, die sich gezielt in der Präventionsarbeit einsetzen lassen, z. B. Bilderbücher, Kinderbücher, Spiele, Lieder, Plakate, CD-ROMs usw.

2.2 Sichten Sie das Material und setzen Sie sich damit auseinander: Was halten Sie für geeignet/weniger geeignet? Begründen Sie Ihren Standpunkt.

2.3 Erstellen Sie eine Übersicht über geeignetes Präventionsmaterial, die Sie an alle Studierenden Ihrer Lerngruppe austeilen.

TIPPS ZUM WEITERLESEN →→

→ www.donnavita.de
→ www.weisser-ring.de

6.4 Mediation und Umgang mit Kritik

Sie arbeiten am Computer und recherchieren im Internet über das Thema Elternarbeit. Auf der Webseite Eltern-wissen.com gehen Sie in das Forum und lesen folgenden Beitrag einer Mutter:

„Ich weiß nicht, was ich machen soll. Mein Sohn und sein Freund, beide vier Jahre alt, gehen in einen Kindergarten und sind immer am Streiten und Kämpfen. Sie können nicht voneinanderlassen. Ich bin nun sauer, weil ich am Freitag im Kindergarten nicht zum ersten Mal darauf an-gesprochen wurde. Mein Sohn bekam zum wiederholten Mal eine Auszeit (Stiller Stuhl), weil er zwei andere Kinder geschubst haben soll. Sicher muss das Konsequenzen haben. Das sehe ich ein. Was ich aber nicht verstehe, ist, dass man mir das immer erzählt und nicht auch den anderen Eltern. Ich habe das bei meiner Erzieherin angesprochen und mit ihr und der Leiterin einen Termin vereinbart, weil ich darüber sehr verärgert bin. Denn die anderen Kinder hatten auch schon eine Auszeit. Warum werde nur ich angesprochen?"

„Warum werde nur ich angesprochen?"

↘ FRAGEN

→ *Warum wenden sich Eltern an Beraterinnen im Internet, wenn es um Probleme im Kindergarten geht?*

→ *Welche Interessen und Bedürfnisse könnten im Konflikt zwischen der Mutter und der Erzieherin eine Rolle spielen?*

→ *Welche Vor- bzw. Nachteile hätte ein Elternforum auf der Webseite eines Kindergartens?*

6.4.1 Konflikte sind wichtig

Kinder geraten schon von Geburt an in Konflikte, z. B. wenn sie Hunger oder auch nur das Bedürfnis nach Zuwendung haben. Väter und Mütter treffen zu diesen Bedürfnissen Entscheidungen, die sehr konfliktreich für alle Betroffenen sein können – etwa wenn das Kind die Sprache noch nicht beherrscht und Eltern rätseln, was sein Schreien zu bedeuten hat. Von Beginn an wiederholen Kinder Verhaltensweisen, die für sie erfolgreich waren. Je nach angeborenem Temperament und positiven oder negativen Umwelteinflüssen übernehmen Kinder die ihnen von ihrem sozialen Umfeld vorgelebten Konzepte zur Durchsetzung eigener Wünsche und Bedürfnisse. Hirnforscher sind der Meinung, dass der Mensch zwischen dem zweiten und vierten Lebensjahr das höchste Aggressionspotenzial besitzt, dazu gehören Beißen und auch das Schreien oder Schlagen. Eigentlich wollen Kinder damit etwas sagen bzw. ausdrücken, z. B. „das will ich haben", oder „guck mal, ich kann auch beißen" oder „lass mich in Ruhe". Dass es im zweiten Lebensjahr sein Revier mal mit Beißen oder Kratzen, Schreien oder Schlagen verteidigt, zeigt, dass das Kind in der Welt der Konflikte angekommen ist und sich auch wehren kann. Gleichzeitig lernt es Missfallensäußerungen kennen, die manchmal sehr unangenehm werden können und die es verarbeiten muss.

In der Kinderkrippe spüren Kinder schon früh den Unterschied zu ihrem Elternhaus. Immer sind zwei oder mehr Kinder gerade an einem Streit beteiligt und wollen bzw. sollen sich wieder vertragen, das gehört zum Aufwachsen dazu. Häufig jedoch fehlt die Anleitung, wie man wieder miteinander befreundet sein kann, ohne nachtragend zu sein. Das im Streit unterlegene Kind sucht in der Regel bei der Gruppenleiterin Hilfe.

Eine Erzieherin mit **Mediationsausbildung** hat ein Konzept, nach welchem sie vorgeht und ihr Handwerkszeug anwendet. Die im Streit verfeindeten Kinder („du bist nicht mehr mein Freund") erfahren dabei, dass ein Streit mit **beiden** am Streit beteiligten Kindern gelöst werden kann und **beide** Kinder an der Lösung beteiligt werden, ohne dass ein Kind allein beschuldigt, bestraft oder beschämt wird. Das kann schon ein Kind im zweiten Lebensjahr erfolgreich erfahren, z. B. durch das Verfahren „Erste Hilfe im Streit", mit dem kleine Streitigkeiten in fünf Schritten geschlichtet werden können. Davon leitet sich auch der Begriff Streithelfer ab, die dabei helfen, einen Streit friedlich zu beenden *(vgl. Kap. 6.1).*

> „Kinder brauchen Konflikte, um sich erproben zu können, um zu erfahren, wie Gemeinsamkeiten und Unterschiede verhandelt werden können. Das Ziel kann deshalb nicht ‚Harmonie' sein, sondern Aufbau einer konstruktiven Streitkultur, in der unterschiedliche Interessen ihren Platz haben und in der es Regeln für den Umgang mit Konflikten gibt." *(Institut für Friedenspädagogik Tübingen e. V. – WSD Pro Child e. V., 2007)*

Kinder brauchen im Konfliktfall eine ihrer Entwicklungsstufe angemessene Handlungskompetenz. Hier bietet die Methode der Mediation eine Chance, Verantwortung für das eigene Handeln zu übernehmen und gemeinsam mit dem Streitpartner faire Lösungen zu finden. Pädagogische Fachkräfte erfahren durch die Ausbildung zur Mediatorin neue Möglichkeiten des fairen Umgangs mit Kindern und Eltern.

6.4.2 Mediation von Anfang an

> **Mediation** ist eine moderne und faire Methode der Konfliktbearbeitung. Sie hilft, Konflikte konstruktiv und gewaltfrei zu lösen, wobei durch eine neutrale dritte Person eine „Win-win-Lösung" angestrebt wird.

In Zuwanderungsländern wie Neuseeland und USA haben Programme zur angeleiteten Sozialerfahrung und auch zur Mediation schon eine sehr lange Tradition.

In Deutschland gewinnt die Mediation seit Anfang der 1990er Jahre ständig an Bedeutung. Der Bundesverband Mediation e. V. (BM) stellt die qualifizierte Ausbildung in Mediation sicher. Es wurden Ausbildungsstandards für

Konfliktlotsen, Schulmediatoren und für Mediatoren im Elementarbereich entwickelt, um Mediation in Kindertagesstätten und Schulen zu verbreiten und im System der Institutionen zu verankern.

Grundsätze der Mediation

1. Menschenbild
In jedem Menschen ist das Potenzial zum Umgang mit und zur Lösung eigener Konflikte vorhanden. Mediatoren vertrauen in ihre und die Kompetenz der Parteien zur kreativen Gestaltung und Verständigung im Konflikt. Sie anerkennen die Autonomie jedes Beteiligten, respektieren die Einzigartigkeit eines jeden und gleichzeitig die Vielfalt der Unterschiede, in denen sie ein besonderes Potenzial sehen.

2. Verantwortung
Mediatoren respektieren und fördern die Selbstverantwortlichkeit aller Beteiligten. Sie sind sich ihrer Verantwortung für den geschützten Rahmen bewusst, der den Konfliktparteien das „Sich-Einlassen" auf den Prozess der Lösungssuche ermöglicht, und ermutigen sie, die Verantwortung für den von ihnen eingebrachten Inhalt und die erarbeiteten Vereinbarungen zu übernehmen.

3. Geschützter Rahmen
Mediatoren schaffen und wahren den geschützten Rahmen, der den Konfliktparteien ermöglicht, sich auf den Prozess der Lösungssuche einzulassen und der Gewalt ausschließt.

4. Allparteilichkeit und Fairness
Mediatoren nehmen die Bedürfnisse und Interessen aller Konfliktparteien mit gleichem Respekt wahr. Sie achten auf Machtunterschiede und geben jeder Partei die Zeit, ihren Sachverhalt vollständig darzustellen. Sie stellen sicher, dass jede Konfliktpartei sich ihrer eigenen Bedürfnisse und Wünsche klar werden kann.

5. Offenheit
Mediatoren sind ruhig und aufmerksam und ermutigen die Streitparteien zu offener und direkter Aussprache, zu gegenseitiger Toleranz und Wertschätzung

6. Einfühlung und Ermutigung der Konfliktparteien
Mediatoren fühlen sich in die Konfliktparteien ein und achten das gesamte Spektrum der Gefühle aller Beteiligten. Sie fördern die gegenseitige Einfühlung der Konfliktparteien und ermutigen sie, ihren Konflikt gemeinsam auszutragen.

Mediatoren fühlen sich in die Konfliktparteien ein.

6.4.3 Phasen der Mediation

Geraten Kinder in einen Konflikt, können sie in einer Mediation konstruktiv und gewaltfrei zu einer Lösung finden. Die Mediation unterliegt einem geregelten **Ablauf** und bestimmten **Regeln,** die durch den Mediator vermittelt werden.

Bei Durchführung einer Mediation bedient sich der Mediator verschiedener **Kommunikationstechniken**, z. B.
→ Aktives Zuhören,
→ Gebrauch von Ich-Botschaften,
→ Spiegeln,
→ Formulieren von offenen Fragen
  (vgl. Band 1, HF 1, Kap. 1).

Kinder sind in der Regel sehr unglücklich, wenn sie einen Konflikt mit einer guten Freundin oder einem Freund haben. So kann man in den meisten Fällen davon ausgehen, dass sie bereit sind, **freiwillig** an einer Mediation teilzunehmen. Dies ist eine generelle Voraussetzung für alle Mediationsgespräche. Die Mediatoren müssen **neutral** und **allparteilich** sein. Abgesehen von einer vertrauensvollen Atmosphäre, die geschaffen werden sollte, ist das Mediationsgespräch selber auch eine vertrauliche Angelegenheit. Die Kinder sollten vom Mediator erfahren, dass alles, was sie ihm erzählen, geheim bleibt. Nur so können sie sich sicher fühlen und alles sagen, ohne „draußen" Konsequenzen zu fürchten.

Generell verläuft eine Mediation in **fünf Phasen:**

1. Begrüßung

Die Kinder werden in einem Raum, der für „Friedens-gespräche" bzw. Mediationsgespräche vorgesehen ist, begrüßt. Sie vereinbaren mit dem Mediator Regeln, die während des Gesprächs eingehalten werden müssen:

→ zuhören
→ ausreden lassen
→ keine Beleidigungen/Beschimpfungen
→ keine körperlichen Angriffe
→ Ehrlichkeit

Der Mediator holt sich das Einverständnis zur Einhaltung der Regeln von beiden Konfliktparteien. Er verspricht ih-nen Geheimhaltung und fragt, wer von beiden anfangen möchte, den Konflikt darzustellen. Er führt zum Nachle-sen für beide ein **Streitprotokoll.**

2. Sichtweisen

Der Mediator hört nacheinander die Sichtweisen der bei-den Beteiligten zu dem Vorfall an, vergewissert sich, dass er sie richtig verstanden hat, indem er die Beiträge mit eigenen Worten zusammenfasst (spiegelt), und benennt das Problem, das beide miteinander haben.

3. Konflikterhellung

Der Mediator erfragt bei beiden die Gefühle und die Ziele im akuten Konflikt. Er achtet darauf, dass beide Konflikt-parteien vornehmlich für sich selbst sprechen. Der Medi-ator versucht dann langsam, die direkte Kommunikation/ Verhandlung zwischen den Parteien wiederherzustellen, indem er den Beitrag des einen vom anderen Verhand-lungspartner sinngemäß wiederholen (spiegeln) lässt.

Fragen nach dem „Warum" werden nicht gestellt, da dies zu Schuldzuweisungen führen kann. Wenn der Mediator das Gefühl hat, dass alles, was den Konflikt betrifft, von den Kindern ausgesprochen wurde, kann er abschlie-ßend fragen: „Wie geht es euch jetzt? Seid ihr bereit, nach Lösungen zu suchen?"

4. Lösungsvorschläge sammeln

Nachdem in dem Streitprotokoll nun genau steht, was vorgefallen ist und wie sich die beiden Streitparteien fühlen, kann mit dem Sammeln von möglichen Lösungen begonnen werden. Beide Beteiligten werden angehalten zu verbalisieren oder auf Karteikärtchen aufzuschrei-ben, was sie ihrer Meinung nach in Zukunft besser bzw.

anders machen können und auf was sie sich einlassen wollen. Der Mediator hält sich mit Lösungsvorschlägen zurück. Die Lösungen werden vorgelesen und diskutiert. Der Mediator kann beim positiven Umformulieren der Lö-sungsvorschläge helfen. Die Streitparteien wählen Vor-schläge aus, mit denen beide einverstanden sind.

5. Vertrag

Die Kinder haben sich auf einen oder mehrere Vorschlä-ge geeinigt, Zeitraum und Umfang werden festgelegt. Die beiden Beteiligten verpflichten sich in einem Vertrag oder einer Abmachung, die beide unterschreiben, dass sie sich an die Vereinbarung halten. Es folgt die Verab-schiedung. Ein Kontrolltermin wird vereinbart. Dieser Termin soll den beiden Parteien die Möglichkeit geben, zu hinterfragen, inwieweit man sich an die Abmachung gehalten hat. Der Lernerfolg wird so bewertet. Eventuelle erneut oder neu aufgetretene Probleme werden bespro-chen und bei Bedarf kann auch ein weiteres Mediations-gespräch vereinbart werden.

In einem Vertag verpflichten sich die beiden, sich an die Abmachung zu halten.

6.4.4   Wenn Eltern Kritik üben

Kritikfähig zu sein bedeutet, mit Kritik konstruktiv umgehen zu können. Dies kann erlernt werden, ohne dass vorher ein Seminar in Konfliktmanagement besucht werden muss. Es gibt Menschen, die bei Kritik sofort in die Defensive gehen und sich verteidigen. Das ist verständlich, denn die Angst, einen Fehler zu machen, ist besonders groß, wenn Eltern als eine Kontrollinstanz wahrgenommen werden. Es kommt also zunächst darauf an, wie ich die Eltern der Kinder, die einen Kindergarten besuchen, wahrnehme. Betrachte ich sie als Partner, so muss ich keine Angst vor Kontrolle haben, denn Partner tauschen sich aus und suchen in Konflikten gemeinsam nach konstruktiven Lösungen.

Im Umgang mit Kritik sollte man sich vor Augen halten, dass der Ursprung einer Kritik zunächst eigentlich etwas Positives ist. Wenn jemand Kritik äußert, dann tut er das, weil er die Hoffnung hat, sein Gegenüber könnte sein Verhalten ändern. Hätte er diese Hoffnung nicht, würde er sich die Mühe sparen und den Kontakt abbrechen. Kritik kann man also durchaus auch als Zeichen einer wertschätzenden Haltung auffassen.

Konstruktive Kritik setzt die Fähigkeit voraus, die Welt auch mit den Augen des anderen sehen zu können, d. h. einen Perspektivenwechsel vorzunehmen. Man sollte sich z. B. fragen, wie es sich anfühlen würde, in den „Schuhen des anderen zu gehen". Was würde ich denken, wenn ich in der Situation des anderen wäre? Wie würde ich in dem Moment reagieren? Was würde ich sagen? Oft hat man es mit Personen zu tun, die ihre Gedanken nicht aussprechen wollen oder können. Daher ist es wichtig,

sich ein Bild von der gesamten Situation zu machen und z. B. nochmals nachzufragen, bevor auf eine unüberlegte Kritik eine unüberlegte Reaktion folgt. Beispielsweise kann nachgefragt werden „Habe ich Sie richtig verstanden, dass ...", „Können Sie mir noch einmal genauer sagen, was Sie meinen, damit ich Sie richtig verstehe?", „Ich möchte verstehen, warum Sie es heute so eilig haben. Ist etwas passiert?" usw.

Für die meisten Eltern ist die Situation, in der sie Kritik aussprechen, auch unangenehm. Wenn die Erzieherin ruhig zuhört, nachfragt und nicht sofort in die Verteidigungshaltung übergeht, signalisiert sie den Eltern Interesse und Kooperationsbereitschaft.

Einige **Regeln** sollten von der Erzieherin unbedingt beachtet werden, wenn sie z. B. den Erziehungsstil der Eltern kritisieren und gemeinsam mit den Eltern nach einer Lösung suchen möchte:

1. Eltern niemals in Gegenwart Dritter auf ihr Erziehungsverhalten ansprechen.
2. Einen günstigen Zeitpunkt wählen, um das Problem anzusprechen. Darauf achten, dass Eltern bei einem Problemgespräch nicht in Zeitnot sind.
3. Immer vom eigenen Wahrnehmungseindruck sprechen und sich dabei kurz fassen. Klar und deutlich in einer Ich-Botschaft sagen, was man beobachtet hat. Dadurch fühlt sich der andere in seinem Verhalten nicht angegriffen und beteiligt sich eher an der Lösungssuche.

↗ FAZIT

→ In der praktischen Arbeit mit Kindern und Jugendlichen ist **Mediation** ein wichtiger pädagogischer Ansatz im Umgang mit Konflikten. Es bedarf jedoch einer Qualifikation, um das Handwerkszeug der Mediation zu erlernen und nachhaltig einzusetzen.

→ Ein **Mediationstraining** vermittelt Sicherheit wie das Fahren eines Autos. Der Mediator beherrscht sein Handwerkszeug und besitzt die Fähigkeit, mediativ im Alltag überall dort zu agieren, wo Konflikte als Chance begriffen werden. Konstruktiver Umgang mit Kritik ist erlernbar, vorausgesetzt, man hat eine positive Einstellung zu Kritik und begreift sie als Chance.

→·← AUFGABEN UND ANREGUNGEN

1. Begründen Sie den Vorteil der Mediation gegenüber anderen Konfliktstrategien, die Strafe als Konsequenz anwenden.

2. Verschaffen Sie sich einen Überblick über einige Sozialtrainingsprogramme und begründen Sie den Unterschied zu Mediationstrainingsprogrammen für die Ausbildung von Streithelfern bzw. Schülermediatoren (Streitschlichtern, Konfliktlotsen).

3. Nehmen Sie Stellung zum o. g. Problem einer Mutter, die im Internet Beratung sucht, und begründen Sie Ihre Meinung.

4. Prüfen Sie im vorliegenden Konfliktfall die Möglichkeit einer Mediation zwischen der Mutter und der Leiterin des Kindergartens und begründen Sie das Ergebnis Ihrer Einschätzung.

TIPPS ZUM WEITERLESEN →→

→ Streitschlichtung in Schule und Jugendarbeit
Hauke Thorn, Matthias Grünewald Verlag, Mainz 2002

→ Kinder lösen Konflikte selbst
Braun, Dietzellsenberg, Püttmann, Schmiegel, Würbel, Thomas Morus Akademie, Bensberg 2002

→ Kinder bauen Brücken zueinander, Das Bensberger Mediations-Modell in Kindertagesstätten
Braun, Püttmann, Thomas Morus Akademie, Bensberg 2005

→ Mediation – durch Konflikte lotsen
Ortrud Hagedorn, mit CD-ROM, Ernst Klett, Stuttgart, 2005, Bildungsteam Berlin-Brandenburg e. V.

→ Alltagskonflikte durchspielen
Verlag an der Ruhr, Mülheim a. d. R. 2001

→ Mediation auch an unserer Schule?
Weißer Ring, www.weisserring.de

→ Handbuch Gewaltprävention in der Grundschule.
Günther Gugel, Institut für Friedenspädagogik e. V., Tübingen 2007

4 ERZIEHUNGS- UND BILDUNGSPARTNERSCHAFTEN MIT ELTERN UND BEZUGSPERSONEN GESTALTEN

Inhaltlicher Überblick

Dieses Handlungsfeld beschreibt die angemessene Zusammenarbeit mit Eltern und Bezugspersonen als eine Bildungs- und Erziehungspartnerschaft. Professionalität und Selbstsicherheit im Umgang mit Eltern spielen hier eine wichtige Rolle.

Verschiedene Formen der klassischen Erziehungspartnerschaft werden thematisiert. Darüber hinaus erfolgt ein Überblick über bedarfsgerechte Angebote und Unterstützungsmöglichkeiten für Eltern und Bezugspersonen. Ziel ist es, diese in ihren Erziehungsaufgaben zu stärken. Erzieherinnen sind in der Zusammenarbeit mit Eltern, Bezugspersonen und anderen Institutionen kommunikations- und auskunftsfähig. Berücksichtigt wird dabei besonders die Zusammenarbeit mit mehrsprachigen Familien. Die pädagogische Fachkraft setzt sich mit deren kulturellen Eigenheiten auseinander und berücksichtigt sie in ihrer Arbeit.

Die Zusammenarbeit mit den Eltern ist zum einen rechtlich verankert. Zum anderen gibt es aber auch vielfältige Möglichkeiten der Beteiligung und Einbeziehung der Eltern in den Tagesablauf, in Projekte oder Festvorbereitungen als Zeichen einer überzeugenden Erziehungs- und Bildungspartnerschaft.

Das Wohl von Kindern, Jugendlichen und jungen Erwachsenen und deren optimale Entwicklung stehen immer im Mittelpunkt aller Bemühungen. Die pädagogische Fachkraft kennt dabei den Schutzauftrag zur Früherkennung von Kindeswohlgefährdung und kann in einem solchen Fall professionell handeln.

1 Erziehungs- und Bildungspartnerschaften

1.1 Sozialpädagogische Einrichtungen und ihr Verhältnis zu Eltern

Sie nehmen als Praktikantin an einer Teamsitzung teil, in der überlegt wird, das Außengelände umzugestalten. Es ergibt sich folgendes Gespräch:

Erzieherin 1: „Ich bin dagegen. Das ist doch viel zu viel Arbeit."

Die Leiterin: „Die Eltern könnten uns dabei helfen!"

Erzieherin 1: „Die sind doch zu nichts zu bewegen. Die geben ihre Kinder hier ab und wollen sonst nichts mit uns zu tun haben."

Erzieherin 2: „Jetzt übertreibst du aber. Frau Meier hat schon oft ihre Hilfe angeboten."

Die Leiterin: „Ohne die Eltern geht's nicht. Ich denke schon, dass auch viele Eltern Interesse zeigen. Und mit Sicherheit haben sie auch viele Ideen, wie man das Außengelände verbessern könnte."

Erzieherin 2: „Wie wäre es, wenn wir die Väter mobilisieren? Wir laden sie zu einem Elternabend ein und erklären unsere Situation."

Erzieherin 1: „Beim letzten Elternabend war kaum einer da. Und die, die da waren, haben nur gemeckert."

Erzieherin 3: „Wir müssen uns eine ansprechende Form überlegen, was Praktisches – am besten findet der Elternabend gleich im Garten statt."

Erzieherin 2: „Hey, das ist eine gute Idee. Und auf die Einladung kommen Fotos von unserem Garten. So machen wir direkt auf die Missstände aufmerksam."

Erzieherin 3 zu Ihnen: „Sag mal, möchtest du nicht die Einladung erstellen und auch mal selber einen Teil beim Elternabend übernehmen?"

Sie sind völlig überrascht: „Was, ich? Ich weiß nicht, ich hab sowas noch nie gemacht. Da hab ich ja jetzt schon ein flaues Gefühl im Magen."

Das Team diskutiert über die Eltern.

↘ FRAGEN

→ *Warum ist die Auseinandersetzung mit Eltern überhaupt notwendig?*

→ *Wie sieht eine Erziehungs- und Bildungspartnerschaft aus?*

→ *Welche Gefühle gehen mir dabei durch den Kopf?*

→ *Woher kommt so oft die Angst vor Elternarbeit?*

1.1.1 Verständnis und Ziele heutiger Elternarbeit

Das Verständnis von Elternarbeit hat sich in den letzten Jahrzehnten entscheidend gewandelt und wurde stets unterschiedlich gedeutet:

Eltern als Störer

In den 1980er-Jahren lag das hauptsächliche Ziel der Elternarbeit noch in der Belehrung der Eltern, die ihr Verhalten Kindern gegenüber und ihre Erziehung verbessern sollen. *„Einmischung"* der Eltern in die pädagogische Arbeit war meist unerwünscht.

Eltern als Erziehungspartner

In den 1990er-Jahren entwickelte sich ein Verständnis einer eher gleichberechtigten Partnerschaftlichkeit: Um des Kindes willen wird eine intensive Zusammenarbeit zwischen Erzieherinnen und Erziehungsberechtigten als notwendig angesehen. Eltern werden in ihrer Erziehungskompetenz wertgeschätzt und ernst genommen. Dazu gehören Mitbestimmung, Mitarbeit, Transparenz, Abstimmung von Erziehungszielen und die Zusammenarbeit der Eltern untereinander. Gegenseitige Informationen, Austausch und Hilfe sind die Grundlage für ein vertrauensvolles Miteinander.

Eltern als Bildungspartner

Wenn Eltern ihr Wissen und ihre Fähigkeiten in den Kindergarten einbringen können, profitieren auch die Kinder: Es entsteht ein größeres Angebot an Förder- und somit Bildungsmöglichkeiten. Kinder nehmen Unterschiede im Verhalten und Gespräch zwischen Erzieherinnen und Eltern wahr und bekommen so mehr Orientierungsmöglichkeiten. Vor allem, wenn auch die Väter in der Einrichtung aktiv werden und die Kinder dadurch stärker männliche Vorbilder im Alltag erleben. Leider geschieht dies nur sehr selten. Umgekehrt profitieren Kinder davon, wenn Eltern Anregungen aus der Kita auch zu Hause aufgreifen und fortführen und so zu einer Vertiefung der Inhalte beitragen.

Eltern als Kunden

Heute ist der Besuch einer Kindertagesstätte für viele Familien selbstverständlich. In Bezug auf die Eltern wird zunehmend von Kunden und Kundenorientierung gesprochen, denen die Einrichtung als **Dienstleistungsunternehmen** gegenübersteht. Im betriebswirtschaftlichen Sinne werden Wünsche und Interessen der Eltern/Kunden ermittelt und es wird versucht, sie umzusetzen. Gegenseitige Erwartungen werden abgeklärt und möglichst realisiert. Dies zeigt sich z. B. bei der Flexibilisierung der Öffnungszeiten, um besonders Müttern die Vereinbarkeit von Familie und Beruf zu ermöglichen und sie dabei zu entlasten. Die Einrichtung steht im Wettbewerb zu anderen *„Anbietern"* und muss versuchen, sich gegen diese zu behaupten. Aktive Öffentlichkeitsarbeit und Qualitätsstandards gewinnen dabei zunehmend an Bedeutung.

Eltern sind Partner und Kunden.

Ein Schwerpunkt liegt also in der **Stärkung und Entlastung** der Eltern. Es ist nötig, ihnen pädagogische Unterstützung zu bieten, um die Elternrolle zu stärken. Geschehen kann dies durch Gespräche, Literaturhinweise, die Empfehlung von Fachzeitschriften und Vorträge von Referenten zu gezielten Fragestellungen. Erleichtert wird diese Aufgabe vor allem durch die Zusammenarbeit mit Fachdiensten. Daraufhin haben sich besonders in Nordrhein-Westfalen viele Kindertageseinrichtungen zu **Familienzentren** weiterentwickelt. In einem Familienzentrum werden Angebote für die ganze Familie zusammengefasst und sie bieten neben der Betreuung für Kinder u. a. auch Beratungsmöglichkeiten und Bildungsangebote für die Eltern an.

In **Elterninitiativen** bilden Eltern selbst den Träger, entwickeln ein eigenes Konzept, wählen Mitarbeiter aus und wirken bei der pädagogischen Arbeit mit. Die Zusammenarbeit versteht sich von selbst.

In Gruppen mit **Kindern unter drei Jahren** könnte aufgrund des Alters der Kinder gar keine pädagogisch angemessene Arbeit ohne die Eltern geleistet werden. Dies wird vor allem am Beispiel der Eingewöhnungsphase deutlich. Der Trennungsschmerz und die Ablösung von den Bezugspersonen kann nur durch gegenseitige Zusammenarbeit überwunden werden. Die Eltern müssen sicher sein, dass ihr Kind in der Einrichtung gut aufgehoben ist. Das Kind muss sicher sein, dass auch in der neuen Umgebung seine Bedürfnisse berücksichtigt werden. Die Erzieherin muss alle notwendigen Informationen kennen, um angemessen auf das Kind eingehen zu können. Gegenseitige Information und somit Transparenz können helfen, dass sich das notwendige Vertrauen auf allen Seiten entwickelt.

Die Elternarbeit in **offenen Ganztagsschulen** ist nicht so intensiv wie im Kindergarten. Hauptsächlich findet eine Kommunikation mit den Eltern statt, wenn es sich um schulische Probleme handelt. Die meisten Eltern sind berufstätig und nehmen eher Termine mit den Lehrern wahr. Die Bring- und Abholsituationen, wie sie aus dem Kindergarten bekannt sind, fallen weg. Die Kinder kommen und gehen meist alleine. Kontakte werden eher über das Telefon aufgenommen.

Im **Heim** spielt die Elternarbeit im normalen Alltag der Einrichtung keine Rolle. Nur bei Hilfeplangesprächen und eventuellen Wochenendbesuchen finden Treffen mit den Eltern statt *(vgl. HF 3, Kap. 5)*. Oft sind die Beziehungen aufgrund vorheriger Geschehnisse erschwert, vielleicht nicht einmal vom Kind oder Jugendlichen gewollt. Es ist aber das Ziel der Heimerziehung, dass ein Kind oder ein Jugendlicher möglichst in seine Familie zurückkehren kann.

Die Zusammenarbeit mit den Eltern erfordert zwar viel zusätzliche Arbeit, aber sie ist ein wichtiger Bestandteil der institutionellen Erziehungsarbeit und Öffentlich-keitsarbeit. Es ist eine Aufgabe, die von der Erzieherin in vielfältiger Weise gelöst werden muss. Zunächst gilt es, noch bevor das Kind den Kindergarten besucht, durch Informationen und gemeinsame Aktivitäten mit den Eltern in Kontakt zu treten. Die Information über das Konzept der Einrichtung ist wichtig, damit die Eltern die Arbeit der Pädagoginnen verstehen, nachvollziehen und dann auch unterstützen können. Durch eine offene und herzliche Atmosphäre entsteht eine Beziehung, die tragfähig ist für die Jahre, in denen das Kind die Einrichtung besucht. Aber es sollte auch möglich sein, Probleme von Kindern mit den Eltern im Hinblick auf eine gemeinsame Lösung zu besprechen. Meinungsverschiedenheiten zwischen Elternhaus und Erzieherinnen sollten produktiv überwunden werden *(vgl. HF 4, Kap. 1.3)*.

Dann ist Engagement für die Einrichtung möglich und vielleicht sogar politisches Engagement mit dem Ziel, die Lebenssituation für Kinder weiter zu verbessern. Viele Entwicklungen in der Arbeit mit Kindern und Familien sind z. B. über Elterninitiativen entstanden, die den Bedarf nach Veränderungen vor Ort erkannt haben und aktiv wurden. So entstanden z. B. Spiel- und Krabbelgruppen sowie die schon erwähnten Familienzentren.

Die vielen Chancen, die sich durch eine intensive Elternarbeit ergeben, werden aufgrund häufig bestehender Unsicherheiten bei den Erzieherinnen im Umgang mit Eltern noch zu wenig gesehen. Vielleicht auch durch die Befürchtung, entbehrlich und ersetzbar zu sein. Trotzdem muss ein gemeinsamer Dialog geführt werden, um das Wohl des Kindes zu schützen. Denn Kinder merken schnell, wenn Uneinigkeit herrscht zwischen den Eltern und den Erzieherinnen. Diese Konflikte wirken sich aber weniger belastend aus, wenn sie direkt zwischen den Betroffenen geklärt werden und nicht unterschwellig brodeln.

1.1.2 Personale Kompetenzen

Viele Erzieherinnen – vor allem Anfängerinnen – haben im Umgang mit Eltern große Befürchtungen. Diese drücken sich häufig in folgenden Gedanken aus:

→ Viele Eltern sind älter als ich selbst: Was ist, wenn ich von den Eltern nicht ernst genommen werde?

→ Wie reagieren die Eltern auf jemanden, der selber keine Kinder hat?

→ Was kann ich tun, wenn ich mit Vorurteilen konfrontiert werde?

→ Wie verhalte ich mich gegenüber Eltern, die sich beschweren, die sehr selbstbewusst sind (v. a., wenn diese selbst Erzieher oder Lehrer sind)?

Wie verhalte ich mich, wenn sich Eltern beschweren?

Die Zusammenarbeit mit Eltern erfordert **fachliche** und **persönliche Kompetenzen,** um qualifiziert und partnerschaftlich miteinander umgehen zu können. Dazu gehören Fachwissen über **Grundlagen der Gesprächsführung** und auf der persönlichen Ebene vor allem ein reflektierter und bewusster Umgang mit den eigenen Verhaltensweisen und Einstellungen. Eine wichtige Voraussetzung ist es, sich in die Bezugspersonen und ihre Problemlagen hineinversetzen und so Verständnis entwickeln zu können. Hinzu kommt die kritische Auseinandersetzung mit den eigenen Erwartungen und Befürchtungen.

Eine **professionelle Haltung** ist daran zu erkennen, dass Eltern, die andere pädagogische Grundsätze verfolgen oder den eigenen Gedanken zuwiderhandeln, nicht einfach abgewertet und abgelehnt werden, sondern dass man sich konstruktiv mit ihnen auseinandersetzt. Gegenseitige Rangeleien und Konkurrenzdenken sind dabei nicht angebracht. Sowohl die Eltern als auch die Erzieherin haben spezielles Wissen – aber in verschiedenen Bereichen:

> „Die **Eltern** sind Experten für
> → den soziokulturellen Hintergrund der Familie,
> → die Biografien der Herkunftsfamilie,
> → die Biografie des Kindes,
> → die Rolle des Kindes im familiären System,
> → das Kind als Teil der elterlichen Identität,
> → die aktuellen familiären Lebensbedingungen.

> Die **pädagogischen Fachkräfte** sind Experten für
> → das pädagogische Fachwissen,
> → den Umgang mit Kindern allgemein,
> → das Kind als Mitglied einer Gruppe von Gleichaltrigen,
> → die Gruppendynamik/-prozesse,
> → die aktuellen Arbeitsbedingungen in der Kindertagesstätte."

> *(Dusolt, Hans: Zusammenarbeit mit Eltern (1). Erziehungspartnerschaft zwischen Experten. In: Kindergarten heute 9/2004, S. 12)*

Das Gefühl, anerkannt und verstanden zu werden, fördert die eigene Bereitschaft, Positionen anderer Menschen anzuerkennen und zu verstehen. Die Erzieherin hat vielfältige Möglichkeiten, die gegenseitigen Beziehungen positiv zu beeinflussen und den Eltern ein realistisches Bild von der **Rolle der Erzieherin** zu vermitteln:

→ Sie bemüht sich um einen guten persönlichen Kontakt zu den Eltern.
→ Sie erweitert ihre fachliche Kompetenz ständig und bringt diese den Eltern gegenüber zum Ausdruck.
→ Sie erläutert den Eltern das pädagogische Konzept und wirkt so auf das Bild der Einrichtung.
→ Sie bemüht sich um eine offene Haltung den Meinungen der Eltern gegenüber. Beschwerden nimmt sie nicht persönlich oder als negative Kritik, sondern sieht sie als Chancen, die Arbeit ständig weiterzuentwickeln.
→ Durch eine starke Öffentlichkeitsarbeit und die Mitwirkung in berufsständischen Vertretungen kann die Erzieherin daran mitwirken, die Interessen und Leistungen des Elementarbereichs bekannt zu machen und ihnen Anerkennung zu verschaffen.
→ Sie kann ihre Haltung gegenüber Eltern klären, indem sie an ihrem eigenen Berufsverständnis arbeitet und dadurch mehr Rollensicherheit gewinnt. Dafür muss sie sich mit ihren Erwartungen und Forderungen an Eltern auseinandersetzen.

1.1.3 Auseinandersetzung mit unterschiedlichen Erwartungen

Die Eltern

... bilden eine Gruppe von Menschen, die sich nicht verallgemeinern lässt. Sie sind sehr unterschiedlich. Jeder Einzelne wird von so vielen individuellen Ereignissen und Bedingungen beeinflusst, dass man sehr viel Zeit benötigt, um sie zu kennen und Zusammenhänge zu durchschauen ("Diversity").

... haben wie jeder andere Mensch Vorerfahrungen, haben ihr eigenes Schicksal. Dieses wird in die Beziehung zum eigenen Kind eingebracht. Vieles geben sie so weiter, wie sie es selbst erlebt haben. Manches nehmen sie sich vor, anders zu machen, als sie es selbst durchleben mussten.

... zeigen trotz dieser Vielschichtigkeit auch ähnliche Verhaltensweisen. Ihnen sind ihre Kinder – oder oft nur das eine Kind – sehr viel "wert". Viele Eltern versuchen, viel Zeit mit ihrem Kind zu verbringen, und sind sehr bemüht, ihr Kind "gut" zu erziehen. Und sie haben ganz bestimmte Vorstellungen über den Verbleib ihres Kindes in der Einrichtung. Diese Vorstellungen können Vorurteile oder Anforderungen, Wünsche oder Ängste beinhalten:

→ **Wunsch nach Information**
Da liegt es nahe, dass sich die Eltern auch für das Geschehen in der Einrichtung interessieren. Sie möchten wissen, wie sich das Kind im Kindergarten verhält, wie es sich im Umgang mit anderen Kindern gibt. Sie möchten wissen, was das Kind die ganze Zeit macht – oftmals sind die Kinder ja zum ersten Mal länger von den Eltern getrennt.

→ **Wunsch nach Mitverantwortung**
Eltern haben für ihre Kinder eine große Verantwortung. Diese Verantwortung und die Liebe zu ihrem Kind lassen sie immer wieder Angst und Sorge erfahren. Eltern sind betroffen von allen Dingen, die mit ihrem Kind zusammenhängen. Deshalb sind viele Eltern bereit und wünschen sogar, in einer Einrichtung Mitverantwortung für die weitere Erziehung ihrer Kinder zu übernehmen.

→ **Wunsch nach Betreuung und Entlastung**
Manche Eltern wollen einfach nur ihre Kinder betreut wissen. Vor allem Mütter haben durch die Betreuung ihres Kindes in einer Institution mehr persönlichen und beruflichen Freiraum. Nutzen sie die Betreuung z.B., um wieder arbeiten zu gehen, wird dadurch ein höherer Lebensstandard möglich. In vielen Familien ist die Berufstätigkeit der Frau aber auch notwendig zur Existenzsicherung. Besonders für Alleinerziehende ist die Betreuung unerlässlich für den reinen Lebensunterhalt. Die Einrichtung soll eine Entlastung für die Familie darstellen, deshalb kommt es vor, dass diese Eltern eventuell nicht bereit oder in der Lage sind, zusätzlich etwas für den Kindergarten zu tun (z.B. Feste vorbereiten). Die Einrichtung kommt diesen Wünschen z.B. durch eine Flexibilisierung der Öffnungszeiten entgegen.

Der Bedarf nach Betreuung wird in den nächsten Jahren immer weiter ansteigen, v.a. auch für Kinder unter drei Jahren, da viele erwerbstätige Eltern höchstens "eine Babypause" machen können oder wollen und ansonsten direkt wieder arbeiten müssen, um auf dem Arbeitsmarkt konkurrenzfähig zu bleiben und nicht den Anschluss zu verlieren.

Wunsch nach Vereinbarkeit von Beruf und Kind

→ **Wunsch nach Kontakten zu anderen Kindern und Familien**
Eltern wollen, dass ihr Kind endlich Kontakte zu Gleichaltrigen – überhaupt zu anderen Kindern entwickelt. Dieser Wunsch nimmt mit der steigenden Zahl von Einzelkindern zu. Die Eltern wünschen zuvorderst, dass ihr Kind ein angemessenes Sozialverhalten und kommunikative Fähigkeiten erwirbt.
Aber auch der Wunsch nach Kontakten zu anderen Eltern und Familien wird größer angesichts der vielen Familien, die heutzutage nur wenige Verwandte in ihrer näheren Umgebung haben. Auch Familien, die gerade umgezogen sind und sich neu orientieren müssen, freuen sich über Möglichkeiten, andere El-

tern kennenzulernen. Treffen mit Gleichgesinnten, die vielleicht ähnliche Probleme haben, können bei Alltagsschwierigkeiten helfen.

→ Wunsch nach Bildung

Wieder anderen liegt die Förderung ihres Kindes besonders am Herzen: Oft wird dabei an die Vorbereitung auf die Schule gedacht. Angesichts der Bildungsdiskussion im Kindergarten steigt diese Erwartung ständig. Ein Beispiel sind Englischkurse für Kinder, die von einigen Einrichtungen angeboten werden. Erzieherinnen müssen ihre pädagogische Arbeit in Bezug auf Bildung erklären. Hier leisten sie oft Bewusstseinsarbeit und vermitteln den Eltern z. B. die Bedeutung von Spiel, Gestaltung und Bewegung fürs Lernen. In Bildungsdokumentationen veranschaulichen Erzieherinnen die Lernprozesse und Erfahrungen eines Kindes.

→ Wunsch nach Unterstützung und Beratung

Manche Eltern suchen qualifizierte Beratung: Endlich können sie mal mit einer Fachkraft reden, *„die Ahnung hat"*. Kontakt zu anderen Beratungsinstitutionen, z. B. vom Jugendamt, wird oft von Eltern gemieden, da die Schwellenangst überwiegt – der Kontakt zu den Erziehern ergibt sich dagegen automatisch. So werden diese möglicherweise mit ganz privaten Problemen der Eltern konfrontiert, die sich indirekt auf das Kind auswirken, z. B. Arbeitslosigkeit, Trennung und Scheidung oder Gewalterfahrungen. Familienzentren (in NRW) können diesen Wünschen besonders entgegenkommen.

Spätestens hier muss sich die Erzieherin Gedanken machen, was sie selbst leisten kann. Inwieweit kann sie sich abgrenzen, nicht zu distanziert wirken, aber auch nicht die beste Freundin der Mutter werden wollen?

Die Erzieherinnen

Erzieherinnen haben eine größere Distanz zu den Kindern als deren Eltern. Sie erleben die Kinder in einem anderen Umfeld und immer als Mitglied einer Gruppe. Sie haben dadurch Vergleichsmöglichkeiten, Erfahrung und können sich im Team absprechen. Zusätzlich besitzen sie fachliches Wissen durch ihre berufliche Ausbildung. Trotzdem benötigen sie auch Informationen.

→ Information, Interesse und Verständnis

Die Erzieherin möchte etwas über das bisherige Leben des Kindes und über seine Entwicklung wissen,

um sein Verhalten besser einschätzen zu können. Sie möchte wissen, wie sich das Kind zuhause verhält und ob ihre Beobachtungen mit denen der Eltern übereinstimmen.

Erzieherinnen können das Kind in der Gruppe wahrnehmen.

Neben dieser Informationsbereitschaft erwarten die Fachkräfte von den Eltern Interesse am Geschehen in der Einrichtung: Sie hängen z. B. Pläne und Fotos verschiedener Aktivitäten aus, damit die Eltern sich informieren können. Sie möchten die Eltern über ihre Arbeitsweise informieren, damit diese sie verstehen und unterstützen. Ein Beispiel hierfür ist, dass die Erzieherinnen ihr Konzept erläutern, zu dem u. a. gehören kann, dass Eltern die Bedeutung des Freispiels verstehen und nicht denken, die Erzieherinnen würden nur Kaffee trinken.

→ Aktive Mitarbeit

Die Erzieherinnen erwarten vor allem auch eine aktive Teilnahme der Eltern an Veranstaltungen, die sie für die Eltern anbieten. Es ist frustrierend, wenn viel Arbeit, Planung und Vorbereitung investiert wurde, letztendlich aber kaum Eltern kommen. Bei der Ganztagsbetreuung in Schulen oder bei der Arbeit in Jugendhäusern beklagen die Pädagoginnen, dass Eltern sich zum Beispiel nur bei Schulangelegenheiten melden – wenn überhaupt. Dann fragen sie sich: Wozu das Ganze überhaupt?

Aufgrund der oft geringen finanziellen Möglichkeiten der Einrichtung erhofft sich das Team auch persönliches Engagement von den Eltern für die Belange der Einrichtung: Es fängt schon bei kleinen Dingen an, wenn die Erzieherin z. B. durch einen Aushang darum bittet, wertfreies Alltagsmaterial mitzubringen, neues

Malpapier zu spenden oder Zutaten für ein gemeinsames Frühstück mitzubringen.

Finden Feiern oder andere Veranstaltungen statt, wünschen sich Erzieherinnen, dass die Eltern zahlreich erscheinen. Sie hoffen, dass der Elternbeirat *(s. Kap. 1.7)* sie unterstützt und gegenüber anderen für sie eintritt, z. B. bei der Beantragung neuer Gelder beim Träger, beim Wunsch nach einer besseren Personalsituation oder bei der Umsetzung eines neuen Konzepts.

Oft sind Erzieherinnen dankbar, wenn ihnen Eltern bei der alltäglichen Arbeit unterstützend zur Seite stehen, besonders wenn Personalmangel herrscht *(vgl. auch Kap. 1.6)*.

Ablehnend stehen Erzieherinnen der Mitwirkung von Eltern gegenüber, wenn sie das Gefühl haben, kontrolliert zu werden, oder wenn sie mit ständigen Verbesserungsvorschlägen konfrontiert werden.

→ Regeln einhalten

Erzieherinnen wünschen sich natürlich auch, dass die Eltern sich an Absprachen und Regeln halten, z. B. an eine bestimmte Uhrzeit, bis zu der die Kinder gebracht und wieder abgeholt werden sollen. Eine andere wichtige Regel wäre in Bezug auf die Aufsichtspflicht, dass Kinder bei der Erzieherin morgens angemeldet und nicht einfach hineingeschoben werden. Besteht die Regel, dass die Kinder keine Süßigkeiten mitbringen dürfen, erwartet die Erzieherin, dass Eltern dies berücksichtigen.

↗ FAZIT

- → Die Einstellung gegenüber Eltern hat sich gewandelt vom „Störer" über den „Partner" zum „Kunden". Eltern und Erzieherinnen gelten beide als Experten, die gemeinsam mehr erreichen können.
- → Eine **professionelle Haltung** betont die Stärken der Beteiligten und zielt auf eine partnerschaftliche, vertrauensvolle Zusammenarbeit. Dies ermöglicht, über unterschiedliche Einstellungen zu sprechen und sich gegenseitig zu unterstützen.
- → Der hohe Aufwand der Elternarbeit ist durch deren Bedeutung zu rechtfertigen. Es kommt dem Kind zugute, wenn Erzieherinnen und Eltern sich als Bildungs- und Erziehungspartner betrachten.
- → „Sich auf einen Dialog mit Eltern einzulassen, erfordert die Bereitschaft, sich auch auf die Lebenszusammenhänge anderer Menschen einzulassen, ihre Andersartigkeit auszuhalten und sich auf dialogischer Ebene konstruktiv mit ihnen auseinanderzusetzen." *(Dusolt, Hans, Zusammenarbeit mit Eltern [1]. Erziehungspartnerschaft zwischen Experten. In: Kindergarten heute 9/2004, S. 16)*

→·← AUFGABE UND ANREGUNGEN

1 💡 Es kommt auf die Einstellung an: Deshalb ist es wichtig, sich mit sich selbst auseinanderzusetzen, sich über die eigenen Einstellungen und Vorurteile, Ängste, Hoffnungen, Erwartungen klar zu werden. Beantworten Sie dazu für sich folgende Fragen:

- → Wie haben meine Eltern die Kindererziehung geregelt?
- → Hatte ich einen Kindergartenplatz?
- → Wie lange war der Kindergarten geöffnet?
- → Wie viel Zeit habe ich täglich dort verbracht?

- → Wie war die Beziehung meiner Eltern zu Erzieherinnen, später zu Lehrerinnen?
- → Welche Familienform bevorzuge ich für meine Lebensplanung?
- → Welche Erwartungen der Eltern habe ich in meinem Praktikum wahrgenommen?
- → Welche Erwartungen halte ich für gerechtfertigt – welche für ungerechtfertigt?
- → Welche Einstellungen haben die Erzieherinnen in meinem Praktikum zur Zusammenarbeit mit Eltern?
- → Welche Ziele halte ich bei der Zusammenarbeit mit Eltern für wichtig?

1.2   Formen der Erziehungs- und Bildungspartnerschaft

„,Spiele aus nichts – Hat sogenanntes wertloses Material auch Lerncharakter? Wären Lernspiele für unsere Kinder nicht besser?'

Der Beweggrund für die Durchführung dieses Elternabends war die Tatsache, dass die Eltern kein Verständnis für den Sammeltrieb ihrer Kinder und für das wertlose Material in unserer Bastelkammer zeigten. Lieber hätten sie Beschäftigungen ihrer Kinder mit gutem und vor allem ,sinnvollen' Spielmaterial mit ,Lerncharakter' gesehen.

Die Einladung sprach viele Eltern an, sind sie doch am Lernfortschritt ihrer Kinder immer sehr interessiert.

In der Eingangshalle des Kindergartens gab es eine ,Bastelausstellung' der Kinder – wahre Fantasiegebilde aus alten Schachteln, Stoff- und Pelzresten. Nicht schön bemalte, beklebte oder überzogene, sondern ganz spontan entstandene Gebilde. Schilder gaben einen Hinweis auf den Titel des jeweiligen Werkes und auf das Alter des ,Künstlers'. Hier konnten sich die Eltern umschauen und kamen dabei miteinander ins Gespräch: ,Meiner, jeden Dreck sammelt er!' Oder: ,Nur weil er die Klopapierrolle wollte, hat er das ganze Papier abgerollt und ins Klo gespült.' usw. Auch die Tür zur Bastelkammer stand offen. Die Reaktion der Eltern war ebenfalls ganz unterschiedlich. [...]

Wir versammelten uns im Gruppenraum. Ich begrüßte als Erzieherin die Eltern und las ein kleines Gedicht über perfektes Spielzeug vor, das das Kind am Ende stehen lässt, weil es eigene Spielvorstellungen hat. Es folgten einige Dias von Kindern in ganz verschiedenen Spielsituationen. Wer Lust hatte, konnte sie kommentieren.

Dann verteilten sich alle an Vierertische, auf die Körbe mit wertlosem Material gestellt wurden. Und dann konnte es losgehen! Die Aufgabenstellung war: ,Versuchen Sie die Materialien näher kennenzulernen, Sympathie für sie zu entwickeln, mit ihnen gemeinsam zu bauen oder auch Gesellschaftsspiele zu entwickeln.' Wem das Material nicht reichte oder für wen es nicht vielfältig genug war, dem stand auch unsere Bastelkammer zur Verfügung. Alles durfte benutzt werden – mit Ausnahme von Schere und Klebstoff. [...] In kürzester Zeit war an allen Tischen, aber auch auf dem Boden, viel Aktivität. Flohspiele mit Eierkartons, Türme-Wettbauen mit Zahnpasta-Schachteln usw.

Nach eineinhalb Stunden wurde zur Beendigung der Spiele aufgefordert. Es war allen zu früh! Dann berichteten die Eltern noch kurz über ihre Erfahrungen. Das Ergebnis war durchgängig, dass sie nun viel mehr Verständnis für ihre Kinder hätten. Zum Abschluss hörten wir schließlich noch gemeinsam eine Kassette an: das Gespräch von vier Kindern, die in der Bastelkammer nach Material suchten. Nun waren es die Eltern, die wertloses Material für den Kindergarten sammelten. So sagte ein Kind: ,Meine Mami hebt jetzt alles auf!'"

(Becker-Textor, I., Elternarbeit in Kindergarten und Hort, in: Textor, M., Hilfen für Familien, 1992, S. 238 ff.)

Elternabend in der Einrichtung

↘ **FRAGEN**

→ *Wie gestalte ich einen Elternabend?*

→ *Welche weiteren Möglichkeiten der Kommunikation mit Eltern kenne ich?*

→ *Welche Kriterien muss ich bei anderen Formen der Erziehungs- und Bildungspartnerschaft beachten?*

→ *Wann ist welche Form der Zusammenarbeit mit Eltern sinnvoll?*

1.2.1 Schriftliche Kommunikation

Kommen neue Eltern erstmals in die Einrichtung, sind neben dem persönlichen Gespräch schriftliche Informationen die wichtigste Grundlage für einen ersten Einblick in die Arbeit der Einrichtung.

Informationsbroschüren

Meist erhalten die Eltern beim Aufnahmegespräch eine Informationsbroschüre mit allgemeinen Angaben über die Einrichtung, wie Öffnungszeiten, Tagesablauf oder Inhalte der pädagogischen Arbeit. Die Einrichtungen haben ihr pädagogisches Konzept schriftlich dokumentiert, in dem die Grundlagen, Ziele und Methoden der pädagogischen Arbeit festgehalten sind. So erhalten die Eltern Einblick in die Grundlagen der pädagogischen Arbeit und Erziehung ihres Kindes.

Bei der Erstellung solcher Informationsbroschüren müssen verschiedene **Kriterien** beachtet werden:

→ **Fehlerfrei:**
Selbstverständlich muss sein, dass die Broschüren keine Rechtschreibfehler enthalten. Alle schriftlichen Informationen beeinflussen die Außenwirkung der Einrichtung, sie sind quasi das Aushängeschild. Fehlerhafte Texte lassen auf unqualifizierte Arbeit und Unfähigkeiten schließen. Vor allem seit der PISA-Studie und der Bildungsdiskussion sind Eltern hierfür besonders sensibel geworden.

→ **Verständlich:**
Allgemein leichte Verständlichkeit erreicht man durch kurze Sätze, die nicht verschachtelt formuliert sind. Ebenso bieten sich stichwortartige Auflistungen an. Fremdwörter und Abkürzungen sind zu vermeiden. Klar gegliedert und überschaubar lädt das Blatt dazu ein, wenigstens einen kurzen Blick darauf zu werfen.

→ **Ansprechend:**
Die allgemeine Informationsbroschüre ist ansprechend gestaltet, z. B. durch einige Fotos von Kindern der Einrichtung, die draußen toben oder die im Kreativbereich tätig sind. Dafür muss jedoch immer die Einwilligung der entsprechenden Eltern vorliegen, sonst dürfen Bilder von Kindern nicht veröffentlicht werden.

→ **Identifizierbar:**
Ein Einrichtungslogo, das auf allen schriftlichen Informationen zu finden ist, steigert den Wiedererkennungswert.

→ **Nachvollziehbar:**
Die Einrichtungskonzeption muss besonders qualitätsvoll sein, denn sie ist oft die erste Information, die Eltern und andere über eine Institution erhalten. Sie muss verbindliche Angaben über die Arbeit enthalten, an denen die Erzieherinnen sich auch messen lassen können. Nur so können die Eltern die Arbeit von Anfang an nachvollziehen und beurteilen, ob die tatsächliche Arbeit auch dieser Theorie entspricht.

→ **Mehrsprachig:**
Angesichts der vielen Eltern mit Migrationshintergrund, die ihre Kinder in einer Einrichtung betreuen lassen, ist es sinnvoll, solche Informationen möglichst in verschiedenen Sprachen anzubieten. So entsteht schon bei der Aufnahme eine förderliche Vertrauensbasis: Die Eltern fühlen sich beachtet und anerkannt und können die pädagogische Arbeit verstehen und so besser nachvollziehen. Bei der Erstellung können die Eltern, die die Einrichtung bereits gut kennen und über Kenntnisse in verschiedenen Sprachen verfügen, unterstützend helfen.

Informationsbroschüren in zwei Sprachen

Neben diesen einrichtungseigenen Informationsbroschüren gibt es auch die Möglichkeit, Schriften anderer Institutionen auszulegen, die für die Eltern interessant sein können, z. B. von Jugendämtern, Beratungsstellen, Frühförderstellen, aber auch Musik- und Sportvereinen, Logopäden, Motopäden sowie Familienbildungseinrichtungen. Dadurch können Eltern auf Unterstützungsmöglichkeiten außerhalb der Einrichtung hingewiesen werden, auf die sie selbst eventuell nie aufmerksam geworden wären.

Informationen zur Gesundheitsvorsorge können durch Broschüren über Kinderkrankheiten, Unfallverhütung, Zahnprophylaxe und Ernährung weitergegeben werden.

Übersichtlich aufge-stellte Infobroschüren

Die Informationsbroschüren liegen meist im Eingangsbereich der Einrichtung aus – auf einem Tisch, unter der Infotafel oder in Sitzecken für Eltern. Vorteil dabei ist, dass die Eltern sie sich einfach nehmen können, ohne z. B. ihre privaten Probleme erst mit einer Fachkraft besprechen zu haben. Andererseits kann auch ein Gespräch mit der Erzieherin dabei helfen, sich zu trauen, Kontakt zu einer Beratungsinstitution aufzunehmen, wenn die Erzieherin selbst nicht weiterhelfen kann. Insofern stellen diese Broschüren und andere Fachliteratur auch eine Entlastung für die Fachkräfte in der Einrichtung dar. Nachteil dabei ist, dass einige Broschüren evtl. schnell vergriffen sind, sodass die Einrichtung sich permanent um Nachschub bemühen muss. Andererseits sollten die Blätter aber auch nicht durchgehend dort liegen, sonst werden sie nicht mehr beachtet. Eine zu große Fülle kann auch erschlagend und verwirrend wirken.

Elternbriefe
Eine weitere Form des schriftlichen Kontakts sind Elternbriefe. Sie informieren die Eltern z. B. über aktuelle Projekte in der Gruppe, regen zum Nachdenken über

pädagogische Themen an, laden zu Veranstaltungen ein und vieles mehr. Vorteil dieser Kontaktform ist, dass die Eltern regelmäßig unterrichtet werden können. Es macht auch deutlich, dass die Eltern berücksichtigt werden, dass man an sie denkt und sie informieren möchte. Elternbriefe regen die Eltern an, mit- und nachzudenken, z. B. über ihr eigenes Erziehungsverhalten oder die gesellschaftliche Situation von Kindern. Dies geschieht nicht mit erhobenem Zeigefinger und belehrend, sondern allgemein, zeitunabhängig und nicht so zeitaufwendig wie z. B. bei einem Elternabend. Kurzbriefe können sich sowohl an einzelne als auch alle Eltern wenden. Somit handelt es sich um eine sehr flexible Form des Kontakts. Auch Eltern, die nur selten in der Einrichtung sind oder deren Kinder durch einen Fahrdienst gebracht werden, erhalten so Informationen.

Kriterien:
→ Für die Länge solcher Briefe gibt es keine Vorgaben, jedoch muss man sich bewusst sein, dass Briefe umso seltener von Eltern gelesen werden, je länger sie sind.
→ Auch hier gilt das Kriterium eines deutlichen Ausdrucks mit einfachen und fehlerfreien Sätzen.
→ Eine höfliche Anrede ist Ausgangspunkt des Briefes. Das Thema wird klar benannt. Kurze Überschriften fördern das Interesse. Der Tonfall und Gesamttenor des Briefes sollte freundlich sein.
→ Die Themen sind so vielfältig wie die Arbeit an sich. Vor allem persönliche Aspekte, die die Eltern selbst betreffen, sind geeignet, wie z. B. Projekte mit den Kindern, die durchgeführt wurden und werden (evtl. mit Fotos und Zitaten der Kinder). Oder aktuelle Ereignisse aus dem Umfeld der Einrichtung werden thematisiert, ein Statement dazu, ein Aufruf an die Eltern, sich zu engagieren.

Ein allgemeines Problem bei Elternbriefen ist, dass sich die Erzieherin nicht sicher sein kann, ob auch alle Eltern den Brief lesen oder ob sie ihn lediglich überfliegen und wegwerfen. Auch eine Diskussion ist meist nicht möglich, da die Briefe den Kindern in der Tasche mit nach Hause gegeben werden oder die Eltern den Brief in der stressigen Bring- oder Abholphase erhalten, in der die Erzieherin keine Zeit für längere Gespräche hat. Es handelt sich also um eine einseitige Kommunikationssituation – und dementsprechend sollten die Überlegungen bei der inhaltlichen Gestaltung des Briefes sein.

Ein Meinungskasten bietet den Eltern die Möglichkeit, den pädagogischen Fachkräften auch Briefe zu schreiben und darin ihre Meinung und Anregungen auszudrücken.

Informationswand/Schwarzes Brett

Die Informationswand ist der Ort, an dem Mitteilungen angeheftet werden, die unterschiedliche Zielgruppen ansprechen. Sowohl Kinder als auch Eltern informieren sich hier über das Geschehen in der Einrichtung. Deshalb ist eine klare Gliederung hilfreich.

Mögliche Rubriken sind:
→ Essensplan
→ Aktivitäten der Gruppen
→ Elterninformationen
→ Empfehlenswertes im Ortsteil
→ private Kleinanzeigen

Beispiel für eine Infowand

Die Informationen für Kinder sollten in deren Augenhöhe angebracht werden. Schön ist es, wenn beispielsweise der Speiseplan bebildert ist, was sicher nicht nur den Kindern, sondern auch Eltern einer anderen Muttersprache hilft. Die Aktivitäten in den Gruppen können nach Gruppen getrennt werden. Attraktiv sind konkrete Hinweise auf empfehlenswerte Veranstaltungen im Ort, z. B. Vorträge der Volkshochschule zu pädagogischen Fragen oder Aktivitäten für Kinder, etwa Kinderfeste anderer Einrichtungen, aber auch Nachhilfeangebote.

Eine Rubrik mit privaten Kleinanzeigen kann nicht nur den Eltern der Einrichtung beim Erwerb neuer Kinderkleidung helfen, sie hilft auch, die Informationswand insgesamt wahrzunehmen.

Trotz aller Bemühungen zeigt die Erfahrung, dass sich Eltern selten von Aushängen beeindrucken lassen. Wenn es darum geht, auf den am Abend stattfindenden Elternabend oder den morgigen Ausflug hinzuweisen, sind PowerPoint-Präsentationen oder elektronische Laufbänder bzw. beleuchtete Schreibflächen wie in der Schaufensterwerbung hilfreich.

Die Elternzeitung

Eine regelmäßige Publikation kann den Informationsfluss zu den Eltern verbessern. Zudem dokumentiert eine eigene „Zeitung" das Geschehen in der Einrichtung und die pädagogische Kompetenz des Teams auch gegenüber dem Träger und der Öffentlichkeit. Eine solche Information sollte regelmäßig mit einem einheitlichen Erscheinungsbild erscheinen, mindestens sechsmal im Jahr.

Die Zielgruppen sind in erster Linie die Eltern, aber auch Träger und Öffentlichkeit. Handlich ist ein DIN-A5-Format, ein DIN-A4-Format lässt sich aber einfacher gestalten. Beim Layout hilft eine preiswerte Software. Genau wie bei der Informationswand empfehlen sich auch für die Zeitung **Rubriken:**

→ **Thema des Monats:** Hier können Themen, die auf kommende Projekte der Einrichtung hinweisen, behandelt werden, beispielsweise „Weihnachten im multireligiösen Umfeld" oder „Projekt Wasser".
→ **Kindersprüche:** „Kindermund tut Wahrheit kund", sagt der Volksmund. Jedenfalls lesen alle gerne, was die Kleinen so von sich geben.
→ **Kinderzeichnungen/Fotos aus Projekten:** Die Darstellung der Produkte und Fotos, auf denen das eigene Kind – aber auch die Freundinnen und Freunde – zu sehen sind, sind der größte Anreiz, eine Zeitung durchzublättern.
→ **Spielzeugempfehlung:** Hier kann man auf neue Trends eingehen, Ängste abbauen oder auch pädagogische Argumente gegen eine Übersättigung in den Ring werfen. Nicht nur zur Weihnachtszeit eine lohnende Aufgabe.
→ **Buchtipps:** Was lesen Kinder gerne? Buchbesprechungen können hier Orientierung bieten.

Und wer es geschickt macht, bekommt vom Verlag ein kostenloses Rezensionsexemplar.

→ **Veranstaltungshinweise:** Wo kann man als Familie mit den Kindern hingehen? Welche Ausstellungen gibt es? Kann und sollte man ins Kino gehen?

→ **Elternzuschriften:** Wie in jeder Zeitung sind die Leserbriefe ein wichtiges Feedback. Aber nicht zu viel erwarten: Es dauert lange, bis wirklich jemand zum Stift greift und einen Beitrag schreibt.

Die Rubriken wollen mit Artikeln gefüllt werden. Alle Artikel sollten einem Aufbau entsprechen, der es mir als Leser oder Leserin ermöglicht, schnell eine Information zu bekommen. Die berühmten fünf Ws *(Was? Wer? Wann? Wo? Warum?)* müssen beantwortet werden, wobei sich die Reihenfolge nach der Wichtigkeit richtet. Das Wichtigste nach vorn und danach die anderen Ws beantworten. Dies gilt übrigens auch für jede Pressemeldung, die in die Lokalzeitung kommen soll. Die Redaktionen belohnen solch gut formulierte Pressemeldungen mit einer höheren Abdruckquote.

Zehn Faustregeln für die Zeitung:

1. Auf die erste Seite muss immer ein Foto.
2. Jede Seite braucht einen „Aufmacher".
3. Das Wichtigste steht auf der Seite oben rechts.
4. Zeichnungen sparsam verwenden, besser sind Fotos.
5. In jedem Artikel steht das Wichtigste ganz vorne.
6. Das Wort „unser" ist in der Zeitung tabu.
7. Danksagungen gehören nicht in die Zeitung.
8. Alle Namen werden ausgeschrieben, „Herr" oder „Frau" wird nicht dazugeschrieben.
9. Die Überschrift ist das Wichtigste am Artikel und spiegelt das Thema wider.
10. Bei Veranstaltungen immer den Ort mit Adresse angeben.

1.2.2 Kommunikation mit Elterngruppen

Neben dem klassischen **Elternabend** gibt es mehrere alternative Formen:

→ Elternfrühstück
→ Elternnachmittage
→ Elterncafé
→ Elternstammtisch
→ Müttergruppen
→ Ausflüge
→ Eltern-Kind-Wochenenden
→ Feste

Allen gemeinsam ist, dass viel Wert auf **Aktivität** und **Kooperation** gelegt wird, auf echte Zusammenarbeit und Partnerschaftlichkeit (zwischen Eltern und Kind, zwischen Eltern und Eltern oder Eltern und Erzieherinnen). Diese Angebote finden meist großes Interesse bei den Eltern.

Der Elternabend

Der Elternabend galt lange als die klassische Form der gruppenbezogenen Elternarbeit. Er bietet die Möglichkeit, die Eltern zu informieren, gemeinsam zu planen, miteinander ins Gespräch zu kommen. Problematisch ist jedoch aus der Sicht der Erzieherinnen der hohe Aufwand durch die Vorbereitungszeit, oft verbunden mit Überstunden am Abend. Frustrierend ist für sie dann, wenn nur wenige Eltern erscheinen.

Wichtig und oft schwierig ist es, **Themen** zu finden, die die Eltern wirklich interessieren, und bei der Durchführung **Formen** zu wählen, die den Eltern eine aktive Teilnahme statt passivem Zuhören ermöglichen und die dazu anregen, mit anderen Eltern in Kontakt zu kommen. Mittlerweile haben sich Formen mit starker aktiver Beteiligung der Eltern durchgesetzt.

Ein Einführungselternabend eignet sich besonders zum ersten Kennenlernen und gemeinsamen Austausch. Ziel ist dabei die Integration der neuen Eltern in die bestehende Elterngruppe. Erst einige Zeit danach sollte die Wahl der Elternvertreter und des Elternrates erfolgen. Wenn die Eltern sich schon etwas kennen, sind manche eher dazu bereit, sich zu engagieren. Später sind auch thematische Elternabende sinnvoll, mit Themen, die die Eltern besonders interessieren.

Aktivierung der Eltern beim Elternabend

Elternabende müssen nicht nach einem fertigen Konzept immer wieder gleich abgehalten werden. Verschiedene Abläufe erhöhen die Motivation der Eltern, überhaupt zu kommen, denn so können sie gespannt darauf sein, was sie an diesem Abend erwartet.

Bei der **Planung eines Elternabends** kann die Erzieherin oder das Team genauso vorgehen wie bei der Planung der Angebote für die Kinder.

→ So muss sie sich zunächst die **Ziele** bewusst machen, die der Ausgangspunkt aller weiteren Überlegungen sind. Was möchte sie also erreichen? Was ist wichtig für die Eltern?

→ Daraus ergibt sich das **Thema** des Abends. Es folgt die eigene intensive Auseinandersetzung mit dem Thema oder Inhalt. Zu überlegen ist, ob weitere Fachleute eingeladen werden, wenn es sich um einen informierenden Abend handelt (z. B. beim Thema Gewaltprävention kommt ein Polizist). Es müssen allerdings eventuelle zusätzliche Kosten berücksichtigt werden.

→ Für die **Raum- und Materialplanung** muss klar sein, ob der Elternabend sich nur an die Eltern der Gruppe oder an die der gesamten Einrichtung wendet.

→ Die **Durchführung** übernimmt in der Regel nicht eine Erzieherin allein, sondern erfolgt im Team, wenigstens mit der Gruppenkollegin.

→ Das **methodische Vorgehen** muss sich an den Zielen orientieren und sollte besonders abwechslungsreich und anschaulich sein: Ein Kennenlernabend kann also sinnvollerweise mit Kennenlernspielen beginnen. Die Motivation wird gesteigert, wenn möglichst viele Sinne angesprochen werden, auch bei einem Vortrag: Fotos, Bücher, praktisches Material, Plakate veranschaulichen einen Vortrag und machen die Sache wesentlich interessanter. Wichtig ist es, erwachsenenorientiert vorzugehen, die Eltern am Geschehen zu beteiligen und nicht nur als Zuhörer einzuplanen. Die Eltern sollten untereinander ins Gespräch kommen können. Ein offener/flexibler Verlaufsplan enthält Zeit für spontane Ideen.

→ Berücksichtigt werden muss bei der **Terminfindung,** dass der Termin sich nicht mit anderen gesellschaftlichen Ereignissen oder besonderen Fernsehprogrammpunkten überschneidet. So hat es keinen Sinn, einen Väterabend durchzuführen, wenn abends z. B. ein Fußballländerspiel im Fernsehen läuft. Auch wenn dies einem Klischee gleichkommt, entspricht es doch immer wieder der Realität.

→ Die Form der **Einladung** spricht viele Eltern an, wenn sie sich auch äußerlich schon auf das Thema bezieht oder provozierende Fragen gestellt werden.

Unerfahrene Erzieherinnen haben oft „Panik" vor der Arbeit mit größeren Elterngruppen, vor hitzigen Diskussionen. Sie befürchten, nicht ernst genommen zu werden. Sie können dieser **Unsicherheit entgegenwirken,** indem sie sich vorab einige Aspekte bewusst machen:

→ Wenn das Team sich für ein Thema entschieden hat, weil die Erzieherinnen meinen, dass dies *„wichtig"* für die Eltern sei, dann ist es zwar in Ordnung, dieses Thema den Eltern vorzustellen.

Jedoch sollte man sich davor hüten, die Eltern unbedingt von der Bedeutung des Themas für sie persönlich überzeugen oder manche Eltern in Bezug auf ihren Erziehungsstil gar bekehren zu wollen und Verhaltensänderungen zu erwarten. Diese ergeben sich sicher nicht durch die Teilnahme an einem Elternabend. Die Erzieherinnen können einen Elternabend immer als gute Möglichkeit der Information ansehen. Doch die persönliche Auseinandersetzung mit einem Thema bleibt jedem selbst überlassen und kann nicht vorausgesetzt werden.

→ Eine Erzieherin sollte sich nicht unter Druck setzen lassen und glauben, sie müsse nun die Probleme der Eltern lösen, ihnen z. B. sagen, wie sie *„richtig"* erziehen können. Typische Antworten sind dann oft: *„Ja, aber …"* Eltern weichen aus oder lehnen nicht selbst entwickelte Vorschläge ab.

→ Die Erzieherin macht den Eltern vorab klar, dass sie beim Elternabend nicht die Probleme Einzelner besprechen kann, sondern mit den Eltern eher einen Termin für ein gesondertes Gespräch vereinbart.

→ Es ist sinnvoll, Diskussionszeiten vorab festzulegen, damit diese nicht endlos ausarten.

→ Können die Eltern viel miteinander sprechen und gemeinsam agieren und aktiv werden, muss sich eine Erzieherin auch nicht vor langen Vorträgen vor der großen Gruppe fürchten. Diese beschränken sich dann lediglich auf die Begrüßung, Einführung ins Thema sowie die Moderation.

→ Eine hohe Teilnehmerzahl ist nicht das Hauptkriterium für einen gelungenen Elternabend, sondern eher die Qualität der Beteiligung und Diskussionen der Anwesenden.

Der Elternnachmittag

Kennenlernnachmittage bieten sich immer dann an, wenn viele neue Kinder und Eltern in die Einrichtung kommen. Damit die Eltern sich untereinander kennenlernen, ist es wichtig, ihnen die Möglichkeit und Zeit für gemeinsame Gespräche zu geben sowie durch Aktivität Hemmungen abzubauen. Deshalb sollten keine Kinder dabei sein. Viele Eltern konzentrieren sich sonst zu sehr auf ihr Kind, sodass sich keine längeren Gespräche mit anderen Eltern ergeben. Eine Möglichkeit ist, die Kinder in der Zwischenzeit in einer anderen Gruppe zu betreuen, sodass die Eltern keinen Babysitter bestellen müssen. An diesem Nachmittag kann die Erzieherin auch ausführlich

auf das Konzept der Einrichtung und die pädagogische Arbeit eingehen, eventuell Produkte der Kinder oder Fotos zeigen. So erhalten Eltern nach der ersten allgemeinen Information bei der Anmeldung einen tieferen Einblick in die praktische Arbeit.

Eine fröhliche Runde zum Kennenlernen

Solche Nachmittage können mit einem gemeinsamen, zwanglosen Kaffeetrinken starten. Ein ausreichend großer Raum wird dementsprechend vorbereitet, auch sollten – wenn möglich – erwachsenengerechte Sitzmöglichkeiten vorhanden sein. Anschließend bietet es sich an, mit den Eltern einige Spielaktionen durchzuführen. Dafür kann vom Gruppenraum in den Bewegungsraum gewechselt werden, so lernen die Eltern auch die Räumlichkeiten kennen. Bei den Spielen gilt es zu berücksichtigen, dass Erwachsene gehemmter reagieren als Kinder, nicht so spontan agieren und sich schnell schämen, wenn sie sich noch nicht gut kennen. So eignen sich Rollenspiele zu Beginn noch nicht.

Thematische Elternnachmittage können ähnlich wie Elternabende ablaufen, die Kriterien bleiben gleich. Elternnachmittage können auch mit den Kindern oder Großeltern und Geschwistern zusammen stattfinden. Dann steht aber nicht das Kennenlernen im Vordergrund, sondern das gemeinsame Tun von Erwachsenem und Kind. So gibt es gemeinsame Gestaltungsaktivitäten, z. B. einen gemeinsamen Geburtstagskalender oder andere Dinge für einen Basar erstellen. Es kann gemeinsam gebacken und gekocht werden, ebenso können gemeinsam Spiele ausprobiert werden und vieles mehr. Dadurch soll der Kontakt zwischen Erwachsenem und Kind gestärkt werden. Die Eltern erhalten Anregungen für zu Hause,

Zeit mit ihrem Kind zu verbringen und gemeinsam etwas zu unternehmen.

Zu berücksichtigen ist auch, dass Zeit bleibt für Pausen und Gespräche mit anderen Eltern. Die Erzieherin überlegt sich vorab, welcher Raum geeignet ist, welches und wie viel Material zur Verfügung stehen muss. Gut ist, wenn die Eltern die Wahl haben zwischen verschiedenen Angeboten und möglichst eigenständige Ideen entwickeln können. Schon im Einladungsschreiben erfahren die Eltern, wozu die Ergebnisse dienen, sodass es später keine Missverständnisse gibt.

Ausflüge

Mit den Eltern kann auch außerhalb der Einrichtung etwas unternommen werden, da viele pädagogische Konzepte die Öffnung der Einrichtung nach außen vorsehen. Wanderungen und Spaziergänge, Radtouren, Besuche in kinderfreundlichen Museen (mit kunstpädagogischen Angeboten oder vielen Sinneserfahrungen) usw. sind möglich, allerdings müssen die Kosten berücksichtigt werden, vor allem angesichts sozial schwacher Familien, die sich eventuell die Teilnahme nicht leisten können. Dies hätte verheerende Wirkungen auf das Kind, sein Selbstbildnis und seinen Stolz.

> Grundprinzip:
> **Die Teilnahme muss für alle Eltern möglich sein!**

Vorteile solcher Ausflüge liegen vor allem darin, die Eltern und auch die Erzieherinnen in einem ganz anderen Rahmen zu erleben. Außerhalb einer Institution kann das Verhalten völlig anders aussehen. Hierarchien werden eher aufgelöst – schon auf einem Spielplatz wird man dies leicht feststellen können. Vorher muss aber der Aufgabenbereich festgelegt werden, sodass z. B. klar ist, wer die Aufsichtspflicht für die Kinder hat. In einer entspannten Atmosphäre außerhalb einer Institution sind zwanglose Gespräche viel eher möglich, auch weil man nicht auf Stühlen sitzt, sondern in Bewegung ist und so leicht wechselnde Kontakte aufnehmen kann. Gemeinsame Erlebnisse schaffen eine Verbundenheit, die sich positiv auf eine vertrauensvolle und partnerschaftliche Zusammenarbeit auswirken kann. Und vielleicht übernehmen Eltern einige Angebote, die mit den Kindern durchgeführt werden, mit in ihren Alltag.

Es können auch **Eltern-Kind-Wochenenden** geplant werden. Dies ist natürlich mit hohem Aufwand verbunden und fällt in die Freizeit. Deshalb ist es nötig, dass der Träger solche Vorhaben unterstützt und für angemessene Bezahlung und Personal sorgt. Wochenenden haben einen noch stärkeren Effekt als Ausflüge.

Feste feiern

Die Liste an möglichen Festen ist lang: Sommerfest, Straßenfest, Nachbarschaftsfest, Pfarrfest, Tag der offenen Tür, Karnevalsfeier, Weihnachtsfeier, Zuckerfest, Familienfest, Nationenfest, Entlassungsfeier. Und sie ließe sich wohl beliebig fortsetzen. Feste und Feiern stellen die Höhepunkte in der pädagogischen Arbeit mit Kindern und Jugendlichen dar. Sie orientieren sich an den Jahreszeiten, an kirchlichen Feiertagen oder am Ablauf eines Kindergartenjahres. Sie können auch der Abschluss eines größeren Projekts sein. Das ist sinnvoll, wenn man bedenkt, wie viele Jahre Kinder in einer Einrichtung verbringen und wie langweilig es für sie werden kann, wenn jedes Jahr immer die gleichen Feste – möglicherweise auch noch mit dem gleichen Ablauf – stattfinden.

Sommerfest im Kindergarten

Manchmal scheint das ständige Feiern allerdings auch stressig auf das Geschehen in der Einrichtung zu wirken. Dann bleibt den Kindern kaum Zeit für das freie Spiel, da sie mit Theaterproben, dem Einstudieren eines Liedes und Bastelarbeiten beschäftigt sind. Das stellt den Sinn des Ganzen in Frage. Feste sollten variieren, sie können auch einfach Spielfeste sein, wobei die Erzieherinnen Spielstationen vorbereiten, die die Kinder mit ihren Eltern besuchen können. Es können Projektergebnisse ausgestellt werden, Spiele und Lieder vorgetragen werden, die die Kinder aus ihrem normalen Alltag kennen. Das reicht oft schon, damit die Kinder stolz ihr Können präsentieren. Die Eltern können in die Vorbereitung des Festes einbezogen werden, indem sie z. B. etwas backen, einen Spielstand betreuen, mit den Kindern Aktionen durchführen, beim Aufbau helfen. Vielleicht führen auch die Eltern ihren Kindern mal etwas vor.

Letztendlich sollte ein Fest für die Kinder etwas Besonderes und nicht mit viel Stress verbunden sein sowie für alle Beteiligten eine Bereicherung darstellen. Feste sind auch ein wichtiger Aspekt der Öffentlichkeitsarbeit, da sich die Einrichtung damit selbst präsentiert.

Sitzecken

Ruhige und gemütliche Sitzecken bieten Eltern die Möglichkeit, sich während der geschäftigen Bring- oder Abholzeit etwas zurückzuziehen und ein ruhiges Gespräch zu führen, Kontakte aufrechtzuerhalten, ausliegende Informationen anzuschauen oder in pädagogischen Zeitschriften zu blättern. Während der Eingewöhnungsphase bleiben die Kinder je nach Alter noch nicht den ganzen Tag in der Einrichtung, sondern zunächst einmal nur eine kurze Zeit. Auch hier haben die Eltern die Möglichkeit, in der Sitzecke zu warten.

Bei der Gestaltung ist eine ansprechende, gemütliche Atmosphäre wichtig, die zum Verweilen einlädt. Dies kann z. B. durch Blumen, Regale und Raumteiler, eine Tischdecke mit Dekoration, gemütliche Sessel, Stühle oder Sofas gefördert werden. Der Bereich sollte kein Durchgangsbereich sein und nicht direkt an der sich häufig öffnenden Eingangstür liegen. Vielleicht ergeben sich Verabredungen außerhalb der Einrichtung, mancherorts haben die Eltern selbstständig einen Elternstammtisch eingerichtet. Hier sind dann auch die Väter öfter mal anzutreffen, wodurch ein neues Interesse an der Arbeit der Einrichtung entstehen kann – und das ist immer positiv für die Kinder.

Beispiel für die Gestaltung

1.2.3   Kommunikation mit einzelnen Eltern

Vorab sei erwähnt, dass das Thema Elterngespräche aufgrund seiner Bedeutung im anschließenden Kapitel ausführlicher behandelt wird.

Das Aufnahmegespräch

Das Aufnahmegespräch vermittelt die ersten grundlegenden und wichtigsten Informationen und prägt den ersten Eindruck. Hier werden die Grundlagen für die weitere Zusammenarbeit und gegenseitiges Vertrauen gelegt.

Inhalte sind: Klärung des künftigen Ansprechpartners, Organisatorisches wie Öffnungszeiten oder Essensregelungen, Erklärung des pädagogischen Konzepts. Ansons-

ten sollte möglichst viel Raum für Fragen der Eltern sein. Diese zu klären ist wichtiger, als die Eltern sofort mit allen Informationen zu überfrachten.

Wichtig ist, dass das Gespräch in einer ruhigen, ungestörten Atmosphäre durchgeführt wird und während des Gesprächs alle grundlegenden Gesprächsregeln berücksichtigt sowie seinem Gegenüber Wertschätzung und Einfühlungsvermögen entgegengebracht werden.

Aufnahmegespräche werden gewöhnlich nur von der Einrichtungsleitung durchgeführt.

Entwicklungsgespräche

Erziehungspartnerschaft verlangt eine hohe Transparenz und Offenheit, deshalb ist ein regelmäßiger Austausch über die Entwicklung des Kindes unerlässlich.

Portfolios dokumentieren die Entwicklung des Kindes.

Anhand von Beobachtungsprotokollen und anschaulichen Dokumentationen (z. B. in Portfolios und Lerngeschichten) kann die Erzieherin sich auf das Gespräch mit den Eltern vorbereiten. Selbiges kann sie nutzen, um den Eltern den Entwicklungsstand und die Fortschritte ihres Kindes leicht nachvollziehbar aufzuzeigen. Außerdem nehmen viele Eltern sehr wohlwollend wahr, dass sich jemand intensiv mit ihrem Kind beschäftigt hat. Bei der Darstellung sollten die Stärken und Fähigkeiten des Kindes im Vordergrund stehen (Ressourcenorientierung) .

Besonders bei Eltern von Kleinstkindern und jüngeren Kindern sind regelmäßige Gespräche über **neue Entwicklungsschritte** des Kindes (z. B. über Steh- und Laufversuche, erste Worte oder seine derzeitigen Spielinteressen) sinnvoll. Die Entwicklung verläuft so schnell, dass es immer etwas zu berichten gibt.

Bei allen neuen Kindern bietet sich das erste Entwicklungsgespräch nach der Eingewöhnungszeit an. Während dieser Gespräche sollte die Erzieherin auch den Eltern die Möglichkeit geben, über ihre Wahrnehmung zu berichten, wie sie ihr Kind zu Hause erleben, was sie für Erziehungsvorstellungen haben. So erhalten beide Seiten ein umfassendes und **ganzheitliches Bild** vom Kind. Sie können ihre Sichtweisen vergleichen und Gemeinsamkeiten als auch Unterschiede diskutieren. Gemeinsam werden dann weitere **Ziele** für die Entwicklung des Kindes

oder die Arbeit mit dem Kind formuliert. Die Inhalte und Ergebnisse dieser Entwicklungsgespräche werden dokumentiert und den Eltern z. B. in Form eines Protokolls überreicht.

Die Erzieherin sollte neben offiziellen Gesprächsterminen selbstverständlich jederzeit für ein Gespräch zur Verfügung zu stehen, wenn Eltern dies wünschen.

Telefonkontakte

Kontakte über das Telefon aufzunehmen, ist eine einfache und unkomplizierte Möglichkeit. Erforderlich werden sie immer dann, wenn schnell Informationen eingeholt oder weitergegeben werden müssen, wenn z. B. das Kind einen Unfall hatte und die Eltern sofort informiert werden müssen. In der Eingewöhnungsphase kann ein Kind so starkes Heimweh bekommen, dass die Erzieherinnen beschließen, dass es besser wäre, das Kind abholen zu lassen, ebenso bei plötzlichen Krankheitsausbrüchen.

Noch häufiger als im Kindergarten sind Telefonate im Hort oder Heim, da die Eltern nur selten in der Einrichtung sind. Eltern von Heimkindern oder -jugendlichen wohnen oft weit entfernt.

Der Nachteil bei Telefonaten ist aber, dass man seinen Gesprächspartner nicht sieht, also nicht über seine Gestik, Mimik und Körperhaltung erkennen kann, wie er das Gesagte meint. Deshalb eignen sich Telefonate nicht für problembehaftete Gespräche.

Die Hospitation

Viele Einrichtungen bieten an, dass Eltern mit ihrem Kind vor Eintritt in den Kindergarten hospitieren können. Das Kind kommt üblicherweise mit einem Elternteil zum Spielen, dieser Elternteil bleibt dabei, spielt mit, beobachtet. So wird ein hoher Grad an Transparenz erzielt, die Eltern bekommen Einblick in den normalen Tagesablauf und Gruppenalltag. Für die Eltern wird es leichter, zu entscheiden, ob sie die pädagogische Arbeit akzeptieren und für ihr Kind geeignet halten.

Später lehnen Erzieherinnen diese Form oft ab mit der Begründung, es würde die Gruppe stören. Allerdings sind oft auch Unsicherheit und das unangenehme Gefühl, beobachtet zu werden, entscheidend. Nicht so gekünstelt wirkt die Situation, wenn die Eltern sich aktiv in die Arbeit einbringen, unter Beachtung bestehender Regeln und ohne die Erzieherin bei ihrer Arbeit zu stören:

Sie nehmen z. B. am Frühstück teil oder lesen Bilderbücher vor.

Hospitationen haben aber auch im Verlauf der Kindergartenzeit Vorteile. Eltern erleben ihr Kind in der Gruppe, nehmen sein Verhalten und seine Stellung wahr. Sie sehen z. B., wie Streit und Konflikte gelöst werden, Rollenspiele entstehen und sich entwickeln, Regeln ausgehandelt werden. Eventuell erhalten sie Anregungen für zu Hause. Die pädagogische Konzeption wird anschaulich und nachvollziehbar. Aber die Eltern vergleichen ihr Kind auch mit anderen Kindern. Dadurch können mögliche Entwicklungsauffälligkeiten den Eltern eventuell von alleine auffallen, ohne dass die Erzieherin selbst darauf hinweisen muss.

Der Hausbesuch

Hausbesuche sind sehr zeitaufwendig. Meist ist es der Erzieherin kaum möglich, alle Kinder zu besuchen. Zudem sollten die Besuche zu zweit durchgeführt werden – dann fehlen aber zwei Fachkräfte in der Einrichtung. Deshalb werden Hausbesuche nur durchgeführt, wenn wichtige Gründe vorliegen. Im Heim können Hausbesuche dazu dienen, den Kontakt zu den Eltern wieder aufzubauen. Immer dann, wenn nur sehr wenige Kontakte in der Einrichtung zwischen Erziehern und Eltern bestehen, sollte die Erzieherin sich darum bemühen, das Kind

oder den Jugendlichen zu Hause zu besuchen, um sein Umfeld besser kennenzulernen. Die Erzieherin zeigt dadurch auch ihr Interesse an dem Leben des Kindes und der Familie. Die Kinder sind oft sehr stolz, ihrer Erzieherin alles zu zeigen, wie z. B. das eigene Zimmer oder das Spielzimmer.

Der erste Besuch ist aber nicht dafür geeignet, Probleme mit den Eltern zu besprechen, z. B. Verhaltensauffälligkeiten oder die Ablehnung des elterlichen Erziehungsstils (z. B. die Anwendung von Strafmaßnahmen). Die Eltern würden sich kontrolliert fühlen und den Besuch als einen Eingriff in die Privatsphäre betrachten. Deshalb muss ein Hausbesuch stets angemeldet werden und mit Zustimmung der Eltern erfolgen. Der Grund für den Besuch sollte allen klar sein und möglichst nur der Information und dem Austausch dienen. Die Gespräche finden in Form von Dialogen statt: Erziehungsfragen, persönliche Belastungen, Lebensumstände, die Entwicklung des Kindes können Gesprächsthemen sein. Verschwiegenheit gegenüber Dritten ist dabei absolute Pflicht.

Das Unterstützungsprogramm HIPPY *(Home Instruction Program for Pre-school Youngsters, s. Kap. 1.4)* für Eltern arbeitet ebenfalls mit Hausbesuchen. Die Förderung der Kinder und das Lernen beziehen die Eltern mit ein und erfolgen in einer vertrauten, häuslichen Umgebung.

↗ FAZIT

→ Heutzutage gibt es vielfältige Formen, um eine Erziehungs- und Bildungspartnerschaft zu entwickeln. Dabei kann man unterscheiden zwischen **schriftlichen, gruppenbezogenen** und **einzelpersonenbezogenen** Formen. Zur **schriftlichen** Form gehören:
   - die Informationsbroschüre,
   - der Elternbrief,
   - die Informationstafel,
   - die Elternzeitung.

→ Kriterien für deren Erstellung: Fehlerfreiheit, ansprechende Gestaltung, Verständlichkeit und die Nachvollziehbarkeit und Transparenz der pädagogischen Arbeit.

→ **Gruppenbezogen** sind Elternabende, Elternnachmittage, Ausflüge oder Eltern-Kind-Wochenenden, Feste und Feiern, Sitzecken für informelle Zusammentreffen in der Institution.

→ Bei der Arbeit mit **einzelnen** Eltern wird unterschieden zwischen Aufnahme- und Entwicklungsgesprächen, Telefonkontakten und weiteren, umfassenden Elterngesprächen. Andere Möglichkeiten bieten die Hospitation und Hausbesuche.

→ Je nach Situation in der Einrichtung und der unterschiedlichen Intensität der üblichen Elternkontakte muss eine Erzieherin abwägen, welche Formen sie einsetzen möchte und für sinnvoll hält. Nicht jeder Erzieherin gefällt jede Form, nicht jede Form entspricht den Bedürfnissen der Eltern einer speziellen Einrichtung.

→·← AUFGABEN UND ANREGUNGEN

1 a) Reflektieren Sie Ihre bisherigen Erfahrungen mit verschiedenen Formen der Zusammenarbeit mit Eltern:
→ Welche Formen haben Sie erlebt?
→ Welche Formen haben Sie eventuell schon selbst geleitet?
→ Welche positiven/negativen Erfahrungen haben Sie dabei gemacht?
→ Wo sehen Sie Gründe für diese positiven oder negativen Erfahrungen?
→ Welche Formen würden Sie persönlich bevorzugen?
b) Tauschen Sie sich im Plenum aus. Vergleichen Sie Ihre Ansichten.
c) Entwickeln Sie für sich persönlich Ziele, die Sie bei der Bearbeitung dieses Themas erreichen möchten.

2 Welche Formen der Elternkommunikation bieten sich bei folgenden Situationen an? Diskutieren Sie Möglichkeiten, Vorteile und Nachteile:
Kommunikation mit ausländischen Eltern, mit Eltern in Scheidungssituationen, mit sozial schwachen Familien.

3 Bereiten Sie eine Form der Elternarbeit vor, die entweder zu einem aktuellen Thema Ihrer Einrichtung passt oder zur Lernsituation am Anfang *(Kap.1.1):* Das Außengelände soll umgestaltet werden.
Welche Kriterien müssen Sie beachten?

4 Gestalten Sie einen Elternbrief zum Thema „Spielzeugfreie Zeit im Kindergarten".

5 Bei den folgenden Aufgaben geht es darum, ganz konkrete Abläufe zu planen:
5.1 Wählen Sie in Kleingruppen verschiedene Themen, die auf einem Elternabend behandelt werden können (z. B. Eingliederung der neuen Eltern, Elternvertretungswahlen, Umgestaltung des Außengeländes, Vorbereitung auf die Schule o. Ä.).
a) Sie sind das Erzieherteam. Planen Sie die Vorbereitung, das notwendige Material, Ihr methodisches und inhaltliches Vorgehen. Erstellen Sie eine Einladung zu diesem Abend.
b) Führen Sie den Elternabend als Rollenspiel mit Ihrer Studiengruppe (als Elterngruppe) durch.
c) Reflektieren Sie im Plenum Ihre Erfahrungen in der Erzieher- und Elternrolle.
5.2 Planen Sie die Durchführung eines gemeinsamen Ausflugs mit Eltern, Erziehern und Kindern. Berücksichtigen Sie mögliche Ziele, Aufgabenteilungen, Aspekte der Aufsichtspflicht und finanzielle Möglichkeiten. Fragen Sie in Ihrer Praxisstelle nach, ob es möglich ist, Ihre Ausflugsplanung in die Tat umzusetzen.

TIPPS ZUM WEITERLESEN →→

→ Entwicklungsgespräche in Kindergarten und Kita
Bernd Groot-Wilken, Leslie Warda, Herder, Freiburg, 4. Aufl. 2009

1.3 Elterngespräche

Erzieherinnen führen ständig Gespräche: mit Kolleginnen, im Team, mit Eltern, mit Kindern, mit Vorgesetzten usw. Im Alltag kann dabei oft vieles durcheinandergeraten, da es manchmal um mehrere Dinge gleichzeitig geht: Beratung, Information, Konflikt, Organisation, Kritik, Beziehung usw. In diesem Abschnitt geht es um die verschiedenen Gesprächsformen mit Eltern.

1.3.1 Gesprächsgrundlagen

Verschiedene Formen des Elterngesprächs

Gespräche mit Eltern finden täglich spontan oder gezielt im Alltag, beim Elternabend oder bei Hausbesuchen statt. Man unterscheidet **spontane** und **vorbereitete** Gespräche. So verlaufen z. B. spontane Tür- und Angelgespräche anders als ein geplantes Entwicklungsgespräch. Eine weitere Unterscheidung liegt in der **Motivation** für das Gespräch. Möchte die Erzieherin etwas mit den Eltern besprechen oder haben die Eltern den Wunsch nach einem Gespräch? Neben den Tür- und Angel- und Entwicklungsgesprächen gibt es noch Aufnahmegespräche, Konflikt- oder Problemgespräche, Telefongespräche und Informationsgespräche *(vgl. Kap. 1.2.3)*.

Nonverbale Kommunikation im Kontakt mit Eltern

Nach der „Eisbergtheorie" ist nur ein Drittel der Kommunikation verbaler Art, zwei Drittel dagegen nonverbal *(ausführlich in Band 1, HF 1, Kap. 1.1)*. Nur ein Drittel der Kommunikation wird davon bestimmt, was im Gespräch **gesagt wird.** Der weitaus größere Teil wird nonverbal ausgedrückt. Das geschieht in der Regel unbewusst. Eltern empfangen **nonverbale** Signale schon dadurch, wie der Kindergarten beim Bringen und Abholen ihrer Kinder aussieht: aufgeräumt oder chaotisch, hängen Bilder an der Wand? Dies enthält schon Botschaften über die Art und Weise, wie die Kinder den Tag verbringen, wie willkommen Kinder und Eltern sind usw. Leider wird der Einfluss nonverbaler Kommunikation oft unterschätzt, was mitunter zu Missverständnissen führen kann.

Sach- und Beziehungsebene

Alle Gespräche, auch die mit Eltern, verlaufen auf zwei Ebenen: auf der Sach- und der Beziehungsebene *(ausführlich in Band 1, HF 1, Kap. 1.1)*. Jede Mitteilung enthält eine **inhaltliche Information** und auch eine Aussage über die **Beziehung** zwischen Sender und Empfänger. Es ist also nicht nur wichtig, **was** gesagt wird, sondern auch (oft viel wichtiger) **wie** etwas gesagt wird. Das **Was** bestimmt den Inhalt, das **Wie** die Beziehung, in der z. B. die Erzieherin und die Mutter zueinander stehen. Jedes Gespräch hat einen **Inhalts-** und einen **Beziehungsaspekt.** Im Idealfall sind sich beide Partner über den Inhalt ihrer Kommunikation und über ihre Beziehung zueinander einig. Im ungünstigsten Fall sind sich die Gesprächspartner weder über ihre Beziehung noch über den Inhalt einig.

Störungen in der Kommunikation mit Eltern

Gespräche, die nicht befriedigend verlaufen, und unzufriedene Eltern und Erzieherinnen sind keine Seltenheit. Im Prinzip gibt es zwei entscheidende Punkte, an denen es zu Kommunikationsstörungen kommen kann: beim **Senden** und beim **Empfangen** einer Nachricht.

„Um zu kommunizieren, muss der Sender seine zu übermittelnden Gedanken, Absichten, Kenntnisse – kurz: einen Teil seines inneren Zustandes – in vernehmbare Zeichen übersetzen. Diese Übersetzungstätigkeit heißt: Kodieren. Die Zeichen sind es, die zum Empfänger ‚auf die Reise' geschickt werden. Was nicht mit auf die Reise gehen kann, das sind die Bedeutungen, die der Sender mit den Zeichen verbindet. Vielmehr ist ein empfangendes Gehirn notwendig, das in der Lage ist, Bedeutungen in die Zeichen neu hineinzulesen. Diese Empfangstätigkeit heißt: Dekodieren. Bei diesem Akt der Bedeutungsverleihung ist der Empfänger in starkem Maße auf sich selbst gestellt; das Ergebnis der Dekodierung hängt ab von seinen Erwartungen, Befürchtungen, Vorerfahrungen – kurzum: von seiner ganzen Person. So mag es geschehen, dass manche Botschaft überhaupt nicht ankommt (etwa wenn der Empfänger den ‚mürrischen Unterton' nicht mitkriegt); oder dass er mehr ‚hineinliest' in die Nachricht, als der Sender hineinstecken wollte (etwa wenn der Empfänger einen ‚Vorwurf' auf der Beziehungsseite heraushört, den der Sender nicht erheben wollte); oder dass er sich angegriffen fühlt, obwohl der Sender nur einen ‚lustigen' Gesprächsanlass suchte." *(Schulz von Thun, S. 61)*

Eine Nachricht besteht immer aus zwei Nachrichten, einer gesendeten und einer empfangenen. Störungen beim Empfang einer Nachricht können sich z. B. durch unterschiedliche Vorstellungen äußern.

> Anton hat beim Naturprojekt nasse Füße bekommen. Die Erzieherin Katrin unterhält sich mit der Mutter: Katrin stellt sich unter einem Naturprojekt die intensive Auseinandersetzung mit den natürlichen Gegebenheiten (z. B. Matsch und Regenpfützen) vor, während die Mutter von Anton die Vorstellung hatte, Natur an schönen Tagen zu genießen und Blumen zu pflücken.

Oft sind es unterschiedliche Erfahrungswelten und Bezugserfahrungen, die die einseitige oder unvollständige Aufnahme von Informationen hervorrufen. Mit der Äußerung „... *und plötzlich sah ich im Wald einen Hochmoorgelbling ...*" können nur diejenigen etwas anfangen, die sich unter einem Hochmoorgelbling etwas vorstellen können. Alle anderen müssen sich hier ein Fantasiebild machen. Man kann sich vorstellen, dass es da in problematischen Gesprächssituationen mit Eltern zu Konflikten kommen kann. Eine unvollständige Informationsaufnahme kann auch daher kommen, dass die Empfängerin nicht richtig zuhört. So hat die Mutter vielleicht nicht hingehört, als Katrin sagte: „*Ziehen Sie den Kindern morgen bitte wasserfeste Kleidung an.*"

> **Störungen beim Empfang einer Nachricht:**
>
> → unterschiedliche Vorstellungen
> → mangelhaftes Zuhören
> → unterschiedliche Erfahrungswelten und Bezugsrahmen
> → selektive Aufnahme von Informationen

1.3.2 Formen der Elterngespräche

Tür- und Angelgespräche
Dieser Begriff bezeichnet die spontanen Gespräche beim Bringen und Abholen der Kinder. Hier geht es meist um den täglichen Austausch von Informationen und Alltäglichem zwischen Kindern, Erzieherinnen und Eltern.

Informationsgespräche
Eltern wollen und brauchen Informationen. In Informationsgesprächen informiert die Erzieherin über ihre Einrichtung und ihre Arbeit. Sie finden meistens dann statt, wenn sich neue Eltern über die Einrichtung informieren wollen oder es konzeptionelle Neuerungen gibt.

Aufnahmegespräche
Im Aufnahmegespräch werden die wichtigsten organisatorischen Dinge für den Eintritt des Kindes in die Einrichtung besprochen, z. B. die Eingewöhnungszeit, Besonderheiten und Gewohnheiten des Kindes, Vereinbarungen usw. *(vgl. Kap. 1.2.3)*.

Konfliktgespräche
Hier geht es um einen bestehenden Konflikt zwischen Erzieherin und Eltern, mit unterschiedlichen Interessen, die klar benannt werden müssen. Das Ziel des Gesprächs sollte eine gemeinsame, konstruktive Bearbeitung des Konflikts sein, die eine Verhaltensänderung ermöglicht.

Problemgespräche
In Problemgesprächen wird mit Eltern gesprochen, deren Kinder auffällig sind oder die im Kita-Alltag Schwierigkeiten bereiten.

Entwicklungsgespräche
Im Entwicklungsgespräch sollen Eltern für die Entwicklung ihrer Kinder sensibilisiert und über deren Entwicklungsschritte informiert werden. Anhand von Beobachtungen der Erzieherin und auch der Eltern wird der aktuelle Entwicklungsstand besprochen und gemeinsam überprüft, was die aktuellen Themen und Interessen des Kindes sind *(vgl. Kap. 1.2.3)*. Ein Entwicklungsgespräch dient dem individuellen Austausch zwischen Erzieherin und Elternpaar und erfordert Zeit, Ungestörtheit und eine gute Vorbereitung. Es ist klar von anderen Gesprächsformen abgegrenzt und behandelt keine bestehenden oder schwelenden Konflikte, organisatorischen Dinge oder pädagogischen Grundfragen. Es sollte regelmäßig und mit allen Eltern durchgeführt werden.

1.3.3   Gesprächsorganisation

Voraussetzungen für erfolgreiche Gespräche

In Elterngesprächen geht es meistens darum, Sachverhalte klar und deutlich auszudrücken und zu klären, in welcher Beziehung die Gesprächspartner zueinander stehen. Was kann die Erzieherin also tun, um ihre Elterngespräche konstruktiv und erfolgreich zu gestalten?

Grundsätzlich sind zwei Fragen hierfür nützlich:
1. Wie kann sich die Erzieherin auf ein Elterngespräch einstellen?
2. Wie gestaltet die Erzieherin ein Elterngespräch aktiv?

Da Menschen in Verbindung treten mit einer bestimmten Absicht, um ein bestimmtes Ziel zu erreichen, spricht man von einer erfolgreichen Kommunikation, wenn die beteiligten Menschen ihr Ziel durch die Kommunikation miteinander erreichen und die beabsichtigte Wirkung eintritt. Wenn beide Gesprächspartner aus einem Gespräch einen Gewinn ziehen können, nennt man das eine **Win-win-Situation** *(vgl. HF 5, Kap. 1).*

Einen großen Einfluss hat die **innere Haltung,** die Gesprächspartner zueinander haben. Mögen sie sich oder mag eine die andere nicht bzw. mögen sich beide nicht? Akzeptieren sie sich trotzdem als Gesprächspartner, obwohl sie Vorbehalte haben, können sie in einem Gespräch dennoch viel erreichen.

Eine gewisse **Offenheit** im Gespräch fördert den Kontakt zwischen Menschen. So fällt es beiden leichter, sich auf das Gespräch einzulassen und Vertrauen zu fassen. Erst dann ist eine erfolgreiche Gesprächssituation möglich.

Einfühlungsvermögen (Empathie), also die Fähigkeit, sich in andere hineinzuversetzen, fördert die Akzeptanz und das gegenseitige Verständnis. Dabei muss man nicht einer Meinung sein, denn akzeptieren heißt auch, dass andere anders sein dürfen. Sich und andere zu akzeptieren bildet in Gesprächen die Grundvoraussetzung für vertrauensvollen Umgang miteinander und ein erfolgreiches Gespräch.

Durchführung eines Elterngesprächs

Viele Gespräche ergeben sich spontan und oft zwischen „Tür und Angel". In den meisten Fällen reicht das aus, um die wesentlichen Informationen auszutauschen. Gezielte Elterngespräche, vor allem die, die sich mit schwierigen Sachverhalten, Situationen oder der Entwicklung der Kinder befassen, sollten dagegen **gut vorbereitet** werden. Der folgende Abschnitt beschreibt einen Leitfaden zur Vorbereitung und Durchführung von Elterngesprächen.

1. Vor dem Elterngespräch

Die Gesprächsvorbereitung ist sehr wichtig. Dabei sind folgende Rahmenbedingungen für ein gutes Gespräch zu beachten:

Zeit: Es sollte ein Gesprächstermin vereinbart werden, an dem alle Beteiligten Zeit haben. Der Zeitrahmen sollte vorher festgelegt sein (90 Minuten sind in der Regel ausreichend, falls nicht, sollte ein weiterer Termin vereinbart werden, da nach 1½ Std. bei allen „die Luft raus ist" und die Konzentration stark nachlässt).

Ort: Ein ruhiger Raum mit einer schönen und angenehmen Atmosphäre (Blumen, Licht, Getränke) ist für ein gutes Gespräch immer förderlich. Das Gespräch sollte nicht durch ständiges Telefonklingeln oder durch umherlaufende Kolleginnen gestört werden.

Folgende Fragen erleichtern eine **erfolgreiche Gesprächsvorbereitung:**
→ Wer will das Gespräch, die Eltern, ich oder eine Kollegin?
→ Was ist das Ziel des Gesprächs?
→ Was will ich? Was will ich nicht?
→ Welche Vorinformationen haben die Gesprächspartner?
→ Was weiß ich über meine Gesprächspartnerin?
→ Was brauche ich für das Gespräch? (Unterlagen, Informationen usw.)
→ Wie will ich das Gespräch beginnen?
→ Womit rechne ich? (Widerstand, Zustimmung, Schweigen, Unverständnis usw.)

2. Während des Elterngesprächs

Die **Gesprächseröffnung** ist wichtig, da hier die Grundlage für den weiteren Gesprächsverlauf entsteht. Die Begrüßung sollte persönlich gestaltet werden, ein paar nette Worte zu Anfang sorgen für eine freundliche Atmosphäre.

Nachdem geklärt ist, worum es im Gespräch gehen soll, sollte im weiteren Verlauf darauf geachtet werden, diesen roten Faden beizubehalten und beim Thema zu bleiben. Allen Beteiligten muss ausreichend Zeit zum Nachzudenken und Antworten gegeben werden, auch die Bedürfnisse der Eltern sollten erfragt und auf nonverbale Signale (Körpersprache) geachtet werden. Kenntnisse des aktiven Zuhörens sollen genutzt und gemeinsam nach Lösungen gesucht werden. Es sollte unbedingt darauf geachtet werden, dass der vorgegebene Zeitrahmen eingehalten und rechtzeitig das Ende des Gesprächs angekündigt wird *("So, wir müssen dann unser Gespräch beenden ...")*.

Einige schon erläuterte **Gesprächstechniken** *(s. HF 1, Kap. 1.1)* erleichtern die Gespräche mit Eltern. Dazu gehören:

→ Aktives Zuhören
Viele Missverständnisse und Kommunikations- oder Beziehungsprobleme lassen sich darauf zurückführen, dass die Gesprächspartnerinnen sich nicht richtig zuhören. In der Gesprächsführung nennt man das gesprächsfördernde Zuhören „aktives Zuhören". Es geht über das bloße Zuhören hinaus. Es wird dabei nicht nur schweigend zugehört, sondern Rückmeldung über die Wahrnehmung des Gehörten geben. Damit wird Verständnis und Empathie zum Ausdruck gebracht. Ziel des aktiven Zuhörens ist es, sich zu versichern, die Gesprächspartnerin richtig verstanden zu haben, indem das Gesagte wiederholt wird. Dabei geht es darum, das emotional Wichtige herauszuhören und so mit eigenen Worten wiederzugeben, dass sie sich verstanden fühlt und das Gesagte akzeptieren kann. So können Missverständnisse verhindert werden.

→ Ich-Botschaften
Du-Botschaften enthalten Wertungen und sind meistens abwertend. Außerdem verbergen sie die eigenen Bedürfnisse und verhindern eine klare Kommunikation. Eine Ich-Aussage als ehrliche Selbstaussage stellt eine klare Beziehung her.
Ich-Botschaften haben drei Komponenten:
1. kurze Beschreibung des störenden Verhaltens meines Gegenübers
2. Beschreibung der bei mir ausgelösten Du-Aussagen enthalten Wertungen.
3. Konsequenz

→ Fragen stellen
Manchmal ist es nötig, Fragen zu stellen. Fragen spielen in der Gesprächsführung eine zentrale Rolle. Sie können ein Gespräch strukturieren, beeinflussen und lenken. Grundsätzlich unterscheidet man zwei Arten von Fragen: die offene und die geschlossene Frage. Offene Fragen öffnen, das bedeutet, sie sind so formuliert, dass der Angesprochene seine Sichtweise frei und ausführlich darlegen kann. Geschlossene Fragen nutzt man dagegen, um eine bestimmte, konkrete Information zu erhalten *(vgl. HF 1, Kap. 1.1)*.

Zum **Abschluss** des Gesprächs sollte die Erzieherin zusammenfassen, was gemeinsam erreicht wurde und gegebenenfalls weiteren Handlungsbedarf abklären. Wenn erforderlich, sollte gleich ein weiterer Termin vereinbart werden. Jetzt kann das Gespräch mit ein paar persönlichen Worten beendet werden.

3. Nach dem Elterngespräch
Möglichst direkt nach dem Gespräch sollte man reflektieren, was gut und was schlecht in dem Gespräch war, wie man sich während des Gesprächs gefühlt hat und was beim nächsten Mal vielleicht anders gemacht werden sollte. Diese Reflektion wird auch schriftlich festgehalten.

↗ **FAZIT**

Checkliste für die Organisation eines Elterngesprächs
→ freundliche Gesprächseröffnung
→ beim Thema bleiben
→ Zeit lassen
→ Fragen stellen
→ auf nonverbale Signale achten
→ aktiv zuhören
→ gemeinsam Lösungen suchen
→ Zeitrahmen einhalten
→ Handlungsbedarf klären
→ kurz zusammenfassen
→ eventuell weiteren Termin festlegen
→ persönliches Beenden
→ Gesprächsnachbereitung

1.4   Methoden zur Unterstützung der Erziehungskompetenz

Die 3-jährige Lilli trödelt morgens in der Garderobe vor dem Gruppenraum. Sie schaut anderen Kindern zu, anstatt sich ihre Straßenschuhe auszuziehen und die Stoppersocken überzustreifen.

Die Mutter steht zunächst genervt daneben: „Beeil dich, Lilli. Ich muss doch los. Immer bist du so langsam!" Lilli achtet gar nicht auf sie. Da wird die Mutter lauter: „Mensch Lilli, jetzt mach aber endlich." Sie beugt sich hinunter zu Lilli und will ihre Füße ergreifen. Das will Lilli nicht: „Neiiin!", schreit sie auf, „ich will alleine!" Die Mutter entgegnet wütend: „Jetzt stell dich nicht so an!" Lilli zappelt aber und versucht, die Mutter zu treten. Da schlägt die Mutter Lilli heftig gegen die Beine.

In dem Moment kommen Sie aus dem Gruppenraum, sehen dies und runzeln die Stirn. Die Mutter wird ganz rot und erklärt verschämt: „Es tut mir leid. Ich weiß manchmal einfach nicht, was ich machen soll. Lilli trödelt ständig rum, wenn ich es eilig hab. Ich muss doch zur Arbeit. Mein Chef meckert über jede Minute, die ich nicht pünktlich da bin."

Der Ruf nach Hilfe

↘ FRAGEN

→ *Was können Eltern tun, wenn sie nicht mehr weiter wissen?*
→ *Welche Unterstützung kann ich Eltern anbieten?*

Kinder haben ein Recht auf gewaltfreie Erziehung! Wenn eine Erzieherin Gewalt gegen Kinder miterlebt, davon weiß oder es vermutet, aber nichts dagegen unternimmt, macht sie sich strafbar *(vgl. HF 4, Kap. 2)*.

Aber Eltern geraten oft an ihre Grenzen: Es gibt Eltern, die wollen ihr Kind gewaltfrei erziehen und wissen, dass jede Art von Gewalt in der Erziehung sinnlos ist und eher Schaden anrichtet. Aber manchmal scheint alles Reden nicht zu helfen und die Kinder hören einfach nicht. Die Eltern wissen nicht mehr weiter, wissen nicht, wie sie es besser machen können. Sie sind gestresst, ihnen platzt der Kragen, und dann rutscht ihnen vielleicht die Hand aus. Sie sagen Dinge zu ihrem Kind, die ihnen nachher leidtun. Sie fühlen sich schuldig, und trotzdem kann es wieder passieren. Körperliche und seelische Bestrafung von Kindern ist in Deutschland immer noch verbreitet und wird gesellschaftlich in weiten Teilen toleriert.

Um diesem Verhalten entgegenzuwirken, gibt es vielfältige **Beratungsmöglichkeiten** und Hilfen zur Erziehung von den Trägern der Jugendhilfe und Familienarbeit. Oft kennen betroffene Familien aber nicht die Möglichkeiten in ihrer Umgebung oder trauen sich nicht, diese aufzusuchen. Die Hemmschwelle ist zu hoch.

Eine andere Möglichkeit sind verschiedene **Elternkurse,** die in den Kindertagesstätten – besonders in Familienzentren – stattfinden. Die Hemmungen, diese zu besuchen, sind deutlich geringer. Die Eltern kennen die Räumlichkeiten der Einrichtung, der Kurs findet in ihrer Wohnumgebung statt, denn der Kindergarten ihres Kindes liegt ja meist auch in der Nähe. Die Erzieherin kann leicht Kontakte vermitteln und vielleicht sogar die Anmeldung entgegennehmen. Diese Kurse arbeiten besonders präventiv, wenden sich an alle Eltern und wollen diese unterstützen, um gewalttätiges Erziehungsverhalten gar nicht erst entstehen zu lassen und um vielfältige Alternativen zum Handeln zu vermitteln.

Einige **Unterstützungsprogramme** werden hier beispielhaft vorgestellt.

Triple P: Positive Parenting Program
Das „positive Erziehungsprogramm" hat das Ziel, Eltern in ihrer **Erziehungskompetenz** zu unterstützen und so die Resilienz von Kindern und Eltern zu stärken. **Triple P** ist ein internationales Präventivprogramm, das wissenschaftlich fundiert und evaluiert wurde und wird. Im Mittelpunkt stehen die Kommunikation zwischen Eltern und Kind und der Aufbau einer positiven Beziehung zum Kind. In einem mehrstufigen Modell werden Anregungen zum Umgang mit schwierigen Erziehungssituationen gegeben.

Starke Eltern – Starke Kinder
Mehr Freude – weniger Stress mit den Kindern.
Der Elternkurs ist ein Projekt des Deutschen Kinderschutzbundes und seine Wirksamkeit wurde ebenfalls evaluiert. Er zeigt Wege einer „anleitenden" Erziehung auf, um ein entwicklungsförderndes Klima von Zuwendung und Achtung aufzubauen. Das Ziel ist, mehr Offenheit, Klarheit und Humor in den Erziehungsalltag zu bringen, das Selbstwertgefühl der Eltern als Erzieher zu stärken, das gegenseitige Verstehen und die Kommunikation zu verbessern und eigene und familiäre Ressourcen bewusst zu machen. Methodisch wechseln Phasen des Austauschs der Teilnehmer über ihre individuellen Problemlagen mit Phasen der theoretischen Information ab. Es werden z. B. Möglichkeiten aufgezeigt, Konflikte zu bewältigen, ohne auf körperliche oder seelische Bestrafungen und andere entwürdigende Erziehungsmaßnahmen zurückzugreifen.

Rucksack
Rucksack ist ein Elternbildungs- und Sprachförderprogramm. Es handelt sich um ein zertifiziertes Programm der RAA (Regionale Arbeitsstellen zur Förderung von Kindern und Jugendlichen aus Zuwandererfamilien), das international verbreitet ist. Es hat zum einen das Ziel, die Muttersprache und die Zweitsprache zu fördern. Zum anderen wird die kindliche Entwicklung von vier- bis sechsjährigen Kindern aus Familien mit Migrationshintergrund gefördert. Um Problemen bei der kindlichen Entwicklung vorzubeugen, werden gezielt die Mütter in die frühkindliche Förderung einbezogen und ihre Sozialisation sowie ihre spezifischen Erziehungsvorstellungen berücksichtigt. Das Kursmaterial liegt in verschiedenen Sprachen vor. Die Anbindung an eine Kindertagesstätte ist Bedingung für die Durchführung des Programms, denn die Arbeit der Erzieherinnen und der teilnehmenden Elterngruppe sollen sich ergänzen. Dadurch wird auch eine interkulturelle Öffnung der Einrichtung angestrebt.

Gesund aufwachsen

Gesund aufwachsen in der Kita. Zusammenarbeit mit Eltern stärken.

Gesund aufzuwachsen ist ein nationales Gesundheitsziel. In Bezug auf die schon lange in den Einrichtungen betriebene Gesundheitsprävention spielen inzwischen Eltern eine immer wichtigere Rolle. Dementsprechend wird im Rahmen eines umfassenden Projekts versucht, ihre Kompetenzen zu stärken und das Lebensumfeld des Kindes in die Förderung einzubeziehen, um langfristige Erfolge bei der Gesunderhaltung der Kinder zu erzielen. Themen sind insbesondere die Förderung der seelischen Gesundheit, die Stärkung der Lebenskompetenz und Resilienz bei Kindern und Eltern sowie Ernährung und Bewegung. Die Bundeszentrale für gesundheitliche Aufklärung erprobt in den Bundesländern Baden-Württemberg, Mecklenburg-Vorpommern und Niedersachsen dieses neue Projekt in verschiedenen Tagesstätten.

Weitere Kurse sind z. B.:
→ ERIK (Erziehung, Rat und Information im Kindergarten),
→ PALME (Präventives Elterntraining für alleinerziehende Mütter geleitet von ErzieherInnen)
→ KESS (kooperativ, ermutigend, sozial, situationsorientiert)
→ STEP (Systematisches Training für Eltern und Pädagogen)
→ HIPPY (Home Instruction Program for Pre-school Youngsters)

↗ FAZIT

→ Es gibt eine Fülle an Unterstützungsmöglichkeiten für Familien, die akute und konkrete Probleme haben und deshalb spezielle Beratung suchen bzw. benötigen. Daneben leisten verschiedene Kurse präventive Arbeit, um typischen Familienproblemen vorzubeugen und Eltern die Kompetenzen zu vermitteln, mit stressigen Situationen angemessen umzugehen.
→ Beispiele hierfür sind die Programme:
Triple P, Starke Eltern – Starke Kinder, Rucksack und Gesund aufwachsen

---

→·← AUFGABEN UND ANREGUNGEN

1 Teilen Sie sich in mehrere Kleingruppen auf, und wählen Sie sich jeweils ein Programm zur Unterstützung von Eltern aus.
Informieren Sie sich ausführlich über dieses Programm, und stellen Sie Ihren Mitstudierenden die Inhalte anschaulich dar.

Mögliche Inhalte: Adressaten, Ziele, Themen, Arbeitsweise/Methoden, Kontaktmöglichkeiten, Kosten.

2 Erstellen Sie einen Elternbrief, in dem Sie die Eltern über das neue Kursangebot in Ihrer Einrichtung informieren.

TIPPS ZUM WEITERLESEN →→

→ www.familienzentrum.de

→ www.triplep.de

→ www.rucksack-griffbereit.raa.de

→ www.starkeeltern-starkekinder.de/www.sesk.de

→ Auf der Internetseite des Deutschen Kinderschutzbundes finden sich in der Mediathek zwei kurze Videosequenzen über den Kurs Starke Eltern – Starke Kinder.

1.5 Kommunikation und Zusammenarbeit mit mehrsprachigen Familien

Von der Gruppentür aus beobachten Sie eine türkische Mutter, die mit ihren zwei Kindern morgens in die Einrichtung kommt. Freudig begrüßt sie eine andere türkische Frau und spricht kurz mit ihr. Lachend verabschieden sich beide. Als die türkische Mutter in die Gruppe gehen will und auf Sie zukommt, nickt sie Ihnen mit ernstem Gesicht nur kurz zu und geht sofort wieder. Sie nehmen das unterschiedliche Verhalten wahr, ärgern sich und denken: „Was hab ich ihr nur getan?"

Wie kann Kontakt hergestellt werden?

↘ FRAGEN

→ *Wie erklären Sie sich das unterschiedliche Verhalten der Mutter?*

→ *Warum sind Eltern mit Migrationshintergrund oft so zurückhaltend?*

→ *Was könnten Sie tun, um sich der Mutter zu nähern?*

1.5.1 Typische Schwierigkeiten

Allzu oft bestehen Schwierigkeiten in der Zusammenarbeit mit Eltern mit Migrationshintergrund oder eine Zusammenarbeit kommt (meist aufgrund sprachlicher Barrieren) gar nicht erst zustande. So trauen sich die Eltern eventuell nicht, mit der Erzieherin über unterschiedliche Erziehungsvorstellungen zu sprechen, da sie nur fehlerhaft Deutsch sprechen und deshalb ihr gegenüber nicht selbstbewusst auftreten können. Sie kommen nicht zu Elternabenden, da sie vielleicht kaum etwas verstehen. Sie wünschen sich eine gute Bildung und Sprachförderung für ihre Kinder, können sich darunter aber manchmal gar nichts Konkretes vorstellen.

Auf der anderen Seite ärgern sich die Erzieherinnen, dass diese Eltern nicht erscheinen und nicht mit ihnen reden oder es häufig zu Missverständnissen kommt. Sie machen die Erfahrung, dass die Eltern zum Teil sehr uneinsichtig sind, wenn sie mit ihnen über Schwierigkeiten ihres Kindes sprechen möchten. Thema ist dabei nicht selten das Sprachverhalten der Kinder und ihre Schulfähigkeit. Oder Väter sehen nicht ein, dass ihr Sohn sein Geschirr selber abspülen soll, da dies nicht seinen Normen und Werten entspricht.

1.5.2 Voraussetzungen für eine gelingende Zusammenarbeit

Aber die Arbeit mit Familien mit Migrationshintergrund gehört heutzutage in allen größeren Städten zum Alltag einer Kindertagesstätte. Um diese erfolgreich zu gestalten, ist – ebenso wie im Umgang mit allen Eltern – zum einen die persönliche und professionelle Haltung der Erzieherin und des gesamten Teams ausschlaggebend. Zum anderen muss sich die Haltung auch in Konzepten, Tagesabläufen, der Festgestaltung und im Alltagsgeschehen wiederfinden. Durch die „Anerkennung der Existenz unterschiedlicher Ethnien und Gesellschaftsgruppen mit verschiedenen Interessen und Bedürfnissen in der Gesellschaft als auch deren Behandlung als Klienten oder Kunden" *(Jakubeit in: Fischer 2006, S. 238)* öffnet sich die Einrichtung gegenüber Eltern mit Migrationshintergrund.

Interkulturelle Kompetenz zeigt sich demnach „im bewussten Umgang mit Unterschieden und Widersprüchen sowie in der Fähigkeit, Uneinheitliches und Brüche nicht als Bedrohung, sondern als Herausforderung anzusehen" *(a. a. O., S. 238)*. Es geht darum, die Eltern in ihrer Persönlichkeit und Individualität ernst zu nehmen und ihnen nicht mit unreflektierten Vorurteilen zu begegnen.

> Jede Erzieherin sollte versuchen, „mehr von den Eltern selbst zu erfahren, als von den eigenen Vorstellungen darüber, was wir von ihnen annehmen, was sie denken".
>
> *(Michely-Weirich 2005, S. 284)*

Bevor eine Erzieherin die Eltern mit Ratschlägen überhäuft (und seien sie noch so gut gemeint), sollte sie eher die individuelle Gesamtsituation einer Familie berücksichtigen:

> „Wer hat nicht schon einmal versucht, einer türkischen Mutter zu erklären, dass Weißbrot für die Sprachentwicklung ihres Kindes ganz schlecht ist und sie dringend Schwarz- oder

> Vollkornbrot kaufen muss, um der Sprachentwicklung des Kindes einen positiven Schub zu geben? Und genau das ist der falsche Weg! In dieser Kultur muss beachtet werden, dass es dort kein Schwarz- oder Vollkornbrot gibt. Familien nahe zu legen, es zu essen, geht gegen die Kultur, in der sie lebten, in der sie ihre Wurzeln haben und die sie auch – zu Recht – an ihre Kinder weitergeben wollen. Sie müssten etwas tun, von dem sie nicht überzeugt sind und von dem wir gar nicht wissen, ob es ihre Mägen so gut verdauen!"
>
> *(Susanne Kast, in Textor, Kindergartenpädagogik –*
> *Online-Handbuch, 2006)*

Die Betonung von Kultur und Tradition wird auch durch folgendes Zitat deutlich:

„Eltern zugewanderter Kinder sind außerdem wichtige Experten für ihre eigene Kultur. Folgt die Einrichtung einem biografischen Ansatz, der die Lebenswelt aller Kinder im Blick hat, so sind die Eltern Experten für wichtige Informationsquellen über Gebräuche, Feste und Speisen, die oft aufgrund der kulturellen Vielfalt der Zugezogenen nicht anders zu erschließen sind." *(Springer-Geldmacher, in: Textor, Kindergartenpädagogik – Online-Handbuch, 2006)*

1.5.3   Praktische Möglichkeiten

Es gibt vielfältige Möglichkeiten, die Zusammenarbeit von Anfang an positiv zu beeinflussen und den Eltern Mut zu machen, sich einzubringen:

Begrüßungsplakat im Eingangsbereich in den Sprachen der Familien der Einrichtung

→ Die Gestaltung des Eingangsbereichs einer Einrichtung bringt die Akzeptanz und Freude über verschiedene Sprachen in der Einrichtung zum Ausdruck.

→ Das Aufnahmegespräch wird mithilfe eines Dolmetschers geführt, evtl. können dies Eltern der Einrichtung übernehmen.

→ Informationsblätter stehen in verschiedenen Sprachen zur Verfügung *(vgl. HF 4, Kap. 1.2.1)*.

→ Briefe an die Eltern werden in verschiedenen Sprachen verfasst. Deutsche Texte sind einfach und leicht verständlich formuliert.

→ Andere Eltern übernehmen Patenschaften für neue Familien.

→ Elternveranstaltungen finden ab und zu vormittags statt für die Eltern, die abends keine Zeit haben – sinnvollerweise mit Kinderbetreuung für kleinere Kinder.

→ Die Eltern können bei Sprachförderangeboten hospitieren und Anregungen aufnehmen, Spiele und Bücher ausleihen.

→ Internationale Feste werden in der Einrichtung gefeiert (z. B. Zuckerfest oder das persische Neujahrsfest) und mit den Eltern gemeinsam organisiert. Kulturelle Besonderheiten und Traditionen finden Berücksichtigung (vgl. Nicola Küpelikilinc, iaf e. V., in: Michely-Weirich 2005).

Das im vorherigen Kapitel erwähnte Unterstützungsprogramm **Rucksack** kann in Bezug auf die Zusammenarbeit mit Eltern verschiedenster Herkunft besondere Erfolge vorweisen. Gerade die von Erzieherinnen und Eltern oft

kritisierten Situationen veränderten sich dadurch (vgl. Springer-Geldmacher, in: Textor, 2006).

Die Eltern – vor allem die Mütter – entwickelten sich selbst sprachlich weiter, wurden dadurch selbstbewusster und trauten sich eher, die Erzieherinnen anzusprechen, wenn ihnen etwas auf dem Herzen lag. Die Mütter zeigten auch mehr Interesse an den Geschehnissen in der Einrichtung, und die pädagogische Arbeit wurde für sie transparenter. Die Eltern fühlten sich von den Erzieherinnen stärker akzeptiert. Umgekehrt entwickelten die Erzieherinnen ein besseres Verständnis für die Familien mit Migrationshintergrund. Zusätzlich entstanden neue Beziehungen der Eltern untereinander.

↗ FAZIT

→ Im Umgang mit Eltern mit Migrationshintergrund gelten die gleichen Kriterien wie für alle Eltern: Die persönliche Haltung und Sichtweise ist wichtig für eine vertrauensvolle Zusammenarbeit. Hinzu kommt die Berücksichtigung der individuellen Lebenslage der Familie in ihrer Kultur und Tradition.

→ Positiv beeinflussen lässt sich die Zusammenarbeit durch eine bewusste Raumgestaltung, Unterstützung bei Sprachschwierigkeiten in Gesprächen, bewusster Einsatz der Sprache bei schriftlichen Informationen, Elternpatenschaften, Elternveranstaltungen und durch internationale Feste, die in der Einrichtung gefeiert werden.

→ Bewährt hat sich z. B. das Unterstützungsprogramm **Rucksack.**

→·← AUFGABEN UND ANREGUNGEN

1 Übersetzen Sie diese türkischen Begriffe: Ana Okulu, Okul çantasi, Sağol, Teşekür ederim, Rica ederim, Çay, Kahvalt, Hoşgeldiniz, Merhaba, Günaydin, Hoşçakal.
Versuchen Sie, die Wörter richtig auszusprechen und zu behalten. Einige Begrifflichkeiten in der Landessprache vieler Eltern können sehr hilfreich sein für die Kontaktaufnahme und Vertrauensbildung.

2 a) Tauschen Sie sich in Kleingruppen über Ihre bisherigen Erfahrungen in der Zusammenarbeit mit Eltern mit Migrationshintergrund aus: Welche positiven und welche negativen Erlebnisse haben Sie in Erinnerung?

b) Suchen Sie Gründe für mögliche Verhaltensweisen der Eltern. Versuchen Sie dabei, den Eltern nicht irgendeine „Schuld" für etwas zu geben, sondern die Situation aus Sicht der Eltern zu betrachten und zu bewerten.

c) Fassen Sie Ihre Erkenntnisse zusammen, indem Sie sich vorstellen, diesen Eltern einen persönlichen Brief zu schreiben. Reflektieren Sie Ihre persönliche Haltung.

3 Stellen Sie für sich drei Grundsätze auf, die Ihnen persönlich bei der Zusammenarbeit mit Eltern mit Migrationshintergrund wichtig erscheinen und die Sie in der Praxis mit Eltern umsetzen möchten.

1.6   Methoden der Partizipation

„Kindertageseinrichtung und Eltern begegnen sich als gleichberechtigte Partner in gemeinsamer Verantwortung für das Kind. Eltern sind in ihrer Elternkompetenz wertzuschätzen, ernst zu nehmen und zu unterstützen. Sie kennen ihr Kind länger und aus unterschiedlicheren Situationen als ErzieherInnen, und Kinder können sich in ihrer Familie ganz anders verhalten als in der Einrichtung. Teilhabe und Mitwirkung der Eltern an den Bildungs- und Erziehungsprozessen ihres Kindes in der Tageseinrichtung sind daher wesentlich." *(Bayerisches Staatsministerium, S. 438)*

Wer die Arbeit mit Eltern als Erziehungs- und Bildungspartnerschaft ernst nimmt, muss der Überzeugung sein, dass nur gemeinsam mit den Partnern gearbeitet werden kann und nicht an der Eingangstür – spätestens an der Gruppentür – die Zuständigkeiten klar getrennt werden. Es entspricht den demokratischen Prinzipien unserer Gesellschaft, wenn jeder seine Interessen einbringen kann und gemeinsam daran gearbeitet wird, diese umzusetzen.

Alle Seiten profitieren davon, wenn Eltern sich an der Arbeit beteiligen und mit den pädagogischen Fachkräften zusammenarbeiten. Viele Eltern sind gerne bereit, sich zu engagieren. Und viele Erzieherinnen erwarten auch, dass Eltern mithelfen, wann immer es nötig ist.

Neben den **Beteiligungsmöglichkeiten** für Eltern in gesetzlich vorgeschriebenen Gremien *(vgl. Kapitel 1.7)* bestehen weitere Möglichkeiten und Notwendigkeiten außerhalb dieses Rahmens, die von Einrichtung zu Einrichtung sehr unterschiedlich aussehen können und von den einzelnen Eltern und Erzieherinnen sowie ihren Fähigkeiten und Einstellungen abhängen.

Die Mithilfe der Eltern bei **Ausflügen und Festen** erleichtert den Fachkräften die Arbeit, sie vertieft den oft nur kurzen Kontakt während der Bring- und Abholphasen. Einige Eltern lernt die Erzieherin dabei evtl. von einer ganz neuen – aktiven – Seite kennen.

Eltern oder andere Angehörige können spezielle Angebote zur **Bildung** der Kinder übernehmen, die ihren Fähigkeiten entspricht: z. B. mit den Kindern backen, ihnen zeigen, wie man ein Fahrrad repariert, oder Kostüme für ein Theaterstück nähen. Musikalische Eltern sind vielleicht bereit, mit den Kindern zu singen oder Instrumente zu spielen. Eltern, die nicht Deutsch als Muttersprache sprechen, können Kindern Bilderbücher oder Lieder in ihrer Sprache näher bringen.

Andere Eltern können ihren Beruf oder sogar ihren Arbeitsplatz vorstellen oder bei anderen Projekten Außenkontakte herstellen. An der Infotafel hängen die Erzieherinnen z. B. einen Brief aus: *„Welches Elternteil arbeitet bei der Feuerwehr und würde eine Besichtigung mit unseren Kindern durchführen?"* Oder die Eltern bieten von sich aus Projektideen an und sprechen diese mit den Pädagoginnen ab.

Die Eltern werden so zu **Bildungspartnern,** indem sie den Kindern zusätzliche Lernmöglichkeiten schaffen: „Wenn Eltern ihr Wissen, ihre Kompetenzen, ihre Hobbys usw. in den Kindergarten einbringen können, erweitert sich das Bildungsangebot. Wenn Eltern mit Kindern diskutieren, insbesondere in Kleingruppen oder Einzelgesprächen, werden kognitive, Sprach- und soziale Entwicklung gefördert. Erziehung und Bildung werden zur gemeinsamen Aufgabe von Eltern und Erzieherinnen." *(Textor, 2002)*

Die Kontakte, die so zwischen Erzieherinnen, Eltern und Kindern entstehen, sind besonders geeignet für die Entwicklung gegenseitigen Vertrauens. Die Eltern bekommen Anerkennung und erfahren Akzeptanz. Die Erzieherinnen werden entlastet und können ihre Zeit z. B. stärker für professionelle Beobachtungen und Dokumentationen nutzen sowie sich einzelnen Kindern stärker zuwenden. Dies gelingt schon, wenn Eltern „nur" beim Aufräumen oder beim Mittagessen helfen oder mit den Kindern spielen (z. B. Fußball im Außengelände), besonders wenn Personalmangel besteht.

Erzieherinnen müssen nicht befürchten, ihre eigenen Fähigkeiten könnten nicht mehr anerkannt werden. Ideen der Eltern bereichern die pädagogische Arbeit, können sie aber nicht ersetzen.

Neben der praktischen Arbeit bietet es sich auch an, die Eltern in die pädagogische Konzeptionsentwicklung einzubeziehen, sich mit pädagogischen Fragen auseinanderzusetzen oder Vorschläge zu Öffnungszeiten zu äußern. Wenn es um die Personalsituation geht oder um Ideen zur Umgestaltung der Räume/des Außengeländes, ist es sinnvoll, Eltern daran zu beteiligen und gemeinsam Ideen zu entwickeln. Dieses Vorgehen erhöht die Zufriedenheit aller Beteiligten, da jeder Vorschläge einbringen konnte und nicht vor vollendete Tatsachen gestellt wird, die er zu akzeptieren hat. Die Qualität der Arbeit steigt.

Die Interessen, Bedürfnisse und die Zufriedenheit der Eltern lassen sich leicht über Befragungen ermitteln. Da sich die Elternschaft jedes Jahr ändert, ist es sinnvoll, diese Befragungen auch jedes Jahr durchzuführen. Die Ergebnisse und Auswertungen sollten den Eltern und Erzieherinnen bekannt gemacht werden. Gemeinsam kann dann wiederum über Veränderungen gesprochen werden.

Eltern beteiligen sich an der Planung.

↗ FAZIT

Partizipation ist möglich

→ über die Mitarbeit in gesetzlich vorgeschriebenen Gremien.

→ durch Mithilfe bei Ausflügen und Festen.

→ durch die Beteiligung an der pädagogischen Arbeit, z. B. bei Projekten, und am Alltagsgeschehen.

→ durch die Mitgestaltung von Konzepten und Rahmenbedingungen.

→ über jährliche Befragungen.

→·← AUFGABEN UND ANREGUNGEN

1 Überprüfen Sie in Ihrer Einrichtung,
a) welche Möglichkeiten Eltern haben, sich in die Arbeit einzubringen,
b) wie mit den Vorschlägen/Ideen umgegangen wird.
Welche Schlüsse ziehen Sie für sich daraus?

2 a) Entwickeln Sie in Kleingruppen einen Fragebogen, über den Sie die Bedürfnisse, Interessen und die Zufriedenheit der Eltern ermitteln können.

b) Stellen Sie im Plenum Ihre Fragebögen vor: Vergleichen Sie Gemeinsamkeiten und Unterschiede. Erarbeiten Sie Kriterien für einen guten und sinnvollen Fragebogen.
c) Fragen Sie in Ihrer Einrichtung nach, ob die Möglichkeit besteht, den Fragebogen auszuprobieren und an die Eltern zu verteilen. Eventuell müssen einige Änderungen vorgenommen werden, damit der Fragebogen speziell auf die Gegebenheiten der einzelnen Einrichtung zugeschnitten ist.

1.7 Rechtliche Rahmenbedingungen

Das Recht und die Pflicht der Eltern zur Pflege und Erziehung ihrer Kinder sind im **Grundgesetz** (GG) verankert:

> **Artikel 6 Abs. 2 Satz 1 GG:**
> „Pflege und Erziehung der Kinder sind das natürliche Recht der Eltern und die zuvörderst ihnen obliegende Pflicht."

Dieses Recht treten die Eltern zum Teil ab, wenn ihr Kind zur Betreuung in eine Kindertagesstätte aufgenommen wird. Die Eltern unterzeichnen einen Betreuungsvertrag, in dem sie ihr Betreuungsrecht an den Träger der Einrichtung abgeben. Der Träger wiederum leitet das Recht durch Arbeitsverträge an die Erzieherinnen weiter.

Die Ziele bei der Zusammenarbeit mit Eltern sind im **achten Sozialgesetzbuch (SGB VIII) – Kinder- und Jugendhilfegesetz (KJHG)** rechtlich festgelegt:

> **§ 1 Abs. 3:** Jugendhilfe soll [...] Eltern und andere Erziehungsberechtigte bei der Erziehung beraten und unterstützen.
>
> **§ 22 Abs. 2:** Tageseinrichtungen für Kinder und Kindertagespflege sollen [...] den Eltern dabei helfen, Erwerbstätigkeit und Kindererziehung besser miteinander vereinbaren zu können.
>
> **§ 22a Abs. 2:** Die Träger der öffentlichen Jugendhilfe sollen sicherstellen, dass die Fachkräfte in ihren Einrichtungen zusammenarbeiten [...] mit den Erziehungsberechtigten [...] zum Wohl der Kinder und zur Sicherung der Kontinuität des Erziehungsprozesses [...] Die Erziehungsberechtigten sind an den Entscheidungen in wesentlichen Angelegenheiten der Erziehung, Bildung und Betreuung zu beteiligen.
>
> **§ 22a Abs. 3:** Das Angebot soll sich pädagogisch und organisatorisch an den Bedürfnissen der Kinder und ihrer Familien orientieren.

Elternarbeit beinhaltet laut Gesetz also die Unterstützung, Beratung und Beteiligung der Eltern sowie eine partnerschaftliche Zusammenarbeit. Diese Vorgaben werden in der Praxis umgesetzt durch die Kooperation mit den Eltern, wie sie in den vorherigen Kapiteln beschrieben wurde. Dabei geht es um die Abstimmung der Erziehungsziele, die Mitbestimmung der Eltern, Transparenz und Information von beiden Seiten durch gegenseitigen Austausch sowie die Zusammenarbeit der Eltern untereinander.

Am Beispiel Nordrhein-Westfalens wird im **Gesetz zur frühen Bildung und Förderung von Kindern – Kinder-Bildungsgesetz (KiBiz)** deutlich, dass die Zusammenarbeit mit Eltern und auch die Mitarbeit der Eltern extra gesetzlich vorgegeben ist:

> **§ 9 Zusammenarbeit mit den Eltern**
>
> (1) Das Personal der Kindertageseinrichtungen sowie Tagesmütter und -väter arbeiten mit den Eltern bei der Förderung der Kinder partnerschaftlich und vertrauensvoll zusammen. Die Eltern haben einen Anspruch auf eine regelmäßige Information über den Stand des Bildungs- und Entwicklungsprozesses ihres Kindes.
>
> (2) In jeder Kindertageseinrichtung werden zur Förderung der Zusammenarbeit von Eltern, Personal und Träger die Elternversammlung, der Elternbeirat und der Rat der Kindertageseinrichtung gebildet. Das Verfahren über die Zusammensetzung der Gremien und die Geschäftsordnung werden vom Träger im Einvernehmen mit den Eltern festgelegt. Die Mitwirkungsgremien sollen die Zusammenarbeit zwischen den Eltern, dem Träger und dem pädagogischen Personal sowie das Interesse der Eltern für die Arbeit der Einrichtung fördern.
>
> (3) Die Eltern der die Einrichtung besuchenden Kinder bilden die Elternversammlung. In der Elternversammlung informiert der Träger über personelle Veränderungen sowie pädagogische und konzeptionelle Angelegenheiten. Zu den Aufgaben der Elternversammlung gehört die Wahl der Mitglieder des Elternbeirates.
>
> (4) Der Elternbeirat vertritt die Interessen der Elternschaft gegenüber dem Träger und der Leitung

der Einrichtung. Er ist über wesentliche personelle Veränderungen bei pädagogisch tätigen Kräften zu informieren. Gestaltungshinweise des Elternbeirates hat der Träger angemessen zu berücksichtigen.

(5) Der Rat der Kindertageseinrichtung besteht aus Vertreterinnen und Vertretern des Trägers, des Personals und des Elternbeirates. Aufgaben sind insbesondere die Beratung der Grundsätze der Erziehungs- und Bildungsarbeit, die räumliche, sachliche und personelle Ausstattung sowie die Vereinbarung von Kriterien für die Aufnahme von Kindern in die Einrichtung.

Beispiel für einen Elternbeirat

→·← AUFGABEN UND ANREGUNGEN

1 Erkundigen Sie sich nach den rechtlichen Vorgaben Ihres Bundeslandes. Erarbeiten Sie die Ziele für die Zusammenarbeit mit Eltern und die Möglichkeiten für Eltern zur Mitwirkung.

2 Machen Sie sich mit den rechtlichen Fachbegriffen in Bezug auf die Zusammenarbeit mit Eltern vertraut. Erklären Sie sich diese Begriffe gegenseitig mit eigenen Worten.

3 Sammeln Sie Praxisbeispiele, in denen erkennbar ist, dass die gesetzlichen Vorgaben umgesetzt wurden.

2 Schutzauftrag bei Kindeswohlgefährdung

Sie arbeiten als Erzieherin in der Kindertageseinrichtung „Storchennest". In Ihre Gruppe gehört auch Leon (4;6 Jahre). Er ist Ihnen schon häufiger aufgefallen: Wenn er sich unbeobachtet fühlt, zwickt er manchmal andere Kinder, nimmt ihnen Spielzeug weg oder zerstört eine von anderen Kindern aufgebaute Spiellandschaft. Läuft etwas nicht nach seinen Vorstellungen oder fühlt er sich ungerecht behandelt, schlägt er andere Kinder auch. Mittlerweile möchten viele Kinder nicht mehr mit Leon spielen und gehen ihm aus dem Weg.

Sie führen Leons Verhalten auf eine gewisse Anspannung bei Leons Vater Tobias (23 Jahre) zurück. In Gesprächen mit ihm haben Sie erfahren, dass er vor einiger Zeit arbeitslos geworden ist. Außerdem hat sich Leons Mutter vor etwa einem Jahr vom Vater getrennt und nur die zwei-jährige Schwester mitgenommen. Voller Stolz hatte der Vater berichtet, dass er seinen Sohn sehr liebe und ihn auch allein großziehen könne.

Nach einem Wochenende ist Leon im Kindergarten ungewöhnlich ruhig. Beim Gang auf die Toilette stellen Sie auf Leons Po blaue Flecken fest. „Was ist dir denn passiert?", fragen Sie. Leon senkt den Kopf und antwortet: „Ich war böse. Da hat der Papa den Kochlöffel geholt." Sie sprechen noch am selben Tag mit der Leiterin und Kolleginnen darüber. Als Team denken Sie, dass das Kindeswohl möglicherweise gefährdet ist. Sie beschließen, zur Abschätzung des Gefährdungsrisikos und die Planung des Vorgehens eine „insofern erfahrene Fachkraft" nach § 8 a Abs. 2 SGB VIII hinzuzuziehen.

↘ FRAGEN

→ *Was verstehen Sie unter „Kindeswohl"?*

→ *Haben Sie in der Praxis schon Fälle von „Kindeswohlgefährdung" erlebt? Wie wurde vorgegangen?*

2.1 „Kindeswohl" und „Kindeswohlgefährdung"

2.1.1 Das Kindeswohl

Der Begriff **Kindeswohl** ist nicht eindeutig zu bestimmen. Es gibt keinen umfassenden Konsens darüber, was als „geeignet" oder „am besten" für das Aufwachsen von Kindern angesehen wird. Was unter Kindeswohl zu verstehen ist, hängt von kulturellen, historisch-zeitlichen und ethnisch geprägten Vorstellungen ab. Legten Eltern früher noch wert auf Gehorsam, Strenge und Disziplin, stehen heute Erziehungsziele wie Selbstständigkeit und Kreativität im Vordergrund.

Doch auch heutzutage sind die Erziehungsziele von Eltern unterschiedlich: Für die einen ist die Erziehung zur Konkurrenzfähigkeit besonders wichtig, für die anderen sind Solidarität und Kooperation bedeutsam. Alle Eltern definieren für sich und für ihre Kinder selbst, was das Kindeswohl ist. Ihnen wird im Grundgesetz (GG) Artikel 6 Abs. 2 und im SGB VIII § 1 Abs. 2 (Kinder- und Jugendhil-fe) zugesichert, dass sie die Erziehung ihrer Kinder nach eigenen Vorstellungen gestalten dürfen:

„Pflege und Erziehung der Kinder sind das natürliche Recht der Eltern und die ihnen zuvörderst obliegende Pflicht."

Gleichzeitig verpflichtet Art. 6 Abs. 2 GG die staatliche Gemeinschaft zur Wahrnehmung eines *staatlichen Wächteramtes:* Bund, Länder und Kommunen erhalten den **Schutzauftrag** zur Abwendung von Gefahren für das Kindeswohl. Damit sind Kinder- und Jugendhilfe und in erster Linie die Träger der öffentlichen Jugendhilfe (Jugendamt) beauftragt, über die Pflege und Erziehung der Kinder durch die Eltern zu wachen. Auch wird an keiner Stelle eines Gesetzes konkret definiert, was unter dem Begriff Kindeswohl eigentlich genau zu verstehen ist.

Aus juristischer Perspektive handelt es sich um einen **unbestimmten Rechtsbegriff,** ohne allgemeine Definition. Zwar lassen sich viele Situationen vorstellen, wo im Fall von z. B. Vernachlässigung oder Misshandlung Konsens in Bezug auf eine Gefährdung des Wohls herzustellen ist, in vielen Fällen gibt es jedoch Interpretationsspielräume.

In Gesetzestexten wird der Begriff „Kindeswohl" jedoch häufig verwendet und kann dadurch auch näher bestimmt werden: Im **§ 1627 BGB** beispielsweise wird den Eltern die Ausübung der elterlichen Sorge „in eigener Verantwortung und in gegenseitigem Einvernehmen zum Wohle des Kindes" angetragen. Im **§ 1666 BGB** konkre-

tisiert das Gesetz den Begriff durch das Aufzeigen der verschiedenen Erscheinungsformen der Kindeswohlgefährdung: „Wird das körperliche, geistige oder seelische Wohl des Kindes oder sein Vermögen durch missbräuchliche Ausübung der elterlichen Sorge, durch Vernachlässigung des Kindes, durch unverschuldetes Versagen der Eltern [...] gefährdet, so hat das Familiengericht [...] die zur Abwendung der Gefahr erforderlichen Maßnahmen zu treffen."

Da es keine einheitliche Definition gibt, zählen Fachleute meistens **negative Bedingungen** auf, unter denen das Kindeswohl auf keinen Fall gesichert ist.

2.1.2 Kindeswohlgefährdung

Nach einer Entscheidung des Bundesgerichtshofes *(vgl. Maywald, S. 23)* bezeichnet der Begriff „Gefährdung" eine „gegenwärtige, in einem solchen Maße vorhandene Gefahr, dass sich bei der weiteren Entwicklung eine erhebliche Schädigung mit ziemlicher Sicherheit voraussehen lässt". Folglich lässt sich der Begriff Kindeswohlgefährdung folgendermaßen definieren:

> „Unter **Kindeswohlgefährdung** ist alles Unterlassen oder Handeln einer unmittelbaren Bezugsperson, in der Regel des Sorgeberechtigten, zu verstehen, das mit hoher Wahrscheinlichkeit zu erheblichen physischen oder psychischen Schädigungen oder Beeinträchtigungen eines Kindes führt."
> *(Kunkel, S. 21)*

Formen der Kindeswohlgefährdung sind:

→ körperliche Misshandlung,
→ Vernachlässigung,
→ seelische Misshandlung,
→ sexueller Missbrauch,
→ Suchtabhängigkeit der Eltern,
→ hoch konflikthafte Trennung der Eltern,
→ komplexe Mischformen,
→ andere Formen, z. B. schwere Erkrankung eines Elternteils oder (häusliche) Gewalt zwischen Eltern.

2.2 Schutzauftrag § 8 a SGB VIII (Kinder- und Jugendhilfe)

Im SGB VIII in seiner ursprünglichen Fassung von 1990 war an keiner Stelle geregelt, was das Jugendamt zu tun hat, um eine **Gefährdung** des Kindeswohls festzustellen. In der Folge kam es immer wieder zu Situationen, in denen dem Jugendamt vorgeworfen wurde, trotz Kenntnis untätig geblieben zu sein oder eine rechtzeitige Risikoabschätzung versäumt zu haben. Die Fachpraxis hat daher Empfehlungen erarbeitet, wie Jugendämter bei Verdacht auf Kindeswohlgefährdung vorgehen sollten.

Durch das **KICK** (Kinder- und Jugendhilfeweiterentwicklungsgesetz), das im Oktober 2005 in Kraft trat, wurde eine Rechtsgrundlage für das Handeln der Fachkräfte geschaffen und ein neuer Paragraf 8 a in das SGB VIII eingefügt mit dem Ziel, die Aufgabe des Kinderschutzes im Gesetz zu verankern. Durch das Bundeskinderschutzgesetz (BKiSchG) wurde er nochmals modifiziert.

§ 8 a SGB VIII (Kinder- und Jugendhilfe): Schutzauftrag bei Kindeswohlgefährdung

(1) Werden dem Jugendamt gewichtige Anhaltspunkte für die Gefährdung des Wohls eines Kindes oder Jugendlichen bekannt, so hat es das Gefährdungsrisiko im Zusammenwirken mehrerer Fachkräfte einzuschätzen. Soweit der wirksame Schutz dieses Kindes oder dieses Jugendlichen nicht in Frage gestellt wird, hat das Jugendamt die Erziehungsberechtigten sowie das Kind oder den Jugendlichen in die Gefährdungseinschätzung einzubeziehen und, sofern dies nach fachlicher Einschätzung erforderlich ist, sich dabei einen unmittelbaren Eindruck von dem Kind und von seiner persönlichen Umgebung zu verschaffen. Hält das Jugendamt zur Abwendung der Gefährdung die Gewährung von Hilfen für geeignet und notwendig, so hat es diese den Erziehungsberechtigten anzubieten.

(2) Hält das Jugendamt das Tätigwerden des Familiengerichts für erforderlich, so hat es das Gericht anzurufen; dies gilt auch, wenn die Erziehungsberechtigten nicht bereit oder in der Lage sind, bei der Abschätzung des Gefährdungsrisikos mitzuwirken. Besteht eine dringende Gefahr und kann die Entscheidung des Gerichts nicht abgewartet werden, so ist das Jugendamt verpflichtet, das Kind oder den Jugendlichen in Obhut zu nehmen.

(3) Soweit zur Abwendung der Gefährdung das Tätigwerden anderer Leistungsträger, der Einrichtungen der Gesundheitshilfe oder der Polizei notwendig ist, hat das Jugendamt auf die Inanspruchnahme durch die Erziehungsberechtigten hinzuwirken. Ist ein sofortiges Tätigwerden erforderlich und wirken die Personensorgeberechtigten oder die Erziehungsberechtigten nicht mit, so schaltet das Jugendamt die anderen zur Abwendung der Gefährdung zuständigen Stellen selbst ein.

(4) In Vereinbarungen mit den Trägern von Einrichtungen und Diensten, die Leistungen nach diesem Buch erbringen, ist sicherzustellen, dass

1. deren Fachkräfte bei Bekanntwerden gewichtiger Anhaltspunkte für die Gefährdung eines von ihnen betreuten Kindes oder Jugendlichen eine Gefährdungseinschätzung vornehmen,

2. bei der Gefährdungseinschätzung eine insoweit erfahrene Fachkraft beratend hinzugezogen wird sowie

3. die Erziehungsberechtigten sowie das Kind oder der Jugendliche in die Gefährdungseinschätzung einbezogen werden, soweit hierdurch der wirksame Schutz des Kindes oder Jugendlichen nicht in Frage gestellt wird.

In die Vereinbarung ist neben den Kriterien für die Qualifikation der beratend hinzuzuziehenden insoweit erfahrenen Fachkraft insbesondere die Verpflichtung aufzunehmen, dass die Fachkräfte der Träger bei den Erziehungsberechtigten auf die Inanspruchnahme von Hilfen hinwirken, wenn sie diese für erforderlich halten, und das Jugendamt informieren, falls die Gefährdung nicht anders abgewendet werden kann.

(5) Werden einem örtlichen Träger gewichtige Anhaltspunkte für die Gefährdung des Wohls eines Kindes oder eines Jugendlichen bekannt, so sind dem für die Gewährung von Leistungen zuständigen örtlichen Träger die Daten mitzuteilen, deren Kenntnis zur Wahrnehmung des Schutzauftrags bei Kindeswohlgefährdung nach § 8 a erforderlich ist. Die Mitteilung soll im Rahmen eines Gespräches zwischen den Fachkräften der beiden örtlichen Träger erfolgen, an dem die Personensorgeberechtigten sowie das Kind oder der Jugendliche beteiligt werden sollen, soweit hierdurch der wirksame Schutz des Kindes oder des Jugendlichen nicht in Frage gestellt wird.

Die neue Gesetzesbestimmung ist als **Fahrplan** für das Jugendamt gedacht, wenn Hinweise auf eine Kindeswohlgefährdung vorliegen. Es muss zunächst weitere Informationen einholen, um eine gesicherte Tatsachenbasis (= gewichtige Anhaltspunkte) für das weitere Vorgehen zu schaffen. In einem nächsten Schritt muss es das Gefährdungsrisiko für das Kind abschätzen. Dabei verschaffen sich mehrere Fachkräfte Klarheit darüber, wie hoch die Wahrscheinlichkeit von körperlichen, geistigen oder seelischen Schäden bei ungehindertem Geschehensablauf ist. Gleichzeitig muss überlegt und schriftlich festgehalten werden, mit welchen Hilfen der Schadenseintritt abgewehrt werden könnte. Diese Hilfen, z. B. Hilfe zur Erziehung nach § 27, 28–35 SGB VIII, muss das Jugendamt den Eltern anbieten. Kommt das Jugendamt zur der Einschätzung, dass diese Hilfen nicht ausreichen, um eine Kindeswohlgefährdung abzuwenden, oder lehnen die Eltern die angebotenen Hilfen ab, muss das Jugendamt das Familiengericht einschalten, das dann die erforderlichen Maßnahmen trifft.

Neu ist dabei, dass das Familiengericht auch schon bei nicht ausreichender Mitwirkung der Personensorgeberechtigten bei der Einschätzung des Gefährdungsrisikos angerufen werden muss (§ 8 a Abs. 3).

Der eigentliche Qualitätssprung in der neuen Gesetzesbestimmung ist der, dass nun nicht nur die Jugendämter zur Sicherung des Kinderschutzes bei Kindeswohlgefährdungen verpflichtet sind, sondern sich dieser Kinderschutzauftrag in entsprechender Weise in den Aufgaben- und Verantwortungsbereich freier Träger hinein „verlängert".

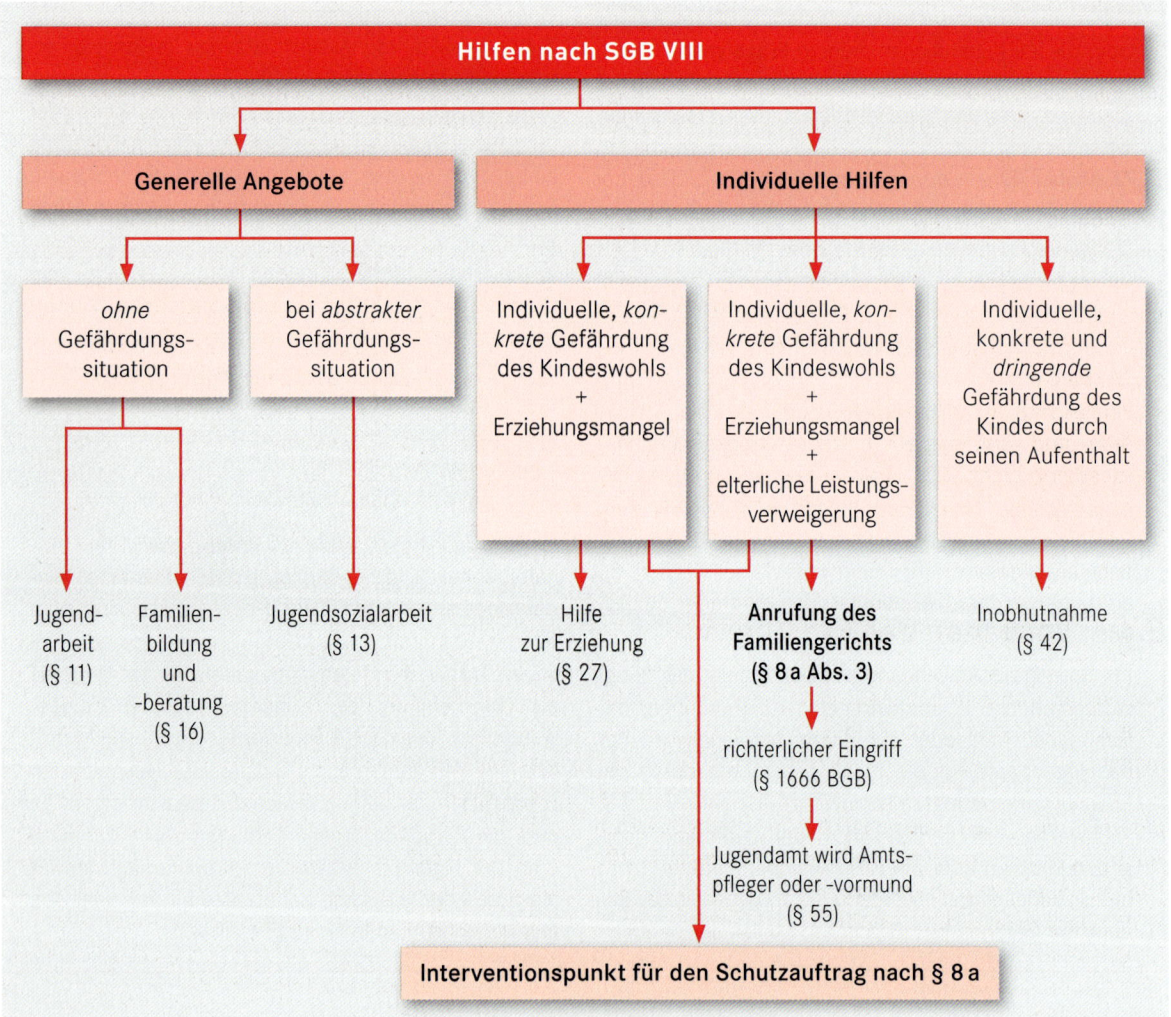

Hilfen des Jugendamts nach Gefährdungsgrad

Nach: Kunkel, S. 9

2.3 Die Kinderschutzfachkraft nach § 8 a SGB VIII

Mit der Einbeziehung der freien Träger in den Schutzauftrag nach § 8 a Abs. 4 muss das Jugendamt sicherstellen, dass der freie Träger den Schutzauftrag in gleicher Weise wahrnimmt wie das Jugendamt selbst, also durch eine

Risikoabschätzung und Auswahl der notwendigen Maßnahmen. Mit freien Trägern von Einrichtungen werden daher Vereinbarungen geschlossen, die sichern, dass diese den Schutzauftrag nach den rechtlichen Vorgaben des § 8a wahrnehmen können (z. B. mit der AWO, der Diakonie, der Caritas). Sind die dort tätigen Kräfte nicht dafür ausgebildet, ein Gefährdungsrisiko abzuschätzen, werden sie in der Vereinbarung verpflichtet, eine „insoweit erfahrene Fachkraft" hinzuzuziehen, die bei der Gefährdungseinschätzung beraten soll. Die freien Träger werden außerdem verpflichtet, bei den Eltern dafür zu werben, Hilfen in Anspruch zu nehmen.

In einem Zertifikatskurs, der in verschiedenen Städten angeboten wird, können sich auch Erzieherinnen in Kindertageseinrichtungen zur „Kinderschutzfachkraft nach § 8a SGB VIII" ausbilden lassen, wenn sie als „erfahrene Fachkraft" bei schwierigen Fallberatungen (Risikoeinschätzungen) hinzugezogen werden sollen. Der Kurs richtet sich außerdem an Mitarbeiterinnen und Mitarbeiter beim Träger selbst und an Fachberaterinnen, die im Jugendamt als Ansprechpartner für freie/private Träger zur Verfügung stehen.

Im Zertifikatskurs werden folgende Fragen geklärt:

→ Was sind gewichtige Anhaltspunkte für eine Kindeswohlgefährdung? (Erkennen)

→ Wie lassen sich Risikoabschätzungen vornehmen? (Beurteilen)

→ Welche Schritte sind durch die Fachkräfte einzuleiten? (Handeln)

→ Wie gestalten sich die Rolle und der Auftrag der „insoweit erfahrenen Fachkraft"?

→ Welche rechtlichen Rahmenbedingungen bestehen im Zusammenhang mit dem § 8a SGB VIII (Anforderungen an die Träger, Garantenpflicht, Datenschutz, strafrechtliche Verantwortung)?

→ Welche Kooperationspartner gibt es im Kinderschutz und wie können Kooperationsbeziehungen gepflegt werden? (vgl. www.kindesschutz.de)

Im Zertifikatskurs werden die Fragestellungen „abgearbeitet", über aktuelle Entwicklungen in rechtlicher und fachlicher Hinsicht informiert und erprobte Konzepte und Erfahrungen aus den letzten Jahren mit einbezogen. Im Kurs wird außerdem die Kooperation von freien Trägern mit dem Jugendamt und anderen am Kinderschutz beteiligten Systemen (Gesundheitswesen, Justiz) mit in den Blick genommen.

2.4 Vorgehen der Erzieherin

Wie verhält sich eine Erzieherin richtig, wenn sie bei einem Kind Anzeichen von Kindeswohlgefährdung wahrnimmt?

Sie sollte auf jeden Fall ruhig bleiben und **kollegialen Austausch** suchen. Eine wichtige **Grundregel** lautet: **Niemals allein und überstürzt handeln!** *(Vgl. Maywald, S. 25).* Das Gespräch mit Leiterin und Kolleginnen ist nach Möglichkeit am selben Tag zu führen. In diesem Gespräch kann eine erste Einschätzung der Situation erfolgen, indem alle Beteiligten ihre Beobachtungen schildern und **Informationen zusammentragen.** Im Fallbeispiel könnte das Gespräch zum Beispiel ergeben, dass eine Kollegin sogar schon mit eigenen Augen gesehen hat, wie Tobias seinen Sohn Leon in einer Abholsituation mit einem „Klaps" bestrafte, weil er sich die Schuhe nicht anziehen wollte. Auf eine andere Kollegin wirkte Tobias in letzter Zeit mit der Erziehung des Sohnes überfordert, weil sie ihn mehrmals lautstark mit Leon schimpfen hörte. Wichtig ist nun, alle **Beobachtungen schriftlich** mit Ort, Zeit und Namen des Beobachtenden zu **dokumentieren.**

Nach einer Beratung kommen die Kolleginnen zu dem Ergebnis, dass Tobias die körperliche Bestrafung womöglich häufiger als Erziehungsmittel einsetzt. Sie machen sich Sorgen um Leon, denn Tobias scheut sich nicht, seinen Sohn in aller Öffentlichkeit körperlich zu bestrafen, und fragen sich, wie Tobias seinen Sohn wohl behandeln mag, wenn ihn keiner beobachten kann. Das Team beschließt, sich von der Kinderschutzfachkraft nach § 8a SGB VIII beraten zu lassen, gemeinsam mit ihr das Gefährdungsrisiko für das Kind abzuschätzen und das weitere Vorgehen zu planen.

Bei der **Risikoabschätzung** werden Art und Umfang der Schädigung bzw. Schwere und Charakter der Verletzung sowie die sich daraus ergebenden Folgen für das Kind betrachtet. Es wird außerdem beurteilt, ob eine Wiederholungsgefahr besteht und inwieweit die Eltern bereit und in der Lage sind, Hilfen zu akzeptieren. Auch die Ergebnisse der Risikoabschätzung sollten sorgfältig dokumentiert werden.

Im Fallbeispiel könnte die Risikoabschätzung ergeben, dass eine dem Wohl des Kindes entsprechende Erziehung nicht gewährleistet ist, aber (noch) keine Kindeswohlgefährdung vorliegt. Wahrscheinlich hat eine Überforderungssituation am Wochenende zu dem Übergriff mit dem Kochlöffel geführt. Weitere Faktoren, wie die vorangegangene Trennung der Eltern oder die Arbeitslosigkeit des Vaters, könnten eine Rolle gespielt haben. Da sich an der Lebenssituation zunächst nichts ändern wird, besteht die Gefahr, dass eine solche Überforderungssituation in Zukunft wieder auftreten wird. Tobias hatte aber immer einen guten Kontakt zu der Bezugserzieherin seines Sohnes und es ist daher wahrscheinlich, dass Hilfen von ihm akzeptiert werden können.

Die Kindertageseinrichtung ist als eine den **Eltern** „vertraute" Einrichtung besonders gut geeignet, diese **für Hilfen** zu **motivieren**. Gleichzeitig ist es ihre Aufgabe, weiter zu beobachten, ob die angenommenen Hilfen ausreichend erscheinen, um eine weitere Gefährdung des Kindes zu vermeiden.

In Leons Fall sollte der Vater zeitnah um ein **Gespräch** gebeten werden, das Leitung und Bezugserzieherin gemeinsam führen. Tobias sollte dabei darstellen, wie es zu den blauen Flecken bei seinem Sohn gekommen ist. Vielleicht bereut er sein Verhalten. Dann sollten die Erzieherinnen deutlich machen, dass er nach dem Kinder- und Jugendhilfegesetz einen **Anspruch auf Hilfe** hat und die Kindertageseinrichtung im Interesse Leons darauf bestehen muss, dass diese Hilfe auch angenommen wird. Welche Hilfen (z. B. Erziehungsberatung, Erziehungsbeistandschaft, Sozialpädagogische Familienhilfe) hier geeignet sind, kann in einem zweiten Gespräch unter Einbeziehung einer Fachkraft aus Erziehungsberatungsstelle oder Jugendamt beurteilt werden.

Zeigt sich der Vater entgegen der Erwartungen doch uneinsichtig, wirkt er nicht ausreichend bei der Einschät-

zung des Gefährdungsrisikos mit oder erweisen sich die angebotenen Hilfen als nicht ausreichend, muss die Kindertageseinrichtung – auch ohne Zustimmung des Vaters – das Jugendamt informieren. Diesem bleibt nur die Möglichkeit, den Vater wiederholt zur Annahme von Hilfen zu motivieren. Eine (gerichtliche) Intervention gegen den Willen des Vaters bzw. der Eltern ist erst dann möglich, wenn die Risikoabschätzung zu dem Ergebnis kommt, dass eine Kindeswohlgefährdung vorliegt. Das Familiengericht kann dann Gebote oder Verbote aussprechen oder das Sorgerecht einschränken bzw. entziehen.

> **Vorgehensweise der Erzieherin:**
> 1. Ruhe bewahren
> 2. Kollegialen Austausch suchen
> 3. Informationen zusammentragen
> 4. Beobachtungen schriftlich dokumentieren
> 5. Eine erfahrene Fachkraft nach § 8 a SGB VIII hinzuziehen
> 6. Die Risiken für das Kind einschätzen
> 7. Eltern informieren und für Hilfen motivieren
> 8. Meldung an das Jugendamt in bestimmten Fällen
> *(Vgl. Maywald 2009)*

Grundsätzlich ist es die Aufgabe der Kindertageseinrichtung und der dort tätigen Erzieherinnen, Anzeichen für Gefährdungen so früh wie möglich zu erkennen, um rechtzeitig Hilfen anbahnen zu können.

Gleichzeitig muss die Kindertageseinrichtung präventiv tätig werden. Der Kinderschutz sollte als Teil der pädagogischen Arbeit mit den Kindern und Eltern verstanden werden. Dazu gehört die Stärkung der Persönlichkeit der Kinder durch die Förderung von sozialen und emotionalen Kompetenzen sowie Themenelternabende oder Familienbildungsangebote.

2.5 Bundeskinderschutzgesetz (BKiSchG)

Am 27.10.2011 hat der Bundestag ein neues Bundeskinderschutzgesetz (BKiSchG) beschlossen, um bestehende Lücken im Kinderschutz zu schließen. Grundlage für das neue Gesetz war ein einjähriger Fachdialog mit Expertinnen und Experten aus Verbänden, der Wissenschaft sowie den Ländern und Kommunen. Eingeflossen

sind außerdem die Ergebnisse aus der Arbeit der Runden Tische „Heimerziehung in den 50er und 60er Jahren" und „Sexueller Kindesmissbrauch".

Die **Eckpfeiler** des Bundeskinderschutzgesetzes sind:

1. **Frühe Hilfen und verlässliche Netzwerke schon für werdende Eltern:** Leicht zugängliche Hilfsangebote vor und nach der Geburt sowie in den ersten Lebensjahren werden flächendeckend eingeführt. Alle wichtigen Akteure im Kinderschutz (z. B. Polizei, Jugendamt, Schulen, Ärzte u. a.) werden in Kooperationsnetzwerken zusammengeführt; verstärkter Einsatz von Familienhebammen.
2. **Mehr Handlungs- und Rechtssicherheit:** U. a. Verhinderung von „Jugendamts-Hopping" – das bisher zuständige Jugendamt gibt alle Informationen bei einem Umzug weiter; Berufsgeheimnisträger wie Ärzte, die die Gefährdung eines Kindes häufig als Erste erkennen, erhalten klare Regelungen zur Weitergabe von Informationen an das Jugendamt; Ausschluss einschlägig Vorbestrafter von Tätigkeiten in der Kinder- und Jugendhilfe durch die Vorlage eines erweiterten Führungszeugnisses.
3. **Verbindliche Standards:** Eine kontinuierliche Qualitätsentwicklung, -sicherung und -überprüfung wird gesetzlich festgeschrieben.
4. **Belastbare statistische Daten:** U. a. wird im Rahmen der Kinder- und Jugendhilfestatistik erfasst, wie die Jugendämter ihren Schutzauftrag umsetzen (§ 8 a Statistik).

Das neue Bundeskinderschutzgesetz ist am 1. Januar 2012 in Kraft getreten.

⌐ FAZIT

→ Der § 8 a wurde in das SGB VIII integriert mit dem Ziel, die Aufgabe des Kinderschutzes deutlicher im Gesetz zu verankern und den Kinderschutz in Deutschland weiter zu verbessern.

→ Das Gesetz ist als „Fahrplan" für das Jugendamt gedacht, wenn Hinweise auf eine Kindeswohlgefährdung vorliegen. Auch freie Träger dürfen jetzt zur Sicherung des Kinderschutzes beitragen. Eine „insoweit erfahrene Fachkraft" (Kinderschutzfachkraft) berät und unterstützt Träger und Einrichtungen bei der Risikoabschätzung.

→ Die Aufgabe der Erzieherinnen in Kindertageseinrichtungen ist es, in Verdachtsfällen frühzeitig die Kinderschutzfachkraft hinzuzuziehen. Auch Präventionsarbeit ist von großer Bedeutung.

→·← AUFGABEN UND ANREGUNGEN

1. Für den Umgang mit Kindeswohlgefährdung sind insbesondere die Adressen von Kooperationspartnern vor Ort wichtig:

   1.1 Erstellen Sie eine mit Adressen und Ansprechpartnern versehene „Landkarte" der medizinischen und psychosozialen Einrichtungen und Dienste in Ihrer Region (z. B. Polizei, Kinderärzte, zuständiges Jugendamt, Beratungsstellen).

   1.2 Sammeln Sie ergänzend auch für die Eltern in Ihrer Praktikumseinrichtung Adressen, Flyer, Plakate usw. relevanter Institutionen.

2. Informieren Sie sich bei der Leiterin Ihrer Praktikumseinrichtung über die zuständige Kinderschutzfachkraft. Lassen Sie sich Fälle schildern, in denen sie beratend tätig wurde.

3. Laden Sie eine Kinderschutzfachkraft nach § 8 a SGB VIII in Ihren Unterricht ein. Sammeln Sie vorab Fragen.

TIPPS ZUM WEITERLESEN →→

→ Bundesarbeitsgemeinschaft der Kinderschutzzentren
www.kinderschutz-zentren.org

→ Die Deutsche Liga für das Kind
www.liga-kind.de

→ Kindeswohlgefährdung - erkennen, einschätzen, handeln.
Jörg Maywald, in: Kindergarten heute spezial, Herder, Freiburg im Breisgau 2009

5 INSTITUTION UND TEAM ENTWICKELN

Inhaltlicher Überblick

Dieses Handlungsfeld beschreibt die Entwicklung und Gestaltung von Teamprozessen und zeigt Methoden und Konzepte der Arbeitsorganisation sowie Verfahren der Qualitätsentwicklung.

Im ersten Kapitel werden verschiedene Formen der Teamarbeit und Teamentwicklung thematisiert. Die Bedeutung von Teamzusammensetzungen und der Kompetenz- und Rollenverteilung in einem Team werden deutlich.

Kapitel 2 veranschaulicht den Prozess einer Konzeptionsentwicklung im pädagogischen Alltag von Erzieherinnen. Darüber hinaus befasst es sich mit unterschiedlichen Aspekten von Qualitätsmanagement und stellt die wichtigsten Konzepte vor.

Methoden und Strategien zur Bewältigung von Stress und zur Organisation der Arbeit in einer Einrichtung zeigt das dritte Kapitel auf. Die pädagogische Fachkraft setzt sich mit Zeitmanagement, Supervision und Coaching auseinander. Erzieherinnen und Erzieher haben Kenntnisse über Leitung, Verwaltung, Management und Trägerstrukturen. Sie kennen unterschiedliche Führungsstile und deren Auswirkungen und kennen die Bedeutung von Mitarbeitergesprächen, Beurteilungen und Feedback.

Weiterhin kennen die Erzieherinnen und Erzieher die Struktur und Aufgaben der öffentlichen und freien Träger und die Trägerstruktur der sozialpädagogischen Einrichtungen.

Die Erlebnisse in den Praktika vor Ort prägen angehende Berufsanfänger. Sie wissen daher um die Aufgaben und Faktoren der Praxisanleitung und setzen sich im Rahmen ihrer Ausbildung damit auseinander.

1 Zusammenarbeit im Team

Sie arbeiten in der Kindertagesstätte Regenbogen. Das Team besteht aus folgenden Personen:

Manuela Carstens (37) leitet den Kindergarten seit knapp einem Jahr. Sie ist nicht sehr entscheidungsfreudig und wirkt unzufrieden und angespannt. Dabei gibt sie vor, über den Dingen zu stehen. Sie wirkt unnahbar und kühl.

Cornelia Heinrich (34) ist schon fast acht Jahre als Erzieherin in diesem Kindergarten beschäftigt. Die Arbeit macht ihr Spaß. Sie hat im Team eine starke Position. Wenn Entscheidungen anstehen, ist sie am meisten gefragt. Sie gilt als „geheime" Leitung.

Sarah August (27) ist ebenfalls Erzieherin und arbeitet seit zwei Jahren hier. Sie ist kontaktfreudig und arbeitet gern im Team. Sie tut viel für das gemeinsame Ganze.

Ihren Kolleginnen gegenüber verhält sie sich hilfreich und unterstützend. Sie übernimmt gerne Aufgaben und in Konfliktsituationen versucht sie auszugleichen und zu beruhigen.

Elvira Neri (23) ist Sozialpädagogische Assistentin. Sie ist oft nachlässig gekleidet, kommt manchmal zu spät und wird des Öfteren für Missverständnisse verantwortlich gemacht. Sie wirkt ein wenig unsicher, manchmal aber auch ein wenig rebellisch.

Paul Schröder (19) absolviert hier seinen Zivildienst. Er glänzt oft durch schlaue Worte und wirkt dabei etwas besserwisserisch. Er macht gern Späße und ist auch witzig. Er ist sehr kontaktfreudig und arbeitet gern im Team und mit den Kindern. Nach dem Zivildienst möchte er Pädagogik studieren.

*Das Team
der Kindertagesstätte*

↘ FRAGEN

→ *Welche Erfahrungen können Sie in diesem Team mit diesen Personen wohl machen?*

→ *Ein Blick auf die Teamzusammensetzung lässt vielleicht schon Konfliktfelder erkennen. Wer übernimmt welche Rolle?*

→ *Was glauben Sie, wie sich die Teammitglieder in ihren Rollen fühlen?*

→ *Wo steckt das größte Konfliktpotenzial?*

→ *Wer kann wohl gut mit wem zusammenarbeiten?*

→ *Glauben Sie, dass dies eine gute Teamzusammensetzung ist?*

→ *Kennen Sie ähnliche Teams?*

1.1   Prinzipien und Rollen in der Teamarbeit

Von Erzieherinnen wird eine große Kooperationsbereitschaft erwartet. Eine gute Zusammenarbeit im Team ist die Voraussetzung für eine optimale Arbeit in allen sozialpädagogischen Arbeitsfeldern. Hinzu kommt, dass der direkte Umgang miteinander eine nicht unwesentliche Vorbildfunktion für die Eltern und Kinder der Einrichtung hat. Team, Teamarbeit, Teamentwicklung sind heutzutage Bezeichnungen, die gerade aus der Arbeit von Erzieherinnen kaum mehr wegzudenken sind. Doch eine Gruppe von Erzieherinnen ist nicht immer ein Team, geschweige denn zur Teamarbeit fähig.

Das folgende Kapitel beschäftigt sich mit grundlegenden Prinzipien der Arbeit im Team und setzt sich mit den besonderen Möglichkeiten und Problemen von Teamarbeit sowie mit Methoden der Teamentwicklung auseinander. Wesentliche Zusammenhänge professioneller Teamarbeit und Methoden für die praktische Tätigkeit werden dargestellt.

1.1.1   Definition „Team"

Die meisten kennen die Bezeichnung „Team" aus dem Sport. Ursprünglich kommt das Wort aus dem Englischen und bedeutet „Mannschaft". Im alltäglichen Sprachgebrauch hat sich die Bezeichnung auch außerhalb des Sportbereichs durchgesetzt und bezeichnet beispielsweise auch eine Arbeitsgruppe. Doch was ist eigentlich ein Team genau?

Ein Team ist zunächst einmal eine Gruppe von etwa drei bis zehn **Personen.** Es gibt auch Teams, die größer sind, hier wird jedoch die Zusammenarbeit schwierig und es ist sinnvoll, Untergruppen (-teams) mit einer geeigneten Teamgröße zu bilden.

Teams müssen eine **gemeinsame Aufgabe** haben, die über einen längeren Zeitraum kontinuierlich zusammen erfüllt wird. Gerade dieser letzte Punkt ist in sozialpädagogischen Arbeitsfeldern leider nicht immer gewährleistet, da hier eine recht hohe Fluktuation herrscht.

Mannschaft nach Turniersieg

> Ein Team …
>
> … ist eine Gruppe von etwa drei bis zehn Personen
> … hat eine gemeinsame Aufgabe
> … arbeitet über einen längeren Zeitraum kontinuierlich zusammen

1.1.2   Kompetenz- und Rollenverteilung im Team

Ein Blick auf die Teamzusammensetzung ist wichtig: Wer gehört zum Team und wer hat was zu sagen? Die **Kompetenz- und Rollenverteilung** im Team entscheidet über die Qualität der Arbeit im Team. Wie in jeder Gruppe gibt es auch in Teams unterschiedliche Persönlichkeiten. Je nach Gruppenzusammensetzung und Thema schlüpfen die Mitglieder dabei in unterschiedliche Rollen. Das Rollenspektrum ist groß. Die Rollen basieren unter Umständen auf Erfahrungen mit anderen Menschen in der Kindheit.

Im Folgenden werden einige **Rollenmuster** beschrieben *(vgl. HF 3, Kap. 1.4.2).* Dabei ist zu beachten, dass diese nicht das gesamte Spektrum aller Rollen erfassen.

Es gibt jedoch Rollen, die häufiger vorkommen als andere (z. B. gibt es in jeder Gruppe eine Führungsrolle). Zu beachten ist außerdem, dass Rollen im Laufe der Zeit wechseln können und ein und dieselbe Person je nach Situation auch mehrere Rollen besetzen kann.

In jedem Team gibt es unterschiedliche Menschen, die unterschiedliche **Rollen** übernehmen. Es gibt jedoch Rollen, die in fast jeder Gruppe vorkommen. Die folgenden Rollenbeschreibungen sind typisiert. Das bedeutet: Sie sind sehr allgemein beschrieben und es gibt unterschiedliche Ausprägungen dieser Rollen. Die Aufzählung erhebt keinen Anspruch auf Vollzähligkeit. Genannt werden nur die am häufigsten vorkommenden Rollenmuster in Teams.

Anführer, Mutter, Vater, Chef, Königin
Dies ist eine starke Position. Wenn wichtige Entscheidungen anstehen, ist diese Rolle am meisten gefragt. Diese Personen stehen im Vordergrund. Die Rolle kann auch von mehreren Personen ausgefüllt werden.

Komplementär ergänzt wird diese Rolle durch Rollen wie **Gefolge,** Sohn, Tochter usw., die das Verhalten der Anführerin unterstützen und oft zustimmen. Sie wirken unsicher und hilflos. Hinter einer starken Person/Rolle fühlen sie sich deshalb sicher.

Kasper, Clown, Ablenkerin
Diese Rollen haben zwei Komponenten. Zum einen unterhalten sie die Gruppe und machen Späße. Sie sind kontaktfreudig, erzählen gern und versuchen, die Aufmerksamkeit der anderen auf sich zu ziehen. Von der Gruppe werden sie allerdings aufgrund ihres Verhaltens nicht sonderlich ernst genommen. Sie ignorieren zwar oft das Unangenehme, fühlen sich aber trotzdem oft einsam und wertlos.

Sündenbock, Außenseiterin
Diese Rollen sind entweder selbst gewählt, weil man sich nicht an die Normen, Erwartungen und Regeln der Gruppe halten möchte, oder werden von der Gruppe bei Missständen oder Fehlern jemandem übertragen, der dafür verantwortlich gemacht wird.

Ergänzende Rollen hierzu sind **Ankläger bzw. Bewertende.** Sie haben nie Schuld, wenn etwas passiert ist. Sie haben oft etwas auszusetzen, stimmen selten zu und provozieren gern. Sie wirken aggressiv und verletzend. Sie geben vor, über den Dingen zu stehen. Innerlich fühlen sie sich jedoch nicht anerkannt, einsam und erfolglos.

Die Schlaue, der Kopfmensch
Sie glänzen durch schlaue Worte, sie rationalisieren alles und wirken dabei unantastbar, arrogant und besserwisserisch. Sie geben sich distanziert, überlegen und kühl. In Teambesprechungen halten sie den Ablauf mit Details auf.

Der Helfer, die Eifrige
Sie tun viel für das gemeinsame Ganze. Der Leitungskraft gegenüber verhalten sie sich loyal, Mitarbeiterinnen gegenüber hilfreich und unterstützend. Sie übernehmen Aufgaben und Protokolle. In Konfliktsituationen versuchen sie auszugleichen und zu beruhigen.

Darüber hinaus gibt es weitere Rollen wie Gegner, Rivale, Geschwister, Freund, Prinzessin, Verbündete, Selbstdarsteller, Blockierer, Suchende, Übergenaue, Lässige, Vermittler usw.

Noch unterschiedlicher als die beschriebenen Rollen sind die Menschen, die diese Rollen besetzen. Alle Menschen sind unterschiedlich und deshalb gibt es in jedem Team auch verschiedene Persönlichkeitstypen. Sie unterscheiden sich vor allem in ihrer Art, wie sie ihre Umwelt wahrnehmen, Entscheidungen treffen und ob sie eher intro- oder extrovertiert sind *(vgl. Stöger 1996).*

Das Ganze ist immer mehr als die Summe seiner Teile. Ein Team wird immer auch davon beeinflusst, was um es herum vorhanden ist (z. B. der Träger, die Eltern, die Kinder, die Räumlichkeiten, das Wetter usw.). Jedes einzelne Teammitglied trägt zur Entscheidungsfindung und zum Gruppenprozess bei. Wenn ein Mitglied ausscheidet oder hinzukommt, verändert sich die Teamzusammensetzung.

Dies kann z. B. eintreten, wenn eine Mitarbeiterin ein Kind bekommt, aus dem Team ausscheidet und durch eine neue Mitarbeiterin ersetzt wird. Dadurch kann das Teamgleichgewicht in Unruhe geraten. Man kann sich das vorstellen wie bei einem Mobile: Zieht man ein wenig an einer Position, gerät das ganze Teil in Bewegung.

Die Regeln, Wertvorstellungen, Glaubenssätze, Überzeugungen, fachlichen (pädagogischen) Grundeinstellungen eines Teams sind abhängig von den einzelnen Teammitgliedern. Dabei ist das gesamte Personalteam verantwortlich für die Bedürfnisse und Individualitäten der Kinder sowie für die Umsetzung der gesetzlichen Aufträge zur Erziehung, Bildung und Betreuung von Kindern in Kindertageseinrichtungen.

Die Bereitschaft, sich aufeinander einzustellen, erhöht sich bei dem Gefühl der Ähnlichkeit ("Das kenne ich! Das habe ich auch schon so erlebt."). Kooperation und Kompromissfähigkeit sind dann wahrscheinlicher. Der Umgang unter- und miteinander gibt einen Hinweis darauf, wie hoch die Zufriedenheit und die Arbeitseffektivität eines Teams ist. So gibt es beispielsweise

→ die **Schmusegruppe** mit dem Motto "Wir haben uns alle lieb",
→ die **Verschworenen** mit dem Motto "Wir gegen den Rest der Welt",
→ die **Kampftruppe** mit dem Motto "Jeder gegen Jeden".

↗ FAZIT

→ Teams unterscheiden sich aufgrund ihrer **Größe**. Es gibt kleine Teams von vier oder fünf Personen und große Teams mit zehn oder zwölf Personen.

→ Die **Zusammensetzung** eines Teams kann sich je nach Altersstruktur, Bildung und beruflichen Qualifikation der einzelnen Mitglieder sehr unterscheiden.

→ Darüber hinaus gibt es wesentliche Unterschiede bei den **Aufgaben** und **Zielsetzungen** einzelner Teams.

→ Arbeit in einem gut funktionierenden Team macht Spaß. Zudem bewirkt ein gutes Team eine qualitativ hochwertige Arbeit. Dies trägt zur **Professionalisierung** und Aufwertung des Erzieherberufs bei.

→·← AUFGABEN UND ANREGUNGEN

1 In was für einem Team arbeiten Sie? Beschreiben Sie die Rollen der Mitglieder.

2 Welche Teams haben sich in Ihrer Ausbildungsgruppe ergeben? Kennen Sie ein kämpferisches, ehrgeiziges, ruhiges, harmonisches, spielerisches, durchgeplantes und organisiertes, spontanes oder ein stressiges Team?

3 Gibt es das ideale Team?

4 Welche Rolle übernehmen Sie in Gruppen und Arbeitsteams?

1.2 Probleme und Konflikte im Team

Die **Kommunikation** und **Interaktion** im Team werden im Wesentlichen von der Teamzusammensetzung und den Beziehungen in einem Team beeinflusst. Interaktion als wechselseitiges Handeln kann sich auf unser Verhalten oder auf unsere Kommunikation beziehen. Wichtig ist die Tatsache, dass sich Menschen durch ihr Handeln und Reagieren gegenseitig beeinflussen. Kommunikation dient dem Austausch von Informationen, um die soziale Interaktion zu sichern. Umgekehrt ist Kommunikation nicht ohne soziale Interaktion möglich.

Wie ist ein Konflikt entstanden?

Die Frage, wer bei einem **Konflikt** zuerst angefangen hat oder wer Schuld hat, ist somit in vielen Fällen so wenig zu beantworten wie die Frage, was zuerst da war, das Huhn oder das Ei.

Werfen wir erneut einen Blick auf das Team in der Einstiegssituation:

Sie erleben, dass die Leitungskraft Manuela nicht sehr entscheidungsfreudig ist. Dann trifft oft Cornelia die Entscheidungen und Sarah setzt sie direkt in die Tat um. Außerdem ist Cornelia am längsten in der Einrichtung. Sie genießt bei den Eltern das größere Vertrauen und dient deshalb den Eltern eher als Ansprechpartnerin als Manuela. So kommt es häufiger zu Konflikten. Manuela fühlt sich oft übergangen und Cornelia fühlt sich unwohl, weil sie oft Aufgaben übernehmen muss, die eigentlich Manuela übernehmen müsste.

1.2.1 Ursachen für Probleme und Konflikte im Team

Autoritätsprobleme und Teamkonflikte haben ihren Ursprung vor allem in den **Kommunikations- und Beziehungsstrukturen** im Team. Je weniger klar die Beziehungsstrukturen im Team sind, desto größer ist die Gefahr, dass es zu Kommunikationsproblemen und Spannungen kommt, die den alltäglichen Ablauf in der Einrichtung und die Arbeit mit den Kindern erschweren. Deshalb ist es in Konfliktsituationen ratsam, zu versuchen, auf die Sachebene zurückzukommen. Dies verhindert es, an der Sache vorbeizureden oder nicht auf den wesentlichen Punkt zu kommen. Dadurch würden nämlich Informationsdefizite entstehen, die dann wiederum zu Spannungen auf der Beziehungsebene führen können.

Weitere Ursachen für Probleme und Konflikte sind **Rivalitäten** im Team. Werden in einem Team Fragen aufgeworfen, wer z. B. die bessere Erzieherin oder bei den Kindern beliebter ist, steht in diesem Team der Konkurrenzaspekt im Vordergrund. Länger andauernde Konkurrenzsituationen sind nicht hilfreich und fördern beispielsweise die Angst, die Zuneigung der Kinder oder gar den Arbeitsplatz zu verlieren. Entwickeln sich daraus Spannungen oder Neidgefühle, sind diese ein Nährboden für Probleme und Konflikte im Team. Ähnliche Konfliktsituationen können auftreten, wenn die **Hierarchieordnung** nicht stimmt und eine Leitungskraft beispielsweise Autoritätsprobleme hat.

Auch **Zeitprobleme** werden von Erzieherinnen sehr häufig als Konfliktursache genannt. Tür-und Angelgespräche und hastig absolvierte oder schlecht vorbereitete Teambesprechungen machen viele Erzieherinnen unzufrieden. Das Gleiche gilt auch für **Dienstvorschriften,** die die praktische Arbeit von Erzieherinnen wenig berücksichtigen.

Einen besonders elementaren Stellenwert bei der Entstehung von Problemen und Konflikten in Teams nehmen **persönliche Probleme** von Mitarbeiterinnen ein, die Einfluss auf das gesamte Team nehmen können. Burnout-Syndrom, Krankheit, Sucht oder psychische Probleme einer Kollegin können zu massiven Problemen im Team führen. Weitere Aspekte, durch die es in Teams zu Problemen und Konflikten kommen kann, sind **fehlende Selbstkritik** bei Mitarbeitern, eine **ungleiche Zusammensetzung** des Teams (z. B. nur ein Mann) und **individuelle Unterschiede** der Erzieherinnen (z. B. Ausbildungsgrad, Alter, Berufserfahrung). Ebenso können **unterschiedliche Auffassungen** von Erziehung zu Konflikten führen.

Teams, die durch Krankheit, Schwangerschaft, Versetzung usw. **häufigen Mitgliederwechseln** ausgesetzt sind, haben Probleme, einen reibungslosen Tagesablauf zu gestalten, weil sie ständig damit beschäftigt sind, sich neu aufeinander einzustellen. In solchen Teams fehlt eine wesentliche Grundvoraussetzung für Teamarbeit, nämlich die Zusammenarbeit über einen längeren kontinuierlichen Zeitraum. Es kann sich kein „Wir-Gefühl" entwickeln und die Einzelnen haben Probleme, sich mit ihrer Arbeit und der Einrichtung zu identifizieren.

Auch in Teams, die schon sehr lange zusammenarbeiten, können Probleme und Konflikte auftreten, und zwar aus einem gegensätzlichen Grund. Durch **falsches Harmonieverständnis** kann mangelnde Flexibilität entstehen, die den alltäglichen Ablauf zu einem wenig befriedigenden Automatismus werden lässt, ohne Spielraum für Kreativität, Individualismus und eigenverantwortliches Handeln. Doch gerade diese Eigenschaften gehören zu den Schlüsselqualifikationen von Erzieherinnen. Unangenehme Folgen von ungeklärten Konflikten in Teams können die Bildung von Kleingrüppchen und Intrigen sein.

Häufige Konfliktquellen im Team

- → Kommunikation
- → Beziehungsstrukturen
- → mangelnde Bereitschaft zur Kommunikation auf der Sachebene
- → unreifes Konkurrenzverhalten
- → unklare Hierarchie, Autoritätsprobleme der Leitung
- → Zeitprobleme
- → Dienstvorschriften

- → persönliche Probleme von Mitarbeiterinnen
- → fehlende Selbstkritik
- → ungleiche Zusammensetzung
- → individuelle Unterschiede
- → unterschiedliche pädagogische Auffassungen
- → häufiger Mitgliederwechsel
- → falsches Harmonieverständnis
- → mangelnde Flexibilität

1.2.2 Konfliktbewältigung im Team

Konflikte sind etwas ganz Normales. Sie treten auf, wenn unterschiedliche Interessen aufeinandertreffen. Man unterscheidet innere und äußere Konflikte:

→ **Innere Konflikte**

Konflikte, die Menschen in sich selbst haben. Beispielsweise muss sich jemand zwischen verschiedenen Zielen, zwischen zwei Menschen oder zwischen mehreren Möglichkeiten entscheiden.

→ **Äußere Konflikte**

Zu einem äußeren Konflikt gehören immer mindestens zwei Menschen. Mit diesen Konflikten beschäftigt sich der folgende Abschnitt.

Konfliktbewältigungsstrategien

Menschen entwickeln ganz unterschiedliche Strategien, ihre Konflikte zu bewältigen. Doch obwohl diese Konfliktbewältigungsstrategien unterschiedlich erscheinen können, werden zwei grundsätzliche Strategien in der Konfliktbewältigung unterschieden:

a) **Fluchtmethode**

Viele Menschen haben nicht gelernt, adäquat mit Konflikten umzugehen, deshalb ziehen sie sich zurück und räumen das Konfliktfeld. Die Erscheinungsformen hierbei sind vielfältig. Manche Menschen flüchten in Gleichgültigkeit, andere machen sich klein (ducken sich weg). Wieder andere versuchen, durch übermäßige Anpassung einen Konflikt zu umgehen, oder sie verleugnen sich, indem sie ihre eigenen Bedürfnisse bewusst oder unbewusst unterdrücken. Im Extremfall, wenn ein Konflikt beispielsweise über einen längeren Zeitraum hinweg einen Menschen quält, flüchten manche in Drogenabhängigkeit oder psychosomatische Krankheiten.

Wer im Konfliktfall mit Fluchttendenzen reagiert, vermeidet die Auseinandersetzung und letztendlich auch die Lösung des Konflikts. Das vorherrschende Gefühl ist Angst und mangelndes Selbstwertgefühl.

Kurzfristig lässt sich ein Konflikt mit dieser Strategie vielleicht vermeiden, langfristig führt sie jedoch meist zu einer Verschlechterung der Situation. Aus dem Konflikt gehen Verlierer und Gewinner hervor.

b) **Kampfmethode**

Was zunächst aussieht wie die gleichberechtigte Auseinandersetzung zweier konfliktfähiger Menschen, entpuppt sich bei näherem Hinsehen auch als ein System mit Schwächen.

Wer mit Kampf und Aggressivität reagiert, beschimpft oder macht andere oft lächerlich, äußert Vorwürfe oder nutzt andere aus. Gefühle wie Wut, Feindseligkeit oder gar Hass stehen im Vordergrund. Anders als Menschen, die im Konfliktfall flüchten, bleibt der „Kämpfer" um jeden Preis auf seiner Position und beherrscht notfalls auch mit körperlichem Einsatz das Terrain. Subtilere Menschen setzen eher indirekte Aggressivität ein (Intrigen, Zynismus, Arroganz). Das Ergebnis ist jedoch auch hier eher kurzfristig. Ein Konflikt lässt sich so vielleicht vermeiden, langfristig führt aber auch diese Bewältigungsstrategie meist zu einer Verschlechterung der Situation. Auch hier gibt es Sieg und Niederlage.

Beide Strategien sind in der Regel nicht geeignet, langfristig zur Lösung von Konflikten beizutragen. Auch wenn ein Konflikt dadurch vielleicht nicht offen zutage tritt oder vorübergehend beendet wird, brodelt er unter der Oberfläche weiter und wird mit größerer Intensität wieder ausbrechen. Sicher ist es manchmal sinnvoll, auf eine dieser Konfliktlösungsstrategien zurückzugreifen, in den meisten Konfliktfällen bewährt sich jedoch eine **dritte Methode.**

1.2.3 Konfliktlösung

Wie lassen sich Konflikte so lösen, dass alle Beteiligten etwas davon haben?

Führen wir uns nochmals unser Beispielteam vor Augen: Manuela, die Leitungskraft, gilt als wenig entscheidungsfreudig. Deshalb entscheidet Cornelia oft und Sarah setzt dies direkt in die Tat um. Außerdem bevorzugen die Eltern Cornelia als Ansprechpartnerin. Hier treffen also unterschiedliche Meinungen und Erwartungen aufeinander.

Grundsätzlich geht es nicht darum, Konflikte zu vermeiden, sondern zu lernen, damit zu leben. Dafür ist zunächst Klarheit nötig bei der Frage: Was will ich? Und ganz entscheidend dabei ist auch, dass alle ein Recht auf ihre Gefühle, Meinungen und Wünsche haben. Es geht also darum, sich selbst und andere zu akzeptieren. Wenn das der Fall ist, kann ein Dialog oder eine Auseinandersetzung geführt werden. Wer dazu in der Lage ist, kann seine Meinung selbstständig vertreten, ohne flüchten oder andere verdrängen zu müssen. Ein wichtiger Vorsatz bei Konflikten im Team lautet demnach: Ich nehme mich und andere ernst und die anderen nehmen sich und mich ernst *(vgl. Transaktionsanalyse, HF 1, Kap. 1.1).*

Die Konfliktparteien müssen:
1. sich klar darüber sein, was sie wollen.
2. dies klar ausdrücken.
3. sich zuhören.

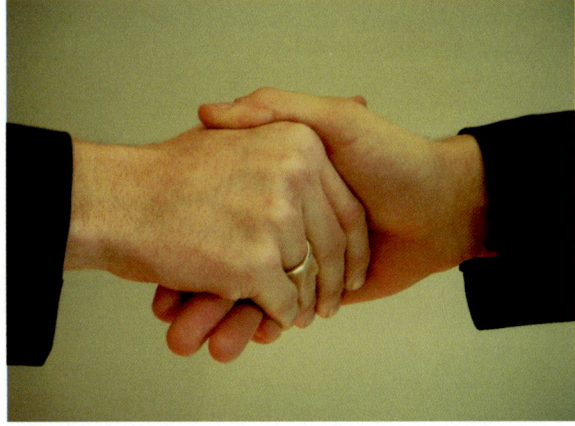

Symbolische Handlung

Danach geht es darum, gemeinsam eine Lösung zu finden, die beide zufriedenstellt. Es entsteht eine Win-win-Situation. Es gibt nur Sieger, keine Verlierer.

Konfliktgespräche im Team

Auch wenn es niemand gerne tut, Konfliktgespräche sind unumgänglich. Wie gestaltet man diese?

Es ist sinnvoll, sich vor einem Gespräch zu vergewissern, dass der Konfliktpartner bereit ist, über den Konflikt zu sprechen („Ich möchte mit dir über die Situation von gestern sprechen, passt es dir heute?").

Die **Gesprächsbereitschaft** beider Teilnehmer ist die Grundvoraussetzung für eine spätere Einigung. Jetzt erst kann die konkrete Vorbereitung beginnen. Wo, wann und wie soll das Gespräch stattfinden? Es ist ein Unterschied, ob sich die Konfliktparteien allein in einen ruhigen Raum zurückziehen oder ob sie sich in einem Café unter „Beobachtung" auseinandersetzen. Beide Varianten haben Vor- und Nachteile. Manchmal gelingt eine Auseinandersetzung besser, wenn die Beteiligten unter sich sind. Eine öffentliche Atmosphäre dagegen kann einem Gespräch Dramatik oder auch Ernsthaftigkeit nehmen. Unbedingt ist aber immer darauf zu achten, dass das Gespräch ungestört stattfinden kann.

Nach der organisatorischen Vorbereitung muss sich jeder individuell auf das Gespräch einstellen und sich mit den eigenen Gefühlen, der Situation und dem Konfliktpartner auseinandersetzen. Auch über den Beginn des Gesprächs sollte man sich schon vorher Gedanken machen. Ebenso muss das eigene Ziel klar sein, um seine Position gut vertreten zu können.

Im Gespräch sollte dann das **Konfliktthema** so genau wie möglich benannt werden. Beide Gesprächspartner sollten versuchen, nicht nur die eigene Position darzustellen, sondern auch die Bedürfnisse und Interessen des Gegenübers zu erfragen („Wie siehst du das?"). Gemeinsam wird geklärt, wodurch der Konflikt entstanden ist, und gemeinsam wird versucht, eine Lösung für die Situation zu finden.

Am Ende des Gesprächs sollten sich die Konfliktparteien über gemeinsame **Ziele** verständigen und evtl. einen weiteren Termin vereinbaren, um noch bestehende Unklarheiten auszuräumen. Eine gemeinsame Zusammenfassung des Gesprächs hilft zu erkennen, was erreicht wurde und was nicht.

↗ FAZIT

Leitfaden für ein Konfliktgespräch

→ Vor dem Gespräch
  - Gesprächsbereitschaft klären
  - Gespräch organisatorisch vorbereiten (Ort, Raum, Ruhe, Zeit)
  - eigene Vorbereitung (Einstellung zu Konflikt und Partner, Zielklärung)
  - Gesprächsbeginn überlegen

→ Während des Gesprächs
  - Konfliktthema konkret benennen
  - Bedürfnisse und Interessen des Konfliktpartners erfragen
  - Ursachen gemeinsam analysieren
  - Gemeinsam Lösungen erarbeiten
  - Verständigung über gemeinsame Ziele und Absprachen

→ Nach dem Gespräch
  - Notizen und Selbstwahrnehmung

→·← AUFGABEN UND ANREGUNGEN

1. 💡 Suchen Sie Konfliktsituationen, in denen Sie
   a) mit Flucht und Rückzug reagiert haben
   b) sich kämpferisch verhalten haben.
   Diskutieren Sie in Kleingruppen, ob und welches Verhalten sinnvoll gewesen wäre und was gut/schlecht an Ihrer Strategie war.

2. 💡 Erinnern Sie sich an erfolgreich gestaltete Konfliktsituationen. Wie war die Situation, was ist geschehen, wie haben Sie sich gefühlt? Warum erinnern Sie sich gerade an diese Situation, warum haben Sie diese als erfolgreich gestaltete Konfliktsituation in Erinnerung? Es könnten Ihre persönlichen Fähigkeiten sein, Konflikte auch in Zukunft „meistern" zu können.

3. 📄 Nutzen Sie den obigen Leitfaden, um Ihr nächstes Konfliktgespräch vor- und nachzubereiten.

1.3 Teamentwicklung

Das *Fachlexikon der sozialen Arbeit* definiert **Teamarbeit** als „kooperative Arbeitsform, bei der mehrere Fachkräfte gemeinsam die Lösung von Aufgaben bearbeiten". Als Voraussetzungen für Teamarbeit werden genannt: 1. die „Gleichordnung der Mitglieder unabhängig von der Position in der Hierarchie" und 2. die Vernetzung von „Kommunikation" und „Kooperation"
(S. 965).

Das *Wörterbuch Soziale Arbeit* definiert **Teamarbeit** als „Zusammenarbeit in einer Gruppe, in der unter Einsatz unterschiedlicher fachlicher und persönlicher Möglichkeiten der Mitglieder und bewusster Beachtung bestimmter Regeln auf ein gemeinsames Ziel hingearbeitet wird."
(Kreft/Mielenz 1996 S. 612).

Aus diesen beiden Definitionen geht hervor, dass Teamarbeit bestimmten **Voraussetzungen** unterliegt:

→ Ein Team ist nicht gleich ein Team. Erst wenn die Mitglieder eines Teams sich und andere gleich behandeln – unabhängig von ihrer Position –, ist eine effektive Teamarbeit möglich.
→ Ein Team hat ein gemeinsames Ziel. Je klarer die Zielvorgabe ist, desto besser sind die Voraussetzungen, es zu erreichen.

→ Teamarbeit braucht klare Kommunikation und eine funktionierende Zusammenarbeit. Für beides bedarf es konstruktiver Regelungen, die von allen Mitgliedern eingehalten werden.
→ Jedes Teammitglied bringt seine fachlichen und persönlichen Kompetenzen in die Arbeit mit ein.

Teamarbeit bedeutet demnach nicht, dass alle alles können oder machen müssen. Unter Teamarbeit versteht man eher die konkrete und effektive Zusammenführung der anfallenden Arbeiten und Fähigkeiten. Idealerweise tut jeder das, was er am besten kann. Das bedeutet jedoch auch, besonders aufmerksam darauf zu achten, welche Ziele und Aufgaben anstehen. Und es bedeutet, das Wichtige vom Unwichtigen, das Dringende vom weniger Eiligen, das Machbare vom Wünschenswerten und das Arbeitsaufwendige vom „Das-kann-ich-mal-so-nebenbei-Machenden" zu trennen. Richtige Teamarbeit fördert die Qualität und Innovation einer Einrichtung.

Teamarbeit bedeutet
→ Gleichwertigkeit unter den Mitgliedern
→ Kommunikation und Kooperation
→ alle Kompetenzen werden gebündelt
→ Organisation der Arbeit
→ Arbeit für ein gemeinsames Ziel

1.3.1 Voraussetzungen für effektive Teamarbeit

Kleine Übung:

Stellen Sie in Ihrer Arbeitsgruppe etwas her, was möglichst hoch ist, bauen Sie z. B. einen Turm. Benutzen Sie dabei die Materialien, die Sie gerade zur Verfügung haben. Wenn Sie diese Übung gemacht haben, geht es weiter mit den „Aufgaben und Anregungen" am Ende des Kapitels. Aber erst noch das Kapitel lesen!

Welche Voraussetzungen braucht eine effektive und gute Teamarbeit?

Wie schon erwähnt, müssen Teams **Ziele** erreichen und **Aufgaben** erfüllen. Ein Kindergartenteam hat z. B. die Aufgabe, den Bildungs- und Erziehungsauftrag konkret umzusetzen. Hierzu müssen gemeinsam festgelegte Ziele (Projekte, Tagesabläufe usw.) abgestimmt werden. Ergänzend sind Teilabschnitte (kleine Ziele) sowie die Vorgehensweise im Team abzuklären.

Ergeben sich neue Aspekte oder Ziele, ist gemeinsam zu klären, welche neuen Aktivitäten sich daraus ergeben.

Klare und offene **Kommunikationsstrukturen** sind der Schlüssel zu effektiver Teamarbeit, wobei Zuhören genauso wichtig ist wie Reden. Die Einigung auf bestimmte „Spielregeln" ist hier hilfreich. Die Einhaltung dieser Spielregeln muss ständig reflektiert und eingefordert werden. Die Trennung der Sach- und Beziehungsebene erleichtert die Auseinandersetzung und verhindert möglicherweise die Vermischung mit persönlichen Animositäten. Eine vertrauensvolle und konfliktbereite Umgangsweise ermöglicht es dem Einzelnen, seine Kompetenzen effektiv einzubringen und sich nicht zu verstecken. Jede betrachtet jede als gleichwertige Partnerin.

Kooperationsbereitschaft, **Vertrauen** und **Transparenz** sind Grundvoraussetzungen für eine offene Auseinandersetzung mit Problemen und für die konstruktive Lösung von Konflikten. Konflikte werden nicht verdeckt, sondern aktiv angesprochen und bearbeitet. Meinungen können frei geäußert werden. Meinungsverschiedenheiten können dabei als Informationsquellen dienen und den Arbeitsprozess befruchten. Sie werden nicht als Störung wahrgenommen. Um Unstimmigkeiten zu verhindern, ist ein klarer Informationsfluss notwendig. Ein regelmäßiger Informationsaustausch sollte innerhalb festgelegter Strukturen stattfinden (z.B. regelmäßige Dienstbesprechungen). Entscheidungen und Ergebnisse sollten für alle erkennbar sein (Protokoll, schwarzes Brett). An wichtigen Entscheidungsprozessen sollten (möglichst) alle Teammitglieder beteiligt sein.

Einzelne Mitarbeiterinnen sollten für bestimmte Bereiche selbst verantwortlich sein. Dies setzt eine **Leitung** voraus, die klare Verantwortlichkeiten an Mitarbeiterinnen delegieren kann. Dies erhöht das Verantwortungsbewusstsein einzelner Teammitglieder und schafft bessere Identifikationsmöglichkeiten mit der Arbeit. Die Bereitschaft, eigene Vorstellungen infrage zu stellen und Ideen und Anregungen anderer Teammitglieder zu verfolgen, führt dazu, den eigenen Horizont zu erweitern. So hat das Team die Möglichkeit, eingefahrene Abläufe zu überdenken und neue Spielräume und Kompetenzen zu entwickeln. Effiziente Teams überprüfen konsequent ihre Ergebnisse. Sie fragen sich in regelmäßigen Abständen, was haben wir erreicht und was wollen wir noch erreichen. Sie überprüfen damit ihre Zielvorgaben und den Stand der Teamarbeit.

Weitere Voraussetzungen für eine gute Teamarbeit sind **klare Zeitstrukturen** und **Flexibilität** der Mitarbeiterinnen. Eine **offene Hierarchie** und ein gutes Verhältnis zwischen Leitung und Erzieherinnen verhindert Autoritätskonflikte, denn, wie schon erwähnt, erst wenn die Mitglieder eines Teams sich und andere gleich behandeln, ist effektive Teamarbeit möglich.

Positives Wir-Gefühl

Arbeitsgruppen mit guter Teamarbeit erleben ein positives Wir-Gefühl. Wie lässt sich dieses Wir-Gefühl fördern? Zum einen durch die oben genannten Voraussetzungen. Darüber hinaus haben Mitglieder solcher Teams oft auch außerhalb der Arbeit Kontakt: Sie treffen sich bei gemeinsamen Fortbildungen oder Exkursionen; auch freizeitähnliche Veranstaltungen wie die Weihnachtsfeier oder ein Betriebsausflug können ein Wir-Gefühl fördern. Gemeinsame „Feinde" und Schwierigkeiten wie z.B. Konkurrenten, Behörden, Anfeindungen von außen usw. sind dagegen nicht geeignet, langfristig ein Wir-Gefühl zu fördern, höchstens kurzfristig kann durch das „Böse von außen" ein Gruppenzusammenhalt erlebt werden.

↗ FAZIT

Voraussetzungen für effektive Teamarbeit
→ gemeinsame Ziele
→ klare Kommunikationsstrukturen
→ Akzeptanz
→ Kooperationsbereitschaft
→ Vertrauen
→ Offenheit
→ Konfliktfähigkeit
→ Informationsfluss
→ klare Zeitstrukturen
→ Flexibilität
→ offene Hierarchie

1.3.2 Methoden der Teamentwicklung

Effektive und kreative Zusammenarbeit ist nicht selbstverständlich. Die Entwicklung von Teamarbeit hat daher einen hohen Stellenwert. **Teamentwicklung** bedeutet, als Team gemeinsam zu lernen und sich auf andere einzulassen. Die Entwicklung in einem Team setzt offenen und vertrauensvollen Umgang miteinander voraus.

Für die einzelne Erzieherin ergibt sich durch die Arbeit im Team die Möglichkeit zur Auseinandersetzung mit dem beruflichen Selbstverständnis und der eigenen Persönlichkeit. Erzieherinnen, die sich in einem Team wiederfinden und sich mit ihrer Arbeit identifizieren können, fördern die Anerkennung des Erzieherinnenberufs und die Professionalisierung des Berufsbilds.

Um beispielsweise Teamabläufe und -besprechungen effektiv zu gestalten, gibt es hilfreiche Methoden, von denen hier die wichtigsten kurz vorgestellt werden.

1. Moderation
Die klassische Moderationsmethode besteht aus sechs Phasen: Einstieg, Themen sammeln, auswählen und bearbeiten, Maßnahmen planen und Abschluss bzw. Ausstieg.

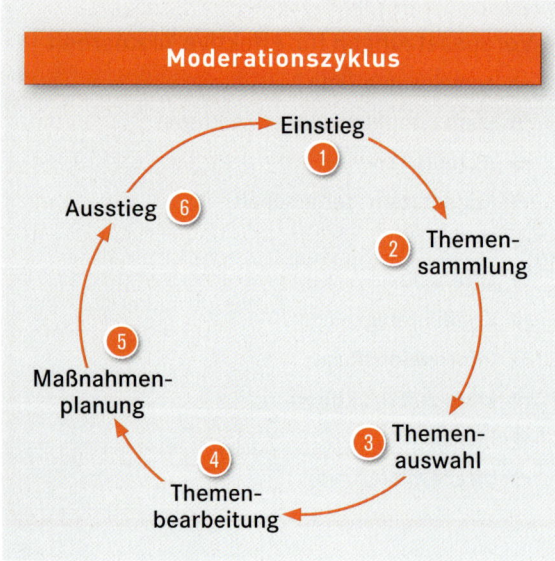

nach Haders/Heilmann S. 199

Der **Einstieg** dient der Orientierung der Mitarbeiter und enthält eine kurze Eröffnung über die Zeitstruktur und das Vorgehen. Die Vergegenwärtigung der Themen durch die

Vorstellung der Tagesordnungspunkte (TOP) dient der erweiterten Orientierung und gehört schon zur zweiten Phase: die **Themensammlung.** Hier werden Themen abgesprochen oder ergänzt („Fehlt noch etwas?"). Die nächste Phase **(Themenauswahl)** dient der Entscheidungsfindung. „Welches Thema ist am dringlichsten, in welcher Reihenfolge wollen wir die Themen besprechen?" Dies ist beispielsweise mit Klebepunkten an einer Moderationswand oder Flipchart gut sichtbar zu machen. In der Phase der **Themenbearbeitung** geht es darum, konkrete Ziele zu vereinbaren und auf Lösungsansätze oder mögliche Probleme zu durchleuchten. Hieraus ergibt sich die fünfte Phase des Moderationszyklus, die **Maßnahmenplanung.** Hier werden das weitere Vorgehen konkretisiert und Maßnahmen geplant („Was macht wer mit wem wann?"). Eine kurze Reflexion der Besprechung (z. B. Blitzlicht) bildet den Abschluss bzw. **Ausstieg** einer gelungenen Besprechung. Ziel der Moderationsmethode ist es, strukturiert und für alle sichtbar Themen zu ordnen, zu bearbeiten und Planungen bis zu ihrer Umsetzung zu konkretisieren. Mithilfe der Metaplanmethode können die einzelnen Arbeitsschritte für alle Beteiligten wirksam visualisiert werden.

2. Metaplan
Die Metaplanmethode ist keine Besprechungsmethode an sich. Sie kann ergänzend in jeder Besprechung eingesetzt werden. Das Besondere der Metaplanmethode sind die (meist bunten) Karten. Auf diesen Karten werden Stichworte zu Arbeitsthemen oder Tagesordnungspunkten gesammelt und danach gemeinsam thematisch sinnvoll zusammengefasst und für alle sichtbar (z. B. an einer Moderationswand) unter einem Überbegriff eingeordnet. Danach kann eine Bewertung erfolgen. Hier werden Klebepunkte vergeben, die die Karten in eine Rangfolge bringen. Dabei bekommt das Thema, das allen Beteiligten am wichtigsten erscheint, die meisten Punkte. Daraus lassen sich dann Arbeitsaufträge oder neue Themen usw. ableiten. Durch diese Visualisierungsmethode können auch die eher stillen oder unsicheren Teammitglieder einbezogen werden.

3. Blitzlicht
Gerät eine Besprechung ins Stocken, dreht sich eine Diskussion im Kreis oder wird sehr emotional und nicht mehr sachlich diskutiert, kann das an Störungen liegen, die den Diskussionsablauf im Team hemmen. Bei der Blitzlicht-Methode nimmt jedes Teammitglied der Reihe nach kurz (!) Stellung: zur derzeitigen Situation, zum

inhaltlichen Verlauf, zu einer vorgegebenen Frage oder zum eigenen Befinden. Der Impuls hierfür kann von der Leitung oder aus dem Team kommen. Die Methode heißt Blitzlicht, weil alle Beteiligten kurz und prägnant, möglichst in einem Satz, ihren Standpunkt äußern können. Es wird nichts erklärt und nichts kommentiert. Es geht nicht um langfristige Planungen oder die Aufarbeitung alter Konflikte. Dafür sind die regelmäßigen Teambesprechungen nicht geeignet. Das Blitzlicht dient dazu, allen Beteiligten in einer unklaren Gruppensituation Raum zu geben, ihre momentanen Gefühle zu äußern.

Blitzlicht-Methode

4. Brainstorming

Brainstorming ist eine Methode, die Assoziationen freien Lauf lässt und ungewöhnliche Ideen fördert. Ziel des Brainstormings ist, Ideen oder Lösungsmöglichkeiten zu finden, überkommene Strukturen aufzubrechen und die Kreativität des Teams fördert. Die Beteiligten sammeln alles, was ihnen zum Thema einfällt. Dabei ist es zunächst einmal egal, ob die Ideen realistisch und gleich umsetzbar sind – geordnet und strukturiert wird später. Killerphrasen wie „Daraus wird ja doch nichts", „das geht nicht" oder „haben wir schon mal ..." sind absolut verboten, da sie kreative Prozesse unmöglich machen. Schließlich sind auch aus scheinbar verrückten und ungewöhnlichen Einfällen schon nützliche Dinge entstanden. Der Zeitraum für das Brainstorming sollte begrenzt sein, damit aus der produktiven freien Fantasietätigkeit keine Spinnereien werden.

Um Brainstorming zu üben und um die Kreativität zu fördern, ist die folgende Übung geeignet: Stellen Sie sich vor, Sie haben mit Ihrem Team die Aufgabe, zwei Millionen CD-ROM mit Informationen, die nichts mehr nützen, zu verkaufen. Auch die Entsorgung der CDs soll Geld einbringen. Was kann man also tun? Nutzen Sie das Brainstorming, um eine kreative Lösung für das Problem zu finden *(nach Maaß/Ritschel, S. 153)*. Als Anregung kann folgende dpa-Meldung dienen:

Alte CDs sollen vor Wildunfällen schützen

Germersheim – Ein außergewöhnliches Projekt zur Vermeidung von Wildunfällen wird bis Mitte Juni in Rheinland-Pfalz erprobt. Auf drei als Teststrecken ausgesuchten Landstraßen werden an den Waldrändern entlang der Fahrbahnen alte CDs aufgehängt, die das Licht der Autos in den Wald spiegeln. Die blinkenden Scheiben sollen nicht nur den Wildtieren Gefahr signalisieren, sondern auch Autofahrer auf Gefahrenstellen aufmerksam machen, teilte gestern die Polizei in Germersheim mit.

Quelle: (Kieler Nachrichten, 20.04.04)

---

5. Mind Mapping

Eine Art „inneres Brainstorming" ist die Methode Mind Mapping. Hier zeichnet man auf ein Blatt Papier sozusagen eine Gedanken-Landkarte. Mind Mapping nutzt die Fähigkeit des Menschen, in Bildern und Formen und Farben zu denken. Mit Mind Mapping kann man Ordnung und Struktur in eine durch Brainstorming entstandene Ideensammlung bringen. Dafür müssen alle Ideen auf einem Blatt Papier einfach gegliedert angeordnet werden. Weitere Punkte, die sich im Laufe der Überlegung ergeben, können einfach hinzugefügt werden. Auf diese Art kann ein Bild der Arbeitsergebnisse präsentiert und mit Symbolen und Bildern so gestaltet werden, dass sie sich gut einprägen und auch nach langer Zeit noch erinnerbar sind.

In der Mitte des Blattes wird der zentrale Begriff in einen Kreis geschrieben, von dem ausgehend sich die Hauptäste mit den Hauptüberschriften weg entwickeln können. Möglichst in Druckbuchstaben schreiben und unterschiedliche Farben benutzen. Nachdem die Hauptaussagen auf den Hauptästen angeordnet sind, kann man ins Detail gehen und die Hauptaussagen in Unterpunkte und weitere Unterunterpunkte untergliedern. Damit sich Gedanken auf einen Blick einprägen, können kleine

Piktogramme verwendet werden oder Zeichnungen, die den Sachverhalt verdeutlichen. Man kann auch mit

Umrahmungen arbeiten, mit farbigen Stiften, mit Ziffern oder kleinen Anmerkungen *(vgl. Maaß/Ritschel, S. 159)*.

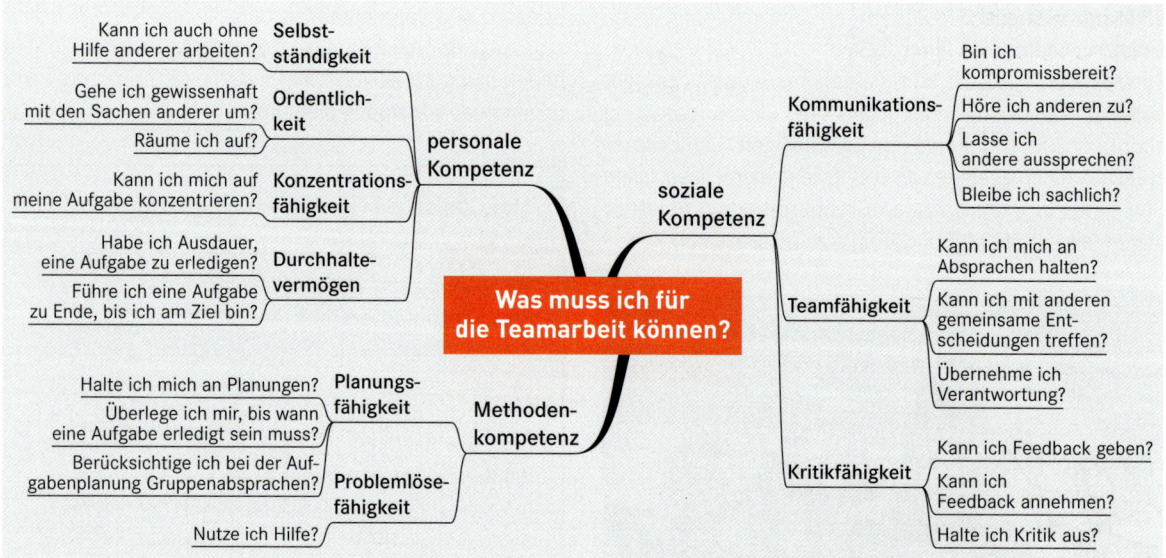

Mindmap

6. Ideensammlung

Die Ideensammlung ist eine Art strukturiertes Brainstorming. Im Zentrum dieser Methode steht die Sammlung von Ideen, mit dem Ziel, konkrete Schritte zur Umsetzung neuer Organisationsstrukturen zu erarbeiten oder z. B. ein Leitbild zu entwickeln. Dabei werden die derzeit gegebenen Rahmenbedingungen berücksichtigt und auf die Umsetzung möglicher Veränderungen hin überprüft. Die folgenden Phasen dienen zur Orientierung bei der Umsetzung einer Ideensammlung. Dabei können sich einzelne Phasen manchmal überschneiden. Das ist oft sinnvoll, trotzdem sollte man darauf achten, dass jede Phase ihre eigene Schwerpunktthematik hat, und nach Möglichkeit sollten diese getrennt bearbeitet werden. Das erleichtert die Erarbeitung eines zufriedenstellenden Ergebnisses.

→ Ziel bestimmen

Was wollen wir? Was ist unser Ziel? Die Auseinandersetzung mit diesen Fragen sollte der erste Schritt sein. Das Ziel sollte immer im Vordergrund stehen, sodass sich die weitere Arbeit daran orientieren kann. Deshalb ist es wichtig, das Ziel so konkret wie möglich zu benennen.

→ Sammeln

Das Sammeln der Ideen bildet das eigentliche Zentrum der Ideensammlung. Hier wird nun alles an Ideen, Einfällen und Fantasien gesammelt. Die Methoden Brainstorming und Metaplan sind hierbei sehr hilfreich, um die vielfältigen Ideen zu systematisieren. Zunächst geht es darum, alle möglichen und unmöglichen Einfälle zu sammeln.

→ Umsetzungsphase

Danach geht es darum, die Ideen zu ordnen und auf ihre Realisierbarkeit zu überprüfen. Realistische Ideen werden danach auch auf ihre konkrete Umsetzbarkeit geprüft. In einem weiteren Schritt werden die konkreten Schritte zur Umsetzung geplant, es wird geklärt, wer was wann macht. Ein Zeitplan entsteht. Das Ergebnis sollte schriftlich festgehalten werden, um in regelmäßigen Abständen kontrollieren zu können, ob der Zeitplan eingehalten wird.

Alle hier im Abschnitt genannten Methoden können einzeln oder in Verbindung mit anderen genutzt werden. So kann z. B. ein Brainstorming in eine strukturierte Themen- oder Ideensammlung münden und mit entsprechenden Zielen erarbeitet werden. Dieser Arbeitsprozess kann dann mithilfe der Metaplanmethode für alle sichtbar gemacht werden.

↗ FAZIT

Hilfreiche Methoden zur effektiven Gestaltung von Teambesprechungen und für die Entwicklung in Teams:

- → Moderationsmethode
- → Metaplan
- → Blitzlicht
- → Brainstorming
- → Mind Mapping
- → Ideenbörse

→·← AUFGABEN UND ANREGUNGEN

1 Welche Erwartungen haben Sie an die Zusammenarbeit mit Kollegen und Kolleginnen?

2 Wie sieht Ihrer Meinung nach die ideale Mitarbeiterin aus? Welche Persönlichkeit würden Sie einstellen?

3 Kindergartenteams sind oft Frauenteams. Männer sind in diesem Berufsfeld deutlich unterrepräsentiert. Welche Auswirkungen kann dies auf die Zusammenarbeit haben?

4 Wenn Sie Ihren Turmbau im Team fertig gestellt haben, setzen Sie sich zusammen und diskutieren Sie Ihre Teamarbeit vor dem Hintergrund folgender Fragen: Wer hatte welche Rolle? Wer hat was gesagt? Wie wurden Absprachen geregelt? Wurden sie überhaupt geregelt? Wie wurden Aufgaben verteilt? Durch wen? Wie haben Sie sich im Team gefühlt?

TIPPS ZUM WEITERLESEN →→

- → Basiswissen Kita. Erfolgreiche Methoden für die Team- und Elternarbeit
Kurt Weber, Mathias Herrmann, Herder, Freiburg 2003

- → Basiswissen Kita. Teamentwicklung
Verlag Herder, Freiburg o. J.

- → Handbuch Teamarbeit. Grundlagen für erfolgreiches Arbeiten in Kita und Kindergarten
Fred Bernitzke, Herder, Freiburg 2009

- → Teamarbeit im Kindergarten
Helga Fischer, Herder, Freiburg 1983

- → Die spielende Gruppe
Claus-Jürgen Höper, Auer, Donauwörth 2004

- → Gesprächskultur im Team
Anne Huth, Beltz, Weinheim 2006

- → Soziologie – Eine Einführung für Erzieherberufe
Martien Jilesen, Stam, Köln 1982

- → Teamkonflikte gemeinsam lösen. Beispiele aus der Kita mit praktischen Lösungshilfen
Gabriele Kelch, Herder, Freiburg 2009

- → Königin im eigenen Reich
Gerlinde Lill und Jutta Sauerborn , FIPP-Verlag, Berlin 1995

- → Teamgeist
Evelyne Maaß/Karsten Ritschl, Junfermann, Paderborn 1997

- → Kita-Leitung. Leitfaden für Qualifizierung und Praxis
jens-Christian Möller, Esta Schlenther-Möller, Cornelsen, Berlin 2007

- → Besser im Team
Gabriele Stöger, Beltz, Weinheim 1996

2 Pädagogische Konzeptionen erstellen und Qualitätsentwicklung sichern

2.1 Konzeptionsentwicklung in der sozialpädagogischen Arbeit

Sie sind im letzten Ausbildungsjahr der Fachschule und beschäftigen sich mit „Konzeptionen" in den Einrichtungen. Sie unterhalten sich während der Pause über die verschiedenen Konzepte der Einrichtungen.

„Was habt ihr denn für ein Konzept in der Einrichtung?" Eine Mitstudierende berichtet: „Wir haben verschiedene Konzepte."

Sie wundern sich und fragen nach. Die Mitstudierende erzählt von der Konzeption der Einrichtung, vom Sprachkonzept und der Konzeption der Eingewöhnung für unter dreijährige Kinder.

↘ FRAGEN

→ *Was ist eigentlich ein Konzept?*

→ *Was ist ein Handlungskonzept?*

→ *Was ist eine Konzeption?*

2.1.1 Aufbau und Merkmale von Konzeptionen

Der Begriff **Konzept** leitet sich vom lateinischen Wort *concipere* ab, was so viel wie „erfassen" bedeutet. Ein Konzept ist etwas Vorläufiges, Skizzenartiges, ein Entwurf, eine erste Fassung, an der noch weiter gearbeitet wird. Eine bestimmte Idee ist bereits vorhanden, es fehlen aber noch ein klar umrissener Plan und genaue Ausführungen.

Eine **Konzeption** (ebenfalls aus dem lateinischen *concipere:* auffassen, begreifen, empfangen, sich vorstellen) dagegen ist konkreter, umfangreicher, strukturierter und auch verbindlicher. Sie ist eine umfassende Zusammenstellung der Ziele und daraus abgeleiteten Maßnahmen zur Umsetzung eines Vorhabens. Sie beinhaltet die dazu notwendigen Informationen sowie einen Zeit- und Maßnahmenplan und eine Ressourcenplanung (Zeit, Geld, Material, Personal).

Trotz der Unterschiede werden Konzept und Konzeption im allgemeinen Sprachgebrauch häufig synonym verwendet. Um dem zu entgehen, werden erste planerische Entwürfe von Konzeptionen daher häufig nicht als Konzepte, sondern als Exposés bezeichnet. In der Regel werden Konzeptionen schriftlich niedergelegt und in regelmäßigen Zeitabständen auf ihre Relevanz und Aktualität überprüft.

Die Idee, eine **pädagogische Konzeption** zu erstellen und damit die pädagogische Arbeit verbindlich darzustellen, kommt ursprünglich aus Reggio Emilia (Emilia Romagna in Nord-Italien). Die dort in Krippen und Kindergärten gesammelten pädagogischen Erfahrungen und Ideen wurden in den 1970er-Jahren schriftlich dokumentiert und einer größeren Öffentlichkeit zugänglich gemacht (Kommune, Eltern, Interessierten). In Schweden wurden diese Ideen aufgegriffen und kamen in den 1990er-Jahren auch nach Deutschland. Viele Pädagogen waren in Reggio Emilia vor Ort, um sich diese Konzeptionen in der Praxis anzuschauen.

Experten waren beeindruckt davon, wie die Bildungsprozesse der Kinder dokumentiert werden, wie Eltern beteiligt werden und wie die Einrichtungen ins Gemeinwesen eingebunden sind. In Deutschland wurden in den 1990er Jahren erste schriftliche Konzeptionen verbindlich gemacht, häufig in Verbindung mit der Auseinandersetzung mit Qualität.

Von **Konzepten pädagogischen Handelns** oder auch **Handlungskonzepten** oder **pädagogischen Ansätzen** ist die Rede, wenn es um theoriegeleitete Begründungszusammenhänge pädagogischer Orientierungen geht *(vgl. Band 1, HF 2, Kap. 4)*. Es handelt sich um theoriegeleitete, pädagogisch-didaktische Grundsätze, die in verschiedenen Arbeitsfeldern, z. B. in der Kindertagesstätte, im Hort, in der Krippe, im Kinder- und Jugendhaus, im Jugendzentrum oder in Einrichtungen der stationären Jugendhilfe sowie Einrichtungen für Menschen mit Behinderungen Anwendung finden.

Im **Elementarbereich** orientieren sich diese Handlungskonzepte oft an großen Pädagogen, z. B. Pestalozzi, Fröbel, Montessori, Steiner, Freinet oder an Ansätzen wie der Reggio-Pädagogik (Malaguzzi), dem Situationsansatz (Zimmer/Preissing) und dem Offenen/Teiloffenen Ansatz (Wieland/Regel). Jedem Handlungskonzept liegt ein bestimmtes „Bild vom Kind" zugrunde, und daraus werden die Ziele für die pädagogische Arbeit, die Inhalte, Methoden und Materialien abgeleitet. Auch die Raumgestaltung und die Haltung der pädagogischen Fachkräfte werden begründet.

Der Wunsch nach Vielfalt unterschiedlicher Konzepte ist im **SGB VIII § 3 Abs. 1** gesetzlich verankert und somit ausdrücklich erwünscht. Hier heißt es:

„Die Jugendhilfe ist gekennzeichnet durch die Vielfalt von Trägern unterschiedlicher Wertorientierungen und der Vielfalt von Inhalten, Methoden und Arbeitsformen." Dazu gehört auch die partnerschaftliche Zusammenarbeit mit Eltern, die interdisziplinäre Zusammenarbeit mit verschiedenen Fachkräften und die regelmäßige Kooperation mit Institutionen.

Konzeptionsentwicklung und Qualität

Der Bildungsauftrag pädagogischer Einrichtungen lässt sich nur umsetzen, wenn der Träger und das Team einer Einrichtung die

→ Aufgaben und Ziele sowie Schwerpunkte der pädagogischen Arbeit beschreiben und begründen,

→ Rahmenbedingungen und Umsetzungsbedingungen für diese Ziele und Aufgaben kritisch hinterfragen,

→ nach Zielen und Wegen suchen, um diese Herausforderungen zu meistern

→ und nach Übereinstimmung streben.

2.1.2   Konzeptionsinhalte und deren Bedeutung

Eine Einrichtungs-Konzeption sollte:
→ das Leitbild enthalten,
→ die Zuständigkeiten (Träger, Leitung, Fachkräfte, Eltern) klar nennen,
→ die pädagogischen Ziele, Leitgedanken und deren Begründung enthalten (z. B. Inklusion),
→ die Struktur der Einrichtung beschreiben (z. B. den Tagesablauf, die Räumlichkeiten, Raumgestaltung),
→ die wesentlichen Ziele und Inhalte der pädagogischen Arbeit (z. B. Montessori) enthalten,
→ die Rolle und die Aufgaben der pädagogischen Fachkräfte beschreiben,

→ die Zusammenarbeit mit Eltern beschreiben,
→ die Bedeutung der Übergänge (Transitionen) beschreiben (z. B. Eingewöhnung, Kooperation mit der Schule),
→ spezielle Fördermöglichkeiten und mögliche Kooperationspartner und Vernetzung in der Kommune nennen.

Eine Konzeption beschreibt auch den Lebens- und Erfahrungsraum der Gruppenmitglieder. Ein mehrperspektivisches Verständnis von Bildung und Erziehung als Leitgedanke ist zwingend. Das Kind, der Jugendliche ist Akteur, ist handlungsleitendes Subjekt im Bildungsprozess.

Eine Möglichkeit, die Schwerpunkte der pädagogischen Arbeit kurz darzustellen sind z. B. Flyer. Hier werden thematische Schwerpunkte einer Einrichtung, z. B. die Sprachförderung, das Eingewöhnungsmodell oder Überlegungen zur Gestaltung des Übergangs in die Grundschule beschrieben. Das schafft für die Eltern oder Interessierte Klarheit und Transparenz über die pädagogischen Ziele und Vorgehensweisen.

In einem Flyer zur „Sprachförderung" beschreibt eine Einrichtung beispielsweise:
→ die Notwendigkeit der Sprachförderung,
→ die konkrete, praktische Gestaltung/Durchführung
→ den möglichen Erfolg und die Auswirkungen der Sprachförderung,
→ die handlungsleitenden Gedanken bei der Sprachförderung,
→ die Bedeutung der Sprachförderung in der Gruppe (Ziele und Methoden),
→ die Grundlagen für die Auswahl der Kinder,
→ die Arbeit in der Kleingruppe,
→ die konkrete Zusammenarbeit mit Eltern,
→ Spuren anderer Kulturen,
→ die Öffnung zum Gemeinwesen.

In einem Flyer zum Thema „Eingewöhnung" könnten Inhalte stehen wie
→ die Sensibilisierung für „Abschiede" und „Neubeginn",
→ die Bedürfnisse von Kindern (Bedeutung der Eltern und Erzieherinnen als Bezugspersonen),
→ konkrete Hinweise, was für das Kind wichtig, bedeutsam ist,
→ konkrete Tipps und Anregungen für Eltern, um die Eingewöhnung für alle Betroffenen möglichst angenehm zu gestalten.

Die Gestaltung

Die Konzeption ist die „Visitenkarte der Einrichtung". Deshalb sollte sie gut strukturiert und übersichtlich gestaltet sein und einen hohen Aufforderungscharakter für Interessierte haben. Wichtige Informationen sollten schnell zu finden sein (Name der Einrichtung, Anschrift, Träger, Personal, Räume, Zeitstruktur). Deshalb erweist sich ein Inhaltsverzeichnis als sinnvoll. Der Umfang von Konzeptionen ist unterschiedlich und kann fünf Seiten oder aber 25 Seiten und mehr umfassen.

Die Entscheidung dafür hängt von verschiedenen Faktoren ab: So gibt es Einrichtungen, die ihren Praktikanten zu Beginn eine Konzeption überreichen, manche Einrichtungen entscheiden sich aus Kostengründen zusätzlich zu einer umfangreichen Konzeption für eine „Kurzfassung" mit allen wesentlichen Informationen. Manche Konzeptionen sind auf Umweltpapier gedruckt, andere Einrichtungen entscheiden sich für „Hochglanz". Wichtig ist es, eine Konzeption regelmäßig (fünf bis sieben Jahre) zu überarbeiten, damit sie aktuell bleibt. Deshalb sind manche Konzeptionen als Loseblatt-Sammlung erstellt, um Aktualisierungen und Erweiterungen möglichst unkompliziert vornehmen zu können.

Eine schriftliche Konzeption hat mehrere positive Wirkungen:
→ Sie beschreibt das Ergebnis eines Prozesses aller an der Konzeption Beteiligten.
→ Die pädagogische Arbeit ist in der Konzeption fundiert begründet und bietet damit den Mitarbeitern und dem Träger Sicherheit und Orientierung im pädagogischen Alltag.
→ Für neue Mitarbeiterinnen und Praktikantinnen ist eine Konzeption die Grundlage für den Einstieg und sie erleichtert die Arbeit, weil Ziele, Wertvorstellungen, Inhalte und Arbeitsabläufe darin beschrieben und begründet sind.
→ Für „neue Eltern", andere Einrichtungen oder Institutionen (Öffentlichkeit) bietet eine Konzeption Transparenz, da die Arbeit anschaulich dargestellt wird.
→ Eine Konzeption hilft bei der Entscheidung für die richtige Einrichtung für sein Kind. Sie hilft auch, neue Mitarbeiterinnen zu gewinnen.
→ Eine Konzeption ist eine gute Argumentationsgrundlage, um dem Träger, der Schule, anderen Einrichtungen und Behörden den Stellenwert der geleisteten pädagogischen Arbeit deutlich zu machen.
→ Die Konzeption ist ein wesentlicher Baustein für die Öffentlichkeitsarbeit einer Einrichtung, auch für die Gewinnung von Sponsoren.

Ein Wort zum Team

Teamarbeit ist für die Konzeptionsentwicklung eine unabdingbare Voraussetzung.

Die Qualität der Arbeit orientiert sich an Zielen, Aufgaben und Bewertungsmaßstäben, z. B. an gesetzlichen Vorgaben, am Nationalen Kriterienkatalog, an Einschätzskalen und an fachlich begründeten Qualitätsstandards. Diese sind naturgemäß nicht bei allen Mitgliedern konsensfähig und müssen diskutiert werden. Dabei werden oft auch unbewusste Einstellungen, Ziele und Motive der Mitarbeiterinnen deutlich. Das kann innerhalb des Teams zu Konflikten und Krisen führen, aber bei deren Bewältigung auch zu mehr Übereinstimmung, Synergien und Berufszufriedenheit *(vgl. HF 5, Kap. 1)*.

Manchmal ist es sinnvoll, dass das Team externe Unterstützung durch einen Moderator erhält. Unterschiedliche Sichtweisen, Haltungen und Ziele der Mitglieder können zu Diskussionen führen, bei denen „neutrale Begleiter" (Fachberatung, Supervision) hilfreich sein können.

Rechtliche Vorgaben für eine Konzeption

Eine Konzeption zu erstellen ist inzwischen keine freiwillige Aufgabe mehr, sondern rechtlich begründet. So heißt es z. B. **im KJHG § 22:** Förderung in Tageseinrichtungen:

„(1) Die Träger der öffentlichen Jugendhilfe sollen die Qualität der Förderung in ihren Einrichtungen durch geeignete Maßnahmen sicherstellen und weiterentwickeln. Dazu gehören die Entwicklung und der Einsatz einer pädagogischen Konzeption als Grundlage für die Erfüllung des Förderauftrags sowie der Einsatz von Instrumenten und Verfahren zur Evaluation der Arbeit in den Einrichtungen.

(2) Die Träger der öffentlichen Jugendhilfe sollen sicherstellen, dass die Fachkräfte in ihren Einrichtungen zusammenarbeiten
1. mit Erziehungsberechtigten und Tagespflegepersonen zum Wohl der Kinder und zur Sicherung der Kontinuität des Erziehungsprozesses,
2. mit anderen kinder- und familienbezogenen Institutionen und Initiativen im Gemeinwesen, insbesondere solchen der Familienbildung und -beratung.
Die Erziehungsberechtigten sind an den Entscheidungen in wesentlichen Angelegenheiten der Erziehung, Bildung und Betreuung zu beteiligen.

(3) Das Angebot soll sich pädagogisch und organisatorisch an den Bedürfnissen der Kinder und ihrer Familien orientieren […]."

Damit ist klar, wer beteiligt ist: der Träger, die pädagogischen Fachkräfte und die Eltern.

> **Konzeptionen** sind handlungsorientierte Vereinbarungen einer Organisation oder Einrichtung zu ihren Zielvorstellungen und den Mitteln und Wegen zu deren Realisierung. In sozialen Einrichtungen entspricht das Arbeiten auf Grundlage einer Konzeption dem professionellen Selbstverständnis sozialer/sozial-pädagogischer Arbeit.
>
> *(Deutscher Verein für öffentliche und private Fürsorge, Frankfurt, Konzeptentwicklung, 2011, S. 530)*

Trägerspezifische Vorgaben beziehen sich in der Regel auf den rechtlichen Rahmen, geben Auskunft über das Leitbild des Trägers und formulieren Grundsätze für die pädagogische Arbeit. Die Einrichtungskonzeption konkretisiert die rechtlichen und trägerspezifischen Rahmenvorgaben und präsentiert sie in einer auf die Einrichtung zugeschnittenen Form (z. B. kirchliche Trägerschaft, Montessori). Die Konzeption dient der einrichtungsinternen Klärung und Konsensbildung über pädagogische Leitprinzipien der Bildungs- und Erziehungsarbeit. Die Konzeption macht sichtbar, was Eltern von der Einrichtung erwarten können.

Orientierung in einer Konzeption geben folgende Parameter:
→ Betonung der Vielfalt und Unterschiedlichkeit, der Individualität jedes einzelnen Kindes/Jugendlichen,
→ Recht auf Erziehung, dem partizipatorische, demokratische Regeln zugrunde liegen,
→ Chancengleichheit und Teilhabe aller am Erziehungs- und Bildungsprozess Beteiligten.

2.1.3   Entwicklung einer Konzeption

Überblick zur Konzeptionsentwicklung

→ Erster Schritt: Vorbereiten und Absprachen treffen

Hauptziele: Motivation wecken und Entwicklungsverständnis

→ Zweiter Schritt: Sich einstimmen

Das Basiswissen für eine Konzeptionsentwicklung wird erarbeitet.

→ Dritter Schritt: Einflussfaktoren werden analysiert und verstanden

Situationen im Berufsfeld sollen wahrgenommen werden und die Teammitglieder sollen eine Forschungshaltung entwickeln. Jede Veränderung beginnt mit einem ersten Schritt. Deshalb ist es bei der Konzeptionsentwicklung sinnvoll, zuerst damit zu beginnen, was in der Einrichtung gut läuft. Was sollte unbedingt beibehalten werden? Selbstverständlich müssen alle Aussagen begründet werden können.

→ Vierter Schritt: Ziele herleiten, formulieren und Umsetzungsmöglichkeiten anführen

Hier gibt es Orientierungshilfen, z. B. den Nationalen Kriterienkatalog.

→ Fünfter Schritt: Ziele umsetzen

Ziele: entwickelnd handeln und ausprobieren.

→ Sechster Schritt: Konzeption dokumentieren und veröffentlichen

→ Siebter Schritt: Konzeptionen überprüfen und weiterentwickeln *(vgl. Hollman, Benstetter, Seelze-Velber, 2001, S. 20 f.)*

„Schritt für Schritt" zur schriftlichen Konzeption

1. **Schritt:** Das Team formuliert die Titel/Überschriften der zu erarbeitenden Konzeptionskapitel und erstellt sozusagen das Inhaltsverzeichnis. Methodisch gelingt das gut, wenn alle Teammitglieder einbezogen sind. Deshalb ist es günstig, mit unterschiedlichen Moderationskarten Kapitelüberschriften zu formulieren und dazu passende Untertitel zu finden.

2. **Schritt:** Die Ergebnisse werden einzeln im Team vorgetragen und an die Moderationswand gepinnt. Sie werden so lange diskutiert, bis sich alle darüber einig sind, wie das Inhaltsverzeichnis logisch aufgebaut sein könnte. Wenn alle einverstanden sind, kann das Ergebnis von einem Teammitglied dokumentiert werden. Günstig ist es, wenn alle bei der nächsten Sitzung diese schriftlich getippte Form vor sich haben. Wichtig ist es, das Datum und die Namen aller Beteiligten zu protokollieren.

Mögliche Gliederung einer Konzeption

Deckblatt
1. Inhaltsverzeichnis
2. Vorwort
3. Interkulturelles Leitbild
4. Die Kindertageseinrichtung – Ort/Organisation
5. Pädagogische Ziele, Inhalte, Methoden
6. Beobachten und dokumentieren kindlicher Bildungsprozesse
7. Miteinander
8. Erziehungspartnerschaft mit Eltern
9. Vernetzung mit Kooperationspartnern
10. Öffentlichkeitsarbeit
11. Dynamische Konzeptentwicklung und Ausblicke
12. Schlusswort
13. Anhang

3. **Schritt:** Die bestehende Konzeption wird in drei Stufen überarbeitet. Um diesen Schritt effektiv zu bewältigen, ist von folgenden drei Fragestellungen auszugehen:

→ Was tun wir derzeit in der Einrichtung (Was ist derzeit Standard)?

→ Wie gehen wir vor (Methoden und Wege)?

→ Warum gehen wir so vor (Begründung für das pädagogische Handeln)? Was sind die Ziele in Bezug zu Kindern, Eltern, Kooperationspartnern?

4. **Schritt:** Wenn die Struktur für alle klar und einsichtig ist, kann die bestehende Konzeption in die neue Struktur eingearbeitet werden. Hier kristallisiert sich heraus, was veraltet und überflüssig ist oder dringend neue Beachtung finden muss.

5. **Schritt:** Aktives, praktisches Tun: zuordnen, auseinanderschneiden, neu gewichten macht Freude und sichtbar, wo bisher Schwerpunkte lagen, aber auch, wo „blinde Flecken" sind.

6. **Schritt:** Jetzt geht es daran, die Konzeption in Kleingruppen zu überarbeiten. Es wird entscheiden, welche Formulierungen überarbeitet werden müssen.

7. **Schritt:** Themen, Ziele und Methoden werden sichtbar, denen man sich vorher nicht ausreichend gewidmet hat.

8. **Schritt:** Alle Kleingruppenergebnisse werden dem Gesamtteam vorgestellt und wertschätzend nach Bedeutung und Gültigkeit für alle gewürdigt.
Ideen aus der Gruppe werden aufgenommen und Textpassagen im Team verabschiedet.

9. **Schritt:** Wieder wird die Dokumentation von einem Teammitglied übernommen. Termine sind abzusprechen, auch Bilder, Fotos, Zitate usw.

10. **Schritt:** Der Endfassung sollten alle zustimmen.

11. **Schritt:** Jetzt muss selbstverständlich auch der Träger dieser Fassung noch zustimmen.

12. **Schritt:** Das Team und der Elternbeirat entscheiden, wie diese Fassung bekannt gemacht und veröffentlicht wird.

Und wie lange dauert es, bis eine neue Konzeption vorliegt? Man sollte mit mindestens einem Jahr rechnen. Die Zeit für die Verschriftlichung muss eingeplant werden, ebenso für Teamfortbildungen oder Konzeptionsfortbildungen, die den Prozess unterstützen können *(Die Konzeptionswerkstatt in der Kita, verlag das netz, Berlin 2009).*

Auch der Träger muss der Konzeption zustimmen.

2.1.4 Konzepte sozialpädagogischen Handelns

> „**Konzepte** sozialpädagogischen Handelns formulieren und rechtfertigen begründetes Vorgehen und zielorientierte Wege zur Problemlösung. Das Handeln darf die gesellschaftlichen Verhältnisse und deren Veränderung dabei nicht aus dem Blick verlieren."
>
> *(Geißler, Hege, 2006, S. 23)*

Bestimmte Ziele und Absichten, Zielgruppen und Methoden sind in der Regel schriftlich formuliert und in einen sinnhaften Zusammenhang gebracht. Damit werden bestimmte Verfahren begründet und gerechtfertigt.

Methoden sozialpädagogischer Konzepte

Klassische, konzeptionelle Vorgehensweisen und Methoden in der Sozialpädagogik sind:
→ Casework
  (Einzelfallhilfe oder soziale Fallarbeit genannt)
→ soziale Gruppenarbeit *(vgl. HF 3, Kap. 1)*
→ Gemeinwesenarbeit *(vgl. HF 6, Kap. 1)*

→ Empowerment (Strategien und Maßnahmen, um die Selbstbestimmung und die Autonomie von Menschen zu stärken, zu erhalten = Selbstwirksamkeit)
→ Klientenorientierte Beratungskonzepte, z. B. von Carl Rogers *(vgl. HF 1, Kap. 1)*
→ Lebensweltorientierung *(Hans Thiersch)*

Jedes sozialpädagogische Handeln basiert auf Beobachtung, Planung, Gestaltung, Reflexion und Kommunikation.

Methodische Schritte beim **Lösen von Problemen** sind:
→ Anamnese (Analyse des Problems)
→ Diagnose (Einschätzung)
→ Angabe und Klärung von Zielen
→ Intervention (Handlungsplan zur Zielerreichung)
→ Evaluation (Auswertung dieses Prozesses)

Techniken sozialpädagogischen Handelns

Mit Techniken werden bestimmte Handlungsarten bezeichnet, die in der Sozialpädagogik/Sozialarbeit ihre

Anwendung finden, z.B. Moderationstechniken oder Techniken der Gesprächsführung.

Neben einer professionellen pädagogischen Grundhaltung (Empathie, Kongruenz, Akzeptanz) müssen pädagogische Fachkräfte auch Kenntnisse in der Kommunikation, Gesprächsführung, Konfliktbearbeitung und Gruppenpädagogik haben und diese in der Gesprächsführung und Konfliktbearbeitung anwenden können.

Pädagogische Fachkräfte sollten für ihre Zielgruppe Vorschläge für die Gestaltung eines adäquaten Lebens- und Handlungsraumes ableiten, eigene Handlungsstrategien benennen und reflektieren können. In ausgewählten Beratungssituationen, z.B. in Entwicklungsgesprächen, in der Erziehungsberatung, bei Kriseninterventionen oder in Gruppen finden diese begründeten Vorgehensweisen Anwendung.

2.1.5   Gesellschaftliche Erfordernisse

Welche gesellschaftlichen Herausforderungen werden sich in Zukunft stellen und welche Probleme müssen gelöst werden? Das Fraunhofer Institut München hat sechs Themenfelder genannt, die für Menschen in der Zukunft besonders wichtig sein werden: Gesundheit, eine intakte Umwelt, Sicherheit, Kommunikation, Energie und Mobilität *(Fraunhofer Institut, 2012)*.

Auch der **demografische Wandel** ist eine große Herausforderung, denn die Menschen in Deutschland werden immer älter, die Kinderzahl dagegen hat stark abgenommen. Wie wird es gelingen, die Umgestaltung der Gesellschaft zu bewältigen?

Generationenbeziehungen wandeln sich. Das Ziel sogenannter „Mehrgenerationenhäuser" ist es, die verschiedenen Generationen miteinander in Beziehung zu bringen. Bei der Planung von Wohngebieten soll in Zukunft stärker darauf geachtet werden, dass sich Menschen verschiedener Altersgruppen begegnen und miteinander ins Gespräch kommen können. Bürgerschaftliches Engagement ist eine weitere Möglichkeit, sich eigeninitiativ zu engagieren und zu beteiligen usw.

Die **Vereinbarkeit von Familie und Beruf** stellt nach wie vor eine große Herausforderung dar. Sie muss in Zukunft noch besser gelingen. Die Aufgaben und Anforderungen für Familien sind enorm hoch, weil Eltern Erziehung bewusst gestalten wollen und gleichzeitig den Anforderungen im Beruf gerecht werden müssen.

Arbeitsplätze unterliegen einem starken Wandel, erfordern mobile Arbeitskräfte und sind zudem häufig unsicher. Deshalb ist der Ausbau der öffentlichen Kinderbetreuung unerlässlich, um Familien zu entlasten und zu unterstützen.

Das **Armutsrisiko** betrifft besonders Familien mit Kindern. Deshalb müssen Kommunen und Träger die kostenfreie Teilhabe an Bildung für alle ermöglichen. Auch andere Menschen sind von Armut betroffen, für sie müssen Modelle entwickelt werden, um Gefährdungen zu verhindern.

Gesundheit, gesunde, ausgewogene Ernährung und Bewegung sind Zukunftsthemen. Sie müssen bereits in früher Kindheit eine Rolle spielen, weil hier Gewohnheiten eingeübt werden, die Einfluss auf das spätere Leben (Haltung) haben. Die Kostenexplosion im Gesundheitswesen kann dadurch beeinflusst werden. Prävention ist das große Ziel.

Deutschland ist ein Einwanderungsland. Deshalb spielen **Inklusion/Integration** eine wichtige Rolle, damit das soziale Klima in der Gesellschaft durch Mitmenschlichkeit, Toleranz und Teilhabe geprägt wird. Inklusion betrifft auch Menschen mit Behinderung. Niemand darf in der Gesellschaft ausgegrenzt werden.

Klimawandel und Umweltzerstörung erfordern, dass wir schonend und achtsam mit den vorhandenen Ressourcen umgehen. Nahrungs- und Trinkwassermangel zwingen die Menschen zu einem achtsamen Umgang. Kinder, Jugendliche und Erwachsene müssen Achtung vor der Schöpfung haben und sie bewahren und sich dafür einsetzen, dass die Natur als Lebensraum für Menschen, Tiere und Pflanzen erhalten bleibt und niemand hungern muss.

Medien haben einen immer größeren Einfluss auf die Lebensgestaltung der Menschen. Wichtig ist, darauf zu achten, dass **persönliche Begegnungen** auch zwischen den Generationen stattfinden und niemand isoliert bleibt und vereinsamt. Menschen sind soziale Wesen und brauchen andere Menschen.

Bewaffnete Konflikte, Kriege, internationaler Terrorismus, Gewalt im persönlichen Umfeld und in der Familie zeigen, wie wichtig es ist, zu verhandeln und Konfliktlösungsstrategien anzuwenden. **Soziales Lernen** ist bedeutsam, um die unterschiedlichen Interessen im Kleinen und im Großen wahrzunehmen und möglichst frühzeitig ohne Gewalt zu lösen.

Die demokratische Gesellschaft ist auf die Mitwirkung und Mitgestaltung ihrer Bürger angewiesen. Viele Bürger wenden sich aber von der Politik und den etablierten Parteien ab. Das ist ungünstig für eine demokratische Gesellschaft, die auf die Beteiligung der Bürger setzt. Deshalb ist es dringend erforderlich, dass **Beteiligungsmodelle** Anwendung finden, die Bürger dazu bringen, sich zu organisieren, um das Leben in der Gemeinschaft besser und lebenswerter zu gestalten.

Prävention, Dezentralisierung/Regionalisierung, Alltagsorientierung, Integration/Inklusion, Partizipation: Das sind die Schlagworte, die die Richtung vorgeben, in regionalen Gruppen aktiv zu werden, um einen gesellschaftlichen Beitrag zu leisten, für eine lebendige, demokratische Teilhabe von allen Bürgern.

Um die Herausforderungen der Zukunft zu meistern, wurden 1994 von der WHO (Weltgesundheitsorganisation) zehn **life-skills** (Lebenskompetenzen) formuliert. Sie sind auch wesentlicher Bestandteil des nationalen Gesundheitsziels „gesund aufwachsen in Deutschland". Diese Kompetenzen lassen sich in Gruppen entwickeln und anwenden.

→ **Selbstbestimmung**
→ **Empathie**
→ **Kreatives Denken**
→ **Kritisches Denken**
→ **Entscheidungsfähigkeit**
→ **Problemlösefähigkeiten**
→ **Effektive Kommunikationsfähigkeit**
→ **Interpersonale Beziehungsfähigkeiten**
→ **Gefühlsbewältigung**
→ **Stressbewältigung**
(vgl. Fröhlich/Gildhoff)

Lebenslanges Lernen ist Voraussetzung, um die zukünftigen Herausforderungen zu meistern. Dafür sind Möglichkeiten zu schaffen, um sich beteiligen zu können. Lustvolles Lernen ermöglicht Kindern, Jugendlichen und Erwachsenen Selbstwertgefühl, persönliche Entwicklung und den Erwerb von Kompetenzen.

2.1.6   Beteiligungsmodelle und das Konzept der Zukunftswerkstatt

Nachfolgende beispielhafte Beteiligungsmodelle stehen für Solidarität, soziale Netzwerke und attraktive Beteiligungsformen.

Partizipation
bezeichnet in der Pädagogik die Einbeziehung, Teilhabe, aktive Mitgestaltung und Verantwortung. Sie ist nicht an ein bestimmtes Alter gebunden sondern an geeignete Strukturen. Kinder, Jugendliche und Erwachsene sollen bei allen ihr Zusammenleben betreffenden Ereignissen und Entscheidungsprozessen einbezogen werden. Soziologisch meint der Begriff die Einbeziehung von Individuen und Organisationen in Entscheidungs- und Willensbildungsprozesse, z. B. auch in Parteien, Interessenverbänden und Bürgerinitiativen.

Kinder und Jugendliche sollen an den gesellschaftlichen Prozessen beteiligt werden und haben deshalb Rechte, die in der Kinder- und Jugendhilfe verankert sind. Nach der UN-Konvention von 1989 haben Kinder u. a. das Recht, ihre Meinung frei zu äußern. Ihre Meinung muss in allen sie betreffenden Angelegenheiten berücksichtigt werden. Diese Mitwirkung ist ausdrücklich gewollt und deshalb auch gesetzlich verankert *(vgl. HF 1, Kap. 4)*.

Jugendhilfeplanung muss die Bedürfnisse, Wünsche und Interessen der jungen Menschen einbeziehen. Zur Beteiligung und Mitgestaltung ihrer Lebensorte gibt es inzwischen viele unterschiedliche Formen, z. B.
→ **Initiativen von Kindern und Jugendlichen**
→ **Kinder- und Jugendparlamente**

→ Kinderforen und runde Tische
→ Kinderbeauftragte und Kinderanwälte
→ projektbezogene Veranstaltungen
→ Schülervertretungen in Schulen
→ Jugendvertretungen in Betrieben
→ Mitbestimmung in Jugendverbänden und Jugend-
   einrichtungen
→ Jugendvertretungen in Heimen und Erziehungs-
   hilfeeinrichtungen

Zur Umsetzung der Mitwirkungsrechte gibt es im SGB VIII auch nähere Ausführungen: „Die Beteiligung von Kindern und Jugendlichen an Entscheidungsprozessen muss alter- und interessengerecht sein. Ergebnisse müssen zeitnah umgesetzt werden." *(§ 11)* Mädchen und Jungen sind an allen sie betreffenden Entscheidungen zu beteiligen *(§ 8 Abs. 1).* „Die unterschiedlichen Lebenslagen von Jungen und Mädchen müssen dabei berücksichtigt werden *(§ 9)* und sie haben in Konflikt- oder Notlagen, die sie betreffen, Mitspracherecht und können sich selbst an das Jugendamt wenden".

Beteiligung der Eltern
Ohne Mitwirkung und Beteiligung der Eltern können die meisten Angebote in der Kinder- und Jugendhilfe nicht gelingen. Deshalb sollen Eltern in der Kindertageseinrichtung über die Gestaltung der Arbeit mitbestimmen können. Oft sind Elterninitiativen auch selbst Träger von Kindergärten oder Kindergruppen. Es gibt darüber hinaus Selbsthilfegruppen für Mütter, Väter, Eltern die sich gegenseitig helfen, wenn sie z. B. alleine erziehen. In Städten und Kommunen gibt es zunehmend Bürgerinitiativen, die sich für die Verbesserung der Lebensverhältnisse von Familien einsetzen.

Kinderbüros
Hier können Kinder, Jugendliche und auch die Eltern Wünsche, Interessen und Beschwerden vortragen, die entgegengenommen werden und nach Möglichkeit zukünftig realisiert oder verbessert werden. So heißt es beispielsweise im Kinderbüro Weimar:
→ „Wir sind für euch da!
   Wir setzten uns für euch ein, wenn ihr nicht mehr weiterwisst, euch unverstanden fühlt, eure Vorschläge oder Fragen von Erwachsenen zu wenig beachtet werden. Wir suchen dann gemeinsam nach Lösungen.
→ Wir hören euch zu!
   Wir haben für alle Kinder und Jugendlichen ein offenes Ohr. Wir nehmen uns Zeit für eure Probleme

und Fragen. Kommt einfach zu uns und redet mit uns. Das trifft auch auf die Erwachsenen zu, die für die Kinder und Jugendlichen da sind und Rat oder Hilfe brauchen.
→ Wir mischen uns ein!
   Wir vertreten eure Interessen in der Stadtpolitik und überall dort, wo – offen oder versteckt – darüber diskutiert wird. Wir können nicht immer alles lösen, aber wir bemühen uns – und wir brauchen eure Hilfe. Mischt euch mit uns ein!
→ Wir informieren euch!
   Bei uns könnt ihr euch über Ferien- und Freizeitangebote informieren. Wir kennen auch eine Menge Leute und Institutionen, die euch bei ganz speziellen Fragen helfen können.
→ Wir arbeiten für euch!
   Andere ganz unterschiedliche Aufgaben sind: die Mitarbeit bei der Gestaltung einer kinderfreundlichen Stadt, Angebote für Projekttage und Gespräche an Schulen, Weiterbildung und Beratung von Menschen, die mit Kindern und Jugendlichen leben und arbeiten.
→ Wir streiten für eure Rechte!
   Besonders interessieren uns die Rechte – und natürlich ebenso die Pflichten – von Kindern und Jugendlichen. Mit ihnen gemeinsam schrieben wir das Kinderrechtsbuch ‚Anstoß'. Es liegt in allen Schulen und Bibliotheken Thüringens und auch im Kinderbüro für euch bereit. Mit vielen Projekten wollen wir euch die Beteiligung an Entscheidungen ermöglichen. Wir freuen uns auf euch – vielleicht bis bald."
(Sina Solaß, Kinder- und Jugendbeauftragte der Stadt Weimar)

Kinderparlament
Bezeichnet ein Partizipationsmodell in deutschen Kindergärten. Auch Kindergartenkinder können (so das Ergebnis einer Studie des dt. Jugendinstituts (DJI) ihren Alltag gezielt und bewusst mitgestalten und sind in der Lage, Entscheidungen zu treffen. Voraussetzung dafür sind entsprechende Strukturen und die Unterstützung und einfühlsame Begleitung von Erwachsenen.

Kinderuniversitäten
gibt es seit 2002 in Deutschland. Inzwischen bieten mehr als 50 Universitäten in Deutschland jährlich Vorlesungen für acht- bis zwölfjährige Kinder an. Ziel ist, Wissenschaft einfach und verständlich zu vermitteln, um so Kinder für Wissenschaft zu begeistern. Dadurch erhofft man sich auch begeisterten Nachwuchs.

Bürgergesellschaft

Darunter wird ein Gemeinwesen verstanden, in dem Bürgerinnen und Bürger, Politik und Verwaltung, Wirtschaft, Kirchen, Verbände und andere Institutionen auf neue, gemeinsam ausgehandelte Verantwortlichkeiten und gemeinwohlbezogene Aufgaben setzen. Es wird davon ausgegangen, dass die aktive Bürgergesellschaft die lebendige Demokratie stärkt und das „soziale Kapital" unserer Gesellschaft ist.

Bürgerschaftliches Engagement, Ehrenamt und Selbsthilfe

Bürgerschaftliches Engagement hat nach dem Verständnis der „Enquete Kommission" des Bundestages (fraktionsübergreifende Arbeitsgruppe, die vom Bundestag eingesetzt wird und Handlungsempfehlungen für bestimmte Themen erarbeitet) folgende Merkmale:

1. freiwillig, selbstbestimmt und selbst organisiert
2. nicht auf materiellen Gewinn ausgerichtet
3. gemeinnützig, hat einen positiven Effekt für „Dritte"
4. ist öffentlich, findet im öffentlichen Raum statt.
5. wird gemeinschaftlich und kooperativ ausgeübt. *(Dt. Bundestag 2002 Bericht der Enquete Kommission, Zukunft des bürgerschaftlichen Engagements)*

Beim bürgerschaftlichen Engagement übernehmen Bürger Verantwortung für das Gemeinwohl, unabhängig von „Ämtern". Sie bringen eigene Fähigkeiten und Kompetenzen ein, um Anliegen von Bürgern und Bürgerinnen aufzugreifen, nach Lösungen zu suchen, Projekte zu initiieren, Netzwerke aufzubauen oder zu nutzen. Meist handelt es sich nicht um öffentliche Aufgaben.

Im Ehrenamt sind oft Menschen tätig, die bestimmte „Ämter" innehaben, in die sie gewählt wurden, z. B. Gemeinderat, Kreisrat, Schöffin, Elternbeirat oder Vereinsvorsitzender. Menschen übernehmen diese klar umrissenen Aufgaben freiwillig, meist innerhalb von Verbänden, Vereinen, Parteien oder Kirchen.

Die Selbsthilfe ist eine besondere Form bürgerschaftlichen Engagements. Selbsthilfegruppen im Gesundheitsbereich sind z. B. wichtige Beteiligte bei der Prävention, Lebensführung und Nachsorge bei Krankheit. Die Senioren-, Familien- und die Behindertenselbsthilfe nehmen wichtige Anliegen des gesellschaftlichen Wandels auf. „Zusammen mit anderen zu lernen, mit schwierigen Lebenssituationen, zum Beispiel einer Krankheit, fertig zu werden, ist die tragende Grundidee der Selbsthilfegruppen.

Freiwilliges Soziale Jahr (FSJ): Hier handelt es sich um ein Bildungsjahr, das Einblicke in die Arbeitswelt durch regelmäßige praktische Tätigkeiten ermöglicht.

Allgemeine Freiwilligendienste: 2005 wurde vom Bundesministerium für Familie, Senioren, Frauen und Jugend das bundesweite Modellprojekt initiiert „Impulse für die Zivilgesellschaft". Hier können sich Bürger jeder Altersgruppe entsprechend ihrer Möglichkeiten und Erfahrungen engagieren. Aktionsfelder sind Stadtteilzentren, Schulen, Kindergärten (z. B. Vorlesepaten) und stationäre Einrichtungen.

Die Zusammenarbeit von Hauptamtlichen und Freiwilligen gestaltet sich anregend, wenn
→ es ein klar ausgewiesenes Zeit-Budget für Einführung und Begleitung gibt,
→ die Weitergabe von Informationen für die jeweilige Aufgabe sichergestellt und das Zuarbeiten gewährleistet ist,
→ wenn die Fähigkeit zu partnerschaftlicher Arbeit und die Bereitschaft, Freiwillige als Persönlichkeiten anzunehmen und sich selbst als Person einzubringen, vorhanden ist,
→ Fähigkeiten erkannt und Kompetenzen gefördert werden.

Träger, die freiwillige Mitarbeiterinnen suchen,
→ brauchen die entsprechend motivierten und fähigen Hauptamtlichen,
→ sollten viel Zeit darauf verwenden, Freiwilligenangebote zu entwickeln,
→ müssen Gelder für Auslagenersatz und Fortbildungen bereitstellen,
→ sollen sich Gedanken darüber machen, womit sie Freiwilligen eine Freude bereiten können und wie sie ihnen Ankernennung verschaffen.

Beispiele für gelungene Projekte:
→ Alte und Junge betreuen die Kaffeestube in einem Altenheim
→ Bücherdienst im Krankenhaus, Spielenachmittage
→ Referent/Referentin für Vorträge in einer Bürgerbegegnungsstätte
→ Vertretung der Interessen der Bewohner in Einrichtungen der Behindertenhilfe. Ziel: Förderung der Selbstbestimmung und Selbstständigkeit durch deren Unterstützung bei der Wahrnehmung

ihrer Mitwirkungsrechte bei allen Angelegenheiten des Heimbetriebs

→ PC-Lotsen für Senioren/Seniorinnen

→ Großeltern für „alle Fälle", das „Patengroßelternprojekt" für ältere Menschen, die in der Nähe von Familien mit Kindern wohnen und Familien ihre Unterstützung anbieten (Nachbarschaftsprojekt).

Vereine

dienen in erster Linie dem Gemeinwohl. Sie werden gegründet, damit die Mitglieder gemeinsame Interessen verfolgen, sich austauschen, sich gemeinsam betätigen und mit Gleichgesinnten die Freizeit verbringen können, z.B. in Sportvereinen, Musikvereinen, Tierschutzvereinen usw. Andere Vereine dienen dem Gemeinwohl, dazu gehören die Wohlfahrtsverbände. Das Deutsche Rote Kreuz ist z.B. aus dem Engagement einzelner Bürger entstanden und heute eine der größten Wohlfahrtsorganisationen der Welt.

Zukunftswerkstatt

Der Name „Werkstatt" verweist schon auf ein offenes Verfahren. Anlass und Ziel ist es, neue Zugänge und Lösungswege zu finden. Dabei handelt es sich um eine Methode bzw. ein Verfahren, die Fantasie der Teilnehmer anzuregen und neue Lösungswege für gesellschaftliche Probleme zu entwickeln. Diese Methode ist geeignet, wenn Probleme gelöst werden müssen, die mit herkömmlichen Strategien nicht mehr gelöst werden konnten. Sie ist für Teilnehmer jeden Alters und jeder Lebenssituation geeignet. Je nach Alter und Zielgruppen muss der Leiter der Zukunftswerkstatt geeignete Vorbereitungen treffen, damit ein Ergebnis erreicht werden kann. Gemeinsam werden bestimmte Ziele und Maßnahmen entwickelt. Der Anwendungsbereich ist meist regional. Dabei geht es um mehrere Ziele:

→ gemeinsam alle Aspekte eines Themas beleuchten,

→ eine Vision für die Zukunft entwickeln,

→ aktiv handelnd Erfahrungen sammeln (als Einzelner und in der Gruppe).

Die Anwendungsgebiete sind weitreichend. Es gibt Lernwerkstätten, in denen gemeinsam über geeignete Lernmethoden und Lernbedingungen nachgedacht wird und/oder geeignetes Lernmaterial hergestellt wird und/oder Fortbildungen organisiert werden. Es kann aber auch um Problemlösungen z.B. in einem Dorf oder Stadtteil gehen (z.B. wird ein Laden geschlossen und die Bürger

haben keine Gelegenheit mehr, in ihrer Nähe Lebensmittel einzukaufen).

Der Ablauf einer Zukunftswerkstatt unterliegt einer bestimmten Struktur mit folgenden Hauptphasen:

→ **Beginnen/Vorphase**
Eine Gruppe gründet sich, sie formuliert das gemeinsame Interesse und die methodische und zeitliche Planung.

1 Vorbereitungsphase

→ **Phase 1 Beschwerden und Kritik**
Die Teilnehmer artikulieren ihren Unmut. Ziel: eine Bestandsaufnahme. Geeignete Methode: Brainstorming.

2 Kritik- und Problemfindungsphase

→ **Phase 2 Fantasie/Utopie**
In dieser Phase werden Wünsche formuliert. Methode: Jeder Teilnehmer formuliert seine Wünsche, es wird nichts bewertet. Methode: Kärtchen, systematische Auswertung

3 Fantasiephase

→ **Phase 3 Verwirklichung/Praxis**
Jetzt muss abgeschätzt werden, was realisierbar ist. Teilnehmer sind selbst Experten oder können Experten dazu berufen.

4 Verwirklichungsphase

→ **Nachbereitung**
Die Ergebnisse werden zusammengefasst, evtl. veröffentlicht, Feedback kann eingeholt werden.

5 Nachbereitungsphase

Phasen der Zukunftswerkstatt

↗ FAZIT

→ Mit **Konzeption** ist ein begründetes Vorgehen gemeint. Bestimmte Ziele, Zielgruppen, Methoden und Absichten werden schriftlich formuliert und damit für andere transparent gemacht. So kann die Konzeption auch hinsichtlich ihrer Wirkung überprüft werden.

→ Konzeptionen haben Auswirkungen
  - auf die Qualität der pädagogischen Arbeit,
  - auf die Prozesse in der Einrichtung,
  - auf die Verbindlichkeit der formulierten Ziele/Absprachen.
  - Sie bieten Transparenz der Abläufe und Inhalte in der Einrichtung,
  - sie verbessern nachweislich die Motivation und Arbeitszufriedenheit der Mitarbeiterinnen,
  - sie geben der Einrichtung ein eigenes Profil.

→ Arbeiten auf Grundlage einer Konzeption entspricht dem professionellen Selbstverständnis sozialpädagogischer Arbeit.

→ **Konzepte sozialpädagogischen Handelns** formulieren und rechtfertigen ein begründetes methodisches Vorgehen in bestimmten Alltags- und Beratungssituationen. Voraussetzungen sind eine professionelle pädagogische Grundhaltung, Ziele, Absichten, Zielgruppen und Methoden. In der Regel sind diese schriftlich formuliert und damit transparent und überprüfbar (Hilfeplan). Die Begriffe Konzept, Verfahren, Methode und Technik sind oft nicht genau abgrenzbar.

→·← AUFGABEN UND ANREGUNGEN

1 Fragen Sie in Ihrer Praxisstelle nach der Konzeption und organisieren Sie eine Ausstellung in der Klasse. Welche Gemeinsamkeiten, welche Unterschiede können Sie herausfinden? An welchem pädagogischen Handlungskonzept orientiert sich die Einrichtung? Welche Begründungen gibt es dafür?

2 Welche Konzepte sozialpädagogischen Handelns kennen Sie bereits? Welche Ziele werden dabei verfolgt? Wie ist die Vorgehensweise?

3 Wählen Sie ein derzeitiges „gesellschaftliches Problem" aus. Analysieren Sie in einer Kleingruppe, welche Auswirkungen das Problem für eine bestimmte Zielgruppe (Kinder, Jugendliche, Erwachsene) hat. Welche konkreten Lösungsmöglichkeiten sehen Sie als professionelle Fachkraft?

4 Diskutieren Sie in der Klasse über den Sinn bürgerschaftlichen Engagements. Engagieren Sie sich ehrenamtlich? Entwerfen Sie einen Interviewleitfaden und suchen Sie drei Menschen auf, die sich ehrenamtlich engagieren. Wie ist das Ergebnis Ihrer Befragung?

TIPPS ZUM WEITERLESEN →→

→ Leitbild und Konzeptentwicklung
Pedro Graf, Maria Spengler, ZIEL, Augsburg 2008

→ Konzepte sozialpädagogischen Handelns
Ein Leitfaden für soziale Berufe
Karlheinz A. Geißler, Marianne Hege, Herder, Freiburg 2006

→ In sieben Schritten zur Konzeption. Ein Arbeitsbuch
Elisabeth Hollmann, Sybille Benstetter, Velber, Seelze 2001

2.2 Qualitätsmanagement

Sie sind zur Hospitation in einer sechsgruppigen Kindertagesstätte. Zu Beginn der sechswöchigen Hospitation vereinbaren Sie mit der Leitung, dass Sie in allen Gruppen je eine Woche lang hospitieren.

Im Abschlussgespräch mit der Leiterin stellen Sie verwundert fest, dass alle Gruppen eigene Regeln haben. Selbst der Tagesablauf unterscheidet sich in Nuancen. Ist das sinnvoll? Die Leiterin hält dies für Qualität. Denn nur so könne jede Erzieherin ihr eigenes Profil in die Arbeit einbringen.

Was ist Qualität?

↘ FRAGEN

→ *Was ist Qualität?*

→ *Können in der sozialen Arbeit Qualitätsstandards gesetzt werden?*

→ *Führen standardisierte Abläufe zu Bürokratie?*

→ *Schafft die Überprüfung eine Atmosphäre der Angst?*

2.2.1 Qualitätsverständnis in der sozialen Arbeit

Während sich Qualität bei Waren vermeintlich leicht definieren lässt, ist das bei sozialen Dienstleistungen anders. Es fehlen (scheinbar) objektive Kriterien oder Standards. Ist eine offene oder halb offene Arbeit besser? Gehört ein PC für die Kinder zur Ausstattung einer Kindertagesstätte oder sollte damit lieber gewartet werden? Ist der Mittagsschlaf ein notwendiges Angebot oder sollten sich die Kinder lieber austoben können? Auf diese Fragen gibt es kein klares Ja oder Nein, denn die Kinder sind verschieden, die Situationen sind unterschiedlich. Und wie so oft kommt es auf die Perspektive an: Für Eltern, die einer Schichtarbeit nachgehen, hängt die Qualität eines Kindergartens im hohen Maße von den Öffnungszeiten ab. Die dort tätigen Erzieherinnen hingegen dürften gegen eine Ausweitung der Öffnungszeiten sein, da sie ein legitimes Interesse an einem familienfreundlichen Arbeitsplatz haben. Und schließlich wird der Träger die Qualität seiner Einrichtung auch danach beurteilen, ob sie sich am Markt behaupten kann und ob sie kostengünstig ist.

Die Qualität einer Einrichtung ist also bestimmt durch unterschiedliche Interessen. Sie bedarf demnach einer Beschreibung. Bernd Franken definiert den Qualitätsbegriff so:

> „Eine einheitliche Definition von **Qualität** gibt es nicht. Qualität ist dynamisch, veränderbar und abhängig von den Zielvorstellungen, Wünschen und Vorstellungen des jeweiligen Betrachters. Jeder Kindergarten hat seine individuelle Qualität, die sich in den eigenen, individuell gestalteten Qualitätsmerkmalen ausdrückt."
>
> *(Franken, S. 435)*

2.2.2   Grundlagen der Qualitätssicherung

Der Auftrag für die Kindertagesstätten ist eindeutig. „In Tageseinrichtungen für Kinder soll die Entwicklung des Kindes zu einer eigenverantwortlichen und gemeinschaftsfähigen Persönlichkeit gefördert werden. Dies umfasst die Betreuung, Bildung und Erziehung des Kindes. Das Leistungsangebot orientiert sich pädagogisch und organisatorisch an den Bedürfnissen der Kinder und ihrer Familien." *(Bundesarbeitsgemeinschaft der Landesjugendämter, Arbeitstagung vom 3. bis 5. Mai 2000 in Halle)*

Erst diese Perspektive verleiht den Tageseinrichtungen eine pädagogische Qualität. Im Mittelpunkt der Bemühungen steht das Kind. Aber auch der Blickwinkel der **pädagogischen Qualität** ist ein komplexes Gebilde. Es wird unterschieden zwischen
→ Prozessqualität,
→ Strukturqualität und
→ Orientierungsqualität.

Prozessqualität meint die Gesamtheit der Erfahrungen und Interaktionen, die das Kind in der Gruppe mit seiner sozialen und sozial-räumlichen Umwelt macht. Eine angemessene pädagogische Prozessqualität zeichnet sich dadurch aus, dass sie dem Kind Sicherheit und emotionale Geborgenheit gibt. Die Interaktion ist angemessen, es wird ein breites Spektrum von Aktivitäten angeboten, das sich auch an dem Sozialraum orientiert. Die Familie des Kindes wird in die klaren Kommunikationsformen einbezogen.

Mit **Strukturqualität** werden die zeitlich stabilen Rahmenbedingungen beschrieben. Die Gruppengröße, der Erzieher-Kind-Schlüssel, die Ausbildung und Erfahrung der Mitarbeiterinnen, die Räumlichkeiten usw. sind Merkmale. Im Gegensatz zu den Merkmalen der Prozessqualität sind sie leicht veränderbar.

Der Begriff **Orientierungsqualität** umschreibt die pädagogischen Vorstellungen, Werte und Überzeugungen der am pädagogischen Prozess beteiligten Erwachsenen. Im weitesten Sinne meint er die weltanschauliche Prägung des Umfelds. Es geht um die Auffassung von Erziehung, um die Aufgabe des Kindergartens im Gegensatz zur Familie, um pädagogische Ziele und Normen. Die Orientierungsqualität ist in der Regel ebenfalls zeitlich relativ stabil. Aber im Gegensatz zu den Merkmalen der Strukturqualität lassen sich die Merkmale der Orientierungsqualität nicht leicht verändern. Vielmehr sind sie selbst das Ergebnis eines langen Sozialisationsprozesses der beteiligten Erwachsenen und spiegeln kulturell verankerte Muster wider.

Pädagogische Qualität ist also messbar, zumindest beschreibbar. Verschiedene Verfahren wurden hierfür entwickelt bzw. aus der Industrie übernommen.

2.2.3   Qualitätskriterien beruflichen Handelns

Der Deutsche Berufsverband für soziale Arbeit hat ein Grundraster zur Beurteilung der Qualität in den Handlungsfeldern Sozialer Arbeit entwickelt. Dieses Grundraster unterscheidet drei Ebenen. Jede Ebene beschreibt Rahmenbedingungen, die zur professionellen Ausübung des Berufs gehören.

Was gehört zur professionellen Ausübung des Berufs?

Kontextebene	Kompetenzebene	Klientenebene
Geeignete Arbeitsmittel	Qualifizierter Abschluss	Berufliche Schweigepflicht
Arbeitsplatz	Verpflichtung zur Evaluation der eigenen Tätigkeit	Leistungen erfolgen auf der Grundlage eines Konzepts und sind wissenschaftlich begründet
Aktenverwahrung/Datenschutz	Einlösen der Dienstleistungsorientierung durch die Fachkräfte der Sozialen Arbeit	Qualität der Leistungen ist transparent
Fachliteratur, Datenbanken, pädagogisches Material	Einlösen der Funktion der Fachkräfte in der Sozialen Arbeit in der Vermittlung zwischen „System und Lebenswelt"	Kontraktieren der Leistungen zwischen Klientinnen und Fachkraft
Möglichkeiten zur Recherche (Literatur, Methoden, Materialien)	Berufliches Selbstverständnis/ Selbstorganisation	Dienstleistungen entsprechen den berufsethischen Prinzipien
Supervision	Supervision	Nutzen von Kooperations- und Beteiligungsstrukturen
Fachberatung	Fachberatung	Parteilichkeit wird kritisch reflektiert
Fortbildung	Verpflichtung zur Fortbildung	Verantwortungsvoller Umgang mit Arbeits- und Finanzmitteln
Mitwirkung der Fachkräfte an der Definition des Arbeitsauftrags	Dokumentation und Evaluation der beruflichen Tätigkeit	Überprüfung der Qualität
Entscheidungskompetenz der Fachkräfte über Art und Weise der Hilfestellung		
Autonomie und Handlungsfreiheit/ kritische Parteilichkeit		
Beteiligung/Mitwirkung der Fachkräfte an Entscheidungen von Politik und Verwaltung		
Arbeit ist in einem Konzept beschrieben		
Aufgaben, Ziele und Interessen von Trägern sind deutlich und der Klientel zugänglich		
Verpflichtung, dass Fachkräfte ihr Handeln transparent machen		
Vorlage einer Stellenbeschreibung		
Transparenz der Kosten		
Tarifliche Beschäftigung		

(Quelle: Deutscher Berufsverband für soziale Arbeit, Qualitätskriterien des DBSH, Grundraster zur Beurteilung der Qualität in den Handlungsfeldern Sozialer Arbeit, o. Jhg. und Ort)

2.2.4   Total-Quality-Management (TQM)

Als **Total-Quality-Management (TQM)** bezeichnet man die durchgängige, fortwährende und alle Bereiche einer Organisation, einer Institution oder eines Unternehmens erfassende, aufzeichnende, sichtende, organisierende und kontrollierende Tätigkeit, die dazu dient, Qualität einzuführen und zu sichern.

Es war eigentlich die japanische Autoindustrie, die TQM zum Erfolgsmodell gemacht hat. TQM kann nur zum Erfolg führen, wenn alle Mitarbeiterinnen und Mitarbeiter einbezogen sind und es aktiv unterstützen.

Wesentliche Prinzipien der TQM-Philosophie sind:
→ Qualität orientiert sich am Kunden,
→ Qualität wird durch *Mitarbeiterinnen und Mitarbeiter* aller Bereiche und Ebenen erzielt,
→ Qualität umfasst viele *Dimensionen,* die durch Kriterien operationalisiert werden müssen,
→ Qualität ist kein Ziel, sondern ein *Prozess,* der nie zu Ende geht,
→ Qualität bezieht sich auf Produkte und Dienstleistungen, vor allem aber auf die *Prozesse* zur Erzeugung derselben,
→ Qualität setzt aktives Handeln voraus und muss erarbeitet werden.

Der Begriff **Qualitätsmanagement (QM)** vereint in sich die Begriffe Qualitätsplanung, -lenkung, -sicherung und -verbesserung. Gemeint ist mit QM ein Planungs-, Informations- und Kontrollsystem zur Erreichung festgelegter Qualitätsanforderungen. Dies geschieht durch das Definieren von Maßnahmen, das Festlegen von Zielen und die Überprüfung dieser Ziele.

2.2.5   Instrumente der Qualitätsentwicklung

1. Die ISO 9001

Es gibt verschiedene Instrumente zur Qualitätsentwicklung. Auch im sozialpädagogischen Bereich setzt die in der Industrie seit Langem bewährte ISO-Norm Standards. Die ISO-9001-Reihe erfasst in erster Linie rein formale Gesichtspunkte und die Effektivität von Prozessabläufen. Sie erfasst keine ethischen oder moralischen Aspekte, sie fragt nicht nach dem Sinn der Prozesse oder der Produkte. In der Literatur wird immer wieder das Beispiel angeführt, dass sich nach dieser Methode auch ein Schwimmreifen aus Beton zertifizieren ließe. Die Norm ISO 9001 fragt eben nicht nach der Zielsetzung des Handelns. Erziehung ohne Ziel ist aber nicht denkbar und wäre dann keine Erziehung mehr.

Ziel ist es also, selbst formulierte Prozesse zu erreichen. Qualitätsmanagement ist deshalb nicht Kontrolle, sondern ständige Überprüfung der Praxis mit dem Ziel, diese zu optimieren oder die Prozessbeschreibungen an neue Anforderungen anzupassen. Maßgeblich beeinflusst hat das Qualitätsmanagement William Edwards Deming

(1900–1993). Nach dem amerikanischen Physiker und Statistiker ist das zentrale Element des Qualitätsmanagement benannt: der *Deming-Kreis.* Entsprechend den vier Schritten wird er **PDCA-Zyklus** genannt. Plan (Planen) – Do (Tun, Durchführen) – Check (Überprüfen) – Act (Agieren, Handeln).

Phasen des PDCA-Zyklus

Der PDCA-Zyklus ist ein Instrument zur kontinuierlichen Verbesserung. Und genau dieses ist der Kern des Qualitätsmanagements: die kontinuierliche Verbesserung. Zeigen sich bei der Umsetzung oder bei der Überprüfung (Audit) Schwachstellen, so werden sie entsprechend korrigiert.

Es wird nicht *inhaltlich* normiert, sondern es werden **formale Anforderungen** an ein Qualitätsmanagementsystem gestellt. So wird etwa die Begrüßung des Kindes beschrieben, der Tonfall, in dem dieses geschieht, aber nicht. Die Umsetzung dieses Systems ist auf fast alle Dienstleistungsbereiche übertragbar. Aufgrund des hohen Grades an Universalität gehen allerdings Spezifika des jeweiligen Bereichs verloren. Das Verfahren zeichnet sich durch folgende Merkmale aus:

→ Definition von Standards zum Management von Organisationsprozessen,
→ Darlegung in 20 Elementen (Qualitätsmanagementhandbuch),
→ Selbstbewertung möglich durch ein internes Audit,
→ externe Überprüfung in einem externen Audit,
→ Zertifikat für drei Jahre, jährliche Nachprüfung.

Inzwischen entwickeln große Träger, wie die katholische und die evangelische Kirche, eigene, an der ISO-Norm orientierte Systeme. So hat der evangelische Trägerverband in Zusammenarbeit mit dem *Diakonischen Institut für Qualitätsentwicklung* im Diakonischen Werk der EKD 2009 ein Bundesrahmenhandbuch erstellt. Dieses Handbuch dient als Leitfaden für den Aufbau eines **Qualitätsmanagementsystems** in Tageseinrichtungen für Kinder. Über die Absicht schreibt der Bundesverband evangelischer Tageseinrichtungen für Kinder (Beta): „Um für die religions- und sozialpädagogische Arbeit in den Tageseinrichtungen für Kinder und für die Bildungs- und Erziehungspartnerschaft mit den Eltern eine möglichst hohe Qualität zu gewährleisten, stehen Träger in der Verantwortung, systematische Qualitätsentwicklung und -sicherung zu betreiben und ein Qualitätsmanagementsystem einzuführen." *(www.beta-diakonie.de/beta-guetesiegel, 29.11.11)*

Auf der Basis dieses Handbuches ist sowohl eine Zertifizierung von Einrichtungen nach dem Diakonie-Siegel **KiTa** *(inklusive DIN EN ISO 9001: 2008)* wie auch die Verleihung des Evangelischen Gütesiegels **BETA** möglich.

Ähnlich geht der katholische Trägerverbund vor. Der *Verband Katholischer Tageseinrichtungen für Kinder (KTK) –*

Bundesverband e. V. hat in Zusammenarbeit mit CoLibri Management Service und anderen Fachleuten ein **Gütesiegel für katholische Kindertageseinrichtungen** entwickelt. Grundlagen dieses Gütesiegel sind:

→ Trägerspezifische, caritativ-diakonische Anforderungen,
→ elementarpädagogisch-psychologische Anforderungen und
→ Qualitätsmanagement nach der DIN EN ISO 9001.

Exkurs: QM in der Alltagspraxis

Das Ausmaß der Veränderung, die die Teilnahme an einem Qualitätsmanagement-Prozess bewirkt, zeigt sich bei der Schilderung einer Teilnehmerin: „Qualitätsmanagement gehört einfach zum evangelischen Profil." Ingrid Marth wählt deutliche Worte, wenn sie von Qualitätsmanagement spricht. Für die Leiterin vom „Regenbogenland", der Kindertagesstätte der Frankfurter Regenbogengemeinde, ist Qualitätsmanagement schnell zu einem „absoluten Highlight" geworden. Zunächst jedoch, erinnert sie sich, habe es unter den Mitarbeiterinnen Unsicherheiten gegeben: „Welche Arbeit kommt da auf uns zu? Wie können wir den zusätzlichen Aufwand bewältigen?" Doch schnell habe das Team die vielen Vorteile des Qualitätsmanagements erkannt. Der Qualitätsmanagement-Prozess wirkte sich entscheidend auf den Alltag aus: „Wir haben beispielsweise einen Beobachtungsbogen eingeführt und besprechen mit den Eltern nach einem Vierteljahr, wo ihr Kind steht." Überhaupt habe Qualitätsmanagement die Kommunikation intensiviert. Grundlage sind regelmäßige Befragungen von Kindern und Eltern. Daraus entstanden bereits ein Väterfrühstück und von Eltern angebotene Projekte wie Fußball, Backen oder Tanzen. „Es wird eben nicht nur gebastelt – darauf legen die Kinder Wert", lacht die Leiterin und ergänzt: „Wir machen auch kein Fest mehr, an dem die Eltern nicht intensiv mitarbeiten." Schon länger, erklärt sie, sei es der ausdrückliche Wunsch des Teams gewesen, den Vätern und Müttern die Arbeit ausführlich zu dokumentieren: „Was macht ihr eigentlich genau?", ist eine häufige Frage, die dank Qualitätsmanagement nun leicht zu beantworten ist. Neu in der Kindertagesstätte ist auch ein Reklamationsverfahren: Im Eingangsbereich können Eltern ein Formular ausfüllen und es in einen Briefkasten werfen. „So läuft das nicht über Gerüchte nach dem Motto: Der und die hat gesagt ...", erklärt Ingrid Marth. Der Name des Verfahrens „Das offene Wort" ist auch in anderen Bereichen zum Programm geworden.

„Jeder im Team weiß um verbindliche Regelungen und kann sie jederzeit im Qualitätsmanagement- Handbuch einsehen", betont die Leiterin und ergänzt: „Wenn etwas verbessert werden soll, setzen sich alle zusammen und entscheiden. Nichts geschieht planlos." Insgesamt minimiere Qualitätsmanagement die Abhängigkeit der Entscheidungen von einzelnen Personen. So entstand auch eine „Fehlermängelliste", die Fragen klärt: Was ist zu bemängeln? Wann und wo trat das Problem auf? Welche Sofortmaßnahme wurde eingeleitet? Welche Vorschläge zur Verbesserung gibt es? „Kritik", so Ingrid Marth, „geschieht nicht mehr mit erhobenem Zeigefinger, sondern bleibt auf einer sachlichen Ebene."

Besonders beschäftigt hat das Team vom „Regenbogenland" die Frage, wie es interkulturelle Arbeit in einem sozialen Brennpunkt mit ihrem evangelischen Profil verbinden kann. In diesem Zusammenhang verstärkte die Kindertagesstätte auch die Kontakte zu einer benachbarten islamischen Einrichtung. Ein gemeinsames Fest gehört nun zu den regelmäßigen Terminen im Jahr. Ingrid Marth, seit 1975 Leiterin der Kindertagesstätte, möchte auch andere zum Qualitätsmanagement ermutigen. „Meine Vision ist, dass alle Frankfurter Einrichtungen sich beteiligen und wir bald auf einem gleichen Level sind", erklärt sie. Schließlich helfe Qualitätsmanagement, flexibel zu bleiben und sich auf neue Gegebenheiten einzustellen. „Als lang gediente Leiterin muss auch ich mich immer wieder hinterfragen: Wo bin ich betriebsblind?", konstatiert sie. Das falle ihr nun viel leichter, denn: „Umdenken und neu anfangen – das geht mit Qualitätsmanagement hervorragend." *(Diakonisches Werk für Frankfurt, 2003, S. 14).* Inzwischen haben über zwei Drittel der Frankfurter evangelischen Tageseinrichtungen ein QM-System eingeführt, ein Viertel ist gar zertifiziert und stellt sich damit einer jährlichen externen Überprüfung.

2. Qualitätsentwicklung im Dialog

Als Instrumentarium zur Qualitätsentwicklung ist auch die Methode „Qualität im Dialog entwickeln" des Kronberger Kreises bekannt. Der **Kronberger Kreis für Qualitätsentwicklung in Kindertageseinrichtungen** ist eine interdisziplinäre Arbeitsgruppe von Fachleuten, die aus dem hessischen Projektring „Orte für Kinder" hervorging. Der Kreis hat sich 1995 gegründet. Er versteht sein Verfahren nicht als Katalog, sondern als Anregung für einen individuellen Qualitätsentwicklungsprozess. Es soll sich vor Ort die „beste Fachpraxis" entwickeln. Dabei

sollen alle beteiligten Gruppen in einen Dialog einbezogen werden. In diesem dialogischen Prozess sollen die Erwartungen und Bedürfnisse geklärt werden. Bewusst wird hier auf jede Vorbestimmung davon, was Qualität ist, verzichtet. Der Kronberger Kreis hat seine Anregungen in Anlehnung an den Situationsansatz entwickelt. Als **Qualitätsbereiche** werden betrachtet:

→ Programm- und Prozessqualität
→ Leitungsqualität
→ Personalqualität
→ Einrichtungs- und Raumqualität
→ Trägerqualität
→ Kosten-Nutzen-Qualität
→ Förderung von Qualität

In **drei Schritten** wird Qualität untersucht:
1. Herausarbeitung allgemeiner Gesichtspunkte einer guten Fachpraxis (Qualitätsstandards).
2. Formulierung von erkenntnisleitenden Fragen, die die Qualitätsuntersuchung in einer Einrichtung leiten könnten.
3. Erteilen von Hinweisen auf konkrete Indikatoren, Merkmale, die gute Fachpraxis beschreiben.

3. Die KES – Kindergarten-Einschätz-Skala

Als ein Instrument der Qualitätsmessung dient auch die *Kindergarten-Einschätz-Skala (KES).* Die Skala ist die deutsche Adaption der englischen *Early Childhood Environment Rating Scale (ECERS).* Diese wurde 1980 von Thelma Harms und Richard Clifford für die Bewertung der Qualität der Betreuung und Erziehung in Kindergärten entworfen. 1997 entwickelte Wolfgang Tietze von der FU Berlin die Kindergarten-Einschätz-Skala (KES) als Beobachtungsinstrument zur Untersuchung der pädagogischen Qualität in deutschen Kindergärten. 2001 erschien die revidierte Fassung **KES-R,** in der einige Merkmale neu hinzugekommen und einige bearbeitet worden sind. Die Feststellung pädagogischer Qualität in Tageseinrichtungen (Krippe, Kindergarten, Hort, schulische Ganztagsangebote) und Tagespflegestellen, ihre Sicherung und Verbesserung bilden aktuelle Herausforderungen. **Selbst-Evaluation** und externe **Güte-Kontrolle** der pädagogischen Arbeit dienen nicht nur der Feststellung eines Ist-Zustands, sondern sind auch Voraussetzung für systematische und zielgerichtete Verbesserungen und Innovationen.

Die Krippen-Skala **(KRIPS-R),** Kindergarten-Skala **(KES-R),** Hort- und Ganztagsangebote-Skala **(HUGS)** sowie die Tagespflege-Skala **(TAS)** sind Instrumente, mit deren Hilfe die Qualität der pädagogischen Arbeit in Kindertageseinrichtungen und Tagespflegestellen direkt feststellbar wird. Sie liefern Hinweise und Ansatzpunkte für gezielte Qualitätsverbesserungen.

Einsatz und Handhabung der jeweiligen Skala setzen jedoch ein gründliches Training voraus. Die **KES-R** umfasst beispielsweise 43 Merkmale, „die sich auf die Förderung der Entwicklung der Kinder im physischen, sozialen, emotionalen und kognitiven Bereich beziehen und dabei Anforderungen an die Ausstattung der Einrichtung und deren Nutzung sowie an Aufgaben der Erzieherinnen zugrunde legen" *(Tietze u. a. 2001, S. 9).* Der Einschätzung liegen **43 Qualitätsmerkmale** zugrunde. Dabei werden beurteilt *(a. a. O.):*

I. Platz und Ausstattung
1. Innenraum
2. Mobiliar für Pflege, Spiel und Lernen
3. Ausstattung für Entspannung und Behaglichkeit
4. Raumgestaltung
5. Rückzugsmöglichkeiten
6. kindbezogene Ausgestaltung
7. Platz für Grobmotorik
8. Ausstattung für Grobmotorik

II. Betreuung und Pflege der Kinder
9. Begrüßung und Verabschiedung
10. Mahlzeiten und Zwischenmahlzeiten
11. Ruhe- und Schlafpausen
12. Toiletten
13. Maßnahmen zur Gesundheitsvorsorge
14. Sicherheit

III. Sprachliche und kognitive Anregungen
15. Bücher und Bilder
16. Anregung und Kommunikation
17. Nutzung der Sprache zur Entwicklung kognitiver Fähigkeiten
18. allgemeiner Sprachausdruck

IV. Aktivitäten
19. feinmotorische Aktivitäten
20. künstlerisches Gestalten
21. Musik und Bewegung
22. Bausteine
23. Sand/Wasser
24. Rollenspiel
25. Naturerfahrungen/Sachwissen
26. mathematisches Verständnis
27. Nutzung von Fernsehen, Video und/oder Computer
28. Förderung von Toleranz und Akzeptanz von Verschiedenartigkeit/Individualität

V. Interaktionen
29. Beaufsichtigung/Begleitung/Anleitung bei grobmotorischen Aktivitäten
30. allgemeine Beaufsichtigung/Begleitung/Anleitung
31. Verhaltensregeln/Disziplin
32. Erzieher-Kind-Interaktion
33. Kind-Kind-Interaktion

VI. Strukturierung der pädagogischen Arbeit
34. Tagesablauf
35. Freispiel
36. Gruppenstruktur
37. Vorkehrungen für Kinder mit Behinderungen

VII. Eltern und Erzieherinnen
38. Elternarbeit
39. Berücksichtigung persönlicher Bedürfnisse der Mitarbeiter
40. Berücksichtigung fachlicher Bedürfnisse der Mitarbeiter
41. Interaktion und Kooperation der Mitarbeiter
42. fachliche Unterstützung/Evaluation der Mitarbeiter
43. Fortbildungsmöglichkeiten

Die **pädagogische Qualität** der Merkmale wird mit insgesamt sieben Bewertungsstufen (von 1 = unzureichend bis 7 = ausgezeichnet) beurteilt.

Der Handhabung dieser Skala sollte ein einwöchiges Training vorausgehen, welches eine pädagogisch inhaltliche wie auch formal methodische Einarbeitung in die Grundlagen der KES-R beinhaltet, praktische Übungen enthält und erst dann erfolgreich abgeschlossen ist, wenn ein vorgegebenes Maß an Übereinstimmung der Beobachter vorliegt.

4. Nationale Qualitätsinitiative (NQI)

Das *Bundesministerium für Familie, Senioren, Frauen und Jugend* rief 1999 gemeinsam mit zehn Bundesländern, kommunalen und freien Trägern die „Nationale Qualitätsinitiative im System der Tageseinrichtungen für Kinder" ins Leben.

Sie hatte zum Ziel, Instrumente zur Feststellung der Qualität der Arbeit in Tageseinrichtungen (Krippen, Kindergärten und Horten) zu entwickeln. In **fünf Teilprojekten** wurden Qualitätskriterien für Kindertageseinrichtungen erstellt, geeignete Evaluationsverfahren entwickelt und praktisch erprobt:

→ Teilprojekt I und II: Qualität in der Arbeit mit Kindern von 0 bis 6 Jahren (PädQuis)

→ Teilprojekt III: Qualität im Situationsansatz (QuaSi)
→ Teilprojekt IV: Qualität für Schulkinder in Tageseinrichtungen (QUAST)
→ Teilprojekt V: Steuerung von Trägerqualität durch Evaluation (TQ)

Das Projekt hatte eine Laufzeit von 2000 bis 2003. Ziel aller Teilprojekte war die Entwicklung von Kriterien zur Erfassung der Arbeit (mit Kindern unter drei Jahren und im Kindergarten, mit Schulkindern und von Trägern) und Erarbeitung und Erprobung von handhabbaren Feststellungsverfahren (Evaluation).

↗ FAZIT

→ Alle großen Trägerverbünde haben Qualitätshandbücher oder -systeme entwickelt. Oft orientieren sich diese an der Industrienorm **ISO 9001.** Daneben stehen aber auch Systeme wie die des **Kronberger Kreises** oder der **KES.** Allen gemeinsam ist, dass sie eine regelhafte und regelmäßige Auseinandersetzung mit dem eigenen Tun erfordern. Besonders einleuchtend erscheint der **PDCA-Zyklus** als ein Instrument zur kontinuierlichen Verbesserung.

→ Allgemeingültige Standards können nicht einfach erlassen werden. Die Zuständigkeit liegt hier bei Kommunen und Ländern. Auch sind die Rahmenbedingungen wie die Kind-Erzieherinnen-Relation oder die Ausstattung sehr unterschiedlich. Hinzu kommt die Zersplitterung der Trägerlandschaft. Die Einrichtungen sind in der Trägerschaft von Vereinen, Elterninitiativen oder einzelnen – juristisch selbstständigen – Kirchengemeinden. Diese Vielfalt ist aber auch eine Chance. So können sich Einrichtungen mit je eigenem Profil entwickeln, etwa Zweisprachigkeit oder einem besonderem pädagogischen Ansatz oder auch mit einem Schwerpunkt wie Musik oder Sport.

→·← AUFGABEN UND ANREGUNGEN

1   Welche Chancen sehen Sie in der Standardisierung?

2   Sehen Sie auch Probleme in der Einführung eines QM-Systems? Beschreiben Sie die Nachteile.

3   Welche Ansätze des QM gibt es?

4   Beschreiben Sie die drei Ebenen beruflichen Handelns und nennen Sie Beispiele hierfür.

5   Beschreiben Sie den PDCA-Zyklus und seine Vorteile.

6   Welche Rolle spielen die Mitarbeiterinnen im QM-System?

7   Benötigen Kindertagestätten ein Qualitätsmanagement?

3 Arbeitsorganisation und Strategien zur Berufsbewältigung

3.1 Zeitmanagement und Organisation

„Ich habe keine Zeit." Jeder und jede kennt diese Aussage. Aber warum hat man keine Zeit? Wer sorgsam mit seiner Zeit umgehen will, muss entscheiden, was wichtig, weniger wichtig oder gar unwichtig ist. Dies ist das erste Grundprinzip von Zeitmanagement, die Entscheidung über die Rangfolge.

„Ich habe keine Zeit?"

3.1.1 Priorisierung und Planung

Der Begriff Zeitmanagement ist eigentlich etwas irreführend. Denn Zeit lässt sich nicht vermehren, somit auch nicht managen. Man kann nicht einfach bei Bedarf mehr bestellen. Es bleibt also nichts anderes übrig, als die vorhandene Zeit effektiv zu planen. Zeitmanagement folgt den beiden Prinzipien des Rankings und der genauen Planung.

Über irgendeine Form des Planens verfügt eigentlich jeder. Der herkömmliche Kalender ist nichts anderes als ein Hilfsmittel zur Zeitplanung, also des Zeitmanagements. Und hier entscheidet sich auch, ob Zeitplanung überhaupt gewollt ist. Immer noch gelten diejenigen als besonders wichtig, die *keine* Zeit haben. Beim Versuch, Termine abzustimmen, kann deswegen nicht einfach dem ersten Vorschlag zugestimmt werden. Das würde ja bedeuten, dass man nichts zu tun hätte. Viel schicker ist es, möglichst oft den Kopf zu schütteln und dabei auf andere wichtige Termine hinzuweisen.

Solche Menschen müssen sich nicht mit Zeitmanagement beschäftigen. Alle anderen aber können mit der bewussten Planung und dem effektiven Umgang mit ihrer Zeit schon in kurzer Zeit gute Ergebnisse erzielen. Dabei sind **Priorisieren** und **Planen** die beiden Grundprinzipien. Bei der Planung sind v. a. auch Pausen (stille Stunden) und frei verfügbare Zeit für Unvorhergesehenes von besonderer Bedeutung.

Wie sinnvoll *geplant* werden kann, zeigt die sogenannte **ALPEN-Technik:**

> **A**ufgaben notieren, die zu erledigen sind.
>
> **L**änge der Zeit, die zur Erledigung der Aufgabe benötigt wird, aufschreiben bzw. den Zeitbedarf der Aufgaben realistisch schätzen.
>
> **P**ufferzeiten reservieren für unvorhergesehene dringliche Aufgaben oder Probleme.
>
> **E**ntscheidungen treffen über die Reihenfolge der Aufgaben und Prioritäten setzen.
>
> **N**achkontrolle am Abend des Tages und Übertrag unerledigter Aufgaben auf den nächsten Tag.

Mit einem einfachen Tagesplan, der nach Stunden gegliedert ist, lässt sich diese **Planung** umsetzen. **Prioritäten** lassen sich durch Einteilung in A, B und C setzen.

> **A:** Diese Aufgaben sind **dringend** (kurzfristig zu Erledigendes) **und wichtig** (es entstehen Nachteile, wenn sie nicht erledigt, und Vorteile, wenn sie erledigt werden – und das auch langfristig gesehen).
>
> **B:** Diese Aufgaben sind **wichtig,** aber nicht dringend.
>
> **C:** Diese Aufgaben sind **dringend,** aber nicht wichtig.

Fallen bei der Planung

Schwieriger als die Planung ist es jedoch meistens, den „inneren Schweinehund" zu überwinden. Gerade Studierende tappen oft in diese Falle.

---

1. Anfangshemmungen

Die Entscheidung, endlich anzufangen, fällt vielen außerordentlich schwer. Gerne lässt man sich ablenken, räumt auf und die Spülmaschine aus. Aber: Es hilft nichts, man muss einfach anfangen. Ablenkungen sind keine Entschuldigung dafür, dass der Zeitplan nicht eingehalten wird.

2. Zeitverschwendung

Viele Studierende machen zu viel auf einmal. Resultat: Für das, was eigentlich getan werden sollte, bleibt nicht mehr genügend Zeit. Die Beschäftigung mit zu vielen Dingen auf einmal erzielt keine brauchbaren Resultate. Kostbare Arbeitszeit wird dadurch eher verschwendet.

3. Schlechtes Gewissen

Das Gefühl zu wenig geleistet zu haben, peinigt und blockiert. Es dient aber auch als Ausrede, nicht weiterzuarbeiten. Gleichzeitig macht es auch ein schlechtes Gewissen in der Freizeit. Der Effekt ist ein Gefühl der totalen Unzufriedenheit. Und nichts ist dadurch erreicht.

3.2 Beratung und Supervision

3.2.1 Fachberatung

Kindertagesstätten brauchen Beratung: Über neue pädagogische Entwicklungen, über Finanzierungsmodelle, Bildungspläne, Verordnungen und Gesetze usw. Für diese Vermittlung neuer Erkenntnisse und Erfordernisse, aber auch als Instrument der Beratung hat sich die **Fachberatung** etabliert. Sie berät Erzieherinnen ebenso wie Träger. Als unabdingbar hat sich dabei erwiesen, dass die Fachberatung von Fachaufsicht getrennt ist. Nur so kann eine Atmosphäre des offenen Dialogs und eines besonderen Vertrauensverhältnisses entstehen.

Ein Beispiel:

„Zwei Jungen im Alter von fünf und sechs Jahren haben sich mit einer für Kinder plausiblen Begründung auf ‚ihre' Reise nach Mallorca gemacht. Allerdings wurden sie ungewollt am Frankfurter Hauptbahnhof entdeckt. Ihre Erklärung, dass der Sand am Strand von Mallorca schöner ist als der in ihrer Kita, war durchaus nachvollziehbar. Gut versteckt hinter Büschen hatten sie ihre Flucht aus der Kita vorbereitet und kletterten über einen Zaun. Der weitere Plan, mit dem Bus und dann mit der S-Bahn zum Frankfurter Flughafen zu fahren, wurde durch die ‚Unzuverlässigkeit' der Bahn am Hauptbahnhof gestoppt. Hier endete die Fahrt und zu allem Überfluss wurden die beiden durch den aufmerksamen Sicherheitsdienst entdeckt und an die Bundespolizei übergeben. Diese brachten sie zurück zu ihren erleichterten Eltern und Erzieherinnen. Diese hatten inzwischen das Verschwinden bemerkt und gemeinsam mit der Polizei eine Suchaktion gestartet. Von dem Sand in der Kita halten die beiden vermutlich immer noch nichts."

Was den Unbedarften zum Schmunzeln bringt, war für die Erzieherinnen mehr als nur eine ernste Angelegenheit. Der Träger ist verpflichtet, zu untersuchen, ob ein pflichtwidriges Verhalten einzelner Erzieherinnen vorliegt *(vgl. HF 1, Kap. 4.2)*. Die Fachberatung dagegen fragt nach, was los war und wie das Team organisiert ist.

Oder was verbessert werden könnte. Fehler können der Fachberatung gegenüber offen zugegeben werden, denn hier droht keine arbeitsrechtliche Konsequenz. Die Fachberaterin wird sich ohne Vorwürfe dem Team nähern und in den Blick nehmen, was verbessert werden kann, damit nicht wieder Kinder ausreißen.

Der Träger als Arbeitgeber muss immer die rechtlichen Konsequenzen im Blick haben. Hat er als Träger seine Erzieherinnen z. B. durch einen zu niedrigen Stellenschlüssel überfordert? In einem solchen Fall haftet der Vertreter des Trägers auch persönlich. Oder war es die Schuld einer unaufmerksamen Erzieherin? In einem solchen Fall könnte es für den Träger notwendig sein, diese Erzieherin abzumahnen. Natürlich hat auch der Träger die Verbesserung der Situation im Blick, aber er ist eben auch juristisch in der Pflicht, sein Handeln zu belegen, damit sich solche Vorfälle nicht wiederholen können. Übrigens: Kindertagesstätten sind kein Hochsicherheitstrakt und müssen es auch nicht sein. Deshalb kann es immer wieder mal vorkommen, dass Kinder sich entfernen.

Die **zentralen Aufgaben** einer Fachberatung sind:
→ Fachliche inhaltlich-pädagogische Begleitung und Beratung vor Ort unterstützen die Mitarbeiterinnen in den Kindertageseinrichtungen in der Konzeptions- und Qualitätsentwicklung;
→ organisatorische und rechtliche Beratung bezüglich Gesetzen, Verordnungen und Richtlinien;
→ Unterstützung und Beratung bei der Bauplanung und Gestaltung von Räumen und Außengelände;
→ Hilfe bei Problemen und Konflikten zwischen Erzieher/-innen, Leiter/-innen, Eltern und Träger;
→ Durchführung und Organisation von Fortbildungen;
→ Interessenvertretung in Gremien und Arbeitsgruppen auf regionaler Ebene.
(vgl. Adolph, Dupuis, Hoffmann, Prott, 2001)

„Wenn Qualitätsentwicklungen angestrebt, Teamkonflikte gelöst oder Potenziale aktiviert werden sollen etc., zeigt sich die Distanz der Fachberatung als förderlich und unverzichtbar. Unhinterfragte Traditionen können durch die Außenposition offen gelegt und bearbeitet werden, Analysen der jeweiligen Situationen, Initiativen und Impulse können Reibungspunkte oder hemmende Faktoren zu Tage treten lassen und die Beteiligten selbst fähig machen, diese zu überwinden." *(Ebd.)*

Welche Kompetenzen eine Fachberaterin mitbringen muss, beschreibt Ulrike Ziesche, Fachberaterin aus Reinickendorf, die ausschließlich Qualitätsentwicklung mit ihren Einrichtungen macht: „Die Fähigkeit, Probleme und Entwicklungsbedarf wahrzunehmen, sie zu beschreiben und zukunftsgerichtet zu interpretieren; die Kompetenz, strategisch zu denken, komplexe Zusammenhänge zu erfassen, Systeme und ihre Regeln zu erkennen und Wissen [...] sinnvoll [...] zu verankern, [...] Moderationskompetenz, die Kompetenz, Menschen zu aktivieren, ihre Fähigkeiten zu erkennen und zu nutzen, ihre eigenen Kompetenzen auszubauen, also Hilfe zur Selbsthilfe, [...] die Bereitschaft, selbst Lernende in einem gemeinsamen Lernprozess zu sein, keine unnötigen Vorgaben zu machen, sondern flexibel und offen mit Situationen umzugehen; die Fähigkeit zum Prozessdenken, das den Prozess vieler Menschen umfasst, indem jeder Schritt gemeinsam gegangen, bewertet und nach Möglichkeit optimiert wird." *(vgl. U. Ziesche 1999, S. 142)*

Von vielen Fachberaterinnen und Fachberatern wird allerdings mit Recht angemahnt, dass das Aufgabenfeld der Fachberatung nicht klar umrissen ist. Ein fehlendes Aufgabenprofil und ein gewisser Kompetenzwirrwarr werden als belastend erlebt. Hinzu kommt der dauernde Rollenkonflikt, das „Zwischen-den-Stühlen-Sitzen".

3.2.2 Supervision

Bei besonderen Konflikten oder auch als kontinuierliche Unterstützung wird in vielen Einrichtungen eine regelmäßige **Supervision** angeboten.

Supervision ist die arbeitsfeldbezogene und aufgabenorientierte Beratung für die Mitarbeiterinnen und Mitarbeiter. Sie reflektiert sowohl fachliche und institutionelle Rahmenbedingungen als auch die in die

> berufliche Praxis hineinwirkenden persönlichen Erfahrungen. Sie ist keine Therapie. Sie wird durchgeführt von eigens qualifizierten Fachkräften. Es gibt Gruppensupervision, Teamsupervision und Einzelsupervision. Bei der Gruppensupervision treffen sich Fachkräfte aus dem gleichen Arbeitsfeld, während an der Teamsupervision das ganze Team teilnimmt, um gemeinsam pädagogisches Handeln zu reflektieren.

Die Ursprünge der Supervision liegen in der amerikanischen Sozialarbeit. Am Ende des 19. Jahrhunderts wurde erkannt, dass die unausgebildeten Ehrenamtlichen Unterstützung von ausgebildeten Sozialarbeitern benötigen. Die Ehrenamtlichen trafen auf Situationen, die sie alleine nicht meistern konnten, und holten sich Rat bei ihrem Vorgesetzten, dem Supervisor. Nach dem Zweiten Weltkrieg kam die Supervision nach Deutschland. Allerdings konnte sich hier die Vorgesetztensupervision nicht etablieren, sondern die Supervision durch einen **externen, unabhängigen Berater**.

Gerade durch das in den letzten Jahren verbreitete Anforderungsprofil entsteht ein erhöhter Beratungs- und Informationsbedarf. Die Bildungspläne der Länder verlangen eine hohe Professionalität, die nichts mehr mit dem Berufsbild der 1950er- und 1960er-Jahre zu tun hat. Damals war „Mütterlichkeit" das Leitbild für die institutionelle Erziehung. Heute ist die Kindertagesstätte die erste Bildungsinstitution und braucht deshalb entsprechend professionelles pädagogisches Personal.

Bei den komplexen Anforderungen ist es wenig verwunderlich, dass es einen großen Bedarf an Unterstützung gibt. Insbesondere, wenn man bedenkt, wann und mit welchen Lehrinhalten die heutigen Erzieherinnen in den Beruf gegangen sind. Doch trotz des Unterstützungsbedarfs steht man dem Instrument Supervision im Bereich der Kinderbetreuung reserviert gegenüber. Die Supervision ist als Instrument zur Professionalisierung im Bereich der Kindertagesstätten noch recht wenig verbreitet. In einer nicht repräsentativen Umfrage *(vgl. Ursula Klein 2010, S. 65)* hatten lediglich 36 % der an Fortbildung teilnehmenden Erzieherinnen (von insgesamt 119) Erfahrung mit Supervision. Auf die Frage, ob sie an Supervision teilnehmen würden, falls sie die Möglichkeit dazu hätten, antworteten:

→   6 % mit „nein"
→ 47 % mit „ja, unter bestimmten Umständen"
→ 47% mit „ja, auf jeden Fall"

Es besteht Skepsis. Ursula Klein folgert daraus: „Erzieherinnen ohne Supervisionserfahrung begegnen dem Instrument Supervision mit Skepsis. Ihnen kommt die Inanspruchnahme von Supervision einem Eingeständnis beruflicher Inkompetenz gleich. Supervision steht für sie für die Verbindung mit Unangenehmen und ruft negative Erwartungen sowie negative Gefühle hervor." *(Ebd., S. 180)*

Die Deutsche Gesellschaft für Supervision (DGS) beschreibt dagegen, was dieses Instrument leisten kann.

> „In der Kindertagesstätte kann ein Supervisionsangebot bedeuten,
>
> → die Rollenvielfalt des Erzieherinnenberufes aus verschiedenen Perspektiven zu betrachten und die Rollenflexibilität zu erhöhen.
>
> → Handlungsalternativen für konkrete Herausforderungen aus dem Alltag der Kindergartenarbeit zu entwickeln (Fallsupervision).
>
> → berufsbedingten Stress zu verarbeiten und einem Burnout vorzubeugen.
>
> → die Zusammenarbeit zwischen dem Träger der Einrichtung und den pädagogischen Mitarbeiter/-innen zu optimieren."

Den Nutzen beschreibt die DGS an gleicher Stelle so: „Im beruflichen Kontext nützt Supervision bei der Verbesserung der Kommunikation am Arbeitsplatz und fördert die Zusammenarbeit in Teams und zwischen Leitung und Mitarbeiter/-innen. Dies geschieht u. a. durch den Blick auf Organisations- und Arbeitsabläufe, das Ansprechen und Aufklären von Konflikten sowie durch die Erweiterung von Wahrnehmungsfähigkeit und Handlungsoptionen."

3.2.3 Coaching

Vor jeder Supervision mit einer externen Supervisorin sollte allerdings überlegt werden, ob gewisse Dinge nicht auch von der Leiterin geklärt werden können. Auch ist zu fragen, ob nicht eine andere Methode angewandt werden kann. In den letzten Jahren hat sich immer stärker das **Coaching** durchgesetzt. Der Coach, der Trainer, bereitet vor, macht die Leiterin stark, hilft ihr eine Aufgabe zu bewältigen.

Leiterinnen von Kindertagesstätten haben eine bedeutende Aufgabe und eine große Verantwortung. Sie sind Führungspersonen. Sie halten das System an der Schnittstelle Personal, Eltern und Kinder sowie Träger zusammen. Es lässt sich nicht vermeiden, dass sie unterschiedlichen Interessen ausgesetzt sind. Leitung bedeutet immer auch, dass man es nie allen recht machen kann. Etwa wenn die Eltern eine verlängerte Öffnungszeit wollen und die Erzieherinnen am liebsten freitags um 14 Uhr ins Wochenende gehen würden.

Um die Leiterin oder auch die einzelne Erzieherin zu stärken, wird heute oft zum Coaching gegriffen. Es ist eine effiziente Methode, in schwierigen Situationen eine professionelle Unterstützung von außen zu erhalten.

Voraussetzungen für professionelles Coaching
→ **Freiwilligkeit:** Die Klientin möchte eine Situation verändern und sucht eine Person, die ihr dabei professionell zur Seite steht.
→ **Zielorientiertheit:** Im Mittelpunkt steht die konkrete Umsetzung von Handlungsalternativen der Klientin. Auf lange Problemanalysen wird verzichtet.
→ **Problemlösungskompetenz der Klientin:** Jede Klientin kennt sich selbst am besten und deshalb auch mögliche Handlungsalternativen. Durch den Einsatz seines Methodenwerkzeugs und vor dem Hintergrund seiner Erfahrung bietet der Coach eine Hilfestellung bei der Suche nach der besten Lösung.
→ **Gleichberechtigung:** Coach und Klientin begegnen sich auf Augenhöhe, sind gleichwertige Partner. Auf fachliche Ratschläge verzichtet der Coach, vielfach kommt er auch gar nicht aus dem beruflichen Kontext der Klientin.
→ **Verschwiegenheit:** Was in Coaching-Sitzungen erlebt und besprochen wird, unterliegt der Verschwiegenheit, auch gegenüber dem Arbeitgeber.

→ **Berufsbezogenheit:** Im Zentrum der Gespräche stehen berufliche Fragestellungen, wobei persönliche Aspekte sicher berücksichtigt werden. Die Coaching-Sitzung ist keine Therapiestunde.

Auswahl und Ablauf
Sobald die Entscheidung für ein Coaching gefallen ist, gilt es, einen passenden Coach zu finden. Oft spielen dabei persönliche Empfehlungen eine große Rolle.

Kostenlose Erstgespräche bieten die Möglichkeit, einen Eindruck zu gewinnen und basierend auf diesen persönlichen Begegnungen eine Auswahl zu treffen.

Folgende Fragen sind bei der Auswahl hilfreich:
→ Möchte ich lieber mit einer Frau oder mit einem Mann arbeiten?
→ Ist mir der Coach sympathisch? Stimmt die „Chemie" zwischen uns?
→ Benutzt er eine mir verständliche Ausdrucksweise?
→ Wie geht er auf meine Fragen und Probleme ein?
→ Bringt der Coach in ersten Ansätzen neue Inhalte, überraschende Gedanken oder anregende Fragen ein?

Vor Beginn des Coachings klären Coach und Klientin die Rahmenbedingungen (Ort, Termine, Honorar, usw.). In der ersten Sitzung wird die Ausgangssituation betrachtet, das Problem analysiert und konkrete Zielvorgaben für das Coaching erarbeitet. In den einzelnen Sitzungen wird mit unterschiedlichen Methoden an den vereinbarten Zielen gearbeitet, wobei stets auch aktuelle Fragestellungen eingebunden sind.

Nach einer durchschnittlichen Anzahl von fünf bis sechs Sitzungen ziehen Coach und Klientin ein Resümee, sie hinterfragen die Ausgangssituation und beurteilen die Verbesserungen und Entwicklungen. Wenn dabei keine neuen Bedürfnisse der Klientin auftreten, wird der Coaching-Prozess mit gegenseitigem Feedback abgeschlossen.

> Das Coaching ist zeitlich begrenzt; es soll kein Abhängigkeitsverhältnis entstehen.

3.3   Gesundheitsprävention und Stressbewältigung

Arbeit ist mit Belastungen verbunden. Belastungen machen nicht zwangsläufig krank. Doch zeigen alle Befragungen, dass der Arbeitsplatz „Kindertagesstätte" tatsächlich ein hohes Maß an Belastung aufweist. Physisch und psychisch werden hohe Anforderungen an das Personal gestellt.

3.3.1   Lärmbelastung

Eine der meist genannten Belastungen ist der Lärm.

„Untersuchungen haben gezeigt, dass sich über 50 % der befragten Beschäftigten in Kindertageseinrichtungen durch Lärm belastet fühlen. Ein unspezifisches Unwohlsein, Kopfschmerzen, Magen-Darm-Probleme, Einschränkung der Leistungsfähigkeit bis hin zu akuten Stresssymptomen können die Folge einer dauerhaften Lärmbelastung sein. Oft reicht die Erholungsphase am Wochenende nicht mehr aus, um den Arbeitsalltag innerhalb der Woche zu meistern. Hinzu kommt, dass mit der Zunahme der Berufszugehörigkeit die Lärmbelastung intensiver auf den Körper einwirkt. Der Mensch empfindet den Lärm mit zunehmendem Alter als belastender und reagiert häufiger mit den o. a. Symptomen. Umso wichtiger ist es, im Sinne der Prävention herauszufinden, wodurch der Lärm entsteht, um dann eine wirksame Lärmreduzierung durch bauakustische, organisatorische und pädagogische Maßnahmen durchzuführen. Lärmmessungen geben Aufschluss darüber, ob unter Umständen eine ungünstige Raumakustik Ursache für eine Lärmbelastung sein kann." So die Unfallkasse Nordrhein-Westfalen auf den Seiten ihrer virtuellen Kita *(www.sichere-kita.de)*.

Die Belastung liegt oftmals in einem Bereich, in dem der Arbeitgeber eigentlich einen Gehörschutz bereitstellen müsste. „In fast 30 % der untersuchten Einrichtungen wurden Beurteilungspegel von 85 dB(A) gemessen. Bei einer derartigen Lautstärke müsste den Beschäftigten von Träger der Einrichtung eigentlich Gehörschutz zur Verfügung gestellt und dieser benutzt werden. Weitere ca. 60 % der Einrichtungen lagen zwischen 80–85 dB(A) und nur 12,5 % unter 80 dB(A). Spitzenwerte von 110 dB(A) können es durchaus mit Maschinenlärm (Kreissäge, Trennschleifer) aufnehmen." *(Torsten Kunz, Gesundheit in Kindertageseinrichtungen, in Kindergartenpädagogik-Online-Handbuch, www.kindergartenpaedagogik.de/1556.html)*

Die möglichen gesundheitlichen Auswirkungen sind nicht zu unterschätzen. Die Arbeitsmedizin nennt bei Lärmbelastung vor allem:

→ Bluthochdruck   → Schlafstörungen
→ Angstzustände   → Appetitlosigkeit
→ Depression   → Motivationsschwäche
→ Ermüdung   → Aggressivität

Die Ursachen für Lärm sind vielfältig. So wird aus Gründen des Brandschutzes in der Regel auf Teppichboden und Vorhänge verzichtet und damit auf einen natürlichen Schalldämpfer. Auch organisatorisch ließe sich möglicherweise durch Optimierung der Kinderzahl oder Verlagerung von Bewegungsspielen in den Mehrzweckraum einiges verbessern. Nicht zu vernachlässigen ist aber auch die eigene Stimme, die im Bemühen, die sonstigen Geräusche zu überdecken, ebenfalls eine Lärmquelle ist. Darum sollte der Einfluss der eigenen Stimme erforscht werden. So kann man beispielsweise für eine Stunde eine Videokamera aufstellen und damit sein eigenes Verhalten beobachten und evaluieren.

Die technischen Möglichkeiten sind meist begrenzt. Aber auch kleine Veränderungen wie Gleiter an den Tischen, Gummireifen an Spielzeug und schalldämmende Geschirrunterlagen können schon eine erstaunliche Wirkung haben.

> **Lärm** ist eine gesundheitsgefährdende Belastung, die durch technische, organisatorische und pädagogische Maßnahmen reduziert werden muss.

3.3.2 Körperhaltung

Der Beruf der Erzieherin ist auch für den Bewegungsapparat eine Belastung. Nicht, weil sie den ganzen Tag sitzen oder stehen muss. Hier ist ausreichend Abwechslung gegeben, eigentlich optimal. Aber das *Wie* ist hier entscheidend. Die Arbeitsmedizinerin Inge Zeller sagt dazu Folgendes: „Sie [die Erzieherinnen] sitzen seitlich am Kindertisch, weil sie ihre Beine nicht unter den Tisch bringen, oder sie zwingen ihre Beine mehr oder weniger mit Gewalt unter den Tisch. Beim Spielen mit den Kindern beugen sie sich vor und zur Seite. Und so ist in über ¼ der Arbeitszeit die Erzieherin nach vorne gebeugt und auch noch verdreht – da sagt die Wirbelsäule: Das gefällt mir nicht, das tut mir weh, ich kann mich in dieser Haltung nicht schmerzfrei halten – und wieder fehlt die Erzieherin für 14 Tage wegen schmerzendem Rücken." *(Inge Zeller, Gesundheitsförderung für Erzieherinnen,*

www.keg-nrw.de/Vortrag_Dr._Zeller_Gesundheitsforderung.pdf 17.1.2012)

Die Arbeitsmedizinerin empfiehlt die Anschaffung von höhenverstellbaren Möbeln sowohl für Kinder als auch für Erzieherinnen. Zudem sollten die Erzieherinnen ihre Spielaktivitäten in wechselnder Köperhaltung vornehmen: Spielkreisaktivitäten wie Sing- und Reimspiele können im Stehen durchgeführt werden; zum Vorlesen kann man sich auch auf den Boden setzen – im Schneidersitz oder Langsitz mit gebeugten Knien und Anlehnen des Rückens.

Außerdem gilt auch für Erzieherinnen – wie für fast alle Berufsgruppen – das Gebot der sportlichen Betätigung in der Freizeit.

> Das ständige Bücken und Verdrehen der Wirbelsäule stellt eine erhebliche Belastung dar. Höhenverstellbare Möbel können die Belastung reduzieren. Als individuelle Prophylaxe wird Bewegung empfohlen.

3.3.3 Psychosoziale Belastungen

Unter psychosozialer Belastung am Arbeitsplatz versteht man Arbeit unter Zeitdruck, häufige Arbeitsunterbrechungen und sich überschneidende Personalkontakte.

Gerade die vielfältigen Anforderungen können schnell zu Überforderungen führen. Der Beruf erfordert den permanenten Kontakt zu Eltern und Kindern. Untersuchungen ergaben, dass sich Erzieherinnen nur selten durch den Kontakt zu den Kindern stark belastet fühlen. Anders steht es um den Kontakt zu den Eltern. Hier sind Konflikte deutlich häufiger. Eltern stellen sehr unterschiedliche, manchmal auch kaum zu erfüllende Anforderungen. Manche versuchen, diese durch Intervention bei der Leitung durchzusetzen.

Kunz stellt ferner fest: „Sowohl in der Arbeit mit Kindern als auch in der Elternarbeit kommt ein weiterer Belastungsfaktor hinzu, der für Dienstleistungsberufe typisch ist: Da Freundlichkeit einen Teil der Dienstleistung darstellt, ist es in Fällen von Konflikten mit Kindern und Eltern kaum möglich, eigene Gefühle wie Wut zu zeigen." *(Kunz a. a. O.)*

Auch das Team erfordert psychosoziale Kompetenz und Energie in der Beziehungsarbeit. Da Teams in Kindertagesstätten oft über einen sehr langen Zeitraum zusammenarbeiten und häufig freundschaftlich verbunden sind, besteht die Gefahr, dass die Strukturen für Veränderungen zu starr sind. Neue Kolleginnen können es da sehr schwer haben.

Stress

„Ich bin jetzt im Stress!" Wer kennt diesen Ausruf nicht. Es ist ein Hilferuf und weist auf Überlastung und Überforderung hin. Das Empfinden von Stress ist ganz individuell. Eine bestimmte Situation muss nicht per se stressig sein, kann aber so empfunden werden. Was die eine Kollegin noch routiniert bewältigt, ist für die andere vielleicht nicht mehr zu bewältigen. Die gleiche Situation kann für die eine Kollegin eine reizvolle Herausforderung mit positiven Gefühlen wie Neugier, Zuversicht und Interesse bedeuten, bei einer anderen Person jedoch Angst und Ärger auslösen. Dabei spielen viele Faktoren eine Rolle: Körperliche Befindlichkeiten, private Nöte und Sorgen, berufliche Kompetenzen usw. Stress ist subjektiv. Stress entsteht durch unangenehme Empfindungen und Reizereignisse. Diese werden als **Stressfaktoren** bzw. Stressoren bezeichnet. Stress lässt sich nicht leugnen, da er ein individuelles Gefühl ist.

Die körperlichen und psychischen Reaktionen auf wahrgenommene Stressoren können hormonale Veränderungen, Körperspannung oder erhöhte Herz-Kreislauf-Aktivität sein. Diese Reaktionen bezeichnet man schließlich als Stress. Sie verfolgen das Ziel der Stressbewältigung. Da Stress individuell ist, kann man ihn nur dann wirkungsvoll bekämpfen, wenn man seine persönlichen Stresssituationen kennt. Nur so kann ein gezielter Bewältigungsprozess eingeleitet werden. Sätze wie „es ist doch nicht so schlimm" sind sicher gut gemeint, aber nicht zielführend.

Es werden vier Ebenen der Stressreaktion unterschieden: die kognitive, die emotionale, die muskuläre und die vegetativ-hormonelle. Folgen von Stress können ernsthafte Erkrankungen sein. *(Aus: Deutsches Jugendinstitut, Tätigkeitsbegleitende Fortbildung für Tagespflegepersonen, S. 16, www.fruehe-chancen.de/files/pdf/application/pdf/qualifizierungsmodul_stress_bf.pdf)*

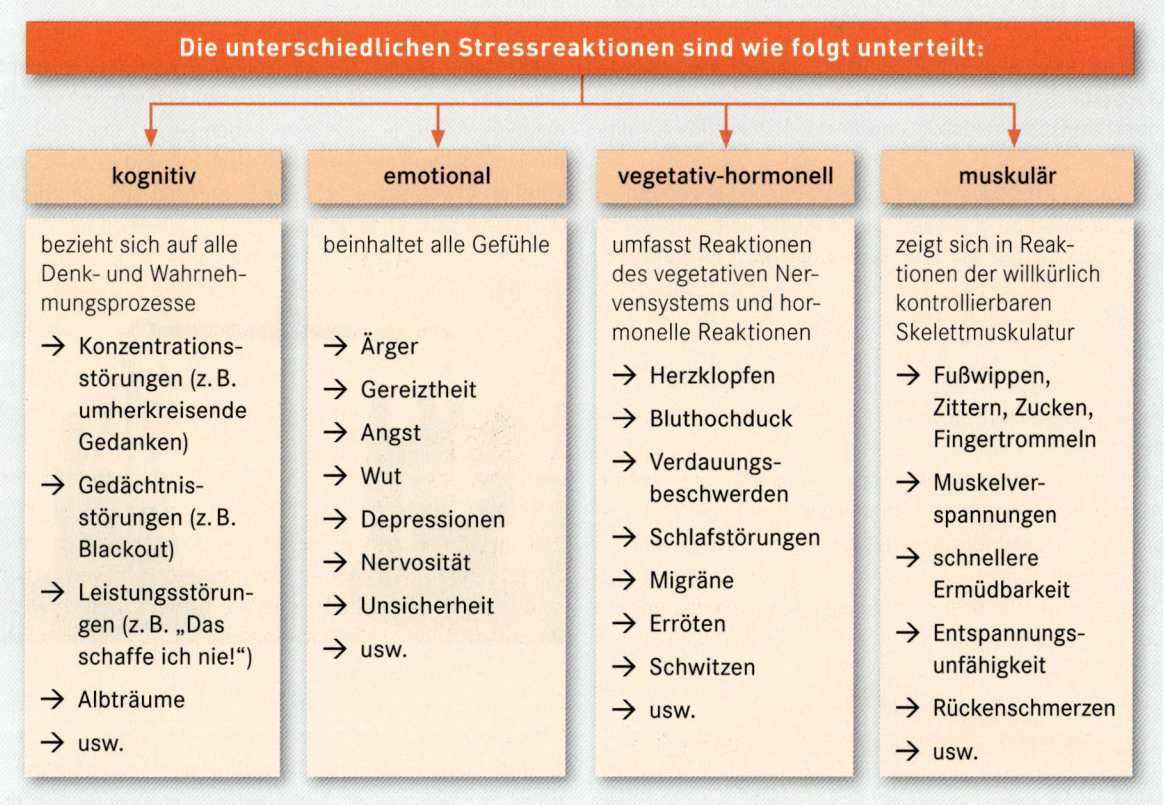

Die unterschiedlichen Stressreaktionen sind wie folgt unterteilt:

kognitiv	emotional	vegetativ-hormonell	muskulär
bezieht sich auf alle Denk- und Wahrnehmungsprozesse	beinhaltet alle Gefühle	umfasst Reaktionen des vegetativen Nervensystems und hormonelle Reaktionen	zeigt sich in Reaktionen der willkürlich kontrollierbaren Skelettmuskulatur
→ Konzentrationsstörungen (z. B. umherkreisende Gedanken)	→ Ärger	→ Herzklopfen	→ Fußwippen, Zittern, Zucken, Fingertrommeln
→ Gedächtnisstörungen (z. B. Blackout)	→ Gereiztheit	→ Bluthochdruck	→ Muskelverspannungen
→ Leistungsstörungen (z. B. „Das schaffe ich nie!")	→ Angst	→ Verdauungsbeschwerden	→ schnellere Ermüdbarkeit
→ Albträume	→ Wut	→ Schlafstörungen	→ Entspannungsunfähigkeit
→ usw.	→ Depressionen	→ Migräne	→ Rückenschmerzen
	→ Nervosität	→ Erröten	→ usw.
	→ Unsicherheit	→ Schwitzen	
	→ usw.	→ usw.	

Langfristige Folgen von Stress

Die langfristigen Folgen von Stress werden meistens nicht mit Stress in Verbindung gebracht. Dabei sind diese Folgen Signal- und Warnzeichen des Körpers. Werden diese nicht wahrgenommen, kann es zum **Burnout** (Ausgebrannt-Sein) kommen. Dies ist eine Reaktion auf die hohe emotionale Belastung im Einsatz für andere Menschen. Burnout ist eine emotionale Erschöpfung. Burnout kommt besonders häufig in den helfenden Berufen vor. In ihnen wird die direkte, emotionale Zuwendung zu anderen Menschen gefordert.

Interessant ist hierbei die Beobachtung, dass vom Burnout vor allem die besonders engagierten Mitarbeiter bedroht sind. Kunz stellt dazu fest: „Von Burnout Betroffene waren in der Regel in den ersten Berufsjahren überdurchschnittlich engagiert (,Nur wer einmal entflammt war, kann ausbrennen'), erwarteten im Gegenzug aber auch (in einem unrealistischen Maße) Anerkennung für ihr Engagement. Häufig fehlt den Betroffenen die Fähigkeit, Beruf und Privatleben professionell zu trennen und auch die Reaktion der Klienten realistisch einzuschätzen. Somit kommt es im Laufe einer langen Berufstätigkeit zu permanenten Enttäuschungen, die es immer schwerer machen, das hohe Engagement aufrechtzuerhalten und

die dann zu den oben genannten Krankheiten führen." *(Kunz a. a. O.)*

Wie kann man dem entgehen? Die Erzieherin sollte eine realistische Erwartung an den Beruf entwickeln. Hilfreich können hierbei Supervision und Coaching sein oder einfach eine neue Herausforderung durch einen Arbeitsplatzwechsel.

3.4 Reflexion der eigenen Arbeitsmotivation

Warum will man den Beruf der Erzieherin ergreifen? In der Mehrzahl sind es vermutlich idealistische Gründe: Man kann Menschen helfen; die Arbeit mit Kindern ist schön; man hat einen sicheren Arbeitsplatz. Das ist alles richtig. Doch jeder hat bestimmt schon eine Kollegin getroffen, die ihren Beruf nicht mehr liebt und ihn nur noch lustlos ausübt.

Wie kann es dazu kommen? Als Vorbeugung gegen Burnout wurde schon eine realistische Einstellung zum Beruf genannt. Um den Beruf wirklich realistisch einschätzen zu können, muss man ihn in seiner Existenz „verorten" können. Die gesunde Identität einer Person beruht auf **fünf Säulen:** Arbeit, Partnerschaft und Familie, Körper und Gesundheit, soziale Beziehungen und gesellschaftliches Engagement sowie ein Sinnsystem. Je nach Lebensphase kann die eine oder andere Säule stärker ausgeprägt sein. Aber alle Säulen sollten immer stabil sein. Wer seine eigene Arbeitsmotivation prüfen will, muss sich deshalb immer auch die Frage stellen, wie es um die anderen Säulen steht. Wird das Haus (die Identität) nur von der Säule Arbeit getragen, bricht es zusammen.

Man verwendet hierfür auch den Begriff der **Work-Life-Balance.** Er steht für den Einklang und die Ausgewogenheit von Arbeit und Privatleben. Er stammt aus dem Englischen: Arbeit *(work)*, Leben *(life)*, Gleichgewicht *(balance)*. Zu dem Begriff kann man kritisch anmerken, dass die Arbeit ja auch zum Leben gehört und deshalb die Unterscheidung zwischen „Leben" und „Arbeit" eigentlich etwas schief ist. Der Begriff hat sich allerdings durchgesetzt und eingebürgert.

Die eigene Arbeitsmotivation kann nur erhalten, wer im Einklang mit sich und der Umwelt lebt. Jeder sollte auf eine gesunde Balance achten. Das kann auch bedeuten, dass für eine gewisse Zeit Überlastung akzeptiert wird. Danach muss aber auch wieder mehr Zeit für sich selbst und die Familie zur Verfügung stehen.

→ Definieren Sie klare Ziele und nehmen Sie regelmäßig eine Auszeit.
→ Gehen Sie an normalen Arbeitstagen nach Ende der Dienstzeit sofort nach Hause und verbringen Sie den Abend mit Ihrer Familie.
→ Vernachlässigen Sie Ihren Freundeskreis nicht.
→ Essen Sie ohne Stress.

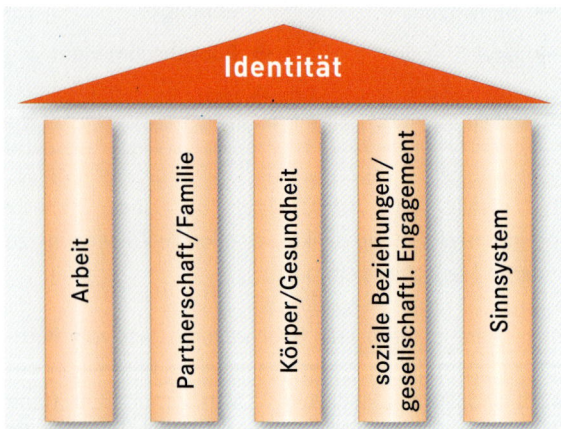

Fünf Säulen der Identität

→ Machen Sie regelmäßig Pausen und gehen Sie kurz an die frische Luft.

→ Bewegen Sie sich: Treppe statt Aufzug, Fahrrad statt Auto. Rennen Sie auch mal mit den Kindern. Sie lieben gemeinsame Bewegung.

→ Vereinbaren Sie Termine mit sich selbst, in denen Sie Dinge machen, die Ihnen Spaß machen.

→ Gönnen Sie sich Ihren Urlaub und lassen Sie Ihren PC, Ihr Smartphone und Ihr Handy zu Hause.

↗ FAZIT

→ Zeit lässt sich nicht vermehren, aber sie lässt sich genau planen. Dies erfolgt nach dem Prinzip der **Priorisierung.**

→ Die **Fachberatung** informiert über Gesetze und Verordnungen. Sie berät die Einrichtungen und die Träger. Die Entscheidungen trifft die Einrichtung bzw. der Träger. Damit sitzt die Fachberatung „zwischen den Stühlen".

→ **Supervision** ist im Grunde eine Fachberatung in einem klaren Setting mit speziellen Instrumenten der Gesprächsführung. Sie findet meist mit dem gesamten Team statt. Demgegenüber will das **Coaching** eine Person, meist die Leiterin, bei einer Entscheidungsfindung unterstützen und Wege zur Durchsetzung der Entscheidung aufzeigen.

→ **Gesundheitsprävention** zielt darauf ab, Stressoren zu vermeiden. Dies geschieht durch bauliche, organisatorische und pädagogische Maßnahmen.

→ Die **Arbeitsmotivation** bleibt erhalten, wenn die Erzieherin in einer gesunden Work-Life-Balance lebt.

→·← AUFGABEN UND ANREGUNGEN

1 Listen Sie auf, was und wie lange Sie sich am Tag mit etwas beschäftigen. Sortieren Sie es nach Dringlichkeit. Analysieren Sie Ihre Zeitreserven. (Achten Sie darauf, dass der Mensch auch Zeit für die Regeneration braucht.)

2 Diskutieren Sie in Dreiergruppen, ob und wie Sie Ihr Zeitmanagement optimieren können.

3 Beschreiben Sie, was Sie von der Fachberatung und was Sie von einer Supervision erwarten können.

4 Erklären Sie, was Stressoren sind. Schreiben Sie Ihre persönlichen Stressoren auf. Wenn Sie mögen, besprechen Sie diese mit Ihrer besten Freundin.

5 Warum sind soziale Berufe so vom Burnout bedroht?

6 Welchen körperlichen Belastungen ist eine Erzieherin im Beruf ausgesetzt? Haben Sie diese Belastung auch schon gespürt? Interviewen Sie hierzu zwei Erzieherinnen, die mindestens schon zwanzig Jahre im Beruf stehen.

7 Beschreiben Sie die fünf Säulen einer gesunden Identität. Wie stark sind Ihre Säulen?

8 Nennen Sie bauliche, organisatorische und pädagogische Möglichkeiten, um den Lärm in einer Kindertagesstätte zu mindern.

TIPPS ZUM WEITERLESEN →→

→ www.kindergartenpaedagogik.de

4 Leitung, Verwaltung und Management

4.1 Führungsstile

Sie haben vor vier Wochen Ihre Stelle als Erzieherin in der Krippengruppe einer Kindertagesstätte angetreten. Gerade beobachten Sie, wie die Leitung Ihre Kolleginnen Paula und Iris auf die Planung des Elternabends anspricht. Mit Iris verständigt sie sich nur ganz knapp über den Termin und die Räumlichkeiten. Dagegen bittet sie Paula zu einem ausführlichen Gespräch darüber in ihr Büro. Sie wundern sich sehr, dass die Leitungskraft Ihre Kolleginnen so unterschiedlich behandelt – ist das etwa gerecht? Müsste die Leitung nicht alle Mitarbeiterinnen gleich behandeln?

Obwohl die Leitung wegen ihrer spezifischen Aufgabenbereiche eine besondere Stellung innerhalb des Teams einnimmt, ist sie dennoch auf eine gelingende Zusammenarbeit mit den Mitarbeiterinnen angewiesen.

↘ FRAGEN

→ *Wie unterscheiden sich Leitungstätigkeiten von Führungsaufgaben?*

→ *Aus welchen Führungsstilen kann eine Leitungskraft auswählen?*

→ *Was bedeutet situationsorientierte Führung?*

4.1.1 Leitungstätigkeiten und Führungsaufgaben

Das Aufgabenspektrum einer Leitungskraft ist sehr vielfältig. Sie soll Ansprüchen des Trägers, der Mitarbeiterinnen und natürlich auch der betreuten Klientel und deren Angehörigen gerecht werden. Es wird erwartet, dass sie unter anderem

→ dafür sorgt, dass die Erziehung der Kinder und Jugendlichen, die in ihrer Einrichtung betreut werden, gemäß dem gesetzlichen Auftrag erfolgt,

→ kompetentes Fachpersonal auswählt, führt und dessen Leistungen kontrolliert und beurteilt,

→ den täglichen pädagogischen und betriebswirtschaftlichen Ablauf in der Einrichtung plant und organisiert und dafür passende Kommunikationsstrukturen installiert,

→ für die Einhaltung von Qualitätsstandards sorgt,

→ selbstbewusst Entscheidungen trifft und Weisungen erteilt, aber auch Meinungen im Team berücksichtigt und Aufgaben delegiert,

→ Kooperation und Zusammenhalt fördert, indem sie Mitarbeiterinnen berät, Konflikte erfasst und deren Klärung fördert,

→ die Einrichtung und das Team angemessen in der Öffentlichkeit repräsentiert.

Nicht jede Leitungskraft ist für die Erfüllung ihrer Aufgaben komplett von der Gruppenarbeit freigestellt. Das bedeutet, dass eine Mitarbeiterin häufig mit der Doppelrolle ihrer Leitung konfrontiert ist: Einerseits ist sie Mitglied des Teams und vielleicht sogar die direkte Kollegin, andererseits ist sie auch die Vorgesetzte, die möglicherweise über die Verlängerung des Arbeitsvertrags mitentscheidet. Aus dieser Konstellation können sich leicht Spannungen ergeben, die die Zusammenarbeit erschweren. Sie ist eine besondere Herausforderung und verlangt von allen Beteiligten die Bereitschaft zum offenen Austausch.

Die Aufgaben einer Leitungskraft lassen sich in zwei große Bereiche aufteilen: den der **Leitungstätigkeiten** und den der **Führungsaufgaben**.

1. Leitungstätigkeiten

Um eine Einrichtung zielgerichtet zu steuern und weiterzuentwickeln, sind zunächst folgende sechs Schritte notwendig:

1. Die Situation analysieren,
2. Ziele festlegen,
3. Wege zur Zielerreichung planen,
4. Ressourcen organisieren und Aufgaben verteilen,
5. ein reibungsloses Zusammenspiel fördern, indem einzelne Ansprechpartnerinnen/Tätigkeiten koordiniert werden,
6. die Zielerreichung und die erbrachten Leistungen kontrollieren (*Zielkontrolle:* Welche Ziele wurden erreicht? Welche nicht? Warum nicht? Waren die gewählten Ziele die richtigen? *Leistungskontrolle:* Welche Kompetenzen brachten Leitungskraft und Mitarbeiterin zu Einsatz? Welche müssen sie sich noch aneignen?).

Diese sechs Schritte werden idealerweise systematisch bei allen anfallenden Themen umgesetzt, z.B. bei der Planung des nächsten Sommerfestes, bei der Errichtung des Anbaus für die Krippengruppe oder bei der Neufassung der Konzeption. Mit Ausnahme der Ziel- und Leistungskontrolle können diese Tätigkeiten auch von Mitarbeiterinnen mit geeigneten Kompetenzen übernommen werden *(vgl. Pesch/Sommerfeld, 2002, S. 68 ff.)*.

2. Führungsaufgaben

Da in jeder Einrichtung Menschen mit individuellen Erwartungen und Bedürfnissen arbeiten, reicht die Umsetzung von Leitungstätigkeiten in Form der sechs Schritte alleine nicht aus. Auch Aspekte des persönlichen Umgangs miteinander müssen von der Leitungskraft berücksichtigt werden. Das bedeutet, dass sie auch Führungsaufgaben übernehmen muss, bei denen die persönliche Beziehung zwischen ihr als Vorgesetzter und den Mitarbeiterinnen im Mittelpunkt steht. Es geht um den Aufbau und die Pflege eines regelmäßigen, sowohl persönlichen als auch fachlichen Kontakts zu jeder einzelnen Mitarbeiterin in der Einrichtung.

Nimmt sie ihre Führungsaufgabe ernst, so leistet die Leitungskraft einen unverzichtbaren Beitrag für die langfristige Arbeitszufriedenheit ihrer Mitarbeiterinnen, wenn sie z.B.:

→ sich aufrichtig für ihre Mitarbeiterinnen als Personen interessiert und den Austausch mit ihnen sucht,

→ deren persönliche und fachliche Voraussetzungen realistisch einschätzt und Möglichkeiten zur Weiterqualifizierung im Auge behält,

→ Unsicherheiten ihrer Mitarbeiterinnen ernst nimmt und sie dennoch motiviert, mehr Verantwortung oder neue Aufgaben zu übernehmen,

→ sie dazu ermutigt, in schwierigen Situationen offene Gespräche zu führen,

→ Konfliktklärungen begleitet,

→ die Leistungen ihrer Mitarbeiterinnen anerkennt und Fehler angemessen kritisiert und

→ sie auch an Entscheidungsprozessen beteiligt *(vgl. Lill 2002, S. 43 ff.)*.

4.1.2   Grundlegende Führungsstile

Konsequente Führung bedeutet nicht, dass eine Leitungskraft mit allen Mitarbeiterinnen immer auf die gleiche Weise umgehen muss. Im Gegenteil: Jede Mitarbeiterin kann von ihrer Leitungskraft ein an ihre aktuellen Fähigkeiten angepasstes, flexibles Führungsverhalten erwarten. Der Leitungskraft stehen dazu vier verschiedene Führungsstile zur Verfügung: **Lenken, Anleiten, Unterstützen** und **Delegieren** *(vgl. Herrmann, Weber, 2003, S. 41 ff.)*.

Die vier Stile unterscheiden sich vor allem darin, welchen Anteil die Leitungskraft und die Mitarbeiterin bei der Erfüllung der sechs Schritte der Leitungstätigkeiten übernehmen:

1. Analyse der Situation
2. Bestimmung von Zielen
3. Planung der Wege zur Zielerreichung
4. Organisation von Ressourcen und Aufgaben
5. Koordination von Personen/Tätigkeiten
6. Kontrolle von Zielerreichung und erbrachten Leistungen

Führungsstil	Aufgabenverteilung Leitungskraft – Mitarbeiterin
Lenken	Bei diesem Führungsstil hat die Leitungskraft den größten Anteil: Sie analysiert selbst die Situation, bestimmt das Ziel, entwickelt einen Arbeitsplan und löst anstehende organisatorische Probleme. Sie gibt präzise Anweisungen, von wem welche Aufgabe wie und bis wann zu tun ist. Sie entscheidet auch, wie das Ergebnis genau auszusehen hat. Die Mitarbeiterin führt die Aufgaben aus, während die Leitungskraft durch den ganzen Prozess hindurch in engem Kontakt bleibt und auch kurzfristig Rückmeldung über ihre Einschätzung des Verlaufs gibt. Die abschließende Ziel- und Leistungskontrolle wird gemeinsam durchgeführt.
Anleiten	Auch bei diesem Führungsstil analysiert die Führungskraft zunächst die Situation und überlegt, mit welchem Ergebnis sie zufrieden wäre. Dann aber bespricht sie ihre Ideen und Entscheidungen mit der Mitarbeiterin und holt deren Meinungsbild und auch konkrete Vorschläge ein. Der Arbeitsplan und die Einteilung von Ressourcen wird in gemeinsamer Absprache entwickelt, wobei sich die Führungskraft die letzte Entscheidung – auch zur Lösung von Problemen – vorbehält. Die Mitarbeiterin führt dann die Aufgaben aus und wird von der Leitungskraft in Form kurzfristiger Rückmeldung begleitet. Die abschließende Ziel- und Leistungskontrolle erfolgt wieder gemeinsam.
Unterstützen	Die Leitungskraft arbeitet bei diesem Führungsstil von vornherein gemeinsam mit den Mitarbeiterinnen zusammen. Sie teilt mit ihnen die Verantwortung für alle zu fällenden Entscheidungen, wobei die Einschätzung der Mitarbeiterin Vorrang hat. Aufgabe der Leitungskraft ist es, die Mitarbeiterin in ausführlichen Gesprächen bei der Analyse der Situation, der Entwicklung eigener Ideen zu Zielen, Problemlösungsstrategien und der eigenständigen Erstellung eines Arbeitsplans inklusive aller notwendigen Koordinationsaufgaben zu begleiten und zu beraten. Die Mitarbeiterin setzt die Aufgabe um. Sie bekommt erst dann Rückmeldung von der Leitungskraft, wenn die Zielerreichung und die erbrachten Leistungen gemeinsam kontrolliert werden.
Delegieren	Die Führungskraft überträgt den Mitarbeitern die komplette Verantwortung für alle Tätigkeitsschritte: die Situations- und Zielanalyse, die zu fällenden Entscheidungen sowie die Koordination und Durchführung der Aufgaben. Rückmeldung sowie gemeinsame Ziel- und Leistungskontrolle erfolgen erst nach der Beendigung der ersten fünf Schritte.

4.1.3 Situationsorientierte Führung

Situationsorientierte Führung liegt vor, wenn die Leitungskraft für jede konkrete Aufgabe, die eine Mitarbeiterin verfolgt, einen der vier Führungsstile auswählt. So kann sie die Mitarbeiterin bei der Erreichung ihres Ziels individuell begleiten und fördern. Um die passende Auswahl zu treffen, wird die Leitungskraft zunächst die bisherigen Leistungen der Mitarbeiterin sorgfältig begutachten. Zudem berücksichtigt sie noch zwei weitere Faktoren. Sie schätzt sowohl die **Kompetenz** als auch das **Engagement** der betreffenden Mitarbeiterin ein.

> **Kompetenz**
> Unter Kompetenz werden alle Kenntnisse und Fähigkeiten zusammengefasst, die durch Ausbildung, in Fortbildungen aber auch durch Berufspraxis erworben worden sind.

> **Engagement**
>
> setzt sich zusammen aus Selbstvertrauen und Motivation. Der Grad an Selbstsicherheit, mit der man sich die eigenverantwortliche Erreichung eines Ziels zutraut, lässt Rückschlüsse auf das Selbstvertrauen zu. An dem Interesse an einem Thema und der Tatkraft, mit der man sich an die Erfüllung einer Aufgabe macht, lässt sich die Motivation einschätzen *(vgl. Hermann, Weber, 2002)*.

Jede Mitarbeiterin verfügt natürlich über eine ganz individuelle Mischung aus Kompetenz und Engagement – abhängig z. B. von ihrer Ausbildung, Berufserfahrung, persönlichen Interessenlage, momentanen Lebenssituation und auch von der Art der Aufgabe. Je nach Mischungsverhältnis von Kompetenz und Engagement eignet sich ein anderer Führungsstil. Es gibt dabei so vielfältige Möglichkeiten, dass die folgenden Erläuterungen zum Führungsstil nur eine Auswahl darstellen:

Lenken

Lenken ist der passende Führungsstil für Mitarbeiterinnen, die noch viel Orientierung und Führung brauchen, weil sie bisher z. B. über eher geringe Kompetenzen verfügen, unabhängig davon, wie viel Engagement sie in Bezug auf ihre Aufgabe zeigen.

> **Beispiel**
>
> Karin und Johanna kommen als FSJ-Kräfte neu in die Familiengruppe der Einrichtung. Karin ist selbstbewusst und hoch motiviert. Sie würde gerne schon nach drei Tagen im Rahmen des Projekts „Gesundes Essen" eigenständig mit einer kleinen Gruppe Kindern kochen. Johanna dagegen hat wenig Lust sich einzubringen, sie ist mit ihren Gedanken mehr bei ihrem Freund als bei ihrer Arbeit. Ihre Anleiterin könnte die aktive Unterstützung von beiden gut gebrauchen.

Um Überforderung oder ein Scheitern an einer zu großen Aufgabe zu verhindern, aber auch, um klare Grenzen zu setzen, ist es wichtig, dass die Leitungskraft in solchen Situationen die notwendigen Entscheidungen trifft, präzise Vorgaben macht und die Umsetzung Schritt für Schritt begleitet.

Anleiten

Anleiten eignet sich als Führungsstil für Mitarbeiterinnen, die bereits einige Berufserfahrung besitzen, sich aber bestimmte Aufgaben nicht zutrauen oder aus anderen Gründen wenig Einsatzbereitschaft zeigen.

> **Beispiel**
>
> Lisa und Claudia sind beide keine Berufsanfängerinnen mehr. Lisa ist es total unangenehm, dass sie den nächsten Elternabend alleine gestalten soll. Bisher war ihre Leitungskraft immer dabei und hat den Verlauf auch moderiert. Claudia wollte so gerne endlich in der Waldgruppe draußen eingesetzt werden, aber leider wurde wegen plötzlichen Personalmangels kurzfristig entschieden, dass sie nun doch im Haus bleiben soll.

Bei diesem Beispiel kann die Leitungskraft die Umsetzung einer Aufgabe zunächst vorbereiten. Dann aber beteiligt sie die Mitarbeiterinnen an den Entscheidungsprozessen und würdigt so deren Kompetenzen. Wenn es nötig ist, trifft die Leitung die Entscheidungen, gibt konkrete Anweisungen und begleitet die Mitarbeiterinnen wieder zeitnah bei der Umsetzung der Aufgaben.

Unterstützen

Unterstützen ist als Führungsstil sinnvoll, wenn eine Mitarbeiterin zwar über viel Fachwissen verfügt, sich aber nur wenig motiviert zeigt, dieses auch kontinuierlich im Berufsalltag anzuwenden.

> **Beispiel**
>
> Bärbel hat die Ausbildung zur Sozialfachwirtin abgeschlossen. Ihre Leitungskraft erhofft sich nun von ihr mehr Unterstützung bei der Vorbereitung und Durchführung der Dienstbesprechungen. Obwohl sie schon mit ihr darüber gesprochen hat, ergreift Bärbel nicht die Initiative.

In diesem Fall kann die Leitungskraft die Mitarbeiterin bei der selbstständigen Durchführung der anstehenden Aufgabe fördern. Sie berät ihre Mitarbeiterin gezielt, ohne dabei Vorgaben zu machen (es sei denn, die Vorschläge der Mitarbeiterin würden den gesetzlichen, finanziellen oder konzeptionellen Rahmen der Einrichtung sprengen). So kann die Mitarbeiterin die momentan für sie passende Umsetzung der Aufgabe erarbeiten und anschließend eigenständig ausführen.

Delegieren

Delegieren ist der passende Führungsstil für die Mitarbeiterinnen, die sich über einen längeren Zeitraum hinweg als kompetent erwiesen haben und Lust darauf haben, eigenverantwortlich Aufgaben zu übernehmen und auf einem hohen Qualitätsniveau umzusetzen.

> **Beispiel**
> Ingrid ist eine der ältesten Mitarbeiterinnen in der Einrichtung. Sie liebt ihre Arbeit und ist sehr engagiert. Eines ihrer Spezialgebiete ist das Thema „Betreuung von Unter-Dreijährigen". Die Planungen für den Krippenausbau sind abgeschlossen. In den kommenden zwei Monaten muss das Konzept angepasst werden.

In einem solchen Fall kann die Leitungskraft die gesamte Verantwortung für die Gestaltung der Aufgabe – Planung, Koordination und Durchführung – an die Mitarbeiterin abgeben. Jeder andere Führungsstil würde diese Kollegin unterfordern.

Die Leitung passt ihr Führungsverhalten an die Kompetenz ihrer Mitarbeiterin an.

Die folgende Tabelle zeigt die genannten Führungsstile inklusive der jeweiligen Aufgabenverteilungen noch einmal im Überblick *(modifiziert nach Weber, Hermann 2002, S. 49):*

Situationsorientierte Führung			
Führungsstil	**Verhältnis von Kompetenz und Engagement**	**spezielle Führungsaufgaben**	**allgemeine Führungsaufgaben**
Lenken	geringe Kompetenz + wenig/viel Engagement	strukturieren, planen, entscheiden, anordnen	zuhören einfühlen ermuntern würdigen anerkennen kontrollieren rückmelden
Anleiten	einige Kompetenz + geringes Engagement	strukturieren, beteiligen, (ggf.) entscheiden, planen	
Unterstützen	hohe Kompetenz + schwankendes Engagement	beraten, abgeben, kooperieren	
Delegieren	hohe Kompetenz + stabiles Engagement	übertragen, abgeben, loslassen	

Konsequente Führung bedeutet also nicht nur, dass die Leitungskraft flexibel auf die aktuellen Möglichkeiten verschiedener Mitarbeiterinnen reagiert. Es bedeutet auch, dass selbst für die gleiche Mitarbeiterin bei unterschiedlichen Aufgaben unterschiedliche Führungsstile hilfreich sein können. Ein unreflektierter, intransparenter Einsatz der verschiedenen Führungsstile führt entweder zu Über- oder zu Unterforderung einer Mitarbeiterin und damit langfristig zu weniger Arbeitszufriedenheit, während die passende Begleitung sich durchweg positiv auswirkt. Das gilt für alle Leitungssituationen, die innerhalb der Einrichtung entstehen, also z. B. auch für die Anleitung von Praktikantinnen oder die Unterstützung, die eine junge sozialpädagogische Assistentin von ihrer erfahrenen Gruppenleitung braucht.

Leitungskräfte sind nicht perfekt – auch ihre Wahrnehmungen bzw. Interpretationen einer Situation sind geprägt von ihren bisherigen Erfahrungen. Dementsprechend subjektiv kann ihre Einschätzung bezüglich der Kompetenzen und des Engagements der Mitarbeiterinnen ausfallen *(vgl. HF 1, Kap. 3)*. Das bedeutet, dass jede Mitarbeiterin dazu aufgefordert ist, ihre eigenen Leistungen stets im Blick zu behalten und immer wieder selbst eine entsprechende Einschätzung vorzunehmen.

Je nach Persönlichkeit bevorzugen Leitungskräfte bestimmte Führungsstile. Einigen fällt es schwer zu lenken, weil sie ungern Vorgaben machen und allen Mitarbeiterinnen möglichst viel Gestaltungsspielraum lassen möchten. Möglicherweise scheuen sie aber auch klare Worte vor dem Team, weil sie Disharmonie fürchten. Andere behalten lieber die Kontrolle und haben deshalb Vorbehalte gegenüber der Delegation. Vielleicht wollen sie ihre Mitarbeiterinnen aber auch nur schonen und befürchten deren Überforderung.

In jedem Fall steht aber jede Mitarbeiterin (auch als Neuling oder als Praktikantin) durchaus in der Verantwortung, selbst zu überlegen, bei welcher Aufgabe sie welche Art von Begleitung durch die Leitungskraft als angemessen empfindet. Im Verlauf eines **Zielvereinbarungsgesprächs** hat jede Mitarbeiterin die Möglichkeit, ihre Ideen mit ihrer Leitungskraft aktiv zu verhandeln.

4.1.4   Zielvereinbarung

Kontrolle ist ein Begriff, dem häufig mit Unbehagen begegnet wird. Eine Mitarbeiterin hat nach bestem Wissen und Gewissen ihre Arbeit erledigt und sieht sich dann, ganz plötzlich, heftiger Kritik ausgesetzt. In solchen Fällen, gerade wenn keine klaren Vorgaben gemacht bzw. wenig konkrete Absprachen getroffen worden sind, wirkt unerwartete Kontrolle wie ein beliebiger, vielleicht sogar unberechtigter Akt der Leitungskraft – unabhängig davon, ob der kritische Blick auf das Ergebnis der Arbeit fachlich angemessen war oder nicht.

Seitdem in sozialpädagogischen Einrichtungen zunehmend Qualitätsstandards umgesetzt werden, ist Kontrolle zu einem unverzichtbaren Bestandteil systematischer Weiterentwicklung geworden. Eingebettet in eine permanente Gesprächskultur und gebunden an konkrete Ziele sowie für alle nachvollziehbaren Maßstäbe, erweist Kontrolle sich als durchaus sinnvoll.

Das Zielvereinbarungsgespräch

Im Rahmen eines Zielvereinbarungsgesprächs können Mitarbeiterinnen mit ihrer Leitungskraft ganz konkret über zu erfüllende Aufgaben sprechen. Sie legen eigene Ideen vor und gleichen sie dann mit den Erwartungen der Leitungskraft ab. Sowohl die Aktivitäten der Mitarbeiterin als auch der Führungsstil, mit dem die Leitungskraft zum Gelingen beiträgt, werden verabredet und schriftlich fixiert. Auch die Maßstäbe, an denen später die Ergebnisse und Leistungen bewertet werden, werden in der Vereinbarung gemeinsam festgelegt.

Ein Zielvereinbarungsgespräch kann Bestandteil des jährlichen Mitarbeitergesprächs *(s. Kap. 4.2.2)* sein oder – in gekürzter Form – als grundsätzlicher Leitfaden bei jeder Absprache über anstehende Aufgaben dienen.

Folgende Inhalte und Leitfragen sind für ein Zielvereinbarungsgespräch empfehlenswert *(vgl. Hermann/ Weber 2003, S. 52 f.):*

Ablauf eines Zielvereinbarungsgesprächs	
Gesprächsphase	**Inhalte und Leitfragen**
vor dem Gespräch	**1. Erarbeiten von Zielvorschlägen** Mitarbeiterin und Leitungskraft benennen unabhängig voneinander schriftlich die konkreten Aufgaben, die sie für notwendig und/oder sinnvoll halten.
während des Gesprächs	**2. Absprache von Zielen/Aufgaben** Mitarbeiterin und Leitungskraft stellen ihre Vorschläge vor und vereinbaren gemeinsam: - Wie sieht die Aufgabe konkret aus? - Was muss passieren, damit Mitarbeiterin und Leitungskraft die Aufgabe als erfolgreich abgeschlossen sehen? - Wann soll die Aufgabe erfüllt sein? **3. Festlegung der angemessenen Unterstützung** Zu jeder vereinbarten Aufgabe findet ein Abgleich von Fremd- und Selbsteinschätzung bezüglich Kompetenz und Engagement der Mitarbeiterin statt: - Welche Fähigkeiten bringt sie für diese spezielle Aufgabe mit? - Wie viel Zeit/Lust hat sie, diese Aufgabe zu erfüllen? - Traut sie sich diese Aufgabe zu? Auf dieser Basis wird vereinbart, mit welchem Führungsstil die Leitungskraft die Mitarbeiterin optimal begleiten kann (Lenken, Anleiten Unterstützen oder Delegieren, *vgl. Kapitel 4.1.3).* **4. Verabredung der Art der Rückmeldung** Mitarbeiterin und Leitungskraft legen fest, welche Art der Überprüfung hilfreich ist: - (kurze) Rückmeldungsgespräche in regelmäßigen Abständen während der Bearbeitung (Lenken und Anleiten) oder - ein längeres Auswertungsgespräch erst zu dem Zeitpunkt, da die Aufgabe erfüllt sein soll (Unterstützen und Delegieren)
nach dem Gespräch	**5. Umsetzung der Aufgabe** Die Mitarbeiterin arbeitet mit größtmöglicher Selbstverantwortung an der besprochenen Aufgabe. Die Leitungskraft unterstützt sie konsequent und verlässlich auf die vereinbarte Weise. Regelmäßige Rückmeldungsgespräche behandeln z. B. folgende Fragen: - Wie weit ist die Aufgabe bisher erfüllt worden? - Wie sieht es aktuell mit Kompetenz und Engagement der Mitarbeiterin aus? - Fühlt sich die Mitarbeiterin ausreichend/zu viel unterstützt? Soll der Führungsstil geändert werden? - Wann soll das nächste Rückmeldungsgespräch geführt werden? **6. Abschließende Kontrolle** Zum abgesprochenen Zeitpunkt werden die erreichten Ergebnisse mit den vereinbarten Zielen abgeglichen und bewertet. - Ist die Aufgabe erfolgreich erfüllt worden? - Welche Teile der Aufgabe sind noch nicht abgeschlossen? - Was ist besonders gut gelungen? - Welche Faktoren waren für die Zielerreichung förderlich? - Wo und wodurch gab es Probleme? Welche Faktoren waren für die Zielerreichung hinderlich? - Was ist Mitarbeiterin und Leitungskraft (!) schwer-/leichtgefallen? Aus diesem Gespräch können leicht weiterführende oder neue Zielvereinbarungen resultieren *(vgl. Hermann/Weber 2003, S. 52 f.).*

Das Delegationsgespräch

Delegation bedeutet, dass die Mitarbeiterin eine Aufgabe übernimmt, die sie bis auf die abschließende Kontrolle völlig eigenverantwortlich erfüllt. Mit dem Delegationsgespräch kann sie sicherstellen, dass die Leitungskraft oder Anleiterin sie nicht nur mit einem Auftrag im Sinne von „Du machst das schon!" abspeist. Folgende Punkte müssen ganz konkret abgesprochen und gegebenenfalls auch schriftlich festgehalten werden *(vgl. Franken 2004, S. 23 ff.):*

Leitfragen für ein Delegationsgespräch

1. Welche Aufgaben stehen an? Was sind die Zusammenhänge und Hintergründe?
2. Welche Ziele soll ich bis wann erreichen? An welchen Kriterien soll der Erfolg gemessen werden?
3. Welche Anforderungen sind zu bewältigen? Was qualifiziert mich für diese Aufgabe (Selbst- und Fremdeinschätzung)? Welche Probleme könnten auftauchen?
4. Welche Entscheidungsbefugnisse werden mir mit der delegierten Aufgabe übertragen? Wie sieht die Abgrenzung zu Aufgaben der Kolleginnen aus? Welche Entscheidungskompetenzen und Verantwortung bleiben bei der Leitungskraft?
5. Wer ist über die Delegation zu informieren? Mit wem muss/soll ich zusammenarbeiten?
6. Welche Unterstützung brauche ich noch? Welche Termine für Rücksprachen werden vereinbart?
7. Wie soll mein Arbeitserfolg kontrolliert werden (Prozesskontrolle, Ergebniskontrolle)?

↗ FAZIT

→ Eine gute Zusammenarbeit im Team ist die zentrale Voraussetzung für eine optimale Ausführung der vielfältigen Aufgaben in allen sozialpädagogischen Arbeitsfeldern. Um dies sicherzustellen, behält die Leitungskraft sowohl die fachlich-sachlichen Ziele als auch das menschliche Miteinander des Teams im Blick. Sie begleitet und fördert ihre Mitarbeiterinnen **situationsorientiert** mithilfe von vier verschiedenen **Führungsstilen.** In **Zielvereinbarungs- oder Delegationsgesprächen** erarbeiten sie und Mitarbeiterinnen gemeinsam konkrete Vereinbarungen in Bezug auf die Durchführung einer Aufgabe, die notwendigen Unterstützungsmaßnahmen durch die Leitung sowie die Kriterien für die abschließende Kontrolle.

→·← AUFGABEN UND ANREGUNGEN

1. Überlegen Sie sich drei verschiedene Aufgaben, die Sie in Ihrer Berufspraxis gerne in Angriff nehmen wollen.

2. Nehmen Sie für jede dieser Aufgaben eine Selbsteinschätzung bezüglich Ihrer Kompetenz und Ihres Engagements vor.

3. Überlegen Sie sich, mit welchem Führungsstil Ihre Leitungskraft Sie optimal bei der Erfüllung jeder Aufgabe unterstützen könnte.

4. Tauschen Sie sich mit Kolleginnen über Ihre Einschätzung aus und geben Sie sich gegenseitig Rückmeldung.

TIPPS ZUM WEITERLESEN →→

→ Basiswissen Kita: Leitungsaufgaben
Mathias Hermann, Kurt Weber, Herder, Freiburg 2003

→ Führen und Leiten
Gerlinde Lill, Beltz, Weinheim 2002

4.2   Feedback und Mitarbeitergespräch

Sie freuen sich gerade darüber, dass Sie in Ihrer Pause endlich mal in aller Ruhe eine Tasse Kaffee trinken können. Da rauscht Ihre Kollegin Sabine herein und fährt Sie völlig genervt an: Wann Sie denn nun endlich die Pinnwand frei räumen würden und das Protokoll der letzten Dienstbesprechung sei auch noch nicht fertig. Sie fühlen sich total ungerecht behandelt und reagieren heftig und laut auf die Vorwürfe. Ratlos bleiben Sie zurück, als Sabine wutschnaubend das Mitarbeiterzimmer verlässt. Allerdings wissen Sie auch schon, dass in zwei Wochen Ihr jährliches Mitarbeitergespräch ansteht. Sie sind froh über die Möglichkeit zu erfahren, wie Ihre Leitung Ihre Leistungen bewertet, und nehmen sich vor, mit ihrer Unterstützung auch das Verhältnis zu Sabine mal genauer unter die Lupe zu nehmen.

Warum reagiert die Kollegin so wütend?

↘ **FRAGEN**

→ *Wozu dient Rückmeldung?*

→ *Welche innere Haltung ist die Voraussetzung für sachliche Kritik?*

→ *Wie lässt sich Kritik wirksam formulieren?*

→ *Welche Inhalte kann ein Mitarbeitergespräch haben?*

4.2.1   Feedback

In jeder Kommunikationssituation wird – gewollt oder ungewollt – ein Feedback bzw. eine Rückmeldung gegeben. Gerade in Arbeitszusammenhängen sind sowohl die Leitungskräfte als auch die Mitarbeiterinnen auf eine offene und regelmäßige Rückmeldung angewiesen. Sie ermöglicht es, die eigenen Meinungen und Einschätzungen mit denen der anderen zu vergleichen, und liefert damit eine notwendige Orientierung im beruflichen Alltag.

Die Sozialpsychologen Joseph Luft und Harry Ingman entwickelten 1955 das Modell des **Johari-Fensters,** mit dem sich das Ziel von Feedback illustrieren lässt. Das Fenster stellt bewusste und unbewusste Persönlichkeits- und Verhaltensmerkmale zwischen dem Selbst und anderen dar und zeigt die Unterschiede zwischen Selbst- und Fremdwahrnehmung.

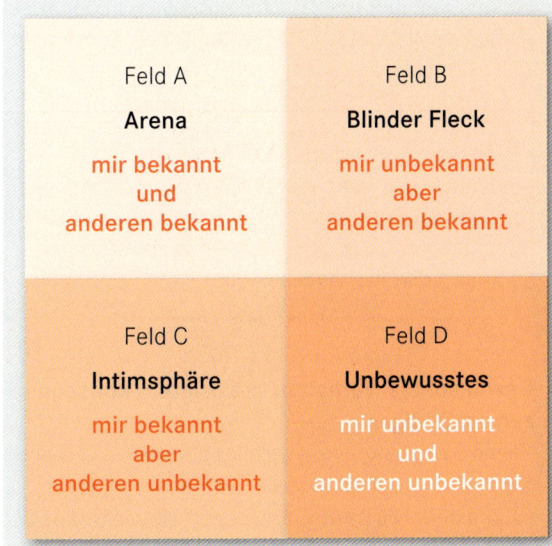

Der Begriff Johari setzt sich zusammen aus den Vornamen der beiden Sozialpsychologen.

Durch Rückmeldeprozesse können sich die Felder vergrößern oder verkleinern: Beispielsweise verkleinert sich Feld C, wenn man anderen etwas Neues über sich berichtet. Feld B verkleinert sich, wenn man von anderen etwas über sich selbst erfährt, was man bisher noch nicht wahrgenommen hat:

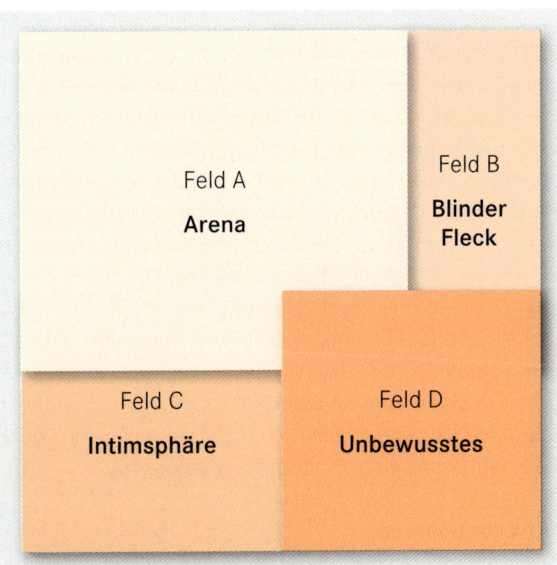

Rückmeldungen können die Felder verändern.

Vergrößert sich in einem Team kontinuierlich bei allen Kolleginnen das Feld A, verbessert sich dadurch langfristig das Verständnis füreinander. Das wiederum wirkt sich positiv auf die gesamte Zusammenarbeit aus.

Die folgenden Regeln erleichtern es dem Empfänger einer Rückmeldung, sowohl Anerkennung als auch Kritik annehmen zu können:

> **Allgemeine Regeln, um wirksam Rückmeldung zu geben:**
>
> → Geben Sie nur dann Rückmeldung, wenn Ihre Gesprächspartnerin auch bereit ist, Ihnen kurz zuzuhören.
>
> → Geben Sie Ihre Rückmeldung möglichst unmittelbar nach Ihrer Beobachtung.
>
> → Geben Sie Ihre Rückmeldung möglichst unter vier Augen.
>
> → Geben Sie Ihre Rückmeldung nur in Bezug auf eine konkrete Situation.
>
> → Äußern Sie Ihre Rückmeldung ausschließlich der Person gegenüber, die es persönlich betrifft.

Anerkennung äußern

Im Arbeitsalltag werden die Leistungen, die die gut funktionierenden Abläufe erst ermöglichen, häufig gar nicht mehr wahrgenommen oder als selbstverständlich angesehen. Dabei ist gerade ehrlich gemeinte Anerkennung ein wichtiges Erfolgserlebnis für alle, die am Gelingen der gemeinsamen Aufgabe in einer Einrichtung beteiligt sind. Sie ist ein wesentlicher Faktor für die Erhaltung der Motivation der Mitarbeiterinnen und dient als Ansporn, auch zukünftig Aufgaben in Angriff zu nehmen. Es ist sinnvoll, genau die Art von Anerkennung auszuwählen, die die Kollegin auch tatsächlich erreicht, z.B.: in Form von Blickkontakt, Lächeln und Nicken oder durch Äußerungen wie „prima", „gut gemacht" oder „das hilft mir wirklich weiter". Neben diesen direkten Formen kann Anerkennung auch indirekt z.B. durch die Übertragung von mehr Verantwortung oder die Finanzierung einer Weiterbildung erfolgen.

Kritik formulieren

In zwischenmenschlichen Beziehungen bedeutet das Äußern von Kritik, dass man ausspricht, was am Verhalten einer anderen Person als störend empfunden wird. Wird es ständig vermieden, kritische Rückmeldungen auszusprechen, ist davon auszugehen, dass diese Störung das Verhältnis auf Dauer belasten wird. Vielleicht wird der Unmut dann plötzlich in einer Situation geäußert, in der er zu Recht unangemessen wirkt, oder der immer wieder heruntergeschluckte Ärger verursacht nach einer Weile körperliche Beschwerden. Es lohnt sich in jedem Fall, Routine darin zu entwickeln, auf sachliche Weise ein kritisches Feedback zu geben.

Kritik wird häufig als unangenehm empfunden, weil sie mit „Fehlern" oder „Schuld" assoziiert wird. Auch möchte sich niemand gerne belehren oder „verbessern" lassen. Auch wenn es z.B. ziemlich nervig ist, dass eine Kollegin häufig unpünktlich ist, stellt sich die Frage, ob eine solche Rückmeldung bewirkt, dass sie etwas daran ändert: „Nie bist du pünktlich! Immer muss ich auf dich warten und das finde ich total blöd von dir!"

Zur Klärung der Situation ist es sinnvoll, bereits vor dem Kritikgespräch einen neutralen Standpunkt einzunehmen. Der zentrale Gedanke lautet: „Ich gebe meiner Gesprächspartnerin jetzt Informationen darüber, wie ich ihr Verhalten in einer bestimmten Situation wahrgenommen habe." Von diesem Standpunkt aus sind auch die allgemeinen Regeln für das Geben von Rückmeldung leichter zu berücksichtigen. Die eigentliche, sachliche Kritik kann

in den folgenden drei Schritten geäußert werden *(vgl. Tillner, C., Franck, N., 2000, S. 31 ff.):*

1. **Situation beschreiben**
   Beschreiben Sie das Verhalten, das Sie beobachtet haben, so präzise, als würden Sie einen Film nacherzählen. Verwenden Sie keine Verallgemeinerungen (z.B.: immer, nie, alle, keiner, überall, nirgendwo), sondern ganz konkrete Orte und Uhrzeiten.

   > „Gestern waren wir um neun Uhr verabredet, und du bist um halb zehn gekommen."

2. **Auswirkungen benennen**
   Benennen Sie die Auswirkungen, die dieses Verhalten auf Sie hatte, in Form von **Ich-Botschaften** *(vgl. HF 1, Kap. 1.1)*. Wenn Sie es für angemessen halten, können Sie über Ihre Gefühle sprechen, in der Regel genügt es aber, die fachlich/sachlichen Konsequenzen zu schildern.

   > „Ich wurde unsicher, ob dir unser Treffen überhaupt etwas bedeutet." *(Emotionale Auswirkung)*
   > „Ich habe gewartet und wusste nicht, ob ich noch mit einer anderen Tätigkeit anfangen kann." *(Sachliche Auswirkung)*

3. **Gewünschtes Verhalten präzisieren/Konsequenzen ankündigen**
   Sagen Sie ganz konkret, welches alternative Verhalten Sie zukünftig zufriedenstellen würde. Formulieren Sie es in jedem Fall positiv, d.h. sagen Sie nicht, was Sie nicht mehr wollen, sondern formulieren Sie, was Sie sich vorstellen. Sie können bei diesem Schritt auch ankündigen, wie Sie sich in Zukunft verhalten werden.

   > „Für mich wäre es hilfreich, wenn du kurz anrufst, falls du mehr als zehn Minuten zu spät kommst." *(Gewünschtes Verhalten präzisieren)*
   > „Ich werde in Zukunft nach zehn Minuten mit etwas anderem anfangen und dann kann es sein, dass du noch etwas warten musst, wenn du kommst, bis ich damit fertig bin." *(Konsequenzen ankündigen)*

Durch die Formulierung in diesen drei Schritten erhöht sich die Wahrscheinlichkeit deutlich, dass der Gesprächspartner die Kritik anhört, ohne sich persönlich angegriffen zu fühlen. Natürlich muss er danach auch die Möglichkeit erhalten, seine Sicht der Dinge zu schildern. Im Austausch miteinander kann nun gemeinsam eine Strategie gefunden werden, die die Bedürfnisse beider Seiten in der Ausgangssituation berücksichtigt.

> Dieses kommunikative Handwerkszeug greift nur bei einzelnen, kurzfristigen Störungen. Zur Klärung von bereits seit längerer Zeit schwelenden Konflikten reicht es nicht aus!

Kritik annehmen

Nicht jeder, der Kritik übt, ist geschult darin, seine Rückmeldung sachlich und konkret zu formulieren. Auch der Empfänger einer Kritik ist deshalb gefordert, sich weder beleidigt zurückzuziehen noch einen Gegenangriff zu starten, sondern in einen sachlichen Austausch zu treten. Nur so können die hilfreichen Informationen herausgefiltert werden. Wichtig ist vor allem, **genau zuzuhören** *(vgl.*

HF 1, Kap. 1.1) und Fragen nach dem konkreten Auslöser für den Ärger des anderen zu stellen. Verallgemeinerungen sollten in präzise Beschreibungen übersetzt werden. Erfragt werden sollte auch, welche Auswirkungen die Situation auf den Gesprächspartner hatte und was er sich für die Zukunft vorstellt:

> *„Ich muss jetzt mit dir darüber reden: Schon wieder hast du das Regal nicht aufgeräumt!"*
>
> 1. *„Wann genau fandest du das Regal unaufgeräumt vor? – Wie genau sah es aus?"*
>
> 2. *„Was hat das für dich bedeutet, dass es so aussah?"*
>
> 3. *„Welches Verhalten wäre für dich zukünftig hilfreich?"*

Ein professioneller Umgang mit Feedback zeigt sich auch dadurch, dass man in schwierigen, unklaren Situationen aktiv das Gespräch sucht und um eine konkrete Rückmeldung bittet.

4.2.2   Mitarbeitergespräche

Bei einem Mitarbeitergespräch handelt es sich um ein wichtiges Führungsinstrument, mit dessen Hilfe sich Leitungskraft und Mitarbeiterin auf die Situation der Mitarbeiterin in der Einrichtung konzentrieren. Mitarbeitergespräche finden jährlich statt, sind vertraulich, folgen einer festgelegten Struktur und werden schriftlich fixiert. Sie sollten regelmäßig erfolgen, auch wenn gerade scheinbar „nichts anliegt". In manchen Einrichtungen werden diese Gespräche auch „Jahrsgespräch" oder „Zielvereinbarungsgespräch" genannt. Die Zielvereinbarung stellt jedoch nur einen von mehreren Bestandteilen eines Mitarbeitergesprächs dar.

Sinn eines Mitarbeitergesprächs ist es, die Ziele und die Erwartungen der Einrichtung mit den Kompetenzen, der Motivation und den persönlichen Bedürfnissen der Mitarbeiterin in Einklang zu bringen. Dafür werden grundsätzlich sowohl die Zusammenarbeit des letzten Jahres reflektiert als auch neue konkrete Vereinbarungen für das kommende Jahr getroffen.

Meist sind in den Qualitätsstandards der Einrichtung die Häufigkeit und die Inhalte des Mitarbeitergesprächs vorgegeben. Ist dies nicht der Fall, kann eine Leitungskraft sich aus folgenden Bestandteilen eine individuelle Gesprächsstruktur zusammenstellen:

Reflexion von Aufgaben und Arbeitsumfeld

- Arbeitsschwerpunkte des letzten Jahres
- förderliche und hinderliche Faktoren bei der Erreichung der Ziele

Vereinbarung von Zielen/Aufgaben

- neue Ziele/Aufgaben
- Führungsstil der Leitungskraft

Beurteilung der Mitarbeiterin

- Selbsteinschätzung der Mitarbeiterin
- allgemeine Leistungsbeurteilung durch Leitung

Reflexion der Zusammenarbeit

- zwischen Leitungskraft und Mitarbeiterin
- zwischen Mitarbeiterin und Kolleginnen

Beratung der Mitarbeiterin

- persönliche Anliegen, die in den Arbeitsalltag hineinspielen

Ein Mitarbeitergespräch muss sowohl von der Leitungskraft als auch von der Mitarbeiterin gründlich vorbereitet werden. Wenn eine Leitungskraft einen entsprechenden Termin vereinbaren möchte, sollte die Angesprochene immer nach den vorgesehenen Inhalten fragen. Zwischen der Terminankündigung und dem Gespräch muss genügend Zeit eingeplant werden, damit beide Gesprächspartner über die einzelnen Themenbereiche nachdenken können. Befürchtet eine Mitarbeiterin, während des Gesprächs ungerecht behandelt zu werden, so hat sie in manchen Einrichtungen das Recht, eine Vertreterin der Mitarbeitervertretung hinzuzuziehen.

↗ FAZIT

→ **Rückmeldung** – in Form von Anerkennung und Kritik – ist ein notwendiger Bestandteil eines professionellen beruflichen Umgangs miteinander. Sie ermöglicht Orientierung und Weiterentwicklung. Kritisches Feedback kann in drei Sätzen so formuliert werden, dass der Gesprächspartner die Kritik annehmen kann und gemeinsam neue Strategien gefunden werden können, die die verschiednen Bedürfnisse erfüllen.

→ Jährliche **Mitarbeitergespräche** verhelfen der Mitarbeiterin dazu, ihre Ideen in der Einrichtung langfristig zu verwirklichen. Sie gleicht ihre Selbsteinschätzung mit der Beurteilung ihrer Leitungskraft ab und kann auf dieser Basis ihre Erwartungen und Ziele mit denen der Einrichtung in Übereinstimmung bringen.

→·← AUFGABEN UND ANREGUNGEN

1 Sie werden von einer Kollegin zwischen Tür und Angel angemotzt: „Nie bringst du deine benutzten Kaffeetassen in die Küche!" Wie können Sie professionell auf diesen Vorwurf reagieren?

2 Überlegen Sie sich, von welcher Kollegin, Leitungs- oder Lehrkraft Sie gerne Rückmeldung hätten, und sprechen Sie sie direkt darauf an, wie sie Ihr Verhalten in einer bestimmten Situation wahrgenommen hat.

TIPPS ZUM WEITERLESEN →→

→ Leitfaden für Qualifizierung und Praxis. Kita-Leitung
Jens-Christian Möller, Esta Schlenther-Möller, Cornelsen, Berlin 2007

→ Zielvereinbarungen und Jahresgespräche
Hailka Proske, Eva Reiff, Haufe, Freiburg 2012

→ Was deine Wut dir sagen will: überraschende Einsichten. Das verborgene Geschenk unseres Ärgers entdecken.
Marshall B. Rosenberg, Junfermann, Paderborn 2006

4.3 Praxisanleitung

Am Ende Ihrer Ausbildung blicken Sie auf Ihre Praktika zurück. Sie haben viele Praxisfelder und unterschiedliche Praxisanleitungen erlebt. An einige Praxisanleiterinnen denken Sie gerne zurück. Sie haben viel von ihnen gelernt. Andere wiederherum möchten Sie nicht mehr wiedertreffen. Sie wissen heute noch, warum Sie mit Bauchschmerzen in die Einrichtung gegangen sind.

„Meine Praxisanleitung hat immer nur gesagt, was sie nicht gut fand an meiner Arbeit."

„Ich habe meine Anleitung oft beobachtet und war erstaunt wie ruhig sie blieb – auch in Konflikten."

„Meine Ideen durfte ich oft nicht ausprobieren, ich sollte tun, was die Erzieherin wollte – nie hatte sie Zeit für mich."

„Ich durfte die Praxisanleitung oft bei Bildungsangeboten beobachten. Das war super. Ich habe viel gelernt."

„Ich musste sehr viel putzen und hatte wenig Zeit für meine Aufgaben. Ich hatte das Gefühl, lästig zu sein."

„Sie hat mich sehr unterstützt bei meinen schulischen Aufgaben."

„Sie hat mich freundlich empfangen und mich ernst genommen. Ich besuche sie heute noch gerne."

Nach wenigen Berufsjahren werden Sie selber angehende Erzieher im Praktikum anleiten.

Wichtige Themen

↘ FRAGEN

→ *Was macht eine gute Praxisanleitung aus?*

→ *Welche Aufgaben hat eine Praxisanleitung?*

→ *Welche Faktoren muss eine Praxisanleitung im Rahmen der Ausbildung berücksichtigen?*

→ *Wie gestaltet sich die Zusammenarbeit zwischen Schule und Praxis?*

4.3.1 Lernortkooperation

> „Erzieherinnen und Erzieher werden in der **Fachschule** und durch **Praktika** in Einrichtungen der Kinder- und Jugendarbeit ausgebildet. Der Erwerb **beruflicher Handlungskompetenzen** ist nur in sinnstiftenden und praxisbezogenen Konzepten möglich."
>
> *(„Lernort Praxis" in der Ausbildung der Erzieherinnen und Erzieher, Beschluss der Jugendministerkonferenz vom 17./18. Mai 2001).*

Eine gute Zusammenarbeit beider Lernorte ist aus diesem Grund sehr wichtig. Praxislehrer müssen sich mit den Praxisanleitungen vor Ort austauschen und den Studierenden helfen, die eigene Arbeit zu planen, zu reflektieren und sich Schritt für Schritt in alle Arbeitsprozesse der Erziehungs-, Bildungs- und Betreuungsaufgaben zu integrieren und diese verantwortlich als Erzieher zu übernehmen.

Die Lernfelder und Kompetenzformulierungen der Lehrpläne bilden die Basis für die schulische und praktische Ausbildung der Studierenden. Im Beirat „Sozialpädagogische Ausbildung" an Fachschulen werden der schulische Lehrplan und die praktische Ausbildung aufeinander abgestimmt. In vielen Lehrplänen steht, dass Praxiseinrichtungen sicherstellen müssen, dass den Studierenden

Fachkräfte zur Seite stehen, die über eine mindestens zweijährige Berufserfahrung als Erzieherin verfügen, die für die Anleitung qualifiziert sind und zur Wahrnehmung der Ausbildungsaufgaben hinreichend Zeit zur Verfügung gestellt bekommen.

Das Team in der Einrichtung und besonders die Praxisanleitung sind die Personen, die im Berufsalltag überwiegend die Entwicklung der Studierenden begleiten. Praxisanleitung vor Ort kann bedeuten, bei Bildungsangeboten zu hospitieren, Hospitationsmöglichkeiten anzubieten, konstruktive Kritik zu üben, regelmäßig Reflexionszeiten anzubieten und Entwicklung zu fördern und zu fordern.

Praxisbesuche von Seiten der Schule durch Praxismentoren oder Fachlehrer dienen vor allem der Entwicklung sozialpädagogischer Handlungskompetenz, bieten Hilfestellung und fördern die Kommunikation zwischen Schule und Praxis, welche von großer Wichtigkeit ist.

Die Kompetenzentwicklung der Studierenden wird von beiden Lernorten begleitet und beurteilt. Die Praxis schreibt in der Regel am Ende eines Praktikums einen Einschätzungsbogen über die berufspraktischen Leistungen. „Bei der staatlichen Abschlussprüfung ist die Praxis mit beratender Stimme beteiligt." *(Lehrplan Fachrichtung Sozialpädagogik NRW 2009)*

4.3.2 Erste Schritte der Zusammenarbeit

Damit das Praktikum erfolgreich verläuft, ist es hilfreich, in einem ersten Gespräch bestimmte **Spielregeln** miteinander zu besprechen. Gemeinsam mit der Praktikantin erarbeitete Vereinbarungen und Absprachen sollten schriftlich festgehalten werden.

Sinnvolle Themen:	
→ Ansprechpartner in der Einrichtung	→ Krankheits- und Urlaubsregelungen des Trägers
→ Anrede	→ räumliche Gegebenheiten
→ Arbeitszeiten und Pausenzeiten	→ gegenseitige Erwartungen und Befürchtungen
→ arbeitsplatzgerechte Kleidung/Erscheinungsbild	→ Anforderungen der Einrichtung
→ Handyregelung	→ bisherige in der Ausbildung erworbene Kompetenzen
→ Gruppenregeln/Hausordnung/Vorschriften (in schriftlicher Form)	→ Reflexionszeiten
→ Aufgaben der Schule, Abgabetermine, Hilfestellung, Zeitmanagement	→ Arbeitsabläufe, Dienstpläne, wichtige Termine
	→ Tagesstruktur, Regeln und Rituale

→ Aufsichtspflicht, Hygieneverordnungen

→ Schweigepflicht – datenschutzrechtliche Bestimmungen

→ Verhalten gegenüber den Kindern

→ Umgang mit den Eltern der Kinder – u. U. Steckbrief für die Pinnwand

→ Verhalten gegenüber Mitarbeiter/-innen

→ Infos über die Gruppenstruktur, Gruppensituation, Gruppenalltag, Besonderheiten

→ Träger, Konzeption, Einrichtungsziele und Schwerpunkte der Einrichtung

→ Form der Bildungsdokumentation, Beobachtungsverfahren in der Einrichtung

→ erste Aufgaben des Praktikanten, Ausbildungsziel

Für die Studierenden ist es wichtig, im Praktikum alle Facetten des Berufsalltags kennenzulernen. Die Praxisanleitung hat dafür zu sorgen, dass dies in der Einrichtung möglich ist. Regelmäßige Reflexions- und Planungszeiten, Hilfe bei schulischen Aufgaben, Hospitieren bei Bildungsangeboten und Projekten der Praktikantin, Teilnahme an Lehrergesprächen und die konkrete Ausbildung im pädagogischen Alltag zählen u. a. zu den Aufgaben einer Praxisanleitung. Wichtig ist auch, Studierende zu Bildungsangeboten von Fachkräften einzuladen und diese später

kritisch zu reflektieren. Studierende sind für ihre Ausbildung verantwortlich. Praxislehrer und -anleitung erwarten Engagement und Eigenverantwortung bei allen Aufgaben.

> Individuelle Praxisanleitung bedeutet, sich mit dem Kompetenzprofil jeder Praktikantin im Vorfeld auseinanderzusetzen und die Form der Praxisanleitung auf der Basis des Lehrplans darauf abzustimmen.

↗ FAZIT

→ Die Ausbildung zur Erzieherin findet an **zwei Lernorten** statt. Schule und Praxis müssen eng zusammenarbeiten, um Studierende in ihrer beruflichen Qualifizierung unterstützen, begleiten und beraten zu können. Die Vorbildfunktion der Fachkräfte darf nicht unterschätzt werden. Die Erlebnisse „vor Ort" prägen angehende Berufsanfänger. Erste Gespräche helfen, in der Praxis Probleme und Krisen zu minimieren.

→·← AUFGABEN UND ANREGUNGEN

1 Erinnern Sie sich an Ihre Praktika und Praxisanleitungen. Welche angenehmen und unangenehmen Situationen fallen Ihnen ein? Ziehen Sie Konsequenzen für die Rolle der Praxisanleitung.

2 Schreiben Sie ein Horrorszenario aus der Sicht der Studierenden (Horror-Praxisanleitung) und aus Sicht der Praxisanleitung (Horror-Praktikantin). Tragen Sie diese in Kleingruppen vor und entwickeln daraus Konsequenzen für die Rolle der Praxisanleitung. Welche Faktoren

sind förderlich? Formulieren Sie konkrete Rahmenbedingungen, die Praxisanleitung und Praktikantin von Einrichtung und Schule benötigen.

3 Sammeln Sie unterschiedliche Tätigkeiten einer Praxisanleitung (beraten, beobachten, unterstützen, wertschätzen, kritisieren, Verantwortung übergeben). Überlegen Sie, welche Tätigkeiten Ihnen leicht- und welche schwerfallen. Wie können Sie sich auf diese Aufgaben weiter vorbereiten?

TIPPS ZUM WEITERLESEN →→

→ Aller Anfang ist schwer. Kindergarten heute
Basiswissen Kita: Praktikantinnen-Anleitung, Herder, o. J.

→ Theorie trifft Praxis. Handlungskompetenz im sozialpädagogischen Berufspraktikum
Fred Bernitzke, Hans-Dietrich Barth, Europa, Haan 2010

→ Pädagogische Praktika in Kita und Kindergarten. Planen. Begleiten. Auswerten.
Petra Stamer-Brandt, Herder, Freiburg 2011

4.4 Leistungs- und Verhaltensbeurteilung

Sie sind Erzieherin und haben in einem Kindergarten viele Jahre als Gruppenleitung gearbeitet. Ihnen wurde betriebsbedingt gekündigt. Nun suchen Sie eine neue berufliche Herausforderung und wollen sich als Betreuerin in einem Heim für Kinder und Jugendliche bewerben. Heute haben Sie endlich auch Ihr Zeugnis bekommen, dass Sie dringend für Ihre Bewerbung brauchen. Als Sie es sich genauer anschauen, sind Sie verunsichert. Im Zeugnis wird betont, dass Sie besonders gut mit den Kindern Musik gemacht hätten. Die spezifischen Aufgaben als Gruppenleiterin werden erst danach erwähnt. Ihre Leistungen bei der Gestaltung der Elternarbeit werden überhaupt nicht berücksichtigt. Sie überlegen, wie Sie herausfinden können, wie Ihr Zeugnis wirklich gemeint ist und ob es formal vollständig ist.

↘ FRAGEN

→ *Was ist der Unterschied zwischen Beurteilungen und Zeugnissen?*

→ *Welche Bestandteile enthält ein qualifiziertes Zeugnis?*

→ *Welche Angaben über die Mitarbeiterin dürfen nicht in einem Zeugnis stehen?*

4.4.1 Beurteilungen

Schriftliche Beurteilungen bezüglich der Leistungen einer Mitarbeiterin werden grundsätzlich immer dann von der Leitungskraft erstellt, wenn eine Probezeit endet oder eine Veränderung des Arbeitsbereichs innerhalb der Einrichtung geplant ist. Als Teil des Mitarbeitergesprächs kann die Leitungskraft auch jährlich eine Beurteilung verfassen. Sie muss es tun, wenn der Tarifvertrag eine leistungsorientierte Zulage vorsieht.

Beurteilungen sind nur zur Verwendung innerhalb der Einrichtung vorgesehen. Sie dienen zunächst der Leitungskraft als Grundlage für fundierte Personalentscheidungen. Sie muss feststellen können, ob eine Mitarbeiterin mit ihren momentanen Stärken und Schwächen fachlich und persönlich für eine Weiterbeschäftigung oder die Übernahme neuer Aufgaben geeignet ist. Möchte eine Mitarbeiterin später ihre Einrichtung verlassen, bilden ihre Beurteilungen die Basis für die Erstellung ihres Zeugnisses.

Grundlage für die Beurteilung einer Mitarbeiterin ist die präzise Beschreibung ihrer aktuellen Aufgaben. Mögliche Leistungsbereiche, die darauf aufbauend bewertet werden können, sind u. a.:

→ die allgemeine berufliche Haltung (Interesse oder Belastbarkeit),

→ die Selbstständigkeit im Planen und Handeln,

→ das Wissen und die Kenntnisse und deren Umsetzung in die pädagogische Praxis,

→ die Zusammenarbeit in der Gruppe, im Team, mit den Vorgesetzen und der Klientel der Einrichtung *(vgl. K. Weber 2008, S. 17 ff.).*

Im Verlauf eines Beurteilungsgesprächs kann die Mitarbeiterin die Einschätzungen ihrer Leitungskraft mit ihrer Selbsteinschätzung abgleichen und sie ergänzen bzw. korrigieren. Der gesamte Beurteilungsprozess bietet allerdings nur dann die angestrebte Orientierung, wenn eine Leitungskraft sich nicht scheut, auch negative Formulierungen zu wählen und fachlich zu begründen. Wesentlich für eine Mitarbeiterin ist es nicht, möglichst positiv beurteilt zu werden, sondern mit ihrer Leitungskraft konkrete Möglichkeiten zu ihrer Weiterentwicklung und zur Verbesserung ihrer Leistungen zu erarbeiten *(vgl. Kap. 4.1.4 und 4.2.2).*

4.4.2 Zeugnisse

In Form von Zeugnissen werden zum einen die Art und der Umfang der bisherigen Tätigkeiten einer Person nachgewiesen. Zum anderen enthalten sie die Beurteilungen ihrer Kenntnisse, Fähigkeiten und Verhaltensweisen durch die bisherigen Ausbilderinnen und Arbeitgeber. Zeugnisse sind ein unverzichtbarer Bestandteil jeglicher Bewerbungsunterlagen und damit wesentlich für den beruflichen Werdegang einer Person.

Einfaches und qualifiziertes Zeugnis

In einem **einfachen** Zeugnis werden lediglich in wertfreier Formulierung die Art und Dauer einer Tätigkeit bescheinigt. Allerdings muss die Auflistung der Tätigkeiten vollständig sein und auch Veränderungen des Aufgabenbereichs oder spezielle Qualifikationen umfassen. Das **qualifizierte** Zeugnis enthält darüber hinaus auch eine Beurteilung der Leistungen einer Mitarbeiterin und ihres Verhaltens für die Dauer des Arbeitsverhältnisses.

Wenn ihre Anstellung endet, hat eine Mitarbeiterin laut § 109 Gewerbeordnung (GewO) einen rechtlichen Anspruch auf ein schriftliches einfaches oder qualifiziertes Zeugnis. Dies gilt auch, wenn sie nur für kurze Zeit beschäftigt war. Dieser Anspruch verjährt allerdings teilweise bereits nach einigen Monaten und muss von der Mitarbeiterin zügig wahrgenommen werden

Vorläufiges und endgültiges Zeugnis

Unabhängig davon, ob eine Mitarbeiterin kündigt, gekündigt wurde oder einen Auflösungsvertrag vereinbart, kann sie direkt in dem Gespräch zur Beendigung des Arbeitsverhältnisses ein vorläufiges Zeugnis verlangen. Wenn ihr Arbeitgeber die Erstellung nicht verzögert, sollte sie es in den folgenden zwei Wochen erhalten. Ein rechtlicher Anspruch auf ein Zwischenzeugnis besteht nur, wenn ein besonderer Grund vorliegt, etwa eine Beförderung, der Wechsel der Leitungskraft, wenn die Mitarbeiterin vorhat, in Elternzeit zu gehen, oder zur Vorlage bei Banken und Behörden. Spätestens mit Ablauf ihrer Kündigungsfrist sollte die Mitarbeiterin dann auch ihr endgültiges Zeugnis erhalten haben.

Vorgesehen ist, dass der Arbeitgeber das Zeugnis ausstellt, z. B. eine Vertreterin des Trägers. Sie kann diese Aufgabe aber an die Leitungskraft delegieren, wenn sie selbst keine angemessene Beurteilung vornehmen kann. Auch wenn Mitarbeiterinnen keinen rechtlichen Anspruch darauf haben, ist es durchaus üblich, dass sie selbst einen Vorschlag für ihr Zeugnis formulieren. Die Unterschrift muss durch den Arbeitgeber erfolgen.

Form und Inhalte eines Zeugnisses

Mitarbeiterinnen haben Anspruch auf ein Zeugnis, das schriftlich fehlerfrei und gedruckt auf sauberem, haltbarem Papier mindestens der Größe DIN A5 verfasst ist. Das Zeugnis darf nur gefaltet werden, wenn die Knicke nicht auf Kopien zu sehen sind.

Ein Zeugnis sollte folgende Punkte beinhalten:
→ vollständige Angaben zum Arbeitgeber,
→ eine vollständige Aufgabenbeschreibung,
→ die Beschäftigungsdauer und den beruflichen Werdegang in der Einrichtung,
→ die Leistungsbeurteilung, ggf. inklusive Anleitungs- und Führungsleistung,
→ die Beurteilung der sozialen Kompetenz,
→ das Datum der Ausstellung und sowohl eine persönliche Unterschrift als auch den gedruckten Namen des Arbeitgebers.

Zusätzlich gehören zum korrekten Aufbau eines Zeugnisses neben der Überschrift und einer Einleitung auch die Formulierung von Dankes- und Bedauernsaussagen sowie Zukunftswünschen.

Zu bestimmten Themen darf der Arbeitgeber keine Angaben in einem Zeugnis machen, etwa:
→ Zugehörigkeit zu Betriebsrat, Gewerkschaft, Partei,
→ Nebentätigkeiten,
→ Schwangerschaft, Mutterschutz und andere private Ereignisse,
→ Abmahnungen und Kündigungsgründe.

Krankheiten, wie z. B. Suchterkrankungen und Straftaten dürfen nur genannt werden, wenn sie sich direkt auf das Arbeitsverhalten ausgewirkt haben. Der Arbeitgeber darf diesbezüglich auch keinerlei Vermutungen äußern. Nur wenn die Mitarbeiterin einverstanden ist, dürfen auch ihre Anschrift und ihr Geburtsdatum im Zeugnis vermerkt sein. Nicht zugelassen sind Ausrufungs- und Fragezeichen sowie fett gedruckte oder in Anführungsstriche gesetzte Textteile. Ein Zeugnis darf nicht auf elektronischem Wege, also per E-Mail verschickt werden *(vgl. Weber 2008, S. 27 ff.).*

Zeugnissprache

Der Gesetzgeber hat Arbeitgeber dazu verpflichtet, Zeugnisse sorgfältig, wahrheitsgemäß und wohlwollend zu verfassen, um die zukünftige berufliche Entwicklung einer ehemaligen Mitarbeiterin nicht zu behindern. Negative Formulierungen sind damit nicht grundsätzlich gesetzlich verboten. Wenn Arbeitgeber aber eine negative Bewertung im Zeugnis festhalten wollen, wählen sie meist bestimmte Formulierungen, die nur auf den ersten Blick positiv erscheinen. Geschulte Leserinnen erkennen darin schnell einen der Verschlüsselungscodes der Zeugnissprache. Weber unterscheidet verschiedene **Verschlüsselungstechniken,** deren eigentliche Bedeutung sich nur im Zusammenhang mit dem Zeugniskontext erkennen lassen. So nennt er z. B.:

→ **Entwertungen:** vergleichsweise unwichtige Aufgaben und Aufgabenbereiche werden besonders hervorgehoben oder zuerst genannt („sie war zuständig für die Beschaffung der Bastelmaterialien und die Koordination der Dienstbesprechung"),
→ **Einschränkungen:** positive Formulierungen werden auf einen bestimmten Bereich beschränkt („in der Gruppe wurde ihre Kompetenz geschätzt"),
→ **Mehrdeutigkeiten:** von der Mitarbeiterin wird nur im Passiv gesprochen, womit auch ihre Arbeitshaltung als passiv charakterisiert wird („sie wurde eingesetzt, sie wurde beauftragt") oder die Beurteilung wird lediglich auf individuelle Maßstäbe bezogen („die für sie typische Handlungsweise") *(Weber 2008, S. 36 f.)*.

↗ FAZIT

→ Es besteht ein rechtlicher Anspruch darauf, zu erfahren, welches Bild sich eine Anleiterin oder Leitungskraft von der Praktikantin oder Mitarbeiterin gemacht hat. Diese Einschätzungen werden in Form von **Beurteilungen** oder **Zeugnissen** verfasst. Während Beurteilungen nur intern Verwendung finden, werden Zeugnisse auch nach außen weitergegeben.
→ Den fachlichen Maßstab stellen die in den Bildungsplänen der Bundesländer beschriebenen Anforderungen und die in den Konzeptionen der Einrichtung benannten Ansprüche an pädagogische Fachkräfte dar. Durch diese Art der Rückmeldung ist es möglich, sich in Bezug auf die eigenen Kenntnisse, Fähigkeiten und Verhaltensweisen orientieren.
→ Es gibt eine spezielle, codierte **Zeugnissprache,** die sich zunächst sehr positiv liest und dadurch eigentlich negative Bewertungen verschleiert. Wenn eine Mitarbeiterin unsicher ist über die wahre Bedeutung der Formulierungen in ihrem Zeugnis, kann sie sich Rat und Unterstützung holen – z. B. bei der Mitarbeitervertretung ihrer Einrichtung.

→·← AUFGABEN UND ANREGUNGEN

1 Nehmen Sie sich Ihre bisherigen Arbeitszeugnisse (z. B. auch Ihre Praktikumszeugnisse) vor und prüfen Sie sie auf ihre korrekte Form und inhaltliche Vollständigkeit. Besprechen Sie Ihre Ergebnisse in einer Kleingruppe.

2 Recherchieren Sie im Internet oder der weiterführenden Literatur weitere Verschlüsselungscodes der Zeugnissprache. Besprechen Sie in einer Kleingruppe die Formulierungen in Ihren Zeugnissen – sind sie eher positiv zu verstehen oder eigentlich negativ gemeint?

TIPPS ZUM WEITERLESEN →→

→ Basiswissen Kita. Beurteilungen & Zeugnisse
Kurt Weber, Herder, Freiburg 2008

→ Geheim-Code Arbeitszeugnis
H.-W. Vogel, Walhalla-Verlag, Regensburg 2010

4.5   Träger von sozialpädagogischen Einrichtungen

Sie studieren am Ende Ihrer Ausbildung zur Erzieherin Stellenanzeigen im Internet. Sie finden Angebote verschiedener Träger: Ein kleiner Kinderladen mit nur einer Gruppe sucht eine neue Kraft, die Nachbargemeinde will eine Stelle im Städtischen Kinderheim neu besetzen. Am spannendsten finden Sie die Ausschreibung eines großen evangelischen Kindergartens, der eine Mitarbeiterin für die Leitung der Waldgruppe sucht. Sie haben Ihr letztes Praktikum schon in einem Waldkindergarten absolviert und wissen, dass Ihnen diese Arbeit großen Spaß macht. Allerdings ist die Zugehörigkeit zur evangelischen Kirche eine der Einstellungsvoraussetzungen – dabei sind Sie doch schon vor einem Jahr aus der Kirche ausgetreten. Lohnt es sich für Sie überhaupt, sich dort zu bewerben?

↘ FRAGEN

→ *Welche Spitzenverbände der freien Wohlfahrtspflege gibt es?*

→ *Welche Aufgaben hat der Träger einer sozialpädagogischen Einrichtung zu erfüllen?*

4.5.1   Öffentliche und Freie Träger

In Deutschland hat sich historisch eine äußerst vielfältige Trägerlandschaft für sozialpädagogische Einrichtungen entwickelt, es wird sogar als „Trägerlabyrinth" charakterisiert *(Merchel 2008, S. 7)*. Laut SGB VIII § 2 wird grundsätzlich zwischen **öffentlicher** und **freier Trägerschaft** in der Jugendhilfe unterschieden.

Öffentliche Träger

In § 69 des SGB VIII werden als Träger der öffentlichen Jugendhilfe die Jugendämter der kreisfreien Städte und die Landesjugendämter der Kreise bestimmt. Abhängig von spezifischen landesrechtlichen Bestimmungen können auch kreisangehörige Gemeinden ein eigenes Jugendamt einrichten. Die Jugendämter sind verantwortlich für die Planung und Steuerung der Aufgaben, die das SGB VIII für die Kinder- und Jugendhilfe vorsieht *(vgl. HF 1, Kap. 4)*. Einerseits initiieren, gestalten und steuern sie unter Einbezug der freien Träger die notwendige regionale Infrastruktur. Andererseits stellen sie selbst Einrichtungen und Dienste, wie z. B. Kindertagesstätten, Freizeiteinrichtungen für Jugendliche oder ambulante Erziehungshilfen zur Verfügung. Um notwendige Hilfen gezielter einsetzen zu können, haben viele Jugendämter einen Allgemeinen Sozialen Dienst (ASD) oder Kommunalen Sozialdienst (KSD) eingerichtet. Diese Dienste orientieren sich an der Lebenswelt ihrer Klienten und arbeiten oft auch ämterübergreifend.

Sobald anerkannte Träger der freien Jugendhilfe, z. B. Kirchengemeinden, Elternvereine oder Privatpersonen, „geeignete Einrichtungen, Dienste und Veranstaltungen" anbieten, sieht das **Subsidiaritätsprinzip** vor, dass die öffentlichen Träger diesen freien Trägern Vorrang gewähren *(§4 SGB VIII)*. Auf diese Weise unterstützt der Gesetzgeber „die Vielfalt von Trägern unterschiedlicher Werteorientierungen und die Vielfalt von Inhalten, Methoden und Arbeitsformen" *(§ 3 SGB VIII)*.

Freie Träger

Zu den freien Trägern zählen sowohl Wohlfahrtsverbände, Jugendverbände als auch Selbsthilfe- und Initiativgruppen. Sie zeichnen sich durch ihre gemeinnützige Organisationsstruktur aus und unterscheiden sich von gewerblichen Trägern, die auch wirtschaftliche Interessen verfolgen. Sie sind überwiegend unter dem Dach einer der **sechs Spitzenverbände der freien Wohlfahrtspflege** organisiert. Dazu gehören

→ Bundesverband der Arbeiterwohlfahrt e. V. (AWO), Berlin

→ Deutscher Caritas-Verband e. V. der katholischen Kirche (DCV), Freiburg im Breisgau,

→ Deutsches Rotes Kreuz e. V. (DRK), Berlin,

→ Diakonisches Werk der evangelischen Kirche in Deutschland (Diakonie oder DW), Stuttgart

→ Paritätischer Wohlfahrtsverband e. V. (DER PARI-
 TÄTISCHE), Berlin,
→ Zentralwohlfahrtsstelle der Juden in Deutsch-
 land e. V. (ZWST), Frankfurt am Main.

Die sechs Verbände, gegründet zwischen 1848 und
1924, bilden in der Gesamtheit ihrer sozialen Leistungen
eine wesentliche Säule des deutschen Sozialstaates. Sie
stützen sich auf verschiedene **weltanschauliche Motive** und Zielvorstellungen. Das DRK und DER PARITÄTI-
SCHE – beide ursprünglich entstanden aus Initiativen
der Hilfe für verwundete Soldaten bzw. eines wirtschaftlichen Zweckverbandes von Krankenhäusern –, berufen
sich auf humanitäre, d. h. der allgemeinen Menschlich-
keit verpflichtete Überzeugungen. Der DCV, die Diakonie
und die ZWST beziehen sich auf die religiösen Grundsätze ihrer Kirchen und die Verbindung von sozialer Arbeit
mit der Verbreitung ihres Glaubens. Die AWO beruft sich
ursprünglich auf die politische Idee, der Massenverelen-
dung nach dem 1. Weltkrieg durch praktische Selbsthilfe
innerhalb der sozialdemokratischen Arbeiterschaft zu
begegnen. Noch heute ist einer der Grundsätze der AWO
die Verwirklichung des sozialen, demokratischen Rechts-
staates.

Alle Spitzenverbände sind in der **Bundesarbeitsgemeinschaft der Freien Wohlfahrtspflege e. V.** (bagfw)
zusammengeschlossen. Basierend auf gemeinsamen
Grundsätzen wie z. B. Solidarität und Hilfsbereitschaft
verfolgt sie „die Sicherung und Weiterentwicklung der
sozialen Arbeit durch gemeinschaftliche Initiativen und
sozialpolitische Aktivitäten" *(vgl. www.bagfw.de)*. Auf diese Weise nehmen die Spitzenverbände auch Einfluss auf
die Sozialpolitik des Bundes.

> **Sozialpolitische Steuerung**
>
> Die sozialpolitische Steuerung der Jugendhilfe
> erfolgt in Deutschland innerhalb eines sehr
> komplexen Systems. Auf Bundesebene findet
> die allgemeine Rahmengesetzgebung statt,
> die es erlaubt, dass auf Landesebene weite-
> re, z. T. sehr unterschiedliche sozialpolitische
> Schwerpunkte gesetzt werden. Die konkrete
> Ausgestaltung der Leistungen obliegt dann der
> kommunalen Ebene.

> „Die Verflochtenheit der Steuerungsebenen
> in der Jugendhilfe zeigt sich in den komplizier-
> ten Aushandlungsvorgängen, die bei Gesetz-
> gebungsvorgängen in Gang gesetzt werden
> müssen. Bundesministerien, Länderministerien
> und kommunale Spitzenverbände sowie die
> Repräsentanten der freien Träger, denen bei
> der Umsetzung sozialpolitischer Programme
> ein bedeutsamer Stellenwert zukommt, beein-
> flussen mit ihren jeweiligen fachpolitischen
> Perspektiven und politischen Interessen den
> Gesetzgebungsprozess und bringen sich in ein
> kompliziertes Netz von Interaktionen ein."
>
> *(Merchel 2008, S. 15)*

Insgesamt beschäftigen die Wohlfahrtsverbände nach
eigenen Angaben zusammen etwa rund 1,5 Millionen
hauptamtliche Mitarbeiterinnen. Dabei ist die Jugendhilfe mit mehr als einem Drittel aller Einrichtungen (über
38 000) und über die Hälfte aller bereitgestellten Plätze
(über 2 Millionen) der größte Arbeitsbereich der Freien
Wohlfahrtshilfe. In den Tageseinrichtungen für Kinder
werden täglich mehr als 1,7 Millionen Kinder betreut.
Folgende Grafik zeigt die Verteilung von Einrichtungen
innerhalb der Jugendhilfe *(vgl. Gesamtstatistik 2008 der
Bundesarbeitsgemeinschaft der Freien Wohlfahrtspflege
e. V., S. 10 f. und S. 24)*:

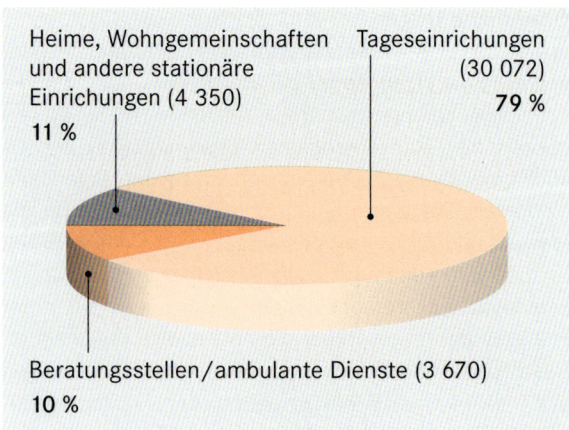

Heime, Wohngemeinschaften
und andere stationäre
Einrichungen (4 350)
11 %

Tageseinrichungen
(30 072)
79 %

Beratungsstellen/ambulante Dienste (3 670)
10 %

Einrichtungen der Jugendhilfe der Freien Wohlfahrtspflege

Die Finanzierung der freien Träger erfolgt zum einen
durch Eigenmittel, die sich aus den Leitungsentgelten
der Nutzer oder auch Mitgliedsbeiträgen, Spenden, Buß-
geldern und Lotterie-Einnahmen zusammensetzen. Die

religiösen Verbände erhalten zudem von ihren Kirchen Gelder aus Mitteln der Kirchensteuer. Zum anderen stellen die Zuwendungen aus den öffentlich-rechtlichen Haushalten die Arbeit der sozialpädagogischen Einrichtungen in organisatorischer, fachlicher und wirtschaftlicher Eigenverantwortung sicher.

Aufgaben eines Trägers

Die Aufgaben des Trägers einer sozialpädagogischen Einrichtung umfassen unterschiedliche Bereiche, die er in enger Kooperation mit der Leitung der Einrichtung, mit Vertreterinnen der Mitarbeiterschaft sowie den politisch zuständigen Gremien erfüllen muss *(vgl. Fthenakis u. a. [Hrsg.], 2009, S. 42 ff.):*

→ **Organisations- und Dienstleistungsentwicklung**
(Leitbild, Managementkonzept, Kommunikations- und Evaluationsstrategien)

→ **Konzeptionsentwicklung**
Qualitätsmanagement (Qualitätsziele und verbindliche Standards für alle Arbeitsbereiche, Verfahren zur Überprüfung der Abläufe)

→ **Personalmanagement**
(Personalplanung und -gewinnung, Personalführung und -aufsicht, Personalentwicklung, Personalverwaltung)

→ **Finanzmanagement**
(Finanzkonzept, Verwaltung der Finanzen, Erschließung zusätzlicher Finanzquellen)

→ **Vernetzung und Kooperation**
(im örtlichen System anderer Einrichtungen der Sozialen Arbeit sowie im Bereich von Gemeinwesen, Politik und Wirtschaft in der Region)

→ **Angebotsplanung**
(Bedarfsermittlung, Angebotsentwicklung, Angebotsregulierung)

→ **Öffentlichkeitsarbeit**
(Konzepterstellung, Stärkung der Corporate Identity, Positionierung in der Öffentlichkeit)

→ **Bau- und Sachausstattung**
(Überprüfung Bausituation, Bauplanung- und Durchführung, Bedarfsfeststellung Sachausstattung)

↗ FAZIT

→ Schon in der Stellenausschreibung wird deutlich, zu welchem Träger die Einrichtung gehört, die eine neue Mitarbeiterin sucht. Es ist sinnvoll, dieses Detail ernst zu nehmen und sich genau zu informieren, denn die **Trägerschaft** wirkt sich nicht nur auf die Inhalte und Methoden der Arbeit, sondern z. B. auch auf die Anforderungen an die persönliche Werteorientierung der Bewerberin aus.

→·← AUFGABEN UND ANREGUNGEN

1 ☞ Was beinhaltet das „Subsidiaritätsprinzip"?

2 ☞ Recherchieren Sie in Kleingruppen im Internet oder in der weiterführenden Literatur zu jeweils einem der Spitzenverbände: Entstehungsgeschichte, Zielvorstellungen und Organisationsstruktur sowie beispielhafte Einrichtungen dieses Trägers in Ihrer Region. Präsentieren Sie im Anschluss Ihre Ergebnisse im Plenum.

TIPPS ZUM WEITERLESEN →→

→ Spitzenverbände der Freien Wohlfahrtspflege. Eine Einführung in Organisationsstrukturen und Handlungsfelder der deutschen Wohlfahrtsverbände.
Karl-Heinz Boeßenecker, Juventa, Weinheim 2005

→ Träger zeigen Profil. Qualitätshandbuch für Träger von Kindertagesstätten
Wassilios Fthenakis, u. a. (Hrsg) Cornelsen, Berlin 2009

→ Trägerstrukturen in der Sozialen Arbeit
Joachim Merchel, Juventa, Weinheim 2008

4.6 Arbeits-, Tarif- und Vertragsrecht

Die Bezahlung der Erzieherinnen ist ein Politikum. Der Wert der geleisteten Arbeit entspricht nicht der gesellschaftlichen Anerkennung und auch nicht der Bedeutung der Aufgabe. Doch da die frühkindliche Erziehung als öffentliche Aufgabe dem öffentlichen Dienst zugeordnet ist, ist sie auch in die Systematik der dort vertretenen Berufe eingeordnet. So ist die Vergütung etwa vergleichbar mit der einer ausgebildeten Krankenschwester und Altenpflegerin.

Sozusagen als „Leitwährung" fungiert der **TVÖD** (Tarifvertrag öffentlicher Dienst). Leichte Verbesserungen brachte hier die Einführung einer eigenen Vergütungstabelle der Berufe im Sozial- und Erziehungsdienst. Die Vergütung richtet sich nach der Art der Tätigkeit und der Erfahrung der Erzieherin (Stufen). So ergibt es sich, dass in der Regel Erzieherinnen nach der **Tarifgruppe S 6** bezahlt werden. In großen Ballungsräumen wird dagegen nach Tarifgruppe S 8 vergütet. Auch gibt es bei manchen Kommunen noch ein Job-Ticket oder andere Sonderleistungen zusätzlich. Die Vergütungen im Einzelnen:

Die neue Entgelttabelle für den Sozial- und Erziehungsdienst mit Beispielen für die Berufszuordnung

gültig seit dem 1. August 2011, monatlich in €

Entgelt-gruppe	Grundentgelt		Entwicklungsstufen				Beispiel für Berufszuordnung
	Stufe 1	Stufe 2	Stufe 3	Stufe 4	Stufe 5	Stufe 6	
S 18	3.069,49	3.171,80	3.581,07	3.888,01	4.348,44	4.629,81	Leiter/-in Erziehungsheim
S 17	2.762,53	3.043,90	3.376,44	3.581,07	3.990,33	4.230,78	Leiter/-in KiTa (ab 180 Plätze)
S 16	2.690,92	2.977,40	3.202,50	3.478,75	3.785,70	3.969,87	Leiter/-in KiTa (ab 130 Plätze)
S 15	2.588,60	2.864,85	3.069,49	3.304,81	3.683,39	3.847,09	Leiter/-in KiTa (ab 100 Plätze)
S 14	2.557,91	2.762,53	3.018,33	3.222,96	3.478,75	3.657,81	Sozialarbeiter/-in in Garantenstellung
S 13	2.557,91	2.762,53	3.018,33	3.222,96	3.478,75	3.606,64	Leiter/-in KiTa (ab 70 Plätze)
S 12	2.455,59	2.711,38	2.956,94	3.171,80	3.437,82	3.550,37	Sozialarbeiter/-in schwierige Tätigkeit
S 11	2.353,28	2.660,20	2.793,24	3.120,65	3.376,44	3.529,91	Sozialarbeiter/-in
S 10	2.291,88	2.537,44	2.660,22	3.018,33	3.304,81	3.540,14	Leiter/-in KiTa (ab 40 Plätze)
S 9	2.281,65	2.455,59	2.609,06	2.890,43	3.120,65	3.340,63	Koord. Erzieher/-in
S 8	2.189,56	2.353,28	2.557,91	2.849,51	3.115,53	3.325,27	Erzieher/-in schwierige Tätigkeit/ Heilpädagoge
S 7	2.123,06	2.327,69	2.491,41	2.655,11	2.777,89	2.956,94	Leiter/-in KiTa (bis 40 Plätze)
S 6	2.087,25	2.291,88	2.455,59	2.619,29	2.767,65	2.930,34	Erzieher/-in
S 5	2.087,25	2.291,88	2.445,36	2.527,21	2.639,76	2.834,16	handwerkl. Erziehungsdienst
S 4	1.892,85	2.148,64	2.281,65	2.394,20	2.465,82	2.557,91	Kinderpfleger/-in schwierige Tätigkeit
S 3	1.790,54	2.005,40	2.148,64	2.291,88	2.332,81	2.373,74	Kinderpfleger/-in

Stufenlaufzeit

Die Stufenlaufzeit gibt die Anzahl der Jahre an, die man in einer Entgeltstufe verbracht haben muss, um in die nächsthöhere Stufe aufzusteigen. Für den Sozial- und Erziehungsdienst gelten andere Stufenlaufzeiten als für den übrigen öffentlichen Dienst.

Stufe	Laufzeit	Abweichende Laufzeit für S 8
Stufe 1	1 Jahr	1 Jahr
Stufe 2	3 Jahre	3 Jahre
Stufe 3	4 Jahre	4 Jahre
Stufe 4	4 Jahre	8 Jahre
Stufe 5	5 Jahre	10 Jahre
danach Stufe 6		

Entgelte im Berufspraktikum

Auch für Praktikantinnen und Praktikanten gilt ein Tarifvertrag. Er gilt u. a. für Praktika in den Berufen Sozialarbeiter/-in, Sozialpädagog/-in, Heilpädagog/-in, Erzieher/-in und Kinderpfleger/-in für eine praktische Tätigkeit, die nach Abschluss der Fachschule bzw. des Fachhochschulstudiums der staatlichen Anerkennung vorauszugehen hat.

Das monatliche Entgelt beträgt für
→ Kinderpfleger/-in: 1.229,07 €
→ Erzieher/-in: 1.283,14 €

Entgelte bei freien Trägern

Auch die freien Träger orientieren sich in ihren Bezahlungen am TVÖD. Insbesondere in einer Zeit des Fachkräftemangels kann es sich kein Träger leisten, weniger zu bezahlen. Doch gerade bei den Leistungen, die nicht gleich sichtbar sind, lohnt es sich hinzuschauen:
→ Wie lange ist die Arbeitszeit?
→ Welchen Urlaubsanspruch habe ich?
→ Welchen Fortbildungsanspruch habe ich?
→ Gibt es ein Job-Ticket oder Ähnliches?
→ Wie hoch ist die Sonderjahreszahlung (Weihnachtsgeld)?
→ Wird die im Öffentlichen Dienst übliche Rentenzusatzversorgung gewährt?

Die Evangelische Kirche in Hessen und Nassau bezahlt beispielsweise ihre Erzieherinnen in den 600 Kitas nach einer **Kirchlich-Diakonischen Arbeitsvertragsordnung** (KDAVO). Alle Erzieherinnen werden nach **E 7** eingestuft.

Entgelttabelle, gültig seit 1. Januar 2011						
	Stufe 1	Stufe 2	Stufe 3	Stufe 4	Stufe 5	Stufe 5 + LZ
	ERZ bis zu 2 Jahre	ERZ mehr als 2 Jahre	ERZ mehr als 5 Jahre	ERZ mehr als 8 Jahre	ERZ mehr als 11 Jahre	mit Leistungszulage gemäß § 29 Abs. 2 KDAVO
Entgeltgruppe	monatlich in €					
E 7	2.335,00	2.335,00	2.486,00	2.636,00	2.786,00	3.020,00

Zunächst ist die Bezahlung in der für Erzieherinnen maßgeblichen Entgeltgruppe (E 7) besonders am Anfang deutlich über der S 6 oder S 8 des TVÖD. Da jedoch die Wochenarbeitszeit bei der Kirche in diesem Fall 40 Stunden beträgt, der Urlaub bis zum Alter von 29 Jahren 26 Arbeitstage und die Sonderzahlung mit 60 % bis 80 % (je nach Betriebsergebnis) hinter den Leistungen des TVÖD zurückbleiben, relativiert sich diese Besserstellung.

→·← AUFGABEN UND ANREGUNGEN

1. Legen Sie eine Tabelle mit den Tarifsystemen verschiedener Träger an. Listen Sie dabei auch Urlaubsanspruch, Wochenarbeitszeit, Sonderzahlung, Altersvorsorge auf. Vergleichen Sie beim Gehalt Stufe 1 mit der letztmöglichen Stufe und ermitteln Sie die Dauer der Betriebszugehörigkeit.

6 IN NETZWERKEN KOOPERIEREN UND ÜBERGÄNGE GESTALTEN

Inhaltlicher Überblick

Die Zusammenarbeit mit anderen Institutionen und die Netzwerk-Gestaltung ist unbedingt notwendig, um den Entwicklungsverlauf von Kindern, Jugendlichen und jungen Erwachsenen optimal begleiten und fördern zu können, und zwar von Geburt an.

Dies kann eine Erzieherin nicht allein leisten. Es gehört zu ihrer Professionalität, die Zusammenarbeit mit anderen Einrichtungen bedarfsgerecht mitzugestalten und Angebote z. B. im Bereich der Eltern- und Familienbildung mit anderen Fachkräften zu organisieren. Diese Notwendigkeit zur Vernetzung mit anderen Organisationen und Einbeziehung der Ressourcen des sozialen Umfelds in die alltägliche Arbeit einer Erzieherin wird daher im ersten Kapitel dargestellt.

Ebenso wird die Bandbreite möglicher Kooperationspartner – je nach Arbeitsfeld und Schwerpunkt – und der zu berücksichtigenden Kriterien verdeutlicht.

Erzieherinnen und Erzieher arbeiten sozialräumlich und lebensweltbezogen. Sie nutzen Unterstützungssysteme und wirken mit sozialen Einrichtungen und Diensten im Sozialraum.

Im Zentrum dieses Handlungsfeldes steht außerdem die Gestaltung von Übergängen, welche ebenfalls nur in Zusammenarbeit mit anderen Einrichtungen erfolgen kann. Die Fachkraft ist in der Lage, Übergänge zu gestalten, und kennt die Bedeutung von Bindungsmustern für diese Transitionsprozesse.

Die angehende Erzieherin kennt die Konzepte der Salutogenese und Resilienz, die das Wohl des Kindes positiv beeinflussen können.

1   Netzwerke – Kooperation mit anderen Institutionen

„Herr S. ist 32 Jahre alt, Ingenieur, zz. arbeitslos. Frau S. ist 28 Jahre alt und von Beruf Bürokauffrau. Sie ist berufstätig und kommt für den Familienunterhalt auf. [...] Das gemeinsame Kind Tim ist mittlerweile sechs Jahre alt und besucht den Kindergarten.

Seit der Vater arbeitslos ist, verstärken sich die Auffälligkeiten von Tim. Seit bei Tim eine Entwicklungsverzögerung, insbesondere im sprachlichen Bereich, diagnostiziert wurde, beschäftigt sich der Vater täglich mehrere Stunden mit Tim. Zudem will er nachweisen, dass er seine Zeit daheim nützlich zubringt. [...] Die Spannungen in der Familie sind erheblich. [...]

Es wäre nun einfach zu sagen: Was geht das den Kindergarten an! Der Kindergarten teilt sich aber die Erziehungsverantwortung mit den Eltern, soll die familiäre Erziehung ergänzen und unterstützen. Im Fall von Familie S. sind – damit dies gelingen kann – verschiedene Hilfen notwendig: [...] Herr S. braucht Beratung in Bezug auf Berufschancen oder eine eventuelle Umschulung. [...] Für Tim sind Angebote der Frühförderung und eventuell die Zurückstellung vom Schulbesuch sowie der Besuch eines Schulkindergartens angezeigt. Eine Schuldnerberatung könnte helfen, die prekäre Finanzsituation zu überwinden. Eine Vielzahl von Problemen belastet die Familie. Das gemeinsame Kind Tim wird zum Symptomträger und entwickelt immer mehr Störungen. Geschieht nichts, so wird unter Umständen irgendwann die Trennung der Eltern folgen, das Kind aufgrund der Verhaltensauffälligkeiten in die Sonderschule eingeschult werden und bei zunehmender Problematik vielleicht sogar eine Fremdunterbringung erfolgen. Wenn nichts geschieht, so ist Tims ‚Jugendhilfekarriere‘ regelrecht vorgezeichnet.

In diesem Fall wurde mit einer sozialpädagogischen Familienhilfe begonnen und ein Hilfeplan für Tim erstellt. Der Kindergarten war der Vermittler, und ohne den Einsatz der Erzieherin hätte die Familie die notwendigen Schritte und die Annahme der Hilfe nicht geschafft. Immer wieder berichteten die Eltern der Erzieherin von den eingeleiteten Maßnahmen. Das Verhalten von Tim veränderte sich. Er wird noch ein Jahr in seiner Kindergartengruppe bleiben. Seine derzeitige Entwicklung wird die Einschulung in die Regelschule möglich machen.“ *(Becker-Textor, I., Vernetzung. in: Kindergartenpädagogik – Online-Handbuch, hrsg. von M. R. Textor)*

Bei der Berufsberatung

↘ FRAGEN

→ *Mit welchen Institutionen und Einrichtungen kann eine Erzieherin zusammenarbeiten?*

→ *Warum ist die Zusammenarbeit für die pädagogische Arbeit wichtig?*

→ *Wann ist es sinnvoll, als Erzieherin Kontakte zu anderen Institutionen zu suchen?*

→ *Worauf muss man bei der Zusammenarbeit achten?*

1.1   Einrichtungen der Kinder- und Jugendhilfe

Viele Zusammenhänge und Kooperationsmöglichkeiten

Erzieherinnen arbeiten nicht nur mit Kindern und Jugendlichen, sondern im Grunde mit allen Menschen, die mit diesen Kindern und Jugendlichen zu tun haben. Die gesetzlich verankerten Aufgaben einer Erzieherin zeigen einen umfassenden Anspruch, der die ganze Gesellschaft betrifft.

Das Sozialgesetzbuch VIII – Kinder- und Jugendhilfe fordert **in § 1 Abs. 3:** Die Jugendhilfe soll:

> 1. junge Menschen in ihrer individuellen und sozialen Entwicklung fördern und dazu beitragen, Benachteiligungen zu vermeiden oder abzubauen,
> 2. Eltern und andere Erziehungsberechtigte bei der Erziehung beraten und unterstützen,
> 3. Kinder und Jugendliche vor Gefahren für ihr Wohl schützen,
> 4. dazu beitragen, positive Lebensbedingungen für junge Menschen und ihre Familien sowie eine kinder- und familienfreundliche Umwelt zu erhalten oder zu schaffen.

Diese Ansprüche kann nicht eine Institution allein erfüllen. So gibt es eine große Vielfalt an Angeboten und Hilfen. Auch diese sind gesetzlich festgelegt.

Dabei wird die Jugendhilfe unterteilt in **Leistungen** und **andere Aufgaben.** Im Folgenden werden nur die „Leistungen" dargestellt, da die anderen Aufgaben nicht zu den Arbeitsfeldern von Erzieherinnen gehören:

> § 2 Abs. 2 **Leistungen** der Jugendhilfe sind:
> 1. Angebote der Jugendarbeit, der Jugendsozialarbeit und des erzieherischen Kinder- und Jugendschutzes (§§ 11 bis 14),
> 2. Angebote zur Förderung der Erziehung in der Familie (§§ 16 bis 21),
> 3. Angebote zur Förderung von Kindern in Tageseinrichtungen und in Tagespflege (§§ 22 bis 25),
> 4. Hilfe zur Erziehung und ergänzende Leistungen (§§ 27 bis 35, 36, 37, 39, 40),

> 5. Hilfe für seelisch behinderte Kinder und Jugendliche und ergänzende Leistungen (§§ 35 a bis 37, 39, 40),
> 6. Hilfe für junge Volljährige und Nachbetreuung (§ 41).

Diese Leistungen werden von unterschiedlichen Einrichtungen übernommen. So gibt es verschiedene Tageseinrichtungen für die Kinderbetreuung und -förderung:

Kindergärten und -tagesstätten, Schulhorte, Offene Ganztagsschulen, Kinderläden, Krippen und die Kindertagespflege. Die Hilfen zur Erziehung umfassen unter anderem Erziehungsberatungsstellen, die Vollzeitpflege, die Sozialpädagogische Familienhilfe und Heime.

In allen Einrichtungen sind Mitarbeiter mit unterschiedlichen Berufen tätig. Der Trend geht zu immer multiprofessionelleren Teams, in denen z. B. Erzieherinnen mit Sozialpädagogen, Sozialarbeitern, Therapeuten oder pflegerisch Tätigen zusammenarbeiten.

1.2 Kooperation mit anderen Institutionen

Die Arbeit mit Kindern und Jugendlichen geschieht nicht isoliert. Die Erzieherin kann sie gar nicht allein leisten. Wie Eltern in der Familie mit ihren Kindern hinausgehen, ihr Umfeld erkunden, Verwandte und Freunde besuchen, reisen, einen Babysitter bestellen, Bekannte um Rat oder Hilfe bitten – so muss auch die Erziehung in der Einrichtung fortgeführt werden. Oft ist diese Öffnung nach außen in der Einrichtungskonzeption verankert und wird z. B. im Situationsansatz auch gefordert.

Aufgabe der pädagogischen Fachkraft ist, Kinder mit ihrer Umgebung vertraut zu machen, ihnen die Möglichkeit zu geben, diese zu erkunden. So lernen Kinder, sich zurechtzufinden, und erweitern ihr Wissen. Sie lernen Kontakt zu anderen Menschen aufzunehmen, Fragen zu stellen, Informationen einzuholen. Vernetzung schafft Beziehungen und umgekehrt. Vor allem die Erkundung zu Fuß ist wichtig, da Kinder es heutzutage gewohnt sind, meist mit dem Auto irgendwohin gebracht zu werden. Dadurch fehlt ihnen die Vorstellung von den Zusammenhängen, der Lage der Orte zueinander. Sie müssen erst ein Gefühl dafür entwickeln, ebenso für das Verhalten im Straßenverkehr. Regelmäßige Ausflüge und Besuche sind notwendig, damit das Kind seine Umwelt ganzheitlich wahrnehmen kann und sich als Teil des Ganzen erlebt.

Im Umgang mit älteren Kindern und Jugendlichen ist es wichtig, sie an Freizeitgestaltungen außerhalb der eigenen Einrichtung heranzuführen, auf Institutionen aufmerksam zu machen, die bei möglichen Problemen helfen, sie aber auch im Umgang mit Ämtern und Behörden zu unterstützen. Erzieherinnen zeigen so Ressourcen im Sozialraum/Lebensumfeld der Kinder und Jugendlichen

auf. Sie helfen, Schwellenängste zu überwinden, und fungieren bei der Nutzung als Vermittler.

Wünschen Eltern Rat und Unterstützung im Umgang mit ihren Kindern, fühlen sich vor allem Berufsanfängerinnen oft überfordert. Das Wissen über entsprechende Beratungsstellen kann dann entlastend wirken. Oft erzählen Elternteile auch von privaten Problemen. Es ist natürlich nicht Aufgabe der Erzieherin, diese Probleme zu lösen, aber sie können vermitteln, auf andere Beratungsmöglichkeiten verweisen. Wenn sie von der Arbeit anderer Institutionen erzählen, können sie den Eltern eventuell Ängste nehmen, die durch Unwissenheit entstanden sind. Hilfreich ist dabei, Adressen und Telefonnummern bereitzuhalten, eventuell sogar schriftliche Informationsblätter der Ansprechpartner.

Die Kindertagesstätte als Vermittler

Es ist dabei darauf zu achten, den Eltern nicht das Gefühl zu geben, man wolle sie abschieben und mit ihrem Problem nichts zu tun haben. Vertrauen die Eltern der Erzieherin, sind sie eher bereit, andere Fachleute um Hilfe zu bitten. Zudem verdeutlicht das Wissen über andere Möglichkeiten die Fachkenntnis und Professionalität der Erzieherin. Sie erfüllt die gesetzliche Forderung nach familienunterstützender Arbeit. Viele Einrichtungen in NRW sind inzwischen als Familienzentren zertifiziert, um damit besonders familienunterstützend zu wirken *(vgl. HF 4, Kap. 1).*

Die Landesregierung möchte damit ein Netzwerk schaffen, das die Erziehungskompetenz der Eltern stärkt und die Vereinbarkeit von Familie und Beruf verbessert. „Als Zentrum eines

Netzwerks verschiedener familien- und kinderunterstützender Angebote bieten Familienzentren den Eltern und ihren Kindern frühe Beratung, Information und Hilfe in allen Lebensphasen." *(www.familienzentrum.nrw.de)*

Durch die besondere Verbindung unterschiedlicher Angebote in **Familienzentren** können

→ Kinder umfassend individuell gefördert und der Bildungsauftrag intensiviert werden,
→ Sprachdefizite, insbesondere bei Kindern aus Zuwandererfamilien, früher festgestellt und durch eine individuelle Förderung systematisch abgebaut werden,
→ Stärken und Schwächen der Kinder früher erkannt und Eltern in Fragen der Erziehung, Bildung, Gesundheit usw. gezielter und sehr früh Beratung angeboten werden,
→ Kindertageseinrichtungen zum Bildungs- und Erfahrungsort für Kinder und ihre Eltern weiterentwickelt und damit auch Eltern in ihrer Erziehungskompetenz gestärkt werden,

→ Eltern bei der Überwindung von Alltagskonflikten geholfen werden, da diese Hilfen unmittelbarer und ohne Hemmschwellen zugänglich gemacht werden,
→ Zuwandererfamilien und Familien aus bildungsfernen Schichten besser angesprochen, die Vereinbarkeit von Familie und Beruf verbessert werden,
→ durch eine Öffnung der Angebotsstruktur unter Einbeziehung der Familien mehr Variabilität in den Betreuungszeiten und der Altersmischung geschaffen werden,
→ das Angebot an Tagesmüttern und Tagesvätern ausgeweitet und qualitativ weiterentwickelt werden,
→ Orte des Austauschs im Stadtteil geschaffen werden. *(vgl. www.familienzentrum.nrw.de)*

Schwieriger wird es, wenn es um Probleme bei der pädagogischen Arbeit geht. Die Erzieherin ist eventuell im Umgang mit einem Kind überfordert, weiß nicht mehr weiter. Sie wird aber nicht aktiv, um dieses Problem anzugehen – aus Unwissenheit. Hat sie den Verdacht, ein Kind würde missbraucht und geschlagen, weiß sie oft nicht, was sie tun soll. Aus Angst und Unsicherheit tut sie nichts, vor allem, wenn ihr die Gefahr der Verleumdung bewusst ist. Sie erfährt, dass ein minderjähriges Mädchen schwanger ist oder dass ein Jugendlicher Drogen nimmt, und weiß nicht, was sie tun soll.

Nimmt eine pädagogische Fachkraft Auffälligkeiten wahr, hat sie gesetzlich die Verantwortung, darauf aufmerksam zu machen. Lässt sie diese Chance außer Acht, handelt

sie nicht mehr zum Wohle des Kindes und macht sich strafbar. Aber als Erzieher kann man nicht diagnostizieren – das ist Aufgabe der Fachleute. Die Erzieherin kann allerdings versuchen, die Eltern davon zu überzeugen, diese Fachleute aufzusuchen.

Erzieherinnen haben auch die Möglichkeit, für sich selbst den Kontakt mit Außenstellen zu suchen. Supervision, Fallbesprechungen, Coaching und Beratung bieten sich an. Viele Träger haben eigene Fachberaterinnen, die für Fragen zur Verfügung stehen. Der Austausch mit anderen Fachleuten kann dabei helfen, zu einem Problem mehr Distanz zu gewinnen, um es z. B. objektiver beurteilen zu können oder mögliche Chancen realistischer einzuschätzen. Die Erzieherin muss auch aktiv werden, wenn es um ihre persönliche Arbeitssituation geht und sie diese verbessern will. So trägt Vernetzung zum Wohle der Kinder, Jugendlichen, Eltern und Erzieher bei.

Eine intensive Zusammenarbeit mit anderen Institutionen ist meist sehr wirkungsvoll und zeigt oft positive Ergebnisse und Erfolg. Die Fähigkeiten verschiedener Fachleute wirken zusammen, um Probleme zu lösen, die Arbeit zu erleichtern, den Alltag zu bereichern oder den Kindern

und Jugendlichen die besten Bildungsmöglichkeiten zu bieten. Ziel ist, sich gegenseitig möglichst umfassend zu informieren und zu unterstützen. Hilfsbedürftige Kinder und Familien können gezielt vermittelt werden. Dazu ist meist nur wenig Finanzierung nötig. Und auch für die Jugendhilfeeinrichtungen ist die Zusammenarbeit positiv, denn sie können frühzeitig in entwicklungshemmende Situationen eingreifen. So besteht wesentlich mehr Hoffnung auf Erfolg.

1.3   Möglichkeiten der Kooperation

Die Kindergartengruppe, in der Sie Ihr Praktikum ableisten, beschäftigt sich zurzeit mit dem Projekt: *„Was gibt es alles in unserem Dorf?"* Die Erzieherin ist sehr erfreut, als sie erfährt, dass Sie Mitglied bei der Freiwilligen Feuerwehr sind und selbst eine Jugendgruppe dort leiten. Sie bittet Sie, ein Angebot zu planen, durch das die Kinder auf einen Besuch bei der Feuerwehr vorbereitet werden.

Sie nehmen Kontakt zu Ihren Vorgesetzten auf und fragen nach möglichen Besuchsterminen. Eine Woche später bringen Sie Ihre Uniform und Ausrüstung mit, ebenso einige leichte Geräte, die Sie sich leihen konnten. Die *„echten"* Sachen begeistern die Kinder und sie wollen alles ausprobieren. Dabei erzählen sie über ihre Vorkenntnisse und freuen sich schon auf den Besuch.

Im **Kindergarten** werden Ausflüge in die nähere Umgebung unternommen, z.B. Besuche einer Bücherei, eines Supermarktes, eines Altenheims, der Feuerwehr, ins Theater oder in die Natur. Ein typisches Kriterium der Projektarbeit ist die Öffnung nach außen. Kirchliche Einrichtungen beteiligen sich an Aktionen in der Gemeinde und bei Gottesdiensten.

Mit den **Vorschulkindern** werden erste Kontakte zur Schule aufgenommen, Gespräche mit den Lehrern geführt und Besichtigungen durchgeführt. Aufgrund der veränderten Schuleingangsphasen kommen Kinder z.T. schon mit fünf Jahren in die Schule, wodurch sich ein neues Verhältnis zwischen Elementar- und Primarbereich entwickelt hat. Eine Erzieherin kennt ein Kind zu Beginn des Schuleintritts meist mindestens drei Jahre, sie kennt seine Fähigkeiten, Bedürfnisse und Probleme. Ein Austausch zwischen pädagogischer Fachkraft und Lehrkraft kann dem Kind den Übergang in die Schule sehr erleichtern. Gegenseitige Erwartungen können durch eine intensive Zusammenarbeit geklärt werden *(vgl. HF 6, Kap. 2)*.

In Kindergärten in **sozialen Brennpunkten** ist die Zusammenarbeit mit Frühförderstellen grundsätzlich üblich. Aber auch in Regeleinrichtungen sind vor allem die Frühförderstellen die erste Anlaufstelle zur Beobachtung und Diagnostizierung eines Kindes mit anschließender Beratung. Auch das Gesundheitsamt kann bei vielen Fragen helfen.

Geht es um die Erziehung und Förderung des einzelnen Kindes, ist die Vernetzung vor allem in **sonderpädagogischen Einrichtungen** Alltag. Dort ist man daran gewöhnt, mit anderen Fachkräften zusammenzuarbeiten,

Die „echte" Welt interessiert Kinder sehr!

seien es Physiotherapeuten, Logopäden, Motopäden, Ärzte, Mitarbeiter von Frühförderzentren.

In der **offenen Ganztagsbetreuung** sind Lehrer der Schule des jeweiligen Kindes wichtige Gesprächspartner. Hilfreich ist auch, wenn die Schule über einen schulpsychologischen Dienst verfügt. In den Ferien finden vermehrt Ausflüge und Projekte statt: Freizeiteinrichtungen, Schwimmbäder, Vereine und kulturelle Angebote können erkundet werden. Sehr wichtig ist auch eine Zusammenarbeit mit gesundheitsfördernden Einrichtungen, welche Aufklärungsarbeit leisten in Bezug auf Ernährung, Drogen, Sexualität, Umgang mit Gewalt.

Bei **Jugendlichen** bieten sich Jugendzentren an, es müssen aber auch Kontakte zu Beratungsstellen vermittelt werden und zu weiterführenden Schulen. Auch der Gang zur Arbeitsagentur gehört dazu.

Im **Heim** wird beim Erstellen individueller Hilfepläne mit anderen Institutionen selbstverständlich zusammengearbeitet. Im Alltag ist bei großen Problemen mit einzelnen Bewohnern die Zusammenarbeit mit der Kinder- und Jugendpsychiatrie notwendig.

Weiterhin ist das Jugendamt von Bedeutung: Es koordiniert viele Dienste und ist oft verantwortlich für die Finanzierung von Jugendhilfemaßnahmen. Der Allgemeine Soziale Dienst (ASD) und die Sozialpädagogische Familienhilfe (SPFH) sind mit Einverständnis der Eltern meist involviert.

Im Idealfall finden sich in Stadtteilkonferenzen alle Institutionen zusammen, die mit Kindern, Jugendlichen und Familien, deren Förderung, Beratung und Unterstützung beschäftigt sind. Sie besprechen unterschiedliche Themen und überlegen sich effektive Möglichkeiten der Zusammenarbeit.

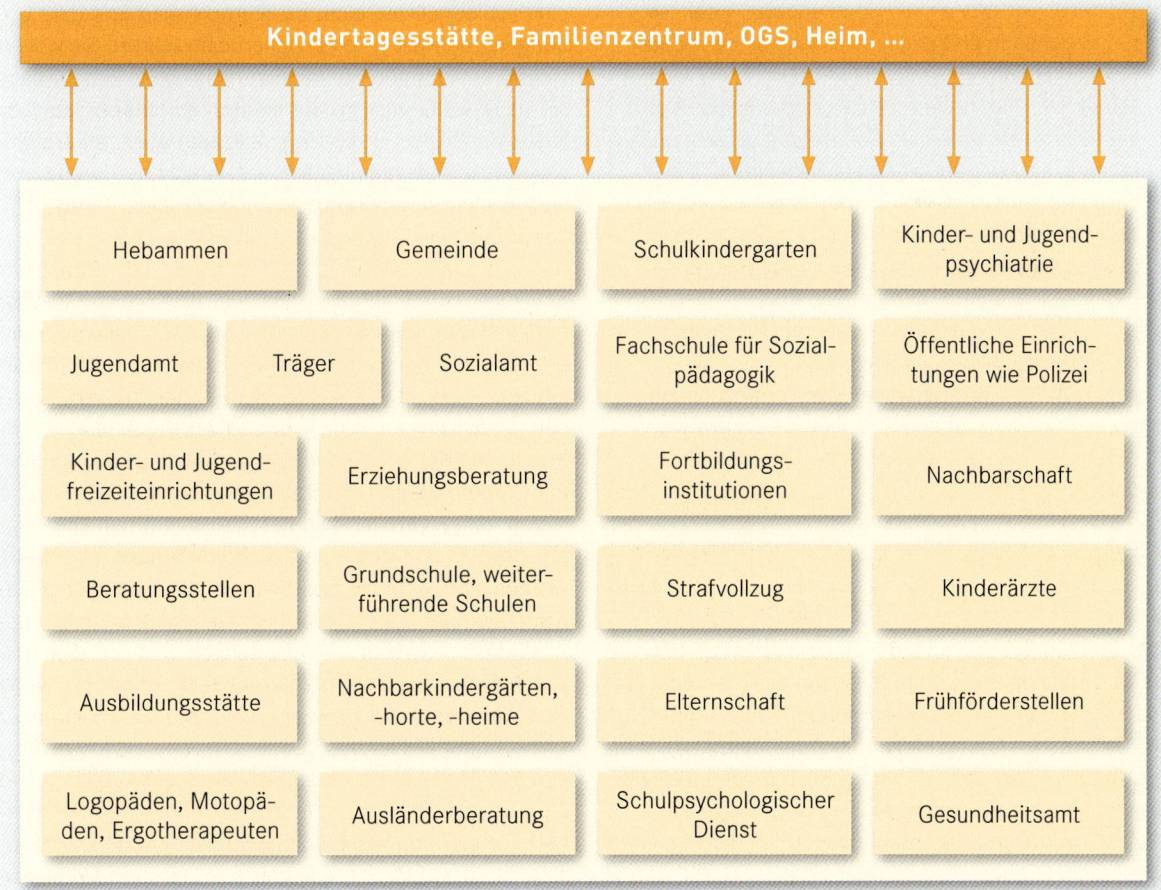

Damit die rechte Hand weiß, was die linke tut!

1.4   Voraussetzungen für eine Kooperation

Vernetzung gelingt einfacher, bevor Probleme auftauchen

„Erinnern wir uns an ein Spinnennetz in der Natur. Hauchdünn und empfindlich sind seine Fäden. Ein starker Luftzug kann es zerreißen. In der Dunkelheit oder bei trübem Wetter sind die Fäden oft gar nicht zu erkennen, im Sonnenlicht glitzern und strahlen sie, werden zu einem Kunstwerk. Wie in der Natur stellt sich auch Vernetzung rund um den Kindergarten dar. Werden wir von Problemen überrollt, so erkennen wir oft nicht die nächstliegenden Hilfemöglichkeiten – obwohl wir wissen, dass es das Jugendamt, die Erziehungsberatungsstelle, die Frühförderstelle u. a. gibt. Wir sollten deshalb *‚bei gutem Wetter‘* den Gedanken der Vernetzung aufgreifen und uns über Hilfsangebote informieren, bevor eine akute Situation sofortige Hilfe erfordert."

(Becker-Textor, I., Vernetzung. in: Kindergartenpädagogik – Online-Handbuch, hrsg. von M. R. Textor)

Die Kooperation mit anderen Institutionen ist mit viel Arbeit verbunden und zeitaufwendig. Dies ist nicht nur aus Sicht der Erzieherinnen so, sondern auch umgekehrt aus Sicht der Beratungsstellen, Therapeuten, Ärzte u. a.: Die Kalender sind voll mit wichtigen Terminen, die Wartelisten sind lang, Beratungsstellen sind ausgelastet. Es besteht kaum Zeit für Kontakte außerhalb der regulären Arbeitszeit. Oft bestehen Schwierigkeiten im organisatorischen Bereich, z. B. möchten Lehrer der Grundschule die zukünftigen Schulkinder im Kindergarten besuchen,

haben aber vormittags Unterricht und nachmittags treffen sie nicht mehr alle Kinder im Kindergarten an.

Trotzdem muss grundsätzlich **Bereitschaft und Interesse** zur Zusammenarbeit bestehen. Ist von einer Seite kein Interesse erkennbar, folgen auf eine Anfrage nur Ausflüchte, ist die Arbeit von vornherein zum Scheitern verurteilt. Manche Stellen erklären, sie könnten aufgrund des Datenschutzes nicht mit anderen zusammenarbeiten. Andere vermuten, die Kindertagesstätte oder die OGS wolle nur ihre schwierigen Kinder loswerden. Das **Wohl des Kindes** wird hier nicht mehr berücksichtigt.

Der erste Schritt zur Kontaktaufnahme mit anderen Einrichtungen geschieht schon in dem Moment, in dem die Erzieherin und das Team feststellen, dass sie alleine an **ihre Grenzen stoßen.** Sie müssen akzeptieren, dass sie ein Problem alleine nicht meistern können und Hilfe benötigen. Dies fällt vielen Erzieherinnen schwer. Sie wollen sich in bestimmten Situationen nicht eingestehen, dass sie nicht weiterwissen. Sie befürchten, andere könnten ihnen Unfähigkeit vorwerfen, oder sie haben das Gefühl, sie würden versagen. In solchen Situationen versuchen sie vielleicht eher ein Problem *„auszusitzen",* statt aktiv zu werden.

Sinnvoller ist es, zu überlegen, wer bzw. welche Institution bei konkreten Problemen und auch allgemein die erforderliche Kompetenz besitzt, zu helfen und zu unterstützen. Dies ist die Suche nach Kooperationsressourcen. Sinnvoll ist es, schon vor dem Auftreten bestimmter Probleme Kontakte zu anderen Fachleuten aufzunehmen und **regelmäßigen Kontakt** zu pflegen. Denn wenn schon eine **Vertrauensbasis** zwischen den Beteiligten besteht und **gegenseitige Erwartungen abgeklärt** worden sind, weiß die Erzieherin, was auf sie zukommen wird, und die Hemmschwelle ist nicht mehr so hoch.

Der Aufbau einer Vertrauensbasis wird verhindert, wenn eine Seite versucht, sich selbst in den Vordergrund zu spielen oder Macht und Druck auszuüben. *„Kompetenzgerangel"* kann leicht entstehen, wenn die Aufgaben und Ziele der Arbeit nicht klar feststehen oder einem die eigene Rolle nicht bewusst ist. Eine Erzieherin fühlt sich womöglich im Umgang mit Lehrern, Ärzten und Therapeuten unsicher, da diese einen *„höheren"* Berufsabschluss haben. Um die Zusammenarbeit durch **Offenheit und**

Gleichberechtigung prägen zu können, hilft es Erzieherinnen, sich die eigenen Stärken bewusst zu machen und ein realistisches Bild von ihrem Beruf zu entwickeln *(vgl. Bd. 1)*. Mit dem Selbstvertrauen und der Identität, die daraus gewonnen werden, kann anderen Fachleuten offen und kooperativ begegnet werden. Das Gegenüber als *gleichberechtigten* Partner bei der Arbeit am Kind zu betrachten, ist sinnvoll und effektiv.

Viele Formen der Vernetzung finden regelmäßig statt und gehören schon zum Alltag: bei Projekten, beim Übergang in die Schule, bei der Bewältigung des Alltags. Auf der anderen Seite kann eine Erzieherin plötzliche Auffälligkeiten bei einem Kind wahrnehmen. Eine umfassende **Beobachtung** des Kindes bildet die Grundlage für jede weitere Überlegung, z. B. ob Bedarf an einer Therapie (beim Logopäden usw.) besteht.

Förderung durch Logopäden

Das **Einverständnis der Eltern** ist allerdings - bei allen Bemühungen zur Zusammenarbeit in Bezug auf einzelne Kinder - *immer* erforderlich. Die Eltern haben das Sorgerecht und können deshalb selbst entscheiden, ob Kontakte zu anderen Fachleuten und Institutionen aufgenommen werden. Ohne Erlaubnis der Eltern darf eine Erzieherin nicht eigenmächtig aktiv werden. Einzige **Ausnahme:** Das Wohl des Kindes ist akut gefährdet.

Als Erzieherin werden Entscheidungen zur Zusammenarbeit mit anderen Personen und Institutionen grundsätzlich nicht allein getroffen: Stets finden vorher **Gespräche im Team** statt und auch der Träger und das Jugendamt werden oft miteinbezogen.

Während der Zusammenarbeit mit Therapeuten ist ein regelmäßiger **Austausch** zwischen den pädagogischen Fachkräften und dem Therapeuten erforderlich, um die Gesamtsituation des Kindes im Blick zu behalten. Erzieherinnen können Auskunft geben über bisherige Stärken und Schwächen eines Kindes, der Therapeut kann den Erzieherinnen mitteilen, wie sie das Kind in ihrer Einrichtung fördern können. Die Erzieherin kann beobachten, ob sich Veränderungen beim Verhalten oder in der Entwicklung des Kindes auch in der Gruppe einstellen.

Wichtig ist immer auch eine **Reflexion** der Arbeit – sowohl mit Kollegen als auch mit den anderen Diensten – und eine Reflexion der Ergebnisse, um die Entwicklung des Kindes zu sehen. Fehlende oder nur geringe Kooperation würde die Arbeit sehr erschweren, z. B. wenn die Erzieherin nicht erfährt, was der Therapeut mit dem Kind macht und worauf sie im Umgang mit ihm achten sollte.

↗ FAZIT

→ Pädagogisch qualitative Arbeit ist nur zusammen mit anderen Fachleuten zu leisten. Allein kann eine Erzieherin einem Kind nicht immer helfen oder die Hilfe bieten, die es braucht. Ziele der Zusammenarbeit sind die Förderung des Kindeswohls und der Bildung.

→ Grundlegendes Wissen über die Möglichkeiten der Jugendhilfe und anderer Dienste verhindert, sich als Erzieherin bei der Arbeit mit Kindern, Jugendlichen und Eltern überfordert zu fühlen.

→ Es gibt vielfältige Möglichkeiten der Vernetzung: Die Zusammenarbeit kann mit verschiedenen Personen und Institutionen erfolgen, die die direkte Arbeit am Kind unterstützen und bei Problemen helfen (Lehrer, Ärzte, Therapeuten, Arbeitgeber, Trainer u. a.), es können auch Freizeiteinrichtungen sein

(Bücherei, Schwimmbad, Jugendzentrum u. a.) oder Beratungsstellen. Ebenso stehen Einrichtungen zur Unterstützung der Familie zur Verfügung (Familienberatung und -bildung), wobei die Erzieherin diese Kontakte vermitteln kann. Und es gibt Anlaufstellen für die Erzieherin selbst (Fachberaterin).

Voraussetzungen für eine positive und effektive Zusammenarbeit sind:

→ Bereitschaft und Interesse aller Beteiligten
→ Akzeptanz der eigenen Grenzen
→ frühzeitiger und regelmäßiger Kontakt
→ Offenheit und Gleichberechtigung

→ Beobachtung
→ Einverständnis der Eltern
→ Zusammenarbeit im Team
→ Austausch und Reflexion

→·← AUFGABEN UND ANREGUNGEN

1 Informieren Sie sich in Ihrer Einrichtung, mit welchen Institutionen bereits eine Zusammenarbeit besteht und wie diese Arbeit aussieht.

2 Laden Sie einen Mitarbeiter des Jugendamtes ein, der über die Zusammenarbeit mit Kindergärten, Schulen und Heimen berichtet.
Informieren Sie sich, wie das Jugendamt bei familiären Problemen vorgeht und wie eine Erzieherin vorgehen kann, wenn sie Probleme erkennt.

3 Nehmen Sie Kontakt zu verschiedenen beratenden Institutionen auf. Dies kann über Telefon, Internet, Besuch usw. geschehen. Informieren Sie sich dabei über die Aufgaben und Tätigkeitsfelder dieser Einrichtung.
→ **Für welche Problemlagen ist sie zuständig?**
→ **Welche Möglichkeiten gibt es, als Erzieherin mit dieser Institution zusammenzuarbeiten?**
→ **Welche gemeinsamen Ziele ergeben sich?**
3.1 Erstellen Sie in der Klasse eine Informationswand mit allen Ergebnissen. Vergleichen Sie Ihre Ergebnisse in einem Plenumsgespräch.
3.2 Reflektieren Sie Ihr Vorgehen:
→ **Gab es bei Ihnen eigene Hemmschwellen?**
→ **Wie erklären Sie sich diese eventuell?**

→ Wie haben Sie versucht, sie zu überwinden?
→ Welchen Weg der Kontaktaufnahme haben Sie gewählt?
→ Wie beurteilen Sie diesen Weg? Welche Vor- und Nachteile bestehen bei dieser Art der Kontaktaufnahme?
→ Wie verlief der Kontakt weiter?
→ Welche Informationen mussten Sie über sich selbst geben?
→ Welche Informationen waren für Sie hilfreich?
→ Welche Informationen können Sie für Ihre Zukunft nutzen?
→ Welche Informationen fehlen Ihnen noch?

4 Wählen Sie aus der folgenden Auflistung ein Thema aus oder wählen Sie ein eigenes Thema aus der Praxis. Überlegen Sie, mit welchen Personen oder Diensten eine Zusammenarbeit notwendig und sinnvoll wäre. Nehmen Sie entsprechend in Ihrem Sozialraum Kontakt auf und erkundigen Sie sich, ob die gewählte Einrichtung der richtige Ansprechpartner ist und wie diese vorgehen würde.
Schulfähigkeit, Behinderung, Verwahrlosung, Kindesmisshandlung, sexueller Missbrauch, Hochbegabung, motorische und sprachliche Auffälligkeiten, Mobbing im Team, Trennung der Eltern.

TIPPS ZUM WEITERLESEN →→

→ www.familienzentrum.nrw.de

2 Salutogenese, Resilienz und Frühe Hilfen

2.1 Der Gedanke der Salutogenese

In den 1970er-Jahren hat sich der amerikanisch-israelische Stressforscher Aaron Antonovsky mit der Frage beschäftigt, warum Menschen sich gesund entwickeln und gesund bleiben und welche Faktoren dabei begünstigend wirken.

Antonovskys zentrale Fragen waren dabei, warum Menschen, trotz extremer Belastungen nicht krank werden, und warum Menschen trotz vieler potenziell gesundheitsgefährdender Einflüsse gesund bleiben. Das Neue an Antonovskys Gedanken war es, den Blick nicht auf die Entstehung von Krankheiten zu richten sondern auf das Unverletzte, das Glückliche.

> Das Wort **Salutogenese** leitet sich ab von:
> Salus (lat.): Unverletztheit, Heil, Glück
> Genese (griech.): Entstehung
> Bei der **Salutogenese** beschäftigen sich Wissenschaftler also mit der Entstehung und Aufrechterhaltung von gesunden Situationen und Menschen.
> **Salutogenese** bedeutet für **Antonovsky,** alle Menschen als mehr oder weniger gesund und gleichzeitig als mehr oder weniger krank zu betrachten.

Die Frage lautet daher: Wie wird ein Mensch mehr gesund und weniger krank? *(Vgl. Bengel u. a. 2001)*

Antonovsky verwendet folgende Metapher um sein Bild der Salutogenese zu erklären:

> „[...] meine fundamentale philosophische Annahme ist, dass der Fluss der Strom des Lebens ist. Niemand geht sicher am Ufer entlang. Darüber hinaus ist für mich klar, dass ein Großteil des Flusses sowohl im wörtlichen als auch im übertragenen Sinn verschmutzt ist. Es gibt Gabelungen im Fluss, die zu leichten Strömungen oder in gefährliche Stromschnellen und Strudel führen. Meine Arbeit ist der Auseinandersetzung mit folgender Frage gewidmet: ‚Wie wird man, wo immer man sich in dem Fluss befindet, dessen Natur von historischen, so-

> ziokulturellen und physikalischen Umweltbedingungen bestimmt wird, ein guter Schwimmer?'" *(Antonovsky, Übersetzung durch Franke, 1997, S. 92)*

Gesundheit bedeutet für Antonovsky ein aktives, labiles und sich immer wieder dynamisch regulierendes System und Geschehen. Der Gesundheitszustand eines Menschen muss immer wieder aufgebaut werden.

Als eine zentrale Säule der Salutogenese beschreibt Antonovsky das **Kohärenzgefühl.** Damit ist die Grundhaltung gemeint, wie gut ein Mensch in der Lage ist, vorhandene Ressourcen zum Erhalt seiner Gesundheit und seines Wohlbefindens zu nutzen. Kohärenz bedeutet für Antonovsky also das Empfinden von Stimmigkeit mit der jeweiligen Situation und sich selbst; sie entwickelt sich im Laufe des Lebens dynamisch.

> „Mit der Bezeichnung dynamisch wird darauf hingewiesen, dass diese Grundhaltung zum Leben fortwährend mit neuen Lebenserfahrungen konfrontiert und von diesen beeinflusst wird. [...] Das führt dazu, dass die Lebenserfahrungen in der Regel die Grundhaltung bestätigen und diese damit stabil und überdauernd wird." *(Bengel u. a. 2001)*

Das Kohärenzgefühl entwickelt sich im Laufe der Kindheit und Jugend und wird durch die gemachten Erlebnisse und Erfahrungen beeinflusst. Ähnlich wie bei Piagets Ansatz werden hier die inneren Einstellungen durch äußere Veränderungen beeinflusst und bestehende Verhaltensweisen durch ähnliche Erlebnisse bestätigt.

Die gesellschaftlichen Bedingungen und die familiäre Sozialisation, die ein Kind erlebt, beeinflussen die Stärke bzw. Schwäche des Kohärenzgefühls. Erlebt ein Kind den Erfolg von Widerstandsfaktoren und eine Balance aus Unter- und Überforderung, kann bei ihm ein starkes Kohärenzgefühl entstehen.

Nur ein stark ausgeprägtes Kohärenzgefühl lässt den Menschen flexibel auf Anforderungen reagieren und auch angemessene Ressourcen aktivieren, um Situationen gewinnbringend zu meistern.

Das Bild der Salutogenese

Das **Kohärenzgefühl** (sense of coherence, SoC) ist, „eine globale Orientierung, die das Ausmaß ausdrückt, in dem jemand ein durchdringendes, überdauerndes und dennoch dynamisches Gefühl des Vertrauens hat, dass erstens die Anforderungen aus der inneren oder äußeren Erfahrenswelt im Verlauf des Lebens strukturiert, vorhersagbar und erklärbar sind und dass zweitens die Ressourcen verfügbar sind, die nötig sind, um den Anforderungen gerecht zu werden. Und drittens, dass diese Anforderungen Herausforderungen sind, die Investitionen und Engagement verdienen." *(Antonovsky, Übersetzung durch Franke,1997, S. 92)*

Ein Verständnis von Salutogenese ist besonders für Fachkräfte in der Kinder- und Jugendarbeit wichtig. Das Erlernen von Widerstandskräften und Bewältigungsmechanismen in Krisensituationen sollte als ein wesentliches Arbeitsfeld der pädagogischen Arbeit angesehen werden.

Fachkräfte sollten Kindern und Jugendlichen Möglichkeiten erschließen,
→ Handlungen zu verstehen,
→ Situationen handhabbar und bewältigbar zu machen,
→ die Sinnhaftigkeit und Bedeutung von Situationen und Handlungen zu verstehen.

2.2   Der Gedanke der Resilienz

Der Forschungsansatz der Salutogenese ist mit dem Konzept der **Resilienz** verwandt. Aber erst seit einigen Jahren werden die Ergebnisse beider Ansätze auch für die Frühförderung nutzbar gemacht.

Wie beim Kohärenzgefühl geht man auch bei der Resilienz davon aus, dass sie kein angeborenes, stabiles und generell einsetzbares Persönlichkeitsmerkmal ist. Resilienz entwickelt sich in der Auseinandersetzung mit schwierigen Bedingungen im Lebensbereich und im Austausch mit Schutzfaktoren, auf die der Mensch individuell zurückgreifen kann.

Auch hier handelt es sich um einen **dynamischen Austauschprozess** zwischen dem Kind und der Umwelt.

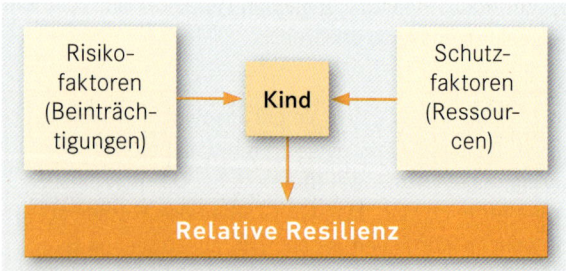

Der Prozesscharakter von Resilienz in einer „Beeinträchtigung-Ressourcen-Konstellation" (Staudinger 1999, S. 344)

In der Literatur werden drei **Bausteine** benannt, die Resilienz stützen und in der Frühförderung berücksichtigt werden sollten:

→ **eine sichere Basis,**

in der das Kind ein Gefühl der Zugehörigkeit und Sicherheit erlebt und die es ihm ermöglicht, sich aktiv explorierend mit seiner Umwelt auseinanderzusetzen,

→ **eine gute Selbstwertschätzung,**

d. h. eine verinnerlichte Vorstellung, etwas wert zu sein und zu können (Selbstvertrauen aufgrund von Kompetenzerfahrungen),

→ **ein Gefühl der Selbstwirksamkeit,**

d. h. von Einfluss und Kontrolle, zusammen mit einem realitätsbezogenen Wissen der persönlichen Stärken und Grenzen.

Aus Sicht des Kindes bedeuten die drei Bausteine Folgendes:

ICH HABE: „Ich habe Menschen, die mich gern haben und Menschen, die mir helfen." (sichere Basis)
ICH BIN: „Ich bin eine liebenswerte Person und respektvoll mir und anderen gegenüber." (Selbstwertschätzung)
ICH KANN: „Ich kann Wege finden, Probleme zu lösen und mich selbst zu steuern." (Selbstwirksamkeit)

2.2.1   Frühförderung als Maßnahme zur Förderung von Resilienz

Frühfördernde Maßnahmen müssen sich an den drei Grundbausteinen der Resilienz orientieren. Ziel der Frühförderung im Rahmen der beiden Konzepte Salutogenese und Resilienz muss sein, das Kind und den Jugendlichen zu einem selbstbestimmten, aktiven und gesunden Leben zu führen.

Bedingungen zur Ermöglichung einer sicheren Basis
In den letzten Jahren sind praxisnahe Konzepte zur Förderung der Eltern-Kind-Interaktion und -Beziehung entwickelt worden. Ziel der Programme ist es, dass Eltern die Bedürfnisse ihrer Kinder aus dessen Perspektive wahrnehmen lernen und mit größerer Feinfühligkeit auf das kindliche Verhalten reagieren können. Hier wird häufig mit Videoaufnahmen gearbeitet.

„Gerade die Bilder von gelungenen Interaktionen ermöglichen den Eltern kindliche Verhaltensweisen oft unter einem ganz neuen Blickwinkel zu sehen und den Zusammenhang zwischen dem Verhalten des Kindes und ihrem eigenen neu zu verstehen." *(Fries et al. 2005, S. 120)*

Bedingungen zur Ermöglichung von Selbstwertschätzung und Selbstwirksamkeit
Hier kommt der pädagogischen Fachkraft eine hohe Bedeutung zu. Beide Grundbausteine sind besonders gut durch das eigenständige Handeln und Spielen zu entwickeln und zu fördern.

Dadurch, dass das Kind eine befriedigende Handlungssituation erfährt, kann es aktiv werden und seine Explorationen (Entdeckungen) positiv gestalten. Auch ist es hilfreich, wenn das Kind bei diesen Aktivitäten eine Wertschätzung von außen erfährt.

Für die Fachkraft bedeutet dies, die Spielbedürfnisse eines Kindes zu beobachten und zu beachten und ihnen Raum zu geben. Geplante und implizierte Förderabsichten muss sie überprüfen und überlegen, ob sie in der jeweiligen Situation zurückgestellt werden können oder ob sie zu der eigentlichen Absicht des Kindes passen.

Gemeinsames Erziehen und Spielen erfordert den Dialog mit dem Kind. Das Kind muss sich als Akteur seiner Entwicklung entdecken können, Prozesse mitgestalten und mitbestimmen dürfen und eine gute Form der Wertschätzung für den selbstbestimmten Prozess erfahren.

Die Fachkraft muss dem Kind die Möglichkeiten geben, Entscheidungen zu treffen und den Alltag mitbestimmen zu können. So lernt das Kind, sich selbst zu regulieren und Anpassungen vorzunehmen, die sein eigenes Wohlbefinden steigern und zu einer Gesunderhaltung betragen können.

2.3   Nationales Zentrum – Frühe Hilfen

In Anlehnung an die vorher beschriebenen Prinzipien der Gesundheitsförderung wurden die Konzepte der **Frühen Hilfen** als freiwilliges und partizipatives Angebot der Bundesregierung entwickelt.

Die Frühen Hilfen bieten ein Unterstützungsangebot, das an den **Ressourcen der Eltern** orientiert ist. Die Kompetenzen der Eltern sollen soweit gefördert werden, dass sie aus eigenen Kräften für ihre Kinder sorgen können. Selbsthilfepotenziale sollen mobilisiert werden und die gesamte Familie am Hilfe- und Unterstützungsprozess beteiligt werden.

In den Kommunen sollen lokale und regionale Unterstützungsangebote für Eltern und Kinder ab Beginn der Schwangerschaft angeboten werden. Neben alltagspraktischer Unterstützung soll auch die Erziehungs- und Beziehungskompetenz der Eltern gestärkt und gegebenenfalls verbessert werden.

Darüber hinaus soll es Angebote für die Gesundheitsförderung geben. Der Schutz und das Wohl des Kindes stehen im Mittelpunkt. Eine Gefährdung des Kindeswohles soll abgewendet bzw. vermieden werden.

Eine gelungene Vernetzung aller Institutionen der Kinder- und Jugendhilfe, des Gesundheitswesens und weiterer sozialer Dienste sowie ein bürgerschaftliches Engagement, kann zum gesunden Aufwachsen von Kindern beitragen.

→·← AUFGABEN UND ANREGUNGEN

1   Lesen Sie sich das Konzept der Frühen Hilfen der Bundesregierung durch. Entwickeln Sie für eine Fachkraft, die im Bereich der frühen Hilfen tätig ist, ein Kompetenzprofil. Beachten Sie dabei auch die Arbeit mit Familien, die einen Migrationshintergrund besitzen.

2   Gestalten Sie einen offenen Impuls in einer Spielecke Ihrer Praktikumsstelle. Was müssen Sie berücksichtigen, wenn Sie dabei die Selbsttätigkeit und Selbstwirksamkeit der Kinder in den Vordergrund stellen wollen. Führen Sie den Impuls durch und reflektieren Sie, welche Ihrer Methoden einen freien Verlauf des Impulses ermöglicht und welche dies eher blockiert haben.

TIPPS ZUM WEITERLESEN →→

→ Was erhält Menschen gesund? Antonovskys Modell der Salutogenese
Jürgen Bengel, Regine Strittmater, Hildegard Willmann, BZgA, Köln 2001

→ Ehemalige im Kinderdorf: Innerseelische Situation und Persönlichkeitsentwicklung von Kindern und Jugendlichen in einer Einrichtung der stationären Jugendhilfe.
Georg Kormann, M-Press, München 2006

→ Frühförderung als protektive Maßnahme – Resilienz im Kleinkindalter.
In: Günther Opp (Hrsg.): Was Kinder stärkt: Erziehung zwischen Risiko und Resilienz. E. Reinhardt Verlag, München, Basel 2007

→ www.salutogenese-dachverband.de

→ www.bzga.de

→ www.fruehehilfen.de

Abels, Heinz: Jugend vor der Moderne. Soziologische und psychologische Theorien des 20. Jahrhunderts. Leske und Budrich, Opladen 1993

Acheson, David: 1089 oder das Wunder der Zahlen. Anaconda, Köln 2006

Adolph, Petra/Dupuis, André/Hoffmann, Hilmar/Prott, Roger: Qualität kommt nicht von allein. Anforderungen für eine Entwicklungsaufgabe. Frankfurt/ Main, Juni 2001, aus: www.kindergartenpaedagogik.de/624.html

ARD/ZDF, Media-Analyse 2000: www.ard.de/ard_intern/mediendaten/index.phtml?4_2

Baacke, Dieter/Lenssen, Margit/Röllecke, Renate: Von Mäusen und Monstern – Kinderfernsehen unter der Lupe. Gep-Buch, Bielefeld 1997, S. 287.

Baer, Ulrich: Wörterbuch der Spielpädagogik. Lenoz Verlag, Basel 1981

Bärsch, Tim/Rhode, Marian: Kommunikative Deeskalation. Praxisleitfaden zum Umgang mit aggressiven Personen im privaten und beruflichen Bereich. Books on Demand, Norderstedt 2008

Basiswissen Kita: Familien stärken – Elternbildung in der Kita. Sonderheft Kindergarten heute – Fachzeitschrift für Erziehung, Bildung und Betreuung von Kindern. Herder, Freiburg 2006

Basiswissen Kita: Praktikantinnen-Anleitung. Aller Anfang ist schwer. Oder auch nicht. Kindergarten heute. Herder Verlag.

BASS NRW 2007/2008: Ritterbach Verlag, Frechen

Bayerisches Staatsministerium für Arbeit und Sozialordnung, Familie und Frauen, Staatsinstitut für Frühpädagogik München (Hrsg.): Der Bayerische Bildungs- und Erziehungsplan für Kinder in Tageseinrichtungen bis zur Einschulung. Cornelsen Scriptor, Berlin 2006, 2. Aufl.

Bareis, Alfred: Vom Kritzeln zum Zeichnen und Malen. Auer, Donauwörth 1972

Becker-Textor, Ingeborg: Kreativität im Kindergarten. Herder, Freiburg, Basel, Wien 1988

Becker-Textor, Ingeborg: Vernetzung. In: Kindergartenpädagogik - Online-Handbuch, hrsg. M. R. Textor, www.familienzentrum.nrw.de

Becker-Textor, Ingeborg: Elternarbeit in Kindergarten und Hort. In: Textor, Martin R. (Hrsg.): Hilfen für Familien, Fischer Taschenbuchverlag, Frankfurt/ Main 1992

Beck-Neckermann, Johannes: Handbuch der musikalischen Früherziehung. Herder, Freiburg 2002

Begemann Maik-Carsten/Bröring, Manfred/Sass, Erich: Gutes böses Netz. In: DJI Impulse 2-2011, S. 29

Beller, Kuno/Beller, Simone: Kuno Bellers Entwicklungstabelle. Freie Universität Berlin, 5. Auflage 2005

Bengel, Jürgen/Strittmater, Regine/Willmann, Hildegard: Was erhält Menschen gesund? Antonovskys Modell der Salutogenese. BZgA, Köln 2001

Berger, Ulrike u. a.: Spiel und Klang.Kassel, Bosse, Kassel 1998

Berger, M.: Zur Geschichte der Kinderkrippe in Deutschland, Teil 1. Wehrfritz Wissenschaftlicher Dienst 1997, Heft 66

Berger, M.: Zur Geschichte der Kinderkrippe in Deutschland, Teil 2. Wehrfritz Wissenschaftlicher Dienst 1998, Heft 67/68

Berne, Eric: Spiele der Erwachsenen. Rowohlt, Reinbek 1988

Bernitzke, Fred/Barth, Hans-Dietrich: Theorie trifft Praxis. Handlungskompetenz im sozialpädagogischen Berufspraktikum. Europa, Haan-Gruiten 2010

Betz, Tanja/Gaiser, Wolfgang/Pluto, Liana (Hrsg.): Partizipation von Kindern und Jugendlichen Forschungsergebnisse, Bewertungen, Handlungsmöglichkeiten. Wochenschau-Verlag, Schwalbach/Ts. 2010

Böhm, Regine: Viele sind noch lange keine Gruppe. In: Kindergarten heute, Heft 9 + 10, Herder, Freiburg 2000

Boeßenecker, Karl-Heinz: Spitzenverbände der Freien Wohlfahrtspflege. Eine Einführung in Organisationsstrukturen und Handlungsfelder der deutschen Wohlfahrtsverbände. Juventa, Weinheim 2005

Braun, Daniela: Handbuch Kreativitätsförderung. Herder, Freiburg 1999

Braun, Gisela/Keller, Martina: Ich sag NEIN. Arbeitsmaterialien gegen den sexuellen Missbrauch an Mädchen und Jungen. Verlag an der Ruhr, Mülheim a.d.R. 2008

Buba, H.: Entwicklungsverläufe in der Postadoleszenz und Ablösung vom Elternhaus. In: Silbereisen, Reiner K; Vaskovics, Laslo A.; Zinnecker, Jürgen (Hrsg.): Jungsein in Deutschland. Jugendliche und junge Erwachsene. Leske und Budrich, Opladen 1996

Bundesarbeitsgemeinschaft der Freien Wohlfahrtspflege e. V. (Hrsg): Einrichtungen und Dienste der Freien Wohlfahrtspflege. Gesamtstatistik 2008, 2009

Bundesminister für Bildung und Wissenschaft (Hrsg:): Begabte Kinder finden und fördern – Ein Ratgeber für Eltern und Lehrer. Bonn 1986

Bundesministerium für Familie, Senioren, Frauen und Jugend: Bundeskinderschutzgesetz. Der Inhalt in Kürze. Stand 16. März 2011

Bund-Länder Kommission für Bildungsplanung und Forschungsförderung (BLK): Medienerziehung in der Schule. Bonn 1995

Bundesverband Bildender Künstlerinnen und Künstler e. V. (Hrsg.): Bewegung Kunst – Leitfaden für Projekte ästhetischer Bildung. Dortmund 2011

Bundesverband Bildender Künstlerinnen und Künstler e. V.: WOW – Kunst für Kids. Im Auftrag des Bundesministerium für Bildung und Forschung, Köln 2008

Bundesverband Bildender Künstlerinnen und Künstler e. V.: WOW – Kunst für Kids. Im Auftrag des Bundesministerium für Bildung und Forschung, Köln 2008, Ergänzungsband

Bundeszentrale für politische Bildung: Über Medien reden – Eine Broschüre für Eltern. Bonn 2003

Bundeszentrale für gesundheitliche Aufklärung (BZgA): Kompetent, authentisch, normal? Aufklärungsrelevante Gesundheitsprobleme, Sexualaufklärung und Beratung von Jungen. Studie, erstellt von: Winter, Reinhard/Neubauer, Gunther, Köln 1998

BzgA: Aktiv werden für Gesundheit, Berlin 2010, Heft 4

Cain, Susan: Still – Die Bedeutung von Introvertierten in einer lauten Welt. Riemann, München 2011

Casati, Roberto: Die Entdeckung des Schattens. Berlin Verlag, Berlin 2001

Csikszentmihalyi, Mihaly: Kreativität. Klett-Cotta, Stuttgart 2011

Danielsson, Ulf: Physik für Poeten. List, Berlin 2004

Dartsch, Michael: Mensch, Musik und Bildung. Breitkopf und Härtel, Wiesbaden 2010

Dartsch, Michael: Musikalische Bildung von Anfang an. VDM, Bonn 2009

Dartsch, Michael u. a.: Bildungsplan Musik für die Elementarstufe. VDM, Bonn 2010

Dartsch, Michael: Spiel in der Elementaren Musikpädagogik. In: Üben und Musizieren, Schott, Mainz 3/1999

Deegener, Günther: Kindesmissbrauch. Erkennen – helfen – vorbeugen. Beltz, Weinheim 2010

Deinet, Ulrich/Sturzenhecker, Benedikt: Konzepte entwickeln. Anregungen und Arbeitshilfen zur Klärung und Legitimation. Juventa, Weinheim und München 1996

Deinet, Ulrich/Sturzenhecker, Benedikt (Hrsg.): Handbuch Offene Kinder- und Jugendarbeit. VS Verlag für Sozialwissenschaften, Wiesbaden 2005

Deutscher Berufsverband für soziale Arbeit: Qualitätskriterien des DBSH. Grundraster zur Beurteilung der Qualität in den Handlungsfeldern Sozialer Arbeit, o. Jhg. und Ort. In: www.dbsh-nrw.de/fileadmin/webseite/pdf/Publikationen/Qualitaetskriterien.pdf (15.04.2012)

Deutscher Verein für öffentliche und privater Fürsorge: Konzeptentwicklung. Frankfurt/ Main 2011

Deutsches Jugendinstitut: Tätigkeitsbegleitende Fortbildung für Tagespflegepersonen, S. 16, in: www.fruehe-chancen.de/files/pdf/application/pdf/qualifizierungsmodul_stress_bf.pdf

Devlin, Keith: Das Mathe-Gen. dtv, München 2003

Diakonisches Werk für Frankfurt (Hrsg.): Qualitätsmanagement in Evangelischen Kindertagesstätten in Frankfurt am Main. Frankfurt/ Main 2003

Dichanz, H.: Medienkompetenz im Alltag – Medienkompetenz in der Schule, in: Kleber, H. (Hrsg.). Spannungsfeld Medien und Erziehung. KoPäd, München 2000

Dienstbier, Akkela: Kinder, Kunst und Kompetenzen – Kreatives Gestalten in der Sozialpädagogik, Hamburg 2010

Dobrick, Marita: Demokratie in Kinderschuhen. Vandenhoeck und Ruprecht, Göttingen 2011

Dusolt, Hans: Zusammenarbeit mit Eltern (1). Erziehungspartnerschaft zwischen Experten. In: Kindergarten heute 9/2004, S. 12

Dutschmann, Andreas: Aggressionen und Konflikte unter emotionaler Erregung. Deeskalation und Konfliktlösung. Manual zum Typ B des ABPro, Deutsche Gesellschaft für Verhaltenstherapie e. V., Tübingen 2003

Eirich, Hans: Kinder und Medien. Aufgabe für eine zeitgemäße Erziehung in: Bundesarbeitsgemeinschaft Kinder- und Jugendschutz, Medien kompetent/z vermitteln, Berlin 2003

Elschenbroich, Donata: Weltwissen der Siebenjährigen. Kunstmann, München 2001

Elschenbroich, Donata: Weltwunder – Kinder als Naturforscher. Kunstmann, München 2005

Erikson, Erik H.: Identität und Lebenszyklus. Suhrkamp, Frankfurt/ Main 2001

Ferchhoff, Wilfried: Jugend und Jugendkulturen im 21. Jahrhundert. Lebensformen und Lebensstile. VS Verlag für Sozialwissenschaften, Wiesbaden 2007

Fiedler, Peter: Verhaltenstherapie in Gruppen. Beltz, Weinheim 2005

Fineberg, Jonathan (Hrsg.): Kinderzeichnung und die Kunst des 20. Jahrhunderts. Hatje, Stuttgart 1995

Fischer, Ernst Peter: Die andere Bildung. Ullstein, München 2003

Fischer, Ernst Peter: Leonardo, Heisenberg und Co. – Eine kleine Geschichte der Wissenschaft in Portraits, 2 Bände. Piper, München 2002

Fischer, Renate: Tanzen mit Kindern. Bosse, Kassel 1998

Fischer, Veronika/Springer Monika/Zacharaki Ionna (Hrsg.): Interkulturelle Kompetenz. Fortbildung, Transfer, Organisationsentwicklung, Wochenschau-Verlag, Schwalbach/Ts. 2006

Fischöder, Karin/Kraft-Uftrind Hilde/Schomacher, Paul: Besprechen, reflektieren in der Praxis. Leitfaden für Praxisgespräche. Sozialmanagement. Cornelsen, Berlin 2008.

Fisher, Len: Reise zum Mittelpunkt des Frühstückseis – Streifzüge durch die Physik der Alltäglichen Dinge. Campus, Frankfurt/ Main 2003

Franken, Bernd: Qualitätsentwicklung ÷ Kriterien, Dimensionen, Standards. Basiswissen Kita. Herder, Freiburg o. Jg.

Franken, Bernd: Basiswissen Kita, Leiten und Führen in Kindertageseinrichtungen. Herder, Freiburg 2004

Friedrich, Sabine/Friebel, Volker (Hrsg): Ruhig und entspannt. Rowohlt Taschenbuch, Reinbek 1998

Fritsche, H./Schuster, U.: Fair in der Kita. Leipzig 2009

Fritz, Jürgen: Methoden des sozialen Lernens. Juventa, Weinheim und München 1993

Fromm, Rainer: Digital spielen – real morden? Shooter, Clans und Fragger, Schüren Presseverlag, Marburg 2003

Fthenakis, Wassilios u. a. (Hrsg): Träger zeigen Profil. Qualitätshandbuch für Träger von Kindertagesstätten. Beltz, Weinheim 2009

Geißler, Karlheinz A./Hege, Marianne: Konzepte sozialpädagogischen Handelns. Ein Leitfaden für soziale Berufe. Herder, Freiburg 2006

Gembris, Heiner: Grundlagen musikalischer Begabung und Entwicklung. Wissner, Augsburg 1998

Gender. Eine Studie zur Situation von Männern in Kindertageseinrichtungen und in der Ausbildung zum Erzieher: Bundesministerium für Familie, Senioren, Frauen und Jugend, DJI Bulletin 75 2/2006, Hg. Dr. Thomas Rauschenbach u. a.

GEO-kompakt: Intelligenz, Begabung, Kreativität, Nr. 28, Hamburg 2011

GEW Broschüre, Tony Booth: Wie sollen wir zusammenleben? Hassmüller 2011

GEW Broschüre, Anja Dilk/Andre Dupuis: Auf dem Weg zu einer inklusiven Kindertagesstätte. Hassmüller 2011

Giesecke, Hermann: Die Jugendarbeit. Juventa, München 1980

Gleichstellungsbericht der Bundesregierung, „Gutachten" Juni 2011

Goehler, Adrienne (Hrsg.): „examples to follow – zur Nachhaltigkeit empfohlen", Ostfildern 2010

Goleman, Daniel/Kaufman, Paul/Ray, Michael: Kreativität entdecken. dtv, München 1999

Götz, Maya: Die „Teletubbies" treffen den Nerv der Kinder in: Norbert Neuß/Claus Koch (Hrsg.) Teletubbies & Co – Schadet Fernsehen unseren Kindern? Beltz, Weinheim 2001

Götzinger, Marina/Kirsch, Dieter: Grundschulkinder werden Streitschlichter. Verlag an der Ruhr, Mülheim a.d.R. 2004

Graf, Pedro/Spengler, Maria: Leitbild und Konzeptentwicklung. ZIEL, Augsburg 2008

Graff, Ulrike: Mädchen. In: Deinet, Ulrich/Sturzenhecker, Benedikt (Hrsg.): Handbuch Offene Kinder- und Jugendarbeit. VS Verlag für Sozialwissenschaften, Wiesbaden 2005

Greine, Rita: Erfindergarten, Beltz, Weinheim 2002

Günder, Richard: Praxis und Methoden der Heimerziehung. Entwicklungen, Veränderungen und Perspektiven der stationären Erziehungshilfe. Lambertus, Freiburg 2011

Gysin, Béatrice (Hrsg.): Wozu zeichnen – Qualität und Wirkung der materialisierten Geste durch die Hand. Niggli, Zürich 2010

Hafeneger, Benno: Geschichte der Offenen Kinder- und Jugendarbeit. In: Deinet, Ulrich/Sturzenhecker, Benedikt (Hrsg.): Handbuch Offene Kinder- und Jugendarbeit. VS Verlag für Sozialwissenschaften, Wiesbaden 2005

Hagen, Rose-Marie/Hagen, Rainer: Bildbefragungen. Taschen, Köln 1994

Harris, Thomas A.: Ich bin o.k., du bist o.k. Rowohlt, Reinbek 1993

Hemenway, Priya: Der geheime Code – Die rätselhafte Formel, die Kunst, Natur und Wissenschaft bestimmt. Taschen, Köln 2008

Herder-Lexikon: Symbole, Freiburg/Basel/Wien 1996

Hermann, Mathias/Weber, Kurt: Basiswissen Kita: Leitungsaufgaben. Herder, Freiburg 2003

Heyl, Thomas: Phantasie und Forschergeist – Mit Kindern künstlerische Wege entdecken. Kösel, München 2008

Hollmann, Elisabeth/Benstetter, Sybille: In sieben Schritten zur Konzeption. Ein Arbeitsbuch. Kallmeyer, Seelze-Velber 2001

Hollstein, Walter: Potent werden – Das Handbuch für Männer. Liebe, Arbeit, Freundschaft und der Sinn des Lebens. Verlag Hans Huber, Bern 2001

Hundmeyer, Simon: Aufsichtspflicht in Kindertageseinrichtungen. Link, Kronach 2006

Hurrelmann, Klaus: Lebensphase Jugend. Eine Einführung in die sozialwissenschaftliche Jugendforschung, Juventa, Weinheim und München 2004

Huxley, Robert: Die großen Naturforscher von Aristoteles bis Darwin. Federking und Thaler, München 2007

Ings, Simon: Das Auge - Meisterstück der Evolution. Hoffmann und Campe, Hamburg 2008

Inhousefortbildung: „Deeskalations- und Konfliktinterventionstraining". Ein praxiserprobtes Konzept nach Christopher Wentzek.

Internationales Zentralinstituts für das Jugend- und Bildungsfernsehen zur Studie von Maya Götz und Carolina Ensinger, Faszination Dragon Ball (Z) – Zwischen starken inneren Bildern und Aggressionsbereitschaft veröffentlicht im Internet unter www.izi.de (Pressetext)

James, Peter/Thorpe, Nick: Keilschrift, Kompass, Kaugummi – Eine Enzyklopädie der frühen Erfindungen. dtv, München 2002

Jennissen, Gudrun: Streit und Gewalt – Was kann ich tun? Praktische Orientierungshilfe für den Schulalltag. AAP Lehrerfachverlag, Buxtehude 2010

Jonas, Hans: Das Prinzip Verantwortung, Suhrkamp, Frankfurt/ Main 1984

Jugendhilfeplanung der Stadt Bochum: Fortschreibung. www.bochum.de/C12571A3001D56CE/vwContentByKey/N26R2544630HGILDE/$FILE/teilplan_v_7.pdf

Kain, Winfried u.a.: KLIK - Konflikte lösen im Kindergarten. Ein praxiserprobtes Trainingsprogramm zur Konfliktbewältigung für Kinder von 5–7 Jahren. Cornelsen Scriptor, Berlin 2007

Kast, Susanne: Schwierige Eltern gibt es nicht ... oder doch? (2010) In: Textor, Martin (Hrsg.): Kindergartenpädagogik – Online-Handbuch; [www.kindergartenpädagogik. de/2174.pdf (13.11.2011)]

Kent, Sarah: Bildkomposition. Belser, Stuttgart, Zürich 1996

Keupp, Heiner/Ahbe, Thomas/Gmür, Wolfgang/Höfer, Renate/Mitzscherlich, Beate/Kraus, Wolfgang/ Straus, Florian: Identitätskonstruktionen. Das Patchwork der Identitäten in der Spätmoderne. Rowohlt, Reinbek 2006.

Killen, Melanie/Cords, Marina: Pjotr Kropotkin oder Konrad Lorenz. In: Spektrum der Wissenschaft, März 2004, S. 64 ff.

Kindel, Manfred Unmada: Ohrwürmchen. Kinderliederpraxisbuch, Ökotopia Verlag, Münster 2006

Kirschenmann, Johannes/ Lutz-Sterzenbach, Barbara (Hrsg.): Kunst. Schule. Kunst - Modelle, Erfahrungen, Debatten. KoPäd, München 2011

Kleber, Hubert (Hrsg.): Spannungsfeld Medien und Erziehung. KoPäd, München 2000

Klein, Stefan: Da Vincis Vermächtnis oder Wie Leonardo die Welt neu erfand. Fischer, Frankfurt/ Main 2008

Klein, Ursula: Supervision und Weiterbildung. Instrumente zur Professionalisierung von ErzieherInnen. VS Verlag für Sozialwissenschaften, Wiesbaden 2010

Klees, Renate/Marburger, Helga/Schumacher, Michaela: Mädchenarbeit. Praxishandbuch für die Jugendarbeit Teil 1. Juventa, Weinheim und München 2007

Koneman, Elmer W.: Am anderen Ende des Mikroskops – Bericht vom ersten außerordentlichen Bakterienkongress. Berlin 2003

König: Die Welt des Neugeborenen. In: www.naturheilmagazin.de/baby/2.9.2007

Krappmann, Lothar: Soziologische Dimensionen der Identität. Strukturelle Bedingungen für die Teilhabe an Interaktionsprozessen. Klett-Cotta, Stuttgart 2005

Krell, Gertraude/Mückenberger, Ulrich/Tondorf, Karin: Gender Mainstreaming: Chancengleichheit (nicht nur) für Politik und Verwaltung. In: Krell, Gertraude (Hrsg.): Chancengleichheit durch Personalpolitik, 5. überarbeitete Auflage, Gabler Verlag, Wiesbaden 2008

Krenz, Armin: Ist mein Kind schulfähig? Kösel, München 2003

Kreusch-Jakob, Dorothée: Lieder aus der Stille. Patmos, Düsseldorf 1995

Kreusch-Jakob, Dorothée: Tanzlieder. Ravensburger, Ravensburg 1990

Kreusch-Jakob, Dorothée: Klangwerkstatt. Don Bosco, München 2003

Kris, Ernst: Die Legende vom Künstler. Suhrkamp, Frankfurt/Main 1995

Kunkel, Peter-Christian: Schutzauftrag bei Kindeswohlgefährdung (§ 8 a SGB VIII) – Rechtliche und psychologische Dimension. sozialwesen.fh-potsdam.de/fileadmin/FB1/user/fb1Knoesel/Material/kunkelberichtzu8a.pdf

Kupffer, Heinrich/Martin, Klaus-Rainer (Hrsg.): Einführung in Theorie und Praxis der Heimerziehung. Quelle und Meyer Verlag, Wiebelsheim 2000

Kunz, Torsten: Gesundheit in Kindertageseinrichtungen. In: Kindergartenpädagogik – Online-Handbuch, www.kindergartenpaedagogik.de/1556.html

Laewen, Hans-Joachim/Anders, Beate: Künstler, Forscher, Konstrukteure. Beltz, Weinheim 2002

Laewen, Hans-Joachim/Andres, Beate/Hédervári, Eva: Die ersten Tage – ein Modell zur Eingewöhnung in Krippe und Tagespflege. Cornelsen, Berlin 2007

Lehmann, Christian: Der genetische Notenschlüssel. Warum Musik zum Menschsein gehört. Herbig, München 2010

Lenssen, Margit: Pippi, Popeye, Power Rangers – Die Fernsehnutzung der Kinder und die Fragen der Eltern – Anregungen für medienpädagogische Elternabende in Kindergarten und Grundschule in: Baacke, Dieter/Lenssen, Margit/Röllecke, Renate: Von Mäusen und Monstern – Kinderfernsehen unter der Lupe, Gep-Buch, Bielefeld 1997, S. 287.

Lexikon der Musikpädagogik: Bosse, Kassel 2005

Lill, Gerlinde/Sporleder, W.: Von Abflugrampe bis Zwischenlandung. Qualitätslexikon für Krippenprofis. Beltz, Weinheim 2001

Lill, Gerlinde: Führen und Leiten. Beltz, Weinheim 2002

Limmroth-Kranz, Susanne: Lesesozialisation und Leseverhalten 1930 bis 1996. Hamburg 1997

Lindner, Werner (Hrsg): Kinder- und Jugendarbeit wirkt. Aktuelle und ausgewählte Evaluationsergebnisse der Kinder- und Jugendarbeit. VS Verlag für Sozialwissenschaften, Wiesbaden 2008

Linke, Detlef: Kunst und Gehirn. Rowohlt, Reinbek 2002

Lück, Gisela/Gaymann, Peter: Eiweisheiten. Experimente rund ums Ei. Herder, Freiburg 2005

Mala, Matthias: Das große Buch der Block- und Bleistiftspiele. Hugendubel, München 1998

Männliche Fachkräfte in Kindertagesstätten: Stand Juni 2010, www.bmfsfj.de

Marx, Ansgar: Konstruktive Konfliktlösung mit Kindern. In : Kindergarten heute. Die Fachzeitschrift. 4/2011, S. 8–15

Mayer, Frederick: Mut zur schöpferischen Fantasie. Finken, Oberursel 2002

Maywald, Jörg: Kindeswohlgefährdung – erkennen, einschätzen, handeln. In: Kindergarten heute. Wissen kompakt/spezial. Themenheft zu fachwissenschaftlichen Inhalten, Herder, Freiburg 2011

Merö, Laszlo: Die Grenzen der Vernunft. Rowohlt, Reinbek 2002

Metzinger, Adalbert: Arbeit mit Gruppen. Lambertus-Verlag, Freiburg 1999

Michaelis, Carola, Mami – darf ich heute „Teletubbies" gucken? – Erfahrungsbericht einer Mutter, in: Neuß, Norbert/Koch, Claus (Hrsg.) Teletubbies & Co – Schadet Fernsehen unseren Kindern? Beltz, Weinheim 2001, S. 11–15

Mitchell, William J. Thomas: Das Leben der Bilder – Eine Theorie der Visuellen Kultur. Beck, München 2008

Media Analyse 2011 Radio II, eigene Berechnungen: www.mediendaten.de/index.php?id=mediennutzung-medienfreizeit-d0, 21.10.2011

Medienpädagogischer Forschungsverbund Südwest/KIM-Studie 2010/www.mpfs.de 21.10.2011

Merchel, Joachim: Trägerstrukturen in der Sozialen Arbeit. Juventa, Weinheim 2008

Michely-Weirich, Hildegard: Unterrichtsmaterialien zum Erwerb interkultureller Kompetenz in der Erzieherausbildung. In: www.berufsbildung.schulministerium.nrw.de/cms/upload/fs/download/sozial/lernfeld/umaterial_fsp.pdf (20.11.2011)

Ministerium für Generationen, Familie, Frauen und Integration des Landes Nordrhein-Westfalen: Wege zum Familienzentrum Nordrhein-Westfalen. Eine Handreichung, 2008

Ministerium für Generationen, Familie, Frauen und Integration des Landes NRW: Studie Kindeswohlgefährdung – Ursachen, Erscheinungsformen und neue Ansätze der Prävention. https://services.nordrheinwestfalendirekt.de/broschuerenservice/download/70534/kindeswohlgefaehrdung.pdf

Möller, Jens/ Schlenther-Möller, Esta: Kita-Leitung. Leitfaden für Qualifizierung und Praxis. Cornelsen, Berlin 2007

Museum für Neue Kunst, Freiburg (Hrsg.): ArtBrands – wenn Hunde Beuys fressen. Ostfildern 2008

Muysers, Brigitte: Freizeitangebote im Hort – „Was machen wir heute?" In: Kaplan, Karlheinz (Hrsg.): Handbuch der Hortpädagogik. Lambertus, Freiburg 1999, S. 257–267

Neue Digitale, Kinder online 2004: Frankfurt 2004, Die Studie, die in Zusammenarbeit mit dem Kinderbüro Frankfurt und der Johann-Wolfgang Goethe Universität erstellt wurde, ist im Internet unter www.kinderbuero-ffm.de abrufbar.

Neue Wege gleiche Chancen. Gleichstellung von Männern und Frauen im Lebensverlauf: BMFSFJ, Juni 2012, zu bestellen unter „1. Gleichstellungbericht"

Neuß, Norbert/Koch, Claus (Hrsg.): Teletubbies & Co – Schadet Fernsehen unseren Kindern? Beltz, Weinheim 2001, S. 11–15

Nöllke, Matthias: Kreativitätstechniken. Haufe, Planegg 1998

Oerter, Rolf/Dreher, Eva: Jugendalter. In: Oerter, Rolf/Montada, Leo. (Hrsg): Entwicklungspsychologie. Beltz, Weinheim 2002

Oerter, Rolf/Montada, Leo (Hrsg): Entwicklungspsychologie. Beltz, Weinheim 2008

Otto, Gunter: Lehren und lernen zwischen Didaktik und Ästhetik. Kallmeyer, Seelze-Velber 1998

Pädquis GmbH: Checkliste zur Selbstevaluation für den Qualitätsbereich: „Zusammenarbeit mit Familien"

Parker, Steve: Spannendes Wissen über den menschlichen Körper. Dorling Kindersley, München 2000

Peinecke, Claudia: Kriterien zur Bewertung von Tonträgern für Kinder. In: Schill/Baacke (Hrsg.) Kinder und Radio, Frankfurt 1996, S. 166

Pesch, Ludger/Sommerfeld, Verena: Teamentwicklung. Beltz, Weinheim 2002

Picot, Arnold/Reichenwald, Ralf/Wiegand, Rolf T.: Die grenzenlose Unternehmung. Gabler, Wiesbaden 2001

Pommerenke, Ulrich: Ich kann´s. Ich mach´s. Persönlichkeitsentwicklung im Erzieherinnenberuf. Cornelsen Scriptor, Berlin 2007

Pothmann, Jens: Aktuelle Daten zur Stand und Entwicklung der Kinder- und Jugendarbeit – eine empirische Analyse. In: Lindner, Werner (Hrsg): Kinder- und Jugendarbeit wirkt. Aktuelle und ausgewählte Evaluationsergebnisse der Kinder- und Jugendarbeit. VS Verlag für Sozialwissenschaften, Wiesbaden 2008

Projektgruppe WANJA (Hrsg.): Schumann, Michael/Stötzel, Angelika/Appel, Michael/Dittmann, Iris/Kühn, Heike: Handbuch zum Wirksamkeitsdialog in der Offenen Kinder- und Jugendarbeit. Qualität sichern, entwickeln und verhandeln, Votum Verlag, Münster 2000

Proske, Hailka/Reiff, Eva: Zielvereinbarungen und Jahresgespräche. Haufe, Planegg b. München 2008

Prott, Roger: Pädagogik: die Kunst, mit Risiken umzugehen – nicht, sie zu vermeiden. In: www.erzieherin.de, 02.02.2012

Rabe-Kleberg, Ursula: Gender Mainstreaming und Kindergarten. Beltz Verlag, Weinheim 2003

Rauschenbach, Thomas/Leu, Hans Rudolf/Lingenauber, Sabine: Konzeptionelle Grundlagen für einen Nationalen Bildungsbericht – Non-formale und informelle Bildung im Kindes- und Jugendalter. Hrsg. vom Bundesministerium für Bildung und Forschung (BMBF), Bonn 2006

Rätz-Heinisch, Regina/Schröer, Wolfgang/Wolff, Mechthild: Lehrbuch Kinder- und Jugendhilfe. Grundlagen, Handlungsfelder, Strukturen und Perspektiven. Juventa, Weinheim und München 2009

Reichel, Auguste: Lebendig statt brav, Handbuch für das Leben und Arbeiten mit Kindern in Gruppen. Ökotopia Verlag, Münster 1995

Reichen, Jürgen: Lesen durch Schreiben – mit emanzipatorischem Anspruch. In: PÄDEXTRA, Heft 6/1992, S. 6–9

Rekow, Astrid u. a.: Hausaufgabenbetreuung. In: Kaplan/Becker-Gebhard (Hrsg.): Handbuch der Hortpädagogik. 2. Aufl., Lambertus, Freiburg 1999

Ribke, Juliane: Elementare Musikpädagogik. ConBrio, Regensburg 1995

Robert Koch Institut, KiGGS – Die Studie zur Gesundheit von Kindern und Jugendlichen in Deutschland: Berlin 2006, S. 27 ff

Robie, Beate, in: Berger, Ulrike u. a.: Spiel und Klang, Bosse, Kassel 1998, S. 83 f.

Rohrmann, Tim/Lutze Claudia: Starke Mädchen – starke Jungen! Geschlechterbewusste Pädagogik als Schlüssel für Bildungsprozesse in der Kita. Praxishandreichung, herausgegeben vom Sozialpädagogischen Institut Berlin-Brandenburg (SFBB), Berlin 2010

Rosenberg, Marshall B.: Was deine Wut dir sagen will: überraschende Einsichten. Das verborgene Geschenk unseres Ärgers entdecken. Junfermann, Paderborn 2006

Rosenbrock, Rolf/Bellwinkel, Michael/Schröer, Alfons (Hrsg.): Primärprävention im Kontext sozialer Ungleichheit. Gesundheitsförderung und Selbsthilfe, Band 8. Wirtschaftsverlag NW Verlag für neue Wissenschaft, Bremerhaven 2004

Rücker-Vogler, Ursula: Bewegen und Entspannen. Spiele und Übungen für Kinder. Ravensburger, Ravensburg 1994

Ruffert, Detlef: Kritisch, kreativ, kompetent – wie vermittelt man Medienkompetenz? Vortrag bei der Fachtagung „Gesund in die digitale Welt", der Hessischen Arbeitsgemeinschaft Gesundheitserziehung am 17.10.2001 in Frankfurt am Main (ffm.junetz.de/muk/fachbeitraege/1/1.htm

Ruspoli, Mario: Lascaux. Herder, Freiburg 1986

Salbert, Ursula: Ganzheitliche Entspannungstechniken für Kinder. Bewegungs- und Ruheübungen, Geschichten und Wahrnehmungsspiele aus dem Yoga, dem Autogenen Training und der Progressiven Muskelentspannung, Ökotopia, Münster 2010

Schad, Martha: Frauen, die die Welt bewegten. Pattloch, München 2000

Schäfer, Gerd: Bildung beginnt mit der Geburt. Beltz, Weinheim 2005

Schäfer, Monika: Internet inzwischen beliebter als Fernsehen. Frankfurter Rundschau 9.9.2004

Schäufler, Karin: Spannende Entspannung. In: klein & groß, Heft 7–8/2011, Oldenbourg-Verlag

Scherr, Albert: Jugendsoziologie. Einführung in Grundlagen und Theorien. VS Verlag für Sozialwissenschaften, Wiesbaden 2009

Scherr, Albert: Konzeptionsentwicklung – eine unverzichtbare Grundlage professioneller Jugendarbeit. In: Deinet, Ulrich/Sturzenhecker, Benedikt: Konzepte entwickeln. Anregungen und Arbeitshilfen zur Klärung und Legitimation, Juventa, Weinheim und München 1996

Schill, Wolfgang/Baacke, Dieter: Zwei „radio-biographische Spotlights", in: Schill, Wolfgang/Baacke, Dieter (Hrsg.) Kinder und Radio, Frankfurt 1996

Schill, Wolfgang/Baacke, Dieter (Hrsg.): Kinder und Radio. Frankfurt 1996

Schittek, Claudia: Schräg gedacht ist halb gewonnen – über 400 Sprach- und Bilderrätsel. Zürich 1999

Schlicht, Hermann-Josef: Das Praktikum in der Ausbildung. Tipps und Hilfen für angehende Erzieherinnen. Don Bosco, München 2001

Schmidt, Georg: Umgang mit Kunst, Reinhardt, Basel 1976

Schneidewind, Ruth: Von den Quellen zum Klang zur Musik, Üben@musizieren 2/2010

Schwabe, Matthias: Musik spielend erfinden. Bärenreiter, Kassel 1992

Schwanitz, Dietrich: Alles was man wissen muß. Eichborn, Frankfurt/ Main 1999

Seitz, Rudolf: Zeichnen und Malen mit Kindern. Ravensburger, Ravensburg 1983

Seitz, Rudolf: Phantasie und Kreativität. Don Bosco, München 1998

Shaw, Marcus: Trickfilme, unveröffentlichtes Arbeitsblatt, Kiel 2004

Sherborne, Veronica: Beziehungsorientierte Bewegungspädagogik. Ernst Reinhardt Verlag, München 1998

Sielert, Uwe: Jungenarbeit. Praxishandbuch für die Jungenarbeit Teil 2. Juventa , Weinheim und München 2010

Silbereisen, Reiner K./Vaskovics, Laslo A./Zinnecker, Jürgen (Hrsg.): Jungsein in Deutschland. Jugendliche und junge Erwachsene. Leske und Budrich, Opladen 1996

Singer, Wolf: Der Beobachter im Gehirn. Suhrkamp, Frankfurt/Main 2002

Singer, Wolf : Was kann ein Mensch wann lernen? Anlässlich des ersten Werkstattgespräches der Initiative McKinsey bildet in der Deutschen Bibliothek, Frankfurt/Main am 12. Juni 2001

Springer-Geldmacher, Monika: Elternbildung bei Familien mit Migrationserfahrung. (2006) In: Textor, Martin (Hrsg.): Kindergartenpädagogik - Online-Handbuch; [www.kindergartenpädagogik.de/2174.pdf (13.11.2011)]

Stahl, Eberhard: Dynamik in Gruppen. Beltz, Weinheim 2007

Stamer-Brandt, Petra: Pädagogische Praktika in Kita und Kindergarten. Planen. Begleiten. Auswerten. Herder, Freiburg 2011

Statistisches Bundesamt: Statistiken der Kinder- und Jugendhilfe, Kinder und tätige Personen in Tageseinrichtungen und in öffentlich geförderter Kindertagespflege 2010 und 2011; Berechnungen der Dortmunder Arbeitsstelle Kinder- und Jugendhilfestatistik. In: Dritter Zwischenbericht zur Evaluation des Kinderförderungsgesetzes Bericht der Bundesregierung 2012 nach § 24 a Abs. 5 SGB VIII über den Stand des Ausbaus für ein bedarfsgerechtes Angebot an Kindertagesbetreuung für Kinder unter drei Jahren für das Berichtsjahr 2011)

Stepanek, Brigitte/Krull, Petra: Gleichstellung und Gender Mainstreaming. Ein Handbuch. Hrsg.: Frauen- und Gleichstellungsbeauftragte der Landesregierung Mecklenburg-Vorpommern, 3. Auflage, Rostock 2003

Stellbrink, Jessica: Die Bedeutung von Waldpädagogik im Hinblick auf die psychomotorische Förderung 3- bis 6-Jähriger in einer Kindertagesstätte. Unveröffentlichte Arbeit, Hamburg 2002, zu beziehen über Kindertagesheim St. Markus, Heidestr. 1, Hamburg

Steuer, H./Voigt, C.: Das neue rororo Spielebuch. Rowohlt, Reinbeck 1990

Sturzenhecker, Benedikt: Jugendarbeit ist Bildung. 2006, www.aba-fachverband.org. (Zugriff: 06.11.2011)

Sulzer, A./Wagner, P.: Inklusion in Kindertageseinrichtungen – Qualifikationsanforderungen an die Fachkräfte. Wiff-Expertisen, 2011

Textor, Martin: Von der Erziehungspartnerschaft zur Bildungspartnerschaft. (2002) In: Textor, Martin (Hrsg.): Kindergartenpädagogik – Online-Handbuch; [www.kindergartenpädagogik.de/2174.pdf (20.11.2011)]

Textor, Martin: 25 Jahre Elternarbeit: Rückblick, Draufblick und Ausblick. (2011) In: Textor, Martin (Hrsg.): Kindergartenpädagogik – Online-Handbuch [www.kindergartenpädagogik.de/2174.pdf (14.11.2011)]

Textor, Martin R. (Hrsg.): Hilfen für Familien: ein Handbuch für psychosoziale Berufe. Fischer, Frankfurt/ Main 1992

Thole, Werner: Kinder- und Jugendarbeit. Eine Einführung. Juventa, Weinheim und München 2000

Tietze, Wolfgang/Viernickel, Susanne (Hrsg.): Pädagogische Qualität in Tageseinrichtungen für Kinder. Ein nationaler Kriterienkatalog. Cornelsen, Berlin 2007

Tietze, Wolfgang u. a.: Kindergarten-Einschätz-Skala – Revidierte Fassung (KES-R). Luchterhand, Neuwied 2001

Tillmann, Klaus-Jürgen: Gewalt – was ist das eigentlich? Präzision eines schwierigen Begriffs. In: Schüler 1995

Tillner, Christiane/Franck, Norbert: Selbstsicher reden: ein Leitfaden für Frauen. Goldmann, München 2000

Tschamler, Herbert: Wissenschaftstheorie – eine Einführung für Pädagogen. Klinkhardt, Bad Heilbrunn 1983

UNESCO: Die Salamanca Erklärung und der Aktionsrahmen zur Pädagogik für besondere Bedürfnisse. www.unseco.de, 10.01.2012

UNESCO: Ten things you need to know about „Education for all"

Utz, Martin: Verblüffende Experimente. Weltbild, Augsburg 1998

van der Beek, Angelika/Buck, Matthias/Rufenach, Annelie: Kinderräume bilden. Luchterhand, Neuwied 2001

Viernickel, Susanne/Völkel, Petra: Fühlen, bewegen, sprechen und lernen. Meilensteine der Entwicklung bei Kleinstkindern. Bildungsverlag EINS, Troisdorf 2009

Viernickel, Susanne/Völkel, Petra: Beobachtung und Dokumentation. Bildungsarbeit mit Kleinstkindern. Bildungsverlag EINS, Troisdorf 2009

Vogel, Hans-Wilhelm: Geheim-Code Arbeitszeugnis. Walhalla-Verlag, Regensburg 2010

von Oech, Roger: Denkanstoß. Hugendubel, München 1992

Walder, Elisabeth/ Zschokke, Beatrice: Sehreise - In Kindern Malfreud wecken. Haupt, Bern 2006

Watzlawick, Paul: Anleitung zum Unglücklichsein. Piper, München 1988

Weber, K.: Basiswissen Kita: Beurteilungen & Zeugnisse. Herder, Freiburg 2008

Weiß, Wilma: Philipp sucht sein Ich. Zum pädagogischen Umgang mit Traumata in den Erziehungshilfen. Beltz Juventa, Weinheim und Basel 2011

West, Michael A.: Kreativität und Innovation. Beltz, Weinheim 1999

Wilkinson, R.: Soziale Determinanten von Gesundheit - Die Fakten. WHO, Kopenhagen 2004

Wilson, Frank R.: Die Hand - Geniestreich der Evolution. Ihr Einfluß auf Gehirn, Sprache und Kultur des Menschen. Rowohlt, Reinbeck 2002

www.bmfsfj.de

www.destatis.de (Statistisches Bundesamt, KJH-Statistik)

www.familienzentrum.de

www.heimerziehung.de

www.kindesschutz.de

www.rucksack-griffbereit.raa.de

www.sos-kinderdorf.de

www2.hu-berlin.de/sexology/ATLAS_DE/html/die_ frauenbewegung _in_deutschl.html: (Zugriff: 06.11.2011)

www.starkeeltern-starkekinder.de/www.sesk.de

www.triplep.de

Zähme, Volker: Was Kinder wissen müssen. Dumont, Köln 2002

Zeller, Inge: Gesundheitsförderung für Erzieherinnen, in: www.keg-nrw.de/Vortrag_Dr._Zeller_Gesundheitsforderung.pdf (17.1.2012)

Ziesche, Ulrike: Werkstatthandbuch zur Qualitätsentwicklung in Kindertagesstätten. Luchterhand, Neuwied 1999

Ziese, Axel-Alexander: Kunst und Medizin. Arte-Factum-Verlags-Ges., Nürnberg 1988

Zimmer, Renate: Handbuch der Bewegungserziehung. Herder, Freiburg 1993

Zimmer, Renate: Toben macht schlau. Herder, Freiburg 2004

Glossar

A

Abstraktion Reduktion auf die wesentlichen Aussagen und Informationen. Zeichnen bedeutet immer notwendig eine Abstraktion, da aus einer unendlichen Menge von Informationen jene ausgewählt werden müssen, die für die Bildaussage notwendig sind.

Akkulturation Übernahme von kulturellen Normen im Sozialisationsprozess.

Antizipieren Geistiges Vorwegnehmen. So kann man sich z. B. aufgrund verschiedener Kenntnisse vorstellen, was bei einer Aktion geschehen wird, auch ohne diese selbst durchzuführen.

Archimedes (287–212 v. Chr.) „Gebt mir einen festen Punkt und ich werde die Erde aus den Angeln heben." Archimedes gilt als Erfinder der Hebelgesetze. Mit einem Hebel lassen sich im Prinzip beliebige Massen ohne großen Kraftaufwand bewegen. Mit einem speziell konstruierten Flaschenzug soll er allein eine ganze Galeere auf das Ufer gezogen haben. Das Archimedische Prinzip ist heute das tägliche Brot der Schiffsbauer. Es werden ihm aber auch eine Reihe anderer Erfindungen zugeschrieben, z. B. die Archimedische Schraube, eine Vorrichtung, um tiefer gelegenes Wasser auf die höher liegenden Felder zu leiten. Im zweiten Punischen Krieg konnte er die Eroberung der Stadt lange Zeit verhindern, indem er über Sonnenspiegel die Segel der angreifenden Römer bereits auf See in Brand setzte.

Assoziation Das erinnerungsmäßige Verknüpfen unterschiedlicher Vorstellungen und Erinnerungen.

B

Begabung Anlage zu bestimmten Leistungen. Die Entfaltung einer solchen Anlage, beispielsweise Musikalität, hängt auch stark von der jeweiligen Umwelt ab, in der ein Mensch aufwächst.

Bordun Ein ständig mitklingender, gleichbleibender Ton oder Intervall, meist die Quinte oder Oktave.

Burn-Out-Syndrom Das Gefühl, ausgebrannt zu sein. Krankheit von Menschen, die über einen zu langen Zeitraum großen Belastungen ausgesetzt waren.

C

Choreografie Früher die Tanzschrift, heute der Regieentwurf, die Bewegungsabfolge eines Tanzes oder Balletts.

Collage Bild aus aufgeklebten Stücken von Papier, Pappe, Stoff usw.

Community Gruppe von PC-Nutzern (User), die sich zusammenschließen.

Cutaner Sinn Oberbegriff für den Tast- und Berührungssinn (taktil, haptisch).

D

Denotation Gegensatz zu Konnotation: die klare, abgeleitete Bedeutung, über die Einigkeit besteht.

Determiniert Festgelegt

Determiniertheit Auf eine bestimmte Lösung, auf ein bestimmtes Vorgehen alternativlos hin festgelegt sein.

Dezibel (dB) Maßeinheit in der Akustik für die Lautstärke (Schalldruckstärke); die Sprache während einer normalen Unterhaltung hat eine Schalldruckstärke von etwa 35–45 Dezibel; in einer Diskothek können sich bis zu 120 Dezibel entfalten; genauso viel erzeugt der Probelauf von Düsenflugzeugen. Der intrauterine Geräuschteppich kann bis zu 90 Dezibel erreichen.

Distress Eine Situation, die zu einem erhöhten Adrenalinspiegel im Blut führt und als belastend, beängstigend, unangenehm empfunden wird. Distress ist alltäglich, gesunde Menschen können mit den meisten solcher Situationen umgehen und sie bewältigen. Zum Beispiel im Straßenverkehr oder bei einer Prüfungssituation. Anhaltender Distress kann krank machen.

Diversity Die Vielfalt, Verschiedenheit und Unterschiedlichkeit von Menschen (hier im Zusammenhang mit Eltern) bewusst wahrnehmen und als Chance betrachten.

Dramaturgie Dramaturgie bezeichnet in den Bereichen Literatur, Theater, Filmkunst und Fernsehen die Kunst, Spannung zu erzeugen, zu erhalten und zu steigern.

E

Edutainment Vermittlung von Wissen auf unterhaltsame und spielerische Weise, z. B. durch Computerlernprogramme.

Effektivität Untersucht das Verwaltungshandeln im Hinblick auf seine Wirksamkeit. Im Vordergrund steht, was getan wird, ohne dabei ausdrücklich auf die Art und Weise einzugehen, wie die angestrebten Ziele erreicht werden. Damit verfolgt die Effektivitätsbeurteilung eine auf das grundsätzliche Handeln ausgerichtete und damit eher langfristige Perspektive. Oder anders formuliert: Effektivität heißt die richtigen Dinge zu tun.

Effizienz Untersucht das Amtshandeln im Hinblick auf seine Leistung. Im Vordergrund steht, wie bestimmte Ziele erreicht werden, ohne die Ziele dabei ausdrücklich infrage zu stellen. Damit verfolgt die Effizienzbeurteilung eine eher kurzfristige, auf direkte Tätigkeiten ausgerichtete Perspektive. Effizienz heißt die Dinge richtig zu tun.

Eichen Ein Messgerät genau einstellen. Z. B. werden die Waagen auf einem Markt regelmäßig geeicht und mit einem entsprechenden Siegel versehen.

Empathie Bereitschaft und Fähigkeit, sich in die Erlebnisweise anderer Menschen einzufühlen (Einfühlungsvermögen).

Empirische Studien Wissenschaftliche Untersuchungen, bei denen die Ergebnisse aus Beobachtungen und Erfahrungen gewonnen werden.

Ensemble Plan- und wirkungsvoll zusammen handelnde Gruppe. Der Begriff wird besonders im Theater oder in der Musik gebraucht.

Entität Seinsweise, die Art und Weise, wie etwas ist.

Enzyklopädie Nachschlagewerk über alle Wissensgebiete in lexikalischer Form.

Eustress Ganz ohne Stress sterben Menschen. Auch Eustress führt zu einer höheren Adrenalinausschüttung. In diesem Fall wird der Stress allerdings als angenehm, anregend, spannend empfunden. Kreative Menschen empfinden Probleme eher positiv als eine Herausforderung, als etwas, was dem Leben seine Würze verleiht. Weniger kreative sehen eher die belastende Seite und erleben eine solche Situation dann als Distress.

Exo Außen, außerhalb (griechisch)

Explorativ Forscherhaltung, experimentierend erkunden

F

Formelle Gruppe Zu einem bestimmten Zweck organisiert, gegründet, oft fest begrenzt, verpflichtend, vorgegebene Normen und Ziele.

G

Genre Gattungsstück, z. B. Operette, Sinfonie, Rock und Pop

Grafische Notation Eigenständige Notationsform für alle Geräusche, Klänge oder Formen.

Grundton Erster Ton einer Tonleiter, Grundlage einer Tonart.

Gruppendynamik Kräfte und Prozesse, die in einer Gruppe wirken.

H

Halbtonschritt Der kleinste Abstand zwischen zwei Tönen (e–f, c–cis, …). Zwei Halbtonschritte bilden einen Ganztonschritt.

Haptik Lehre vom Tastsinn

Heimerziehung Eine im Rahmen der Jugendhilfe durchgeführte Form der öffentlichen Erziehung, bei der Kinder und Jugendliche vorübergehend oder dauernd in Heimen untergebracht, dort betreut und pädagogisch-therapeutisch gefördert werden.

Hospitalismus Bezeichnet leibseelische Störungs- und Verkümmerungserscheinungen im Säuglings- und Kleinkindalter, die auf mangelnde emotionale Zuwendung und Reizvermittlung zurückzuführen sind.

I

Informelle Gruppe Spontan entstanden, ohne Rücksicht auf formelle Grenzen nach Interessen, Neigungen und Wünschen, formlos, bewegliche Normen und Ziele.

K

Kausalität Begründungszusammenhang, Zusammenhang von Ursache und Wirkung

Kinetisch Auf die Bewegung bezogen, den Bewegungssinn betreffend

Klangästhetik Die Wahrnehmungsdimensionen alles Musikalisch-Klanglichen.

Konzeption In einer Konzeption werden die pädagogischen Grundvorstellungen und Leitideen dargestellt, auf denen die konkrete Arbeit einer Tageseinrichtung beruht.

M

Metrum Grundschlag, der durch regelmäßig wiederkehrende Betonungen untergliedert ist.

Mikro Klein, gering, fein (griechisch)

Modulation Übergang von einer Tonart in eine andere und Abstufung der Tonstärke und Klangfarbe.

Moll Tongeschlecht in westlicher Musikkultur. Klang wird im Unterschied zu Dur mit dunklen, weichen Eigenschaften assoziiert.

Motopädie Begleitet und unterstützt die Entwicklung des behinderten Menschen. Sie hat die Aufgabe, sensomotorisch entwicklungsgestörte, in ihrer psychomotorischen Entfaltung behinderte Kinder über das Mittel der Bewegung in ihrer Gesamtentwicklung zu fördern.

Motorik Gesamtheit der willkürlich gesteuerten Bewegungsvorgänge.

N

Note Symbol für die Musikaufzeichnung. Ihre Tonhöhe erkennt man an der Platzierung, die Tondauer an der äußeren Gestalt. Der Buchstabe (c, d, e usw.) steht als Notenname, ein mathematisches Verhältnis als Wert (1/2-Note, 1/4-Note usw.).

Notenschlüssel Steht am Anfang des Notensystems, bestimmt das Ablesen der genauen Tonhöhe.

Notenwert Bezeichnung für die Tondauer einer Note.

O

Odysseus Nach der Eroberung der Stadt Troja kehrte er auf einer sehr langen Fahrt in seine Heimat Ithaka zurück. Auf dieser Fahrt musste er viele Gefahren bestehen. Er besiegte den Cyclopen Polyphem, der ihn und seine Leute fressen wollte, widerstand den Sirenen und segelte zwischen den Ungeheuern Skylla und Carybdis hindurch. Odysseus war König, aber es ist fraglich, ob diese Reise so wirklich stattgefunden hat. Dennoch sind die Geschichte und die Art, wie er seine Schwierigkeiten meistert, sehr lehrreich.

P

Pandora Pandora wurde auf Geheiß des griechischen Gottes Zeus von Hephaistas geschaffen. Vom Götterboten Hermes wurde sie dann auf die Erde gebracht, um die Menschheit für den Feuerdiebstahl des Prometheus zu bestrafen. Zeus gab ihr dazu eine Büchse mit auf den Weg, in der sich auch alle Übel befanden. Es heißt, Pandora sei sehr schön gewesen. Auf der Erde nahm sie Epimetheus zur Frau. Die Büchse der Pandora wäre besser geschlossen geblieben, aber Pandora erfüllte ihren Auftrag und öffnete sie, worauf alle erdenklichen Übel und Leiden über die Menschheit kamen. Nur die Hoffnung, die sich zuunterst in der Büchse befand, kam nicht heraus.
Der Ausdruck *Büchse der Pandora* wird heute in übertragenem Sinne gebraucht. Manchmal weiß man nicht, welche Übel und Zugzwänge eine Erfindung mit sich bringen.

Pantomime Darstellende Kunst, bei der die Handlung oder der Charakter ohne gesprochene Sprache ausschließlich durch Mimik, Gestik und Bewegung ausgedrückt wird.

Paradigma Beispiel, Muster; Erklärungsansatz auf einer bestimmen Verständnis- und Erkenntnisebene.

Parameter Klangeigenschaft der Musik, eine der Dimensionen des musikalischen Wahrnehmungsbereichs.

Partitur Aufzeichnung aller Instrumental- und Vokalstimmen einer Komposition oder Bearbeitung, Hinweise zur Aufführung, Angaben über instrumentale oder vokale Umsetzung.

Q

Qualität Ursprünglich „Beschaffenheit". Beschreibt die Güte eines Produkts, hier die Güte der Arbeit in pädagogischen Einrichtungen. Bei Bildung und Forschung wird es zunehmend schwierig, sich auf gemeinsame Bedingungen zu einigen. Hier spielen auch ethische und moralische Aspekte eine große Rolle. Oft geht es um Grundsatzentscheidungen, bei denen man Stellung beziehen muss, was man will.

R

Regression Das Wiederauftreten eigentlich schon vergangener oder dem derzeitigen Entwicklungsstand nicht mehr angemessener Erlebnis- oder Handlungsweisen.

Renaissance Wiedererweckung der antiken Kultur seit ca. 1500 in Europa (frz. „Wiedergeburt").

Requisiten Gegenstände, die in Theater, Film, Fernsehen als Zubehör oder Dekoration verwendet werden.

Resilienz Widerstandsfähigkeit. Resilienz bezeichnet die Fähigkeit, auch mit schwierigen Lebenssituationen konstruktiv umgehen zu können.

Rezeption (Musikrezeption) Musikhören als aktiver Vorgang mit den folgenden Bezügen:
• individuelle Reaktionen (Einsatz verschiedener Wahrnehmungsfunktionen, emotionales Reagieren, Bedeutung in der persönlichen Lebensgeschichte)
• soziale Reaktionen (Musikausübung, Musikerleben als Gemeinschaftserleben, der Mensch als Konzert-/Opernbesucher)
• historischer Kontextbezug (historisierendes Hören, Bildungsaspekte, Musikkultur).

Rhythmus entsteht aus der Aufeinanderfolge von unterschiedlichen kurzen und langen Tondauern.

Rückblende Mit Rückblende wird die Betrachtung eines zurückliegenden Ereignisses bezeichnet. Im Film wird dieses Mittel eingesetzt, um z. B. Erlebnisse aus der Kindheit eines erwachsenen Darstellers zu erläutern.

S

Sakrosankt Bedeutet ursprünglich hochheilig, unverletzlich. Heute meint es auch so etwas wie nicht hinterfragbar, nicht zu kritisieren, absolut gültig.

Sokrates (470–399 v. Chr.) „Sokrates frevelt und treibt Torheit, indem er unterirdische und himmlische Dinge untersucht ..." Das wurde ihm vor dem Gericht in Athen vorgeworfen. Er sollte sich dort von seiner Lehre distanzieren, was er nicht tat. Zur Strafe wurde er zum Tode verurteilt. Er musste den Schierlingsbecher, ein Gift, trinken.
Sokrates hatte als Methode des Erkenntnisgewinns die Mäeutik entwickelt, die Hebammenkunst. Durch geschicktes Fragen versuchte er seinen Schülern ihre Erkenntnisse, die sie hatten, auch bewusst zu machen. Das bedeutete aber eben auch, dass er althergebrachte Positionen in Frage stellte und zum Teil auch klar widerlegte.

Sozialmanagement Die Fähigkeit soziale Aspekte (eigene und fremde) zu erkennen, darauf einzuwirken und ggf. unterstützend zu fördern.

Stereotyp Feststehender Ausdruck, eingebürgertes Vorurteil innerhalb einer Gruppe.

Supervision Kommt vom lateinischen supervidere (super = über, videre = sehen) und bedeutet ursprünglich etwas von oben überblicken. Allgemein handelt es sich bei der Supervision um ein spezifisches Beratungsverständnis. Es zielt auf die Reflexion der beruflichen Interaktionen.

T

Takt gliedert den rhythmischen Ablauf durch das Zusammenfassen mehrerer Zählzeiten.

Taktil Auf das Tasten bezogen, den Tastsinn betreffend.

Technik Der Begriff wird heute im Allgemeinen etwas verkürzt verwendet, indem er vor allem auf Maßnahmen, Verfahren und Einrichtungen zur Beherrschung und zweckmäßigen Nutzung der Naturgesetze und der von der Natur gebotenen Energien und Rohstoffe abzielt.

Techniken betreffen aber auch verschiedene Fähigkeiten und Fertigkeiten. So verfügen Pianisten oder Hochspringer über spezifische Techniken, was heißt, dass der Pianist beispielsweise sein Instrument auch beherrscht. Die ‚Mäeutik' des Sokrates wäre eine Technik des Erkenntnisgewinns, die Hermeneutik eine des Textverständnisses, die Rhetorik eine der Überzeugungskunst. Künstler entwickeln oft eigene gestalterische Techniken, die sie als Betriebsgeheimnis wahren – das können materiale Techniken sein aber auch Techniken der Ideenfindung (Kreativitätstechniken).

Tonart Bezeichnung für das Tongeschlecht Dur oder Moll, das auf einem bestimmten Ton aufgebaut ist. Die Tonart ist zu erkennen am Vorzeichen und meistens am letzten Ton.

Transfer Übertragung. Von einer Transferleistung spricht man, wenn jemand in der Lage ist, Kenntnisse aus einem Lebens- oder Wissensbereich auf einen anderen zu übertragen und dort auch anzuwenden.

U

Utilitarismus Nützlichkeitsdenken, Nützlichkeitslehre. Bezeichnung für eine Denkrichtung, die den Zweck alles menschlichen Handelns in dem Nutzen sieht, der dadurch für den Einzelnen oder die Gemeinschaft gestiftet wird.

Z

Zählzeit Grundschlag, Puls: gleichmäßig fortlaufende akustische Ereignisse, die nicht untergliedert sind. Die drei Begriffe können synonym verwendet werden.